JN205007

金融危機と対峙する「最後の貸し手」中央銀行

破綻処理を促す
新たな発動原則の提言：
バジョットを超えて

Kinoshita Tomohiro
木下智博

勁草書房

はじめに

　米国のサブプライム住宅ローン関連の巨額損失発覚に端を発し，広く世界経済を揺るがす極めて深刻な事態に発展したグローバル金融危機の勃発から，10年余りが経過した。本書は，中央銀行が金融危機への対応で発揮する「最後の貸し手」機能，レンダー・オブ・ラスト・リゾート機能について，その枠組みや具体的な実施事例，その背景にある事実関係や金融経済環境などを調査したうえで，「最後の貸し手」機能の制度設計や発動原則のあるべき姿を論じたものである。

　読者は，本書が，中央銀行による破綻金融機関向けの流動性供給を提唱したり，優良担保を取得することの弊害を指摘したりしていることについて，奇を衒った極論を並べ立てる異端の書かと警戒されるかもしれない。しかし読み進むうちに，歴史や事実，具体的な事例の積み重ねの力によって，この途しかない，と思い直していただけることを期待している。

　筆者が中央銀行の「最後の貸し手」機能の調査・研究に着手したきっかけや動機は，以下の3つの点である。「問題意識」と呼べるほど高邁な内容ではないが，説明することをご容赦いただきたい。

　第1に，中央銀行貸付けが本来は倒産すべき大銀行を救済した，という誤った事実認識に基づく政治的な批判や国民の感情的な反発が，米国を中心とする先進各国で強まり，これが将来の金融危機の際に中央銀行に求められる行動を妨げる，という危機感を抱いたことである。

　グローバル金融危機に直面した中央銀行による積極的な流動性供給を批判する論者は，19世紀半ばの英国でウォルター・バジョットが掲げた「最後の貸し手」機能の発動原則を「金科玉条」のごとく扱い，債務超過金融機関への貸付けを禁じたバジョット原則への回帰を訴える。これは，金融破綻の国民負担を避けるねらいからであろう。しかしながら，いわゆる「大き過ぎて潰せない金融機関」の秩序だった破綻処理を円滑に進めるには，一時的な資金調達手段

の確保が必要不可欠である。こうした現実を直視しないバジョット原則礼賛論は，むしろ破綻処理の停滞や問題の先送りにつながり，そのツケを結局は国民に回すことになるのではないか，強い懸念を覚えたのである。

　第2に，物価安定を目的とした中央銀行の金融政策に関する研究や著作は数多あるのとは対照的に，金融システム安定を目的とした「最後の貸し手」機能については，理論と具体的事例の双方の裏付けを伴い体系的に解説した書物が少ないことである。

　中央銀行の「最後の貸し手」機能を理解するためには，経済学の分野では，貨幣経済学（monetary economics），金融システム論，中央銀行論，財政学，ファイナンス理論，あるいは，法律学の分野では，債権法，担保法，倒産法，さらには財務会計学などさまざまな専門領域の研究成果や知見を，分野横断的かつ有機的に結びつけることが理想とされる。近年それぞれの専門分野においては，例えばシステミック・リスクや市場流動性，中央銀行担保など「最後の貸し手」機能を研究するうえで鍵となるテーマを取り上げた実態調査や実証研究が著しい進歩を遂げている。ところが，そもそも「最後の貸し手」機能は，どういう場合にどれだけの効果を発揮するのか，その効果が波及する経路は何なのか，などをまとめて説明し整理した資料や研究は，探してもなかなか見つけられない。

　第3に，わが国が1990年代半ば以降に不良債権問題や金融機関の破綻処理に取り組む中で日本銀行が実行した特別融資（いわゆる日銀特融）について，改めてその意義と役割の歴史的な再評価が期待されたことである。グローバル金融危機に直面した中央銀行の危機管理行動を目撃し経験した後だからこそ，客観的な評価が可能になった。

　1990年代半ば以降の日銀特融の多くは，債務超過の破綻金融機関に向け無担保で流動性を供給したものであり，「最後の貸し手」機能の研究者が「金科玉条」とするバジョット原則には真っ向から反している。この点に加え，日本は不良債権処理に時間をかけ過ぎたという低評価が定着したこともあって，同時期の日銀特融も，過渡期の異常な仕組みに過ぎないと片づけられ，有識者の記憶から消されてしまっていることが多い。しかしながらグローバル金融危機後の各国は，金融機関の実効的な破綻処理手続や制度環境の整備に注力してい

る。日銀特融は，まさに債務超過金融機関の円滑な破綻処理を促進する目的から実施され，しかも一定の発動原則に基づいて運用されていた。その経験や教訓を今こそ学ぶべきなのではないだろうか。

かつて筆者は，若手の日本銀行職員として，特融や金融機関破綻処理の関連事務に従事した。しかし，本書は，いわゆる内幕暴露物ではない。本書に書かれていることは，すべて公表されている情報やデータ，公に出版・刊行されている研究論文や著作物に基づいている。公表されている周知の事実や，金融当局や中央銀行の公式見解であっても，なぜかその後の研究者のレーダーから落ち，忘れられてしまった事実に，再びスポットライトを当てることは，有意義である。

落語家の立川談志は，弟子たちに「よく覚えとけ。現実は正解なんだ。時代が悪いの，世の中がおかしいと云ったところで仕方ない」と説いたとされる。残念ながら，中央銀行の「最後の貸し手」機能の先行研究には，どうであるか，あったかの現実認識，事実判断よりも，どうあるべきかの価値判断や評価のほうが勝ってしまうケースが少なからずみられる。本書では，こうした過ちはできる限り避け，主として日米英欧の中央銀行が「最後の貸し手」機能を発揮した過去の具体的な実例や現存した・する制度的な枠組みを事実関係に忠実に調べ，それらを十分に積み重ねたうえで，満を持して「最後の貸し手」機能の制度設計や発動原則のあるべき姿を論じたい。

グローバル金融危機から約 10 年が経過した今頃になって，こうした調査研究の成果を公にすることにつき，遅いのではないか，時機を逸しているのではないか，というお叱りの声もあろう。現にこのテーマの調査研究に本格的に着手してから現在まで 4 年余りを要しており，作業が長引いたことにつき忸怩たる思いはある。詮無き釈明をすれば，米国と欧州の中央銀行が緊急貸出の制度や手続をようやく見直して適用したのはそれぞれ 2016 年と 2017 年である。また，筆者がかつて師事したハーバード法科大学院のハル・スコット教授が，米国 FRB の「最後の貸し手」機能が規制され弱体化していることにつき警鐘を鳴らした名著を発刊されたのは 2016 年であり，さらに言えば，中曽・日本銀行前副総裁が議長を務めた BIS グローバル金融システム委員会の作業部会が中央銀行による流動性支援の枠組みの準備を促す報告書を公表したのは 2017

年であった。これらの内容に触発され勇気づけられることがなければ，本書を完成できなかった。

　本書の概要を，各章ごとに簡潔に紹介すると以下のとおりである。お急ぎの方は，第1章と第7章からお読みいただき，他の各論章は，必要と問題関心に応じて読み進めていただけるように全体を構成した。

　第1章は，中央銀行が金融システムの安定のために果たす役割に関連づける形で「最後の貸し手」機能やその効果や効果波及経路，費用が何であるかについて標準的な理解の概要を解説したうえで，それらが今世紀入り後，特にグローバル金融危機後に，いかに発展・変容してきたかも紹介している。本書のテーマになじみのない読者が，中央銀行の「最後の貸し手」機能について早わかりをするには，この章を読めば全体像を把握できるようになっている。

　第2章は，中央銀行による「最後の貸し手」の発動原則を打ち立てたソーントンおよびバジョットの考え方を，原書にできるだけ忠実に紹介している。両者の考え方が生み出された時代背景に関する補足説明と関連づけて読むことをお勧めしたい。この章の後半では，先行研究の文献調査を踏まえて，伝統的なバジョット原則をめぐる近年の研究者の論争や主張の対立点について整理し解説している。

　第3章では，日本銀行の「最後の貸し手」機能を解説している。金融機関の破綻処理目的で流動性を供給した先駆的な事例である1990年代における日銀特融の実績や発動原則の運用などについて，破綻金融機関の財務データを利用した分析を試みた。

　第4章は，米国の中央銀行FRBの「最後の貸し手」機能について，連邦準備制度FRBの設立前から，それが設立された1913年以降，そしてグローバル金融危機時の積極的な流動性供給や個別問題先金融機関に向けた信用供与に至るまで，具体事例や制度の枠組みを詳しく解説している。米国の豊富な経験と教訓から学ぶべきものも多い。

　第5章は，英国の中央銀行BOEの「最後の貸し手」機能や流動性保険の枠組み，それらの発動原則について解説している。BOEは「最後の貸し手」であるだけでなく，金融機関の破綻処理を推進する責任も担ってきたことにも着目していただきたい。

　第6章は，欧州大陸諸国における中央銀行の「最後の貸し手」機能について解説している。欧州中央銀行制度が創設される前における欧州大陸主要国の中央銀行による「最後の貸し手」機能の歴史の概要を紹介したうえで，欧州中央銀行 ECB の大規模流動性供給やギリシャ中央銀行の緊急流動性支援の実態を解説している。

　第7章は，本書の調査研究の内容およびグローバル金融危機の経験と教訓を踏まえ，伝統的なバジョット原則を批判したうえで，金融機関の破綻処理や金融危機が今後も起こりうることを前提とした「最後の貸し手」発動原則のあるべき姿を新たに提言している。

　本書の初稿については，筆者の日本銀行時代の上司であった大阪経済大学の髙橋亘教授や中曽宏・日本銀行前副総裁からは，貴重なご助言や有益なご提言と，暖かい励ましの言葉を頂戴し，東京大学の福田慎一教授および政策研究大学院大学の神藤浩明教授からは著書執筆に先立つ全体構想，問題意識のあり方について重要なご指南を賜った。また，内外の金融システム問題の第一人者である翁百合・日本総合研究所理事長には，初稿の細部まで懇切丁寧に精読いただいたうえで，追加して考慮すべき論点や情報についてご教示を賜った。さらに，日本銀行時代の同僚であった鎌田沢一郎・日本証券業協会管理本部共同本部長および森田泰子・日本銀行金融研究所企画役からは，改訂稿の一部を読み込んでいただき的確なご助言とご批評を賜った。これらの方々には，心より感謝の辞を申し述べたい。頂戴したご助言ご提言，ご意見は改稿の過程で織り込んだ積もりではあるが，不十分である点は，筆者の能力不足ということでお赦しいただきたい。

　最後に，勁草書房において拙稿を採択しその編集を担当してくださった宮本詳三・取締役編集部長には，出版経験のない筆者を粘り強くサポートし叱咤激励していただいた。神は細部に宿ると言うが，書を編むがごとき献身的なサポートなしには本書の完成・刊行はなかった。御礼を申し上げたい。

2018 年 5 月

木下　智博

目　　次

金融危機と対峙する「最後の貸し手」中央銀行

破綻処理を促す新たな発動原則の提言：バジョットを超えて

第1章　中央銀行の LLR 機能の概観

　金融危機に直面し自力での資金調達が困難になった金融機関に対し，中央銀行が金融システムの安定を目的に「最後の貸し手」，レンダー・オブ・ラスト・リゾート（Lender of Last Resort: LLR[1]）として，流動性を供給することがある。第1節では，この LLR と中央銀行の機能との関係について述べる。続く第2節では，そもそもなぜ中央銀行による LLR 機能の発揮が金融システムの安定に効くのか，その効果波及経路や費用について解説し，第3節では近年注目される市場流動性収縮という現象への中央銀行の対応を紹介したい。第4節は，本書全体の問題意識を述べている。

第1節　金融システムの安定と中央銀行の機能

（1）　金融システムの安定
（ⅰ）　中央銀行の2つの使命

　一般に中央銀行の使命や政策目的について問われると，真っ先に物価の安定を思い浮かべる向きが多いであろう。しかし，金融論を専門とする学者や，中央銀行の実務家の間では，中央銀行が複数の政策目的を有し，少なくとも，物価の安定に加え，金融システムの安定という2つの使命を帯びている，という

---

1)　レンダー・オブ・ラスト・リゾート（Lender of Last Resort）の略語を LOLR とする文献も少なからず存在するが，本書では多数派とみられる LLR を採用した。

図 1-1　中央銀行の政策手段と政策目的・使命との対応関係

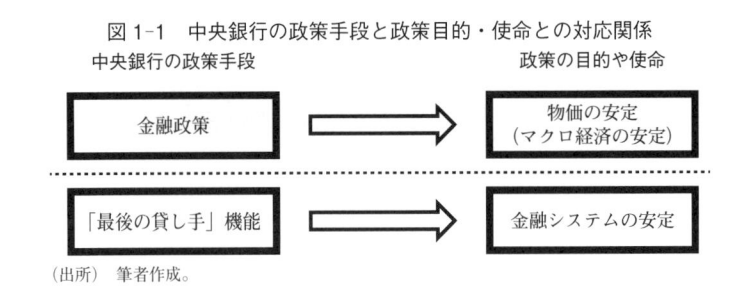

（出所）　筆者作成。

考え方が主流となっている。

　中央銀行は，この2つの使命のうち，前者の物価の安定を目的に金融政策を運営する。一方，後者の金融システムの安定を目的に LLR として，金融機関または金融市場に対して流動性を供給する。図 1-1 は，中央銀行の政策手段と政策の目的・使命との間の対応関係を示している。

　金融システムの安定とは，預金者など金融サービスの利用者が安心して金融サービスを利用でき，金融サービスを提供する金融機関[2] など金融市場参加者が安心して金融取引を行うことができる状態のことを言う。古くは，信用秩序の維持とも表現した。

　金融システムの安定が損なわれると，資金余剰主体と資金不足主体とをつなぐ金融仲介機能が低下し，金融部門の外の実体経済活動を阻害することになる。典型的には家計など資金余剰主体が保有している貯蓄が，投資のための資金が不足している企業など資金不足主体などに供給され難くなるからである。このように，金融システムの安定（不安定）は，金融部門の外の実体経済活動に正（負）の外部効果をもたらす。

　さて，この金融システムの安定と，中央銀行という存在は，どのような関わりがあるのであろうか。実は中央銀行は，それが設立され始めた初期の頃から，金融システムの安定と切っても切れない関係にあった。

---

2)　本書では「金融機関」という言葉を，銀行など預金取扱金融機関に加えて，証券会社，投資銀行，投資会社，保険会社，短資会社，市場ブローカー，資産運用機関，資産管理機関など何らかの形で金融仲介業務に携わる幅広い範囲の民間経済主体を含む意味で用いる。

　中央銀行が果たすべき使命の1つである金融システムの安定について，有識者は以下のように述べている。高名な中央銀行研究家であるグッドハートは，通貨発行権を独占する中央銀行が，第1コア目的（first core purpose: CP1）である物価安定に加え，第2コア目的（second core purpose: CP2）である金融システム安定の2つの責任をも負っており，後者のためにLLR機能を発揮する責務があることを，2008年の金融危機は思い起こさせた，と指摘した（Goodhart ［2009］p. 34）[3]。

　中央銀行幹部も同様の考え方を表明している。米国の中央銀行FRB[4]の元議長バーナンキは，在任中の2012年に米国の大学で行った連続講義[5]で，中央銀行の使命には，マクロ経済安定（macroeconomic stability）[6]と金融システム安定（financial stability）の2つがあると述べ，前者の目的で金融政策（monetary policy）を行い，後者の目的でLLRとして流動性を供給する，と説明している。また，日本銀行（以下「日銀」）前総裁の白川も，中央銀行の主要な役割として，「国によって，また時期によって異なる」と断りつつ，第1に決済サービスの提供，第2にLLRによる金融システムの安定維持，第3に金融政策運営による物価安定の実現，第4に金融機関規制・監督を挙げた（白川［2008］17-20頁）。

　BIS[7]は，47の中央銀行のガバナンスの枠組みを調査・比較・分析した2009年報告書で，大多数の中央銀行が物価安定に加え，金融システム安定に

3）　グッドハートは，物価安定と金融システム安定の2つの目的の間の優先順位に関して，17〜19世紀から存在していた中央銀行の設立初期には，現代的な意味での物価安定が中央銀行の目的とは考えられていなかった，と述べた（Capie, Goodhart and Schnadt ［1994］）。

4）　米国の中央銀行である連邦準備制度（Federal Reserve System：FRS）は，ニューヨーク連銀など12の地区連銀（Federal Reserve Banks）と，これら地区連銀を統括する連邦準備制度理事会（Board of Governors of the Federal Reserve System：FRB）とによって構成される組織である。このため，米国の中央銀行の略称として本来は前者のFRSを用いることが適切であるが，本書では，日本語文献の中でFRBが頻用されている前例にならって，米国の連邦準備制度の全体を指し示す略称としてもFRBを用いることとしたい。

5）　バーナンキは，議長時代の2012年5月にジョージ・ワシントン大学において「連邦準備制度と金融危機」と邦訳される演題の連続講義を4回に分けて行った（Bernanke ［2012］）。

6）　バーナンキの連続講義は，マクロ経済安定と中央銀行の政策目的との関係について，すべての中央銀行は，インフレが低率で安定するよう努力し，また，ほとんどの中央銀行が，生産と雇用の安定的な成長を促そうとしている，と説明した。

表 1-1　日米欧英における中央銀行の役割

	日銀	FRB （米国）	ECB （欧州ユーロ圏）	BOE （英国）
金融政策	○	○	○	○
決済システム	○	○	○	○
金融機関規制・監督	×[注1]	○	○[注2]	○[注3]
「最後の貸し手」	○	○	△[注4]	○
政府の銀行	○	○	×	○

(注 1)　日銀は，金融機関規制は行っていないものの，考査に関する契約を締結した金融機関への立入調査や，役職員との面談や電話ヒアリング，提出された経営資料の分析などを通じて，金融機関の業務および財産の状況を把握しリスク管理体制を点検している。

(注 2)　ECB は従来，金融機関を規制・監督する役割は担っていなかったが，2014 年に発足した単一監督メカニズム（Single Supervisory Mechanism: SSM）のもとで，ユーロ圏内のすべての銀行約 6,000 行を直接・間接に監督する責任を与えられ，このうち重要な銀行約 130 行を直接に監督している。

(注 3)　2013 年の金融監督体制再編により，従来 FSA（Financial Services Authority，金融サービス機構）が担っていた個別金融機関を規制・監督する機能は，BOE 傘下の付属機関 PRA（Prudential Regulation Authority，プルーデンシャル規制機構）などに移管された。PRA は 2017 年に BOE 本体に吸収され，銀行，住宅金融組合，信用組合，保険会社など金融機関約 1,500 先を監督している。

(注 4)　欧州ユーロ圏では，金融システム安定を目的とした LLR に最も近い緊急流動性支援の実施主体は，ECB でなく，各加盟国それぞれの中央銀行である。ただ，金融危機対応で ECB が実施した「金額無制限」の大規模流動性供給を広義の LLR に含める考え方も近年は聞かれるようになっている。

(出所)　白川［2008］21 頁掲載の表を，最近の変化を織り込んで筆者が編集。

ついても責任を負っている前提（presumption）で政策を運営している，と述べ た（Bank for International Settlements, Central Bank Governance Group［BIS CBGG］［2009］p. 25)[8]。

　表 1-1 は，日本，米国，欧州，英国それぞれの中央銀行である日銀，FRB，ECB（European Central Bank，欧州中央銀行），BOE（Bank of England，イングランド銀行）の 4 行の役割を比較したものである。このように「最後の貸し手」機能は，4 か国・地域の中央銀行にとって，金融政策と並び重要な位置づけを得ている。

---

7)　BIS（Bank for International Settlements，国際決済銀行）とは，1930 年に設立されたスイスのバーゼルに本部がある国際機関で，2015 年 6 月末時点でわが国を含め 60 か国・地域の中央銀行が加盟し相互協力を促進するための組織である。

8)　BIS 報告書は，大多数の中央銀行が金融システム安定の責任を負っている前提で政策遂行しながらも，それに関する根拠や責任範囲が法令上に明示されている先は半数を下回っている，と指摘している。

表1-2　金融システム安定目的のマンデートの重要性の大小

	伝統的な LLR	伝統的 LLR を超えた支援	破綻処理への介入	決済システムへの支援
日本	大	中	小	なし
スウェーデン	大	やや大	なし	なし
豪州	大	小	なし	中
ECB	小	なし	なし	小
英国	大	中	中	小
ポーランド	大	大	中	なし
チリ	大	なし	中	なし
メキシコ	大	中	中	大
米国	大	大	大	大
フランス	中	なし	大	なし
タイ	やや大	中	大	なし
マレーシア	大	中	中	大
フィリピン	大	中	大	なし

（出所）　BIS SG［2011］p. 19 掲載の表を筆者が抄訳・編集。

　BIS は，前述した 2009 年報告書のフォローアップを行うスタディ・グループを立ち上げ，2011 年に「中央銀行ガバナンスと金融システム安定」と題した報告書を公表した（Bank for International Settlements, Study Group［BIS SG］［2011］）。これは 2007 年以降の国際金融危機，グローバル金融危機[9] の経験と教訓を踏まえ，中央銀行が金融システム安定にどこまで広く深く関与することが適切かという問題意識に基づく調査結果をとりまとめたものである。

　表1-2 は，このフォローアップに参加した，新興国を含む 13 中央銀行に関して，金融システム安定を目的とするマンデートの軽重を評価したものである

---

9)　本書では，2007 年以降の一連の国際金融危機を，一般名詞としての国際金融危機と区別すべく「グローバル金融危機」という固有名詞で呼んでいる。2007 年 8 月にサブプライム住宅ローン関連の巨額損失が発覚したことによる金融不安，流動性収縮に始まり，2008 年 9 月のリーマン・ショックにより一段と深刻化し，さらには 2010 年以降の欧州ソブリン債務問題が 2015 年 8 月のギリシャへの第 3 次支援などによってようやく収束するまで続いた一連の国際金融危機は，世界の実体経済面の急激な景気後退も伴う形で進行した。2007 年以降の一連の国際金融危機は，英文では複数形の Global Financial Crises または The Second Great Contraction（第 2 次大恐慌）などと呼ばれているが，これに単なる国際金融危機という訳語をあてると一般名詞と誤解されるおそれがあることから，本書では，固有名詞の意味で「グローバル金融危機」という訳語を用いたい。

表 1-3　19 世紀以前に中央銀行機能を備えていた中央銀行

	設立（年）	通貨発行独占（年）	LLR 機能取得（年代）
リクスバンク（スウェーデン）	1668	1897	1890
BOE（イングランド銀行）	1694	1844	1870
フランス銀行	1800	1848	1880
フィンランド銀行	1811	1886	1890
オランダ銀行	1814	1863	1870
オーストリア国民銀行	1816	1816	1870
ノルウェー銀行	1816	1818	1890
デンマーク国民銀行	1818	1818	1880
ポルトガル銀行	1846	1888	1870
ベルギー国民銀行	1850	1850	1850
スペイン銀行	1874	1874	1910
ライヒスバンク（ドイツ）	1876	1876	1880
日本銀行	1882	1883	1880
イタリア銀行	1893	1926	1880

（出所）　Capie et al.［1994］p. 6 の表を筆者が和訳。

　が，ほとんどの中央銀行が「伝統的な LLR」を「重要性が大」と位置づけている。

(ii)　中央銀行の小史

　ここで，中央銀行の歴史を少し遡ってみたい。

　西洋諸国の中央銀行には，19 世紀以前から存在していたものが多いが，こうして古くから存在する中央銀行のほとんどは当初，特別な商業銀行（special commercial banks）として設立され，その後に，現代の我々が中央銀行と考えるような機能を身に着けた。このため，いつ何をもって「中央銀行化」したかの特定が容易でない（Hoggarth and Soussa［2001］）。

　そこでキャピーやグッドハートらは，BOE 設立 300 周年記念シンポジウムに提出された論文の中で，LLR 等の機能面に着目した中央銀行の定義を採用した。すなわち，中央銀行は，①政府の銀行，②独占的な通貨発行，③LLR，の 3 つの機能を備えた時点で初めて「真の中央銀行になった」とみなして，表 1-3 にある中央銀行の一覧表を作成した（Capie et al.［1994］pp. 5-6）[10]。

　本章の冒頭，現代の中央銀行の政策目的として物価安定を思い浮かべる向き

が多いと述べた。ところが，中央銀行の歴史をこのように遡ると，むしろ逆に，LLR 機能や金融システム安定との関わりが深いことが明らかになる。中央銀行史においては，金融システムの安定を目的とする LLR 機能が，物価安定を目的とする金融政策と同等の，あるいは，それ以上の重みを有するコア機能なのである。

　LLR 機能の研究者には，米国 FRB などの中央銀行が設立された目的が LLR 機能にあったことを背景に，中央銀行の最も中核的な機能は LLR であるとか，「最後の貸し手」と中央銀行とは同義である，と論じる者も少なくない（Hawtrey［1932］, Bordo［1989, 1990］, Goodhart［1999, 2010］など）[11]。日銀前総裁の白川も「今日では銀行券の独占的発行と『最後の貸し手』機能は中央銀行を特色づける本質的な機能であると理解されている」と解説する（白川［2008］9頁）。

(2)　LLR 機能と金融政策との関係

　金融システム安定目的の LLR と物価安定目的の金融政策とを区別することは，供給される「お金」に目的別の色が着いていない以上，容易でない。いずれも中央銀行が流動性を供給し管理する行動であることには変わりない。また，LLR 機能と金融政策と截然と区別しそれぞれの効果を独立に論ずることは，あまり有益でない。

　中央銀行のある１つの政策が，金融システム安定と物価安定（マクロ経済安定）の両方を目的として運営されることは多い。また，たとえ当初の目的あるいは主たる目的がその一方にあったとしても，結果として他方にも副次的効果が生じることもある。BIS グローバル金融システム委員会は，マクロプルーデンス政策[12] の手段や枠組みに関する解説書の中で，2007 年以降の国際金融危機の教訓として，金融システムの安定が金融政策の効果を補強する側面や，金

---

10)　表1-3 には記載されていないが，他にオランダ領アンティル（設立 1828 年），インドネシア（1828 年），ブルガリア（1879 年），ルーマニア（1880 年），セルビア（1883 年）の中央銀行が 19 世紀以前から存在していた。

11)　Bordo［1990］p. 25 は「伝統的な見方では，最後の貸し手の役割（role）は中央銀行の役割と同義（synonymous）だ」と述べている。

融政策と金融システムの安定を目的とする政策との間の相互作用を重視している（BIS Committee on the Global Financial System [BIS CGFS] [2010]）。

　実例を挙げると，米国 FRB は 2008 年 9 月のリーマン・ショック[13] の直後，時限的な流動性供給ファシリティを矢継ぎ早に新設した（第 4 章で後述）ほか，5,000 億ドル規模の住宅ローン担保証券買入れを実施したが，こうした政策手段のパッケージ全体は，当時のバーナンキ FRB 元議長の言葉を借りれば「信用緩和」（credit easing）と総称され，政策目的とされていた物価安定，マクロ経済安定，金融システム安定のすべてにつき一定の効果をあげたとされている。また，中曽・日銀前副総裁は 2013 年の講演で，ECB による資金供給と国債買入れの実施などを例に，金融システム安定のための政策と非伝統的な金融政策とが相互補完的に作用することを指摘した（Nakaso [2013]）[14]。

　とはいえ，2 種類の政策の間の相互作用を強調し，一体不可分論を突き詰めていくと，本書が取り上げる中央銀行 LLR 機能の範囲が際限なく広がり，物価安定目的の金融政策の分野まで深入りせざるをえなくなる。そこで，本書では，あくまでも便宜的な定義ではあるが，中央銀行による流動性供給のうち，金融システムの安定を，主たる目的に，または，副次的な目的に掲げて実行されたものを，LLR として取り上げたい。

　具体的には，図 1-2 のベン図の中の実線で描かれた楕円の内側の部分が，本書が取り上げる LLR の範囲である。なお，グローバル金融危機以降に ECB が

12）　マクロプルーデンス政策とは，金融システム全体のリスクの状況を分析・評価する考え方に基づいて実施・運営される政策のことを言う。個々の金融機関の経営を把握しその健全性を確保する検査・考査やオフサイト・モニタリングなど伝統的なミクロプルーデンスの考え方に基づく金融機関監督だけでは，金融システム全体としての安定が必ずしも確保されなかったという教訓を踏まえ，特に金融システムを構成する金融機関や金融資本市場等とそれらの相互連関，実体経済と金融システムの連関がもたらす影響が重視される。

13）　2008 年 9 月 15 日に Lehman Brothers 証券が経営破綻し破産申請したことをきっかけに，すでに不安定化しつつあった米国をはじめとする主要国の金融システム，金融資本市場における信用不安が一段と深刻化し，国際金融市場における流動性が枯渇した結果，未曾有の金融危機，急激な景気後退に陥ったことを言う。

14）　近年の日銀によるいわゆる非伝統的な金融政策についても，金融政策と金融システム安定政策の 2 つの政策行動を一体として捉え，「最後の貸し手」機能の発揮という観点から分析・評価を試みた研究論文もある（霧見 [2010]）。

図1-2　本書の取り上げる LLR の範囲

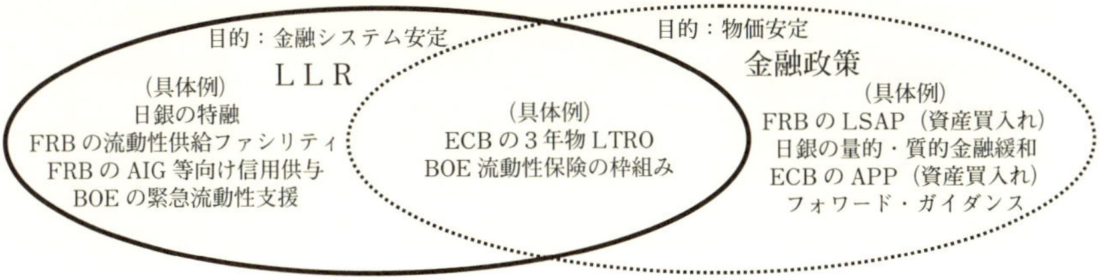

（出所）　筆者作成。

実施した3年物 LTRO（長期リファイナンシング・オペ）や，BOE が導入した流動性保険の枠組みは，金融システムの安定の目的も，物価安定あるいはマクロ経済安定の副次的な効果のいずれも有するものであったと考えられることから，実線で描かれた楕円と破線で描かれた楕円の交わりの部分に属するものと考えられる。

（3）　中央銀行による流動性供給

（i）　資金流動性と市場流動性

　中央銀行は，金融機関または金融市場に対して，流動性を一時的に供給することで LLR 機能を発揮する。この流動性には，資金流動性（funding liquidity）と市場流動性（market liquidity）の2つがある。

　ここで，資金流動性とは，金融市場における資金調達のしやすさのことを言うが，中央銀行が金融機関に対して供給する資金流動性とは，資金そのものである。具体的には，中央銀行が民間金融機関に一時的な貸付けを行ったり，その金融機関が保有する金融資産を買入れたりすると，その見合いで図1-3 に示したとおり，その金融機関の保有する中央銀行預金が増加することになる[15]。

　これまで，中央銀行が LLR 機能を発揮して供給できるのは，資金流動性が

---

15)　本書では，金融機関の財務内容の健全性（あるいはその逆の支払不能状態），または，流動性の状態を，単純化したバランスシートを用いて図解したい。その際，資産・負債の各項目の公正価値は，長方形の高さによって表現され，資産・負債の各項目の大小を不等号の向きで示している。

図 1-3　中央銀行の民間金融機関向け貸付け

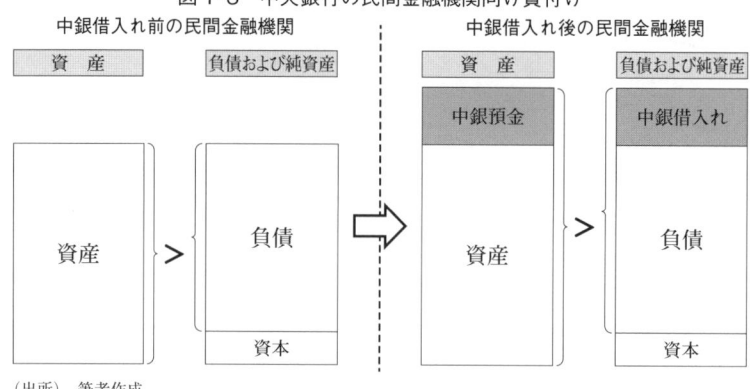

（出所）　筆者作成。

中心と考え，学術的な研究や議論もほとんどが，資金流動性供給を取り扱ってきた。現に 19 世紀以降の中央銀行業務の歴史においても，LLR の実例はほとんど資金供給であった。

　これに対して，市場流動性とは，特定の金融商品市場や特定の金融資産に関する取引のしやすさのことを言う。具体的には，市場参加者が，例えば国債や株式などの金融資産を売ろう（買おう）とした場合に，その時点で観察されている市場価格あるいは他の市場参加者が提示する買い気配値（売り気配値）に，どれだけ近い価格で実際の取引を速やかに執行できるかが問題となる。大口の取引であっても，大きな価格変動を避け速やかに取引を執行できる状態の市場は，市場流動性が高いと考えられ，逆に気配値を大幅に切り上げても，あるいは，切り下げても，目的の金融資産の取引がなかなか成立しない状態の市場は，市場流動性が低いと考えられる。

　市場流動性は，定量化し計測することが必ずしも容易ではないが，1 つの指標としては，特定の金融商品を取引する bid-ask spread，すなわち買い気配で提示された価格・利回りと，売り気配で提示された価格・利回りとの間のスプレッド，較差で捉えることができる。市場で観測された bid-ask spread が大きい場合には市場流動性が低く，逆に bid-ask spread が小さい場合には，市場流動性が高い，という負の相関関係にある。

　2007 年以降のグローバル金融危機においては，システミック・リスクが

「資金流動性と市場流動性の相乗的収縮によって拡大」し，市場取付け（market run）や市場流動性の枯渇をもたらした際には，米国 FRB など主要国の中央銀行がとった行動は，自ら市場流動性を供給し「マーケット・メーカーとなって市場機能の回復維持を手助けする措置」にまで広がっていたと理解されている（中曽 [2013]）。中央銀行によるこうした市場流動性の供給は，MMLR（Market Maker of Last Resort, マーケット・メーカー・オブ・ラスト・リゾート）[16] と呼ばれ，LLR 機能の一種にも含まれるが，グローバル金融危機時の中央銀行の危機管理対応を特徴づけるものである。

　本書では，この MMLR 機能まで含めて，中央銀行の LLR 機能として取り上げる。

(ii)　一時的な流動性

　中央銀行が LLR として行うのは，あくまでも一時的な流動性供給に過ぎない。

　中央銀行が資金流動性を供給した場合，いったん供給された流動性が，いずれは中央銀行に返済・返還されることが大前提である。貸し付けられた資金は，必ずしも数か月という「短期間」とは限らないものの，必ず返済期限が設けられている。グローバル金融危機においては，主要国中央銀行が LLR として供給した資金の返済期限が長期化したが，それでも米国 FRB の場合は 5 年，欧州の ECB の場合は 3 年が最長であった。

　中央銀行が市場流動性を供給する場合も同様に一時的な流動性供給である。例えば，米国 FRB はグローバル金融危機の際に，流動性の低い資産を担保に取得し，流動性の高い財務省証券を貸し出すことで担保資産を交換する TSLF（ターム物証券貸出ファシリティ，第 4 章で後述）を導入したが，一定の返還

---

16)　中央銀行による MMLR 機能の発揮という考え方は，中曽・日銀前副総裁が BIS 在籍時に，1990 年代後半のわが国の金融危機に直面した日銀の危機管理方策やその教訓を振り返り詳細に記録・解説した Nakaso [2001] の中に初めて登場した。Nakaso [2001] p. 9 は，1997 年の三洋証券の倒産と無担保コール市場における戦後初の債務不履行（デフォルト）の結果，わが国の短期金融市場に市場流動性が枯渇してしまった際，日銀が 22 兆円もの大規模な流動性供給を実行する一方で，短期資金が偏在・滞留した外銀から資金を吸収したことを紹介し，日銀は事実上の MMLR 機能を発揮していた（in effect an exercise of the function of market-maker of last resort）と述べている。

期限が設けられている。また，ABS（Asset-Backed Securities，資産担保証券）市場や CP（短期社債）市場など特定の金融商品の市場流動性の回復をねらって特設した流動性供給ファシリティはいずれも返済義務のある貸付けとして実施されていた。

　このように中央銀行 LLR は，一時的な流動性を供給するに過ぎない。決して，金融機関に無償で資金を贈与したり，富や所得の移転をしたりする政策手段ではない。

（4）　金融セーフティネットにおける中央銀行 LLR の役割
（i）　中央銀行と預金保険の役割分担

　金融システムの安定を損なうきっかけとなる事象として挙げられるのが，経営不振に陥り債務超過[17] に転落した金融機関の倒産，破綻である。こうした事態が，信用不安や金融危機に発展することを回避するための手段として，中央銀行 LLR や預金保険など金融セーフティネット（安全網）があらかじめ準備，整備された国・地域が多い。

　債務超過に転落した金融機関は，速やかに破綻処理を開始することが望ましい。この破綻処理の際に，最初に破綻処理費用を支出するのは，中央銀行 LLR ではなく，預金保険などの金融機関破綻処理用の基金などであることが多い[18]。また，最終的に破綻損失を含む破綻処理費用を負担するのも預金保険の役割である。中央銀行 LLR も預金保険も金融のセーフティネットの一部を構成しているものの，一般的には，流動性供給は中央銀行 LLR が行い，金融機関の破綻処理費用を負担し損失を補填するのは預金保険という形の役割分担が成立している。

17）　債務超過（insolvent）とは，損失が嵩んで財務内容が悪化することで，負債全体の価値が資産全体の価値を上回った状態のことを言う。支払不能と同義である。

18）　預金保険や破綻処理用の基金は，金融機関のサービス利用者を保護する目的で設立されている。わが国では金融機関のサービス利用者を保護する仕組みとして，金融機関の預貯金者については預金保険制度（預金保険機構）や貯金保険制度（農水産業協同組合貯金保険機構）が，証券会社（金融商品取引業者）が顧客から預かった財産については日本投資者保護基金が，生命保険会社・損害保険会社の契約者についてはそれぞれ生命保険契約者保護機構，損害保険契約者保護機構が設けられている。

図1-4　債務超過の金融機関による中央銀行借入れ

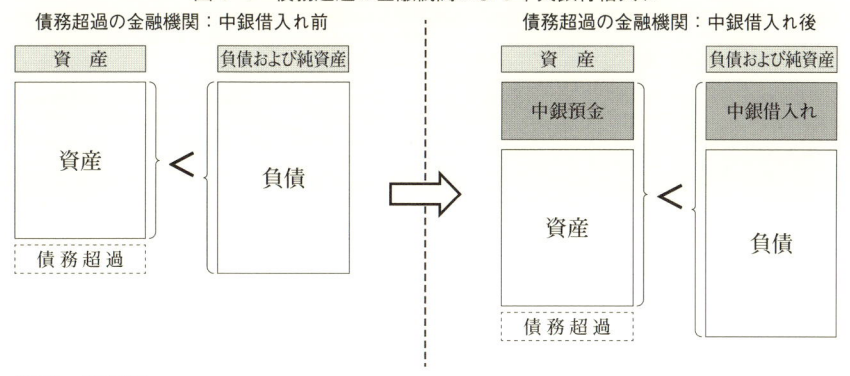

（出所）　筆者作成。

(ⅱ)　中央銀行 LLR は救済しない

　LLR としての中央銀行から貸し付けられた流動性の元本や利子は，借り手金融機関の負債として計上される。借り手金融機関が，借り入れた元利金をそのまま自動的に受贈益や債務免除益として計上できるわけではない。中央銀行 LLR には，すでに実質的に倒産した債務超過金融機関を，支払能力のある状態に復元し救済する効果がある，と考えることは，LLR の機能や効果に関する誤解である。

　この点を確認するために，すでに債務超過に陥っている金融機関の債務超過幅や支払不能状態が，中央銀行からの借入れの前後でどのように変化するかを図解したい。

　図1-4 は，左側に中央銀行借入れ前の債務超過金融機関のバランスシート，右側に中央銀行借入れ後の債務超過金融機関のバランスシートを示している。これが示すとおり，債務超過の金融機関が中央銀行から資金を借り入れても，資産に中央銀行預金が，負債に中央銀行借入れが，それぞれ同額，加わるだけであって，この金融機関が債務超過・支払不能であることや，債務超過幅には全く変わりがない。

　図1-5 は，債務超過の金融機関が借り入れた資金（中央銀行預金）でもって短期負債を返済する経理処理をやや詳しく図示したものである。この金融機関が中央銀行借入れによって短期負債を返済しても，返済額の分だけ短期負債

図 1-5　中央銀行借入れを受けた債務超過金融機関の短期負債返済

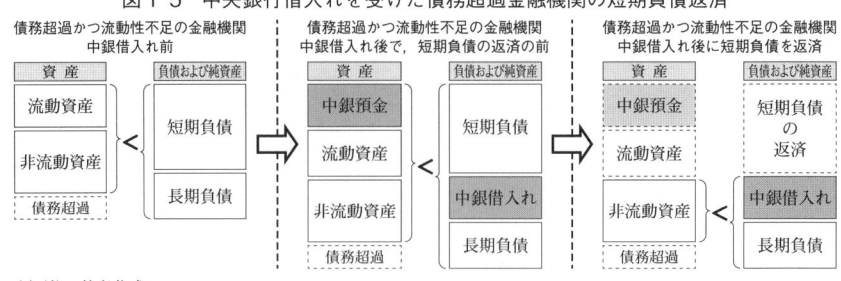

（出所）　筆者作成。

図 1-6　中央銀行による資産買入れ後の債務超過金融機関

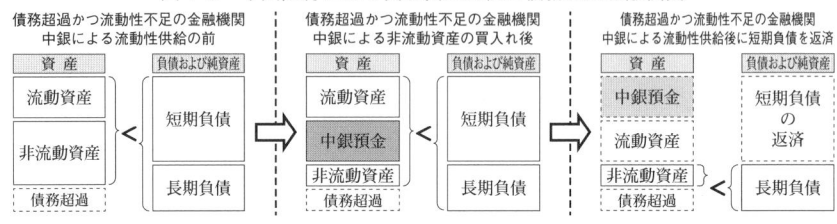

（出所）　筆者作成。

が中央銀行借入れに振り替わるだけであって，この金融機関の負債総額が資産総額を上回る債務超過であることや債務超過幅には変わりがない。

　図 1-6 は，中央銀行 LLR が，債務超過金融機関の保有する流動性の低い資産の一部を買入れて資金（中央銀行預金）を供給することで実行されるケースを図示している。このケースでも，図 1-4 や図 1-5 と同様に，金融機関が債務超過であることや債務超過幅は，中央銀行 LLR の実行前と後とで全く変わりがない。

（iii）　中央銀行 LLR が救済するという誤解
　中央銀行 LLR に関しては，債務超過金融機関の損失を補塡し救済したという事実誤認，因果関係の誤解がしばしば聞かれる。中央銀行 LLR が借り手金融機関へ直接に資金を贈与することも，損失を補償・補塡することもないにもかかわらず，不思議なことに，それとは全く正反対の，図 1-7 のような資金贈与イメージが形成されるのである。

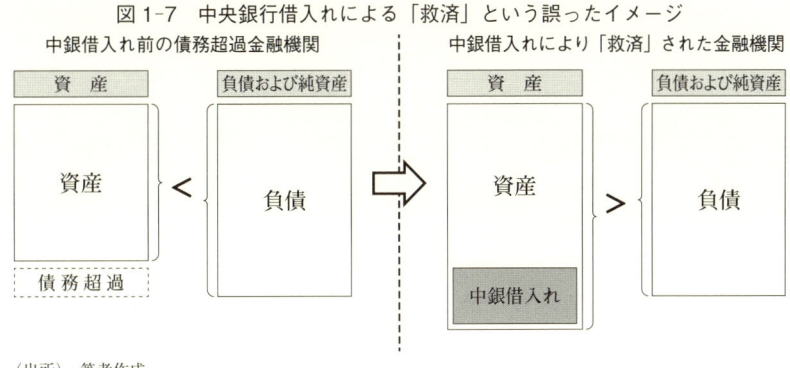

図 1-7　中央銀行借入れによる「救済」という誤ったイメージ

（出所）　筆者作成。

　過去の金融危機では，中央銀行が LLR 機能を発動するたびに「本来は倒産すべき債務超過金融機関が LLR のお蔭で救済（bail-out）された」「中央銀行が大き過ぎて潰せない（too-big-to-fail: TBTF）金融機関を救済した」といったレッテル貼りが横行した。特に米国では，この誤ったイメージが流布されてウォール街の大銀行への反感が強い国民世論を刺激したことで，中央銀行の LLR 機能が政治的な攻撃や情緒的な反応の標的にされることが多かった。詳しくは BOX 1「Greenspan Put 信仰」を参照されたい。

　いくら誤解に基づくものであったとしても，こうした救済期待がいったん金融機関の経営者やリスク管理責任者の思考・行動様式に刷り込まれてしまうと，金融機関のリスク管理インセンティブや経営規律が弱められる弊害を生む。たとえ偽薬（placebo）であっても，その効能を信じ期待する経済主体がいる限り，金融取引の判断やインセンティブが歪められ，モラル・ハザードの問題を惹き起こすからである。

　また，中央銀行 LLR ではなく，預金保険やその後ろ盾となっている政府・国家財政が，何らかの事情で，実質的に破綻している金融機関の救済に追い込まれたことは過去にいく度もあり，こうした前例の積み重ねが「大き過ぎて潰せない金融機関」の側に救済してもらえる期待を抱かせ，平時における過度なリスク・テイク行動を助長したことは紛れもない事実である。グローバル金融危機の重要な教訓として，TBTF 金融機関の問題（以下「TBTF 問題」）を解消

すべく，実効的な金融機関破綻処理手続や環境を整備することが，各国金融監督当局・中央銀行にとっての喫緊の政策課題となっている。

　しかしながら，TBTF 問題と，中央銀行 LLR の問題とは，その両者の発生過程や効果波及経路を区別しなければならない。TBTF 問題の元凶は中央銀行 LLR だ，という短絡的な因果関係の誤解に基づき，金融システムの安定のための教訓を導き，政策や制度設計の処方箋を書くことは極めて危険である。

　実質的に破綻した TBTF 金融機関を直接に救済したのは中央銀行 LLR だ，という事実誤認や因果関係の誤解を前提に制度設計を始めると，「それならば債務超過金融機関に対する LLR を厳禁にすべきだ」とか「破綻処理さえ実行すれば問題がすべて解決され流動性不足が解消される」といった結論に飛躍する。これは不幸な誤りである。現に，各国の金融監督当局が参画する FSB（Financial Stability Board，金融安定理事会）の最近の協議でも，破綻処理中の金融機関のために一時的な資金調達手段をいかに確保するかという問題が，実効的な金融機関破綻処理手続・環境の整備に向け克服すべき「重大な障害」（material impediment）であると繰り返し指摘している（Financial Stability Board [FSB]［2014c, 2015b, 2015e, 2016a]）。

　長年 LLR の研究に取り組んできた研究者の間からは，中央銀行の LLR 機能をめぐる概念の曖昧さや，言葉に付着している価値観が妨げとなって，議論が噛み合わず混乱しがちだ，との嘆きが聞かれる[19]。中央銀行 LLR が大き過ぎて潰せない金融機関を救済したのだ，といった誤解が，今後の中央銀行 LLR をめぐる政策判断，制度設計の誤りをもたらさないよう，冷静な議論，緻密な分析を期待したい。

（5）　中央銀行の優位性

　中央銀行にとり金融システム安定目的での LLR 機能がいかに重要であるか

19）　Kaufman［1991］p. 95 が「LLR はこれまで経済学や銀行論の中でかなり議論されてきたにもかかわらず，常に曖昧（vague）な概念であった」と指摘したほか，Humphrey and Keleher［1984］p. 275 は「言葉の意味合い（semantics）の違いがしばしば議論を混迷（cloud）させた」とこぼした。さらに Goodhart［1999］p. 339 に至っては，中央銀行 LLR の既存研究について「役に立たない神話（myths）が本質的な問題を見誤らせる（obscure）傾向がある」と批判している。

を述べてきたが，逆に，LLR 機能は中央銀行が発揮しなくてはならないものなのであろうか。

西洋社会の金融史を振り返ると，中央銀行以外の組織や機関が LLR の機能を担った事例が散見される。LLR の考え方の発祥の地である英国では，19 世紀初頭までは，BOE よりも政府・財務省のほうが積極的であった。FRB 設立前の米国では，ニューヨーク手形交換所をはじめ都市部の手形交換所が LLR 類似の機能を発揮した。ドイツ連銀は 1974 年に，自らが LLR 機能を発揮する代わりに，民間銀行との共同出資で流動性供給の専門機関を設立した。

また最近では，預金保険に LLR 機能を持たせる改革がみられる。例えば，わが国の預金保険機構は，2013 年改正預金保険法により，債務超過になる前の金融機関の資金調達を支援する機能を与えられた。2010 年ドッド・フランク法施行後の米国では，フィッシャー FRB 前副議長の言を借りれば「FDIC（連邦預金保険公社）も LLR の役割を担うに至った」のである（Fischer [2016]）。

かつて FRB 副議長を務めたブラインダーは「中央銀行が唯一の最後の貸し手であるべきだという主張は，議論の余地がないどころか陳腐なほどに当たり前であろう（not just uncontroversial, but probably banal）」と言い切る（Blinder [2010] p. 132）[20]。もっとも，このように断言する意見は少数であり，むしろ LLR 研究者の多くは，ボルドーの「LLR 機能を担うのは公的機関でなくてはならないが，中央銀行である必要はない」[21] という考え方に近い。

グッドハートは，民間銀行と競争しない公的機関が LLR 機能を担うべきだと主張した。その論拠として，民間銀行として設立された BOE が当初，他の民間銀行との利益相反関係が背景にあり LLR 機能を適切に発揮できなかったものの，19 世紀半ば以降，利潤最大化を目的とせず競争しない（noncompeti-

---

20)　ブラインダー論文はこのように断言したうえで，その論理的帰結として，金融システム安定の責任を負う中央銀行は，LLR 機能の発揮や金融政策との整合性が求められるシステミック・リスク規制当局（systemic risk regulator）の役割も担うべきだ，と主張する。
21)　Bordo [1990] p. 27 は，FRB 設立前の米国や，カナダの銀行協会が 19 世紀終盤から 20 世紀初頭にかけて金融危機管理の役割を担った実例を根拠に，LLR 機能は中央銀行が担う必要はない，と述べた。また，Capie [1998] p. 315 も，LLR 機能の担い手は「主に中央銀行ではあるが，もちろんそうである必要はない」（It is mainly central banks, though of course it need not be）とした。

tive, non-profit-maximizing）組織に進化したことで LLR 機能を発揮するように
なった歴史的経緯を紹介している（Goodhart [1988] p. 104）[22]。ティンバーレイ
クも，19 世紀米国で民間手形交換所が有効に機能したことを紹介しつつ，結
局は法律に基づく公的な裏付けがなく公衆からの信認を得られない弱みがあっ
たことも指摘した（Timberlake [1984]）。

　LLR 機能は，このように公的機関が担うべきものであっても，中央銀行が
発揮する必要性，必然性はない。しかしながら，中央銀行は，他の公的機関と
比べると，LLR 機能を発揮する業務運営の面で，以下 5 点の優位性を有して
いる。

　第 1 に，中央銀行は，独占的な通貨発行機能を有しているために，資金を調
達せずに流動性を供給できる自由度がある。逆に，預金保険や政府など中央銀
行以外の公的機関は，資金調達の必要があることが，機動的な流動性供給を実
施するうえでの制約となる。流動性供給の機動性・迅速性を優先して，あらか
じめ資金を借り入れた場合には，追加的な資金調達費用が生じてしまう。

　第 2 に，中央銀行は，バランスシートを自在に拡張することによって，自ら
の負債に計上される中央銀行マネーを必要な量だけ創造できる（Goodhart
[2010]）。中央銀行マネーは，現金発行高と金融機関が中央銀行に保有する当
座預金とを合計したものであり，マネタリー・ベースやベース・マネーとも呼
ばれ，ファイナリティ（支払完了性）のある決済手段である。中央銀行は，金
融機関が資金不足を起こした勘定——多くの場合は当該金融機関が中央銀行に
保有する当座預金が不足している——に対し，直接，ピンポイントかつ迅速に
流動性を供給できる。

　第 3 に，中央銀行は，民間銀行類似の業務を行っており，貸付けや手形割引
などの与信業務やそのための担保審査・管理などの実務を普段から取り扱って
いる[23]。民間銀行類似の与信業務・担保実務の経験を通じた事務習熟がなけ
れば，機動的かつ迅速な流動性供給を堅実かつ確実に遂行することは難しい。

　第 4 に，中央銀行は，普段から金融市場全体の動向を把握し専門知識を蓄積

---

22)　Goodhart [1987]，Capie [1998] も同趣旨。なお，Capie [1998] p. 322 は，当時の BOE と他
の株式会社銀行との間に対立感情（antipathy）が根強かったことを指摘した。

している。金融市場あるいは金融システムの全体に波及するシステミック・リスクの防止のためには，中央銀行の有する金融市場情報を活用することが適当と考えられる。

　第5に，中央銀行がもう一方の使命として，物価の安定を目的とする金融政策を遂行している点である。中央銀行は，金融政策運営の一環として，政策金利を目標水準に誘導するために短期金融市場に供給される資金量を調整する金融調節を日常的に行っている。仮に，金融システムの安定を目的として供給された巨額の資金流動性が短期金融市場に流れ込んだ場合には，市場金利が乱高下するなど不測の事態を招きかねず，これが金融システム不安を助長するおそれもある。したがって，金融システム安定目的の LLR を担当する組織と，中央銀行において金融政策目的の金融調節を担当する部署とは，流動性供給に先立って緊密に連携・協議しなくてはならない。

BOX 1　Greenspan Put 信仰

　著名な経済学者で金融論，FRB 研究の第一人者である米カーネギー・メロン大のメルツァー教授は，民間金融機関が 2007 年以降の金融危機の原因とされるサブプライム住宅ローン関連の証券化商品など極めて危険な資産に過大な投資をした背景には，いわゆる Greenspan Put（事実上，損失を補償するプット・オプションと同様の効果のある政策をグリーンスパン議長下の FRB が実施したという意味）があった，と述べた（Meltzer [2009]）。メルツァーはこの論考の中で，FRB がヘッジ・ファンド Long-Term Capital Management（LTCM, 1998 年）や Continental Illinois 銀行（1984 年），First Pennsylvania 銀行（1980 年）など問題金融機関の倒産を繰り返し防止した過去の行動が，FRB が損失を防ぎ救済してくれるはずだという期待を金融機関経営者の頭に植え付け，モラル・ハザード問題を惹き起こした，と厳しく批判した。

---

23)　Fischer [1999] pp. 88-90 は，LLR 機能の発揮に通貨発行権は必要ではなく，むしろ金融市場や金融機関に対して信用を供与する能力が求められる，と述べている。なお，中央銀行信用に伴う担保管理実務に関して Goodfriend [1991] p. 16 は，個別金融機関が FRB の貸出を活発に利用するのは，第三者対抗要件を具備した担保の取得（perfect a collateral interest）が FRB など政府機関にしか認められないという担保法制面の優位が背景にある，と指摘したうえで，こうした担保取得の特権（pledging privileges）が銀行間の資金貸借にも適用できれば民間金融市場も中央銀行貸付けと同様の機能を提供できることを示唆した。

　もっともらしい立論である。救済期待が金融機関の経営規律やリスク管理を弛緩させ金融システムの安定を損なう弊害はメルツァー教授の指摘のとおりである。しかしながら，この論考を読んで FRB の LLR が金融機関を救済したと理解することは誤りである。こうした誤解を広めてしまう記述は罪深い。

　改めて事実関係を確認しておきたい。まず LTCM について，FRB は民間金融機関による支援を強力に促したが，自ら LLR 機能を発動しなかった。また Continental Illinois 銀行の最終支援策では，FDIC（Federal Deposit Insurance Corporation，連邦預金保険公社）が同行の不良債権買取りや優先株出資を通じ損失を負担した一方で，FRB の連銀貸出は全額返済された。さらに First Pennsylvania 銀行が破綻を免れたのは，FDIC と民間銀行団による信用補完目的の劣後ローンを受けたからである。いずれのケースでも，問題金融機関を救済したのは，決して FRB の LLR ではない。

　メルツァー教授の事実誤認を指摘したいわけではない。むしろ，これほどの金融論の大家ですら，Greenspan Put の弊害や TBTF 問題を，FRB の LLR の問題と誤って直結させ混同してしまうほど，米国の金融界・学界の中に「FRB が大き過ぎて潰せない金融機関は救済してきた」という記憶が，根強い「信仰」のように刻み込まれていることを強調したいのである。

　なぜなのだろうか。なぜ FRB の LLR が大銀行を救済したと誤解されるのだろうか。

　第 1 に，米国政治特有の風土，伝統がある。第 7 代ジャクソン大統領（在任1829〜1837 年）の時代に象徴されるように，農本主義的な思想や州政府主権の重視に傾倒する国民の間では，大銀行や資本家，連邦政府機関に対する不信感が根強かった。銀行嫌いとして有名なジャクソン大統領は，第二合衆国銀行（The Second Bank of the United States）を金融業界の親玉（financial colossus）として敵視しており，同行の廃止を 2 期目の選挙公約に掲げて当選し，それに成功した（Wessel [2009], Federal Reserve Bank of Philadelphia [2010], 大森 [2007] など）。このように，歴史上，中央銀行を含む金融システムのあり方が政争の具にされやすい政治風土がある。そこへ，グローバル金融危機後の Occupy（金融街を占拠せよ）運動のように，住宅差押えの急増や役職員の高額報酬などの問題をめぐる金融界への反感が高まると，国民の間で，本来は倒産させ「懲罰すべき犯人」である大銀行を bail-out（保釈金を積んで仮釈放するニュアンス）することに FRB の LLR が加担するのは怪しからん，という誤った論調が広がった。この結果，FRB 金融政策局のネルソン次長によれば，中央銀行 LLR は「評判が著しく悪い（deeply unpopular）」のである（Nelson [2014] p. 77）。

　第 2 に，金融機関の破綻処理が，外部からみて理解しやすい明快なプロセスではないことである。救済（bail-out）という言葉の意味が曖昧であるのと同様に，銀行の「倒産とは何かという点が自明でない」（The meaning of *fail* is usually taken to be self-evident. It is not.）のである（Wood［2000］p. 220）。セーフティネットが預金者や借り手の保護を目的とする以上，金融機関の法的な破綻処理において，金融機関の存在がこの世から消えてしまう清算型の破綻処理手続が選ばれるケースは，極めて限られる。逆に，ほとんどの場合は，金融機能を維持すべく貸出・預金業務などの事業を譲渡する破綻処理方式が選択される結果，法的な倒産の効果が眼にみえない。そして後者の破綻処理方式が選ばれる場合には，事業譲渡までの間の金融機能を継続するために一時的な資金調達が必要となる。この資金を，日銀の破綻金融機関向け特融のように，中央銀行からの流動性供給で賄うと，たとえ破綻損失は預金保険が最終的に負担したとしても，あたかも中央銀行 LLR が倒産すべき金融機関を存続させたかのようにみえてしまうのである。

　第 3 に，金融を専門とする学界や中央銀行実務家にも，非がないわけではない。中央銀行 LLR の支持論，批判論の双方において，LLR の効果や弊害を分析する際に，議論の単純化をねらい，LLR 対象金融機関が救済された，と仮定した理論モデルを組み議論をする傾向がみられるからである[24]。

　誤解が執拗に繰り返される理由があるにせよ，中央銀行 LLR が金融機関を救済したという事実認識は誤りである。金融システム安定のための政策判断や中央銀行 LLR の制度設計が，こうした誤解に惑わされることなく進められることを期待したい。

第 2 節　中央銀行 LLR の効果，効果波及経路および費用

　フレイシャスやジャニーニらの 2000 年共著論文は，先行研究をレビューしたうえで，中央銀行 LLR を含む公的政策は，その効果と費用を比較して前者が後者を上回る場合に正当化される，と述べた（Freixas, Giannini, Hoggarth

---

24)　中央銀行 LLR 必要論を唱えるグッドハートですら，フアンと共著した Goodhart and Huang［2005］の中で，債務超過金融機関を LLR が救済した結果としてモラル・ハザードが発生する前提で理論モデルを組んだ。中央銀行 LLR を批判する学者としては，BOX1 内で紹介した Meltzer［2009］のほかにも，Wood［2000］，Schwartz［2002］など多くの論文が，FRB の LLR が債務超過金融機関を救済し倒産を回避した前提で議論をしている。

and Soussa［2000］）。そこで本節では，中央銀行 LLR の効果や効果波及経路，費用を概説し，これらの点に関する LLR 研究者の議論を紹介したい。

（1）　中央銀行 LLR の効果

　金融システムの安定を目的とする中央銀行 LLR 機能の発動が，金融システムの安定に実際に寄与する効果は，2 つの波及経路に大別できる。第 1 に，LLR を受けた個別金融機関に生じる効果と，第 2 に，金融システム全体に及ぶ効果である。

　前者は，流動性供給を受けた個別金融機関の流動性不足を緩和・解消することから生じる。一方，後者は前者の結果を受けてシステミック・リスクの発生や伝播，波及が抑止されることから生じる。

　LLR に関する先行研究の多くは，前者の説明を短縮・省略し後者を厚めに論じることが多い。もっとも，実は前者の個別金融機関に生じる効果の波及経路を理解しないと，資産投げ売り（fire sale）の抑止や支払能力（solvency）の低下防止といった重要なメカニズムが見落とされてしまう問題があるので，以下では，両者を詳しく解説したい。

（i）　個別金融機関の支払能力低下を防止する効果

　中央銀行 LLR は，個別金融機関に流動性を供給することで，その流動性不足の問題を緩和・解消し，金融機関の支払能力（solvency）の低下を防止する効果がある。

　バーナンキ FRB 元議長は前述した 2012 年の連続講義で，中央銀行 LLR は「支払能力がありながら流動性が不足している金融機関の倒産を防止する」（preventing the failure of solvent but illiquid firms）と解説した（Bernanke［2012］第 1 回講義資料 p. 13）。

　このバーナンキの解説で注目すべきなのは，中央銀行 LLR が「支払能力のある」（solvent）[25]金融機関の倒産を防止する，とした点である。中央銀行

25）　「支払能力のある」（solvent）とは，財務内容が健全で，資産全体の価値が負債全体の価値を上回った状態のことを言う。債務超過，支払不能の反対語である。

図1-8　金融機関のバランスシート

支払能力はあるものの …………………………… 流動性が不足している金融機関

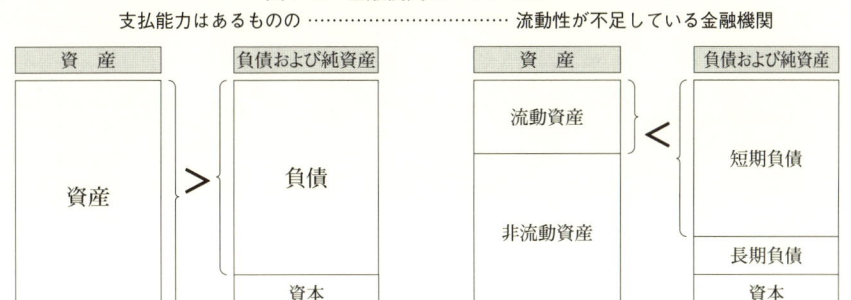

（出所）　筆者作成。

LLR は，決して債務超過の金融機関の倒産を防止したり，救済したりするものではない。

　それでは，中央銀行による流動性の供給が，支払能力のある金融機関の支払能力の低下や倒産を防止できるのはなぜであろうか。これを理解する鍵は，民間金融機関バランスシートの構造にある。

　多くの金融機関のバランスシートは，図1-8左のように，資産の価値が負債の価値を上回り支払能力のある状態でありながら，同時に，図1-8右のように流動資産の金額が短期負債の金額を下回るミスマッチの期間構成となっていることから，流動性不足（illiquid）の状態になりやすい。

　これは，民間金融機関が，預金など短期調達した資金を貸付けなど長期の非流動資産に投資し長短金利差を享受することを収益の源泉の1つにしているからで，こうした金融機関の金融仲介機能の特徴は，金融資産の満期変換（maturity transformation）機能と呼ばれる。金融機関は「支払能力はありながら流動性不足」のバランスシートを営むことが生業だと言っても過言ではない。

　グッドハートは，民間銀行が中央銀行 LLR を必要とする理由を，この点から解き明かした。すなわち，民間銀行は，資産価値が不確実に変動する一方で預金債務元本の名目価値が固定されていることに特有の脆弱性を抱えており，取付けやシステミックな金融危機に襲われると，借り手の経済活動や実体経済全般に甚大な損害を及ぼすことから，中央銀行は LLR などによって借り手の経済活動に対する資金循環を正常化させなくてはならない，と論じたのである

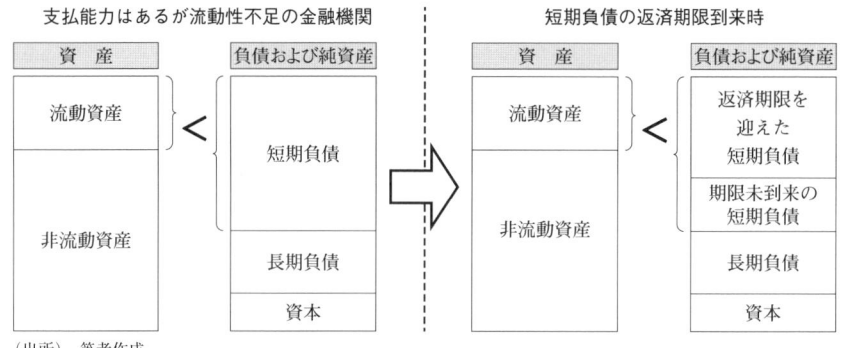

図1-9　短期負債の返済期限到来に直面する金融機関

（出所）　筆者作成。

図1-10　流動資産の処分による短期負債の返済

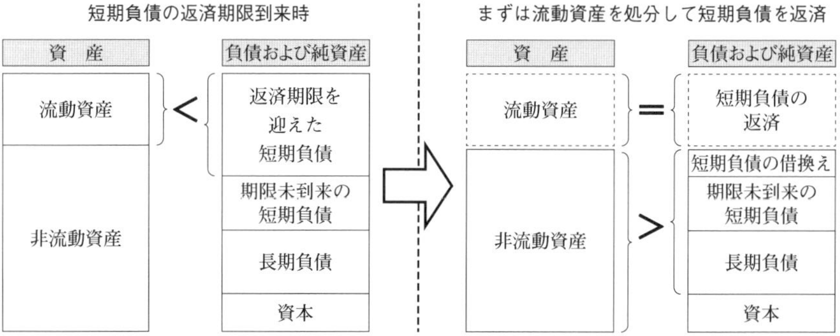

（出所）　筆者作成。

（Goodhart［1987］）[26]。

　こうしたミスマッチ構造のバランスシートを有する金融機関が，突発的な銀行取付け（bank run）騒ぎに遭った場合，または，図1-9のように，短期負債の借換えに失敗した場合には，どうなるであろうか。最初のうちは図1-10のように，現金や中央銀行預金などを取り崩し流動的な資産を売却して，預金の払戻し資金や短期負債の返済原資を確保するであろう。金融機関はこの段階で

---

[26]　その後の研究業績 Goodhart［1988, 1999, 2003, 2010］，Goodhart and Huang［2005］でも，この点の主張は一貫している。

図 1-11　資産投げ売り（fire sale）による債務超過転落

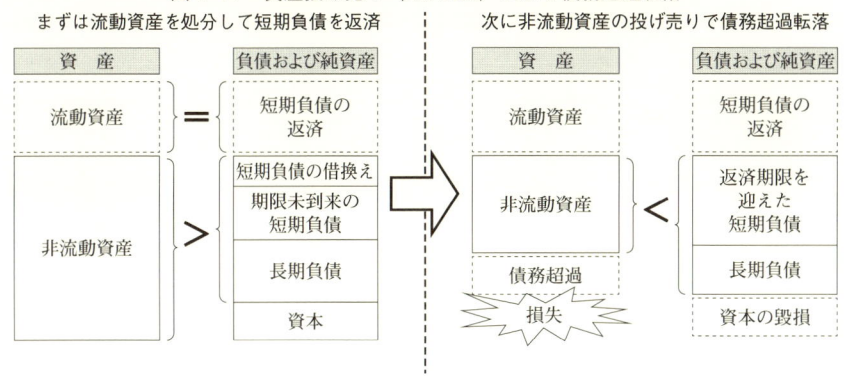

（出所）　筆者作成。

は，まだ支払能力を有している。

　しかしながら，それでも事態が収束しない場合，この金融機関は，長期の非流動的な資産にも手を付けたり，インターバンク市場から緊急資金調達を迫られる。このように，取付け騒ぎや決済システム用資金の不足など何らかの理由により短期負債の返済期限が到来して流動性不足に陥った金融機関が，資産の安値での投げ売り（fire sale），たたき売りや，高利資金の取漁りを焦ると，損失が発生・拡大することになるのである。この段階で初めて，支払能力の低下が問題となる。

　事態がさらに深刻となりこの金融機関の財務内容が一段と悪化した極端なケースでは，図 1-11 に示したように，当初は単なる流動性不足（illiquid）でしかなかった金融機関が債務超過（insolvent）に転じる可能性もある。もともとは金融機関の流動性（liquidity）に関する問題だったものが，この金融機関の支払能力（solvency），健全性の問題に変質，転化してしまうのである。

　これに対して，金融機関が債務超過に転落する前に，中央銀行が LLR 機能を発揮し流動性を供給するとどうなるだろうか。図 1-12 に示したように，この金融機関は，中央銀行から提供された流動性のお蔭で，非流動資産の投げ売り，高利資金の取漁りを免れ，結果として債務超過に陥ることも回避できる。

　このように中央銀行 LLR は，金融機関の流動性不足を緩和・解消すること

図 1-12 中央銀行借入れによる債務超過転落の回避

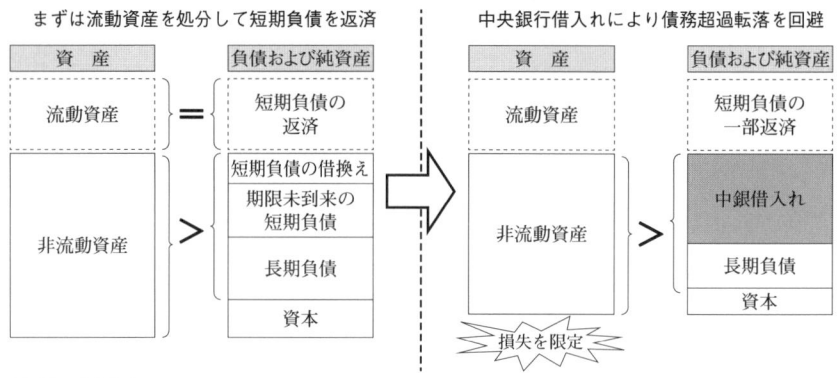

（出所） 筆者作成。

で，本来は支払能力があり，債務超過ではなく，倒産するはずもない金融機関が，資産売却や高利資金調達などから追加損失や追加費用を被った結果，債務超過に転落することを防止できる。つまり LLR は，流動性の問題が支払能力の問題に転化するのを防止するのである。

　ここで改めて，この図 1-12 と，前掲した図 1-7 を見比べることで，中央銀行 LLR には債務超過の金融機関を救済する効果がないことを確認したい。LLR は返済される前提の流動性を一時的に供給するものであり，中央銀行の貸付元本自体が損失を補填したり所得を移転したりするわけではない[27]。LLR の効果は，債務超過ではない金融機関が，資産投げ売りなどから追加損失を被り債務超過に転落するのを防止することにある。

　こうした中央銀行 LLR の効果は，「時間稼ぎ」と理解することが適切である。すなわち，流動性不足の金融機関が資産投げ売りや高利資金の取漁りに追い込まれないように時間を稼ぐための一時的な流動性供給である。「たかが時間稼ぎ」であっても「されど時間稼ぎ」なのである。

---

27)　中央銀行が，例えば市場金利よりも割安なコストで資金を貸し付けた場合には，一時的な流動性供給でも，借り手に対する収益支援という意味での所得移転の効果は生じうる。具体事例としては，日銀が 1996 年に東京共同銀行向けに実施した貸付け 2,200 億円は 200 億円程度の収益支援効果が想定されていた（日本銀行政策委員会編 [1997] 85 頁など）。

　LLR 研究者の中でも中央銀行 LLR に慎重な立場をとるカウフマンも，この点には賛同し，金融資本市場の流動性が枯渇し資産の投げ売り損失が拡大する「悪影響を減殺するための追加的な時間を効果的に稼げる」（can offset its adverse implications by effectively providing additional time）として中央銀行 LLR 発動を容認している（Kaufman［1991］p. 99）。

　なお，こうした時間稼ぎへのニーズは，流動性不足に直面した健全金融機関と同様に，破綻処理中の債務超過金融機関にも生じうる。むしろ，短期金融市場からの通常の資金調達の途を絶たれた破綻処理中の金融機関のほうが，時間稼ぎのための一時的な流動性供給へのニーズは強いものと考えられる。

（ii）　システミック・リスクが現実化するのを防止する効果

　金融システムにおいては，それを構成する金融機関相互の間で，資金の貸借や証券の売買などの取引が行われる結果，契約に基づく債権債務関係が形成されている。こうした債権債務関係がネットワークや網の目のように広がっている。

　また，金融市場の参加者は，特定の種類の金融商品を取引する市場が正常に機能し続け，将来もそこで同様の取引が行われそうだという想定のもとで，他の種類の金融商品を別の金融市場で取引していることが多い。このように，異なる金融市場や異なる種類の金融商品取引の間でも相互依存関係が形成されている。

　こうした相互依存のネットワークが，異なる金融機関同士の間で，あるいは，異なる金融市場同士の間で形成されている中で，仮に1つの金融機関が債務不履行（default，デフォルト）を起こすと，その影響が，ドミノ倒しのようにまたたく間に金融システム全体に波及していく危険がある。このように個別の金融機関の債務不履行や経営破綻，あるいは，特定の市場または決済システム等の機能不全が，他の金融機関，他の市場，そして金融システム全体に波及するリスクは，システミック・リスクと呼ばれている[28]。

28）　システミック・リスクは，1金融機関の債務不履行や破綻の悪影響が金融システム内に波及するリスクと定義するのが一般的であるが，システミック・リスクや金融危機に関する先行研究成果を

　前世紀までは，こうしたシステミック・リスクの背景にある，債務不履行や破綻が連鎖・伝播する経路について，①金融機関の相互連関性（interconnectedness），②心理的連想による取付け（psychological bank run）の 2 点でもって説明されることが一般的であった[29]。今世紀入り後は，これら 2 点に加えて，③金融市場の流動性収縮という現象が指摘されることが多くなった[30]。

　中央銀行は，流動性不足の問題に直面した金融機関に向けて，あるいは，当該金融機関からの入金等が滞った他の金融機関や広く金融市場の参加者全体に対して，流動性を供給できる。このように中央銀行 LLR は，個別金融機関あるいは市場全体の流動性不足の問題を緩和・解消することを通じて，システミック・リスクが現実のものとなるのを防止する効果がある。

　本節では，中央銀行 LLR が，①金融機関の相互連関性を通じてシステミック・リスクが現実化するのを防止する効果，および，②心理的連想による取付けを通じてシステミック・リスクが現実化するのを防止する効果，の 2 つを説明する。市場流動性収縮によるシステミック・リスクを防止する効果については，次節で説明したい。

（a）　相互連関性

　相互に債権債務の網の目のネットワークを構成する金融機関の 1 つが，例えば決済資金不足のために債務不履行となると，何が起こるであろうか。そこで支払われる資金をあてにしていた別の金融機関も資金不足に陥りやむなく債務

包括的に解説したフレイシャスらの共著 Freixas, Laeven and Peydró［2015］は，金融システムの中で内生的に拡大する金融不均衡が惹き起こすバブルとその崩壊が実体経済変動を増幅させる危険まで含めてシステミック・リスクと再定義することを提唱した。

29)　金融システム問題の研究成果の多いロシェとティロールの共著論文 Rochet and Tirole［1996a］p. 734 が「経済理論家はシステミック・リスクにほとんど注意を払ってこなかった」（Economic theorists have devoted little attention to systemic risk）と述べたように，1990 年代半ばまでは，経済学を用いた理論モデルを組み立てて，システミック・リスクを分析・研究する取組みはほとんど見られなかった。

30)　ハーバード・ロー・スクールのスコット教授は，2007 年以降のグローバル金融危機では，特に③の流動性収縮が金融資本市場全般に広がった経験を踏まえて，①の債権債務関係を通じて破綻が連鎖していく相互連関性（connectedness）よりも，それ以外の経路を通じ損失や破綻が広く波及する伝播（contagion）のほうが深刻な問題であると指摘し，後者を防止できる FRB の LLR 機能の再強化などの政策対応の必要を力説する（Scott［2016］）。

図 1-13　金融機関間の債務不履行

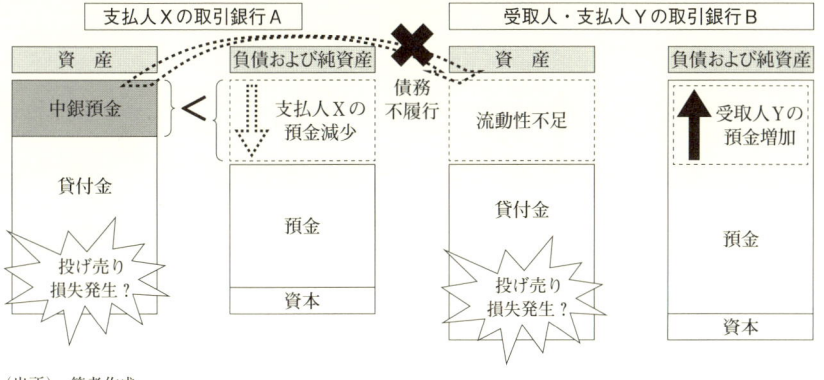

（出所）　筆者作成。

不履行となる。

　こうした債務不履行が，金融機関相互の債権債務関係を通じて同様に繰り返されていくと，広く金融システムの参加者に債務不履行の連鎖反応を惹き起こす[31]。債務不履行や経営破綻が伝播（contagion）する結果，健全な金融機関，すなわち債務超過でなく破綻する必要のない金融機関までが，連鎖破綻に巻き込まれる可能性がある。

　図 1-13 は，顧客送金の決済資金が不足した設例を示した。支払人Ｘと受取人Ｙとの間の銀行振込を，仕向け銀行 A と被仕向け銀行 B との間で決済するための資金流動性（中央銀行預金）が，支払人Ｘの取引銀行 A において不足したケースで，銀行 A が債務不履行を起こしてしまい，慌てて決済資金を工面しようと貸付金債権を投げ売りしたために追加損失を被り債務超過に転落しかねない状況となってしまった。

　続く図 1-14 では，銀行Ｂが銀行 A からの入金を受けられないために，今

---

31)　債務不履行の連鎖反応を分析した研究論文としては，Kaufman［1991］, Rochet and Tirole ［1996a］などがある。Rochet and Tirole［1996a］は，無担保・無保証のインターバンク貸出の仕組みをモデル化することでシステミック・リスクが発生するメカニズムを説明したうえで，金融機関同士が経営状況を相互監視（peer monitoring）することの意義や「大き過ぎて潰せない金融機関」を救済する政策の問題について論じた。

図1-14 金融機関間の債務不履行の連鎖

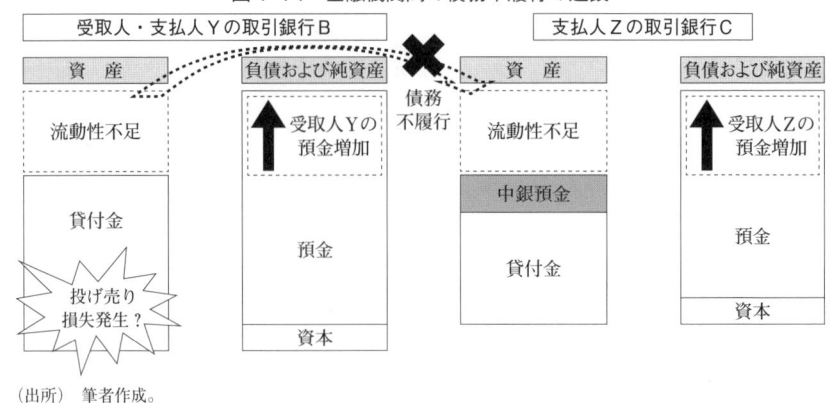

（出所） 筆者作成。

図1-15 中央銀行LLRによるシステミック・リスク現実化の防止

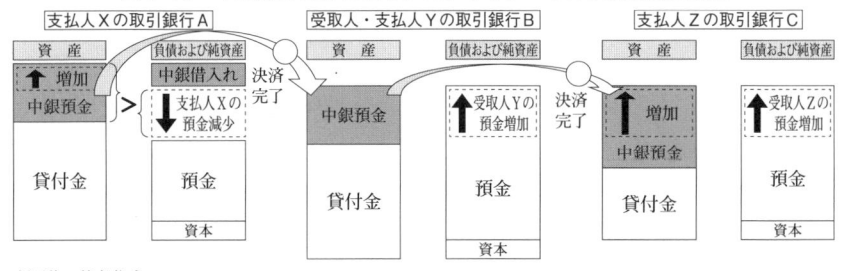

（出所） 筆者作成。

度は銀行Cとの間で，支払人Y，受取人Z間の顧客送金を決済するための資金流動性が不足した結果，自らも債務不履行を起こし，資産投げ売りによる追加損失から債務超過に転落しかねない状況を図解している。

　銀行Aの流動性不足が原因となり，最悪の結果としては，2件の債務不履行と，銀行2先の債務超過転落がそれぞれ発生しうるほか，金融部門の外にいる顧客X，Y，Zの間の経済取引が滞るという外部不経済も生じている。システミック・リスクが現実のものになったのである。

　図1-15は，中央銀行LLRがシステミック・リスクの現実化を防止できるメカニズムを図解している。すなわち仕向け銀行Aは，わずかな金額を中央銀行から借り入れ，図1-15左端の中銀預金を追加しただけで，決済に必要な

資金を確保し，債務超過転落につながりかねない資産投げ売りを避けられ，被仕向け銀行 B との間の資金決済を完了させた。また，銀行 B も入金された流動性（中央銀行預金）でもって，銀行 C との間の資金決済を完了できており，連鎖的な債務不履行も回避された。

このように中央銀行 LLR は，1 金融機関の単なる流動性不足が，倒産する必要の全くない金融機関やその顧客企業を巻き込む連鎖破綻に発展する危険を，わずかの資金流動性を供給するだけで防止できるのである。

LLR 研究者の間でも，連鎖破綻やシステミック・リスクの背景にある金融機関の相互連関性やネットワーク構造の問題に着目した理論分析により中央銀行 LLR の有効性を論じる研究が，前世期の終盤から盛んになった[32]。一連の研究に先鞭をつけたのが，いずれも 2000 年前後に書かれた，アレンとゲイルの共著論文およびフレイシャスやパリジらの論文であった。

アレンとゲイルの共著論文は，金融機関間のネットワークの相互連関性が強い状況下で金融市場が不完全であると，流動性危機が金融システム全体に伝播しやすいことを示したうえで，一斉に銀行資産が流動化されることに伴う非効率性を，中央銀行 LLR が防止しパレート改善をもたらす，と主張した（Allen and Gale [1998, 2000a, 2000b]）。フレイシャスやパリジらの論文は，金融機関間の債権債務が幅広く分散（diversified）した構造となっていないと経営破綻が健全金融機関へ伝播するリスクが高まることを示し，銀行間ネットワークの構造次第で，中央銀行 LLR が有効となる方式が異なりうると論じた（Freixas, Parigi and Rochet [2000]）[33]。

また，債務不履行の連鎖は，「震源」ではなく，連鎖が波及する先の銀行に流動性を供給することでも防止できる。ロシェとティロールの共著論文は，中

---

32)　さらに 2007 年以降，国際金融危機の経験と教訓を踏まえてシステミック・リスクや相互連関性に着目した研究が，一段と増加している。この点は，イエレン FRB 前議長が副議長時代の 2013 年講演の中で，システミック・リスクや相互連関性というキーワードを用いた学術論文の本数を数えることで指摘した（Yellen [2013a]）。

33)　最近では Gai, Haldane and Kapadia [2011] が，金融機関同士のネットワーク構造が複雑で集中度が高い場合に金融システムが流動性ショックに対して脆弱になる，というシミュレーション結果を示したほか，Anand, Gai and Marsili [2012], Anand, Gai, Kapadia, Brennan and Willison [2013] もネットワーク構造に着目したシステミック・リスクの研究を行った。

央銀行が，破綻した銀行ではなくそこに資金を貸した銀行に向け流動性を供給することで連鎖破綻を防止することを提案した（Rochet and Tirole [1996a]）[34]。ダイヤモンドとラジャンの 2011 年共著論文は，窮境にある金融機関が資産売却に着手した際に，その資産の買い手となりうる健全金融機関に対して流動性を供給し円滑な資産売却を促すことを提案した（Diamond and Rajan [2011]）[35]。

　一方，決済システム研究の分野では，資金決済システムの制度設計がシステミック・リスクの原因となりうることが，かなり早くから指摘されていた（Humphrey [1986], Dudley [1986] など）。初期の代表的な研究成果としてしばしば引用されるデイヴィッド・ハンフリーの 1986 年論文は，国際的な大口電子送金の資金決済機能を担う米国ニューヨークの決済システム CHIPS（Clearing House Interbank Payment System）につき，1983 年 1 月のある営業日の実際の取引データを用い，大手決済銀行 1 行の債務不履行が，当日の送金総額の 4 割弱に匹敵する金額の支払い指図「巻戻し」（unwinding）を惹き起こし，参加 134 行中 50 行の経営破綻を招くミュレーション結果を示し，CHIPS の巻戻しルールに潜む危険につき警鐘を鳴らした（Humphrey [1986]）[36]。

　その後 1990 年代にかけて，実務界，学界の双方で，資金・証券決済システムのリスクやその対策，中央銀行与信のあり方などに関する分析や研究，検討が進んだ[37]。これらの成果は，RTGS（Real-time Gross Settlement System, 即時グロス決済システム）への移行や DVP（Delivery versus Payment, 資金と証券の同時受払い）化などの制度改革の形で結実している。

（b）　心理的連想による取付け

　心理的連想による取付けとして想定されるのは，ある金融機関における引出しが増えていることを見聞きした預金者が，類似の経営不安を連想した別の金

---

34)　同様に Freixas, Parigi and Rochet [2000] も，閉鎖された金融機関の取引相手（counterparts）の金融機関に向けて中央銀行が流動性を供給することで，債務超過金融機関の秩序だった閉鎖（orderly closure）が可能となる，と述べた。

35)　Acharya and Tuckman [2013] も同趣旨の提案をした。

36)　CHIPS の巻戻しルールは 1990 年に廃止された。

37)　資金決済システムの制度設計を類型化しリスク分析の枠組みを整理した研究業績の一例として Rochet and Tirole [1996b] が挙げられる。

融機関からも預金の払戻しを求める事態である。預金者がこうした一見，非合
理的な預金引出しに走る理由として，個々の金融機関の経営状況や健全性の相
違を判断するだけの情報が不足していることや，預金等の金融商品が同質的
（homogeneous）な性格を有していることなどが挙げられることが多い。この
ため，他の業種と比べると金融界のほうが，破綻が伝播するスピードやパニッ
クの広がりが大きいと考えられてきた。

　ダイヤモンドとディビッグによる 1983 年の共著論文は，太陽黒点（sun-
spots）を例に，銀行の経営内容とは全く無関係の偶発事象が取付けのきっ
かけとなりうることを想定した理論モデルを提示し，支払能力のある健全金融機
関すら倒産する可能性を示した先駆的な研究業績である（Diamond and Dybvig
[1983]）。彼らは，この理論モデルを用いて，政府運営の預金保険制度や中央
銀行の LLR 機能が，偶発事象の惹き起こす金融パニックを防止し，最適なナ
ッシュ均衡を実現できることを導いた。

　この論文をはじめ金融危機に関する研究の多くは，こうしたパニック型の非
合理的な取付け騒ぎをシステミック・リスクが現実化した典型的な事象と想定
している[38]。古くは，中央銀行 LLR の発動原則を定式化したバジョットも，
第 2 章で後述するとおり，著書『ロンバード街』の中で「パニックというもの
は，言わば神経痛の一種である。患者には，医学のルールに従って食べ物を与
えねばならない」という認識を示したうえで，BOE が LLR 機能を発揮する姿
勢を明確にしさえすれば「狂ったような取付け騒ぎ」（run in such a mad way）
は収まる，と訴えた（Bagehot [1873] pp. 51, 65）。

　中央銀行実務家の多くも，心理的な連想による信用不安の拡がりを防止する
うえで，中央銀行 LLR の効果を認めている。中でも日銀は，1990 年代後半の
金融危機対応において，現金を夜間休日にも円滑かつ潤沢に供給することを重
視しており，遠隔地の金融機関への搬送体制の維持・整備に腐心していた[39]。

38）　金融危機の歴史を扱った Kindleberger and Aliber [2005] は，マニアやパニックが，群集心理
　やヒステリア，バンドワゴン効果など投資家や預金者の非合理性から生じるとする既存の研究成果を
　紹介している。
39）　Nakaso [2001] p. 29 は，1990 年代の金融危機を回顧し「万が一，現金引出し需要に応えられな
　かった場合，預金者の混乱，信用不安が悪化する危険が常にあった」と述懐した。全国津々浦々で預

　一方，LLR 研究業績の多いカウフマンは，預金者行動の非合理性を前提とするこうした伝統的な議論とは一線を画した。カウフマンの1994年論文は，米国における過去の金融危機の具体事例や関連文献の調査に基づき，銀行取付けは金融機関ごとの経営内容の違いを見極めたうえでの合理的な預金者行動である，と論じたうえで，健全な銀行が破綻の伝染（contagion）によって次々と債務超過に陥り，経済全体がドミノ倒しのように崩壊するホロコーストを導く証拠はない，と指摘した（Kaufman [1994]）[40]。

　取付けを合理的な預金者行動と捉え銀行経営に及ぼす市場規律を重視，評価する考え方に立った場合には，中央銀行 LLR が経済厚生や効率性に寄与する効果は改めて検証しなくてはならない。そこで，1990年代以降は，「情報の経済学」や「ゲーム理論」などのミクロ経済理論を応用して中央銀行 LLR の有効性を論ずる研究が盛んになった。例えば，ロシェとヴィヴスの共著論文は，経営情報に基づく合理的な預金引出し行動を前提とした理論モデルを用いて，預金者の「協調の失敗」（coordination failure）から支払能力のある金融機関すら倒産に追い込まれる危険性があることを示し，これを理由に，中央銀行 LLR と早期是正措置または秩序だった破綻処理を相互補完的に活用し効率性を改善できる，と主張した（Rochet and Vives [2004]）[41]。

(2)　中央銀行 LLR の費用

　中央銀行の LLR は，さまざまな費用を伴うが，以下では，①モラル・ハザードの発生，②汚名（stigma）の問題，③貸倒れの損失，の3点について述べる。

金引出しが整然と進んでいる様子を預金者に目撃させることにより，預金者を安心させ取付け騒ぎを収束させることが期待されていたようにうかがわれる。

40)　Allen and Gale [1998] も銀行取付けが効率的な最適均衡をもたらすケースもあるという理論モデルを提示した。

41)　Calomiris and Gorton [1991] も「情報の経済学」を応用し，「情報の非対称性」（asymmetric information）ゆえに預金者の合理的行動として取付けが発生しうることを論拠に，個別銀行への流動性供給の効果を認めた。なお，Rochet [2004] や Freixas, Parigi and Rochet [2008] も同様の理由から中央銀行 LLR の必要性・有効性を認めるものの，LLR の制度設計の最適化を図るべく，市場規律の強弱や監督情報の優劣，マクロ経済ショックへのエクスポージャーの大小によって LLR の発動を条件づけすることを提唱している。

（i）　モラル・ハザード

　モラル・ハザードとは，金融機関が，公的なセーフティネットを含む何らかの保険・保証機能を持つ仕組みによって将来の損失から保護されるはずだという期待を抱いた結果，現在の取引行動や経営判断におけるリスク管理意欲が弱まり自己規律，市場規律が緩んでしまう現象を言う[42]。流動性保険の経済機能を有する中央銀行 LLR に，モラル・ハザード問題が生じうることは古くから指摘されてきた（Solow［1982］など）。

　中央銀行 LLR がモラル・ハザードを惹き起こす原因としては，流動性保険への期待と，経営破綻からの救済への期待の2つが考えられる。

　第1の流動性保険への期待としては，中央銀行が一時的な流動性不足に陥った金融機関に対して流動性を供給した場合，次回以降の類似の流動性不足に金融機関が直面した際にも中央銀行 LLR が実施されるはずだという期待が広まる。この結果，当該金融機関が流動性リスク管理を疎かにするようになるほか，当該金融機関と取引している他の金融機関もカウンターパーティー・リスク管理が緩に流れる危険がある。

　金融危機時の各国中央銀行による積極的な流動性供給は，金融機関サイドの意識変化や流動性リスク管理意欲の減退を招き，流動性保険への期待という意味のモラル・ハザード問題はより深刻になった。FRB 金融政策局のネルソン次長は，急激な資金流出を FRB の流動性供給ファシリティで乗り切ったMMF 業界の経営者が今後も FRB の流動性供給をあてにしているため制度・経営改革に消極的であると嘆き，モラル・ハザードは現実的な問題（real problem）であると指摘する（Nelson［2014］pp. 79-80）。

　第2の「救済への期待」（bail-out beliefs）については，前述のとおり，中央銀行 LLR が金融機関を救済するという認識そのものが事実として誤りである。

42）　モラル・ハザード（moral hazard）は，倫理の欠如や道徳的陥穽とも和訳されるが，言葉の意味を倫理や道徳が失われる現象と広く捉えるのは必ずしも適切ではない。むしろ，本文で述べたとおり，失敗しても保険や保証で守られるはずだという期待を前提に，リスク管理意欲や自己規律が失われる現象と理解することが望ましい。なお，こうしたモラル・ハザードが発生するのは，金融機関の経営者やリスク管理責任者だけのことではない。預金保険があることで，預金者による金融機関経営への監視が弱まるのもモラル・ハザード問題であり，例えば政府が金融機関債務を全額保護する方針を打ち出すと，個別金融機関に対する市場規律が緩むのも，モラル・ハザード問題である。

とはいえ，いくら誤解に基づくものであっても大手金融機関が Greenspan Put を信じている限り，リスク管理意欲や経営規律が弱まり過度のリスク・テイクを助長する弊害がある（Meltzer [2009]，Cukierman [2013] など）。

中央銀行 LLR の研究者の間では，中央銀行 LLR によりモラル・ハザードの問題が発生しうることにつき異論はない（Humphrey and Keleher [1984]，Kaufman [1991]，Goodhart [1999]，Freixas, Giannini et al. [2000] など多数）。ただ LLR 必要論のグッドハートはフアンと共著した論文で，中央銀行が LLR を発動せず金融機関破綻が伝播していくことに伴う損失のほうが，モラル・ハザードに伴う費用よりも大きい，と主張している（Goodhart and Huang [2005]）。

中央銀行 LLR が惹き起こすモラル・ハザード問題を抑制・防止するには，①高金利の徴求，②建設的な曖昧さ，③金融規制の併用，④経営者責任などの明確化，という 4 つの手段が考えられるが，近年は後二者を支持する意見が有力である[43]。

モラル・ハザード抑制の第 1 の手段として，借り手から高金利を徴求することの効果を強調する意見が，従来は多かった。しかしながら近年は，高金利 LLR が金融不安を煽り金融機関の高リスク投資を助長する弊害が指摘され，LLR 研究者や中央銀行実務家の間では高金利 LLR の見直し論が盛んになっている。

第 2 の手段として，米国の金融システム改革に関する 1990 年議会証言の中でニューヨーク連銀コリガン総裁（当時）が唱えた，セーフティネットと市場規律のバランスを図るための「建設的な曖昧さ」（constructive ambiguity）の効用を主張する意見もしばしば聞かれる[44]。もっとも，こうした主張に対し，グローバル金融危機以降は，LLR 方針の曖昧さが市場不安につながる弊害を

---

43) Cecchetti and Disyatat [2010] は，中央銀行貸付けの制度設計でなく，適切なマクロ経済政策や金融規制によってモラル・ハザード問題に対処することを訴えた。

44) Corrigan [1990] は，中央銀行から流動性供給を受けられるか否かの条件や見通しをあえて曖昧にしておくことで，借り手となる民間銀行側のリスク管理意欲や市場規律を維持できる可能性を示唆した。Freixas, Giannini et al. [2000] pp. 74-75 も，モラル・ハザードを抑制するために，中央銀行が LLR を実施するか否かにつきあえて建設的な曖昧さを残すことが考えられるとしつつも，実際には「事前（ex ante）の建設的な曖昧さ」は定式化（formalize）するのが難しい複雑な概念である，と述べている。

指摘する意見が有力である（Domanski and Sushko［2014］, Domanski, Moessner and Nelson［2014］, Nakaso［2014c, 2014d］）。

　第 3 の手段は，金融規制の併用である。グローバル金融危機以降，モラル・ハザード抑制効果が期待される流動性規制を，中央銀行 LLR と併用する意見が有力化しており[45]，これが流動性カバレッジ比率規制など国際的に統一された流動性規制を導入する議論を後押しした。また，中央銀行 LLR と流動性規制との間の相互補完関係を強化する観点から，アチャリアとタックマンの2013 年共著論文は，例えば流動性カバレッジ比率（第 7 章で後述）やレバレッジ比率[46] の低い金融機関に高めの中央銀行 LLR 金利を適用することを提案しており，傾聴に値する[47]。中央銀行研究家のクキエルマンは，LLR とモラル・ハザードとのトレード・オフの問題は，金融規制を併用することにより対処できる，と主張した（Cukierman［2013］）[48]。

　第 4 の手段は，経営の自己規律や市場規律を強化するねらいで，金融機関の経営者ほか関係者の責任を明確にすることである。第 3 章で解説する破綻金融機関向けの日銀特融等に関する 4 原則は，経営者や株主など関係者の責任の明確化を求めている[49]。

---

45)　Nelson［2014］や Carlson, Duygan-Bump and Nelson［2015］は，中央銀行 LLR と流動性規制の双方を併用する必要性を強調している。

46)　レバレッジ比率とは，銀行の Tier 1 自己資本をオン・バランスシートとオフ・バランスシート両方のエクスポージャー額で除した比率のことを言う。バーゼルⅢ規則文書では，レバレッジ比率の最低水準を 3% とすることなどが求められている。

47)　Acharya and Tuckman［2013］は，グローバル金融危機では，資金繰りに苦しむ金融機関が中央銀行 LLR へのアクセスが認められた結果，レバレッジを拡大したり，本来は必要な資産圧縮（de-leverage）を遅らせたりする問題が現に発生していた，と指摘する。そのうえで，こうしたモラル・ハザードの発生を抑えるために，LLR 実施の条件として借り手に健全性の証明（レバレッジ比率や自己資本比率）や資産圧縮，資産売却を義務づけること，LLR を売却資産の買い手となりうる健全金融機関に対して提供すること，を提唱した。

48)　同論文は，モラル・ハザードを抑制する金融規制として米国の 2010 年ドッド・フランク法（Dodd-Frank Wall Street Reform and Consumer Protection Act of 2010）を評価した。

49)　Freixas, Giannini et al.［2000］も，モラル・ハザード問題への対策として，破綻金融機関の経営者の更迭や株主の出資持分の喪失を提案した。

（ⅱ）　汚名問題

　資金不足の金融機関が，必ず中央銀行借入れを申込みに来るとは限らない。金融機関は，中央銀行 LLR の利用をきっかけに，自らの資金調達力の弱さが他の市場参加者に悟られ，問題銀行であるとの汚名（stigma）[50] が市場に広がり，民間の金融市場からの資金調達ができなくなることを嫌がるからである。金融機関が中央銀行 LLR を忌避する心理がその適切な利用を妨げ，本来は必要な流動性を中央銀行が供給する障害となってしまうことを，汚名問題（stigma problem）と言う（Bernanke [2009b] など）[51]。

　米英の中央銀行は，長年にわたり，汚名問題に手を焼いてきた。FRB が 2003 年に連銀貸出（Discount Window）の仕組みを抜本的に見直した目的や，2007 年 12 月に TAF（入札型ターム物資金供給ファシリティ），2008 年 3 月に TSLF（ターム物証券貸出ファシリティ）を導入したねらいも，汚名問題対策に主眼があった。2007 年 9 月の Northern Rock 銀行向けの緊急流動性支援がかえって不安を煽り大規模な預金取付けを誘発するという失態を経験した BOE のキング総裁（当時）も，事態収拾に追われる最中の 2008 年 6 月の講演で「中央銀行ファシリティの利用を悩ましてきた（has plagued）汚名問題の克服」を課題に掲げた（King [2008] p. 8）[52]。

　学界が前述のモラル・ハザード問題を盛んに取り上げるのとは対照的に，中央銀行 LLR の汚名問題を扱った研究成果は，限られる。汚名問題の影響や費用を実証分析した特筆すべき研究論文は，ニューヨーク連銀（Federal Reserve Bank of New York）エコノミストのアルマンティエらが，連銀貸出を嫌がる金融機関が汚名プレミアム（stigma premium）を負担しても TAF から資金を調達していたことや，連銀貸出を利用した金融機関の株価が下落したことなどを明らかにしたスタッフ・レポートである（Armantier, Ghysels, Sarkar and

---

50）　原語の stigma は，「烙印」や「スティグマ」と和訳されることもある。

51）　JP Morgan Investment Bank の共同 CEO として金融危機を乗り切ったビル・ウィンターズ（現 Standard Chartered 銀行 CEO）が 2012 年 10 月に BOE に提出した報告書（Winters [2012]）は，汚名問題の原因分析と対策に焦点を当てた画期的な調査成果である。

52）　2008 年 10 月に BOE が，金融機関との間で担保資産を交換することを目的に DWF（Discount Window Facility）を導入したねらいは，米国 FRB の導入した TSLF と同様，汚名問題対策にあった。

Shrader [2011]）[53]。

　主要国中央銀行は，さまざまな形の LLR 改革を行ってきたにもかかわらず，未だ汚名問題対策の決め手を発見できていない。汚名問題は，中央銀行 LLR の有効性を損なう深刻な問題であることから，本書では詳しく取り上げたい。

(iii)　貸倒れ損失

　中央銀行が金融機関に対して一時的に貸し付けた資金の一部または全部が回収困難となった場合，中央銀行に貸倒れ損失が発生する。この貸倒れ損失は，もともとは借り手金融機関の破綻損失に起因して発生し，それを中央銀行がいったん負担するという性格のものである。

　中央銀行 LLR が貸倒れ損失を被った具体例をみると，1990 年代後半に日銀が実施した信用秩序維持業務から発生した損失は，山一證券向けの特融の回収不能額 1,111 億円を含め約 2,075 億円に達した[54]。

　グローバル金融危機時に FRB が実施した LLR は AIG（American International Group）など問題先金融機関向けの信用供与を含め一時 1.6 兆ドルを超えたものの，損失が全く発生しなかった。一方，同時期に BOE が実施した緊急流動性支援のうち Northern Rock 銀行向けの全額ならびに HBOS 向けおよび RBS 向けの一部は英国政府による損失補償を受けたものの，損失補償の対象外とされた流動性支援の残高が一時は BOE 資本勘定の約 15 倍に相当する約 511 億ポンド（約 10 兆円）まで膨らんだ。

　金融機関の破綻損失の負担は，民間の金融サービス利用者に転嫁されるのでなければ，LLR の貸倒れ損失としていったん中央銀行に転嫁されても，最終的には納税者（国民）に直接・間接に転嫁されていく。図 1-16 のフローチャートを用いて説明したい。

---

53)　同論文は，汚名プレミアムの不安定な変動によって連銀貸出の金利上乗せ幅などの設定が困難になることを懸念している。また Cyree, Griffiths and Winters [2013] も，TAF や CPFF（CP ファンディング・ファシリティ）の利用残高の増加が大手銀行に対する株式市場の評価にマイナスの影響を与えたことを示した。

54)　日銀の損失は，山一證券向け特融のほかに，東京共同銀行向けの出資で約 165 億円，新金融安定化基金向け資金拠出で 800 億円が計上された。

図 1-16　金融機関の破綻損失が最終的に国民に転嫁される仕組み

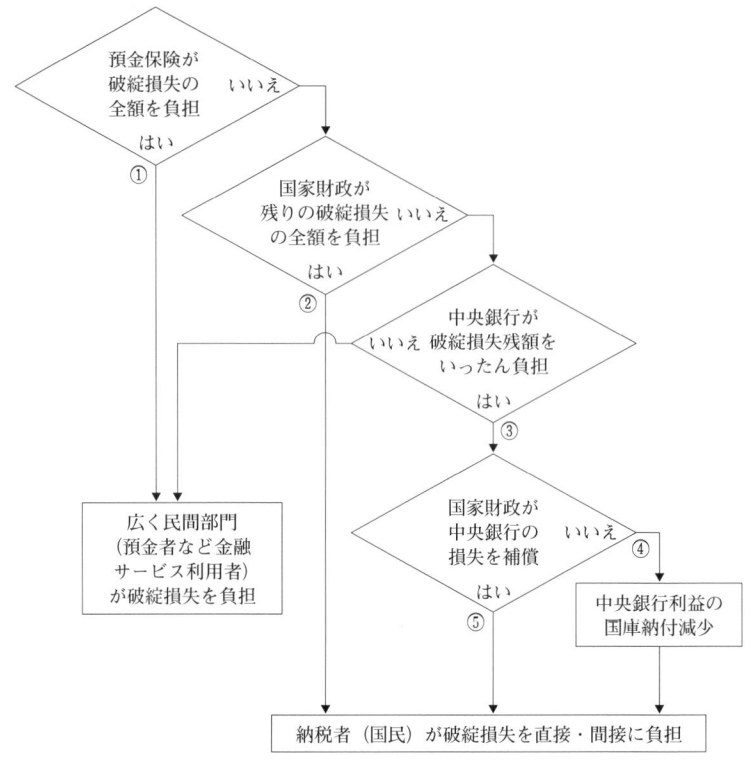

（出所）　筆者作成。

　金融機関の破綻損失を含む破綻処理費用は，預金保険など破綻処理用の基金
から支出され，最終的な負担もそこに転嫁されることが，大原則である（図
1-16 の①）。この原資には，預金保険制度など金融サービスの利用者を保護す
るためのセーフティネットに参加している金融機関が納付済みの，または，将
来に納付する保険料があてられる。

　こうした保険料の水準は，金融サービス利用者を保護する範囲を一定の限度，
種類に限定することを前提に設定されていることが多い。例えば，わが国の預
金保険制度は，定期預金や利息の付く普通預金等は，預金者 1 人当たり，1 金
融機関ごとに合算して 1,000 万円までの元本と破綻日までの利息等が保護され

る。

　しかしながら，現実には，過去の金融危機において，あらかじめ限定されていたセーフティネットの保護範囲を超えて，預金者など金融サービスの利用者を保護せざるをえず，この目的から政府・国家財政が金融機関の破綻損失を直接・間接に補償することがしばしばみられた。金融システム不安や混乱が内外の実体経済の崩壊につながることを阻止するためにやむをえない措置であった。

　金融機関の破綻損失のうち預金保険等が賄えない残りの部分を，政府・国家財政がすべて負担するのであれば，この段階で金融機関の破綻処理費用が納税者（国民）に転嫁されることになり，中央銀行 LLR の貸倒れ損失が発生する余地はない（図 1-16 の②）。例えば，1990 年代後半以降に日銀が破綻金融機関向けに実施した無担保の特融 21 件（ピーク残高約 3.8 兆円）のうち山一證券向け以外において，日銀は貸倒れを免れた。預金全額を保護するペイオフ凍結政策のもと，金融機関の破綻処理の際，政府の公的資金が預金保険機構経由で間接的に破綻損失を補填したからである。また，米国 FRB の貸出は有担保で実施されることから，仮に借り手金融機関が事後に破綻した場合，FRB が貸倒れを免れる一方，破綻処理費用が預金保険や連邦政府財政にしわ寄せされる。

　これに対して，国民世論や政治情勢など何らかの事情により，セーフティネットの整備や保護範囲の拡大が追い着かない場合には，日銀の山一證券向け特融の例のように，金融機関の破綻損失の一部を，中央銀行がいったんは貸倒れ損失として負担してしまうことになる（図 1-16 の③）。もっとも，この中央銀行 LLR の貸倒れ損失も，最終的な負担は，直接・間接に納税者（国民）に転嫁されるのである。

　すなわち，仮に中央銀行がこの貸倒れ損失を期間利益で吸収できたとしても，中央銀行から政府・国家財政に税外収入として国庫納付される利益剰余金がこの貸倒れ損失の分だけ減少することから，結局，損失の負担は納税者（国民）に間接的に転嫁されることになる（図 1-16 の④）。逆に，政府・国家財政が，中央銀行の財務健全性を確保する目的で，中央銀行の貸倒れ損失の一部または全部を補償した場合や，中央銀行資本を増強する場合には，直接的に納税者（国民）に損失負担が転嫁されることになる（図 1-16 の⑤）。

　このように，LLR の貸倒れ損失は，金融機関の破綻損失が，最終的に納税者（国民）に転嫁されていく過程の途中で，いったん中央銀行の損益に形を変えて表面化するものに過ぎない。この点を念頭に置いたうえで，以下の3点に留意する必要がある。

　第1に，ことさらに中央銀行による LLR の貸倒れ損失が発生したケースだけに注目し問題視するのは適切でない。幸い中央銀行の貸倒れ損失が表面化しなかった場合でも，日銀の特融や米国 FRB の貸出の事例にみるように，金融機関の破綻損失が間接的に政府・国家財政に転嫁されたケースはあったのである。破綻損失が，最終的に納税者（国民）に直接・間接に転嫁されていくまでのメカニズムの全体像を正しく把握し，この全体像の中で中央銀行 LLR のリスクや貸倒れ損失を位置づけなくてはならない。

　第2に，貸倒れ損失がいったん発生・表面化するという性格の問題であったとしても，それが中央銀行の財務健全性を，たとえ一時的ではあっても，損なうことは事実である。財務健全性が損なわれた結果，中央銀行の金融システム安定などを目的とした政策遂行能力や業務運営能力に対する信認が失われるリスクもある。

　第3に，貸倒れ損失の負担が直接・間接に納税者（国民）に転嫁されることから，中央銀行 LLR は準財政政策（quasi-fiscal policy）の性格を有している。それがゆえに中央銀行 LLR には準財政政策としてのガバナンスが求められる。

(3)　中央銀行 LLR の有効性・必要性をめぐる議論

　中央銀行 LLR をめぐっては，その必要性・有効性を肯定する考え方（「必要論」）と，その弊害を強調し限定的な運用を求める考え方（「慎重論」）の2つの間で論争が繰り広げられてきた。中央銀行実務家の間では必要論が圧倒的であるが，学界の中では，両者の見方が拮抗しており，中央銀行勤務を経験したエコノミストの中にも，米国 FRB 傘下の12地区連銀の1つリッチモンド連銀で調査局長を務めたグッドフレンド（2017年秋に FRB 理事に任命）を代表格として，慎重論の立場をとる者がいる。

　慎重論者の中で LLR 発動について最も抑制色の強い主張をしているのはマネタリストのアンナ・シュワルツである。シュワルツは 1987 年論文で，銀行

部門全体からの預金流出を意味する「真の金融危機」(real financial crisis) と, それ以外の「擬似的な金融危機」(pseudo-financial crisis) とを厳密に区別する立場から, LLR に前者の真の金融危機の発生を防止する役割が理論上はありうることを認めつつも, LLR 発動が正当化される真の金融危機を極めて狭く定義した。そのうえで, こうした真の金融危機が英国で最後に発生したのは1866 年の Overend, Gurney and Co. の経営破綻時であり, 一方の米国で 1960年代半ば以降に発生した銀行倒産はすべて擬似的な金融危機でしかない, と言い切る (Schwartz [1987])[55]。

トマス・ハンフリーやグッドフレンドは, 中央銀行 LLR 問題の論客として知られているが, 中央銀行 LLR の究極の目的は, あくまでも通貨総量 (money stock) が急変して通貨制度やマクロ経済全体が不安定化するのを防ぐことにあると考え, 金融システム安定それ自体を LLR の主要な目的とする議論とは一線を画している (Humphrey and Keleher [1984], Goodfriend and King [1988])。そのうえで, ハンフリーは, 古典的 (classical) なバジョット原則を厳格に解釈してそれを LLR の運用に忠実に適用することを中央銀行に求めた (Humphrey [1989, 2010])。また, グッドフレンドは, 米国 FRB による LLR 発動が, 中央銀行政策の範疇を逸脱し, 金融機関の破綻処理費用を納税者に転嫁する結果をもたらして財政政策類似の政策になってしまったことを, 一貫して批判している (Goodfriend [1991, 2011, 2012])。

これに対して LLR 必要論者は, 金融資本市場の機能不全からシステミック・リスクが発現し金融システム内外に伝播されるのを, 中央銀行 LLR が防止できる, と考える。

必要論者の間では古くから, 金融不安が非金融部門や実体経済に及ぼす負の外部効果を強調し問題視する意見が聞かれた[56]。例えば, ソロウは, 中央銀行 LLR の存在意義を否定する新古典派の経済学者やマネタリストに反対する

---

55) 同論文に続き Schwartz [1992, 2002] でも, 近年の中央銀行, 特に米国 FRB によって LLR の諸原則が捻じ曲げられ (have been bent), 濫用されていることが手厳しく批判されている。

56) Minsky [1982] が, 「金融不安定化仮説」(financial-instability hypothesis) を提唱し, 金融不安定化の実体経済に及ぼす負の影響を分析する必要性を訴えたことはよく知られている。この論考は, 早くから, 流動性収縮の弊害に着目していた。

図 1-17　学界内における LLR 必要論と LLR 慎重論

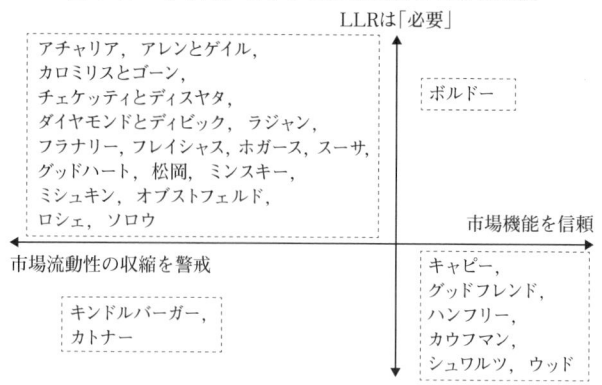

(注)　第1象限のボルドーは Bordo［1990］を，第2象限のアチャリアは Acharya and Backus［2009］, Acharya, Gromb and Yorulmazer［2012］, Acharya and Tuckman［2013］を，アレンとゲイルは Allen and Gale［1998, 2000a, 2000b］, Allen, Carletti and Gale［2009］を，カロミリスとゴートンは Calomiris and Gorton［1991］を，チェケッティとディスヤタは Cecchetti and Disyatat［2010］を，ダイヤモンドとディビッグ，ラジャンは Diamond and Dybvig［1983］, Diamond and Rajan［2005, 2011］を，フラナリーは Flannery［1996］を，フレイシャス，ホガース，スーサは Freixas, Giannini, Hoggarth and Soussa［2000］, Freixas and Parigi［2008］, Freixas, Parigi and Rochet［2000, 2008］, Hoggarth and Soussa［2001］を，グッドハートは Goodhart［1987, 1988, 1999, 2003, 2010］, Goodhart and Huang［2005］を，松岡は Matsuoka［2012］を，ミンスキーは Minsky［1982］を，ミシュキンは Mishkin［1991, 2000］を，オブストフェルドは Obstfeld［2009, 2013］を，ロシェは Rochet［2004］, Rochet and Tirole［1996a］, Rochet and Vives［2004］を，ソロウは Solow［1982］を，第3象限のキンドルバーガーは Kindleberger［2007］を，カトナーは Kuttner［2008］を，第4象限のキャピーは Capie［1998, 2007］を，グッドフレンドは Goodfriend and King［1988］, Goodfriend［1991, 2011, 2012］を，ハンフリーは Humphrey and Keleher［1984］, Humphrey［1989, 2010］を，カウフマンは Kaufman［1991, 1994］を，シュワルツは Schwartz［1987, 1992, 2002］を，ウッドは Wood［2000］を，それぞれ参照し分類した。
(出所)　筆者作成。

立場から，通貨金融システムに対する信認を公共財と捉え，1銀行の破綻の悪影響が非金融部門にまで及ぶ外部不経済の問題に対処すべく，中央銀行が裁量で LLR を実行することを説いている（Solow［1982］)[57]。

　結局のところ，中央銀行 LLR に関する必要論と慎重論の考え方を隔てているのは，金融資本市場の機能，とりわけインターバンク市場の機能に対する信頼の度合いである（図 1-17）。

　LLR 必要論は，情報の非対称性を原因とする「市場の失敗」（market failure）

---

57)　Hirsch［1977］も情報の非対称性などを論拠に，新古典派の考え方に反論した。

や「不完備契約」(incomplete contract)，早い者勝ちの預金引出し行動がもたらす「協調の失敗」(coordination failure) などの問題を理論的な根拠にしている。一方の LLR 慎重論は，中央銀行が金融政策運営を通じて通貨総量の適切な管理さえできていれば，流動性の微調整を行うための中央銀行 LLR に求められる出番はごく限定的となり，個々の金融機関が直面する流動性の過不足は，効率的に機能する金融市場において調整されると主張する。

　LLR 慎重論は，グローバル金融危機の後，むしろ勢いを増している。追い風になっているのは，米国 FRB をはじめ主要国の中央銀行が LLR 機能を積極的に発揮したのは「行き過ぎ」で「大き過ぎて潰せない金融機関を救済した」とする国民世論や政治家の批判である。

　しかしながら，グローバル金融危機では，そもそも金融市場自体の機能不全や，市場流動性の収縮・枯渇が世界的に深刻な問題であった。これを踏まえると，国民世論に後押しされた LLR 慎重論には，一抹の不安を感じざるをえない。そこで次節では，中央銀行の市場流動性危機への対応について説明する。

BOX 2　中央銀行 LLR の手段は公開市場操作に限定すべきか

　中央銀行 LLR の実行手段，流動性供給手法については長年，論争が続いた。一方の論者は，中央銀行 LLR の手段を，金融市場全体に流動性を供給する公開市場操作（Open Market Operation）に限定すべきだ，と唱える。もう一方の極には，個別金融機関に向けた貸付けを奨励する考え方があり，前者と対立する。両者の中間には，公開市場操作と個別金融機関向け貸付けの双方の利用を容認する意見も存在する。

　中央銀行 LLR の実行手段を公開市場操作に限定することを主張する論者のほとんどは，本文で市場機能を信頼する LLR 慎重論と分類された研究者である。

　こうした論者の代表格のトマス・ハンフリーは，LLR としての中央銀行の責務は，銀行取付けなどパニックが惹き起こす通貨の急減，貨幣乗数の急落を防止して，経済活動を支える通貨残高の安定成長を長期的に確保にすることにある，と考える通貨ビュー（money view）の立場をとる。そのうえで，個別行向け貸付けよりも公開市場操作のほうが市場に対し効果的に流動性を供給できる，と論じた[58]。

図 1-18　公開市場操作か個別行向け貸付けか

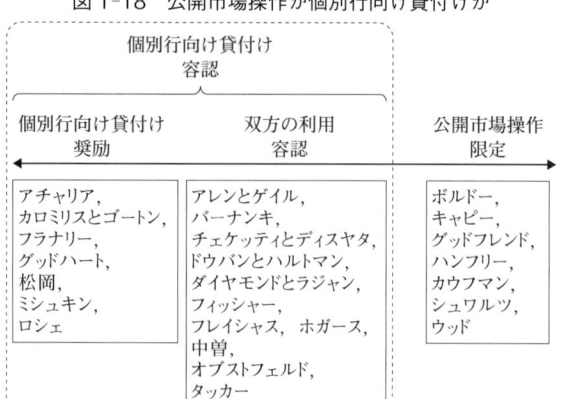

(注)　図の左側から，「個別行向け貸付け奨励」の立場は Acharya, Gromb and Yorulmazer [2012], Acharya and Tuckman [2013], Calomiris and Gorton [1991], Flannery [1996], Goodhart [1999, 2010], Goodhart and Huang [2005], Matsuoka [2012], Mishkin [1991], Rochet and Tirole [1996a], Rochet and Vives [2004] を，「双方の利用容認」の立場は Allen, Carletti and Gale [2009], Allen and Gale [1998, 2000a, 2000b], Bernanke [2013b], Cecchetti and Disyatat [2010], De Bandt and Hartmann [2002], Diamond and Rajan [2005, 2011], Fischer [1999], Freixas, Giannini et al. [2000], Freixas and Parigi [2008], Freixas, Parigi and Rochet [2000, 2008], Hoggarth and Soussa [2001], Nakaso [2001, 2013, 2014a, 2014c], Obstfeld [2009, 2013], Tucker [2009, 2014] を，「公開市場操作限定」は Bordo [1990], Capie [1998, 2007], Goodfriend [1991, 2011, 2012], Goodfriend and King [1988], Humphrey [1989, 2010], Kaufman [1991], Schwartz [1992], Wood [2000] を，それぞれ参照し分類した。
(出所)　筆者作成。

　特筆すべきは，中央銀行 LLR の論客グッドフレンドが，通貨ビューの考え方をより徹底させ，中央銀行 LLR を金融政策の中に位置づけた点である。すなわち，グッドフレンドは，中央銀行の政策行動を，経済全体の通貨総量（厳密には現金発行高に準備預金残高を加えたハイ・パワード・マネー）を純増させる金融政策（Monetary Policy）と，個別金融機関に対する貸付けや規制・監督を含むバンキング政策（Banking Policy）とに区別して定義をしたうえで，中央銀行が，金融システム全体の危機に対処するには，前者の金融政策の一環として公開市場操作

---

58)　Humphrey [1989, 2010]。なお Humphrey [1989] は，ソーントンの『紙券信用論』（Thornton [1802]）やバジョットの『ロンバード街』（Bagehot [1873]）の解釈として，バジョットが個別行向け貸付けによる LLR 実行を頼りに勧めたのは，その時代に公開市場操作が現代の中央銀行のように広く利用されていなかったからに過ぎないと解説し，仮に当時，公開市場操作が普及していたならば，バジョットも，市場へ最も迅速に流動性を供給できる公開市場操作の活用を認めていたはずだ，と述べている。

の手段により LLR を実施すれば必要十分である, と論じた (Goodfriend and King [1988], Goodfriend [1991, 2011, 2012] など)。

　ボルドー, シュワルツなども中央銀行 LLR の実行手段を公開市場操作に限定することを主張している (Bordo [1990], Kaufman [1991], Schwartz [1992], Wood [2000])。その背景には, 個別金融機関向け貸付けが結局は, 債務超過先の支援や破綻処理費用の納税者への転嫁につながったことへの批判がある。カウフマンは, 1987 年 10 月の株価暴落の際に FRB が金融市場に大量の流動性を供給したことを LLR の成功事例として評価している (Kaufman [1991])。

　なお, 公開市場操作論者の中でもキャピーが, 市場に資金を供給する LLR 機能は, 言わば曇りガラス (frosted glass) を通じて実行すべきで, 直接の貸付け先の匿名性 (anonymity) を確保することが望ましい, と論じた点は, グローバル金融危機以降の中央銀行 LLR の汚名問題対策を先取りしており興味深い (Capie [1998, 2007])[59]。

　図 1-18 が示すとおり, 個別金融機関向け貸付けを奨励する意見と, 公開市場操作と個別行向け貸付けの双方の利用を容認する中間派の意見も合わせると, 多数派を形成している。

　例えば, カロミリスとゴートンの 1991 年の共著論文は, 1909 年以前の米国における銀行破綻事例を分析した結果, 金融危機 (banking panics) は「情報の非対称性」が原因で発生したと説明したうえで, こうした金融危機を防止する効果は, 公開市場操作には期待できず, 個別銀行に対する貸付け (discount loans) が有効である, と主張した (Calomiris and Gorton [1991])。また, 高名な中央銀行研究家のグッドハートは, 中央銀行 LLR を公開市場操作に限定する通貨ビューの主張に反論し, 市場参加者が, 金融政策・金融調節の目的で実施される公開市場操作と, 金融システム安定が目的の LLR として実施される公開市場操作とを区別できず実務的に無理がある (effectively non-operational) ことから, 個別金融機関に対する貸付けのみを中央銀行 LLR と呼ぶことを提案した (Goodhart [1999])。

　公開市場操作か個別行向け貸付けかの論争は, 結局, 中曽・日銀前副総裁が世銀主催フォーラムでの講演で, 取引相手の支払能力の有無と流動性不足の問題とを区別できないことがグローバル金融危機をより深刻にしたという教訓を踏まえ「中央銀行による個別金融機関向け LLR は不要になったという楽観論は甘過ぎた

---

59)　キャピーはその一方で, 匿名性を確保した公開市場操作方式の LLR が 19 世紀英国で成功した背景に, 当時のロンドン金融市場固有の事情として, 割引商会 (discount houses) が BOE と個別銀行との間の取引を仲介していたことも紹介した (Capie [1998])。

（too cavalier）」と述べたことで，個別行向け貸付け優位のうちに収束した（Naka-so［2013］）。

第3節　市場流動性収縮と中央銀行 LLR

（1）　市場流動性低下と資金流動性縮小の間の負の相乗作用

　金融市場の流動性収縮とは，金融資本市場において活発に売買あるいは貸借されていた金融資産の取引が，何かをきっかけに急激に細っていく現象を言う。

　市場流動性が収縮し枯渇するという現象は，決して目新しいものではなく，古くからさまざまなバブルが崩壊する過程で頻繁に観察されてきた。一般に流動性が厚いと言われる株式市場や外国為替市場においてすら，銘柄や資産の種類によっては市場流動性が急速に低下・収縮することはある。

　市場流動性は，極めて不安定であり，何かをきっかけに不連続かつ想定外の急変動をすることがある。2007 年以降のグローバル金融危機では，特に 2008年 9 月のリーマン・ショックの後に，市場流動性の収縮が突発的かつ大規模に起こり「市場流動性の枯渇」（evaporation of market liquidity）あるいは「市場の凍結」（market freeze）などと称される事態に至ったことで，世界の金融資本市場が機能不全に陥った。このためグローバル金融危機は「市場型の金融危機」[60] あるいは「現代型金融危機」（"Modern" Financial Crises）[61] と性格づけされている。

60）　わが国の金融規制関係者の多くは，グローバル危機を「市場型の金融危機」と性格づけする。川口［2013］は，日本の 1990 年代の金融危機は「不良債権型の金融危機」であったとする一方，2007 年以降の世界的金融危機は，前者とは異なる性質を有し，市場の急変により，銀行，証券会社，保険会社を含む広い市場参加者間で取引相手方の信認が低下した結果，市場取引の連鎖的な停止により金融市場が機能不全に陥る「市場型の金融危機」であったと述べた。古澤・藤本［2013］，村松［2014］なども同様の呼び名を用いた。

61）　Adrian, Burke and McAndrews［2009］は，グローバル金融危機を，従来の金融危機と区別する類型として「現代型金融危機」（"Modern" Financial Crises）と呼び，その特徴は，もともと非流動資産であった住宅ローン等を証券化商品等に組成して流動資産として取引する証券会社・投資銀行のプレゼンスが米国の金融資本市場において拡大していたなかで，こうした流動資産の市場流動性が急激に収縮し価格も下落した結果，証券会社・投資銀行が資金流動性制約に直面したことにあると解説した。

図 1-19　資金流動性縮小と市場流動性低下の悪循環

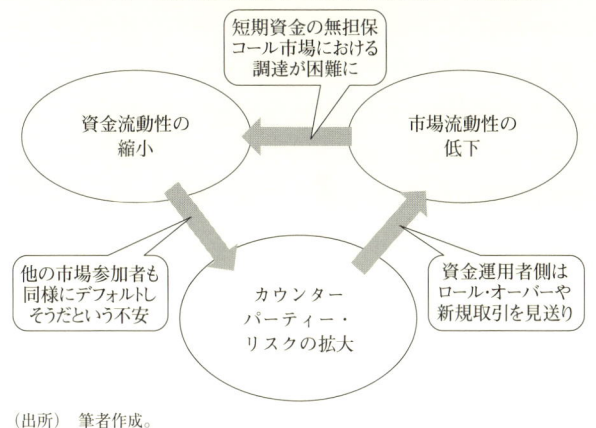

（出所）　筆者作成。

　グローバル金融危機で特筆されるのは，中曽・日銀前副総裁が 2013 年 4 月の「金融危機と中央銀行の『最後の貸し手』機能」講演で指摘した「市場流動性と資金流動性の相乗的収縮」や「市場取付け」（market run）という現象である（Nakaso［2013］）[62]。ここで指摘されたのは，市場流動性の低下と資金流動性の縮小とが「負の相乗作用」を及ぼし合いながら双方の収縮を加速させる悪循環を通じて，最終的に市場流動性の枯渇に至り，悪影響が金融資本市場の参加者全体に連鎖し拡大していくメカニズムである。

　それでは，市場流動性の低下と資金流動性の減少とが「負の相乗作用」を及ぼし合うメカニズムとは，いかなるものであろうか。以下の 2 つの経路が考えられる。

　第 1 のメカニズムは，図 1-19 に示したように，短期資金取引における 1 件の債務不履行が，他の市場参加者のカウンターパーティー・リスク（取引相手方の信用リスク）に関する不安を強め，資金取引の市場流動性が急減した結果，回り回って，資金流動性が一層縮小する悪循環である。こうした現象は古くか

---

62)　Gorton and Metrick［2012］も，サブプライム問題が世界的な金融危機に拡大した元凶はレポ市場における取付け（run on repo）にあると指摘して，資金流動性と市場流動性が相互に悪影響を及ぼし合いながら収縮していったプロセスを実証分析により示した。

ら知られ，具体例としては，わが国で 1997 年 11 月に会社更生法の適用を申請した三洋証券が無担保コール取引で戦後初の債務不履行を起こしたことで，短期金融市場の流動性が収縮したことが挙げられる。

　この事例では，金融機関同士の短期資金貸借取引において，カウンターパーティー・リスクに対する従前の過少評価を是正する行動が突然に広がったことで，コール資金取引が急減し，それまで問題なく借換えができていた大手都市銀行や地方銀行の資金繰りが困難になった。そして，こうした状況を不安視した全国各地の預金者が取付けに走ったのである。

　金融機関の短期金融市場における市場流動性収縮の動きを先取りした研究として興味深いのが，三洋証券破綻の前年に書かれたフラナリーの論文である。この研究は「情報の経済学」をベースに，「勝者の呪い」（winner's curse）効果から逆選択が進んで，優良な貸し手・借り手の双方がインターバンク市場から退出してしまう現象を理論的に説明したうえで，この問題を緩和できる中央銀行 LLR が経済厚生を高められる，と主張した[63]。またアチャリアらの 2012 年論文も，資金余剰行による出し惜しみ行動が金融危機時のインターバンク市場に深刻な非効率をもたらしている場合に，中央銀行 LLR がこの非効率性の問題を緩和できる，と述べている（Acharya et al. [2012]）。

　第 2 のメカニズムは，図 1-20 に示したように，特定の金融資産，金融商品を取引する市場流動性収縮が，取引当事者である金融機関の信用力評価の低下を伴いつつ，資金流動性の減少を招き，それらがさらに他の金融資産や金融商品の市場流動性低下を惹起するという「負の相乗作用」である。これがグローバル金融危機の特徴である。

　具体的にみると，まずサブプライム住宅ローン関連の証券化商品など特定の金融資産を取引する市場流動性が細って需給バランスの悪化，時価下落をもた

---

63)　Flannery [1996] は，「情報の経済学」における逆選択の理論をベースにして，インターバンク市場における貸し手銀行が，信用不安時には，競争相手である他行の審査能力を自行の審査能力と比べた優劣を正しく評価できないゆえに不確実性が高まる，という理論モデルを構築した。この不確実性を背景に，貸し手銀行は，自行には信用力に劣る借り手向けの案件ばかりが残されているという不安から貸付金利を引き上げざるをえなくなり（勝者の呪い），これが優良な借り手・貸し手双方の市場からの退出を促し，市場機能の停止につながる。なお，「情報の非対称性」や「レモン（中古不良品）の市場」などの理論を応用した中央銀行 LLR の研究に先鞭を着けたのは Hirsch [1977] である。

図1-20　市場流動性低下と資金流動性縮小との負の相乗作用

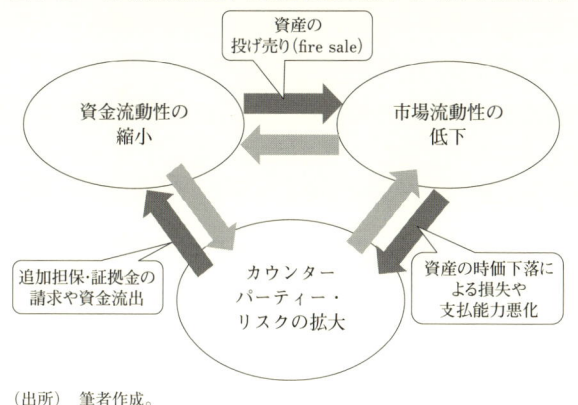

（出所）　筆者作成。

らしたことで，こうした資産を保有・取引していた Bear Stearns 証券や Lehman Brothers 証券などの金融機関の支払能力や，こうした取引を対象に保証業務を手掛けていた AIG の信用力が大幅に低下した。これらの金融機関は，格下げなどを契機に，カウンターパーティー・リスクの拡大を嫌がる取引相手方から，追加担保や追加証拠金の請求や資金返済を迫られ，急激な資金流出に見舞われる。こうした金融機関が，資金捻出を急ぎ，金融資産の投げ売りに走ったことで，さらなる市場流動性の低下を誘発してしまう悪循環が生じた。

　また，2008 年 9 月の Lehman Brothers 証券の破綻後，同社発行 CP に投資していた MMF（短期金融市場投信）が元本割れとなったが，これをきっかけに，まず，他の MMF の返済能力が不安視され償還請求が殺到し，次いで，こうした各 MMF の投資先であった CP や ABCP（Asset-Backed Commercial Paper，資産担保 CP），証券化商品などの市場流動性が広い範囲で収縮した。1 つの種類の金融資産を取引する市場の流動性低下が，他の種類の金融資産や金融市場の流動性低下に波及したのである。

　市場流動性と資金流動性と間の相乗作用を結びつけていたのは，レポ取引やデリバティブ取引に用いられる担保資産の存在である。グローバル金融危機の直前，米国の金融資本市場では，預金取扱金融機関以外の，いわゆるシャドー・バンキングと呼ばれる証券会社や投資銀行，投資会社，保険会社，MMF，

ABCP 発行体，CP 発行企業など幅広い種類の金融機関が金融仲介業務を担っていた。この中心的な役割を果たしていた証券会社や投資銀行は，日常の短期資金調達の面で，有担保のレポ取引に依存していた[64]。

　証券会社や投資銀行は，危機の前までは，流動性が高いと考えられていた資産や証券化商品を保有し，これらをレポ取引の担保に提供することで短期資金の借換えを続けていた。ところが，市場流動性が突発的に低下すると，証券会社・投資銀行のバランスシート上でも流動資産の割合が低下する（図1-21 左）。

　短期資金の貸し手は，証券会社・投資銀行から提供された担保資産の担保評価を引き下げたり，ヘアカット率を上積みしたりして，追加担保・証拠金を請求する。有担保のレポ取引に依存して短期資金調達を行っていた証券会社・投資銀行には，こうした追加担保請求が容赦なく殺到した。市場流動性が枯渇していくなかで，資金捻出のためやむなく非流動資産の投げ売りに走った証券会社・投資銀行は，債務超過に転落していった（図1-21 右）。

　このように，市場流動性や時価の不連続な変化に応じて，担保資産のヘアカット率を引き上げて追加担保を請求する取引実務が，資金取引の流動性と担保資産の市場流動性との間の相乗作用を強め，流動性収縮の悪循環を増幅したのである。市場流動性収縮が，追加担保請求の殺到をもたらすメカニズムは，以下の4つが重なり合っていた。

　第1に，担保資産の時価下落は，与信額と比べた担保価額の不足幅を拡大することから，取引相手方は不足分の追加担保を請求する。

　第2に，時価が下落した資産を保有している金融機関は評価損失を被り信用力が低下することから，取引相手方からカウンターパーティー・リスク増加に見合った分の追加担保を請求される。

　第3に，時価が下落した資産を参照資産とする信用保険を引き受けるデリバ

---

64)　翁百合［2014］113-145 頁は，米国のシャドー・バンキングの仕組みを支えていたのは有担保の短期資金貸借市場であるレポ市場であり，シャドー・バンキングの中心にいた証券会社がレポ市場に依存しそこから効率的に資金調達できていたことが，Lehman Brothers 証券の破綻後に市場全体が一気に機能不全に陥った背景にある，という点を明快に解説した。他に，Adrian et al.［2009］，Gorton and Metrick［2012］，宮内［2015］125-177 頁なども，レポ市場自体が収縮していったメカニズムを丁寧に解説している。

図1-21　市場流動性枯渇時の証券会社の債務超過転落

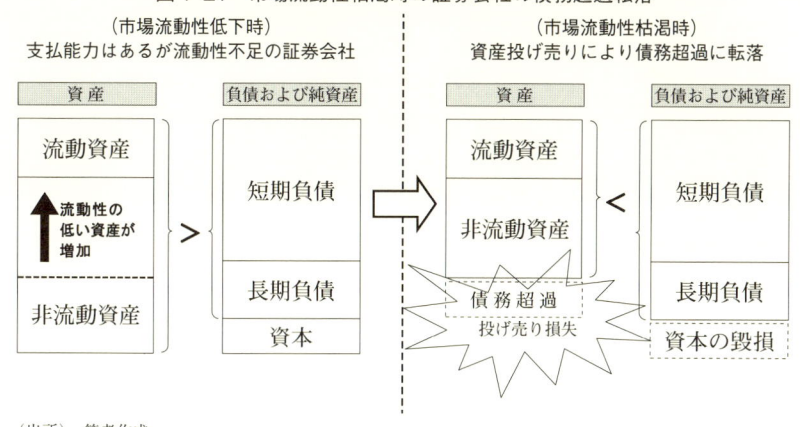

（出所）　筆者作成。

ティブ商品[65] の売り手となっていた金融機関は，当該信用保険の買い手の取引相手方から，将来の保険金支払い債務の増加に見合った分の追加担保を請求される。

　第4に，金融資産全般の市場流動性収縮，時価下落を背景に，こうした信用保険の引受けを手広く行っていた金融機関は損益が悪化し信用力が低下することから，取引相手方からカウンターパーティー・リスク増加に見合った分の追加担保を請求される。

（2）　中央銀行による市場流動性収縮への危機対応

　中央銀行は，資金取引の流動性と担保資産の市場流動性との間の相乗作用によって悪化する市場流動性収縮に対処しその悪影響を緩和するために，以下の3つの方法でLLR機能を発揮することができる。

　第1の方法は，MMLR機能の発揮である。特定の金融市場あるいは特定の金融商品取引の市場流動性を回復させ市場機能を復元させる触媒効果をねらっ

65）　信用保険のデリバティブ商品として代表的なものがCDS（Credit Default Swap，クレジット・デフォルト・スワップ）であり，AIGはその代表的な引受け手であった。

て，中央銀行が市場流動性を供給する方法である[66]。

MMLR 機能発揮の具体例として挙げられるのは，米国 FRB がグローバル金融危機の際に特設した複数の流動性供給ファシリティである。これらは，FRB 自らが ABCP や CP，ABS など特定の金融商品のマーケット・メイキングに乗り出したり，市場参加者が保有する担保資産を市場流動性の高いものに交換したりするものであったが，市場流動性の回復に一定の効果があったと評価された（第4章で後述）。

第2の方法は，資金流動性を潤沢に供給することである。市場流動性収縮の問題であったとしても，それは資金流動性の縮小と市場流動性の低下との間の負の相乗作用によって増幅されたものであるので，中央銀行が資金流動性の縮小を直接に防止することによって，悪循環を断ち切る効果がある。

この具体例としては，グローバル金融危機以降に ECB が実施した固定金利の金額無制限方式オペや3年物 LTRO（長期リファイナンシング・オペ）などによる大規模流動性供給が挙げられる。これらもユーロ圏の金融システムを安定させる効果があったとされている（第6章で後述）。

危機が進行中の 2008 年にブルネルマイヤーとペーダーセンが共著した論文は，市場流動性と資金流動性とが相乗作用を及ぼし合いながら収縮していく流動性スパイラル（liquidity spiral）の仕組みを解明したうえで，中央銀行は，資金を潤沢に供給する方針を示したり，金融システム不安が流動性問題だけに限られるとの判断を情報発信したりすることなどにより，前者の市場流動性の問題を和らげられる，と述べた（Brunnermier and Pedersen [2008]）[67]。またダイヤモンドとラジャンも，流動性収縮の問題と債務超過銀行の連鎖破綻の問題とが負の相乗作用を及ぼす理論モデルを構築したうえで，中央銀行が効果的な資

66）　Bolton, Santos and Scheinkman [2009, 2011] は，中央銀行 LLR を含む公的機関による流動性供給がタイミング次第では民間金融市場の流動性をクラウド・アウトする可能性があるとしたうえで，政府・中央銀行が MMLR 機能を発揮する方針を表明すれば非効率な投げ売りを抑制し市場流動性を復元することで経済厚生を改善できる，と主張する。

67）　Allen et al. [2009] も，流動性リスクのヘッジ手段が限られる不完全なインターバンク市場を前提とすれば，たとえ市場全体の流動性不安が個別金融機関の流動性不安を大幅に上回り，インターバンク取引が停止したとしても，中央銀行が公開市場操作を行うだけで制約条件付きの効率的な資源配分（constrained efficient allocation）を実現できることを示した。

金流動性供給等を実行するための条件など，凍結した金融市場の機能を回復さ
せる各種政策手段の有効性を詳細に論じている（Diamond and Rajan [2005,
2011]）。さらに，アチャリアとタックマンの 2013 年共著論文も，資産が拡大
した金融機関のレバレッジ縮小を促すために，資産の買い手となりうる健全な
金融機関に流動性を供給することを提案した（Acharya and Tuckman [2013]）。

　第3の方法は，中央銀行信用における適格担保資産自体について，適格要件
の緩和や，担保種類の拡大を行うことである。市場流動性が収縮していく過程
では，レポ取引などの資金取引市場で提供される担保資産の市場流動性や時価
が急変動することから，中央銀行が国債等の流動性の高い優良担保資産を囲い
込んでしまうと，担保資産の市場流動性低下の悪影響が民間金融市場に集中す
ることになる。中央銀行は，LLR 運営の一環として，流動性の低い資産を自
らの信用の適格担保として受け入れることで，民間の金融市場が担保資産の市
場流動性収縮から被るショックを緩和することができる。

　BIS の 2013 年，2015 年の報告書は，主要国の中央銀行がグローバル金融危
機時に，適格担保の要件を緩和しまた担保種類の範囲を拡大することで，流動
性の低い資産を担保として受け入れていた実態を詳しく分析し報告している
（BIS Markets Committee [2013]，BIS CGFS and Markets Committee [2015]）。

BOX 3　中央銀行 LLR 研究の歴史と市場流動性収縮

　グッドハートは，自らの中央銀行研究の事績を回顧した論考の中で，中央銀行
LLR の研究分析手法が，20 世紀終盤までは事実関係や歴史，法制の記述が中心で
あったのを，より理論的で数理モデルを取り入れた頑健な（more theoretical,
mathematical and rigorous）分析に改めようとした，と述べている（Goodhart
[2003]）。現に，フアンとの共同研究で，倒産確率やモラル・ハザードの変化を織
り込んだ理論モデルを用いて，中央銀行 LLR の費用対効果分析を試みた（Good-
hart and Huang [2005]）。

　理論モデルを構築したうえで中央銀行 LLR を研究する手法は，1990 年代後半
以降，本格化した。すなわち，フラナリーの 1996 年論文（Flannery [1996]）を
皮切りに，ロシェが中心となった 1996 年以降の一連の研究（Rochet and Tirole
[1996a, 1996b]，Rochet [2004]，Rochet and Vives [2004]）や，アレンとゲイルに
よる 1998 年以降の一連の研究（Allen and Gale [1998, 2000a, 2000b]，Allen et al.

[2009]）が続いた。今世紀に入ってからは，フレイシャスらの研究（Freixas, Parigi and Rochet [2000, 2008], Freixas and Parigi [2008]），ダイヤモンドとラジャンの共同研究（Diamond and Rajan [2005, 2011]），アチャリアらの研究（Acharya and Backus [2009], Acharya et al. [2012], Acharya and Tuckman [2013]）などが，理論モデルに基づく LLR 研究の成果を披露している。

　中央銀行 LLR に関する理論分析が発展した背景には，過去 20 年間の 3 つの出来事をきっかけに，世界の金融システムが市場流動性の収縮・枯渇に直面した事実がある。

　第 1 に，わが国で 1997 年 11 月に倒産した三洋証券の債務不履行がインターバンク市場の取引急減，金融システムの信認低下を招いた事態である。

　第 2 に，1998 年の米国ヘッジ・ファンド LTCM（Long-Term Capital Management）の経営破綻である。同社が金利スプレッドの縮小予想に基づく裁定取引から巨額損失を被ると，米国の金融市場全体で信用リスク・プレミアムが急激に拡大し，スワップなどデリバティブ取引の市場流動性が急減した[68]。

　これに触発され，中央銀行実務家や金融システム関係の学者の間で，市場流動性に関する研究が活発になった。象徴的なのは，同年 11 月に日銀で開催された第 2 回中央銀行共催リサーチコンファレンスの昼食講演で，山口泰・日銀副総裁（当時）が，金融システムの安定やシステミック・リスクへの対処方法を考えるにあたって「市場流動性」と「市場予想」の 2 つの概念が有益な鍵となる，と強調したことである（Yamaguchi [1998] p. 22）。

　市場流動性のダイナミクスを扱った研究は，今世紀に入り，顕著に増加する[69]。例えば，ダイヤモンドとラジャンの 2005 年共著論文は，従来の研究のようにシステミック・リスクの原因を預金者のパニックや銀行間取引の相互連関には求めず，

---

68)　LTCM の自力資本調達の試みが 1998 年 9 月に頓挫した段階で，同社取引先による手仕舞いが金融資産全般の投げ売りを誘発して市場流動性の収縮・枯渇や金融・経済危機につながることを憂慮した FRB が，民間金融機関による LTCM 支援を促した結果，大手投資銀行や証券会社を含む 14 先の金融機関が 36 億ドルの増資に応じる支援策が合意された。なお LTCM 支援のために，FRB 自ら LLR 機能を発揮することも，米国政府から公的資金が投入されることもなかった。詳しくは Lowenstein [2000] pp. 143-218, Woodward [2000], Greenspan [2007], Carlson and Wheelock [2012] pp. 29-32 などを参照されたい。

69)　市場流動性の収縮に関する研究が 2000 年前後を機に発展したことを示す例として，De Bandt と Hartmann の共著論文がある。De Bandt and Hartmann [2000] は，システミック・リスクに関する先行研究のサーベイを，2000 年当時としてはかなり包括的かつ悉皆的に行った労作であるが，1998 年の第 2 回中央銀行共催リサーチコンファレンスに提出された初稿では，市場流動性の収縮という問題を明示的に取り上げていなかった。その 2 年後の改訂論文 De Bandt and Hartmann [2002] に至り初めて市場流動性危機（market liquidity crises）という概念が紹介された。

1 銀行の倒産を発端とする市場流動性の収縮から銀行破綻が連鎖・伝播するメカニズムを説明した点で画期的であった（Diamond and Rajan [2005]）。

　第 3 の出来事は，言うまでもなく，2007 年以降のグローバル金融危機である。この「市場型の金融危機」と，米国 FRB など主要国中央銀行による前例のない危機管理対応の経験を踏まえ，中央銀行 LLR の研究は，金利スプレッドなど金融市場で観測されるデータを用いた定量的な実証分析の面でも花開いた，とされる（Fleming [2012]）。

　金利スプレッドを用いて中央銀行 LLR の効果の実証分析を行った研究の先駆けとなったのは，テイラーとウィリアムズによる 2009 年共著論文である（Taylor and Williams [2009]）[70]。この論文は，金融市場で観測されるスプレッドが主としてカウンターパーティー・リスク（信用リスク）によって拡大したことを示したうえで，FRB が 2007 年 12 月に導入した TAF（入札型ターム物資金供給ファシリティ）がスプレッドを縮小する効果は認められないと論じ，TAF の効果を肯定する実証分析結果を示したマッカンドリューズらの共同研究（McAndrews, Sarkar and Wang [2008]）との間で論争を戦わせた。

　テイラーとウィリアムズの共著論文は，金利スプレッドの動向をカウンターパーティー・リスクと流動性リスクとに分解して中央銀行 LLR の効果を分析した。しかし，グローバル金融危機の特徴であった資金流動性と市場流動性との間の負の相乗作用の実態を，こうした要因分解によって適切に評価できるのか注意深い検証が必要であろう。

第 4 節　中央銀行 LLR の発動原則と本書の問題意識

　中央銀行は，LLR の業務運営に関する事務取扱要領・細則や金融機関との間で取り交わす契約書のひな形などをあらかじめ制定している。多くの中央銀行は，こうした実務的なルールとは別に，個別金融機関の財務内容や金融システム，金融市場がどのような状況である場合に LLR 機能を発揮するか否かを判断するための基準や条件，考え方を定め，これらを LLR の発動原則として

---

70)　Thornton [2011] は，スプレッドを扱うイベントスタディを初めて行った研究が Taylor and Williams [2009] であったとする。

開示し説明している。

　中央銀行が LLR の発動原則を開示・説明するのは，中央銀行 LLR の実行見通しに関して金融機関サイドが抱く不確実性・不安を減らすことが金融システム安定に寄与するからである。中央銀行が開示している LLR 発動原則の具体例を，2 つ挙げてみたい。

　まず BOE では，1993 年にジョージ総裁が講演で掲げた，①民間部門による解決策の優先，②公的補助の回避と株主責任，③流動性供給，④明確な出口の展望，⑤秘匿と事後公表，の 5 点にまとめられた発動原則が知られている。また日銀も，1990 年代後半に特融などの信用秩序維持業務の実施の適否を，①システミック・リスク顕現化のおそれ，②日銀資金供与の必要不可欠性，③関係者の責任の明確化，④日銀の財務健全性維持への配慮，の 4 原則に照らして判断していた。

　ところが，やや残念なことに，LLR の研究者の間で，こうした発動原則の実例が参照されることは少ない。最も頻繁に言及されるのは，バジョットが著書『ロンバード街』の中で中央銀行が LLR の発動を検討する際の判断基準として唱えた「バジョット原則」である（Bagehot [1873]）。この詳細は第 2 章で述べるが，概略は以下 5 点である。

　　①危機時の積極的貸付け

　　②事前開示

　　③債務超過先の排除

　　④優良担保

　　⑤高金利

　このバジョット原則は，後世の研究者による「解釈」を加えられつつも，中央銀行 LLR の研究者の多くにより「金科玉条」のように扱われ信奉されている。これに対して，筆者は強い違和感を禁じえない。ようやく最近になり，中曽・日銀前副総裁や，BOE のタッカー前副総裁，キング前総裁など中央銀行実務家の間でも，バジョット原則の見直しや新たな LLR レジームを唱える有力な意見が聞かれ始めた（Nakaso [2014d], Tucker [2014], King [2016]）[71]。

---

71)　他に Madigan [2009] や Cecchetti and Disyatat [2010] も同趣旨のコメントをした。

　果たして，バジョット原則は，現代の中央銀行が LLR 機能を発動し運営する際の判断基準として適切なのであろうか。主要国の中央銀行が，過去四半世紀にわたり，LLR 機能を発揮してきた経験やそこから得られた教訓に照らして，LLR の発動原則のあるべき姿を再考する必要があるのではなかろうか。

　本書が抱く問題意識は，主として以下の 5 点である。

　第 1 に，債務超過金融機関向けの中央銀行 LLR を禁止することは本当に適切なのであろうか。

　特に破綻金融機関の一時的な資金調達手段の必要をどのように考えればよいのであろうか。破綻処理中の金融機関の円滑な資金調達の途を閉ざすと，秩序だった破綻処理が困難になり，かえって TBTF 問題の克服・解消が遠のき，納税者（国民）負担が増加してしまうのではないであろうか。1990 年代後半における日銀特融や，2008 年に FRB が AIG 等に対して行った信用供与は，必要かつ有効な「時間稼ぎ」の措置として実施されたことや，それが破綻処理や事業の縮小における資産投げ売りによる損失の拡大，危機の深刻化，国民負担の増大などの抑制・防止に寄与したことを忘れてはならない。

　第 2 に，中央銀行 LLR の担保取得は，再検討の余地があるのではないだろうか。

　担保資産の市場流動性の変動が資金流動性と市場流動性の間の負の相乗作用を強めた経験を踏まえると，中央銀行の担保政策や適格基準が市場流動性に影響を及ぼす危険に注意しなくてはなるまい。また，第 2 章で後述する有担保 LLR の弊害，すなわち債務超過金融機関の破綻処理開始が先送りされ破綻損失が拡大する危険や，破綻処理費用が国民に転嫁される問題も，抑制・防止しなくてはいけない。1990 年代後半に実行された日銀特融のほとんどが無担保で実行された事実を思い出す必要がある。

　第 3 に，危機時においてだけ中央銀行が LLR 機能を積極的に発揮するという考え方は適切なのだろうか。

　むしろ，有事ではない，平時における流動性供給方針について，危機時の中央銀行 LLR とは別々に考えることが求められているのではなかろうか。また，仮に，有事と平時の 2 種類の LLR 原則を考える場合に，2 種類の発動原則の適用範囲や分界点をどのように考えればよいのであろうか。

　第4に，危機時の中央銀行LLRの発揮が，準財政政策としての性格を帯びることを踏まえると，財政民主主義に基づくガバナンスが求められるのではないか。

　中央銀行の流動性供給の問題と，金融機関の破綻処理費用の負担の問題とは，別の問題であり，両者を混同して議論することは適切でない。金融機関の破綻処理費用を誰がどのような形で負担するかという政府の政策判断と整合的な形で，中央銀行LLRが発動・運営されることが求められるのではないか。中央銀行LLRの担保取得の適否や，中央銀行の財務健全性の維持・確保も，預金保険など金融機関の破綻処理や費用負担に関する制度設計と切り離した議論をすることは適切ではない。

　第5に，民間金融機関にとって中央銀行LLRは使いやすいものであるべきなのだろうか。それとも，金融市場からの自力での資金調達など代替手段の方策が尽きて初めて最後の拠り所として駆け込むべきものなのか。

　特に，平時における中央銀行の流動性供給方針を考える際には，金融機関側の利用しやすさにも考慮する必要がある。従来，中央銀行LLRの議論をする際には，金融機関が不足する流動性の供給を中央銀行に求めてくることが所与の前提になっていたが，現実には汚名問題がその妨げになっていた。モラル・ハザード抑制と汚名問題防止との適切なバランスを図るべきではないだろうか。

　次の第2章は，バジョット原則の詳細やそれをめぐる論争を解説し，続く第3章以降で，日米英欧における中央銀行LLRの具体事例を踏まえ，以上の問題を考えたい。

第2章　バジョットによるLLR原則の定式化と
これをめぐる論争

　中央銀行のLLR機能やその発動原則について論じる際，19世紀英国の経済ジャーナリストであったウォルター・バジョットとその1873年の著作『ロンバード街』[1]をLLR理論の原点，始祖であると説明することが多い。しかし，これは厳密には正しくない。

　中央銀行のLLR機能の理論的骨格は，トマス・ハンフリーほか多くの研究者が指摘するように，バジョットの『ロンバード街』発刊から70年余り遡る1802年に，同じ英国の銀行家ヘンリー・ソーントンが『紙券信用論』[2]の中で唱えていた（Humphrey and Keleher [1984], Freixas, Giannini et al. [2000], Goodhart and Illing [2002], Capie and Wood [2007] など）。バジョットの功績は，ソーントンが唱えた考え方を発展させて，1866年までの間に英国を繰り返し襲った銀行危機の教訓も踏まえ，中央銀行LLRの発動基準をバジョット原則として明快に整理・定式化した点にある（Capie [1998]）。

---

1)　バジョット著作の原題は1873年出版の*Lombard Street: A Description of the Money Market*である。筆者は本書執筆にあたり John Wiley & Sons 社から1999年に発刊された復刻版を参照した。なお，同著作の和訳本としては，宇野弘蔵氏の手によるものや，久保恵美子による『ロンバード街　金融市場の解説』（2011年1月，日経BP社）が有名であるが，本書や文中の翻訳文は，これらを参照せず，英文原典に基づいて執筆した。
2)　ソーントンの1802年著作の原題は*An Enquiry into the Nature and Effect of the Paper Credit of Great Britain*である。筆者は本書執筆にあたり Oxford University Press 社から2002年に発刊された Goodhart and Illing 編著 *Financial Crises, Contagion, and the Lender of Last Resort: A Reader* の pp. 57-65 所収の記載を参照した。

　ところで，最後の貸し手，Lender of Last Resort という呼び名自体は，フランシス・ベアリング卿が 1797 年に記した「イングランド銀行と紙券通貨流通に関する考察」[3] の中で，BOE（Bank of England，イングランド銀行）は金融危機下で民間銀行に資金を供給できる dernier resort（フランス語で「最後の拠り所」の意）である，と述べたことに由来する（Humphrey and Keleher [1984]，Wood [2000]）[4]。このフランシス・ベアリング卿は，1890 年の経営不安は BOE 主導の支援措置により乗り切ったものの 1995 年に先物取引の巨額損失が露見し破綻した名門マーチャント・バンク Barings 銀行を創業した一族の中心人物である。

　なお，ソーントン『紙券信用論』，バジョット『ロンバード街』のいずれも，BOE に求められる流動性供給機能を Lender of Last Resort と呼ばなかった。この両名の功績により理論化，定式化された中央銀行の流動性供給機能が，現代では一般的となった Lender of Last Resort という呼称と結びつくには，20 世紀のホートレーの研究業績（Hawtrey [1932]）を待たなければならなかった。

　本章では，ソーントンの考え方やバジョット原則を紹介するに先立ち，まず第 1 節で中央銀行の LLR 機能に関する両名の思想を生んだ時代背景である 19 世紀当時の英国の通貨・金融システムについて簡単に触れておきたい。そのうえでそれぞれ第 2 節ではソーントンの，第 3 節ではバジョットの主張や議論を，できるだけ原典に忠実に，すなわち後世の研究者の価値判断や解釈が混入しない形で，紹介したい。最後に第 4 節で，両名の唱えた中央銀行 LLR 発動原則をめぐる近年のアカデミックな論争を整理したい。

---

3)　ベアリング卿の 1797 年著作の原題は "Observations on the Establishment of the Bank of England and on the Paper Circulation of the Country" であるが，本書執筆にあたっては 2007 年 Routledge 社発刊の Capie and Wood 編著 *The Lender of Last Resort* の pp. 3-28 所収の記載を参照した。
4)　Wood [2000] や Capie [2007] は，dernier resort の語源はフランスの司法制度にあり，さらなる上訴や異議申立てが認められない最終的な審判を意味する，と解説している。

第1節　LLR 機能を生んだ時代背景

(1)　制度環境の相違

　現代のセントラル・バンカーが，ソーントンやバジョットが唱えた中央銀行 LLR の発動原則について語る際，この両名が前提としていた 19 世紀英国の通貨・金融システムと比べ，現代の金融システム・金融機関業務が格段に複雑化していることがしばしば強調される[5]。こうした指摘から真っ先に思い浮かぶのは，例えば，デリバティブや証券化商品の複雑性や，金融機関相互の国際的なネットワークの構造や決済システムが高度化していることなどであろう。

　しかし，注意を要するのは，現代と 19 世紀英国の間で，金融業務や経済活動を支える金融システムの制度環境が根本から全く異なっていることである。以下では，19 世紀英国における金融システムの基礎を支えた 3 つの制度，すなわち，①通貨制度，②通貨総量の管理，③金融市場，を概観したい。

(2)　通貨制度

　まず通貨制度をみると，19 世紀英国は金本位制を採用していた。このため，通貨（Bank Notes）の発行には原則として，裏付けとなる正貨（金準備）を保有することが必要とされていた。BOE は，1844 年イングランド銀行条例によって，独占的通貨発行権を獲得したが，同時に，正貨準備の裏付けを伴わない銀行券の信用発行（Fiduciary Issue）の額は 1,400 万ポンド以下に制限された。

　金本位制下の通貨発行高は，実体経済活動による通貨需要の大小とは無関係に，金準備額の増減に左右されることになる。例えば，農産物等の不作が原因で欧州大陸向けの輸出が減少し貿易赤字が拡大した結果，金準備が国外へ流出すると，BOE は，その分の通貨発行高の減少や，銀行券の金兌換停止，すな

---

5)　バーナンキ FRB 元議長は，連邦準備法制定 100 周年記念祝賀式典における挨拶の中でグローバル金融危機に対応すべくバジョットの考えに従い最後の貸し手として流動性を供給したことを振り返りつつも「しかしわれわれは，バジョットの知っていた金融制度と大きく異なり，また多くの点で，はるかに複雑な環境の中で対応を進めざるをえなかった」と述べた（Board of Governors of the Federal Reserve System [FRB]［2013c]）。

わち正貨での支払いの停止[6]を余儀なくされる。

　英国では19世紀半ばにかけて，銀行取付けや金融危機が繰り返し発生した[7]。金融危機は，通貨発行高の減少や金兌換停止をきっかけに発生・悪化することが多かった。したがってBOEは，こうした事態を防止すべく保有する金準備の残高を維持することに腐心することになる。

　バジョットの『ロンバード街』（Bagehot［1873］）は，BOEが危機時に積極的に流動性を供給する必要性を説いた著書として有名であるが，同時にかなりの頁数を割いて，BOEが金準備を十分に保有・蓄積する必要性を論じたことは，案外知られていない。

(3)　通貨総量の管理

　第2に，BOEは英国の中央銀行として，通貨総量を経済全体にとり適切な水準に調節・管理することを通じて，物価の安定や金融システムの安定に貢献すべきだ，という政策思想は，19世紀初頭の同国では未だ黎明期にあるに過ぎず，その後に徐々に形成されていった。現代であれば中央銀行の金融政策手段の1つに位置づけられる公定歩合の引上げにしても，当時のBOEは，物価安定よりも，貿易収支の赤字に伴う金準備の国外流出を防止し，資本流入を促す目的で行うことが多かった。

　また，現代のように，金融システム安定を目的とする中央銀行の政策行動と，物価安定を目的とする金融政策とを区別する考え方は存在しなかった。したがって，ソーントン，バジョットの両者とも，BOEによる流動性供給を，通貨総量を適切な水準に調節・管理する行動の一環として理解していた（Thornton［1802］, Bagehot［1873］）。

　この通貨総量の適切な管理という問題をめぐっては，19世紀英国の政策当局や学者，銀行家の間で，「通貨学派」（Currency School）対「銀行学派」（Banking School）の論争が戦わされた。通貨学派は，銀行券発行高を金準備額とできるだけ厳格にリンクさせることを求めた学派であるが，これに対して，

---

6)　実際にBOEは，ナポレオン戦争の戦費が嵩み正貨準備が底をついたことから，1797年から1821年までの間，金兌換を停止していた。

7)　1825年，1837年，1847年，1857年，1866年などの金融危機が知られている。

銀行学派は，銀行券発行高を金準備額と厳格にリンクさせる必要はないと反論した学派である。詳しくは，BOX 4「『通貨学派』対『銀行学派』の論争」を参照されたい。

　バジョットは，後者の銀行学派の立場を継承し，当時のBOEに危機時の積極的な流動性供給を求める論陣を張った（Humphrey and Keleher [1984]）。このようにソーントン，バジョットの考え方は，19世紀英国の通貨管理政策論争の文脈の中で理解することが望ましい。

BOX 4　「通貨学派」対「銀行学派」の論争[8]

　19世紀英国においては，通貨総量を管理するメカニズムのあるべき姿をめぐって，政策当局や銀行家，経済学者の中に「通貨学派」（Currency School）と「銀行学派」（Banking School）という2つの政策思想が形成され，両者の間で論争が戦わされた。

　「通貨学派」（ピールやオーバーストーンなどがこの立場）は，銀行券発行高を金準備額とできるだけ厳格にリンクさせることを求めた学派であるが，リカードの理論に基づいている。リカードは，通貨の増加が物価上昇をもたらすという貨幣数量説に立脚し，ナポレオン戦争後の英国におけるインフレの根本原因は，金兌換が停止されていたイングランド銀行券その他の不換銀行券が過剰発行されていることにあると考えて，インフレ防止のために，銀行券発行高の削減と，金兌換の再開を求めていた。

　通貨学派は，銀行券発行高を金準備額にリンクさせれば，国際収支の変化と金準備の流出入を通じて物価水準が均衡に向かう自動調整メカニズムが働くと考えていた。すなわち，物価が騰貴する国では，輸出が減少し輸入が増加することによって国際収支が悪化し金準備が対外流出するので，それに結びつける形で銀行券発行高を圧縮すれば物価が下落する，という仕組みである。

　1844年のイングランド銀行条例は，通貨学派の代表的な論者ピールの考え方を踏まえて起草されたことから，ピール銀行条例とも呼ばれる。このピール銀行条例は，

　　①BOEにイングランドおよびウェールズにおける銀行券（通貨）の独占的発行
　　　権を与え，

---

8)　本BOXは，館・浜田 [1972]，ロバーツ＝カイナストン編 [1996]，Humphrey and Keleher [1984]，Lewis and Mizen [2000]，Capie [2007]，Rist [2007]，斉藤 [2014] などを参照し執筆した。

②BOE の銀行券発行に金正貨準備の裏付けを原則として義務づけし，
③例外的に正貨準備の裏付けなく有価証券を担保に銀行券発行が許される「信用発行」（Fiduciary Issue）枠を 1844 年時点の残高 1,400 万ポンドに制限し，
④BOE の業務と勘定を，金正貨準備を保有し銀行券を発行する発券局（Issue Department）と，他の民間銀行と同様の預貸業務を扱う銀行局（Banking Department）とに分離した。

銀行学派（トゥックやパーマー，フラートン，ギルバートなどがこの立場）[9]は，上記の通貨学派に対して，次のように反論した。すなわち，BOE による銀行券発行が短期の商業手形の割引という形で行われ，こうした商業手形が通常の経済活動における財の取引に伴って振り出される真正手形（real bills）であるならば，銀行券の過剰発行は起こりえない，と考えられる。ここから銀行学派は，通貨発行が実際に取引される財の裏付けを伴うものである限りインフレを招来しないことから，銀行券発行高を金準備額と厳格にリンクさせる必要はない，と主張したのである。

銀行学派は，通貨学派の主張に従って銀行券発行高を金準備額に応じて機械的に伸縮させると経済活動の変動が増幅される，と批判した。また，英国の金準備を預かる BOE には他の民間銀行とは異なる特別な役割が期待されるとの考えから，BOE が金準備流出時にも積極的に資金を供給すべきであるにもかかわらず，通貨学派の主張に基づき制定された 1844 年ピール銀行条例が同行銀行局の担うべき機能に制約を課したことを問題視した。

1844 年ピール銀行条例は，通貨学派の主張を受け容れ銀行券発行高を金準備額と厳格にリンクさせたわけだが，実際にはその後の運用は，英国をたびたび襲った金融・経済危機の現実の前に修正を迫られた。1847 年，1857 年，そして 1866 年の金融危機の際には，BOE が危機への対応として LLR 機能を発揮することを後押しすべく，政府から BOE に対し，BOE の貸付け・割引業務の結果，銀行券発行高が法定限度を超過することを容認する趣旨の書状（crisis letters）が交付されている。

両派の間の論争は，1844 年ピール銀行条例の制定により通貨学派の勝利に終わったかにみえたが，その後の金融危機の現実は，銀行学派の主張を裏付ける結果となっている。

---

9)　ソーントンは，通貨学派と銀行学派との間で論争が戦わされた時代よりも前に活躍していたが，BOE が中央銀行として LLR 機能を発揮することを唱えた点は，銀行券発行額を機械的に制限することに反対する銀行学派の考え方に通じるところがある。

図2-1　19世紀ロンドンの割引市場

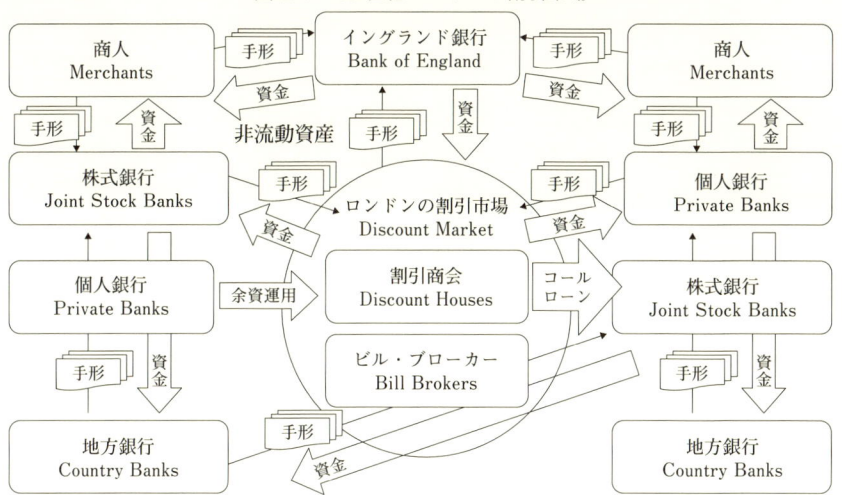

（出所）　Hawtrey［1932］，Capie［2007］などを参考にして筆者作成

(4)　金融市場

19世紀のロンドン金融市場では，英国政府の発行する財務省手形（Exchequer Bills），財務省証券（Treasury Bills），コンソル債など公社債が取引される金縁証券市場（Gilt-edged Market）が発達していたのと並んで，民間企業や個人等が商取引の過程で振り出す商業手形や為替手形を，民間銀行等が割り引く割引市場（Discount Market）が早くから発達していた（図2-1）。この割引市場の発達において，大きな役割を果たしたのが，BOEと，ビル・ブローカー（Bill Brokers）である。詳しくは，BOX 5「ロンドン割引市場の発達小史」を参照されたい。

19世紀のロンドンにおいては，ビル・ブローカーや割引商会によって形成されていた割引市場が，民間銀行間の資金過不足を調整するインターバンク短期金融市場の役割も担っていた。したがって，民間銀行全体として何らかの資金不足が発生した場合に，BOEは，不足する資金流動性を，この割引市場を通じて間接的に供給できたのである。

このように，19世紀のBOEは，資金不足の個別民間銀行と直接に取引する

ことなく，中間に位置する割引商会からの手形再割引の申し出に応じることによって，必要な資金を供給することができた。ウッドなどLLR研究者の一部は，BOEは，個別金融機関に対してではなく，金融市場に対してLLR機能を提供できていたと説明している（Wood［2000］，Capie［1998, 2007］）が，この点は，当時，ロンドンで発達していた割引市場の存在という特有の制度環境の賜物であったことに注意する必要がある。

　これとは対照的に，現代の中央銀行の多くは，金融市場に対して流動性を供給する場合でも，一次的には，その金融市場を構成する個別の民間金融機関を相手に取引をすることになる。第1章のBOX2では，LLR機能は市場に対して実施するものか，それとも，個別金融機関に対して実施するものか，というアカデミックな論争を紹介したが，前者の公開市場操作論者の学者が理想としていた世界や，ソーントン，バジョットの両者が想定していた世界は，あくまでも19世紀ロンドンに特有の割引市場がBOEと民間銀行との中間に介在していた制度環境が前提になっている。

BOX5　ロンドン割引市場の発達小史

　BOEは，民間の株式銀行として設立された経緯もあり，銀行のみならず商人（merchants）との間で，手形の割引業務，再割引業務を手掛けていた。この業務がBOEの重要な収入源になっており，他の民間商業銀行との競争にさらされた時期もあったと言われている（ロバーツ＝カイナストン編［1996］）。

　ビル・ブローカーは，顧客の手形を割り引いた民間銀行，特に地方銀行が，その手形の再割引先を探す際に，もともとは単なる仲介者として機能していた。18世紀の後半から19世紀初頭にかけて，手形の流通量が拡大し，個々のビル・ブローカーの取扱高も増加すると，業容の大きいビル・ブローカーの中には，自己勘定で手形を再割引する割引商会（Discount Houses）[10]へと発展する業者も登場してくる（Hawtrey［1932］）。

　1820年代から30年代にかけて，このビル・ブローカー，転じて，割引商会が営む業務内容は，さらに発展し拡大した。まず，BOEが1830年に，割引商会による口座開設を認め，彼らの持ち込む手形の再割引業務を開始したことが特筆さ

10）　こうして発展した割引商会の最大手が1866年に倒産したOverend, Gurney and Co.である。

れる（ロバーツ＝カイナストン編［1996］）。またこの時期に，割引商会が民間銀行の余資を預かり，資金不足の民間銀行にコールローンとして貸し付ける業務が発達した。当時の民間銀行は，BOE への対抗心やライバル意識も手伝って，手形の再割引や余資運用のニーズがある場合に，取引相手として割引商会を好んで利用していたと言われている[11]。

　この結果，割引商会は，手形の再割引業務と並行して，ロンドンの民間銀行間で資金過不足を調整する業務も担えるようになった。つまり，ロンドンの割引市場は，インターバンクの短期金融市場の機能も兼ねていたことになる。そして，このインターバンク市場全体が何らかの理由に資金不足に陥った場合，割引商会は，自己勘定で割り引いていた手形を BOE へ再割引に持ち込むことによって，不足する流動性を確保できた（ロバーツ＝カイナストン編［1996］，Hawtrey［1932］）。

　このことを逆に BOE 側からみれば，BOE は，民間銀行と直接に取引することをせずに，割引商会やビル・ブローカーによって形成されていたロンドン割引市場を中間バッファーとして利用することによって，民間銀行同士が資金を貸し借りする短期金融市場に対して資金流動性を供給できていたことになる。

第 2 節　ソーントンの議論

(1)　先駆者のソーントン

　英国の銀行家ヘンリー・ソーントンは，1802 年の『紙券信用論』の中で，当時の銀行実務や商工業取引における実例を挙げながら，中央銀行による通貨発行業務や LLR 発動原則のあるべき姿を詳細に論じた。トマス・ハンフリーとケルハーが 1984 年に共著した論文は，このソーントンの業績を「現時点でも多くの点で最も厳密かつ完全かつ体系的な LLR 理論」と手放しで評価している（Humphrey and Keleher［1984］）[12]。19 世紀初頭の英国が世界的で最も進

---

11)　Capie［2007］によれば，民間銀行の BOE に対する対抗心やライバル意識の背景には，当初，株式銀行（Joint Stock Banks）という組織形態が BOE だけに特権的に認められていたという事情がある。民間銀行には，最多 6 名のパートナーが出資する個人銀行（Private Banks）の組織形態しか許されず，株主には無限責任が問われたため，資本調達力の面で厳しい制約があった。民間銀行に株式銀行の組織形態が完全に解禁されたのは 1833 年であり，株主の有限責任が認められたのは 1862 年であった。

12)　Humphrey［2010］も同趣旨のコメントをしている。

んだ経済・金融システムを有していたとはいえ，今から2世紀余り前に書かれた著作としては，真に画期的なものであった。

　ところが，ソーントンの業績は，その分析が精細（subtle）に過ぎたためか，19世紀前半の主張や立場の近い英国経済人・学者の間でも引用されることがなかったため，忘れられていく。これが「発掘」されるのは20世紀入り後のことである[13]。奇妙なことに，後述するバジョットの『ロンバード街』も，ソーントンの『紙券信用論』の中の考え方を事実上，継承しているにもかかわらず，偉大な先人の業績への言及はない。

　以下では，ソーントンの1802年『紙券信用論』の中のLLRに関連する記述の主要なものを紹介したい。

(2)　中央銀行の主要機能

　ソーントンの『紙券信用論』の中の以下の記述（以下は筆者の和訳）は，シュンペーターが「中央銀行にとっての大憲章（Magna Carta）」と喩え賞賛したことがよく知られている（Humphrey and Keleher [1984], Humphrey [1989], Capie [1998]）。

> 「BOEの機能は，銀行券の発行総額を管理することにある。この目的のためには，借入れ需要が強い場合，実効性のある何らかの原則に基づいて，発行額を抑制しなくてはならない。しかしながら，いかなる場合でも，流通している発行総額を急激に削減すべきではなく，発行総額の変動は一定の範囲内に限って認めるべきである。銀行券の発行総額は，国家全体の経済取引の規模が自然に拡大していくのに応じて，ゆっくりと注意深く増加させなくてはならない。異常な信用不安や資金難の場合には，銀行券発行総額の一時的な増加を特別に容認すべきである。なぜならば，これが，家計による金正貨の貯込みが急増するのを防止するための最良の手立てだからだ。一方，金が国外に流出している場合や，不利な交易条件が長らく続いている場合には，銀行券発行総額を縮小させる方向に動かなくてはならない。これらが，BOEのような立場に置かれた組織の役

---

13)　Humphrey and Keleher [1984] によれば，1802年『紙券信用論』などソーントンの業績に注目したのはヴァイナーやハイエクらであるらしい。現に Wood [2000] など現代の LLR 研究者の多くが参照しているソーントンの著作は，このハイエクの手による前文が付いた復刻本である。

員が採用すべき真の政策である。銀行券発行総額を決めるにあたって，商人の要求あるいは政府の要望をそのまま受け容れるというのは，行動原則として著しく誤っていることは明らかだ。」[14]

(3)　金融危機と LLR の必要性

ソーントンは，BOE 発行の銀行券のほかに地方銀行（Country Banks）が発行する銀行券（Banknotes）が通貨として流通する信用紙幣（Paper Credit）制度が，当時の英国の経済取引を支えている状況を評価しつつも，一方で，信用紙幣制度に特有の弱みとして，信用不安（alarm）による取付け（run）発生の危険性と金融危機（general failure of paper credit）を，以下のとおり指摘している。

「しかしながら，こうした地方における銀行制度のあり方に対しては，強固な反対論を唱える向きもあろう。
　反対論の第一の論拠は，地方銀行が時折，金融危機を惹き起こしがちであり，それに伴って，前述のように，商取引が混乱・停止したり，工業生産労働が中断したりする点にある。
　地方銀行の発行する銀行券，特にその額面の小さいものは，その多くが，商取引の外にいる人々にまで流通し，しばしば下層階級の人間の手にも渡る。したがって，銀行券の保有者の大部分には，その発行者であるそれぞれの銀行の信用力の違いを判断するすべがなく，ほとんどの場合，銀行と自称している者が発行した銀行券ならば何でも受け取ってしまうことになる。（中略）このように銀行券は，それを発行する地方銀行の大小を問わず，通常時には，ほとんど同等の通用力を得ているが，逆に信用不安時には，ほとんど一斉に信用を失ってしまう。1つの銀行が倒産すると，近隣の銀行の広い範囲で取付けが起きる傾向がある。これは，大量の金を供給し流通させて最初の段階で食い止めないと，広い範囲の悪影響につながる。」[15]

---

14)　原文は，1939 年に復刻された Thornton [1802] p. 259 の一部を転載した Humphrey [1989] pp. 9-10。
15)　原文は，Thornton [1802] を抜粋収録した Capie and Wood (eds.) [2007] p. 37。

(4)　金準備保有と LLR の実行姿勢

　ソーントンは，BOE が，時折，発生する信用不安を背景として銀行や個人からの金兌換請求が異常に拡大した場合にも対応できる十分な金準備を蓄える責任を，国家の銀行として，やむなく（not very cheerfully）負わされている，と述べている。

　　　「したがって，BOE は地方銀行の不足資金を供給しなくてはならない。こうした要請に十分に応ずるには，BOE は通常時から，銀行券発行総額のうち金兌換を求められそうな金額に相当する金準備に加え，恐慌時に銀行あるいは個人から求められる可能性のある，異常な規模の金兌換請求にも対応するための金準備も保有しなくてはならない。」[16]

　そのうえでソーントンは，BOE が信用不安時に手形割引の要件を非常に緩和することを求めるとともに，信用不安の解消には流出した金と同額の金の供給が必要，と論じている。

　　　「したがって，BOE 役員は，銀行券発行総額を通常時の水準，あるいはそれに近い水準に維持したい場合でも，手形の割引を申し出てくる者に対して異常に寛大に接していると思えるほど割引要件を緩和しなければならない。もし，金準備が乏しい状況下でも，銀行券発行総額を拡大したい場合には，割引要件をさらに緩和した運用をしなくてはならない。」[17]
　　　「したがって，BOE は，貸し付ける形でも良いので，とにかく金を供給しなくてはならない。言うならば，仮に，ある個人から別の個人に金が流出したのであれば，それと同額の金を前者の個人に貸し付けなければならない。そうしない限り，その地方の信用不安は解消されない。」[18]

---

16)　原文は，Thornton［1802］を抜粋収録した Capie and Wood（eds.）［2007］p. 38。
17)　原文は，Thornton［1802］を抜粋収録した Capie and Wood（eds.）［2007］p. 39。
18)　原文は，Thornton［1802］を抜粋収録した Capie and Wood（eds.）［2007］p. 41。

(5)　LLR 方針の明示による危機防止

　ソーントンは，信用紙幣制度のもとで金融危機が発生しがちであるという問題（evil）は商業界の落ち度ではなく，銀行制度自体に潜む欠陥（defects of the banking system）だ，としつつも，地方銀行の間で，自らが保有する流動資産は BOE からいつでも迅速に金兌換できる，という安心感が広がれば，有事・平時を問わず，各地方銀行が信用不安に備え必要とされる金準備の額が小さくなるはずだ，という見通しを述べる。この見通しに基づきソーントンは，BOE が将来の金融危機時に，積極的に割引業務を拡大する姿勢を示しさえすれば，金融危機が発生する危険性はなくなる，と以下のとおり主張した。

　　「地方銀行の発行する銀行券が金融危機を惹き起こしがちであるという問題は，
　　解消できそうな見通しだ。まず BOE が，将来，信用不安が発生した際に，従来
　　以上に積極的に割引業務を拡大する姿勢を示しさえすれば，その柔軟な姿勢の
　　お蔭で，切迫する危機も回避できよう。」[19]

(6)　LLR の対象先

　ソーントンは，信用不安時の BOE の流動性供給を推奨しつつも，以下の重要な留保条件を注記している。後世の LLR 研究者の多くは，この注記に着目し，ソーントンが，金融システム全体の安定を目的とする BOE の流動性供給の対象は支払能力のある（solvent）先に限るべきだ，としたバジョット原則のソルベンシー基準（次節で後述）を先取りしていた，と解説している（Bordo [1989], Capie [1998], Wood [2000] など）。なお，ハンフリーとケルハーの共著論文は，ソーントン『紙券信用論』の中のこの注記は LLR がモラル・ハザードを助長する危険性を指摘した，と解釈し，その先見性を高く評価した（Humphrey and Keleher [1984]）。

　　「これは決して，BOE が，無謀な経営のために地方銀行自ら窮境を招いた場合
　　までも含むあらゆる場合に救いの手を差し延べるべきだ，ということを意味し

---

19)　原文は，Thornton [1802] を抜粋収録した Capie and Wood (eds.) [2007] p. 43。

ない。BOE が，そのようなことをすれば，銀行経営上の不注意を助長するかも
しれないからだ。公的な銀行としては，経営内容が弱体な金融機関の支援を判
断する際に，目指すべき中道路線というものがあろうが，BOE はそうした中道
路線を守ることがとても難しいとしばしば感じているに違いない。BOE による
支援は，自らの落ち度による当然の結果として経営不振に陥った先までも免責
してしまうほど，迅速かつ寛大であってはならない一方で，（金融システム）全
体の利益まで深く巻き込んでしまうほど貧弱で遅いものであってもならな
い。」[20]

　また，ソーントンは，金融危機が惹き起こす悪影響（mischief）は非常に甚
大（very considerable）とし，商取引や工業生産の中断や資産価格の下落など
実体経済に及ぼす悪影響を挙げたうえで，最悪のケースでは，支払能力の高い
事業家までもが支払い停止に巻き込まれ世間の信用を失う不条理を，以下のと
おり嘆いている。

　　「とりわけ，金融危機は，世間から尊敬を集め，経営の節度もわきまえ，究極的
　　には支払能力がとても高い事業家の多くを，支払い停止という悔しい事態へ追
　　い込むことになる。この結果彼らの信用は失われるが，本来は，こうした事業
　　家とは正反対の性質の取引業者だけが信用を喪失することが望ましい。」[21]

(7)　LLR 担保の不必要

　多くの研究者が見逃している点であるが，ソーントンは，BOE が手形を割
り引く際に追加担保を徴求する必要性を，明確に否定している。

　　「なぜ BOE は（流動性供給の際に）本源的価値のあるものを何か要求せず，紙
　　の手形を手に入れるだけで満足してしまうのか。（中略）答えは，第二に，手形
　　で取引されている商品自体を，BOE が担保の目的で取得してしまうと，それが
　　消費されるまでの商流が滞ることになるからである。（中略）第三に，BOE が

---

20)　原文は，Thornton［1802］を抜粋収録した Capie and Wood (eds.)［2007］p. 43。
21)　原文は，Thornton［1802］を抜粋収録した Capie and Wood (eds.)［2007］p. 42。

割り引く手形は総じて安全であることから，仮に商品や株式，土地などを担保として取得した──実際にはBOE役員はいずれも質物として受け入れていないが──としてもほとんど無駄と考えられるからである。」[22]

第3節　バジョットの議論

(1)　バジョットの人物像

　ウォルター・バジョットは，銀行家の家に生まれ，19世紀英国 *Economist* 誌の編集長として当時の一級の経済ジャーナリストであるともに，政治・社会・文芸を含む幅広い分野の評論家であった。その彼が1873年の著作『ロンバード街』の中で，中央銀行のLLR機能やその発動原則を論じたことは，有名である。

　バジョットは，前述したソーントンやトマス・ジョップリン[23]などが主張した中央銀行LLRの議論を復活・発展させたうえで，1873年の『ロンバード街』の中で明快に解説（expound）した（Humphrey and Keleher [1984], Capie [1998]）[24]。実はバジョットのBOEのLLR機能をめぐる主張の萌芽は，『ロンバード街』執筆より前の1848年，彼が弱冠22歳の折に書いた以下の論評に見出すことができる。この中でバジョットは，1844年イングランド銀行条例が認めた銀行券の信用発行（金正貨準備の裏付けのないFiduciary Issue）について論じている。

　　「現在では紙幣を無制限に供給することが許されていることから，通貨需要が突然に急拡大した場合に，イングランド銀行券を緊急発行することに対する異論

---

22)　原文は，Thornton [1802] を抜粋収録した Capie and Wood (eds.) [2007] pp. 41-42。

23)　銀行家 Thomas Joplin は，1825年の金融危機の際に，BOE による銀行券供給によって信用不安を鎮めれば結局は逆に金準備が還流してくることを主張し，通貨発行の拡大を当時の英国政府やBOE に対して働きかけた。

24)　Freixas, Giannini et al. [2000] や Humphrey [2010] によれば，バジョットの1873年『ロンバード街』は，その主張の多くがソーントン『紙券信用論』と共通した内容であるにもかかわらず，不思議なことに，ソーントンの業績への言及が全くない。バジョット自身，Bagehot [1873] p. 55 では，対立していたはずの通貨学派の源流リカードの論考を引用し金融危機の原因分析をしている。

はないようだ。(中略) この方法は，ごく限られた例外的な状況でのみ用いるべきである。」[25]

　本節では，バジョットの主張を背後から支えている金融危機 (panic) および BOE の金準備に関する認識を説明しながら，それに対して指摘される限界やジレンマを紹介したうえで，バジョットが論じた中央銀行 LLR の発動原則（以下「バジョット原則」）を解説したい。

(2)　危　機
(i)　心　理

　バジョット『ロンバード街』は，金融システムや金融市場全体の安定を揺るがすような金融危機をパニック (panic) と呼んだ。このパニックという現象を，以下のとおり，あくまでも心理的な連鎖反応と捉え，その発生・拡大は，事業者や銀行など経済主体の期待に働きかければ防止できる，と主張している点に特徴がある。

　　「パニックというものは，言わば神経痛の一種である。患者には，科学のルールに従って食べ物を与えねばならない。」（原文は Bagehot [1873] p.51）

　また，バジョット『ロンバード街』は，特定の債権債務をめぐる信用不安 (alarm) と，金融危機としてのパニックという2つの概念を，以下のとおり使い分け，BOE が初期の段階，すなわち前者の信用不安の局面で不安の芽を摘むことが，現代風に言えば，システミック・リスク防止につながる，と繰り返し訴えている。

　　「『信用不安』とは，一部の債権者と債務者の間で支払いが行われない見通しのことを言う。こうした信用不安は，それぞれの期日に債権者への支払いができ

---

25)　原文は，バジョットの 1848 年論文 "The Currency Problem"（表題が "The Currency Monopoly" とされる場合もある）を一部転載した Wood [2000] p.205。

るようにすれば解消されることから，これに対処するのに必要なお金は少額で済む。ところが，この段階で信用不安に対処しないと，事態はパニックに発展する。一方，このパニックとは，極めて多くの債務，あるいは，ほとんどの債務が支払われない見通しが広まってしまった状態を言う。こうしたパニックは，すべての債務が支払われない限り解消されないが，これには巨額のお金が必要となる。」（原文は Bagehot［1873］pp. 53-54）

「信用不安が強い折には，1つの倒産がさらに多くの倒産を生み出すことになるので，原因となる最初の倒産を阻止することが，連鎖倒産を防ぐ最も良い方法である。」（原文は Bagehot［1873］p. 51）

　パニックを心理的現象と喝破したバジョットが，不作を含むさまざまな突発的な事象がパニックのきっかけとなりうる，とした以下の記述はよく知られている。

「ある国の経済が，普段は現金保有を節約していても，要求払い債務の金額が大きい場合には，何か突発的な事象を機に現金需要が急増すると，パニックが起きる危険性がありその蓋然性も高い。（中略）きっかけとなる偶発事象には，さまざまな性質のものが含まれる。例えば，農作物の不作，他国が侵攻してくる不安，誰もが信用していた大企業の思いがけない倒産，その他多くの同様の出来事が，現金需要を突発的に増加させた。」（原文は Bagehot［1873］p. 122）

　バジョットは，不安の連鎖反応が広がる背景に，個別銀行の経営状況の情報開示が欠けていることを指摘している。

「ある未知の物に欠陥が見つかった場合，他の未知の物にも同様の問題が疑われることになる。（中略）現在，大手銀行が破綻すれば，銀行界全体の信用を傷つけることになろう。誰も個々の銀行の経営状況を正確には理解していない。（中略）世の中の猜疑心が強い人々は，次のように言うだろう。『どの銀行も現在の経営内容が全て盤石だと言うに決まっている。それ以外のどういう言い方をしても何の得にもならないからだ。』」（原文は Bagehot［1873］pp. 264-265）

「おそらく今や，ロンドンにおける第一級の株式銀行の倒産ほど，こうしたパニックを惹き起こしやすいものはない。」（原文は Bagehot［1873］p. 265）

　なおバジョットは，金融危機を助長するメカニズムとして，以下のとおり，コンソル債（永久国債）の市場流動性が枯渇する事態を指摘した。現代の金融実務家や研究者が，2007 年以降のグローバル金融危機を経て意識するようになった，資金流動性の収縮と市場流動性の収縮との間の負の相乗作用（第 1 章第 3 節で前述）の原型を，19 世紀半ばの時点で認識していた点が注目される。

> 「ことわざにあるように，『コンソル債』は日曜日でも売れる。市場にも個別銀行にも信用不安がない場合には，コンソル債のような流動資産さえ持っていれば一応，心配はない。（中略）ところが大パニックになると，BOE が買い手に購入資金を貸し付けない限り，コンソル債は売れなくなる。コンソル債の買い手も，BOE が貸し付けない限り，コンソル債を担保に資金を借り入れられない。」（原文は，Bagehot［1873］pp. 60-61）

（ii）　限　界

　バジョット『ロンバード街』が，信用不安（alarm），パニック（panic）など金融危機の本質を心理的な現象と捉え具体事例を交えて解説した記述は，とてもわかりやすく現代でも通用する。しかしながら，中央銀行が金融危機の到来を何の指標・事象でもって判断・認定し，どの段階，局面で行動を起こせばよいかという現実的な政策指針について，『ロンバード街』は何も書いていない。

　ロコフは，バジョットが『ロンバード街』で提唱したとおりに LLR 運用が成功するか否かは，BOE による金融市場参加者の「心理分析」（'psychoanalysis'）の成否に依存する，と批評している（Rockoff［1986］）。

（3）　金準備
（i）　金準備の保有・蓄積

　バジョット『ロンバード街』は，BOE に LLR 機能の積極的な発揮を求めた箇所に注目が集まりがちであるため，この名著の主張の主要なポイントもこの点にあると誤解されることが多い。しかし実際には，『ロンバード街』の頁数の過半が，金融危機に備え十分な金準備を保有し蓄積することを BOE に求める記述に割かれている。

　このようにバジョットが最も強く訴えたのは，BOE が十分な金準備を蓄積し保有することであって，LLR 機能の発揮はむしろ二次的なテーマに過ぎなかった（Rockoff［1986］）。『ロンバード街』を読む際，バジョットは，当時のロンドン金融市場を含む欧州全体[26]のために金準備を保有する責務を BOE が負っている自覚を同行役員に促し，金準備の流出防止策を指南しているという文脈で読解しないと，LLR 機能の発動に関する諸原則を正しく理解することはできない。

　そこで以下では，バジョット『ロンバード街』が BOE の金準備の保有・蓄積につき論じている箇所を詳しく紹介したい。

　まずバジョットは，BOE 以外の民間銀行等も金準備を保有していた実態を肯定しつつも，BOE が最終的な金準備の究極の保管者であることを強調した。

> 「BOE は，長い歴史的経緯に基づき，英国の金準備の究極の保有者となっている。この国が支払わなくてはならないお金はすべて，この金準備の中から支払われる。つまり，この支払いは BOE がしなくてはならないのだ。BOE がこうした支払いに応じるのは，銀行の銀行であるからで，このために最終的な現金準備の保管者の役目を担うことになったのだ。」（原文は Bagehot［1873］p. 315）

　次にバジョット『ロンバード街』はその第 12 章で，BOE が金準備を，負債の一定割合に相当する金額は保有すべきとする旧来の考え方を改め，「不安を呼び起こす限界点」（'apprehension minimum'）として金準備 1,000 万ポンドの確保を提言する。そのうえでバジョットは，この 1,000 万ポンドという水準が当面の最低基準に過ぎないことを強調し，実際には金準備が 1,400 万ポンドないし 1,500 万ポンドの水準まで減少した際に「BOE は用心し始めなくてはならない」（the Bank must begin to take precautions）（Bagehot［1873］p. 328）と実務的な細目にまで踏み込んだ提案をしている。

---

26)　Bagehot［1873］は序章の p. 31 で「最近では我々の責任はさらに広がった。普仏戦争以降，欧州のためにも金準備を保管するようになったと言えよう」と述べている。

「今日では，BOE が保有すべき金準備を，その負債金額の一定割合という形で示すことはできない。負債の 3 分の 1 の割合やその他の割合に相当する金準備があればいつの場合でも十分である，といった古い考え方は廃止しなくてはならない。」（原文は Bagehot［1873］p. 318）

「この金準備が何らかの原因で異常に減少すると，必ずパニックが起きる。金準備には，私が『不安を呼び起こす限界点』と呼びたい必要最低水準がそれぞれの時点で存在し，それを下回った場合には，恐怖感が広まる危険性が高い。」（原文は Bagehot［1873］p. 322）

「BOE の金準備の変動について，世の中で関心をもって見ている人々は，金準備が 1,000 万ポンドを下回った場合に不安や不満を感じるようになる。したがって当面，私はこの 1,000 万ポンドという水準を『不安を呼び起こす限界点』と呼びたい。」（原文は Bagehot［1873］p. 326）

　図 2-2 は，バジョット『ロンバード街』の p. 24 に掲載された BOE 会計資料から，1869 年当時の BOE 貸借対照表を編集したものである。BOE の財務諸表は当時も現在も，1844 年のイングランド銀行条例で設けられた発券局（Issue Department），銀行局（Banking Department）のそれぞれについて別々に作成，報告されている（1844 年イングランド銀行条例は第 1 節（2）および BOX 4 で前述）。

　少しわかりにくいが，ここでバジョットが BOE に「不安を呼び起こす限界点」以上の水準の維持を求めた「金準備」とは，同行の「発券局」が保有する資産項目の「金貨・地金」のことではなく，同行の「銀行局」が負う債務を支払うための準備資産として必要となる銀行局保有の「未流通銀行券」および「金貨・銀貨」の合計のことを言っている。具体的にみると，図 2-2 では，BOE の発券局が金貨・地金 18,288,640 ポンドおよび信用発行枠（第 1 節（2）で前述）の 15,000,000 ポンドを裏付けにして銀行券 33,288,640 ポンドを発行している。この銀行券のうち，流通している分 22,898,950 ポンドを除いた未流通銀行券 10,389,690 ポンドは，同行の銀行局が保有しており，それに銀行局保有の金貨・銀貨 907,982 ポンドを加えた合計 11,297,672 ポンドが，BOE の預金等の債務返済のための準備資産となっている。バジョットは，この金額が「不安を呼び起こす限界点」以上の水準で確保されていることを BOE に求めたので

図2-2　19世紀当時の BOE バランスシート
イングランド銀行の貸借対照表

（単位：ポンド，1869 年 12 月 29 日現在）

発　　券　　局

（発券局　資産の部）		（発券局　負債の部）	
政府債務	11,015,100	発行銀行券	33,288,640
その他の証券	3,984,900		
金貨・地金	18,288,640		
発券局　資産の部　合計	33,288,640	発券局　負債の部　合計	33,288,640

銀　　行　　局

（銀行局　資産の部）		（銀行局　負債の部）	
政府証券	13,811,953	政府預金等	8,585,215
その他の証券	19,781,988	その他の預金	18,204,607
未流通銀行券	10,389,690	7 日物手形等	445,490
金貨・銀貨	907,982	銀行局　負債の部　合計	27,235,312
		（銀行局　純資産の部）	
		資本金	14,553,000
		剰余金	3,103,301
		銀行局　純資産の部　合計	17,656,301
銀行局　資産の部　合計	44,891,613	銀行局　負債及び純資産の部　合計	44,891,613

（出所）　Bagehot［1873］などを参考に筆者作成。

ある。

　バジョットは，金準備の減少が市場の不安心理を呼び起こす危険性を指摘する一方で，逆に，金準備を減少させる流出要因として対外流出と国内流出の2つがあることを指摘し，両者が同時に発生する蓋然性が高いことにつき警鐘を鳴らしている。

　　「金準備は，ここまで説明してきたように，突然かつ予想外の支払い請求にも応じられるように保有されている。（中略）大まかに分けると，この想定外の支払い請求には2種類ある。1つは海外からのもので，異常に大きな額の対外債務を国外向けに弁済するためである。もう1つは国内からのもので，合理的な場合も非合理的な場合もあるが，何かが原因で突然に発生する不安心理やパニックに応じるための支払いである。」（原文は Bagehot［1873］p. 43）

> 「銀行界の支払い準備に対して，パニックが最大の重圧をもたらすことをわれわれはみてきた。」（原文は Bagehot［1873］p. 265）
> 「支払い準備をめぐる2種類の病魔——対外流出と国内流出——は，しばしば市場を同時に襲って来る。」（原文は Bagehot［1873］p. 47）

　金準備の対外流出と国内流出という危機が同時発生した場合の対策として，バジョットは，まずは利上げで対外流出を止め，次に国内向けに積極的な貸付けを行う，という2段階で対処することを BOE に求めている。

> 「したがって金準備の保有者は，2種類の病魔を同時に治療しなくてはならない。一方の対外流出の治療は，金利の大幅な引上げなど厳しい処置を要する。他方の国内流出の治療は，巨額の貸付けの素早い実行など痛みを和らげる処置を要する。」（原文は Bagehot［1873］p. 56）
> 「われわれは最初に，金準備の対外流出の問題に対処すべく，金利を必要なだけ引き上げなくてはならない。金準備が国外に出ていくことを止めない限り，国内の信用不安を鎮めることもできない。（中略）そして，金利をそこまで引き上げたところで，銀行界の最終的な金準備を保有する者は，積極的に貸さなくてはならない。とても高い金利で巨額の貸付けをすることが，金準備の海外流出と国内流出が重なる最悪の病魔に対する最適な治療方法である。」（原文はBagehot［1873］pp. 56-57）

（ii）　危機管理と金準備防衛との間のジレンマ

　ロコフは「実は2人のバジョットがいることが問題なのだ」と鋭く批評した（Rockoff［1986］）。バジョット『ロンバード街』が，歯切れの良い書き振りで危機時の積極的な流動性供給を BOE に求める一方で，来るべき金融危機，パニックに備え，平時から BOE が十分な金準備を保有・蓄積する必要性も強く訴えているからである。金準備の危機管理目的での利用と金準備の防衛という2つの目的の間にジレンマが生じうる。

　実はバジョットも，こうしたジレンマには気づいているが，矛盾であることは，以下のとおり認めていない。

「表面的には，この考えには全体として矛盾があるように見えよう。(中略)　一方では，金準備を確保せよと言いながら，他方では，そうするなと言っているように聞こえるかもしれない。しかし，実は全く矛盾はない。」(原文はBagehot [1873] pp. 52-53)

金準備の保有・蓄積と危機管理目的での利用が両立可能であることの理由づけとして，バジョットは，以下のとおり，貸付額が当座勘定に入金記帳される経理実務を前提とすれば，貸付けの増加が必ずしも金準備を流出させない，という認識を示している。

「現在の制度のもとでは，借り手の商人や銀行がBOEに有する当座勘定に貸付額を入金記帳するだけで十分なのである。その借り手は，その当座勘定をもとに小切手を振り出すことなどほとんどなく，たとえ小切手が振り出されたとしてもBOEにある別の顧客口座に入金されて，結局は現金が引き出されない。こうした貸付額の増加は，しばしばBOEの負債の増加につながるが，金準備の減少にはつながらない。」(原文はBagehot [1873] p. 54)

この認識は誤りではないし，むしろバジョットの銀行業務や経理実務に関する造詣の深さをうかがわせる。もっとも，現金が引き出されるか，バジョットの期待するとおり預金が滞留するかは，結局のところ，市場参加者や預金者の心理状態に依存するという問題がある。仮に金正貨を貯め込みたいという企業や家計の心理，つまり予備的通貨需要が強い場合には，それだけBOEによる金準備の防衛が難しくなってしまうのである。

また，バジョットは，金準備の急減自体がパニックにつながりうると述べ，金準備の対外流出と国内流出が同時に発生した場合に，BOEが「まずは利上げ，次に積極的な貸付け」という2段階で対処することを求めたが，こうした段階的な措置をどのタイミングで切り替えるべきかに関しては具体的な指針を示さなかった。バジョット『ロンバード街』は，BOEが金準備の防衛に失敗した具体事例を盛んに批判[27]してはいても，金準備が流出した背景の分析を十分に行っていないため，バジョットの推奨する「まずは利上げ」という行動

を実際にBOEがとったことが，金融危機到来の前触れのシグナルと受け取られ，かえって市場の不安心理を増幅し危機を深刻にしてしまったのではないか，という指摘もある（Rockoff［1986］）。

　管理通貨制度を運営する中央銀行は，金本位制度の制約や金準備を防衛する義務からは解放されているものの，同種のジレンマと全く無縁というわけではない。例えば，物価安定を目的として通貨供給量をコントロールする金融政策と，金融システムの安定を目的とするLLRとの間で，いかにして整合性を確保するかという問題は，現代の中央銀行も頭を悩ませている。

(4)　バジョット原則

　バジョット「ロンバード街」は，中央銀行がLLRの発動を検討する際に考慮すべき原則や判断基準を論じ「バジョット原則」として定式化した。この原則の整理の仕方は，LLR研究者[28]によって，多少の違いはあるが，その「最大公約数」を掲げれば図2-3のとおり5点にまとめられる。

図2-3　バジョット原則

バジョット原則の5点
①　危機時の積極的貸付け
②　事前開示
③　債務超過先の排除
④　優良担保
⑤　高金利

　これら5原則のうち，前三者の①〜③は，ソーントン『紙券信用論』がすでに唱えていたものをバジョットが復活させ整理し明確化したものであり，後二者の④，⑤は，バジョットが新たに加えたものである。

---

27)　Bagehot［1873］p. 180は「1825年から1857年の間で問題になった局面において，BOEがことごとく金準備の維持に失敗した事例ほどみじめなものを，歴史上では発見できないであろう」と酷評している。
28)　Humphrey and Keleher［1984］やBordo［1989］，Fischer［1999］，Goodhart［1999］，Freixas，Giannini et al.［2000］，Goodfriend［2012］などが，それぞれの立場からバジョット原則を整理している。

以下では，この5原則をこの順に説明したい。

（i）　危機時の積極的な貸付け

バジョット『ロンバード街』の中でも，BOE がパニック，すなわち金融危機の際には積極的に貸付けをしなくてはならない（must advance freely），と説いた以下の箇所は，LLR 研究者に最も注目され，頻繁に引用されている。

> 「BOE はこの点において特権を有しているわけではない。同行は単に，英国の銀行界の金準備を保管する立場にあるので，パニックの際には，他の同種の銀行と同じことをしなくてはならない。すなわち，BOE は，パニックの際，その金準備を元手に積極的かつ精力的に貸付けを行わなくてはならない。」（原文はBagehot［1873］p. 196）

この「積極的に」（freely）という副詞は，バジョットが危機時の貸付けをBOE に求める際に，好んで使用している。

> 「現金準備の保有者は，自らの債務の支払いに備えるだけでなく，他者の債務の支払いのためにも，積極的にお金を貸す用意がなくてはいけない。」（原文はBagehot［1873］p. 51）
> 「理論と経験によれば，パニックの際には，金準備の保有者は（1銀行の場合でも複数銀行の場合でも），優良担保を差し入れる者に対して，迅速，かつ，積極的に，そして手際よく貸し付けるべきである。」（原文は Bagehot［1873］p. 173）

またバジョットは，1825年金融危機を収束させた BOE の対応を成功事例として紹介し，以下のとおり賞賛している。

> 「BOE がお金を貸すことで1825年金融危機を終わらせた経緯については，もはや古典となった次の一文が，その全体像を生き生きと描写している。同行を代表してハーマン重役は『われわれは，貸したのだ。前例のない，あらゆる方法や形態で貸し付けた。われわれは債券を担保に取ったほか，財務省手形[29]を買

い入れたり，それを担保に貸し付けたりもした。また，われわれは，手形の割
引だけでなく，為替手形を担保にした巨額の貸付けも行った。つまりわれわれ
は，それが BOE の財務健全性さえ損なわないならば，ありとあらゆる方法でお
金を貸したのだ。われわれは，ほとんどのケースで貸付けの条件を大幅に緩め
ていた。世の中が恐怖に打ちのめされている状況をみて，われわれはとりうる
支援措置をすべて講じたのだ』と述べた。BOE が1日か2日，こうした取扱い
を続けたところ，パニック全体が鎮まり，金融街は平静を取り戻した。」（原文
は Bagehot［1873］pp. 51-52)[30]

（ⅱ）　事前開示

　バジョット『ロンバード街』は，BOE が金融危機時に積極的に貸付けを行
う方針や姿勢を明確にし，その方針自体を事前に開示し周知すれば，信用不安
やパニックは収まる，と以下のとおり繰り返し論じている。この立論は，パニ
ックを心理的な現象と捉えるバジョットの特徴的な考え方（本節の（2）で前
述）に根ざすものである。

　　「パニックを止めるために求められる必要な行動は，たとえ実際には資金不足で
　　あっても，お金は手に入るのだ，という印象を世の中に広めることである。1日
　　か2日待てば必ずお金は手に入り，また，経済の全面崩壊など起こるはずもない，
　　と人々が確信するようになれば，気が狂ったようにお金を引き出す取付けも収
　　まるであろう。」（原文は Bagehot［1873］pp. 64-65)
　　「BOE が，通常は優良担保と考えられているもの，すなわち，普通に質入れさ
　　れ容易に換金できる性質の担保物を取得して，積極的に貸付けを行っているこ
　　とが知られれば，支払能力のある商人や銀行の間の信用不安は解消されよう。」
　　（原文は Bagehot［1873］p. 198)

---

29)　財務省手形（Exchequer bills）とは，英国の財務省が短期資金の調達のために発行する手形で
あり，すでに 18 世紀には，ロンドン金融市場で取引される主要な金融商品となっていた。
30)　Hawtrey［1932］は，BOE が適格担保の範囲や要件を大幅に緩和したとアピールしたハーマン
重役の発言について，BOE の貸付けは当時の銀行界の実務と比べ保守的であったと批評したうえで，
むしろ重要な変化は，1825 年の金融危機対応を機に BOE が手形割引に加え担保付き貸付けも行うよ
うになった結果，従来よりも資金供給の対象先が広がった点にあると指摘した。

そのうえでバジョットは，BOE が実際には危機時に積極的な貸付けを行っていながら，そうした方針を明確に認めて事前に開示しないことを繰り返し批判した。むしろ，貸付け方針を明確に開示しないことが金融危機を誘発する危険性すら指摘している。

> 「実際には多額の貸付けをしていながらも，世の人々に，十分かつ効果的に資金を貸す積もりであることを信じてもらえないのは，最悪の政策である。でも，今の BOE がしていることは，まさにこれなのだ。」（原文は Bagehot［1873］p. 65）
> 「銀行界にとって最終的な支払い準備の保有者である BOE が，貸し手として行動する責務を認めその用意があるのか，国民には知る権利がある。しかしながら，今やこの点がとても不確かなのだ。」（原文は Bagehot［1873］p. 173）
> 「BOE の行動に関する予見可能性は極めて低い。同行は，本件に関する明確かつ健全な方針を一度として示したことがない。（中略）パニックを和らげる最良の薬は，BOE が保有する金準備とその効果的な活用に対する信認を確立することにある。この点を BOE が明確に理解してくれるまでは，われわれが金融危機に陥る危険性は高く，金融危機への恐怖心理は強いままであろう。」（原文は Bagehot［1873］pp. 206-207）

BOE の不明確な方針に対するバジョットの批判は，同行の担保政策にも及んでいる。

> 「それでもまだ大きな問題が残っている。BOE がそうした局面で必要な貸付けを実行するに際して，どのような種類の担保を取得する積もりであるのか誰にもわからないことだ。」（原文は Bagehot［1873］p. 204）

なお，BOE に貸付け方針の事前開示を求めるバジョットの主張は，ソーントンが「紙券信用論」の中で主張した，BOE の手形割引業務を拡大する姿勢を明示すれば将来の金融危機を防止することができる，という議論（前節（5）で前述）を継承したものと考えられる[31]。

　因みにトマス・ハンフリーは，BOE に貸付け方針の事前開示を求めたバジ

ョット『ロンバード街』の上記の議論が，中央銀行 LLR の運用に対して，事前開示されたルールにコミットする一貫性を求めたものだ，という解釈している（Humphrey [2010]）[32]。しかし，バジョットは，あくまでも貸付け方針の事前開示を通じた不安心理の抑制やパニックの防止を訴えていたに過ぎない。1825 年金融危機の際の BOE による貸付け条件の大幅な緩和をバジョットが賞賛したことを併せ読むと，バジョットがルールにコミットする一貫性を中央銀行に求めた，という読み方には，後世の LLR 研究者による評価や判断が混入している可能性がある。

（ⅲ）　債務超過先の排除

　バジョット『ロンバード街』は，危機時の BOE による積極的な貸付けによって守られるべきなのは，優良担保を差し入れることができる健全（sound）な事業者や銀行であり，不健全（unsound）な先が持ち込む質の劣る担保は拒否しても問題はない，と論じている。

> 「パニックの際，仮に金準備の最終的な保有者である銀行が，質の劣る手形や証券の質入れを拒否したとしても，それはパニックを本当に悪化させることにはならない。不健全な（債務超過の）事業者というものは，声の小さい少数派であって，自らが債務超過であることが露見するのを恐れ，不安にかられた表情をみせることすら怖がるものだ。守られるべき大多数の者は，支払能力のある人々であり，優良担保を持ち込める人々である。BOE が，通常は優良担保と考えられているもの，すなわち，普通に質入れされ容易に換金できる性質の担保物を取得して，積極的に貸付けを行っていることが知られれば，支払能力のある（solvent）商人や銀行の間の信用不安は解消されよう。」（原文は Bagehot

---

31）　Humphrey and Keleher [1984] や Humphrey [2010] は，事前開示の原則がバジョット『ロンバード街』のオリジナルで，ソーントンは論じなかったとしたが，実はソーントン『紙券信用論』も BOE による流動性供給方針の明示を訴えた（本章第2節で前述）。先行研究を幅広く調査した Freixas, Giannini et al. [2000] も，ソーントンとバジョットのいずれも BOE が流動性供給方針を事前開示する必要性を唱えたと述べている。

32）　ハンフリーのこの論文は，グローバル金融危機に際し米国 FRB が 2007 年以降に特設した各種の流動性供給ファシリティ（第4章で後述）が，バジョットの求めた LLR 運用の自己規律を逸脱した，と厳しく批判している。

［1873］p. 198）

　　LLR 研究者のほとんどは，バジョット『ロンバード街』の上記記述が，パ
ニック時の BOE による貸付けの対象先を，支払能力のある（solvent）金融機
関に限定し，逆に債務超過先を排除する原則（以下「ソルベンシー基準」）を
明確にしたもの，と理解している[33]。また，このソルベンシー基準は，ソー
ントンが述べた，LLR の対象先を健全経営の先に限るべきだ，という主張に
よって先取りされていたと理解する研究者も多い（前節（6）で前述）。
　　一方，グッドハートの 1999 年論文は，バジョットがソルベンシー基準を明
確にしたとする通説的理解に異論を唱えている（Goodhart［1999］）。これに
よれば，バジョット『ロンバード街』は，借り手となる金融機関の財務内容，純
資産価値の評価が正か負かを判断基準にはしておらず，（iv）で後述するよう
に，優良担保を持ち込めるか否かだけで貸付けの可否を判断することを提言し
たに過ぎない，と解説している。同様にカウフマンも，実はバジョットは，
BOE が優良担保を取得することと，優良な借り手に貸付けを行うこととを明
確に区別できていない，と指摘している（Kaufman［1991］）。
　　カウフマンやグッドハートが示唆するように，ソルベンシー基準に関するバ
ジョットの主張は，歯切れが良いようでいて，必ずしも明確ではない。『ロン
バード街』は，優良担保の保有者を支払能力のある者と同一視し，こうした先
が守られるべき（to be protected）とは主張しているものの，BOE の貸付先を
支払能力のある先に限るべきだとか，債務超過先に貸してはならない，とは書
いていないからである。以下の記述にみるように，バジョットは，借り手金融
機関が優良担保を保有しているか否かという点を，当該金融機関の支払能力や
財務内容の健全性を間接的に判断・推測するための材料として用いることを提
唱していた，とも考えられる。

---

33)　Humphrey and Keleher［1984］や Bordo［1989］, Fischer［1999］, Capie［1998］, Freixas, Gi-
annini et al.［2000］, Wood［2000］, Goodfriend［2012］などほとんどの研究者が，こうした理解をし
ている。

「現金準備の保有者は，商人に貸し付け，中小銀行に貸し付け，優良担保さえあれば，誰彼となく貸し付けなくてはならない。」（原文は Bagehot［1873］p. 51）

（iv）　優良担保

　バジョット『ロンバード街』は，危機時に BOE が積極的な貸付けを行う際に，通常時の銀行界の実務において優良担保とされる担保物を受け入れることを，以下のとおり繰り返し主張している。

「こうした貸付けは，世の中からの求めにできるだけ応じて，銀行界で優良担保とされている担保物を何でも受け入れて，実行すべきである。」（原文は Bage-hot［1873］p. 197）
「BOE としては，思い切ったことをするのが，唯一の安全な方法である。すなわち，パニックの際にも，通常時の担保，すなわち普段は担保として受け入れられ普通に貸付けが行われている物を，そのまますべて受け入れ貸付けを行うことである。この方法は，BOE 自体を救えないかもしれないが，仮にそうだとすると，他に同行を救う術がないくらい深刻な事態だということだ。」（原文は Bagehot［1873］p. 199）
「パニックの治療が目的の場合，BOE の貸付けは，最も効果が強い方法によって実行すべきである。この目的の貸付けは，通常時に銀行界が優良担保と認めるものをそのまますべて担保として受け入れるべきである。」（原文は Bagehot［1873］pp. 204-205）

　バジョットが「通常時の優良担保」という点を強調する背景には，金融危機の際に BOE が，信用収縮が原因で価値や流動性が低下してしまった担保資産を受け入れないことになると，かえって信用不安を長引かせ，経済取引の正常化が遠のく，という認識がある。

「問題は，金融市場の恐怖感を背景に，通常時に優良担保と認められている物が，そうではなくなってしまっていることにある。BOE がとるべき政策は，銀行界の金準備を有効に活用することにより，できればこうした一時的な信用不安を

解消し，普通に経済取引が行われる状態を回復することである。これを実現するには，銀行界の通常時の優良担保を全種類受け入れて貸付けを実行するしかない。」（原文は Bagehot［1873］p. 205）
「BOE は，最終的に損失を被るような形での貸付けは決して行うべきではない。（中略）しかしながら，担保物が真に優良で普段は換金可能な性質のものなのに，BOE がその受け入れを拒否した場合，信用不安は後退するどころか，実行済みの他の貸付けも効果を発揮できず，パニックはますます悪化しよう。」（原文は Bagehot［1873］p. 198）

注目に値するのは，バジョットが，担保の適格性を判断する際，BOE の通常時における実務取扱いの基準ではなく，民間銀行界の通常時における判断基準に依拠すべきだ，と主張した点である。具体例として，鉄道債（railway debenture stock）を挙げており，民間基準によれば流通性や回収可能性が高いにもかかわらず，BOE がこれを担保として認めないことを問題視している。

　「しかしながら，もし通常時にほとんどの銀行家たちがそうした担保を受け入れており，また，もしこの担保の品質が明白に優良ならば，それが BOE の通常時の実務取扱いに合致するか否かは重要でない。BOE は，通常時には，貸付けを行う多くの銀行の 1 つに過ぎないものの，パニック時には唯一の貸し手となる。われわれが望むのは，パニック時の異常な状態を脱し，通常時の普通の状態を取り戻すことである。」（原文は Bagehot［1873］p. 206）

このようにバジョット『ロンバード街』の主眼は，危機時でも，民間銀行界の通常時における基準に依拠した適格担保要件での貸付けを BOE に求めることにあった。現代の言葉で表現すれば，BOE に適格担保基準の要件緩和を求めたのである[34]。
　なお，BOE に通常時の優良担保の取得を求めたバジョットの主張は，一見

---

34)　Freixas, Giannini et al.［2000］は，バジョット『ロンバード街』が，BOE に対して危機時に適格担保要件を緩和することや，取得する担保の価格を危機時と通常時の中間で評価することを求めたと解釈している。

するとソーントン『紙券信用論』が追加担保は不必要とした（前節 (7) で前述）のと対照的な主張を展開したかのように読めてしまう。もっとも，両者の違いは，それぞれが執筆された時代における BOE の取引実態の違いに由来する。

　すなわち，ソーントン『紙券信用論』が書かれる直前の 18 世紀後半において，BOE の流動性供給は主として手形割引で行われ，各種の手形の割引業務が同行の重要な収入源となっていた（ロバーツ＝カイナストン編 [1996] 193 頁）。このために，ソーントンの 1802 年『紙券信用論』の記述内容は BOE が担保を取得して貸付け（advance）を行うことを前提としていない。

　これに対しバジョット『ロンバード街』は，BOE が 1825 年の金融危機に際し，手形割引に加え，初めて担保付き貸付けも行って以降の，1847 年，1857 年，1866 年などの危機対応の資金供給の実例を見聞きしたうえで書かれた。このため，バジョットは，BOE が担保付き貸付けを行うことを前提に，その適格担保要件が，民間銀行界の通常時における基準にできるだけ近づけるように緩和されることを求めたのである。

（v）　高金利

　バジョット『ロンバード街』は，危機時における BOE の貸付けは，とても高い金利（a very high rate of interest）を付すべきだ，と述べている。

> 「こうした貸付けは，とても高い金利で実行されるべきである。高い金利は，小心者が不必要に資金を貯め込む行動に対する重たい罰金となり，お金を必要としない者が借入れを申請してくるのを防止する効果がある。金利はパニックの初期に引き上げられるべきである。そうすれば，早い段階から罰金の支払いを求めることも可能になる。高い費用が嫌がられれば，無駄な資金を念のためだけに借り入れることもなくなり，銀行界の金準備をできるだけ守ることにつながろう。」（原文は Bagehot [1873] p. 197）

　この「とても高い金利」に関して，ハンフリーとケルハーの共著論文が，バジョットはペナルティー金利（penalty rate）での貸付けを唱えた，と紹介した（Humphrey and Keleher [1984]）[35]。「重たい罰金」（a heavy fine）という表現を

眼にした一部研究者の間では，バジョットが中央銀行 LLR に懲罰的な金利設定を求めたという理解がみられる。しかし，これは必ずしも正しくない。グッドハートの 1999 年論文が研究助手に指示して調べさせた結果を披露しているように，バジョット『ロンバード街』の原文の中に，BOE 貸付けの「とても高い金利」をペナルティー（penalty）という表現を用いて説明している箇所は存在しない（Goodhart [1999]）。バジョットは，この高金利を一律適用することを提唱しており，一部の借り手だけに懲罰的に適用することは全く想定していなかった。

　ここで強調すべき点は，本節の（3）で詳しく紹介したように，バジョットがあくまでも金準備の防衛を BOE の第一の責務に掲げ，金準備の対外流出や国内からの不必要な借入れを抑制するために高金利での貸付けを，主張したことである。

　　「BOE の第一の責務は，英国の現金を守ることにあり，そのために金利を引き上げることにもある。」（原文は Bagehot [1873] p. 319）

　なお，実はソーントンも，BOE に対する手形割引の需要が強い場合には，信用割当を行うことよりも，金利の引上げによって資金需給を調整することが望ましい，と述べていた（Rist [2007]）。ところが，ソーントン『紙券信用論』が書かれた時代は，金利の上限規制（usury laws）が BOE の貸付けや割引にも適用されため，利率が 5% を超えることが許されなかった。BOE が金利政策の自由度を得たのは 1830 年代末になってからである[36]。

---

35)　同論文は，ペナルティー金利の効果として，資源配分の効率性や所得分配の公正，中央銀行依存の行き過ぎの抑制，金融機関による流動性リスクの自己管理の促進などを挙げているが，いずれも現代の LLR 研究者の理論や研究成果であって，バジョットが 1873 年に『ロンバード街』で書いた議論を忠実に再現したものではない。

36)　BOE の貸付け・割引金利に対する上限規制は 1830 年代頃まで存続しており，同行が金利を初めて 6% まで引き上げることが認められたのは，1839 年に金準備の深刻な対外流出に直面した際であった（Hawtrey [1932]）。一方，Bagehot [1873] が書かれた時代には，金利の上限規制はなくなっていた。例えば 1866 年金融危機の際，BOE は，同年 5 月に大手割引商会の Overend, Gurney and Co. が倒産する直前の時期に，貸付け・割引金利を 3%（1865 年 7 月）から 7%（1866 年 1 月）まで

因みに19世紀半ばのロンドン金融市場では「7%の利率は月から金を持って来られる」「1%の利上げが月から金をもたらす」と言われたそうである（Goodhart [1999] p. 342, Kindleberger and Aliber [2005] p. 216）。

第4節　バジョット原則をめぐる近年の論争

本節では，5点のバジョット原則のうち，③債務超過先の排除，④優良担保，⑤高金利の3点をめぐる，主に学界における近年の論争の内容を整理し紹介する。

(1)　債務超過金融機関向けの貸付けの禁止
(i)　論点の概観

ソーントンもバジョットも，中央銀行による債務超過金融機関向けの貸付けを禁止すべきだとは明示的に述べていない。とはいえ両者とも，守られるべきなのは支払能力のある先であると主張しており，中央銀行が債務超過先を対象とする貸付けを行うことは想定していない。

近年のLLR研究者や中央銀行実務家のほとんどは，中央銀行が債務超過の金融機関に対して流動性を供給すべきではない，としている。グッドフレンドとキングが1988年に共著した論文で「誰一人として連銀貸出（discount window）を債務超過銀行の救済（rescue）に用いるべきだと主張していない」と述べた（Goodfriend and King [1988] p. 13）以降，債務超過先に向け中央銀行が緊急貸付けを行う「必要性」を積極的に訴える研究論文や論考は見当たらない。ホガースとスーサの共著論文などごく一部に，債務超過金融機関向けの貸付けを行う「可能性」に言及するものがみられるだけである（Hoggarth and Soussa [2001], Rochet and Vives [2004], Acharya, Gromb and Yorulmazer [2012], Dobler, Gray, Murphy and Radzewicz-Bak [2016] など）。

したがって，中央銀行LLRの対象先を支払能力のある金融機関に限定する，

引き上げており（Wood [2000]），さらに，同商会の倒産の翌日に金準備が急減したことに対処すべく，10%への大幅な引上げを余儀なくされている（Capie [2007]）。

バジョット原則が掲げたソルベンシー基準は，学界・実務界のコンセンサスと考えてよい。

　しかしながら，中央銀行が現実問題として LLR 運用上，このソルベンシー基準を適用できるかまで議論を広げると，グッドハートの1999年論文「LLRをめぐる神話」（Goodhart [1999]）を筆頭に，借り手が債務超過であるか否かを短時間で判断するのは困難である，あるいは，特に金融危機時には流動性不足（illiquidity）の問題と債務超過（insolvency）の問題とを区別する暇がない，という議論（以下「区別困難論」）が多くみられる。

　以下では，①債務超過金融機関に対する中央銀行 LLR の貸付けを全面的に禁止すべしとする議論（以下「全面禁止論」），②上記の区別困難論，③貸付けを行う可能性を認める議論（以下「容認論」），の3つを紹介し解説したい。

（ⅱ）　全面禁止論の議論

　全面禁止論の論者[37]は，以下の論拠から，中央銀行 LLR としての貸付けを債務超過金融機関に対して実行すべきでない，と述べている。これらの全面禁止論の論者の多くは，第1章第2節（3）で紹介した「LLR 慎重論」をとる論者と重なる。

　第1に，中央銀行が貸倒れ損失を被る危険性である。LLR 慎重論のグッドフレンドは，中央銀行の損失が国庫納付金の減少などを通じて，金融機関破綻処理費用を納税者・国民に転嫁することは，中央銀行 LLR に財政政策類似の支援効果，再分配効果を持たせることになると問題視する（Goodfriend [2011, 2012]）[38]。また，中央銀行が損失を被ると，中央銀行の金融政策運営や独立性，透明性に対する信認が失われることを懸念する意見もある（Kuttner [2008]）。

37）　全面禁止論の研究論文，論考としては，Bordo [1990], Capie [1998, 2007], Goodfriend and King [1988], Goodfriend [1991, 2011, 2012], Humphrey [1989, 2010], Kaufman [1991], Kuttner [2008], Schwartz [1992, 2002], Wood [2000] などが挙げられる。

38）　金融危機の研究で名高いチャールズ・キンドルバーガーは，1992 年 11 月の講演で，本来は臨時異例の緊急手段であったはずの中央銀行 LLR が軽い気持ち（light-heartedly）で容易に実施されるようになってきたことを指摘し，こうした LLR が所得や富の再分配効果を伴う危険性に警鐘を鳴らし，できれば魔法使いは瓶の中に戻してしまいたい（prefer to try to stuff the genie back in the bottle）と述べていた（Kindleberger [2007]）。

　第 2 に，ボルドーなど多くの全面禁止論者は，中央銀行が担保のお蔭で損失を免れても，債務超過金融機関の破綻損失が預金保険等の破綻処理制度を通じて納税者・国民に転嫁されることを問題視している（Bordo［1989］，Goodfriend and King［1988］，Goodfriend［1991, 2011, 2012］，Kaufman［1991］，Schwartz［1992］）。この破綻損失転嫁の問題は，中央銀行貸付けが優良担保を取得して実行されることと深く関わるため，本節（2）で詳しく解説したい。

　第 3 に，本来は破綻処理すべき金融機関を存続させてしまう問題もキャピーらに批判されている（Capie［1998, 2007］，Humphrey［1989, 2010］，Wood［2000］）。特に，大き過ぎて潰せない金融機関を救済（bail-out）することが，モラル・ハザードを助長する，と批判されている。

　第 4 に，中央銀行 LLR に付きまとう汚名問題の解消である。2014 年に BIS が開催した中央銀行 LLR に関するワークショップの場で基調講演を行った BOE 前副総裁のタッカーは，信用力の高い良質な借り手が市場から排除されていく逆選択（adverse selection）の理論で汚名問題を説明し，だからこそ中央銀行は債務超過金融機関向けには流動性を供給しないと明確にコミットすべきだ，と力説した（Tucker［2014］）。

（iii）　区別困難論の議論
（a）　区別困難論の主張

　区別困難論者[39]は，ソルベンシー基準それ自体に対して正面切って反論することはしていないものの，金融危機の局面で，借り手金融機関の財務内容を審査しその支払能力を判定することや，流動性不足問題と債務超過問題とを区別することが困難になる点を繰り返し強調している。上記の中央銀行 LLR ワークショップのサマリーは，流動性不足と債務超過との区別が実務的に困難という点で参加者は概ね合意した（broad consensus）と記している（Domanski and Sushko［2014］）。

39）　こうした区別困難論の研究論文，著書，講演としては，Acharya and Backus［2009］，Freixas, Giannini et al.［2000］，Freixas and Parigi［2008］，Fischer［1999］，Goodhart［1999］，Goodhart and Huang［2005］，Hirsch［1977］，Madigan［2009］，Nakaso［2013, 2014a, 2014c, 2014d］，Obstfeld［2009］，King［2016］などが挙げられる。

　こうした区別困難論者がその理由，論拠として掲げるのは，借り手の財務内容の審査に時間を要することに加えて，資金流動性不足や市場流動性低下が金融機関の支払能力を悪化させる問題である。グローバル金融危機は，後者の問題の深刻さを浮き彫りにしており，米国FRBの金融政策局長として危機対応の最前線にいたブライアン・マディガンは，金融市場の流動性が著しく低下し資産の投げ売りにより損失が拡大するリスクが大きい状況下では，支払能力の問題と流動性の問題との区別がはっきりしなくなる（not sharp），と指摘する（Madigan［2009］）。

　学界における代表的な区別困難論者としてはグッドハートが，金融市場で資金調達できず中央銀行に借入れを申し込んで来た金融機関について，少なくとも債務超過を疑わせるにおい（whiff of suspicion of insolvency）があることは想定すべきであり，現実問題として，中央銀行側に借り手の財務内容を調査し債務超過でないことを確認する十分な時間的余裕がないことが多い，と述べた（Goodhart［1999］p.346）。近年では，オブストフェルドが2009年の日銀主催コンファレンスの基調講演で，流動性問題と債務超過問題との区別は，一見すると明快で理論的にも有意義ながら，現実的に適用できる範囲は限られる，と論じている（Obstfeld［2009］）[40]。

　実務界では，FRB前副議長のフィッシャーが，IMF副専務理事であった1999年当時，中央銀行が危機管理者（crisis manager）や調整役（coordinator）の役割を果たすことを強調したうえで，金融危機時には流動性問題と債務超過問題との境目がはっきりしない（not determinate）ことなど多くの論拠を挙げて，伝統的なバジョット原則の修正，再考を求めた（Fischer［1999］p.88）。最近では，中曽・日銀前副総裁も，危機の初期段階では，流動性不足と債務超過の問題を峻別することが極めて困難であるため，実際にはLLRの実行を，伝統的な諸原則のとおり支払能力はありながら一時的な流動性不足に直面した銀行向けに限るのは容易ではない，と指摘している（Nakaso［2014a］）。

40）　Acharya and Backus［2009］も，バジョット原則のソルベンシー基準の有効性を認めつつも，金融危機時には流動性不足問題と債務超過問題との区別が困難になる，と指摘した。なおモーリー・オブストフェルド（Maurice Obstfeld）は，2015年9月にIMFの経済顧問兼調査局長に就任した。

(b)　全面禁止論に対する反論

　区別困難論者は，全面禁止論者が指摘する中銀損失や金融機関破綻処理費用の国民負担転嫁などの諸問題について，以下のように反論している。

　フレイシャス，ジャニーニらの 2000 年共著論文は，中央銀行が誤って債務超過先に LLR を実行してしまった場合には明確な出口戦略が重要となると強調した（Freixas, Giannini et al. [2000]）。こうした出口戦略の一例として，アチャリアとバッカスの 2009 年共著論文が，借り手の金融機関の信用力が急激に悪化した場合に中央銀行が LLR の実施や期限延長を拒否できる重要事情変更（material adverse change）条項の導入を提唱した（Acharya and Backus [2009] p. 309）[41]。

　区別困難論者も全面禁止論者も，例えば大手金融機関の債務超過問題が金融システム全体を揺るがすような深刻な金融危機に直面した際に公的資金でリスク資本を注入すべきか否かは政府・財政当局がその責任で判断すべし，という点では意見が一致している（Freixas, Giannini et al. [2000], Goodfriend [2011, 2012] など）。そのうえで，区別困難論の立場のグッドハートは，中央銀行は，バランスシートの拡大・縮小を通じて金融システムの安定に貢献できることから，金融規制・監督や破綻処理の面でも政府と共同・連携して対処する必要があると主張した（Goodhart [1999, 2010]）。

　一方，オブストフェルドは，2013 年日銀主催コンファレンスの基調講演で，近年の金融危機対応を通じ，中央銀行の流動性供給と政府の財政政策との境界が曖昧になりつつあるなかで，政府と中央銀行が金融システム安定のための政策出動余力を残していることへの信認を確保するために，財政再建を進める必要性を強調した（Obstfeld [2013]）。

（iv）　容認論の議論

　中央銀行が LLR として債務超過金融機関に貸付けを行う可能性やその検討

41）　同様に出口のあり方を提案した Acharya and Tuckman [2013] は，中央銀行 LLR 利用の条件として，借り手金融機関に自らの健全性（レバレッジ比率や自己資本比率）の証明や資産圧縮・売却を義務付けることを提案した。

を行う必要性を認める「容認論」の論者[42]は，ごく一部にとどまり，表現も
ロー・キーである。しかし，その議論は以下のように示唆に富む。

　ホガースとスーサの 2001 年共著論文は，BOE の中央銀行研究センター
（Centre for Central Banking Studies）が 37 中銀をサーベイした結果を踏まえ，
債務超過銀行に対して緊急貸付けを行う中銀は少数ながら，現実には，債務超
過の金融機関への公的部門の介入が社会的に望ましい場合もあり，現代でもバ
ジョット原則を容易に適用できるか明らかではない（it is not clear how readily
Bagehot's rules still apply）と指摘した（Hoggarth and Soussa [2001] p. 174）[43]。

　またロシェとヴィヴスの 2004 年共著論文は，債務超過金融機関の秩序だっ
た破綻処理（orderly resolution of failure）を進める目的に必要ならば，政府・
中央銀行がその債務超過金融機関に対して貸付けを行うべきケースも考えられ
る，と述べた（Rochet and Vives [2004]）。なお，同様に秩序だった処理を促す
観点から，フレイシャスやパリジらの 2000 年共著論文は，閉鎖された金融機
関自体ではなく，その取引相手（counterparts）に向け中央銀行が流動性を供
給することを提唱していた（Freixas, Parigi et al. [2000]）。

　グローバル金融危機以降も，公的資金による銀行救済への風当たりが強いな
か，中央銀行による債務超過先に向けた流動性供給の有効性を示唆する研究論
文が，少しずつ公表されている。チェケッティとディスヤタの 2010 年共著論
文は，金融危機を類型化したうえで，個別金融機関が深刻な資金流動性不足に
見舞われ金融システム全体の安定が損なわれそうな場合，もはや金融機関の支
払能力は二の次（secondary importance）となり，中央銀行は自らを信用リス
クにさらしてでも個別金融機関への緊急融資を実行すべきかを判断する裁量
（discretionary authority）が求められる，と論じた（Cecchetti and Disyatat
[2010] p. 34）。

　また，アチャリアらの 2012 年共著論文は，「区別困難論」の立場から，金融

42）　全面禁止論者の Bordo [1990] は，ロバート・ソロウやグッドハートが債務超過金融機関への
中央銀行貸付けを肯定・容認している，と述べたが，その出典とされた Solow [1982] や Goodhart
[1987, 1988]，あるいはグッドハートがその後に執筆した Goodhart [1999, 2003, 2010] や Goodhart
and Huang [2005] を読んでも，彼らが明示的に容認論を展開した記述が見当たらない。
43）　なお 37 中銀サーベイの内容と結果は Healey [2001] がシンポジウムの場で紹介した。

危機時に資金余剰行の貸渋り行動がインターバンク市場の流動性を収縮し深刻な非効率をもたらしている場合，中央銀行が損失を被る可能性があっても信用を供与する姿勢を示せれば，LLR 機能が非効率性の問題を緩和する可能性がある，と論じた（Acharya et al. [2012]）。

さらに，ドブラーらが 2016 年に共著した IMF ワーキングペーパーは，中央銀行が，債務超過の金融機関であっても，政府・財政当局が将来の資本再構築を確約（comfort）するなど存続可能性がある（viable）先に流動性支援を行わなくてはならないケースも考えられる，と述べている（Dobler et al. [2016]）。

なお，中央銀行貸付けに関する議論ではないが，ダイヤモンドとラジャンの 2005 年共著論文は，政府・中央金融当局（central authority）が，債務超過銀行の中でも資産内容が流動的な先に公的資本を注入すべきであり，非流動的な銀行に資本注入した場合には追加注入を迫られるリスクがある，と興味深い主張をしている（Diamond and Rajan [2005]）[44]。

（2） LLR 担保の功罪

（i） 論点の概観

中央銀行が LLR として貸付けを実行する際に，担保を取得する必要性について，学界の LLR 研究者や中央銀行実務家の間では，ほとんど異論はない。無担保貸付けを勧める意見は，ごく一部の研究論文に限られる（Flannery [1996], Freixas and Parigi [2008]）。

この背景には，中央銀行の貸倒れ損失を抑制・防止するためには，担保の取得が有効であるとの判断がある。FRB 元議長のバーナンキも，中央銀行 LLR

44） ダイヤモンドとラジャンの 2005 年共著論文は，流動性収縮の問題と債務超過銀行の連鎖破綻の問題とが相乗作用を及ぼし合う仕組みを理論モデルに取り込んだうえで，政府・中央金融当局が金融システムに対して流動性供給や資本注入を行う効果や必要性は，以下のようにケース・バイ・ケースの判断が求められることを示した。まず，個別銀行の債務超過に起因する問題の場合，当局による流動性供給は，銀行倒産を防止できない。一方，流動性不足が原因で銀行が債務超過に転落しそうな場合には，流動性を供給して問題を克服できる。逆に，金融市場全体の流動性が十分でないと，銀行に対する資本注入によっても，流動性が必要な先に行き渡らない。さらに，資産内容が非流動的な債務超過銀行に資本を注入した場合，その銀行を救済した煽りで市場金利が上昇した結果，別の健全行が債務超過に陥り，当局がその銀行への追加資本注入に追い込まれるリスクもある。

に関する独立性について論じる中で，中央銀行 LLR を全額有担保とすること
が LLR の財政的な影響（fiscal implications）を限定することにつながる，と指
摘している（Bernanke [2010]）。

　しかしながら，リッチモンド連銀で調査局長を務めたグッドフレンドを中心
として，債務超過金融機関に対する貸付けの全面禁止論者の間では，FRB が
有担保貸付けにより破綻金融機関の優良資産を囲い込んでしまうことが，預金
保険等を通じて破綻損失の負担を納税者・国民に転嫁してしまう原因であると
指摘して，有担保貸付けの弊害を主張する意見も根強い。

　また，キング BOE 前総裁も，2007 年以降の金融危機対応の経験に基づき
LLR の制度設計の抜本見直しを提案した 2016 年の著書で，中央銀行が優良担
保を取得して資金を供給することは，預金者や短期資金の貸し手など民間の無
担保債権への返済原資を縮小させ，預金者等の取付けを促し，極端なケースで
は，借り手を支援するはずの LLR が逆に「ユダの接吻」（Judas kiss）になっ
てしまう危険を指摘した（King [2016] pp. 205, 269）[45]。

　こうした意見や教訓を踏まえ，中央銀行の取得する担保は，金融危機時に適
格要件を通常時と比べて緩和する意見や，通常時においても流動性の低い担保
資産の事前差入れを促す提案が有力となっている。

　以下では，（ⅱ）で担保の弊害を指摘する議論を，（ⅲ）で無担保貸付けを勧
める議論を，（ⅳ）で適格要件緩和を求める議論をそれぞれ紹介したい。

（ⅱ）　有担保貸付けの弊害を指摘する議論

　本節（1）で前述したように，中央銀行による債務超過金融機関向け貸付け
の全面禁止論者の多くは，破綻損失が預金保険等の破綻処理制度を通じて納税
者・国民に転嫁されることを厳しく問題視している[46]。また，全面禁止論の

---

45)　「ユダの接吻」とは，キリストの弟子のユダがキリストを逮捕しにきたローマの役人にあらかじ
め「私のキスする人がキリストだ」とに知らせておきキリストに接吻をしたという新約聖書の記述に
基づき，仲間を裏切る行為を意味する。
46)　債務超過金融機関の破綻損失や破綻処理費用が預金保険等を通じて納税者・国民に転嫁される
問題は，Bordo [1990]，Goodfriend and King [1988]，Goodfriend [1991, 2011, 2012]，Kaufman
[1991]，Schwartz [1992] などが指摘している。

立場をとらないフレイシャスなどの研究者も，有担保貸付けが預金保険に損失負担を転嫁する問題を指摘する（Freixas and Parigi [2008], Freixas, Parigi and Rochet [2008]）。

ただ，中央銀行の貸倒れ損失から国庫納付金の減少など財政的な影響が生じる直接的な損失負担転嫁の経路と比べると，この預金保険制度等を通じる損失負担転嫁のメカニズムは理解が難しい。そこで以下では，後者の問題を一貫して批判してきたグッドフレンドの主張を紹介しながら，中央銀行が破綻金融機関の優良資産を担保として囲い込んだ結果，損失負担が納税者・国民に転嫁されるメカニズムを説明したい。

グッドフレンドの 1991 年論文は，米国 FRB の貸付けが個別金融機関向けに活発に利用されている背景には，担保法制面の優位，すなわち中央銀行等の政府機関だけが第三者対抗要件を具備した状態で担保を取得する（perfect a collateral interest）ことが認められるという事情がある，と指摘する。そのうえで，米国 FRB が優良担保を確保できる法制を前提に，債務超過の金融機関に貸付けを行い，その破綻処理開始を先送りする間に，預金保険対象外の大口預金者など投機資金（hot money）の引出しを許し，その費用を預金保険基金にしわ寄せした（at the expense of the deposit insurance fund）ことを批判した（Goodfriend [1991] p. 16）。

また 2011 年論文でも，米国 FRB が 2007 年 8 月以降の金融危機で，優良担保を取得したうえで実施した個別金融機関向け貸付けは，事後に借り手が破綻した場合，その損失を預金保険基金や政府保証，ひいては納税者に転嫁した，と指摘した（Goodfriend [2011] p. 4）。

上記 2 本の論文でグッドフレンドが想定している破綻損失の転嫁メカニズムを図解すると，図 2-4，図 2-5，図 2-6，図 2-7 のようになる。

まず図 2-4 では，中央銀行が有担保貸付けを行わず，その後，当該金融機関が債務超過に陥って破綻処理されるケースを想定している。この場合，破綻損失は，保険対象外の大口預金者と，小口預金者の債権を代位した預金保険または政府との間で，債権者平等原則に基づき比例按分されることになる。

これに対して，図 2-5 では，中央銀行が優良資産を取得して貸付けを行い，大口預金者は早いもの勝ちで預金を全額引き出した後に，当該金融機関が債務

図2-4 中央銀行が有担保貸付けを行わないケース

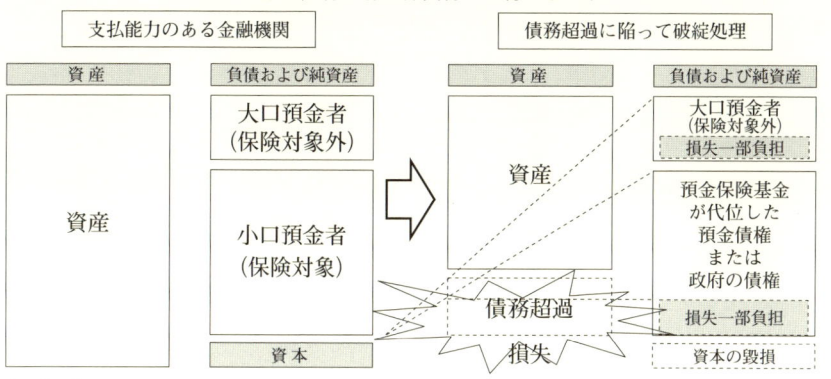

(出所) 筆者作成。

超過に陥って破綻処理されるケースを想定している。この場合，中央銀行は優良資産を担保として囲い込んだお蔭で損失を免れるが，その分，すべての破綻損失は，小口預金者の債権を代位した預金保険または政府に負担されることになる。

　一方，図2-6は，中央銀行が無担保貸付けを行ったケースを想定している。大口預金者は早いもの勝ちで預金を全額引き出した後に破綻処理が開始されるところまでは図2-5と同じ展開をたどるが，異なるのは中央銀行が無担保の一般債権を有している点である。この結果，図2-6のケースにおける破綻損失は，図2-4と同様に，中央銀行と，小口預金者の債権を代位した預金保険または政府との間で，債権者平等原則に基づき比例按分されることになる（斜めの補助線を参照）。つまり，破綻損失は預金保険または政府だけにしわ寄せされず，その一部を中央銀行も負担することになる。

　仮に無担保貸付けによる破綻損失の一部を負担する危険がある場合，中央銀行には，借り手金融機関の財務内容を注意深く監視し，それが債務超過に陥る前に貸付けを停止したうえで破綻処理手続開始を促すインセンティブが生じる。図2-7は，借り手金融機関が債務超過転落の寸前に破綻処理手続に着手するケースを図示したが，このケースが金融機関，中央銀行，預金保険，政府のいずれにとっても，傷が最も浅くなる。

図2-5　中央銀行が優良資産を担保取得して貸付けを行うケース

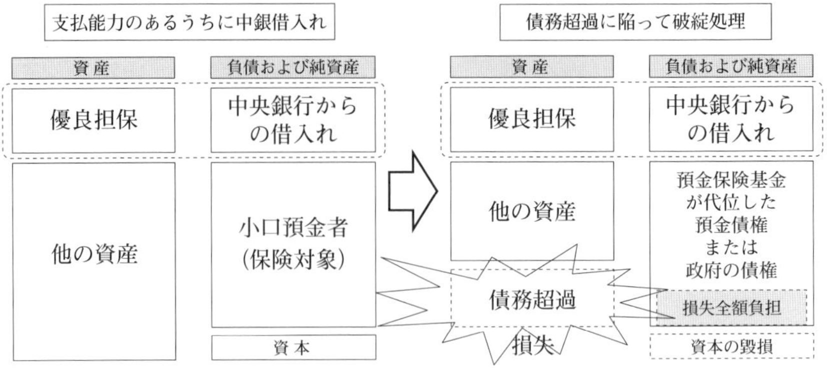

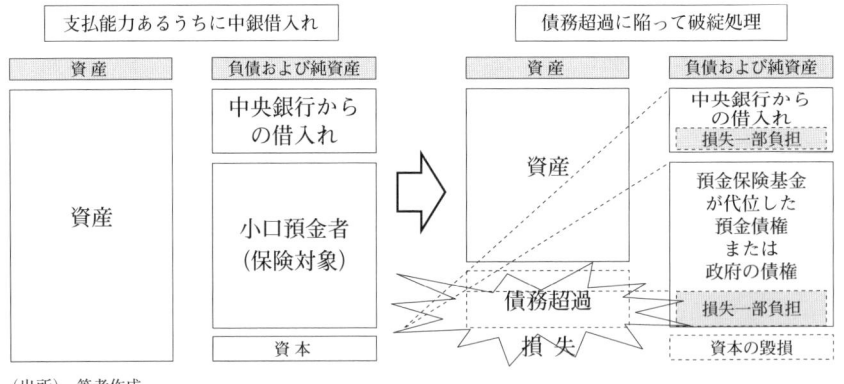

（出所）　筆者作成。

図2-6　中央銀行が無担保貸付けを行い破綻損失を一部負担するケース

（出所）　筆者作成。

　中央銀行による有担保貸付けが惹き起こすこうした問題は，単なる理論上の問題，想像の産物ではない。1980 年代後半から 90 年代初頭における米国 FRB の貸付けから発生した現実の問題である。米国では当時，多数の中小地方銀行や貯蓄金融機関が相次いで経営破綻したが，連邦議会や学界は，FRB がすでに実質的に破綻している金融機関を徒らに延命させ破綻処理着手を先送り（forbearance）した結果，保険対象外の大口預金者は資金逃避に成功する一方，当該金融機関の損失が膨らんでしまい，その後に破綻処理手続が開始され

図2-7　中央銀行が損失負担を回避すべく無担保貸付けを限定するケース

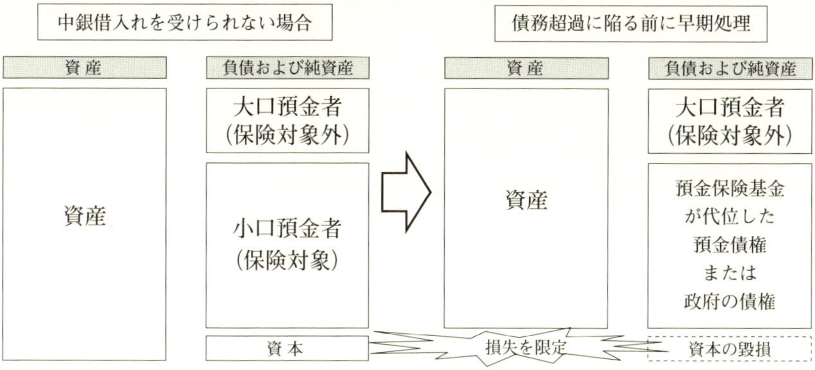

（出所）　筆者作成。

た時点でFDICや納税者・国民に転嫁される破綻処理費用を拡大させた，と厳しく批判した。

　この問題に対する国民世論の厳しい批判，反感を踏まえ，米国連邦議会は1991年制定のFDICIA法でFRB貸付けを規制した[47]。詳しくは，第4章やその中のBOX 10「FRBのLLR機能の転機となった1991年FDICIA法」を参照されたい。

　グッドフレンドは，FRBの有担保貸付けに対する非難の手を緩めない。2012年論文では，独立した判断で金融取引を実行できるFRBは，自らの懐が痛まないことから（because its own funds are not at stake），貸さないでパニックを起こす危険を冒すよりも貸したがるものだ，と指摘し，FRBが自らを担保で守りながらも納税者をリスクにさらす（Fed puts taxpayers at risk even if it protects itself by taking good collateral）と手厳しく批判した。一方で，FRB

47)　Gilbert, Kliesen, Meyer and Wheelock［2012］pp. 221-223およびCarlson and Wheelock［2012］pp. 16-17は，1980年代の米国FRBによる経営不振銀行向けの貸付けがいずれ倒産せざるをえない銀行の倒産を遅らせただけに止まり（Federal Reserve loans had merely forestalled inevitable bank failures），最終的にはFDIC（連邦預金保険公社）が負担した破綻処理損失を増大させたという問題が，1991年制定のFDICIA法（Federal Deposit Insurance Corporation Improvement Act of 1991, 1991年連邦預金保険公社改善法）が過小資本金融機関向けのFRB貸付けに期間制限等を設けた背景にある，と解説する。

任せを決め込む政府・財政当局の対応についても，潜在的な費用が納税者に転嫁されることを顧みず，FRBに貸付け判断の責任を押し付け，政治的に都合が悪くなればFRBを批判する，と酷評している（Goodfriend［2012］p. 15）。

　グッドフレンドは，このように中央銀行による有担保貸付けの弊害を一貫して批判してきているものの，FRBに無担保貸付けを勧めることまでは主張していない。2011年論文では，FRBの優良担保貸付けを健全金融機関向けに限定しこれを超える措置の実施に先立ち財政当局との合意を義務づける財務省・FRB間協定（accord）の締結を提唱した（Goodfriend［2011］pp. 8-10）ほか，2012年論文では，FRBによる個別金融機関向け信用政策（credit policy）について，FRBにも財務省にもその判断を委ねるべきではなく，議会が監視して許容範囲を明確に線引きすることを求めた（Goodfriend［2012］pp. 18-20）。

（ⅲ）　無担保貸付けを勧める議論

　中央銀行LLRについて，無担保貸付けを勧める意見や議論はごく一部に限られる。

　第1章第3節で紹介したフラナリーの1996年論文は，「勝者の呪い」効果から，インターバンク市場から優良な借り手・貸し手双方の退出が加速し市場機能が停止するモデルを用い，金融危機の際に，米国FRBが流動性不足の個別銀行に向け，無担保の低金利貸付けを行うことが，社会的な死荷重を減殺させる，との結論を導いた。この論拠として，FRBが担保を取得することは，借り手銀行の無担保一般債権者に対する返済能力に悪影響を及ぼしインターバンク取引や決済システムの機能回復を妨げる危険性を挙げている（Flannery［1996］）。

　フレイシャスとパリジの2008年共著論文も，中央銀行が個別金融機関に，無担保で，あるいは，質の劣る資産を担保にとって貸し付けることを検討すべきと主張した。この理由として，中央銀行の貸付けが有担保あるいは優先債権である場合，問題金融機関の破綻処理開始を遅らせる（forbear）インセンティブが働き，そのことが預金保険基金に外部不経済をもたらす，と説明している（Freixas and Parigi［2008］）。

（ⅳ）　適格担保の要件緩和を求める議論

　中央銀行 LLR の適格担保要件について，前世紀までの議論は，中央銀行が，金融危機の局面で市場流動性が低下しても，通常時に適格と認められる担保資産の範囲や種類を，通常時の担保価格で受け入れることを求める意見が大勢であった。LLR 必要論者（Fischer [1999], Goodhart [1999] など）および LLR 慎重論者（Goodfriend [1991], Humphrey [1989]）の双方とも，この点につき意見の一致はみていた。

　ところが，今世紀入り後，特にグローバル金融危機の経験を踏まえ，LLR 研究者や中央銀行実務家の間では，金融危機の局面で，中央銀行に適格担保要件の緩和を求める，あるいは勧める意見が増えてきている。この背景には，資金流動性と市場流動性が互いに負の相乗作用を及ぼしながら，市場流動性が枯渇するタイプの市場型・現代型の危機を経験したことで，危機が深刻化する度合に応じて，中央銀行が適格担保の要件や評価基準を柔軟に見直さざるをえなかった，という実態が指摘できる。

　代表的な研究としてはチェケッティとディスヤタの 2010 年共著論文が，金融危機を，①金融市場全体として資金流動性（中銀への準備預金）が不足する場合，②個別金融機関が深刻な資金流動性不足に見舞われ金融システム全体の安定が損なわれる危険が迫る場合，③金融市場全体が資金流動性と市場流動性の双方が不足するシステミックな危機に襲われている場合の 3 種類に類型化したうえで，第 1 類型の場合には原則どおり通常時の優良担保を受け入れる一方，第 2，第 3 の類型の場合には適格担保要件を緩和し質の劣る資産を担保として取得することも検討すべき，と述べている（Cecchetti and Disyatat [2010]）。

　一方，中央銀行実務家の中でも，タッカー BOE 前副総裁の講演内容が特筆される。タッカーは，時間的非整合性（time inconsistency）の問題を担保政策にも援用した議論を展開し，金融機関や市場参加者がいずれ中央銀行は適格担保要件を緩和してくるはずだと予想し行動している場合に，中央銀行は当初から LLR の適格担保の範囲を幅広く拡大した制度設計をせざるをえない，と述べる。そのうえで，BOE が LLR 実施方針の中で民間銀行の流動性リスク管理インセンティブの維持に配慮してきたことや，担保資産の評価・処分可能性を確認していることなどを明らかにした（Tucker [2008, 2009]）。

(3)　高金利の適否

(i)　LLR 高金利を支持する議論

バジョット原則が，中央銀行 LLR に適用することを求める「とても高い金利」の意味について，トマス・ハンフリーはペナルティー金利だと解釈している（Humphrey and Keleher [1984]，Humphrey [1989, 2010]）が，こうした理解は一部の論者に止まっている。むしろグッドハートやフィッシャーなど多くの論者は，バジョット原則の高金利は，借り手に対する懲罰的な意味合いはないことから，金融危機時にも，中央銀行の貸し付ける金利が市場金利を上回る必要はなく，通常時の金利と比べて高ければ十分である，と唱えてきた（Goodhart [1999, 2010]，Fischer [1999]）。

中央銀行 LLR について高金利を徴求するねらいは，金融機関の不必要な借入れを牽制しモラル・ハザードを抑制することにあると理解されている。ソロウの 1982 年論文は，中央銀行 LLR を保険と捉え，保険契約に必ず伴うモラル・ハザードの問題に対処するために，共同保険（coinsurance）の考えを導入し，被保険者（金融機関）にも高金利という形で損失の一部を負担させることを提案した（Solow [1982]）。

(ii)　LLR 高金利の見直しを求める議論

ところが，LLR で徴求する高金利の意義や目的に関するこうした標準的な理解は，今世紀入り後，見直しが進んでいる。これには，特にグローバル金融危機において，金融機関が汚名（stigma）による風評被害を嫌気し中央銀行借入れを回避する行動が幅広く観察されたという事情が背景にある。フレイシャスとパリジの 2008 年共著論文も，中央銀行の貸付けには高金利を適用すべきだという原則は，明らかに議論の余地がある（clearly controversial）と指摘していた（Freixas and Parigi [2008] p. 36）。

高金利見直し論の初期の研究論文としては，フラナリーの 1996 年論文が金融危機時に無担保の低金利貸付けを主張した（Flannery [1996]）。また，フレイシャス，ジャニーニらの 2000 年共著論文も，中央銀行貸付けの金利を高めにするのは，金融危機を悪化させたり金融機関の高収益狙いの高リスク投資を助長したりする危険がある，と警鐘を鳴らした（Freixas, Giannini et al. [2000]

p. 74）[48]。さらに，ロシェとヴィヴスの 2004 年共著論文も，債務超過でない金融機関でも預金引出しに応じられず倒産に追い込まれる協調の失敗（coordination failure）の問題を防止するためには，中央銀行が市場と比べ低金利で LLR を実行することが正当化される，と論じた（Rochet and Vives［2004]）[49]。

　最近ではチェケッティとディスヤタの 2010 年共著論文が，金融市場全体で資金流動性と市場流動性の双方が不足するシステミックな危機に襲われている場合に，中央銀行による流動性供給の触媒的な効果（catalytic effect）を強めるべく，中央銀行ファシリティの利用には罰金を課さず（not punitive），むしろ補助金的な金利（subsidized rate）を適用すべき，と主張した（Cecchetti and Disyatat［2010] pp. 35-37）[50]。また首都大学東京の松岡は，資源配分の効率性を追求する観点から，中央銀行が担保不足の問題に直面している個別行向けに市場並みの金利水準で LLR を実行すれば，制約条件付きの最適配分を実現できる，と論じる（Matsuoka［2012]）。

（iii）　MMLR の価格設定

　中央銀行が MMLR 機能を発揮する場合，その取引価格の設定についても，バジョット原則の「高金利」の議論が LLR と同様に当てはまることになる。中央銀行 LLR を利用するコストである貸付金利に相当するものは，中央銀行 MMLR の場合，中央銀行が特定の金融商品を取引する bid-ask spread[51] で捉えるのが適当であろう。

　中央銀行の MMLR 機能は，枯渇してしまった市場流動性を回復させる触媒（catalyst）の役割に徹しなくてはならず，中央銀行 MMLR だけですべての市場流動性を提供するものであってはならない。したがって，中央銀行 MMLR

48）　フレイシャス，ジャニーニらの 2000 年共著論文は，LLR に伴うモラル・ハザードの問題には，高金利ではなく，LLR 実施につき建設的な曖昧さ（constructive ambiguity）を残すことや放漫経営の金融機関の経営者や株主の責任追及で対処することを提案した。

49）　Freixas, Parigi and Rochet［2008] も同趣旨のコメントをしている。

50）　同論文は，モラル・ハザードの問題は，中央銀行による緊急貸付けの制度設計ではなく，適切なマクロ経済政策や金融規制制度によって対処すべきである，とした。

51）　市場で金融商品が売り買いされる際の買い（気配）値と売り（気配）値との間の差額のことを bid-ask spread と呼ぶ（第1章第1節（3）で前述）。

は，その取引相手方が，中央銀行との取引に続いて，自らの取引により市場流動性をつくり出すことを誘発できるような価格設定が求められる。BOE 前副総裁のタッカーは，中央銀行から MMLR 機能を提供された取引相手方ができるだけ早期にマーケット・メイキングに復帰できるような環境を整えるために，危機時に大幅に拡大した bid-ask spread よりも幾らか値幅を狭めたところに価格設定することを提案している（Tucker [2009, 2014]）。

第3章　日本銀行特融の経験と教訓

　日本は，1990 年代初頭のバブル崩壊後に発生した不良債権問題への取組みが遅れ，それがいわゆる「失われた 15 年」につながった，というのが内外の有識者の多数意見であろう。しかし，遅れたとはいえ，1990 年代から 2000 年代半ばまでの 15 年間に，90 兆円を超える巨額の不良債権損失が処理されたことも，紛れもない事実である。

　不良債権処理が 1990 年代半ば以降急速に進んだ背景には，この時期から金融機関の破綻処理が本格化したという事情がある。不良債権処理や金融機関破綻処理を強力に後押したのは，当事者のやる気，預金保険などの制度改革はもとより，日銀特融である。

　1990 年代半ば以降に実施された日銀特融は，金融機関の破綻処理を促進しわが国の不良債権処理を後押しする重要な役割を果たした。ところが，日銀特融が債務超過金融機関の円滑な破綻処理に寄与した事実は，正しく理解されることが少ない。正しく理解していたはずの有識者の間でも，20 年余の歳月を経て記憶が薄れてしまっている。

　本章は，こうした問題意識に基づき，日銀特融の実績や効果を再評価したい。まず第 1 節で，日本銀行の LLR を概観したうえで，日銀特融の特殊かつ特異な先見性を指摘したい。続く第 2 節は，日銀法 37 条に基づく一時貸付けを取り上げるが，日銀法 38 条に基づく特融の実績事例や背景事情，発動原則などは，最も重要な情報であるので，第 3～5 節で紙幅を割いて解説したい。第 6 節，第 7 節は，日銀貸付けと預金保険制度との関係について説明し，第 8 節は

本章の小括として，日銀特融の現代的意義を述べたい。

第1節　日本銀行の LLR とその特徴

(1)　日本銀行の LLR の概要

　日本銀行金融研究所（以下「日銀金研」）編［2011］『日本銀行の機能と業務』の 145 頁は，日本銀行の LLR 機能について，以下の説明をしている。

> 「日本銀行は，一時的な資金不足に陥った金融機関に対し，他に資金の供給を行う主体がいない場合に，文字どおり最後の貸し手として，一時的な資金の貸付（流動性の供給）等を行うことがある。それにより，当該金融機関における預金の払戻しや約定済の取引の決済などの履行を確保し，システミック・リスクが顕在化することを未然に防止することを目的としている。これが，中央銀行の最後の貸し手（Lender of Last Resort: LLR）機能と呼ばれているものである。」

　続いて同書は，日銀が最後の貸し手として実施する資金供与を，下記の 3 つに類型化している。

> 「日本銀行による最後の貸し手としての資金の供与は，手形や国債等を担保として実行される（日本銀行法第 33 条）。また，システム障害など金融機関等の偶発的かつ一時的な支払資金の不足に対して貸付を行う場合（同第 37 条）や，信用秩序維持の観点から資金の貸付等を行う場合（同第 38 条）には，必ずしも担保を徴求せず，政策委員会の決定に基づく適宜の金利や方法によって実行される。」

　これらの説明などに基づき，日銀の LLR 機能の概要を表 3-1 に整理した。
　なお，表 3-2 に整理したとおり，日銀は，日中当座貸越や補完貸付など，LLR 以外の貸出も行っているが，中央銀行 LLR を扱う本書では，これ以上の説明は割愛したい。

表 3-1　日本銀行の LLR 機能の概要

呼称	有担保貸付け	一時貸付け	特融[注1]
日銀法の根拠	33 条	37 条	38 条
必要とされる状況や目的	必要に応じ，個別金融機関に対し，機動的・弾力的に行う	コンピュータ・システム障害等の偶発的な事由により不測の一時的な資金不足が生じた金融機関等に対し，資金決済の円滑確保の必要に応じて行う	システミック・リスクの顕在化の惧れがある場合に，信用秩序維持の観点から，特別な条件により行う
対象先	支払能力のある金融機関等[注2]	支払能力のある金融機関等[注2]	債務超過の金融機関等を含む
金利	基準貸付利率[注3]	基準貸付利率[注3]	その都度，決定
担保	必要	無	不要（担保を徴求しないなど特別な条件をその都度，決定）
期間	その都度，決定	1 か月	その都度，決定
政府との関係	認可不要	認可不要	政府の要請

(注1)　特別な条件により行う資金貸付けという意味で「特別融資」や「特別融通」と呼ばれていたものが「特融」あるいは「日銀特融」と略称されることがほとんどである。

(注2)　日銀法 37 条は，「金融機関等」を，「金融機関（銀行その他の預金等（預金保険法第 2 条第 2 項に規定する預金等及び貯金をいう）の受入れ及び為替取引を業として行う者をいう）その他の金融業を営む者であって政令（日本銀行法施行令第 10 条第 1 項）で定めるもの」と定義している。具体的には，金融機関，金融商品取引業者，証券金融会社及び短資会社である。

(注3)　「基準貸付利率」は，2008 年 12 月 19 日以降，年率 0.3％ に設定されている（2018 年 5 月末現在）。この基準貸付利率は，基準割引率とともに，かつては「公定歩合」と呼ばれ，日本銀行による金融政策の基本的なスタンスを示す代表的な政策金利と考えられていたが，2001 年に補完貸付制度が導入されると，短期の市場金利の上限を画するようになった。

(出所)　日銀金研編［2011］145-147 頁の記述や掲載図表を参照して筆者作成。

(2)　日本銀行特融の特殊性と先見性

　日銀の LLR には，際立った特徴がある。表 3-1 で前掲した 3 類型の中でも特に日銀法 38 条に基づく貸付け（以下「特融」）は，第 2 章で紹介したバジョット原則が想定する伝統的な中央銀行 LLR とは対照的な特殊性，特異性を有していた。

　日銀特融と伝統的な中央銀行 LLR を比較し特筆すべき相違点は，5 つ挙げられる（表 3-3）。

　第 1 に，1990 年代半ば以降に実行された日銀特融のほとんど，すなわち発動実績 21 件中の 19 件において，貸付け対象先が債務超過であった。逆に，伝

表3-2　LLR以外の日本銀行貸出の概要

貸出の方法	概　　　要	日銀法の根拠条文
日中当座貸越	当座勘定において共通担保(注)を担保として無利息の日中流動性を供与。	33条
ITC機能利用における日中当座貸越	国債DVP同時担保受払機能（ITC機能）の利用に際し，国債を担保に無利息の日中流動性を供与。	〃
補完貸付	オペレーションによる金融調節の枠組みを補完するものとして，貸付先からの申込みを受けて，受動的に行う貸付け。共通担保を担保とし，翌営業日を返済期限として，原則として基準貸付利率により行う。	〃

(注)　共通担保とは，日本銀行から金融機関等が，日本銀行との諸取引に関する約定や代理店契約等に基づき，共通担保資金供給オペ，補完貸付，日中当座貸越，貸出支援基金の運営として行う成長基盤強化および貸出増加を支援するための資金供給など様々な形態での与信を受けるために，あらかじめ差し入れている担保資産のプールのことをいう。実際に差し入れられているものは，国債，社債，その他債券，証書貸付債権等が中心である。金融機関等は，差し入れている共通担保の担保価額の範囲内で，日銀から信用供与を受けることができる。
(出所)　日銀金研編［2011］147頁。

表3-3　日本銀行の特融と伝統的な中央銀行LLRの比較

日銀の特融	伝統的な中央銀行LLR
債務超過の金融機関向け	支払能力のある金融機関向け（債務超過金融機関向けは禁止）
預金払戻し資金等の供給	一時的に不足する流動性の供給
破綻以降	破綻の前
破綻処理を進める目的	破綻や連鎖破綻の防止が目的
無担保	有担保

(出所)　筆者作成。

統的な中央銀行LLRの対象先は，支払能力のある金融機関に限られてきた。

　第2に，日銀特融は，預金払戻し資金等を供給することを目的としていた。一般に中央銀行LLRは一時的に不足する流動性の供給を目的とするが，特融は，その不足する流動性の中でも預金払戻しに必要とされる資金に焦点を当てていた。

　第3に，日銀特融は，債務超過の金融機関が破綻したタイミング以降に実施された。これは，伝統的な中央銀行LLRが，金融機関が債務超過に転落するのを防止すべく破綻の前に実施されるのとは対照的である。

　第4に，日銀特融のほとんどは，債務超過金融機関の破綻処理を進める目的で実施された。この点も，破綻防止を目的とする伝統的な中央銀行 LLR とは対照的である。

　第5に，特融は，貸付け対象先からの担保の差入れを必要としていない。この点は，日銀法 37 条に基づく一時貸付けも同様である。一方のバジョット原則は，中央銀行が優良担保を取得することを求めている。

　このように日銀特融は，債務超過金融機関に対して，預金払戻し資金を無担保で貸し付けることによって，その破綻処理の遂行が金融システム全体に及ぼす悪影響やシステミック・リスクを遮断しつつ，破綻処理を円滑に進める役割を果たした。伝統的な LLR と比べ特殊かつ特異な性質が際立っていた日銀特融が，制度として存在し現に実施されなければ，1990 年代半ば以降，わが国金融機関の破綻処理が促進されることも，不良債権問題への取組みが本格化することもなかったであろう。

　グローバル金融危機を経て，各国の金融監督当局の間で，秩序だった破綻処理の促進，実効性のある破綻処理手続の整備という政策課題の重要性の認識が共有された。特融は，こうした課題への解決策を，早くも 1990 年代に示していたという意味において，日銀の先駆的な取組みである。金融危機の原因と政策対応を研究したスコット・ハーバード法科大学院教授は，日銀特融と FRB による AIG 向け信用供与との共通性を強調した（Scott [2016] pp. 76, 132）。

　日銀特融が破綻処理を促進する役割を果たした背景には，わが国における金融セーフティネットの整備の遅れを日銀が補完せざるをえなかったという，その時代特有の制度環境がある。また，日銀が特融を無担保で実行できたのは，政府の預金全額保護方針のお蔭で，貸付金を預金保険から回収できる事実上の公的保証が存在したという特殊事情を割り引かなくてはならない。

　2005 年のペイオフ解禁，すなわち預金定額保護への復帰を受け，日銀は破綻金融機関に対する特融をごく例外的な局面でしか実施しない方針を公言した。現に日銀特融はその後一度も実施されていない。また，金融セーフティネットの一角を形成しそれを補完する役割を果たす中央銀行 LLR は，セーフティネット全体の整備が進むにつれて，機能を縮小していく，という意見も有力である（Nakaso [2014a, 2014c, 2014d] など）。

　しかしながら，日銀特融が，わが国金融史上の極めて異常な時代における特殊かつ特異な事例として「片づけ」られ，それが果たした役割や効果が忘れられてしまうのは，惜しまれる。実効性のある金融機関破綻処理手続を整えるうえで，破綻処理中の金融機関の一時的な資金調達の仕組みを確保することが最も難しい問題の1つに挙げられているからである（FSB［2014c, 2015b, 2015e, 2016a]）。日銀特融の実績やその役割を再評価しその教訓から学ぶことは，こうした観点で今日的な意義があり有益である。

第2節　日本銀行の一時貸付け

(1)　一時貸付けの概要

　日本銀行は，コンピュータ・システムの故障など偶発的な原因で，金融機関等[1]が予見できない一時的な支払資金の不足が生じた場合には，その金融機関等に対して，担保をとらないで，一時的に資金を貸し付けることができる（日銀法37条1項）。

　日銀が，こうした一時的な貸付けを行うのは，「その不足する支払資金が直ちに確保されなければ当該金融機関等の業務の遂行に著しい支障が生じるおそれがある場合において，金融機関の間における資金決済の円滑の確保を図るために必要があると認めるとき」（同）とされている。つまり，この一時貸付けは，決済システムの円滑かつ安定的な運行を確保することを目的としている。

　一時貸付けの期間は，1か月が最長限度である（日銀法施行令10条2項）。

　なお，日銀は，この一時貸付けを，政府の許認可を得ることなく，独自の判断で実行できるが，貸付けを行った後に，遅滞なく，その旨を内閣総理大臣（金融庁長官）および財務大臣に届け出ることが求められている（日銀法37条2項）。

---

1)　金融機関等とは，金融機関，金融商品取引業者，証券金融会社および短資会社のことをいう（表3-1の注1参照）。

(2)　一時無担保貸付けの立法趣旨

　日本銀行の一時無担保貸付けの仕組みは，1998 年に全面改正・施行された日本銀行法によって設けられた。以下では，一時貸付けの立法趣旨の主要点を，当時の中央銀行研究会報告書および金融制度調査会答申の記述から抜き出して説明する。

(i)　一時貸付けの必要性

　日銀による一時貸付けの必要性，妥当性について，まず中央銀行研究会報告書が「金融機関の一時的かつ緊急の流動性不足のような場合には，明確な規定の下，日本銀行独自の判断で流動性の適切な供給を行いうることとすべきである」と打ち出した（中央銀行研究会 [1996]）。これを踏まえ，金融制度調査会答申の「第四　業務　3　信用秩序維持に資する業務」は，日銀による一時貸付けが許容される具体的な条件等を以下のとおり整理した（金融制度調査会 [1997]）。

　　　「日本銀行は，一定の金融機関において電子情報処理組織[2]の故障その他の予見しがたい事由により支払上資金が一時的に不足しているときは，一定の期間を限度として，その金融機関に対して，特別の条件により資金の貸付けを行うことができる。」

　金融制度調査会の答申理由書は，海外中央銀行がこうした一時貸付けを実行した前例として，1985 年 11 月に FRB 傘下のニューヨーク連銀が米国の証券クリアリング大手銀行 Bank of New York（BONY）に緊急融資を行った事例を挙げた。BONY は「コンピューター故障により，ニューヨーク連銀の口座に巨額の赤残を抱え」（金融制度調査会 [1997]）たものの，経営健全性自体には問題がなかった（第 4 章第 2 節で後述）。
　日銀法改正当時，一時貸付けの対象として想定されていたのは，支払能力は

---

2)　電子情報処理組織とは，コンピュータ・システムやコンピュータ・ネットワークを指す法令用語である。

あってもコンピュータ・システムの故障等により一時的な流動性不足に陥った金融機関であった。中央銀行研究会の委員を務めるなど日銀法改正の議論に関わった神田秀樹・東大教授（当時）は「緊急の流動性供給は，コンピュータの故障の場合にかぎられるわけではない」と述べている（神田［1997］）。

（ⅱ）　無担保貸付け

　日銀がこの一時貸付けを無担保で行うことを，中央銀行研究会報告書が明示的に求めた記述はない。一方，金融制度調査会の答申本文は，日銀が，コンピュータ・システムの故障等により一時的に資金不足となった金融機関に対して「特別の条件により資金の貸付けを行うことができる」と述べており，例外的なケースで日銀による無担保貸付けを許容することを示唆した（金融制度調査会［1997］）[3]。

　1998年改正の日銀法37条1項が，一時貸付けを原則無担保とし，また1か月という短い期間制限を設けた背景には，米国FRBの有担保貸付けがもたらす弊害への意識が強く影響したものと推測される。すなわち日銀法案の起草者も，FRBの有担保貸付けが破綻処理着手を遅らせ納税者に転嫁された破綻損失負担を拡大した問題が米国の1991年法によるFRB貸付け規制に結びついた経緯を，意識していたことは想像に難くない[4]。

（ⅲ）　独自の判断

　日銀がこの一時貸付けを政府の許認可を得ることなく「独自の判断」（中央銀行研究会［1996］，金融制度調査会［1997］）で実行できることが認められた背

---

[3]　金融制度調査会の答申本文は，「信用秩序維持のため特に必要がある」（金融制度調査会［1997］）業務についても，大蔵大臣からの要請の範囲において日本銀行が行うことができるようにすべきとしたが，その一種に「特別の条件による資金の貸付け」（同）を挙げている。この文脈で想定されていたのは，旧日銀法25条に基づきすでに実績のあった無担保の特融等のことであることから，「特別の条件」による貸付けという表現が「担保を取得しない」条件での貸付けを含む意味で用いられていたと考えられる。

[4]　FRBの有担保貸付けの弊害をめぐる米国学界や議会における論争については，第2章第4節（2）「LLR担保の功罪」や，第4章第3節（2）「1991年FDICIA法がFRBのLLRにもたらした変革」，BOX10「FRBのLLR機能の転機となった1991年FDICIA法」において解説しているので，参照されたい。

景には，中央銀行研究会報告書が日本銀行の目的について「金融システムの安定（信用秩序の維持）については，最終的な責任は政府にあるが，日本銀行は，決済システムの円滑かつ安定的な運行の確保を通じて，金融システムの安定に寄与するべきである」と述べたことがあった（中央銀行研究会 [1996]）。

(3)　一時貸付けの実績

　日銀は，一時貸付けの有無に関する情報や発動実績の統計を公表していない。中央銀行 LLR の研究者の間では，日銀法 37 条に基づく一時貸付けが発動されたことはないと推測されている（伊豆 [2013a]，Scott [2016]）。

BOX 6　ペイオフ凍結，預金全額保護の時代

　1990 年代半ば，わが国金融機関の抱える不良債権の処理の遅れが内外からの注目を浴びその取組みを加速させることが喫緊の課題とされていたなかで，金融規制監督当局が，いわゆるペイオフの凍結，すなわち預金全額保護を公式かつ明確に打ち出したのは，大蔵省が 1995 年 6 月 8 日に発表した「金融システムの機能回復について」（大蔵省 [1995]）の中においてであった。この文書は，形式としては行政指針の対外表明に過ぎないものであったが，金融システム関係者の間で「機能回復ペーパー」と通称されてしばしば引用されるところとなり，結果として，その後の金融機関の破綻処理政策を，約 10 年間にわたり方向づけた（西村 [2003]，黒田晃生 [2013]）。

　1995 年 6 月「金融システムの機能回復について」は，預金保険の発動方式について，①国民的コンセンサスの未形成，②信用不安，③不十分な情報開示などを理由に，「現時点において直ちにペイオフという形で預金者に経営破綻による損失の分担を求めることは（中略）困難」と述べたうえで「できるだけ早期に，遅くとも 5 年以内に，預金者についても自己責任原則を問いうる環境整備を完了すること」を求めた。また，従来の資金援助方式を超える特別の対応に必要な財源を確保するために「預金保険機構が時限的に付加保険料を徴収」することを一案として提言した（大蔵省 [1995]）。

　同年 12 月 22 日の金融制度調査会答申「金融システム安定化のための諸施策──市場規律に基づく新しい金融システムの構築」は，上記「機能回復ペーパー」が示した破綻処理政策の方向性を，預金保険法令や財源など制度面で裏付けることを提言した。具体的には，「不良債権については，今後 5 年以内のできるだけ早

期にその処理に目途をつける必要があるが，それまでの間は預金者に破綻処理費用の分担を求めることは困難」との認識や「当面は預金の全額を払い戻すことが適当」との判断を示したうえで，「預金保険機構の中に今後5年間の臨時異例の措置として特別基金を設け，同特別基金からペイオフコストを超える資金援助等を行うことが適当である」と述べている。

翌1996年6月18日に可決成立し同月21日に公布・施行された改正預金保険法は，こうしたペイオフ凍結，預金全額保護の政策方針を実現したものである。具体的には，2001年3月31日までの時限的な特例措置として，預金保険機構が，大蔵大臣による必要性の認定を要件として，ペイオフコスト（仮に預金保険機構が資金援助ではなく保険金支払を行うとした場合に要すると見込まれる費用）を超える資金援助（特別資金援助）を行うことを可能とし，こうした特例業務に関する経理処理のための特別勘定の新設や，その財源としての特別保険料の徴収などについても規定している。同年の改正預金保険法は，これら以外にも，預金保険機構が破綻金融機関からも不良債権買取りを行えるようにしたほか，東京共同銀行を整理回収銀行に改組して不良債権の買取り・回収を委託できるような制度整備をするなど，預金保険制度を抜本的に見直した。

2007～2009年に金融庁長官を務めた佐藤隆文・日本取引所自主規制法人理事長は，預金保険をめぐるこうした制度改正を振り返り「90年代の不良債権問題の深刻化とともに破綻事例が相次ぎ（中略）預金全額保護は事実上の政策目標となった。制度上は上限付き預金保護の枠組みの下で（中略）個別事案ごとの工夫によって，結果としての預金全額保護を実現してきた。しかし，それも限界に至り，96年の法改正で全額保護が制度化された」と解説している（佐藤隆文［2010］）。

預金全額保護の時限的な特例措置の終了時期は当初，前述のように，2001年3月31日とされていた。ところが1999年11月29日に，与党三党の政策責任者の間で，1年延長されることが合意され，翌2000年5月に成立した預金保険法の改正（以下「平成12年改正預金保険法」）によって制度的な手当てがなされた。

この結果，預金を全額保護する特例措置は2002年3月末で終了し，定額保護の時代に移行した。もっとも，その後も2005年3月末まで，暫定的な経過措置として，特定預金（当座預金，普通預金および別段預金）に限っては全額保護が継続されたことから，ペイオフ凍結の全面解除にはならなかった。

2005年4月に至り，全額保護される決済用預金（無利息，要求払い，決済サービス提供可能という3条件を満たす預金）以外の預金等はすべて，付保限度の原則どおり，定額保護（預金者1人当たり元本1,000万円までとその利息等の保護）となった。これによって，いわゆるペイオフ解禁，すなわちペイオフ凍結の全面

解除が実現したのである。「機能回復ペーパー」が，時限的な預金全額保護の特例措置の導入を表明して以降，約 10 年振りのことであった。

　なお，預金全額保護を打ち出した「機能回復ペーパー」は，旧日銀法 25 条に基づく措置[5]（現行日銀法 38 条に基づく信用秩序維持業務）の発動について，以下のように述べている。日銀特融を含め，日銀法 38 条に基づく信用秩序維持業務全般の発動原則に関して，有益かつ有意義な考え方が示されていることから，ここに抜粋したい。

> 「流動性の確保については中央銀行の重要な機能であり，日本銀行法第 25 条に基づく措置も必要に応じて発動が求められる。構造的な経営危機への対応としての日本銀行法第 25 条に基づく措置については，金融システムの安定性を国民全体の負担で確保する枠組みが確立されていない現状では，金融システムの機能回復に異例の努力を求められている今後 5 年間においては，その発動もやむをえない場合がある。しかしながら，これはあくまで緊急避難的措置であり，通常の預金保険の資金援助等による処理だけでは我が国信用秩序への重大な影響が避けられない場合等に限り，慎重に対応されるべきものと考えられる。」（大蔵省 [1995]）

第 3 節　日本銀行の特融

(1)　信用秩序維持業務の概要

　日本銀行は，システミック・リスクの顕在化のおそれがある場合には，内閣総理大臣（実際にはその委任を受けた金融庁長官）および財務大臣の要請を受けて，担保をとらないなど特別な条件により行う資金の貸付けその他の信用秩序の維持のために必要と認められる業務を行うことができる（日銀法 38 条）。

---

5)　大蔵省が「機能回復ペーパー」の中で旧日銀法 25 条に基づく措置に言及した際に，わが国金融システム関係者の念頭にあったのは，同ペーパーが公表される約半年前の 1994 年 12 月に経営破綻した東京協和信用組合および安全信用組合の事業の全部譲受けを行う受け皿金融機関となる東京共同銀行を新規設立（1995 年 1 月 13 日）するために，日銀が旧日銀法 25 条に基づき 200 億円を出資した事例であろう（章末資料 2 で後述）。両信用組合の破綻処理をめぐっては，不正融資問題が取り上げられたことを契機に，同年の国会審議が大変に紛糾し，世論はバブルを惹き起こした金融機関や金融行政を厳しく批判した。黒田晁生 [2013] は，当時の大蔵省は「国会審議で約 5 ヶ月間『針のむしろ』に座らされることになった」と表現し，「機能回復ペーパー」が発表される直前における金融行政や日銀を取り巻く政治情勢を的確に描写している。

　日銀がこの信用秩序維持業務の要請を受けた場合に，それに応じて実施するか否かは，第 4 節で後述する「特融等に関する 4 原則」に基づき判断される。

(2)　日銀法 38 条の立法趣旨

　日銀が信用秩序維持業務を行う法的根拠である日銀法 38 条は，旧日銀法 25 条[6] を継承した規定である。日銀法の全面改正が検討され法案が起草・審議された 1996〜97 年の時期に先立つ 1995 年以降，日銀は旧法 25 条に基づく出資や特融など信用秩序維持業務を頻繁に実施するようになっていた。このため現行日銀法 38 条は，先行していた運用実態を踏まえて起草・制定されたという色彩が強い。

　以下では日銀法 38 条の立法趣旨について，中央銀行研究会報告書および金融制度調査会答申の記述の主要点を抜き出して説明する。

(i)　金融システム安定に貢献する最後の貸し手

　中央銀行研究会報告書，金融制度調査会答申のいずれも，日本銀行は「金融システムの安定に寄与するべきである」（中央銀行研究会 [1996]），「信用秩序の維持に資するものとする」（金融制度調査会 [1997]）として，金融システムの安定への貢献を，日銀の目的・運営理念の中に位置づけている。そのうえで中央銀行研究会報告書は，信用不安が生じた場合に日本銀行が担うべき重要な役割として，以下のとおり「最後の貸し手」を掲げた。

　　「信用不安が生じた場合の対応については，金融機関の破綻処理等には行政的手法を要することから，最終的責任は政府にあるが，日本銀行は「最後の貸手」として重要な役割を担う必要がある。」（中央銀行研究会 [1996]）[7]

---

6)　旧日銀法 25 条は「日本銀行ハ主務大臣ノ認可ヲ受ケ信用制度ノ保持育成ノ為必要ナル業務ヲ行フコトヲ得」と規定していた。

7)　金融制度調査会 [1997] もほぼ同文を記載している。

（ii）　適切な流動性供給

　日銀が LLR 機能を発揮する際の具体的な役割として，中央銀行研究会報告書は「基本的には，信用秩序維持の観点から，適切な流動性を供給していくこと」にあると述べ，逆に「明白に回収不能なケースについての損失補填は，金融機関のモラルハザードを避けるためにも行うべきではない」と否定している（中央銀行研究会 ［1996］）[8]。

（iii）　政府の措置との整合性

　中央銀行研究会報告書，金融制度調査会答申のいずれも，金融機関の破綻処理等の最終的な責任が政府にあるとの考え方に基づいて「政府の行う金融システムの安定化策（信用秩序維持政策）と日本銀行の政策との整合性を確保する必要」（中央銀行研究会 ［1996］）[9] を認めている。

　これを踏まえ，中央銀行研究会報告書が「政府のイニシアチブで，日本銀行との合意を経て，必要な措置が実行される枠組みを用意すべき」（中央銀行研究会 ［1996］）と求めたことを受けて，金融制度調査会の答申理由書は以下の具体的な枠組みを提言した。

> 「政府が信用秩序維持のため，日本銀行に対し，信用秩序維持のため必要と認める措置を講じることを要請することができるものとし，この要請に，日本銀行が政策委員会の議決により同意した場合，必要な措置が講じられる仕組みとすることが適当である。」（金融制度調査会 ［1997］）

　日銀法 38 条は，こうした考え方に基づき，まず，政府が日銀に対して信用秩序維持業務の実施を要請し，次に，これを受けた日銀が自らの責任において実施の適否を判断する，という 2 組織間の交渉過程や 2 段階の政策決定手続を定めている[10]。

---

8)　金融制度調査会 ［1997］もほぼ同文を記載している。
9)　金融制度調査会 ［1997］も同趣旨の記述をしている。

（iv）　緊急時における政府の指示権

　緊急時における日本銀行の信用秩序維持への寄与について，金融制度調査会の答申理由書は，以下のとおり，かなり強い期待感を表明していた。

　　　「天災・恐慌等といった緊急時に，信用秩序に重大な混乱が生じた場合，日本銀
　　　行が，中央銀行の本来の使命に照らし，当然のこととして，信用秩序の維持に
　　　寄与していくことが求められるのは言うまでもない。今後，緊急時に信用秩序
　　　に重大な混乱が生じた場合には，日本銀行においては，そうした見解に沿って，
　　　政府の要請等に応じ，最大限の協力を行っていくことが期待される。」（金融制
　　　度調査会［1997］）

　もっとも，緊急時における政府の指示権にまで踏み込むことについて，金融制度調査会の答申理由書は，以下のとおり「さらに検討することが適当」と述べるに止めた。これは，中央銀行研究会報告書の「それが濫用されることのないよう，「緊急時」の具体的要件を厳密に検討する必要がある」（中央銀行研究会［1996］）との意見を踏まえたものである。

　　　「天災，恐慌等といった緊急時に，政府に指示権を認めることについては，危機
　　　管理の観点から有意義と考えられる一方，その要件が厳格でない場合には，政
　　　府の指示権の濫用が懸念されるとの意見や，日本銀行の緊急時の対応について
　　　は，政府全体の危機管理の一環として考えることが適当との指摘があった。こ
　　　のような指摘も考慮し，政府全体の危機管理のあり方も踏まえつつ，さらに検
　　　討することが適当と考えられる。」（金融制度調査会［1997］）

---

10)　日銀法37条，38条に基づく最後の貸し手機能に関する研究論文を複数執筆している小栗誠治・
滋賀大学教授は，旧日銀法25条に存在した，特融に関する日銀側からの発動提案権がなくなったこ
とをめぐり「第38条の対象となるのは，端的にいうとインソルベントな先であるが，こうした先に
対する特融は（中略）日本銀行が納得できるような返済計画等を政府が提出した場合に限って，これ
を認めるようにした方が，日本銀行の資産の健全性確保の見地からも好ましい。このように，インソ
ルベントな先への対応についての責任は最終的には政府にあるので，第38条の対象となる特融の申
請に関しても，そのことを明確化するために政府が申請を行う形に改めたものとみることができる」
（小栗［1999，2003］）と評価している。

　改正日銀法は，日銀の独立性の確保に配慮すべく，旧法が認めていた大蔵大臣による広範な日銀監督権限を廃止した[11]。こうした経緯もあり，緊急時における政府の指示権は，法文化が見送られた[12]。

(v)　信用秩序維持業務の具体的な形態

　日銀法 38 条は，日銀が行う信用秩序維持業務の具体的な形態について，例示もしていないし，この形態でなくてはならないという限定列挙もしていない。金融制度調査会の答申理由書が，旧法下での信用秩序維持業務の運用実態を前提に「これまで，日本銀行は，現行日本銀行法第 25 条の規定に基づき，大蔵大臣の認可を得て，無担保の貸出等を実施してきた」（金融制度調査会 [1997]）と述べていたことから推測すると，日銀法 38 条の立法時に想定されていた信用秩序維持業務としては，旧日銀法 25 条に基づき大蔵大臣認可を得て実施されていた無担保貸付け，劣後ローン，出資などが考えられる[13]。

　次項（3）では，日銀法 38 条に基づく信用秩序維持業務のうち資金貸付けの形態をとる日銀「特融」の発動実績や具体事例について説明したい。出資や拠出など貸付け以外の「その他の信用秩序維持業務」は，章末資料 2 で説明しているので，ご関心のある読者は参照されたい。

(3)　日銀特融の実績

(i)　特融の規模

　日銀特融は，1995 年 7 月 31 日に業務停止命令を受けたコスモ信用組合向け

---

11)　例えば，旧日銀法 43 条は「主務大臣ハ日本銀行ノ目的達成上特ニ必要アリト認ムルトキハ日本銀行ニ対シ必要ナル業務ノ施行ヲ命ジ又ハ定款ノ変更其ノ他必要ナル事項ヲ命ズルコトヲ得」と規定し大蔵大臣に業務命令権を与えていた。

12)　中央銀行研究会の委員を務め，また金融制度調査会日本銀行改正小委員会にもオブザーバー参加するなど日銀法改正の議論に関わった神田秀樹・東大教授（当時）は「中銀研では，天災・恐慌時などの緊急時における政府の指示権につき議論があったが，最終的にはそのような指示権は設けないこととした」（神田 [1997]）と解説している。

13)　旧日銀法 25 条認可に基づき実施されていた信用秩序維持業務は，日銀法附則 13 条 2 項の規定により，新日銀法が施行された 1998 年 4 月 1 日に大蔵大臣の要請があったものとみなされた。このため，これらの認可業務を新法施行後も継続するにあたっては，改めて政府からの要請を受ける必要がなかった。

図 3-1 日銀特融の推移

(出所) 日銀「マネタリーベースと日本銀行の取引」, 日銀政策委員会編［1997］から筆者作成。

に全国信用協同組合連合会経由で貸出が実行されたのを皮切りに, 同年 8 月
30 日に業務停止命令を受けた木津信用組合向け, 同日に経営破綻を明らかに
した兵庫銀行向けと実行が相次いだ（日銀政策委員会編［1996］, Nakaso
［2001］）。図 3-1 は, 日銀が公表している特融の月末残高の推移を辿ってい
る[14]。

　日銀特融の残高は, 北海道拓殖銀行や山一證券など大型金融機関の経営破
綻・廃業が相次ぎ, これらの破綻金融機関向けに 38 条貸付けの決定・実施が
集中した 1997 年 11 月末にピークの 3 兆 8,215 億円に達した。これは日銀の同
年 9 月末時点の自己資本（資本金, 法定準備金, 特別準備金および引当金勘定
の合計）4 兆 4,550 億円の約 9 割に相当する規模であったことが特筆される。
その後の日銀特融は, 増減を繰り返しながら徐々に縮小し, 2005 年 1 月末に
残高がゼロとなって以降は, 全く実施されていない。

---

14)　1998 年 3 月以前は, 旧日銀法 25 条認可を得て実施された貸付残高が, 同年 4 月以降は, 現行
　日銀法 38 条に基づく貸付残高が, 特融統計としてそれぞれ公表されている。

図 3-2　日本の国内銀行による不良債権処理

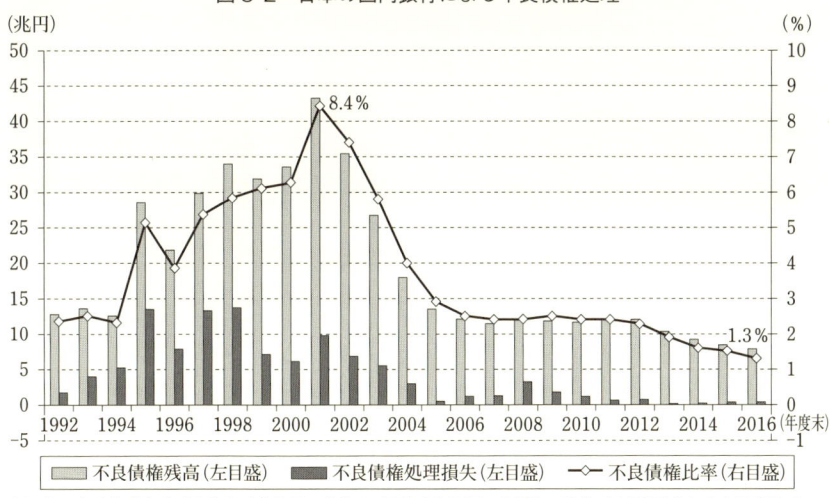

（出所）　金融庁「金融再生法開示債権等の推移」，同「不良債権処分損等の推移（全国銀行）」から筆者作成。

（ii）　破綻処理の促進と日銀特融を活用した預金全額保護

　日銀特融が実施され急増した 1990 年代後半は，わが国において不良債権問題への取組みが本格化する過程で，金融機関の破綻処理が集中的に進められた時期と重なる。この点は，日銀特融の動向を，国内銀行による不良債権処理の動向を示す図 3-2 や，金融機関の月ごとの破綻件数を示す図 3-3 と照らし合わせると明らかである。このように，日銀特融のほとんどは，金融機関の破綻処理を円滑に進めることを目的とし，債務超過の破綻金融機関に対して実施されたのである。

　日銀特融が実施されていた 1995 年から 2005 年初までの約 10 年間，特にその中でも特融の新規実行のあった 2002 年までの約 7 年間は，いわゆるペイオフが凍結されていた時代，すなわち預金を全額保護する特例措置が適用されていた時代でもある。この時代は，わが国政府が，時限的な措置として，預金者に対して金融機関の破綻損失の分担を求めずに預金全額を保護する代わりに，金融機関の不良政権処理や破綻処理に積極的に取り組む方針が打ち出されていた。

図3-3 金融機関の破綻件数と日銀特融の推移

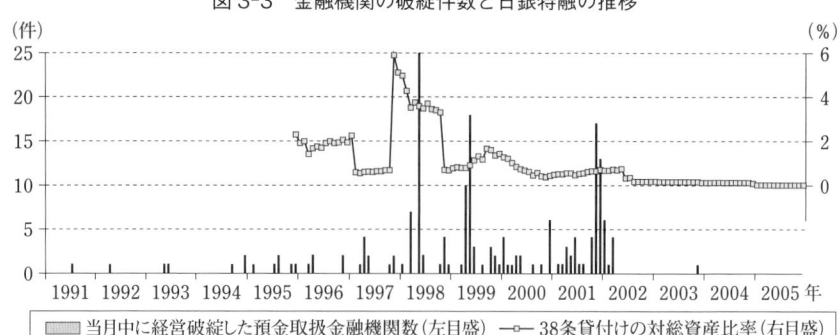

凡例: 当月中に経営破綻した預金取扱金融機関数(左目盛) —□— 38条貸付けの対総資産比率(右目盛)

（出所）預金保険機構「平成金融危機への対応研究会」編著［2005］，日本銀行「マネタリーベースと日本銀行の取引」，日銀政策委員会編［1997］等から筆者作成。

　預金者保護は本来，預金保険機構の機能である。ところが，当時のわが国は，預金保険機構自体の資金調達手段を含め金融セーフティネットが未整備であった。そこで，全額保護された預金を破綻金融機関自らが払い戻すための資金流動性を，日銀が，特融によって供給することで，事実上，預金保険機構の機能を代行した。

　預金払戻し資金を肩代わりした日銀に対する特融の返済は，破綻金融機関の最終処理の段階で，その事業譲渡を受けた救済金融機関が行った。その原資となったのは，預金保険機構から贈与された特別資金援助の資金である。

　このように預金全額保護の政府方針は，日銀の特融と預金保険機構の特別資金援助を組み合わせることで，実現された。これは，日銀特融が預金保険のために言わば「立替払い」を行い，それを預金保険機構が破綻処理時の特別資金援助を原資として返済する，という特殊な取極めが政府，日銀，預金保険機構の三者間に存在していたから可能であった。こうした特殊な取極めが必要とされた背景には，金融機関の不良債権問題が極めて深刻な状況にあり，整然とした預金払戻しを含む円滑な金融機関破綻処理を促進するような手立てなくしては，経済社会の混乱を助長する取付け騒ぎやシステミック・リスクが全国に波及しかねないという厳しい危機認識があった。

　日銀は，自らの資金調達制約がなく，また破綻金融機関に対する資金貸付けや現金供給などの銀行実務を機動的に取り扱うことができたがゆえに，本来は

預金保険機構が果たすべき役割の一部を肩代わりしていた。伊豆は，こうした実態を的確に捉え「1990年代の日銀は，伝統的な「最後の貸し手」機能を超えて，財政および預金保険機構が果たすべき役割を代替・補完していた」と述べている（伊豆［2013c］）。

わが国の金融危機の歴史や，その中での日銀特融の位置づけを理解するうえでは，こうした金融セーフティネット間の代替関係や，異常な金融不安に関する知識が欠かせない。不良債権問題への取組みが加速する転機となったのは，1995年に大蔵省が発表した「金融システムの機能回復について」ペーパーである。このペーパーや，旧日銀法25条（現行日銀法38条）に基づく措置との関わりなどについては，BOX 6「ペイオフ凍結，預金全額保護の時代」を参照されたい。

(iii)　日銀特融の実例と特徴

表3-4は，日本銀行が1995年以降に，金融システムの安定を目的として実施してきた特融21件の一覧表である。

表3-4に掲げた日銀特融21件それぞれのピーク金額の単純合計は8兆2,100億円となる。つまり，仮に21件の特融が同時にピークを迎えたと仮定すると，1997年9月末時点で4兆4,550億円しかなかった日銀自己資本を大幅に上回っていたことになる。特融1件当たりのピーク残高が最大なのは，北海道拓殖銀行向け（ピーク2兆6,771億円）であるが，これだけでも日銀自己資本の約6割に相当する規模であった。

なお，1995年以降に実施された日銀法38条に基づく信用秩序維持業務の件数は，合計23件である。まず特融が，日銀法38条に基づくもののほか，その前身の旧日銀法25条に基づく認可を得て実施されたものも含めると21件あり，そのほかに，章末資料2で詳説する「その他の信用秩序維持業務」の出資が東京共同銀行向けに1件あり，資金拠出が新金融安定化基金向けに1件ある。なお，これらに，昭和40年証券不況時に実施した特融2件（BOX 7「昭和40年証券不況時の日銀特融」参照）を加え，第二次世界大戦後に実施された信用秩序維持業務の総件数は累計25件である[15]。

表3-4の日銀特融発動実績から明らかなように，日銀特融は，伝統的な中

央銀行 LLR 機能の発動原則や目的・効果と異なる特徴を有する。日銀特融の特異性，特殊性は，日銀特融と伝統的な中央銀行 LLR を比較した前掲の表3-3 が浮き彫りにした。

　以下では，日銀特融の特徴を，第1に，債務超過の金融機関に対して実施された点，第2に，債務超過金融機関に預金払戻し資金等を供給した点，第3に，当該金融機関の経営破綻後に破綻処理を円滑に進める目的で実施された点，第4に，無担保の貸付けとして実施された点の4点を説明したい。

（a）　債務超過金融機関向けに対する実施

　日銀特融 21 件のうち，日銀が借り手は債務超過ではない，支払能力があると判断・認識していたのは，表 3-4 の④のみどり銀行向け劣後特約付貸付け[16]，および，同⑳のりそな銀行向けの貸付け[17] の 2 件に限られる。逆に，残りの 19 件について日銀は，特融実施の適否を判断する段階において，借り手の債務超過の疑いが濃厚であると認識している[18]。借り手の債務超過が，

---

15)　日本銀行ホームページ「特融の実施等」の掲載事例のうち，1996 年 4 月 26 日から 5 年間実施された東京共同銀行向けの収益支援貸付けは，有担保貸付けの形態をとり，日銀法 33 条に基づく通常業務として実行されたために，日銀法 38 条に基づく信用秩序維持業務としての貸付けではなく，日銀特融の定義に該当しない。この東京共同銀行向けの貸付けは，コスモ信用組合の破綻処理方策の一環として，同信組の損失処理に不足する要支援額に相当する 200 億円程度の収益支援効果を 5 年間の累計で生み出すことを想定して実施された。東京共同銀行は，日銀から借り入れた 2,200 億円を，日銀適格担保である国債その他の債券で運用すると同時に，それらを借入れの担保として日銀に差し入れていた。

16)　この劣後特約付貸付けは，経営破綻した兵庫銀行の営業を譲り受けるための新銀行として設立されたみどり銀行の信用を補完する目的で実施されており，貸付け実施時点ではみどり銀行は債務超過ではなかった。

17)　りそな銀行は，2003 年 6 月に，預金保険法 102 条 1 項 1 号に基づき，わが国の信用秩序の維持に極めて重大な支障が生ずるおそれがあると認められるとき（金融危機対応時）にとられる公的資本増強措置（いわゆる 1 号措置）を受けたが，この 1 号措置は，同条同項 2 号，3 号に基づく各措置とは異なり，当該金融機関が債務超過ではないことが前提になっている。

18)　これは，日銀が，特融を実施した時点で，借り手の支払能力や債務超過を判断できなかった，判断する暇がなかった，あるいは，判断を誤った，ということではない。債務超過の金融機関に対する中央銀行 LLR の是非を論ずる際，中央銀行が，借り手の財務内容を確認し支払能力を判断するための時間や情報が不足するという議論が，Goodhart［1999］など「区別困難論」（第 4 章第 4 節で前述）の主張から聞かれる。しかし，日銀特融は，こうした「区別困難論」の議論が想定しているケースとは異なり，借り手の債務超過の疑いが濃厚であることを認識して実施されたのである。

表 3-4　1995 年以降の日本銀行特融の一覧

	貸付先 [下段：経由先(注1)]	日銀政策委 議決日	終了日	最大金 額(注2,3) [億円]	供給資金の使途	支払能 力(注4)	担保(注5)	利率(注6) [%]
①	コスモ信用組合 [全信組連]	1995 年 7 月 31 日	1996 年 3 月 25 日	1,980	預金払戻し資金	×	無	基他
②	木津信用組合 [全信組連]	1995 年 8 月 30 日	1997 年 2 月 24 日	9,105	預金払戻し資金	×	無	基他
③	兵庫銀行	1995 年 8 月 30 日	1996 年 1 月 29 日	6,120	預金払戻し等営業継続資金	×	無	基他
④	みどり銀行 劣後特約付貸付け	1996 年 1 月 26 日<実行 日 29 日>	2004 年 12 月 30 日	1,100	兵庫銀行の営業を譲り受ける みどり銀行の資本的基盤を確 保させるための信用補完	○	無	基他
⑤	阪和銀行	1996 年 11 月 21 日	1998 年 1 月 26 日	2,595	預金払戻し等支払い継続資金	×	無	基他
⑥	京都共栄銀行	1997 年 10 月 14 日	1998 年 10 月 26 日	130	預金払戻し等営業継続資金	×	無	基他
⑦	北海道拓殖銀行	1997 年 11 月 17 日	1998 年 11 月 16 日	26,771	預金払戻し等営業継続資金	×	無	基他
⑧	山一證券 [富士銀行]	1997 年 11 月 24 日	2005 年 1 月 26 日	12,000	顧客財産返還等の必要資金	×	無	基他
⑨	徳陽シティ銀行	1997 年 11 月 26 日	1998 年 11 月 24 日	2,283	預金払戻し等営業継続資金	×	無	基他
⑩	みどり銀行	1998 年 5 月 15 日	1999 年 4 月 1 日	193	預金払戻し等営業継続資金	×	無	基他
⑪	国民銀行	1999 年 4 月 11 日	2000 年 8 月 14 日	665	預金払戻し等営業継続資金	×	無	基他 + 0.25
⑫	幸福銀行	1999 年 5 月 22 日	2001 年 2 月 26 日	2,786	預金払戻し等営業継続資金	×	無	基他 + 0.25
⑬	東京相和銀行	1999 年 6 月 12 日	2001 年 4 月 26 日	4,875	預金払戻し等営業継続資金	×	無	基他 + 0.25
⑭	なみはや銀行	1999 年 8 月 7 日	2001 年 2 月 13 日	1,264	預金払戻し等営業継続資金	×	無	基他 + 0.25
⑮	新潟中央銀行	1999 年 10 月 2 日	2001 年 5 月 14 日	1,643	預金払戻し等営業継続資金	×	無	基他 + 0.25
⑯	信用組合関西興銀 [全信組連]	2000 年 12 月 16 日	2002 年 6 月 17 日	5,466	預金払戻し等営業継続資金	×	無	基他 + 0.25
⑰	朝銀近畿信用組合 [全信組連]	2000 年 12 月 29 日	2002 年 8 月 12 日	2,067	預金払戻し等営業継続資金	×	無	基他 + 0.25
⑱	石川銀行	2001 年 12 月 28 日	2003 年 3 月 24 日	831	預金払戻し等営業継続資金	×	無	基 + 0.50
⑲	中部銀行	2002 年 3 月 8 日	2003 年 3 月 3 日	226	預金払戻し等営業継続資金	×	無	基 + 0.50
⑳	りそな銀行	2003 年 5 月 17 日	2003 年 7 月 1 日	0	預金払戻し等営業継続資金	○	無	基 + 0.50
㉑	足利銀行	2003 年 11 月 29 日	2005 年 11 月 29 日	0	預金払戻し等営業継続資金	×	無	基 + 0.50
	最大金額の単純合計			82,100				

(注1) 日銀特融には，他の金融機関が日本銀行から貸付けを受け，その資金を最終貸付先に貸し付けるケースもあった。ここでは，貸し付けられた資金を転貸する金融機関を「経由先」と呼んでいる。「全信組連」とは，信用組合の系統上部機関である全国信用協同組合連合会の略称。

(注2) 日銀は，⑤の阪和銀行向け貸付けの最大金額を公表していない。ただ，②木津信用組合向け貸付けが回収された 1997 年 2 月から⑥京都共栄銀行向け貸付けが実施される直前の同年 9 月までの間の日銀特融には，⑤の阪和銀行向け以外に，④みどり銀行向け劣後特約付貸付け 1,100 億円（定額）しか存在しなかった。ここから逆算すると，阪和銀行向け貸付けの最大金額は，この期間中の特融合計の最大残高 3,695 億円（9 月末）から④みどり銀行向け 1,100 億円を差し引いた 2,595 億円以上の額と推測される。なお熊倉 [2008] 51 頁は，阪和銀行向け特融のピークを 2,690 億円とした。

(注3) 日銀は，⑧の山一證券向け貸付けの最大額を公表していない。もっとも，1998 年に発刊された山一證券の社史「山一證券の百年」370 頁には，山一證券が受けた日銀特融がピーク時 1 兆 2,000 億円と記載されており，熊倉 [2008]，福田 [2008]，クー・佐々木 [2009]，伊豆 [2013c] がこれに依拠していることから，本表でもこれにならうこととする。なお，山一證券破綻宣告時の特融残高は 3,376 億円であったことが公表されている。

(注4) 支払能力の欄の記号の「×」は，貸付先が債務超過であったことを，「○」は，貸付先が債務超過でなく支払能力があったことを意味する。

(注5) 担保の欄の「無」は，貸付先が担保を差し入れることを条件としない，という意味である。

(注6) 利率の欄の「基国」は，かつて「公定歩合」と呼ばれていた基準貸付利率のうち，国債，特に指定の債券または商業手形に準ずる手形を担保とする」貸付利率のことを，「基他」は「その他のものを担保とする」貸付利率（基国）に年 0.25% を加算した利率）のことを，そして「基他 +0.25」は「その他のものを担保とする」貸付利率にさらに年 0.25% を加算した利率のことを，それぞれ意味する。2001 年 1 月 4 日以降は，基準貸付利率がそれ以前の「基国」の水準に一本化されたために，「基 +0.50」は，その一本化された基準貸付利率に年 0.5% を加算した利率のことを意味し，水準としては 01 年 1 月 4 日以前の「基他 +0.25」と同一である。

(出所) 日銀政策委員会編「年次報告書」（平成 7～9 年），日本銀行「業務概況書」（平成 10～16 年度），山一證券株式会社社史編纂委員会編 [1998]，熊倉 [2008]，福田 [2008]，日本銀行ホームページ等から筆者作成。

特融実施を妨げる理由になるどころか，むしろ特融実施の必要性，緊急性を裏付ける根拠となっていたことに注目したい。

　厳密に言えば，この 19 件のうち，1997 年 11 月に自主廃業の途を選んだ⑧山一證券について，日銀は当初，「債務超過の状況にない」と判断し，特融実施方針を公表した同月 24 日付け総裁談話[19] の中にこうした判断を盛り込んでいた。もっとも，その約 1 年半後，山一證券の破産申立て・宣告が迫る 1999 年 5 月 28 日付けの日銀政策委員会決定文上では，同證券が「事業の整理に伴う損失や保有資産の価格変動等により，多額の債務超過に陥る可能性が高まる」との判断に傾いた[20]。

(b)　債務超過金融機関の預金払戻し資金等の供給

　日銀特融は，債務超過の破綻金融機関が預金払戻し等営業を継続するために必要な資金を，その金融機関に供給した点にも特徴がある。表 3-4 の日銀特融の実施事例 21 件のうち，④みどり銀行向け劣後特約付き貸付けと，預金取扱金融機関でなかった⑧山一證券向け特融の 2 件を除く 19 件において，貸付けの主要な目的や資金使途に「預金払戻し」が挙げられている。また，⑧山一證券向け特融も，日銀総裁談話は，同社が「自主廃業の過程を円滑に」進められるよう「同社の顧客財産の返還，内外の既約定取引の決済，海外業務からの撤退等に必要な資金を供給することとした」と述べており，金融機関における預金払戻しと類似する同社の債務弁済の円滑化が目的となっていた。

　表 3-5 は，日銀が破綻金融機関に預金の払戻しや顧客財産の返還などのための資金を供給した特融 20 件について，流出した預金等債務の返済資金が特

---

19)　1997 年 11 月 24 日の日本銀行総裁談話は「なお，同社は債務超過の状況にはなく，また，政府においても，本件の最終処理を含め，寄託証券補償基金制度の法制化，および同基金の財務基盤の充実や機能の強化等を図り，十全の処理体制を整備すべく適切に対処したいとしているので，日本銀行資金の回収に懸念が生じるような事態はないと考えている」と述べている。

20)　山一證券株式会社社史編纂委員会編［1998］371 頁によれば，同社が自主廃業・解散の方針を発表してから約 4 か月後の 1998 年 3 月期期決算で国内外の含み損処理額約 2,908 億円や店舗閉鎖等費用などを計上した結果，当期損失額が約 4,603 億円に達し，同社は約 226 億円の債務超過に転落した。その翌 1999 年 6 月 2 日に山一證券が実際に破産宣告を受けた直後の日銀総裁談話は「資金供給の目的は，すでに十分に達成された」と述べており，日銀は貸付け措置を回収モードに切り替えていた（本章第 5 節で後述）。

融により賄われたと仮定して，破綻金融機関が借り入れた日銀特融の最大金額が破綻直前期の預金等の残高に占める割合を「預金等流出率」とみなした計算結果を一覧表にしたものである。

表3-5が示すとおり，日銀特融を受けた破綻金融機関の預金等流出率は，平均でも25%を超えており，木津信用組合の78%を最悪のケースとして，預金等の債務弁済資金の過半が日銀特融によって賄われた先が3件もある。

日銀金研の研究会報告書「日本銀行の法的性格」は，1995年以降の一連の金融破綻において日銀が実施してきた特融は，端的に「破綻金融機関に対するいわゆる『つなぎ融資』」であると性格づけをしたうえで，このつなぎ融資の具体的な内容としては「最終的な破綻処理方策が実施されるまでの預金払戻資金や営業継続に必要な資金等の融資がある」と注記した（塩野監修，日銀金研「公法的観点からみた中央銀行についての研究会」編［2001］48頁）。また，中曽・日銀前副総裁も，当時の流動性供給を，預金保険機構が破綻金融機関の損失を全額補填するまでの間のつなぎ融資（bridge financing）である，と解説している（Nakaso［2001］）。

図3-4は，債務超過金融機関の経営破綻公表後に預金流出が流出しその払戻し資金が日銀特融によって供給される姿をバランスシート上で図示したものである。

図3-5は，この木津信用組合の経営破綻と預金流出，日銀特融増加の動きをイメージにしたものである。このように日銀特融は，預金保険機構の役割を代替し，債務超過金融機関に対して預金払戻し資金等のつなぎ融資をしていた。

日銀が債務超過金融機関へ預金払戻し資金等を供給することに期待されていた政策効果は，債務超過金融機関の預金者が整然と預金を引き出している状況を現出し，こうした情報を広く広報・伝播することによって，預金者心理の動揺を鎮静化し，パニック型の取付け騒ぎが拡散することを防止することにあった。逆説的な言い方だが，破綻金融機関が預金を整然と払戻し預金者の取付けに落ち着いて対応することで，預金取付け騒ぎの悪化・拡大を防止することが期待されたのである。

中曽・日銀前副総裁は，預金払戻しの現金需要に少しでも応えられないとそれが混乱を惹起・悪化（precipitate disruption）しかねない危険が常に存在し，

表 3-5 日銀特融先の預金等流出率

	貸付先	破綻日[注1]	最大金額[注2,3][億円]	供給資金の使途	破綻直前期における預金額等[注4][億円]	預金等流出率[注5]
①	コスモ信用組合	1995年7月31日	1,980	預金払戻し資金	4,393	45.1%
②	木津信用組合	1995年8月30日	9,105	預金払戻し資金	11,675	78.0%
③	兵庫銀行	1995年8月30日	6,120	預金払戻し等営業継続資金	25,345	24.1%
④	みどり銀行劣後特約付貸付け	—	1,100	兵庫銀行の営業を譲り受けるみどり銀行の資本的基盤を確保させるための信用補完	—	—
⑤	阪和銀行	1996年11月21日	2,595	預金払戻し等支払い継続資金	5,075	51.1%
⑥	京都共栄銀行	1997年10月14日	130	預金払戻し等営業継続資金	3,379	3.8%
⑦	北海道拓殖銀行	1997年11月17日	26,771	預金払戻し等業務継続資金	59,668	44.9%
⑧	山一證券	1997年11月24日	12,000	顧客財産返還等の必要資金	35,000	34.3%
⑨	徳陽シティ銀行	1997年11月26日	2,283	預金払戻し等営業継続資金	6,198	36.8%
⑩	みどり銀行	1998年5月15日	193	預金払戻し等営業継続資金	17,730	1.1%
⑪	国民銀行	1999年4月11日	665	預金払戻し等営業継続資金	5,231	12.7%
⑫	幸福銀行	1999年5月22日	2,786	預金払戻し等営業継続資金	18,028	15.5%
⑬	東京相和銀行	1999年6月12日	4,875	預金払戻し等営業継続資金	22,895	21.3%
⑭	なみはや銀行	1999年8月7日	1,264	預金払戻し等営業継続資金	16,617	7.6%
⑮	新潟中央銀行	1999年10月2日	1,643	預金払戻し等営業継続資金	9,497	17.3%
⑯	信用組合関西興銀	2000年12月16日	5,466	預金払戻し等営業継続資金	10,914	50.1%
⑰	朝銀近畿信用組合	2000年12月29日	2,067	預金払戻し等営業継続資金	6,393	32.3%
⑱	石川銀行	2001年12月28日	831	預金払戻し等営業継続資金	5,108	16.3%
⑲	中部銀行	2002年3月8日	226	預金払戻し等営業継続資金	5,090	4.4%
⑳	りそな銀行	—	0	預金払戻し等営業継続資金	—	—
㉑	足利銀行	2003年11月29日	0	預金払戻し等営業継続資金	47,357	0%
	④を除く合計	—	81,000	—	315,593	25.7%

(注1) 破綻日とは、預金保険機構「平成金融危機への対応研究会」編著［2005］の基準により破綻公表日とされた日付けを言い、監督当局または当事者が経営破綻または破綻処理スキームを公表した日である。

(注2) 日銀は、⑤の阪和銀行向け貸付けの最大金額を公表していない。ただ，②木津信用組合向け貸付けが回収された1997年2月から⑥京都共栄銀行向け貸付けが実施される直前の同年9月までの間の日銀特融には、⑤の阪和銀行向け以外に、④みどり銀行向け劣後特約付貸付け1,100億円（定額）しか存在しなかった。ここから逆算すると、阪和銀行向け貸付けの最大金額は、この期間中の特融合計の最大残高3,695億円（9月末）から④みどり銀行向け1,100億円を差し引いた2,595億円以上あったと推測される。熊倉［2008］51頁は、阪和銀行向け特融のピークを2,690億円としている。

(注3) 日銀は、⑧の山一證券向け貸付けの最大額を公表していない。もっとも、1998年に発刊された山一證券の社史「山一證券の百年」370頁には、山一證券が受けた日銀特融がピーク時1兆2,000億円と記載されており、熊倉［2008］，福田［2008］，クー・佐々木［2009］，伊豆［2013c］がこれに依拠していることから、本表でもこれにならうこととする。なお、山一證券破産宣告時の特融残高は3,376億円であったことが公表されている。

(注4) ⑧の山一證券は預金取扱金融機関ではないので、この「預金額等」の欄の計数としては、同社の負債総額として当時報道されていた「約3兆5,000億円」（出所：読売新聞1997年11月25日朝刊1面の記事「山一證券、自主廃業を決定…日銀は特融実施」）を記入した。ちなみに、1998年発刊の「山一證券の百年」378頁は、同社1997年3月31日時点の総資産を3兆1,518億円とし、また同369頁等は、同社自主廃業の原因となった「飛ばし」による「簿外債務」（含み損）を約2,648億円とそれぞれ記録している。

(注5) 預金流出率は、日銀特融の最大金額全額が預金払戻し等に充てられたと考え、その金額を破綻直前期の預金等で割った比率。

(出所) 日銀政策委員会編『年次報告書』（平成7〜9年），日銀『業務概況書』（平成10〜16年度），山一證券株式会社社史編纂委員会［1998］，預金保険機構「平成金融危機への対応研究会」編著［2005］，日銀ホームページ等から筆者作成。

図3-4　債務超過金融機関の経営破綻公表とその後の預金流出・日銀特融

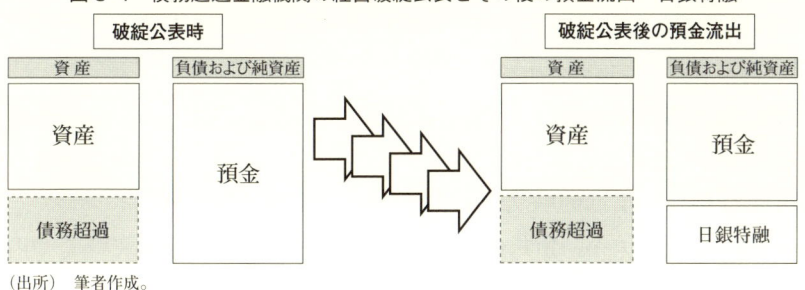

(出所)　筆者作成。

図3-5　木津信用組合の破綻と預金流出・日銀特融のイメージ

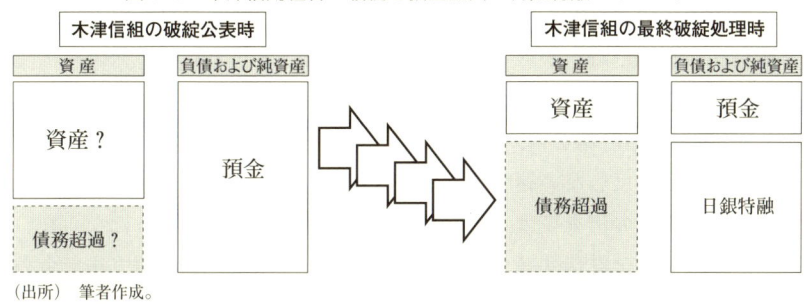

(出所)　筆者作成。

破綻処理の経験上，破綻公表後の１週間でその預金の１〜２割が引き出され，破綻公表後の１か月で約３割が引き出された事例もある，と当時を回顧している（Nakaso [2001]）。

　当時は，預金の払戻しを受けられない事態が起きると，その現実を目の当たりにした他の金融機関の預金者にまで動揺，不安心理が広がってしまい，本来は支払能力が十分にあり経営破綻するはずもない他の金融機関にまで取付け騒ぎが波及するという，古典的な形態のシステミック・リスクが顕現化することが警戒されていたのである。

　こうした意味では，債務超過の金融機関向けに預金払戻し資金等を供給する日銀特融は一見，特異な形態をとるが，そのねらいや効果は，伝統的な中央銀行 LLR の最終的な目的や効果として一般に期待されているものと同様に，システミック・リスク顕現化の防止や金融システム全体の安定にあったことが理

解できよう。

(c)　破綻処理を進める目的

　日銀特融の第3の特徴は，債務超過金融機関の破綻の後に，当該金融機関の破綻処理を円滑に進めるために実施された点にある。表3-4の日銀特融の実施事例21件のうち，⑳りそな銀行向け貸付けの1件を除く20件において，特融の目的は，当初から，債務超過金融機関の破綻処理を円滑に進めることに主眼を置いていた。

　破綻処理方策を円滑に進めるという日銀特融の目的を理解するには，次の3つの点を念頭に置かなくてはならない。第1に，債務超過の金融機関の経営破綻が明らかになった時点から，その破綻処理方策，すなわち受け皿金融機関への営業譲渡，事業譲渡が実施されるまでの間に，数か月から数年にも及ぶタイム・ラグ[21]がある。第2に，この間も，この破綻金融機関は，業務停止命令や資産保全命令に反しない範囲で，預金の払戻しやインターバンク市場借入れの返済など債務の弁済を続け，最低限の金融機能を維持しなくてはならない。第3に，この破綻金融機関は，債務弁済のための資金を，通常の方法で金融市場等から調達する途が閉ざされている。

　したがって，仮にここで日銀が特融を実施しなかった場合に，破綻金融機関では，預金の払戻しやインターバンク市場借入れの返済など債務の弁済が滞る。この結果，金融市場や金融システムの参加者である金融機関相互の債券債務関係を通じて，債務不履行が広く連鎖し波及していくシステミック・リスクの顕現化が想定される。また，破綻処理の悪影響が，破綻金融機関の取引先や債権者，預金者を通じて実体経済活動にも及ぼう。回り回って，この金融機関の破綻処理の円滑な進捗が妨げられるであろう。

---

21)　表3-4に掲げられた特融実施事例について，経営破綻が明らかになってから営業譲渡等の処理方策が実施されるまでのタイム・ラグの長さを見ると，最短が③兵庫銀行の約5か月，最長が⑬東京相和銀行のケースで約2年を要している。なお，2005年に預金保険機構「平成金融危機への対応研究会」が180先の破綻金融機関の処理事例を分析した論文では，破綻処理に要する平均期間はほぼ1年で，最短の事例が臼杵信用金庫の3か月強，最長の事例が信用組合福岡商銀の4年となっており，「処理期間が長いほど損失率が高くなっている傾向がはっきりと表れる」と指摘している（預金保険機構「平成金融危機への対応研究会」編著［2005]）。

　中曽・日銀前副総裁は，当時，信用機構課長として日銀の金融危機対応を陣頭指揮したが，その経験を振り返り，「中銀の資金供給の目的は，倒産した問題銀行の秩序だった破綻処理が進む間も，その銀行の預金取引や決済業務を含む金融機能を間断なく維持し続けることを通じて，最終的な政策目的である金融システム安定に貢献することにある」（Nakaso［2001］p. 22 の記述を筆者抄訳）と解説している。

　このように日銀特融は，破綻金融機関に債務弁済のための資金を供給することによって，破綻処理のプロセスを金融システム全体の機能から「隔離」し，個別金融機関の破綻処理に伴う悪影響が，その預金者や債権者，取引先への債務不履行を通じて，金融市場や金融システム，実体経済に波及することを遮断していたのである。

　このお蔭で，1990 年代後半以降のわが国では，金融市場や金融システムの機能を阻害することなく，個々の金融機関の破綻処理を円滑に進められる環境が確保されていた。日銀特融が，金融機関の不良債権処理を促し，債務超過金融機関の破綻処理開始の遅れを防止し，処理費用をめぐる国民負担を中長期的に縮小することに貢献したことは否定できない。

(d)　無担保貸付け

　日銀特融の第 4 の特徴は，表 3-4 に掲げた事例 21 件のすべてが無担保の貸付けであった点である。この点でも日銀特融は，優良担保の取得を求めるバジョット原則など中央銀行 LLR に関する伝統的な考え方とは一線を画している。

　実は，日銀が無担保の特融を実施するのは，これが戦後初めてではない。1965 年（昭和 40 年）の証券不況時に，日銀が山一證券および大井証券に対して特融を実施した際にも，それが「無担保・無制限」であることを標榜していた（BOX 7「昭和 40 年証券不況時の日銀特融」参照）。

　もっとも実際には，昭和 40 年証券不況時の山一證券および大井証券に対する特融は，貸付金額の 2 割相当の適格担保債券を担保として差し入れさせていた「一部有担保」の貸付けであった。これと比べると，1995 年以降に実施された 21 件の日銀特融の貸付条件のほとんどは，担保の差入れを借入れの条件としない仕組みとなっており，「完全無担保」に近い。こうした意味で，戦後

　初めての無担保特融は，表3-4の①の1995年7月のコスモ信用組合向けである。

　1995年以降の日銀特融が無担保となった背景には，2つの事情がある。

　第1に，特融実施を承認した日銀政策委員会の決定文を見ると，借り手となる金融機関が通常の日銀貸出適格担保をとても差し入れられない事態を予想していることがうかがわれる[22]。そもそも，借り手金融機関が通常の日銀貸出において日銀に差し入れられるような適格担保の優良資産を保有しているのであれば，その資産を担保にして，あるいは，それを売却して，金融市場から資金調達を行えるはずである。日銀特融の借り手金融機関は，通常の日銀貸出適格担保はおろか，自力での市場借入れを可能にするような担保資産すら保有していなかった。

　第2に，日銀法38条に基づく特融においても，日銀法37条に基づく一時貸付けと同様に，中央銀行の有担保貸付けがもたらす弊害が意識されていたものと推測される[23]。当時は，こうした弊害に対処するために米国で1991年法がFRB貸付けを規制してからまだ日も浅かったことから，中央銀行LLRが破綻金融機関の優良流動資産を担保として取得してしまうと，結果的に破綻処理損失を拡大し納税者に負担を転嫁しかねないという問題が，中央銀行実務家の間で強く認識されていた。

　なお，第5節で後述するように，1995年以降の無担保特融21件のうち，回収不能となったのは山一證券向け（表3-4の⑧）の1件に限られる。

---

22)　例えば，1996年11月に実施された阪和銀行向け特融（表3-4の⑤）について，日銀政策委員会の決定文は「同行の財産の状況等からみて，当該資金供与に当っては，日本銀行が通常の手形貸付に際し徴求することとしている担保を徴求し得ない事態が生じるものと考えられた」という状況認識を書き込んでいる。その後の特融に関する日銀政策委員会の決定文も同様であり，例えば翌1997年11月実施の北海道拓殖銀行向け（同⑦）の特融では「当該資金供与に当たっては通常の日本銀行貸出の適格担保を受入れ得ない事態が想定される」という見通しが書き込まれた。さらに，1998年5月実施のみどり銀行向け（同⑩）以降の特融の決定文には「当該資金供与に当たっては通常の日本銀行貸出の適格担保が不足する事態が想定される」という直截な表現もみられる。

23)　FRBの有担保貸付けの弊害をめぐる米国学界や議会における論争については，第2章第4節(2)「LLR担保の功罪」や，第4章第3節(2)「1991年FDICIA法がFRBのLLRにもたらした変革」，BOX 10「FRBのLLR機能の転機となった1991年FDICIA法」などを参照されたい。

BOX 7 昭和 40 年証券不況時の日銀特融

日本銀行の特融は，1965 年（昭和 40 年）の証券不況時に，山一證券および大井証券に対して実施されたものが第二次世界大戦後，初めてである。

株式市況が 1961 年以降，低落を続けていたことを背景に，多くの証券会社が経営不振に陥るなかで，山一證券および大井証券は，運用預り有価証券や投資信託の解約急増に直面し資金繰りが急激に悪化していた。運用預り有価証券は，国民大衆向けの銀行預金類似の金融商品であり，これらの解約を放置すると，信用秩序の混乱を招きかねないとの判断から，日銀は，両証券に対して，それぞれの主取引銀行を経由して，下記の要領で貸付けを実施した。

この貸付けにおいては，特融を経由させる銀行（以下「経由銀行」）が，貸付金額の 2 割に相当する金額の適格担保債券を，日銀借入れの担保として差し入れていたほか，それぞれの証券会社が取引銀行（＝経由銀行）に対して振り出した手形も，形式上の担保として差し入れていた。もっとも，後者の手形は担保価値が乏しいことから，貸付けは実質的に無担保に近いものと考えられた。このためこれらの貸付けは，旧日銀法 25 条に基づく認可を取得して実施する「特別融通」として実施された（日本銀行百年史編纂委編［1986］，山一證券株式会社社史編纂委編［1998］）。

記

政策委員会議決日： 山一證券向け 1965 年 5 月 29 日
　　　　　　　　　 大井証券向け 1965 年 7 月 6 日
経由銀行： 山一證券向け 富士銀行，三菱銀行および日本興業銀行
　　　　　 大井証券向け 三井信託銀行および日本興業銀行
貸付額： 山一證券向け 限度額は当初 240 億円，拡大後 390 億円
　　　　　　　　　　　 ピーク残高は 282 億円
　　　　 大井証券向け 限度額は 80 億円
　　　　　　　　　　　 ピーク残高は 53 億円
貸付方式： 手形貸付
貸付担保： 経由銀行は貸付金額の 2 割相当額以上の担保価額を有する債券（日銀手形貸付適格担保）を差し入れたほか，この貸付に関し各証券が経由銀行宛てに振り出した手形も担保として差し入れた。
貸付金利： 担保の内容に応じて，貸付金額のうち適格担保債券相当部分については，日銀の基準貸付利子歩合（いわゆる「公定歩合」）のうち「国

> 債もしくは特に指定された地方債・社債その他の債券を担保とする
> 貸付利子歩合」（日歩1銭7厘＜1965年6月7日時点＞）とし，残
> りの部分については「その他のものを担保とする貸付利子歩合」（日
> 歩1銭8厘＜同＞）とした。
>
> 実施期間：　山一證券向け 1965年6月7日〜1969年9月31日（全額返済）
> 　　　　　　大井証券向け 1965年7月7日〜1969年7月31日（全額返済）

第4節　特融等に関する4原則

（1）　4原則の概要と確立に至る経緯

（i）　概　要

　日本銀行は，日銀法38条に基づく信用秩序維持業務，つまり特融等を行う
か否かを，以下の4原則に基づいて判断している。

> 原則1. システミック・リスクが顕現化する惧れがあること
> 原則2. 日本銀行の資金供与が必要不可欠であること
> 原則3. モラルハザード防止の観点から，関係者の責任の明確化が図られるなど適
> 　　　　切な対応が講じられること
> 原則4. 日本銀行自身の財務の健全性維持に配慮すること

　この4原則が適用されるのは，貸付けや劣後貸付けなど狭い意味の「特融」
に限られない。日銀は，出資や資金拠出など「その他の信用秩序維持業務」
（章末資料2で後述）を行うか否かを判断する際も，ここに盛り込まれた4条件
の充足を必要としている。

（ii）　確立に至る経緯

　日本銀行が特融等の4原則の原型を書面上で正式に公表したのは，旧日銀法
13条ノ3の規定に基づいて1996年5月に国会に提出された日銀政策委員会編
「平成7年　年次報告書」の中においてである。これ以前にも，この4原則が
役員や幹部による対外説明や国会での質疑応答の場などにおいて口頭で説明さ
れることはあったものの，4原則として定式化されたものが公式文書に記載さ
れたのは，1996年5月の「平成7年　年次報告書」が初めてであったとみら

れる。

　ただ，この「平成 7 年　年次報告書」中に記載された 4 原則も，厳密に言えば，最初から 4 原則のセットで示されたわけではなく，下記のとおり，「3 条件」プラス「財務の健全性確保に配慮」という形をとっていた。

> 「日本銀行は，こうした金融機関の破綻処理にかかる資金供与については，①システミック・リスク（支払不能や信用不安が連鎖的に波及することにより金融システム全体が混乱に陥るリスク）が現実のものとなるおそれがあること，②他に当該資金を供与し得る主体がおらず日本銀行の資金供与が処理方策の策定，実施のために必要不可欠であること，③モラル・ハザード防止の観点から関係者の責任が十分に求められること，の 3 つの条件が満たされる場合に限って，これを実施することとしている。
> 　また，日本銀行の資産は銀行券発行の裏付けとなるものであるため，日本銀行は，通貨に対する信認を維持する観点から，上記のような信用供与の実施に当たっても，日本銀行の財務の健全性確保に配慮することとしている。」（日銀政策委員会編［1996］37-38 頁）

　「3 条件」プラス「財務健全性確保に配慮」という形で世に出た 4 原則は，その翌 1997 年 5 月に国会に提出された「平成 8 年　年次報告書」の中では，下記のとおり，資金供与にあたり満たす必要のある「4 条件」に整理替えされた。

> 「日本銀行が金融機関の破綻処理等に関連して資金供与を行うに当たっては，①システミック・リスクが現実のものとなる惧れがあること，②日本銀行の資金供与が処理方策の策定，実施のために必要不可欠であること，③モラル・ハザード防止の観点から関係者の責任が十分に求められること，④日本銀行自身の財務の健全性維持に十分配慮したものであること，という 4 つの条件が満たされている場合に限って，これを実施することとしている。」（日銀政策委員会編［1997］44 頁）

　さらにその翌 1998 年 3 月に国会に提出された「平成 9 年　年次報告書」は，

表現の一部を変更したこと[24]を除けば，下記のとおり前年の「4条件」を踏襲した。また，実際にも，表3-4に掲げた特融事例のうち，1997年10月の⑥京都共栄銀行向け貸付け以降の16件のすべてに，この「4条件」が実際に適用され，資金供与の可否を決定していた。これらから判断する限り，日銀特融等に関する4原則は，それまでの運用実績を積み重ねた結果，1997年中には定着し確立していたと考えられる[25]。

> 「日本銀行が金融機関の破綻処理等に関連して資金供与を行うに当たっては，①システミック・リスクが現実のものとなる惧れがあること，②日本銀行の資金供与が処理方策の策定，実施のために必要不可欠であること，③モラル・ハザード防止の観点から関係者の責任が十分に明確化されること，④日本銀行自身の財務の健全性維持に十分配慮したものであること，という4つの条件が満たされる場合に限って，これを実施することとしている。」（日銀政策委員会編[1998] 50頁）

（iii）　具体的な運用方針

　日銀特融等に関する4原則が，1997年中には定着し確立していたとしても，それが実際にどこまで厳格に適用されているのか，逆に運用が柔軟に過ぎるのではないか，といった疑問は，当時から，有識者の間でも根強く存在していた。
　例えば，金融システム問題に関する造詣の深い翁百合・日本総合研究所理事長は，わが国の金融危機の最中の1998年に発刊された著書の中で「日本銀行資金の投入基準については，一応の事前的原則が示されているものの，その原

---

24)　4条件のうち3番目「③モラル・ハザード防止の観点から」に続く表現が，「平成8年　年次報告書」における「関係者の責任が十分に求められること」から，「平成9年　年次報告書」における「関係者の責任が十分に明確化されること」へ変更されたことが主な点である。

25)　日銀特融等に関する4原則が確立・制定された時期をめぐり，熊倉[2008] 54頁は「日銀では，改正日銀法施行後1年以上が経過した99年5月に，LLR機能の発揮に関する4原則を制定・公表した」と記している。しかし4原則の本文が確立・公表されたのは，熊倉[2008]の言う1999年5月より2年余り前である。この「99年5月」は，日銀が4原則とその具体的な運用方針を「信用秩序維持のためのいわゆる特融等に関する4原則の適用について」（次項で後述）の中に取りまとめ「平成10年度　業務概況書」で公表することを決定した時期である。熊倉は，後者と4原則の確立時期とを混同したものと推測される。

則はきわめて柔軟に解釈されているため，このルールによる縛りに実効性があると結論づけることはできない」と論じた（翁百合 [1998] 8 頁）[26]。また，日銀の LLR 機能を当時，研究していた小栗・滋賀大学教授も，日銀の LLR 発動の柔軟性を評価する文脈の中ではあるが「預金保険制度などセーフティネットの整備が不十分であったことから（中略）4 原則に照らしてケース・バイ・ケースで具体的対応を図る（中略）『プラグマティック・アプローチ』とも呼べる」と述べている（小栗 [1999] 167 頁）。

　特融等に関する 4 原則の適用や解釈に関するこうした疑問が寄せられていたことを背景に，日銀は 1999 年 5 月に，4 原則の具体的な運用方針を織り込んだ「信用秩序維持のためのいわゆる特融等に関する 4 原則の適用について」（以下「4 原則の適用について」）を決定し，それを「平成 10 年度　業務概況書」において公表した。この「平成 10 年度　業務概況書」は，全面改正後の日銀法が 1998 年 4 月に施行されて以降に公表された初の業務概況書[27] として注目された。日銀は，この初物が世に出る機会を利用して，4 原則の具体的な運用方針の明確化を図ったのである。

　なお，中曽・日銀前副総裁は，当時「4 原則の適用について」を公表したねらいについて，日銀が中央銀行として流動性を供給することを基本方針としたうえで，本来，預金保険機構が責任を担うべきリスク資本の供給は，以後，日銀が取り扱わないことを明確にすることにあった，と解説している（Nakaso [2001]）。この背景には，東京共同銀行（後の整理回収銀行，整理回収機構）への出資や，新金融安定化基金拠出金を通じた日本債券信用銀行への出資などリス

---

26)　近年でも伊豆 [2013c] 86-87 頁は，当時の日銀が 4 原則のいずれかを満たさないことを理由に特融等を発動しなかった事例がないことを根拠に「4 原則が，特融等の発動の基準として実際に機能しているのかどうかは必ずしも明らかではない」と指摘したうえで，日銀法 38 条業務が政府の要請により起動されることを理由に「実際には政府との交渉によって実施の可否までが決定されており，日銀が定めた原則に基づき日銀が主体的に決定しているとは言い難い」と推測している。

27)　「業務概況書」は，改正日銀法の 55 条に基づき，各事業年度の財務諸表が承認された後，遅滞なく作成し公表することが義務づけられたもので，その主たる内容は財務諸表や決算報告書である。これに対して「年次報告書」は，その主たる内容が，金融政策に関する議決事項および業務状況であり，旧日銀法 13 条ノ 3 に基づき，日銀が年 1 回，国会に提出することが義務づけられていた。「年次報告書」は，「通貨及び金融調節に関する報告書」に引き継がれ，年 2 回の国会報告と出席説明が日銀に求められている（改正日銀法 54 条）。

ク資本供給について，日銀が結果的に多額の損失を被り（第5節で後述），メディアや国会から批判された事情がある（Nakaso［2001］）。

　以下では，4原則それぞれの具体的な運用の実態や背景について解説したい。

(2)　システミック・リスク顕現化のおそれ（原則1）

(i)　原則1とその運用

　日銀法38条に基づく特融は，第1節（1）や第3節（3）などで前述したとおり，システミック・リスクが現実化することを防止・回避し，金融システムの安定を図ることを目的として実施される。この点は，伝統的な中央銀行LLRと同様である。したがって，特融等の4原則が，発動条件として「システミック・リスクが顕現化する惧れがあること」を筆頭に掲げて原則1としたのは，至極当然のことであろう。

　「4原則の適用について」は，この原則1について，特融等の「発動の適否を判断するに当たって満たすべき最も重要かつ根源的なものである」と述べている。そのうえで，中央銀行LLR機能の発揮は「個々の金融機関等の保護，救済を目的とするものではなく」と強調し，個々の金融機関等の「債務不履行が金融システム全体を揺るがすことになるかどうかという点」から適否を判断するとしている。

　続いて「4原則の適用について」は，原則1の具体的な運用にあたって，「システミック・リスクが顕現化する惧れがある」状況に該当すると判断される3種類の事態を例示している。それぞれの表現を短縮すると，

　第1に，不安心理の高まりから他の金融機関に対する預金取付け等の波及，

　第2に，金融機関等相互間の取引を通じた支払不能の連鎖，

　第3に，内外金融市場の著しい混乱や大幅な市場機能低下，支払不能の連鎖，

という3点にまとめられる。

(ii)　原則1の適合性の検証

　4原則制定当時の日本銀行や政府金融当局は，特にこのうちの第1の類型，すなわち破綻金融機関における預金払戻し等の停止をきっかけに，預金者の不安心理が高まって他の金融機関における預金取付けに波及することに強い危機

感を抱いていた[28]。わが国が不良債権問題や金融機関の破綻処理に取り組んでいた 1995 年から 2000 年代半ばまでの期間は，ペイオフ凍結と預金全額保護を必要不可欠とする，預金取付けが起きしやすい状況にあり，システミック・リスク顕現化の危険が常態化していたのである。

　システミック・リスク顕現化の危険が常態化していた事実は，①預金流出率の高さ，②金融機関破綻の頻発，③ジャパン・プレミアムの高止まりの 3 点から裏付けられる。

　第 1 に，預金流出率（表 3-5 で前掲）は，当時の預金者が 1995 年半ば以降に，深刻な不安感，金融システムに対する根強い不信感を抱いていたことを示している。図 3-6 中の正三角形のマーカーは，日銀特融の対象となった預金取扱金融機関の預金流出率の破綻月ごとの最大値をプロットしたものである。

　1995 年 7 月のコスモ信用組合の破綻に続き，翌 8 月に兵庫銀行，木津信用組合と，いずれも預金量が 1 兆円を超える地域金融機関大手が破綻したことから，預金者は動揺した。それ以降 1997 年にかけ日銀特融を借り入れた預金取扱金融機関 7 先中の 4 先で預金流出率が 4 割を超えており，最悪のケースは，前節（3）で前述した 1995 年 8 月破綻の木津信用組合の 78% であった。当時の政府金融当局が破綻処理の際に預金を全額保護する，すなわち，定額保護のペイオフはしない，という政策方針を繰り返し表明し強調していたにもかかわらず，預金流出はこれだけ急激であったのである。

　1998 年以降は，金融機関の破綻処理が進んで金融システムのセーフティネットが整備されたことや，預金者の側に「破綻慣れ」の心理が広がったことなどを背景に，預金流失率が低下傾向を辿る。それでも 2000 年 12 月 16 日に破綻した信用組合関西興銀のケースでは，預金流失率が 5 割を超えた。

---

28)　金融危機がピークに達した 1997 年 10 月決定の京都共栄銀行向け（表 3-4 の⑦）以降の特融に関する日銀政策委員会の決定文には，破綻金融機関の資金量の大小を問わず，判で押したかのように，「預金払戻し等営業を継続するための資金の不足が生じた場合には，預金者の不安心理の伝播等を通じてわが国信用制度全体の安定が脅かされる惧れが強い」という一文が盛り込まれるようになった。京都共栄銀行の破綻直前期における預金残高 3,379 億円や，実際に同行が借り入れた日銀特融のピーク残高 130 億円を，当時の国内銀行の預金残高総額 474 兆円（1997 年 9 月末）と比較すると，「わが国信用制度全体の安定が脅かされる」という表現は，後講釈では大げさな印象を受けるものの，当時の政府金融当局や日銀が抱いていた厳しい危機感がそれだけ強かったことがうかがわれる。

図3-6　日銀特融と預金流出率の推移

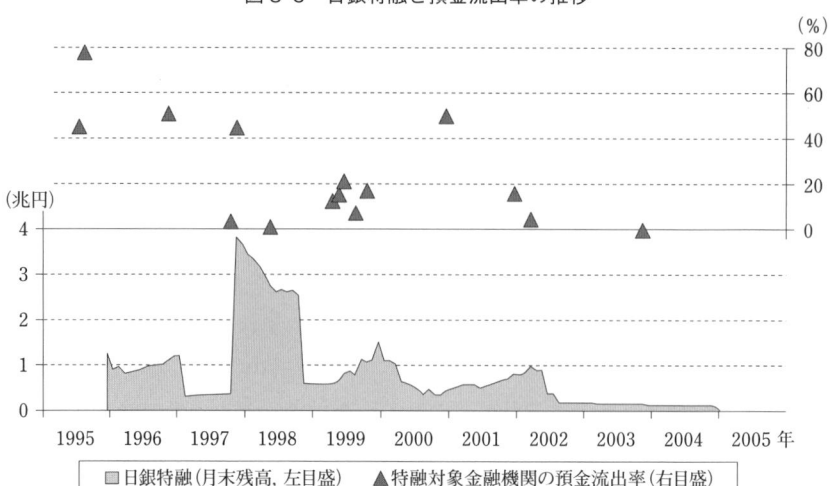

（出所）　預金保険機構「平成金融危機への対応研究会」編著［2005］，日銀「マネタリーベースと日本銀行の取引」等から筆者作成。

　第2に，金融機関破綻の頻度をみると，1997年秋以降，金融機関の破綻件数が急増し，また大手金融機関の破綻が相次ぎ，さらに翌1998年秋に，金融危機が一段と深刻化した。図3-7は，1991年から2005年までの15年間に破綻した金融機関等[29]について，破綻公表月ごとに破綻直前決算期の総資産額を集計した計数と，日銀特融残高とを見比べたものであるが，わが国の金融危機が，1995年夏，1997年秋，1998年秋という3つの時期を経て，悪化，深刻化していった姿を示している。

　転機は，1997年11月に三洋証券が会社更生法の適用を申請し，短期金融市場での戦後初のデフォルト（債務不履行）を起こしたことである。これがきっかけとなり，無担保コール取引におけるカウンターパーティー・リスク（信用リスク）の過少評価，すなわち，翌営業日には返済されるはずという根拠なき安心感の修正が急激に広がった。それまで問題なく借換えができていた大手都市銀行や地方銀行の資金繰りが困難になり，こうした状況を不安視した各地の

29）　金融機関等のデータには，破綻した預金取扱金融機関のほか，山一證券も含む。

図 3-7　破綻金融機関等の資産規模と日銀特融

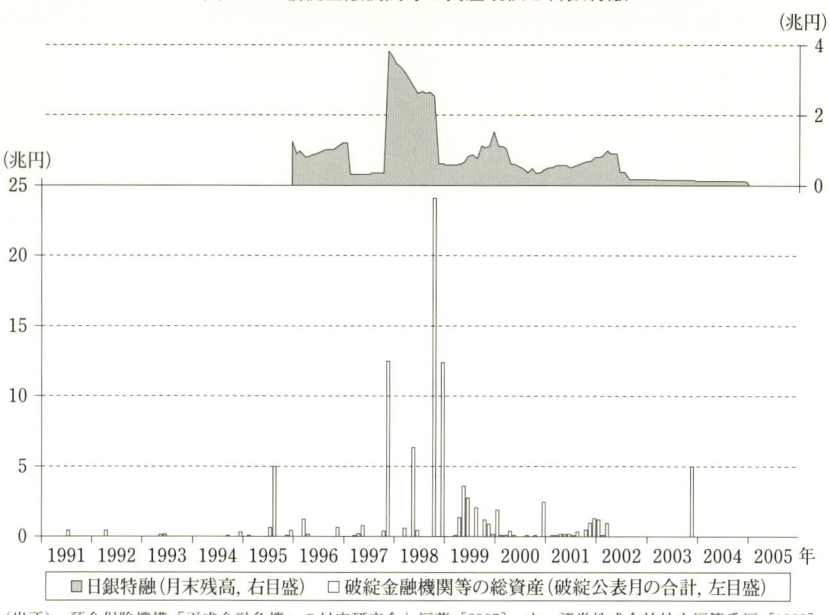

（出所）　預金保険機構「平成金融危機への対応研究会」編著［2005］，山一證券株式会社社史編纂委編［1998］，
日銀「マネタリーベースと日本銀行の取引」等から筆者作成。

預金者が取付けに走った。

　1997 年 11 月には，北海道拓殖銀行，山一證券，徳陽シティ銀行と経営破綻
が続き，月中の破綻金融機関の資産総額は 9 兆円を超えた。他の金融機関の窓
口でも預金者が長蛇の列をなし，中曽・日銀前副総裁は，徳陽シティ銀行が破
綻した同年 11 月 26 日のことを「日本の金融システム全体が崩壊の危機に瀕し
た日であった」（This was probably the day that Japan's financial system was
closest to a systemic collapse.）と回想している（Nakaso［2001］p. 11）。

　第 3 に，1997 年 11 月を境に，わが国の金融システムに対する国内外からの
信認が急激に低下したことは，図 3-8 に示されたジャパン・プレミアム[30]　が

---

30)　ジャパン・プレミアムとは，わが国金融機関の外貨調達の際に，同等格付けを有する外国銀行
と比べ要求された上乗せ金利幅。1990 年代後半には，東京三菱銀行 3 か月物ドル Libor 金利とバー

図3-8　1997年後半以降のジャパン・プレミアムの急拡大

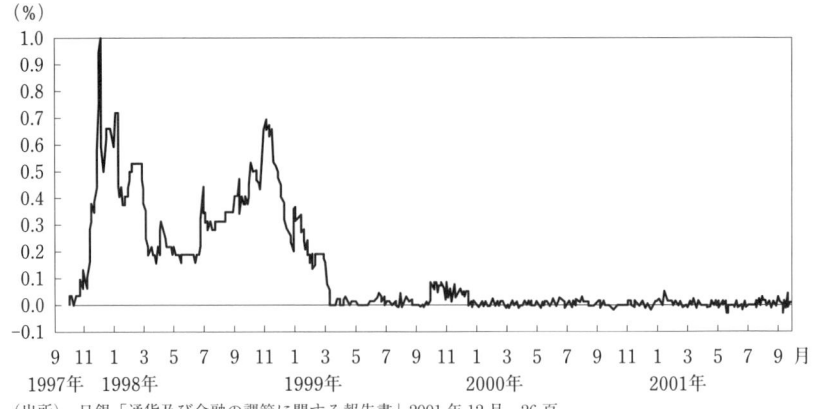

（出所）　日銀「通貨及び金融の調節に関する報告書」2001年12月, 26頁。

急拡大したことにも表れている。三洋証券による戦後初のデフォルトや, 北海道拓殖銀行, 山一證券など大手金融機関の破綻を背景に, 短期資金運用者や預金者がリスク回避行動を強め, わが国のインターバンク取引における市場流動性が低下したのである。

　このように信用不安が常態化し, 預金者が底知れぬ不安心理を抱き, 後世「平成金融危機」と呼ばれた状況は, 少なくともいわゆるペイオフが凍結されていた2002年3月末までは続いた[31]。したがって, 少なくとも, コスモ信用組合向けの特融を実施した1995年から, 預金を全額保護する特例措置が終了した2002年3月末までの間, すなわち, 表3-4に掲げた日銀特融の事例21件のうち, 2002年3月8日決定の⑲中部銀行向け特融までの19件については, 特融等の4原則のうち原則1の発動条件である「システミック・リスクが顕現化する惧れがあること」を満たしていたと判断される。

　それでは, 2003年度に実施された残る2件の特融は, どうであろうか。り

クレイズ銀行3か月物ドルLibor金利との差で計測されることが多かった。

31)　預金保険機構「平成金融危機への対応研究会」編著 [2005] は, 金融機関の「破綻は平成8 (1996) 年6月から同14 (2002) 年3月迄の間 (いわゆるペイオフ凍結時代) に集中し (中略) その実質的な規模や内外に及ぼした影響 (インパクト), 処理コスト等を総合すると, 我が国においては, まさに平成金融危機と呼んで差し支えない」としている。

そな銀行向け（表3-4の⑳）および足利銀行向け（同㉑）の 2 件のいずれについても，システミック・リスクが顕現化する危険を否定できなかったものと推察される。

　なぜならば，第 1 に，それぞれの特融措置を決定したのが預金定額保護の時代に移行した直後の 2003 年度であり，預金者の不安や金融システムへの懸念が完全には払拭されていなかったからである。第 2 に，総資産規模（りそな銀行：約 32 兆円，足利銀行：約 5 兆円）を勘案すると，インターバンク取引も含め両行の債務の円滑な履行が確保されない場合に支払不能が他の金融機関に連鎖・波及していく何がしかの可能性も否定できなかったからである。

　以上を踏まえると，日銀特融の事例 21 件のすべてについて，原則 1 の「システミック・リスクが顕現化する惧れがあること」の条件は充足されていたと考えられる。

(3)　必要不可欠性（原則 2）
(i)　原則 2 とその運用

　日銀法 38 条に基づく特融等は，中央銀行が文字どおり「最後の貸し手」として供給するものであることから，その発動に先立って，借り手が他の手段による資金調達を得ようと最大限の努力をし，それでもなお資金が不足する見込みであることが必要条件となる。こうした考えに基づき，特融等の 4 原則は，原則 2 として「日本銀行の資金供与が必要不可欠であること」を掲げている。

　原則 2 は，日銀の資金供与につき，単なる「必要性」に止まらない「必要不可欠性」を求めている。「必要不可欠性」という強い修辞は，借り手が他のあらゆる資金調達手段を模索してもなお資金が不足するような差し迫った状況にあることを意味する[32]。

---

32)　日銀はこの原則 2「日本銀行の資金供与の必要不可欠性」を英訳する際に「中銀の資金供与以外に代替手段がない」という趣旨の "There must be no alternative to the provision of central bank money." と表現することがほとんどである。この英訳に「欠かせない，本質的な」という意味の訳語 essential をあてなかったのは，1980 年代頃まで米国金融当局が，Continental Illinois 銀行など経営不振銀行を閉鎖せずに支援することを正当化する理屈づけとして，その銀行が地域経済にとり essential（不可欠）だとの説明を重ねた結果，大銀行救済と批判された経緯を想起させるのを嫌がったものと推測される。

　1999 年 5 月制定の「4 原則の適用について」は，「最後の貸し手」としての本来の性質に加え，金融機関のモラル・ハザードを防止・抑止するねらいを理由に，中央銀行の流動性供給は「真に資金の出し手が他にいない場合に限られ，金額も必要最小限のものに限られなければならない」と述べている[33]。

　なお日銀は，この「4 原則の適用について」を制定した際，その中で，資金供与の必要不可欠性の考え方を貸付金利にも反映させるべく，特融の貸付利率の設定方式を変更し，それ以前と比べ年 0.25％ ポイントを加算した[34]。

　さらに「4 原則の適用について」は，原則 2 の「日本銀行の資金供与の不可欠性」が認められるには，以下 3 つの条件のいずれも満たす必要があるとしている。

　　第 1 に，最大限の自助努力後もなお資金不足，

　　第 2 に，他の金融機関等による支援など民間の枠組みによる対応も困難，

　　第 3 に，預金保険機構による貸付けなど他の公的枠組みによる対応も困難

（ii）　原則 2 の適合性の検証

　以下では，資金供与の不可欠性がどの程度厳格に適用されたのかを検証するために，預金取扱金融機関の破綻処理における日銀特融等の利用状況からみていきたい。

　まず，第二次世界大戦後，わが国において破綻処理された預金取扱金融機関，すなわち 1991 年 7 月に破綻した東邦相互銀行から 2010 年 9 月に破綻した日本振興銀行まで 182 先の金融機関のうち，出資を含む日銀特融等の対象になった

---

[33]　「4 原則の適用について」は，特融等の原則 2 に加え，（5）で後述する原則 4「日銀自身の財務健全性維持に配慮すること」の観点からも，「貸付金額はあくまで必要最小限のものに限られなくてはならないし，貸付金利についても優良資産を担保とする通常の貸付金利を上回るものとすることが適当である」と述べている。

[34]　貸付利率の設定方式の変更は実際には，「4 原則の適用について」制定に先立つ 1999 年 4 月 11 日に決定された国民銀行向けの特融においてすでに実施されていた。1998 年 5 月のみどり銀行向け以前の特融には，2 種類の基準貸付利率のうち「その他のもの（「国債，特に指定する債券または商業手形に準ずる手形」以外のもの）を担保とする貸付利率」が適用され，もう一方の「国債，特に指定する債券または商業手形に準ずる手形を担保とする貸付利率」よりも年 0.25％ ポイント高く設定されていた。それが，1999 年 4 月の国民銀行向け以降の特融には，基準貸付利率のうち「その他のものを担保とする貸付利率」にさらに年 0.25％ ポイントを加算した利率を適用することに変更された。

図3-9　特融等対象先の比率の推移

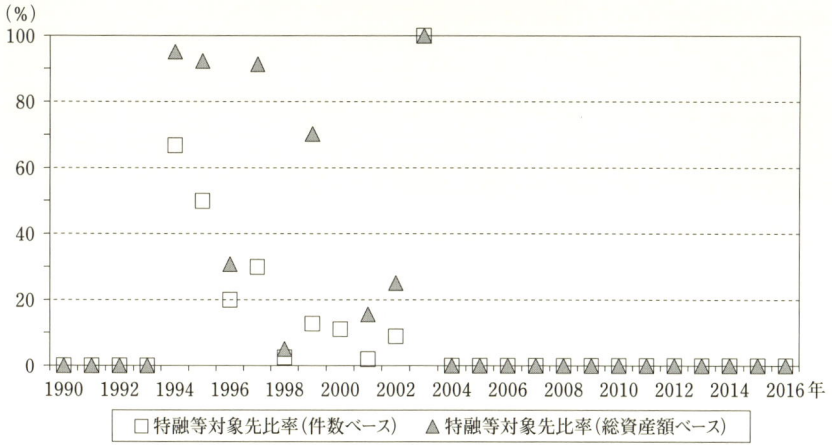

（出所）　預金保険機構「平成金融危機への対応研究会」編著［2005］，日銀ホームページ等から筆者作成。

　のは20先[35]　に止まり，全体の1割強に過ぎない。当該金融機関はすでに破綻
し，資金調達面での自助努力の余地はほとんどなくなっていたにもかかわらず，
特融等の対象先は1割強に止まる。

　次に，破綻金融機関のうちの特融等の対象先の比率の経年変化をみてみよう。
図3-9の中の正方形のマーカーは，各歴年の破綻金融機関の件数に占める特
融等対象先の比率を示し，正三角形のマーカーは，破綻金融機関の総資産額
（破綻直前決算期の財務データ）の暦年合計に占める特融等対象先の比率を示
している。特融等対象先の比率は，1994～95年に，件数ベースで5割以上，
総資産額ベースで9割を超えていたものの，金融機関の破綻処理制度やセーフ
ティネットの整備が進むにつれて低下していき，特に「4原則の適用につい
て」が制定された1999年以降，低下傾向が顕著となった[36]。

---

35)　日銀特融等の対象先20先とは，本章第3節表3-4に掲げた特融対象先21件から，経営破綻し
ていなかった④みどり銀行，預金取扱金融機関でなかった⑧山一證券，経営破綻していなかった⑳り
そな銀行を除き，日銀出資により新設された東京共同銀行が事業を譲り受けることで破綻処理された
東京協和信用組合および安全信用組合の2先（章末資料2で後述）を加えたものである。
36)　2003年の特融等対象先比率が100%に跳ねているのは，特別危機管理の対象となった足利銀行
破綻のデータ1件だけである。足利銀行には特融措置が決定されたものの，実際には貸付けが行われ
ずに終了した。

　さらに，破綻金融機関の資産規模をみてみたい。戦後に破綻した預金取扱金融機関 182 先のうち，日銀特融等の対象となった先の総資産額（破綻直前決算期の財務データ）の平均は 1 兆 7,414 億円で，最大は北海道拓殖銀行の 8 兆5,519 億円，最小は安全信用組合の 1,174 億円である。一方，日銀特融等の対象外となった先の総資産額の平均は 3,528 億円で，最大は日本長期信用銀行の24 兆 1,189 億円，最小は松島炭鉱信用組合の 27 億円あった。

　日銀特融の対象となった破綻金融機関 18 先[37]のうち，京都共栄銀行（総資産額 3,656 億円）を除く 17 先は，総資産額 5,000 億円を超える規模の金融機関であり，その破綻処理の過程では，預金等の払戻しなど債務弁済のために資金を工面する必要に迫られていたにもかかわらず，通常の方法により金融市場等からの調達する途が閉ざされていた。

　以上の事実関係やデータを踏まえると，総資産額 5,000 億円を超える規模の金融機関が破綻した場合，日銀による資金供与の必要不可欠性は，以下のように考えられる。

　まず，一時国有化という手法で破綻処理された特別公的管理銀行 2 行（日本長期信用銀行：総資産約 24 兆円，日本債券信用銀行：総資産約 12 兆円）は，この公的な枠組みを利用して資金繰りを行うことができた。次に，協同組織金融機関（3 信用金庫，1 信用組合）の場合は，系統上部金融機関（信金中金，全信組連）からの資金繰り支援を期待でき，民間による支援の枠組みを利用できた。

　ところが，こうした公的または民間の資金調達支援の枠組みを期待できない銀行——多くの場合は地方銀行や第二地銀——のほとんどは，預金保険機構または日銀からの資金供給以外には，代替的な資金調達手段がなかった。それでは，預金保険機構による資金供給の仕組みは，どうなっていたのであろうか。預金保険機構が自ら，破綻金融機関に資金を供給できれば，日銀特融を発動する必要不可欠性はなかったはずである。

---

37)　日銀特融の対象となった破綻金融機関は，日銀特融等の対象となった 20 先から，日銀出資により新設された東京共同銀行が事業を譲り受けることで破綻処理された東京協和信用組合（総資産1,437 億円）および安全信用組合（総資産 1,174 億円）を除いた 18 先である。

　残念ながら，預金保険機構は，破綻金融機関に対して預金払戻しのための資金を供給することはできなかったばかりか，自らの資金調達についても日銀借入れに依存していた。2001 年頃までは，預金保険制度を含むわが国の金融システム安定を目的としたセーフティネットの枠組みは整備される途上にあったからである（BOX 8「時間を要したわが国のセーフティネットの整備」を参照されたい）。

　したがって，資産規模の大きい破綻金融機関が破綻処理の過程で預金払戻し資金等の債務弁済のための必要資金を調達するには，日銀からのつなぎ融資以外には代替的な手段がなかった。つまり，少なくとも 2001 年頃までは，破綻金融機関への資金供与という面で日銀特融を必要不可欠とする制度環境が続いており，日銀特融等の原則 2 の条件を満たす状況であったと判断される。

(4)　関係者の責任の明確化（原則 3）

(ⅰ)　原則 3 とその運用

　日銀特融等の 4 原則の原則 3 は，「モラルハザード防止の観点から，関係者の責任の明確化が図られるなど適切な対応が講じられること」が条件となっている。1999 年 5 月制定の「4 原則の適用について」は，金融システムにおいてセーフティネットが「整備され，周知の事実になればなるほど，経営者や株主等による自己規律が失われかねないという，モラルハザードの問題が生じる」ことを懸念し，セーフティネットの「発動に当たっては，関係者の規律維持への配慮も極めて重要となる」という認識を表明した。

　続いて「4 原則の適用について」は，①当該金融機関等の関係者に関する民事・刑事の責任追及は法律の規定に基づき厳正に対処されており，②金融機関等の破綻処理は行政的手法のもとで行われる，といったことを前提に，「中央銀行が独自に（経営者等の）責任追及を行っていくことは必ずしも適当ではない」と述べつつも，日銀が「最後の貸し手」機能を発揮すべきか否かを判断するうえで，「破綻処理の枠組みの中で経営責任を負うべき経営者と株主・出資者の責任が明確化される見込みであるか否かを確認しておくことが重要」としている[38]。

　さらに「4 原則の適用について」は，原則 3 の具体的な運用にあたり確認す

べき事項の例示として，

　　第1に「経営破綻等に関して責任を負うべき経営陣の退任等その責任が明
　　確化される見込みであること」や，

　　第2に「資本金，出資金の損失への充当等，株主，出資者の責任が明確化
　　される見込みであること」

などの措置を列挙している。

(ⅱ)　原則3の適合性の検証

　特融等の「4原則の適用について」の原則3が，日銀自らに課したのは，経
営者責任および株主・出資者責任が，破綻処理の枠組みの中で「明確化される
見込み」であることを，特融等の実施に先立って「確認」することである。表
3-6は，表3-4に掲げた日銀特融の実績21件を含む特融等の事例23件につい
て，経営者責任および株主・出資者責任がどのように明確化されたかを確認し
一覧表にしたものである。

　まず表3-6に掲げた23件における経営者責任の明確化についてみると，個
別金融機関の経営者責任の追及にはなじまない新金融安定化基金への拠出を除
く22件において，日銀特融等を実施した時点の経営者，あるいは，破綻の責
任がある経営者が退任している。経営破綻はしていなかったりそな銀行への資
本増強に際しての日銀特融のケース（特融⑳）においても，経営者責任が明確
化された。

　次に株主・出資者責任の明確化についても同様に，新金融安定化基金への拠
出を除く22件において，株主・出資者がその持分の価値の全額または一部を
失うことにより責任が明確化されている。これは，破綻した金融機関ほとんど
が，他の健全金融機関に対する営業譲渡・事業譲渡によって最終処理されたこ
とが背景にある。

　唯一，吸収合併によって破綻処理されたみどり銀行に対する日銀特融のケー

---

38)　破綻金融機関の関係者の刑事責任・民事責任の追及については，預金保険機構「平成金融危機
　への対応研究会」編著［2005］が，180件の破綻金融機関について悉皆的に事実関係を調査・整理し
　た報告書を掲載しているので，参照されたい。

表 3-6　日銀特融等の際の経営者責任および株主・出資者責任の明確化

形態	対象先	日銀政策委議決日	（最大）金額[億円]	経営者責任	株主・出資者責任
出資	東京共同銀行［破綻した東京協和信用組合および安全信用組合の事業の全部を譲受け］	1995 年1 月 13 日	200	東京協和信用組合の理事長および安全信用組合の理事長は，経営破綻が明らかになった 1994 年 12 月に辞任	東京協和信用組合および安全信用組合の既存出資者は東京共同銀行への事業譲渡により持分喪失
特融①	コスモ信用組合	1995 年7 月 31 日	1,980	理事長が辞任	東京共同銀行への事業譲渡により既存出資者は持分喪失
特融②	木津信用組合	1995 年8 月 30 日	9,105	理事会長，理事長が辞任	整理回収銀行への事業譲渡により既存出資者は持分喪失
特融③	兵庫銀行	1995 年8 月 30 日	6,120	破綻の原因となった積極的な不動産関連融資を拡大した経営者が 1992 年に引責辞任	みどり銀行への営業譲渡により既存株主は持分喪失
特融④劣後ローン	みどり銀行［破綻した兵庫銀行の営業の全部を譲受け］	1996 年1 月 26 日	1,100		
拠出	新金融安定化基金	1996 年9 月 24 日	1,000	該当なし	該当なし
特融⑤	阪和銀行	1996 年11 月 21 日	2,595	頭取が辞任	紀伊預金管理銀行への営業譲渡により既存株主は持分喪失
特融⑥	京都共栄銀行	1997 年10 月 14 日	130	社長が辞任	幸福銀行への営業譲渡により既存株主は持分喪失
特融⑦	北海道拓殖銀行	1997 年11 月 17 日	26,771	頭取をはじめ取締役全員が辞任	北洋銀行等への営業譲渡により既存株主は持分喪失
特融⑧	山一證券	1997 年11 月 24 日	12,000	1997 年 8 月に会長，社長を含む取締役全員が辞任	廃業，解散，清算に伴い既存株主は持分喪失
特融⑨	徳陽シティ銀行	1997 年11 月 26 日	2,283	会長，社長が辞任	仙台銀行等への営業譲渡により既存株主は持分喪失
特融⑩	みどり銀行	1998 年5 月 15 日	193	みどり銀行が営業を譲り受けた兵庫銀行破綻の経営者責任について「特融③④」参照	阪神銀行による吸収合併によりみどり銀行の株主は持分を維持（みどり銀行が営業を譲り受けた兵庫銀行破綻の株主責任について「特融③④」参照）
特融⑪	国民銀行	1999 年4 月 11 日	665	金融庁長官が金融整理管財人に預金保険機構等を選任	八千代銀行への営業譲渡により既存株主は持分喪失
特融⑫	幸福銀行	1999 年5 月 22 日	2,786	金融庁長官が金融整理管財人に預金保険機構等を選任	関西さわやか銀行への営業譲渡により既存株主は持分喪失
特融⑬	東京相和銀行	1999 年6 月 12 日	4,875	金融庁長官が金融整理管財人に預金保険機構等を選任	東京スター銀行への営業譲渡により既存株主は持分喪失
特融⑭	なみはや銀行	1999 年8 月 7 日	1,264	金融庁長官が金融整理管財人に預金保険機構等を選任	大和銀行への営業譲渡により既存株主は持分喪失
特融⑮	新潟中央銀行	1999 年10 月 2 日	1,643	金融庁長官が金融整理管財人に預金保険機構等を選任	大光銀行ほか6 行への営業譲渡により既存株主は持分喪失
特融⑯	信用組合関西興銀	2000 年12 月 16 日	5,466	金融庁長官が金融整理管財人に預金保険機構等を選任	近畿産業信用組合等への事業譲渡により既存出資者は持分喪失
特融⑰	朝銀近畿信用組合	2000 年12 月 29 日	2,067	金融庁長官が金融整理管財人に預金保険機構等を選任	兵庫ひまわり信用組合等への事業譲渡により既存出資者は持分喪失
特融⑱	石川銀行	2001 年12 月 28 日	831	金融庁長官が金融整理管財人に預金保険機構等を選任	日本承継銀行への営業譲渡により既存株主は持分喪失
特融⑲	中部銀行	2002 年3 月 8 日	226	金融庁長官が金融整理管財人に預金保険機構等を選任	日本承継銀行への営業譲渡により既存株主は持分喪失
特融⑳	りそな銀行	2003 年5 月 17 日	0	資本増強申請に先立ち，会長や社長兼頭を含む旧経営陣 5 名が退任表明，慰労金辞退	預金保険機構による資本増強に伴い既存株主の持分は希釈化
特融㉑	足利銀行	2003 年11 月 29 日	0	預金保険機構が特別危機管理銀行の新経営陣を選任	特別危機管理開始に伴い預金保険機構が全株式を強制取得

（出所）　日銀政策委員会編「年次報告書」(平成 7〜9 年)，日銀「業務概況書」(平成 10〜16 年度)，金融庁ホームページ，預金保険機構ホームページ，山一證券株式会社社史編纂委員会編［1998］等から筆者作成。

ス（特融⑩）においては，みどり銀行の株主持分は維持されたことにはなった。しかしながら，このケースはもともと 1996 年にみどり銀行が営業を譲り受けた兵庫銀行について「再度の破綻処理」を行ったという経緯を踏まえると，兵庫銀行の株主がその持分を失った時点ですでに株主責任の明確化は済んでいたと考えることが適切であろう。

　このようにみていくと，日銀特融等の原則 3 である「モラル・ハザード防止の観点から，関係者の責任の明確化が図られるなど適切な対応が講じられること」という条件については，これを満たす形で日銀特融等が実施されてきたと考えられる。

(5)　日銀の財務健全性維持への配慮（原則 4）

(i)　原則 4 とその運用

　日銀特融等の 4 原則のうち最後の原則 4 は，「日本銀行自身の財務の健全性維持に配慮すること」を条件としている。

　1999 年 5 月の「4 原則の適用について」が述べるとおり，中央銀行の LLR 機能は「基本的に一時的な流動性の供給であり，明白に回収不能なケースについての損失補填はその役割ではない」と考えられる。ところが，日銀が実施してきた特融等は「通常，経営が困難となっている金融機関等に対し，無担保で行うものであるため，安全度の高い資産を担保として行う通常の信用供与に比べ回収の不確実性が高い」ことから，結果として損失の一部または全部を補填してしまう信用リスクにさらされていた。

　そこで「4 原則の適用について」では，LLR 損失が原因となり中央銀行の財務健全性や信認が損なわれることが，政策遂行自体を困難にするばかりか，中央銀行発行通貨への信頼の低下や，国家の信用力喪失，企業・家計の経済活動への重大な支障を招来するという認識に基づき，日本銀行自らに以下 2 点の行動規範を課した。

　第 1 に，日銀が LLR 機能の発揮に先立ち，システミック・リスク顕現化の影響と，LLR のリスクが財務の健全性に与える影響とを「慎重に比較検討」することを求めている。

　第 2 に，日銀が LLR 機能を発揮する場合に，信用供与に伴う「リスクに応

じた措置を可能な限り講ずることによって，日本銀行全体としての財務の健全性が維持されるよう努め」ることを求めている。

　最後に「4 原則の適用について」は，原則 4 の「財務の健全性維持への配慮」とは，以下の「諸点について十分配慮することを指す」と解説している。

「(1)　明白に回収不能なケースについての損失補填ではなく，回収可能と見込み得る事由が存在すること。

(2)　資本性の資金の供与ではなく，流動性の供給を基本とすること。

(3)　損失発生の可能性に備える観点から，個別案件ごとに，必要に応じて貸倒引当金を積立てることにより，中央銀行として信認の維持を図ることが可能なだけの財務内容を維持すること。」

　以下では，この 3 点に沿って，原則 4 の適合性を検証する。

(ⅱ)　原則 4 の適合性の検証

(a)　回収可能と見込み得る事由

　日銀が特融等の具体的な運用にあたり，自身の財務健全性維持に配慮する中で最も肝要と考えられるのが，原則 4 の具体的な運用にあたっての考え方の(1) の「回収可能と見込み得る事由が存在すること」である。表 3-4 に掲げた日銀特融 21 件は，いずれも無担保の貸付けとして実施されたものであるが，結果として，回収不能となったのは，⑧の山一證券向けの特融 1 件に限られている[39]。

　山一證券向けを除く日銀特融 20 件は，結果として回収不能を免れただけではなく，特融を実行した当初から回収可能と見込まれていた。回収可能性の根拠は，第 3 節 (3)（ⅱ）や BOX6「ペイオフ凍結，預金全額保護の時代」で前述したとおり，1995 年半ば以降 2005 年 3 月までの間，わが国では預金全額保護の政府方針が打ち出され，預金保険法の 1996 年改正に基づく時限的な措置として，預金保険機構がペイオフコストを超える特別資金援助を行って預金を全額保護することが許されていたことである。特融に担保を付さなくても，返済財源が実質的に確保されていることから，日銀は，特融が回収可能と見込み

---

39)　山一證券向け特融とその損失処理の経緯は，本章第 5 節で後述。

図3-10　破綻金融機関の最終処理と日銀特融の返済

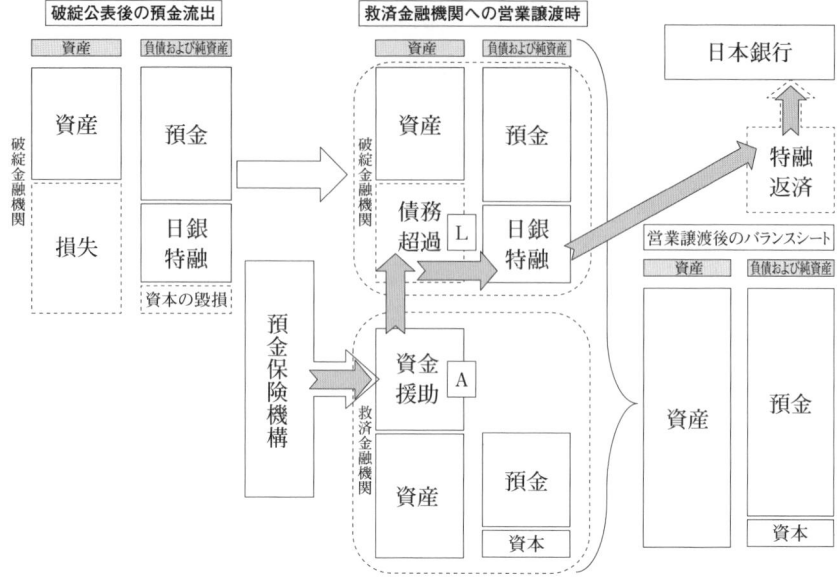

（出所）　筆者作成。

得る事由が存在すると判断していたのである。

　図3-10は，破綻金融機関の預金払戻し資金として供給された日銀特融が，最終処理方策の実施，すなわち救済金融機関への破綻金融機関の営業譲渡等およびそれに伴う預金保険機構の資金援助によって，返済されるまでの経過を図示したものである。つまり預金保険機構から救済金融機関に対する資金援助（記号Ａ）は，ペイオフコストを超える金額が実施されることから，破綻金融機関の債務超過部分（記号Ｌ）など破綻処理費用が埋め合わされることとなり，この入金を言わば返済原資にして，日銀は特融を全額回収できたのである。

　図3-10から明らかなように，債務超過の破綻金融機関に向けて預金払戻し資金等を供給した日銀特融が，預金保険機構による資金援助が実施されるまでの間における預金払戻し資金のつなぎ融資となっていた。また，政府・日銀・預金保険機構の三者間でのこうした特殊な取極めが存在したことから，日銀が預金保険機構の機能を事実上代行していたという仕組みが理解できよう。

図3-11　資金援助のペイオフコスト制約と日銀特融の回収可能性

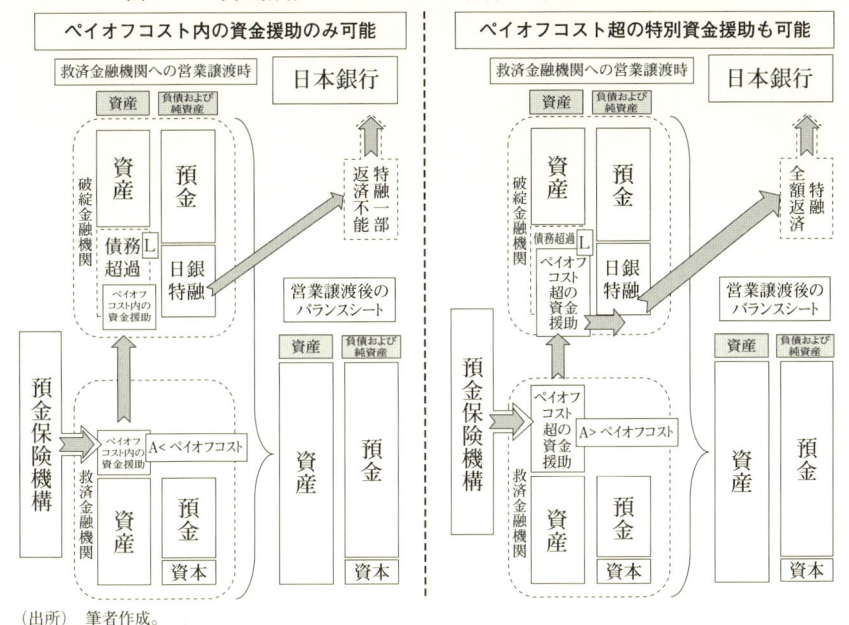

（出所）　筆者作成。

　ペイオフコスト内の資金援助のケースと，ペイオフコスト超の特別資金援助のケースとを比較対照したのが，図3-11である。資金援助の金額がペイオフコストに制約される左側のケース（資金援助の記号　A＜ペイオフコスト　）では，日銀特融の一部が回収不能となるのに対して，ペイオフコストを超える資金援助が許される右側のケース（資金援助の記号　A＞ペイオフコスト　）では，日銀特融の全額が回収可能となる。

　なお，細かくみると，預金取扱金融機関向けの日銀特融20件の中でも，1996年の預金保険法改正前に実施された3件の特融（表3-4①のコスモ信用組合向け，②の兵庫銀行向け，③の木津信用組合向け）は，まだ実施当初の段階では，預金保険機構にペイオフコスト超の資金援助が許されていなかった。このため，厳密に言えば，日銀特融の一部が回収できない可能性はあったのである。

　もっとも，大蔵省が1995年6月に発表した「金融システムの機能回復につ

いて」の中で，時限的な措置ながら，預金全額を保護する破綻処理の政策方針
を打ち出し，従来の資金援助方式を超える特別の対応に必要な財源を確保する
ための「付加保険料」の徴収を提言していた（BOX 6「ペイオフ凍結，預金全額
保護の時代」参照）。この預金全額保護の政策方針は，当時の国や地方自治体の
メディア発言においても繰り返し表明されていた。日銀は，政府金融当局によ
るこうしたコミットメントを根拠に，特融に関して返済財源が手当てされ回収
が可能であると見込んでいたと考えられる。

　以上のように日銀は，破綻した預金取扱金融機関向けの特融 20 件のうち，
1996 年の預金保険法改正後に実施された 16 件については，預金全額保護のた
めの特別資金援助の制度があることをもって「回収可能と見込み得る事由」と
判断した一方，1996 年の預金保険法改正前に実施された 3 件については，当
時の政府金融当局による預金全額保護のコミットメントをもって「回収可能と
見込み得る事由」と判断していた[40]。

(b)　資本性の資金供与の取止め

　原則 4 の具体的な運用にあたっての考え方の (2) が，日銀による特融等の
具体的な運用について「資本性の資金供与」を否定し，「流動性の供給を基本」
としたことも，注目に値する。現に「4 原則の適用について」が公表された
1999 年 5 月以降，日銀が，出資などリスク資本を供給する資本性の資金供与
を新たに行うことはなくなった。本節 (1) で前述したとおり，当時，日銀が
「4 原則の適用について」を公表したねらいは，以後，リスク資本の供給を取
り扱わない方針を明確にすることにあった，と説明されている（Nakaso
[2001]）。

　日銀はそれまで，1995 年の東京共同銀行への出資や，1996 年の新金融安定
化基金への資金拠出など「やむをえず」「臨時異例の対応」として資本性資金
供給を行ってきた（章末資料 2 で後述）。それが 1999 年の段階で慎重姿勢に転

---

[40]　1996 年 1 月に実行されたみどり銀行向けの劣後特約付貸付けは，みどり銀行の信用補完を目的
　　としていた。この劣後特約付貸付けは，同行を 1999 年 4 月に吸収合併した阪神銀行（合併後「みな
　　と銀行」に改称）が引き継ぎ，2004 年 12 月 30 日までに全額回収された。

じた背景には，セーフティネットの構築が徐々に進んでいくなかで，預金保険機構による資本供給の仕組みだけは制度が整備されたという事情がある。すなわち，第 1 には，1998 年 2 月の「金融機能の安定化のための緊急措置に関する法律」および同年 10 月の「金融再生法」により，金融機関の自己資本増強のための公的資本注入の枠組みが整えられた。また，第 2 には，「金融再生法」により，預金保険機構がその子会社として，破綻金融機関の業務を暫定的に引き継ぐ受け皿となる承継銀行を設立できるようになった（BOX 8「時間を要したわが国のセーフティネットの整備」で後述）。

BOX 8　時間を要したわが国のセーフティネットの整備

　わが国の預金保険制度を含め，金融システム安定を目的としたセーフティネットの枠組みは，前述 BOX 6「ペイオフ凍結，預金全額保護の時代」で解説したとおり，1996 年の改正預金保険法が預金全額保護の措置を時限的に導入したことにより，不良債権や破綻金融機関の集中的な処理に向けて大きく前進したものの，破綻金融機関の資金調達や破綻処理の早期化という点では，まだまだ課題を残していた。特に，預金保険機構による資金貸付け機能や預金保険機構自体の資金調達，受け皿金融機関の準備の 3 点では，以下に見るように，制度の整備に時間を要した。

　第 1 に，預金保険機構は，平成 12 年改正預金保険法が 2001 年 4 月に施行されるまでは，破綻金融機関の営業等を譲り受ける救済金融機関に対する資金援助の一環として資金を貸し付けることはできても，破綻金融機関自体に対しては資金を貸し付けることができなかった。平成 12 年改正法は，いわゆるペイオフ解禁後の破綻処理業務の基本的な枠組みとして，営業譲渡等までの間，破綻金融機関が付保限度までの預金払戻しに応じることを可能にしたうえで，預金保険機構がこの破綻金融機関に対して，付保預金払戻し資金の貸付けを行う規定（預金保険法 127 条）を新設した[41]。

　第 2 に，預金保険機構自体の資金調達が日銀借入れ[42] に依存していたという問

---

41)　平成 12 年改正預金保険法は，本文記載の付保預金払戻し資金の貸付けのほかに，預金保険機構が破綻金融機関に対して貸付債権その他の資産価値の減少防止のための資金の貸付けを行うことも可能にした（同法 128 条）。また，平成 14 年改正預金保険法は，為替取引等により破綻金融機関が負う決済債務の保護を規定した（同法 69 条の 2）と同時に，決済債務の弁済のために必要とする資金を預金保険機構が貸し付けることも可能にした（同法 69 条の 3）。

題もあった。預金保険機構は，昭和 61 年改正預金保険法によって，民間金融機関からの資金の借入れなど市場調達が可能な仕組みが一応は整えられていたものの，必要資金が 1996 年から 99 年にかけて急拡大すると，日銀借入れを膨らませることで対処せざるをえなかったのが実情である。預金保険機構がこの問題を是正して民間金融機関からの市場調達を本格化させるためには，1997 年以降における政府保証の限度枠設定およびその拡大や，2002 年における預金保険機構借入証書の日銀適格担保化などの制度変更を待たなくてはならなかった。

　　第 3 に，破綻処理の受け皿金融機関の確保という問題でもセーフティネットの整備が遅れた。破綻金融機関の最終処理の多くは，他の健全金融機関への営業譲渡等によって実施されていたが，こうした受け皿となる金融機関を見出し営業譲渡等の合意を取り付けるのに時間を要する結果，最終処理が遅れ，その分，預金流出が進み，破綻処理損失が嵩む問題があった。1998 年に施行された「金融機能の再生のための緊急措置に関する法律」（以下「金融再生法」）は，預金保険機構がその子会社として，破綻金融機関の業務を暫定的に引き継ぐ受け皿となる承継銀行を設立することを，時限的な措置として認めた。この承継銀行制度は，その後，平成 12 年改正預金保険法によって恒久措置とされた[43]。

(c)　貸倒引当金の積立て

　　原則 4 の具体的な運用に当たっての考え方の（3）は，日銀が，「中央銀行として信認の維持を図ることが可能なだけの財務内容を維持すること」を目的として，損失発生に備えるべく，個別案件ごとに，必要に応じて貸倒引当金を積み立てることを求めている。表 3-7 は，日銀特融 21 件それぞれの貸倒引当金等の比率を一覧にしたものである。

　　表 3-7 から読み取る限り，日銀は預金取扱金融機関向けの特融のうち劣後特約付貸付け以外の貸付けについて，1997 年度末以降は，期末の貸付残高の10％ に相当する金額を，「特別の準備金」（1997 年度末以前）あるいは「貸倒引

---

42)　預金保険機構は，1961 年の設立当初から，主務大臣の認可を得て日銀から資金を借り入れることが認められており，また日本銀行も，日銀法 43 条の他業禁止規定にかかわらず，預金保険機構への資金貸付けが許されていた（預金保険法 42 条 2 項および 4 項）。

43)　承継銀行制度は，石川銀行および中部銀行の破綻処理において活用された。具体的には，2002年 3 月に設立された日本承継銀行が両行との間で営業譲渡契約を締結したうえで，最終譲受金融機関が決定された後の翌 2003 年 3 月に，日本承継銀行が当該最終譲受金融機関に対して再譲渡を行った。

表 3-7　日銀特融の貸倒引当金

	貸付先 [下段：経由先][注1]	日銀政策委議決日	最大金額[注2,3][億円]	貸倒引当金等の金額[注4]
①	コスモ信用組合 [全信組連]	1995 年 7 月 31 日	1,980	「特別の準備金」を積立て（比率は非公表）。
②	木津信用組合 [全信組連]	1995 年 8 月 30 日	9,105	「特別の準備金」を積立て（比率は非公表）。
③	兵庫銀行	1995 年 8 月 30 日	6,120	「特別の準備金」を積立て（比率は非公表）。
④	みどり銀行劣後特約付貸付け	1996 年 1 月 26 日	1,100	1998 年度上半期末は期末貸付残高の 10%、貸倒引当金を計上。同年度末以降は貸倒引当金を計上せず。
⑤	阪和銀行	1996 年 11 月 21 日	2,595	「特別の準備金」を積立て（比率は非公表）。
⑥	京都共栄銀行	1997 年 10 月 14 日	130	期末貸付残高の 10%、「特別の準備金」を積立て（1998 年度上半期以降は「貸倒引当金」を計上）。
⑦	北海道拓殖銀行	1997 年 11 月 17 日	26,771	期末残高の 10%、「特別の準備金」を積立て（同上）。
⑧	山一證券 [富士銀行]	1997 年 11 月 24 日	12,000	期末残高の 25%、「特別の準備金」を積立て（同上）。1999 年度上半期末以降は、期末貸付残高から破産配当等による回収可能見込み額を控除した金額を貸倒引当金として計上[注5]。
⑨	徳陽シティ銀行	1997 年 11 月 26 日	2,283	期末残高の 10%、「特別の準備金」を積立て（同上）。
⑩	みどり銀行	1998 年 5 月 15 日	193	期末貸付残高の 10%、貸倒引当金を計上。
⑪	国民銀行	1999 年 4 月 11 日	665	期末貸付残高の 10%、貸倒引当金を計上。
⑫	幸福銀行	1999 年 5 月 22 日	2,786	期末貸付残高の 10%、貸倒引当金を計上。
⑬	東京相和銀行	1999 年 6 月 12 日	4,875	期末貸付残高の 10%、貸倒引当金を計上。
⑭	なみはや銀行	1999 年 8 月 7 日	1,264	期末貸付残高の 10%、貸倒引当金を計上。
⑮	新潟中央銀行	1999 年 10 月 2 日	1,643	期末貸付残高の 10%、貸倒引当金を計上。
⑯	信用組合関西興銀 [全信組連]	2000 年 12 月 16 日	5,466	期末貸付残高の 10%、貸倒引当金を計上。
⑰	朝銀近畿信用組合 [全信組連]	2000 年 12 月 29 日	2,067	期末貸付残高の 10%、貸倒引当金を計上。
⑱	石川銀行	2001 年 12 月 28 日	831	期末貸付残高の 10%、貸倒引当金を計上。
⑲	中部銀行	2002 年 3 月 8 日	226	期末貸付残高の 10%、貸倒引当金を計上。
⑳	りそな銀行	2003 年 5 月 17 日	0	―（貸付実績なし）
㉑	足利銀行	2003 年 11 月 29 日	0	―（貸付実績なし）

(注1)　日銀特融には、他の金融機関が日本銀行から貸付けを受け、その資金を最終貸付先に貸し付けるケースもあった。ここでは、貸し付けられた資金を転貸する金融機関を「経由先」と呼んでいる。「全信組連」とは、信用組合の系統上部機関である全国信用協同組合連合会の略称。

(注2)　日銀は、⑤の阪和銀行向け貸付けの最大金額を公表していない。ただ、②木津信用組合向け貸付けが回収された 1997 年 2 月から⑥京都共栄銀行向け貸付けが実施される直前の同年 9 月までの間の日銀特融には、⑤の阪和銀行向け以外に、④みどり銀行向け劣後特約付貸付け 1,100 億円（定額）しか存在しなかった。ここから逆算すると、阪和銀行向け特融の最大金額は、この期間中の特融合計の最大残高 3,695 億円（9 月末）から④みどり銀行向け 1,100 億円を差し引いた 2,595 億円以上の額と推測される。なお熊倉 [2008] 51 頁は、阪和銀行向け特融のピークを 2,690 億円とした。

(注3)　日銀は、⑧の山一證券向け貸付けの最大額を公表していない。もっとも、98 年に発刊された山一證券の社史「山一證券の百年」370 頁には、山一證券が受けた日銀特融がピーク時 1 兆 2,000 億円と記載されており、熊倉 [2008]、福田 [2008]、クー・佐々木 [2009]、伊豆 [2013c] がこれに依拠していることから、本表でもこれにならうこととする。なお、山一證券破産宣告時の特融残高は 3,376 億円であったことが公表されている。

(注4)　日本銀行は、旧日銀法時代の第 113 回事業年度（1997 年度下期）決算までは、貸倒引当金に相当する「特別の準備金」を「償却準備金」の中で包括して計上し、この「償却準備金」全体額のみを公表していた。これに対して、現行日銀法時代の第 114 回事業年度（1998 年度）決算からは、財務の透明性を高める観点から、財務諸表の様式を見直し、貸倒引当金の引当金勘定を独立して計上するようになった（「償却準備金」は廃止）。

(注5)　山一證券向けの特融に関する貸倒引当金の計上上方法は、担保処分や破産手続の進捗に応じて、以下のように変遷している。
　　　1999 年度上半期末は、期末の貸付残高から担保処分および破産配当による回収が可能と見込まれる額を控除した金額を貸倒引当金として計上。
　　　1999 年度末および 2000 年度上半期末は、期末貸付残高から破産配当による回収が可能と見込まれる額を控除した金額を貸倒引当金として計上。
　　　2000 年度末は、期末の貸付残高から担保処分および破産配当による回収が可能と見込まれる額を控除した金額を貸倒引当金として計上。
　　　2001 年度上半期末以降は、期末の貸付残高から破産配当による回収が可能と見込まれる額を控除した金額を貸倒引当金として計上。

(出所)　日銀政策委員会編「年次報告書」（平成 7～9 年）、日銀「業務概況書」（平成 10～16 年度）、日銀ホームページ等から筆者作成。

当金」（1998年度上期末以降）として計上することが慣例となっていたようにうかがわれる。

第5節　日銀特融等の損失

（1）　特融等による発生損失の概観

戦後に実施された日銀特融23件[44]のうち，日銀が一部でも回収できずに損失を被ったのは，1997年から2005年の間に実施された山一證券向け特融（表3-4⑧）に限られる（BOX 7「昭和40年証券不況時の日銀特融」および第4節（5）（ii）で前述）。

一方，日銀法38条に基づく信用秩序維持業務のうち，特融以外の2件，すなわち東京共同銀行向けの出資および新金融安定化基金向け資金拠出については，日銀に損失が発生している（Nakaso [2001]，福田 [2008]）。

したがって，日銀が戦後に実施した「特融等」25件のうち3件において，損失が発生したことになり，3件の損失の合計額は約2,075億円に達した[45]。これら損失は，結果としては，日銀業務から発生する利益に吸収された形となり，国からの直接的な財政支援にはつながらなかった。もっとも，これなかりせば日銀が国庫に納付したはずの金額を減らしたという意味での国民負担（逸失国庫収入）は，山一證券向け特融の回収不能に関連した法定準備金積立て55億円（（4）で後述）を含め約2,130億円となる。

以下では，これら3件の日銀特融等において損失が発生し処理された経緯を説明する。

44）　昭和40年証券不況時に実施された特融2件に加え，1995年から2005年までの間に実施された特融21件の合計件数。

45）　中曽・日銀前副総裁は，わが国の1990年代の金融危機には，証券会社の破綻や預金取扱金融機関の資本不足に対処する制度の整備がまだ進んでいなかった状況下，日銀は金融システム安定の使命のためにあえてリスクをとって特融を実施した結果2,000億円を超える損失が生じ大きな痛みを伴った，と回顧した（Nakaso [2014a] の該当箇所を筆者和訳）。

(2)　東京共同銀行向けの出資における損失

　1995年1月に日銀からの出資200億円などを受けて設立された東京共同銀行は，1996年に整理回収銀行に改組された際，預金保険機構が増資1,200億円を引き受け，さらに1998年の預金保険法および住専処理法の改正に基づき，1999年に住宅金融債権管理機構と合併し，預金保険機構の全額出資子会社として創設された整理回収機構に改組された（章末資料2で後述）。この合併に向け，預金保険機構が日銀の所有する整理回収銀行株式額面200億円を全額買い取ることとなったが，この際の買取り価格が日銀と預金保険機構との間で問題となった。

　日銀側は，この「出資は，預金保険制度が十分整備されていない下で」の「極めて異例の緊急避難措置」であったことを強調したうえで，整理回収銀行が抱えた損失の負担は出資者に求めず「預金保険制度の枠組みの中で処理されるべきである」と主張し，1998年12月22日，預金保険機構に，額面金額による買取りを申し入れた。

　これに対して，預金保険機構は，同月25日に，整理回収銀行株式の買取りが預金保険制度上の資金援助の対象とならず，一般の株式取引と同様に時価買取り以外に方法はない，と回答したうえで，翌1999年2月15日，整理回収銀行の資産調査を踏まえた株式買取り希望価格を1株8,872円（額面5万円）と日銀に提示した。

　日銀は翌2月16日，この問題の決着が「金融システムの早期再生に資する」という認識の下，預金保険機構が提示した時価での売却を決定した[46]。この結果，株式の額面200億円と売却価額35億4,880万円との差額である売却損164億5,120万円が日銀に発生し，1998年度決算において「金融機関出資処分損」として計上された。

---

46)　1999年2月16日付けの政策委員会決定文は，時価売却やむなしとの判断に至る理由として「(1) 日本銀行の信用秩序維持のための資金供与は，必要不可欠な場合に限り行うものであるという基本方針に鑑み，預金保険機構が希望している株式全額買取りに応じ出資関係を解消することが適当と考えられること，(2) 前述の預金保険機構の回答内容を踏まえると，現行の預金保険の枠組みの下では，同機構の株式買取りは，一般原則，すなわち時価によらざるを得ないと判断されること，(3) 合併に伴う整理回収銀行に対する株式買取り請求手続等他の解決方法によったとしても，時価を超えた出資金の回収は困難であること」と述べており，苦渋の決断を迫られたことがうかがわれる。

(3)　新金融安定化基金向け資金拠出における損失

　日銀は 1996 年 9 月に，新金融安定化基金の「第一勘定」に資金を 1,000 億円拠出し，そのうち 800 億円は，1997 年 4 月に発表された日本債券信用銀行の再建策の一環として，同行の優先株の引受けに当てられた（章末資料 2 で後述）。

　ところが，その後，金融経済情勢が一段と悪化するなかで，同行の経営再建は捗々しく進まず，1998 年 12 月 13 日に至り，内閣総理大臣が，金融再生法に基づく特別公的管理の開始の決定[47]を行った。この背景には，金融監督庁（金融庁の前身）が，1998 年 7 月に主要行に対する一斉検査の一環として同行を検査したところ，1998 年 3 月期段階で 944 億円の債務超過と有価証券等含み損 1,803 億円が判明したという事情がある。

　日本債券信用銀行に対する特別公的管理の開始決定を受け，新金融安定化基金（日本銀行拠出分）が引き受けた優先株を含め，同行の全株式は預金保険機構により取得された。この結果，日銀は，1998 年度決算において，日本債券信用銀行の優先株式消却処理予定相当額 800 億円を「新金融安定化基金拠出金損失引当金」として計上した。

(4)　山一證券向け特融における損失

　日銀は，山一證券向け特融を実施した当初の 1997 年 11 月 24 日付け総裁談話で，山一證券が「債務超過の状況にない」と判断し，また，政府側も「本件の最終処理を含め，寄託証券補償基金制度の法制化，および同基金の財務基盤の充実や機能の強化等を図り，十全の処理体制を整備すべく適切に対処したいとしている」ことを理由に，「日本銀行資金の回収に懸念が生じるような事態はない」と考えていた（第 3 節 (3)(iii) で前述）。

---

47)　1998 年 12 月 13 日の日本債券信用銀行に対する特別公的管理の開始決定を受け日銀は，総裁談話を発表し，その中で「日本債券信用銀行は，昨年 4 月，政府からの強い要請を踏まえた新金融安定化基金（日本銀行拠出分）による優先株の引受けならびに民間金融機関等による出資を含む，抜本的な経営再建策を発表し，関係者の支援を得ながら経営の再建に努めてきたところである。しかし，その後，経済情勢が一段と悪化する中で，先般の金融監督庁による検査において，本年 3 月末時点で債務超過となる見込みとされ，本日，特別公的管理の開始が決定されるに至ったことは，誠に残念な事態であると考えている」と遺憾の意を表明した。

　日銀が「十全の処理体制を整備」する政府側のコミットメントの根拠として挙げていたのが，同日付けの大蔵大臣談話[48]である。ここからは，当時の日銀が，預金取扱金融機関向けの特融の回収が，1996 年の預金保険法改正で認められたペイオフコスト超の特別資金援助により可能となったことと同様に，山一證券向け特融の返済財源が，証券会社の破綻処理制度などの整備により確保されることを期待していることがうかがわれる。

　この約 1 年半後，日銀は，山一證券の自己破産が迫った 1999 年 5 月 28 日付け政策委員会決定文上で，同証券が「多額の債務超過に陥る可能性が高まる」との判断を示し，破産宣告直後の 6 月 2 日付け総裁談話では「こうした事態に立ち至ったことは，日本銀行としても誠に残念かつ遺憾である」との見解を表明した。もっとも日銀は引き続き，上記 1997 年 11 月 24 日付け大蔵大臣談話を拠り所に「日本銀行資金の最終的な回収には懸念はないものと考えている。政府におかれては，大蔵大臣談話の趣旨に沿って，本件の最終処理を適切に実現されるよう，日本銀行として強く期待するものである」と述べ，何らかの政府措置に対する強い期待感を示している。

　一方，破産宣告後の山一證券向け特融の貸倒引当金の計上方法は，破産宣告のあった 1999 年度上半期の決算を機に変更された。すなわち，それまでの期末貸付残高の 25% 相当額を計上する方式から，「山一證券の破産申立てに係る疎明資料記載の担保評価額及び見込み破産配当率を使用したうえで，上半期末の貸付残高から担保処分及び破産配当による回収が可能と見込まれる額を控除した金額を貸倒引当金として計上する」（1999 年 10 月 22 日付け政策委員会決定文）方式に改められた。

　山一證券向け特融の残高は，ピーク時に 1 兆 2,000 億円に膨らんだ後，資産処分等により回収が進んだ[49]が，1999 年 6 月の破産宣告時にもなお 3,376 億

---

48)　1997 年 11 月 24 日の大蔵大臣談話は「本件の最終処理も含め，証券会社の破綻処理のあり方に関しては，寄託証券補償基金制度の法制化，同基金の財務基盤の充実，機能の強化等を図り，十全の処理体制を整備すべく適切に対処いたしたい」と述べている。

49)　日本銀行 [1999a] 359 頁の貸倒引当金等から筆者が推計した 1999 年 3 月末特融残高は，5,000億円余りである。なお山一證券株式会社社史編纂委員 [1998] 371 頁は，その前年 1998 年 3 月末の特融残高を 5,050 億円としている。

円が未回収であった。その後日銀は，2005 年 1 月 26 日の破産終結決定に至る 5 年余りの間，担保処分や破産配当など破産手続における権利を行使することで徐々に回収を進め，破産宣告以後の累計回収額は 2,265 億円（回収率 67.1％）に達した（日銀金融機構局［2005］）[50]。

　山一証券向け特融の回収不能，貸倒れ損失の負担の問題は，同社の破産宣告後もしばらくは決着しなかった。深澤［2002］は，預金保険機構の特別資金援助によって「債務全額返済が保証されていた銀行と異なり，証券会社の場合はそのような枠組みが整っておらず，損失負担に関わる責任の所在が曖昧だったからである」と解説しつつ，「日銀は，『政府が同證券向けの特融の返済を確約している』との認識を一貫して示し続けてきた」と記している[51]。

　結局，山一證券向けの日銀特融は，2005 年 1 月 26 日における同社の破産終結決定に伴い終了し，終結時における貸付残高 1,111 億円が回収不能となった。日銀は 2004 年度決算において，この回収不能額 1,111 億円を貸倒引当金の取崩しにより償却したほか，財務の健全性を損なわないようにするため，仮に特融が回収された場合には法定準備金として積立てられていたと考えられる金額 55 億円[52]につき，日銀法 53 条 2 項に基づく認可を受けて法定準備金の積立てを行った。政府は，日銀による法定準備金の積立てを認可することをもって特融返済の約束を守った，と理解することができる。

50）　破産終結前の最終年度 2004 年度中も，みずほコーポレート銀行が日本投資者保護基金から受領した貸付債権譲渡代金（18 億 8,200 万円）相当額の返済のほか，山一證券の破産手続における最後配当金の受領などから 80 億円の回収実績があった。

51）　深澤［2002］は，日銀が政府側の確約を示す根拠として，1997 年 11 月 24 日付けの三塚大蔵大臣談話，および，1999 年 7 月 6 日の宮澤大蔵大臣国会答弁「山一證券向け特融は，大蔵大臣の要請・命令で行ったことだから，蔵相に責任がある」（衆議院大蔵委員会）の 2 発言を引用している，と指摘した。また，2002 年 4 月 16 日の塩川財務大臣国会答弁「山一證券向け特融の残債返済は，投資者保護基金だけではまかなっていくことは難しく，いずれは政府も関与しなくてはならない」（参議院財政金融委員会）によって，当時「この問題には一応決着が着きつつある」と見通していた。

52）　法定準備金積立ての金額 55 億円は，回収不能額 1,111 億円に，日銀法 53 条 1 項に定める積立率（5％）を乗じて算出された。

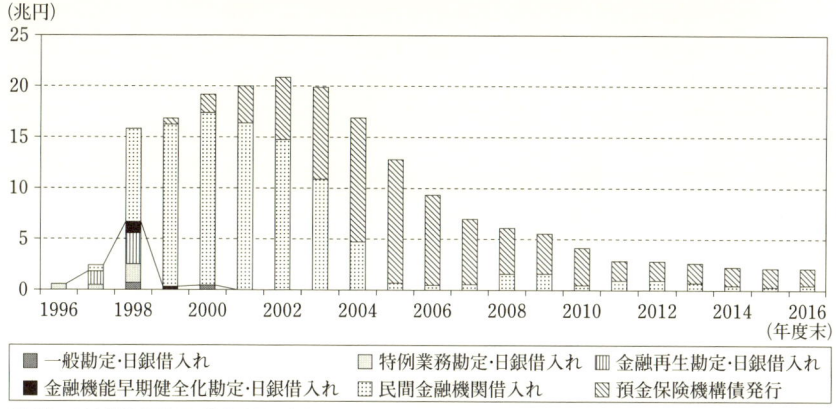

図3-12　預金保険機構の資金調達手段別内訳と日銀借入れの勘定別内訳の推移

（出所）　預金保険機構「預金保険機構年報」，預金保険機構「平成金融危機への対応研究会」編著［2005］95頁等から筆者作成。

第6節　日本銀行の預金保険機構貸付金

　1995年以降にわが国金融機関の破綻処理が相次ぎ，また1996年改正預金保険法に基づき預金保険機構がペイオフコストを超える特別資金援助を行うようになったことから，預金保険機構は外部資金調達を拡大せざるをえなくなる。ところが預金保険機構の資金調達は1990年代後半に，図3-12の積上げ棒グラフの折れ線より下方の部分が示すとおり，日銀借入れに依存していた（BOX8「時間を要したわが国のセーフティネットの整備」で前述）。

　日銀特融は，日銀の預金保険機構貸付金によって賄われていた預金保険機構の資金援助が入金されることで返済されていた。このように日銀特融が返済されても，事実上，日銀の預金保険機構貸付金に振り替わる形になっていたのである。こうした事情を背景に，1997年以降，日銀の預金保険機構貸付金は顕著に増加し，1998年12月末に8兆477億円という巨額のピーク残高を計上した。

　この結果，図3-13が示すとおり，日銀の特融と預金保険機構貸付金の合計残高は急増し，1998年末には約8.7兆円にまで膨らんだ（1999年3月末の日

図 3-13　日銀特融と預金保険機構貸付金，対総資産比率の推移

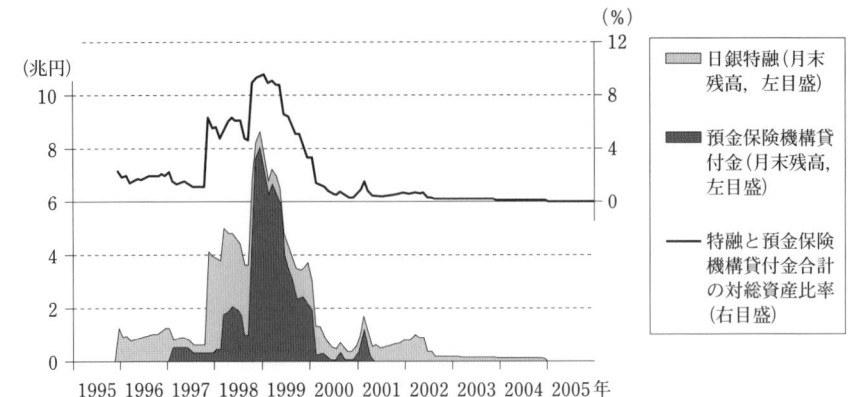

（出所）　日本銀行「マネタリーベースと日本銀行の取引」，同「日本銀行勘定」，日銀政策委員会編「平成 8 年
年次報告書」等から筆者作成。

銀自己資本の 2 倍弱に相当）。また，特融と預金保険機構貸付金の合計残高の
対日銀総資産比率は，1999 年 1 月末に約 10% にも達する異例の事態となった。

　図 3-13 において日銀特融と預金保険機構貸付金の合計残高が 1998 年後半
に急拡大した動きをつぶさにみると，預金保険機構貸付金が，特融からの振り
替わり以外の要因でも急増している。この時期は，特別公的管理銀行（日本長
期信用銀行：1998 年 10 月 23 日開始決定，日本債券信用銀行：1998 年 12 月
13 日開始決定）の破綻処理を扱った預金保険機構・金融再生勘定などによる
日銀借入れが大きく膨らんだ。

　預金保険機構貸付金の急増に直面した日銀は，1999 年 6 月に国会に提出し
た「通貨及び金融の調節に関する報告書」の中で，「バランスシートを巡る議
論」という項目を特別に設け，預金保険機構貸付金の顕著な増加が日銀バラン
スシートの健全性に及ぼす影響について論じている。すなわち，預金保険機構
貸付金は，返済財源や政府保証があるため「信用力の面で懸念があるわけでは
ない」ことは認めつつも，本来，一時的なつなぎ資金として補完的に信用供与
されるべき預金保険機構向け貸付けが「著しく増加し，あるいは長期に亘って
固定化する事態が生じる場合には，日本銀行のバランスシートの健全性や適切
な金融市場調節の実施の観点から，問題を生じかねない」と指摘した（日本銀

行［1999b］104 頁)[53]。現に預金保険機構貸付金のピーク残高約 8 兆円（1998
年 12 月末）は，日銀の金融調節運営上，重視される準備預金額（同月平残 3
兆 8,216 億円）の 2 倍を上回っていた。

日銀は，この問題を克服すべく，預金保険機構に対し「政府保証債の発行と
いった調達手段の多様化を含め，民間からの資金調達努力を尽くすこと等によ
り，日本銀行貸付けへの依存を極力抑制するよう，強く要請し」た（日本銀行
［1999b］104 頁）。預金保険機構も 1999 年以降，日銀側の問題意識を真摯に受
け止め，資金調達手段の多様化を大きく進展させた[54]。預金保険機構借入証
書・発行債券の日銀適格担保化などにも後押しされ「預金保険機構の資金調達
は，民間からの借入れが比較的順調に進んでいる」と日銀から評価されるに至
った（日本銀行［1999b］104 頁）。

この結果，預金保険機構の日銀借入れ依存度は順調に縮小した。2001 年 4
月以降，2018 年 5 月末に至るまで，日銀の預金保険機構貸付金は計上されて
いない[55]。

---

53)　福田［2008］6-7 頁は，預金保険機構・金融再生勘定による特別公的管理銀行（日本長期信用
銀行および日本債券信用銀行）両行への業務運営資金の貸付け（合計 4 兆円余）の原資となった日銀
の預金保険機構貸付金について「政府保証が原則であるため，日本銀行に直接の貸し倒れリスクはな
かった。しかし，預金保険機構が日銀からの借り入れによって調達した資金を貸し出し，それが回収
不能になれば，結果的に国民の負担になったといってよい」と指摘し，公的資金投入に関する国民の
合意形成のあり方と中央銀行 LLR の役割につき問題提起をしている。
54)　預金保険機構「平成金融危機への対応研究会」編著［2005］85 頁は，当時を回顧し「市場調達
の進展によって日銀依存度は低下し，機構の財務運営において日銀借入の果たす役割は，民間調達で
は円滑な資金調達が困難な場合に限定した流動性補完に移行した。このような変化は，中央銀行とし
ての金融機関破綻処理財源確保に対する関与・貢献のあり方に関する日本銀行の考えを反映したもの
でもあった」と述べている。
55)　日本振興銀行が経営破綻した 2010 年 9 月 10 日付けの日銀総裁談話は「日本銀行は（中略）わ
が国金融システムの安定確保に万全を期すべく，預金保険機構に対する一時的な資金繰り面での協力
を含め，政府や預金保険機構との緊密な連携のもと，中央銀行として適切に対応していく」としてい
たが，同月以降も預金保険機構貸付金月末残高はゼロである。

第7節　預金定額保護時代の日銀特融

（1）　2001年4月施行の改正預金保険法と日銀特融

　日銀特融と預金保険制度とは，わが国セーフティネットの枠組みの中で相互補完的な関係にある。したがって，預金保険制度の整備が進むと，その分だけ，日銀特融の果たすべき役割が後退していく筋合いにある。

　日本銀行は，2001年4月に平成12年改正預金保険法が施行されたことを踏まえ，2002年に公表した「平成13年度　業務概況書」の中で，特融等を「いわゆるセーフティ・ネット（金融危機回避のための手段）のひとつ」と位置づけ，その具体的な運用は「預金保険制度等他のセーフティ・ネットの枠組みに応じて検討していく必要がある」という認識を示したうえで，以後は破綻金融機関向けの特融を発動する機会を限定していく方針を，以下のとおり表明した（日本銀行［2002］89頁）。

> 「昨年4月施行のいわゆる改正預金保険法の下では，同法に定める破綻金融機関が預金払戻し等の業務を遂行する上で必要とする資金については，預金保険機構が供給する仕組みとなった。このため，金融危機の惧れが生じた場合への対応として預金保険法第102条に基づき破綻金融機関の全債務が全額保護される措置がとられるといった場合を除いては，今後日本銀行が破綻金融機関に対して特融等を行うことはないと考えられる。」

　日銀が特融の発動機会を限定していく方針を公式に表明したのは，これが初めてである。この背景には，預金保険関連の一連の制度整備が，21世紀入り後になって一段落し，預金保険機構自ら破綻金融機関に向け預金払戻し資金を供給できる仕組みが恒久的な措置として設けられたという事情がある。

（2）　2005年4月以降の預金定額保護と日銀特融

　2005年4月に，預金等は，決済用預金を除き，付保限度の原則どおりの定額保護（預金者1人当たり元本1,000万円までとその利息等の保護）となった。

いわゆるペイオフ解禁，すなわちペイオフ凍結の全面解除が実現したのである（BOX 6「ペイオフ凍結，預金全額保護の時代」で前述）。これに先立つ同年 3 月 18 日，日本銀行は「ペイオフ全面解禁後の金融システム面への対応について」（以下「金融システム面への対応」）を公表し，その中で，最後の貸し手機能の発揮に関する日銀の対応方針を明らかにした（日本銀行［2005a］，章末資料 1 参照）。

　続いて，同年 8 月には，日銀金融機構局が「金融システムレポート：金融システム面における日本銀行の施策」の中で，上記「金融システム面への対応」を引用しつつ，以後の日銀特融の運営方針について，以下のとおり確認している。日銀は，2002 年の「平成 13 年度業務概況書」の中に書かれた基本方針を踏襲し，今後は破綻金融機関に対する特融等をごく例外的な局面でしか実施しないことを公式に明言したのである。

> 「なお，日本銀行法第 38 条に基づく資金の貸付けその他の信用秩序の維持に資するための業務（特融等）は，広い意味でのセーフティ・ネット（金融危機回避のための手段）の一つであり，その具体的な運用については，預金保険制度等他のセーフティ・ネットの枠組みを前提として対応していく必要がある。この点に関連し，預金保険法では，同法に定める破綻金融機関が預金払戻し等の業務を遂行する上で必要とする資金については，預金保険機構が供給する仕組みとなっている。このため，金融危機の惧れが生じた場合への対応として同法第 102 条に基づき破綻金融機関の全債務が全額保護される措置がとられるといった場合を除いては，日本銀行が破たん金融機関に対して特融等を行うことはないと考えられる。」（日本銀行金融機構局［2005］11-12 頁）

　このように日銀が破綻金融機関向けの特融発動を限定していく方針を強調した背景事情は，第 1 に，破綻金融機関が預金払戻し等の業務を遂行するうえで必要とする資金を預金保険機構が供給する仕組みとなったこと，第 2 に，預金定額保護の預金保険制度下では特融の返済財源を預金保険機構による通常（ペイオフコスト内）の資金援助に期待することが難しくなったこと，の 2 点に整理できる。それぞれを特融等の 4 原則に当てはめると，前者は，「原則 2：日銀の資金供与の必要不可欠性」が認められ難くなったことを意味し，後者は，「原則 4：日銀自身の財務の健全性維持への配慮」が難しくなったことを意味

する，と理解できる。

(3)　2013年の預金保険法改正と日銀特融

　2014年3月に，2013年6月改正の預金保険法[56]が施行され，金融システム
の安定を図るための金融機関等の資産および負債の秩序ある処理に関する措置，
いわゆる「秩序ある処理」が導入された。これは，2008年のリーマン・ショ
ックを機に拡大した国際金融危機の経験・教訓を踏まえ，FSB（Financial Sta-
bility Board，金融安定理事会）を中心に，金融システム上重要な金融機関など
の秩序ある処理を可能とする実効的な破綻処理手続の整備をめぐる国際的な議
論が活発化し，また欧米主要国においてこうした枠組みの整備が進んだことを
背景に，わが国においても，金融機関の秩序ある処理に関する枠組みのための
法制整備が求められたことが背景にある。

　秩序ある処理は，わが国の金融市場その他の金融システムの著しい混乱を生
じるおそれがある場合に，金融危機対応会議の議を経て，内閣総理大臣が必要
性を認定する。秩序ある処理の対象となりうるのは，従来の預金保険法が対象
としていた預金取扱金融機関に加え，銀行持株会社，保険会社，証券会社（金
融商品取引業者），証券金融会社なども広く含む「金融機関等」である（預金
保険法126条の2第2項）。

　秩序ある処理のために発動される措置は2種類ある。このうち「特定第1号
措置」は，債務超過でない金融機関等を預金保険機構の特別監視下に置き流動
性の供給等を行うものである。一方の「特定第2号措置」は，債務超過・支払
停止またはそれらのおそれがある金融機関等の管理処分権を預金保険機構が掌
握しつつ，特定承継金融機関等への債務等の引継ぎおよび特定資金援助により
債務を履行させるものである。

　債務超過でない金融機関等を対象とする「特定第1号措置」では，預金保険
機構が，特別監視下に置いた金融機関等に対して流動性を供給する。この預金
保険機構による流動性供給は，特別監視下の金融機関等に，金融システム上重

---

56)　平成25年改正預金保険法の内容は，村松［2014］が詳細に解説している。他に古澤・藤本
［2013］，川口［2013］なども参照されたい。

要な債務を含む債務を約定どおり履行させ，金融システム上重要な取引の縮小
を図ることをねらいとしている。

　「特定第 1 号措置」の対象となる支払能力のある（債務超過でない）金融機
関に対しては日銀も，日銀法 33 条に基づく有担保貸付け，または，同法 37 条
に基づく一時貸付けのいずれの形態の LLR でも実施できる[57]。したがって，
「特定第 1 号措置」が発動された金融機関等に対しては，預金保険機構および
日銀の双方が資金流動性を供給できることになる。

　一方，債務超過またはそのおそれがある金融機関等につき「秩序ある処理」
を進めるための「特定第 2 号措置」が発動された場合，預金保険機構がその金
融機関等の管理処分権を掌握しつつ債務を履行させるという公的枠組みが機能
するもとでは，日銀特融等の 4 原則のうち「原則 2：日銀の資金供与の必要不
可欠性」の条件が満たされないことから，日銀は，その金融機関等に資金流動
性を供給しないことになろう。ただ，この場合でも，預金保険機構自体が大規
模な流動性を供給する必要から突発的な資金不足に直面し資金繰りの面での一
時的な協力を日銀に要請する可能性はあろう。

第8節　日銀特融の現代的な意義

　本章で繰り返し強調したとおり，日銀の LLR 機能，特に日銀特融は，1990
年代半ば以降，わが国金融機関の不良債権処理の取組みを促進し，中でも債務
超過金融機関の破綻処理を円滑に進めることを後押しした。日銀特融は，2 つ
の側面から，日本の金融機関の破綻処理を促進・加速することに貢献した。

　第 1 に，経営破綻し通常の方法で金融市場等から資金を調達する途が閉ざさ
れた金融機関に対して預金払戻し資金等を供給することで，システミック・リ
スクが現実化するおそれを防ぎ，その金融機関の破綻処理が円滑に進む環境を
確保した。

---

57)　「特定第 1 号措置」が発動された債務超過でない金融機関場合に対して，日銀法 38 条に基づく
　　特融を実施するのは難しい。なぜならば，預金保険機構自らが流動性を供給できる前提下では，特融
　　等の 4 原則のうち「原則 2：日銀の資金供与の必要不可欠性」の条件が満たされないからである。

　第2に，日銀特融が事実上，預金保険の機能を肩代わりし代行したことが，日本の預金保険制度など金融セーフティネットや金融機関破綻処理の制度整備が進める触媒となった。政府が預金の全額保護をコミットし，また，預金保険機構に流動性供給機能を付与し資金調達能力を拡充するなど預金保険法改正を重ねたのは，1995年夏以降に日銀特融が頻繁に発動されたことに触発されたものである。

　必要に迫られて日銀が特融という「カード」をやむなく切ったことで，中央銀行 LLR と預金保険という2つの制度の間で，セーフティネットを強化する競争が誘発された。日銀特融と預金保険制度は，相乗作用を及ぼし合いながら発展・拡充していき，日本の金融機関や政府・日銀による不良債権問題への取組みや不良債権の損失処理，債務超過金融機関の破綻処理を促したのである。

　このように日銀特融が不良債権問題への取組みや金融機関の破綻処理を後押ししたという事実や歴史の教訓を踏まえて考えると，1990年代以降の日銀特融の経験は，現代の中央銀行 LLR 一般にとり，以下5点の有意義な論点や検討課題を提供している。

　第1に，債務超過金融機関の破綻処理にも，資金流動性を一時的に供給する仕組みが欠かせない。これは，しばしば見落とされがちな問題である。支払能力のある健全金融機関が流動性不足問題を克服するために中央銀行 LLR を利用したいのと同様に，あるいはそれ以上に，債務超過に陥り破綻処理中の金融機関は流動性調達に苦しんでいる。

　1990年代後半の日銀特融は，現代風に言えば「金融機関の秩序だった破綻処理の実効的な枠組み」のために，中央銀行が流動性を供給することの重要性を示した先進事例でありながら，技術的に見えるがゆえに，以後の議論が深まることが少なかった。破綻処理の円滑な進捗という考え方を取り上げた先駆的な研究業績としては，黒田晁生教授の1997年著書が，金融機関の破綻処理手続が一定のルールに沿って迅速に進められることの重要性を力説していたことが特筆される（黒田晁生［1997］）。

　第2に，債務超過の金融機関に無担保で資金を貸し付けることが，その金融機関を中央銀行が救済（bail-out）することや，中央銀行の財務健全性を損なうことを必ずしも意味しないということである。日銀特融のように全額保護の預

金保険制度の中に返済財源が確保されていれば，債務超過金融機関向けの無担保貸付けでも貸倒れ損失は生じない。逆に「中央銀行が債務超過先に資金を貸すことは大き過ぎて潰せない金融機関の救済だ」といった単純化された主張が流布されることは，中央銀行 LLR を含む金融セーフティネット全般の適切な制度設計にとりミスリーディングであり有害である。

　債務超過金融機関の破綻損失を，公的部門あるいは民間部門のどの経済主体がどのように負担するかは，中央銀行貸付けの形態や担保ばかりではなく，預金保険制度，破綻処理法制，国家財政などの諸制度に依存する。財政民主主義を確保するために重要なことは，金融機関の破綻処理費用が国民に転嫁されるメカニズムを国民が適切に把握し明確に理解できるような情報が開示されていることである。

　第 3 に，破綻処理中の債務超過金融機関向けの中央銀行による資金流動性供給も，健全金融機関向けの中央銀行 LLR と同様に，何らかの発動原則に沿った運用が必要という点である。日銀特融等の 4 原則は，こうした破綻金融機関向け資金供与に関する発動原則を定式化していくためのモデルである。

　第 4 に，中央銀行 LLR と，預金保険など他のセーフティネットの枠組みとの間の代替関係，相互補完関係について改めて検討しなくてはならない。1990 年代後半から今世紀初頭にかけての日本では，預金保険制度の整備が進むにつれ，それまでは預金保険の機能を事実上，代替・代行していた日銀特融の役割は後退した。

　しかしながら，中央銀行の LLR 機能には，中央銀行が通貨発行を独占し，民間金融機関類似の銀行業務に従事していることから，あらかじめ資金調達をせずに迅速かつ機動的に実行できるという点で強みがある。したがって，破綻処理中の債務超過金融機関に向けた資金流動性の供給主体の選択肢の中から，中央銀行を除外して検討を始めるのは，適切な制度設計とは考えられない。

　第 5 に，金融機関の破綻処理手続の開始後に，金融市場・金融システム全体にシステミック・リスクが伝播し拡大するのを防止するうえで，最も効果的な流動性供給手段や経路は何か，という問題も検討しなくてはならない。1990 年代後半の日銀特融は，実務面のフィージビリティも勘案し，当該破綻金融機関を経由した流動性供給が，金融システムの安定，システミック・リスクの防

止の目的から最も効果的だと考え，この経路を選択していた。デリバティブを含め国際的な金融資本市場との取引がより拡大し多様化・複雑化した現代の金融機関について秩序だった破綻処理を進める場合に，最も効果的な流動性供給の手段や経路についての再検討は避けて通れない。

章末資料1　日銀の金融システム面への対応と最後の貸し手機能の発揮

日本銀行は，2005年3月18日に「ペイオフ全面解禁後の金融システム面への対応について」を公表し，その中で，金融システムの安定のための各種施策やその考え方を提示した。以下の記述は，金融システム安定のための施策が列挙された冒頭に掲げられた「最後の貸し手機能の発揮」の内容を抜粋したものである。

(1)　最後の貸し手機能の発揮

金融システムの安定確保のためには，個別金融機関の業務や経営に問題が生じた場合においても，それが決済不能の連鎖や信認低下の波及を通じて金融システム全体に悪影響を及ぼす事態を回避しなければならない。こうした観点から，日本銀行は，考査・モニタリングにより金融機関の経営実態を把握しつつ，必要な場合には最後の貸し手として流動性を供給する。

最後の貸し手機能は，日本銀行の基本的な役割の一つであり，以下の基本方針に基づき，今後とも適切に発揮していく方針である。

（有担保貸付——33条貸付）

日本銀行法第33条に基づく有担保の貸付としては，金融調節の一層の円滑化を図るとともに，金融市場の円滑な機能の維持および安定性の確保に資する趣旨から，補完貸付を行っている。また，それとは別に，個別金融機関の業務上の必要性に対応して，市場の動向なども勘案しつつ機動的，弾力的に有担保の貸付を実施することとしており，こうした貸付についても，引続き適切に運営していく。

（金融機関等に対する一時貸付——37条貸付）

経営の健全性に問題のない金融機関において，電子情報処理組織の故障などの偶発的な事由により一時的な支払資金の不足が生じ，金融機関間の資金決済の円滑の確保を図るため必要な場合には，日本銀行法第37条に基づく貸付を機動的に実施する。

（特融——38条貸付）

日本銀行法第38条に基づく貸付（いわゆる日銀特融）については，今後とも，政府と連携し，4原則[注]に即して対応していく方針である。

(注)　原則1. システミック・リスクが顕現化する惧れがあること
　　　原則2. 日本銀行の資金供与が必要不可欠であること
　　　原則3. モラルハザード防止の観点から，関係者の責任の明確化が図られるなど適切な対応が講じられること
　　　原則4. 日本銀行自身の財務の健全性維持に配慮すること

章末資料2　日銀特融以外の信用秩序維持業務

本章では，日銀法 38 条に基づく信用秩序維持業務（「特融等」）のうち資金貸付けの形態をとる「特融」について述べたが，以下では，出資や資金拠出など資金貸付け以外の形態をとる，日銀の「その他の信用秩序維持業務」について説明したい。

1. 東京共同銀行への出資

日銀は 1995 年 1 月 13 日に，民間金融機関とともに，東京協和信用組合および安全信用組合の事業の全部譲受けを行う東京共同銀行を設立するに当たり，その発起人となり，発行価額合計 200 億円，40 万株の株式の引受けを行うことを決定した。東京協和信用組合および安全信用組合は，東京都港区に本店を有する信用組合で，前年の 1994 年 12 月 9 日に経営破綻が明らかになり，破綻処理策が発表されていた。

日銀は，東京共同銀行への出資につき，旧日銀法 25 条に基づく認可を取得している。東京共同銀行の設立に際しては，民間金融機関全体で同額を出資した。

このように設立された東京共同銀行は，1995 年 7 月末に経営破綻したコスモ信用組合（東京都中央区）の事業の全部譲受けを 1996 年 3 月 25 日に行った。その後，預金保険法の 1996 年改正が，同行を，破綻信用組合の事業譲受けや不良債権の買取り，回収を主たる目的とする協定銀行（預金保険機構との間で整理回収業務に関する協定を締結）に改組する措置を規定したことを受け，東京共同銀行は 9 月 2 日に整理回収銀行に改組され，同月 25 日には預金保険機構から 1,200 億円の出資を受け入れた。

1998 年 10 月に改正された預金保険法等に基づき，東京共同銀行は，住宅金融債権管理機構[58]と合併し，整理回収機構に改組されることが定められた。同年のいわゆる「金融国会」における「三会派合意」において，この整理回収機構を，実質的に全額国が出資する株式会社とする基本方針が打ち出されたことを受け，預金保険機構は，日銀および民間金融機関が所有する整理回収銀行株式を全額買い取った。この結果，翌 1999 年 4 月 1 日に整理回収機構が創設された。

2. 新金融安定化基金への資金拠出

日銀は 1996 年 9 月 24 日に，新金融安定化基金[59]が新たに設立されるにあたり，

---

58)　住宅金融債権管理機構は，1996 年 6 月施行の「特定住宅金融専門会社の債権債務の処理の促進等に関する特別措置法」（以下「住専処理法」）に基づき預金保険機構の全額出資子会社として，同年 7 月に設立された。概要は，3. で後述する。

信用制度全体の安定を確保する観点から，当該社団法人の設立者となり，同法人の特別会員として，当該基金に当てる資金を 1,000 億円拠出することを決定し，旧日銀法 25 条に基づく認可を取得した。この新金融安定化基金が行う「基金を活用した事業」とは，以下の 2 つの事業であった。

　第 1 に，特別会員である日銀からの拠出金は「第一勘定」に充当することとし，金融機関の資本基盤の構築等を支援する事業に活用された。この第一勘定の運用については，事前に日本銀行と協議し，日本銀行の同意を得ることとされていた。

　第 2 に，正会員である民間金融機関等（銀行，生命保険会社，証券会社および農林系統金融機関）からの拠出金約 8,000 億円は「第二勘定」に充当することとし，金融システム安定を目的とした基金運用事業に活用された。この運用益は，基金業務終了時に住宅金融債権管理機構に贈与され（預金保険機構を通じて最終的に国庫に納付），住専処理損失に対する国民負担を事後的に縮小することが想定されていた。

　その後，新金融安定化基金「第一勘定」で受け入れた日銀からの拠出金 1,000 億円は，銀行の資本基盤の構築等を支援する下記 2 件の事業に活用された。拠出金 1,000 億円のうち，下記②の日本債券信用銀行の優先株を引き受けた 800 億円は損失となった（本章第 5 節（3）で前述）が，それを除いた 200 億円は，2011 年 9 月に日銀へ返還されている。

①　紀伊預金管理銀行への出資 100 億円

　　日銀は，1996 年 11 月 21 日に大蔵省から業務停止命令を受けた阪和銀行を整理・清算する目的で，同行の営業を譲り受ける新銀行（紀伊預金管理銀行）を設立するために 12 月 13 日，新金融安定化基金「第一勘定」から 100 億円の出資を行うことに同意した。

②　日本債券信用銀行の優先株引受け 800 億円

　　日銀は 1997 年 4 月 1 日に，日本債券信用銀行の再建策の一環として行われる総額約 3,000 億円の増資に際して，民間金融機関等からの出資では不足する資本について，新金融安定化基金「第一勘定」が 800 億円を上限に優先株の引受けを行うことを適当と判断し，同基金から協議を受けた段階でこれに同意することを決定した。

3.　住専処理法に基づく預金保険機構への資金拠出[60]

　1996 年 6 月 21 日施行の「特定住宅金融専門会社の債権債務の処理の促進等に関す

---

59)　新金融安定化基金とは，わが国金融システムの安定化および内外からの信頼性確保に資することを目的として基金を活用した事業を行う社団法人である。

る特別措置法」（以下「住専処理法」）に基づき，住専の債権債務の処理のための新会社（住宅金融債権管理機構）が，預金保険機構の全額出資によって設立されることになった（住専処理法 3 条 1 項 1 号）。日銀は，同法 25 条 1 項に基づき，同年 7 月 26 日付けで，預金保険機構の住専勘定（同法 4 条）に対して預金保険機構による新会社への出資に充当する資金 1,000 億円を拠出した[61]。預金保険機構は，上記の日銀からの資金拠出 1,000 億円と，住専に対して出融資をしていた民間金融機関等による資金拠出約 1 兆円を受け入れた「金融安定化拠出基金」（同法 9 条 1 項および 2 項）のうちの 1,000 億円とを原資にして，同日付けで 2,000 億円を出資し，住宅金融債権管理機構を設立した。

　この金融安定化拠出基金は，住宅金融債権管理機構への出資のほかに，同機構の円滑な業務の遂行のために必要な助成金の交付（同法 10 条）や，同機構の借入れの債務保証（同法 11 条）を目的として住専勘定の中に設置されたものである。その後 2011 年末までに，住専債権の回収に伴い生じた二次損失は，1 兆 3,000 億円を超えたが，当初方針どおり政府・民間金融機関が 2 分の 1 ずつを負担することとなり，この民間金融機関負担分については，金融安定化拠出基金の運用益および基金元本からの助成金などが充当された[62]。

　一方，住専の債権債務の処理の一次損失，すなわち住専各社が住宅金融債権管理機構に貸付債権等を譲渡した時点での損失については，預金保険機構が，国から交付された補助金（同法 24 条 1 項）6,800 億円を，住専勘定内の緊急金融安定化基金（同法 6 条 1 項）において受け入れ，その範囲内で，住宅金融債権管理機構に対して助成金を交付する仕組み（同法 7 条 1 項）となっていた。

---

60)　本件は，日銀法 38 条（あるいは旧日銀法 25 条）に基づく信用秩序維持業務ではなく，別の根拠法が存在することから，本来ここで記述すべき事項ではない。しかし，1990 年代央のわが国では，金融システムの信認を回復するために，住宅金融専門会社（以下「住専」）の債権債務処理が喫緊の重要課題とされ，この目的のために，名称が類似した基金が複数設置され，関連する資金拠出も複数実行された。わが国の不良債権問題克服に向けた取組みに深く関係する事実関係を整理した参考情報として，ここに記載することとする。

61)　日銀から預金保険機構に対するこの資金拠出については，この新会社が解散したときに，預金保険機構が拠出金の額に相当する金額を日銀に返還するものとされていた（同法 25 条 2 項）が，預金保険機構が住専勘定を廃止したことに伴い，2012 年 6 月 30 日に 1,000 億円が日銀に返還された。

62)　二次損失の政府負担分については，新たな財政措置を回避するねらいから，住専債権回収に伴う諸利益や，前述した新金融安定化基金「第二勘定」の運用益などが充当された（預金保険機構 [2011，2012]）。

第4章　米国FRBにおけるLLRの経験と教訓

　米国の中央銀行FRB（連邦準備制度）のLLRは，大きく2種類に分けられる。1つは「通常の連銀貸出」（Discount Window）であり，もう一方は，大恐慌後に設けられた「非常時の緊急貸出」である。

　グローバル金融危機，特に2008年リーマン・ショックの際に，注目を浴びたのは後者である。FRBが多数の流動性供給ファシリティを矢継ぎ早に新設したほか，AIGなど個別問題先向けの信用供与などでも非常時の緊急貸出をフル活用した結果，緊急貸出残高は急増し合計約1.5兆ドルに達した。積極活用が目立った非常時の緊急貸出に対しては，米国議会や国民世論から批判の眼が向けられ，2010年制定のドッド・フランク法（Dodd-Frank Wall Street Reform and Consumer Protection Act of 2010，以下「ドッド・フランク法」）による規制につながった。

　しかし常設のLLR枠組みは，あくまでも前者，通常の連銀貸出である。この通常の連銀貸出や，2008年に実施された個別問題先向け信用供与は，金融機関の秩序だった破綻処理や債務再編を進めるうえでも重要な役割を担っている。

　LLR機能は，FRBの本業そのものである。そもそもFRBは1913年に，LLR機能を提供する公的機関を常設する趣旨で創設された。現代の中央銀行はいずれも，物価安定を金融政策の第1の目的に掲げるが，FRBの場合，その目的・機能に金融政策が加わる20世紀半ばまでは，金融システム安定を目的とするLLRが主たる機能であった[1]。

　そこで本章は，まず第 1 節で，平時における米国の中央銀行 LLR である
「通常の連銀貸出」について解説する。続く第 2 節と第 3 節は，米国における
LLR の歴史を振り返るが，このうち第 3 節では，転機となった 1991 年 FDICIA
法が，通常の連銀貸出に期間制限を設けた一方で「非常時の緊急貸出」の自由
度を高めた経緯に言及する。第 4 節は，FRB がグローバル金融危機対応を目
的に特設した各種の流動性供給ファシリティや個別問題先への信用供与などの
実態を解説し，続く第 5 節では，FRB の積極的な流動性供給に対する研究者
や実務家の評価・批判を紹介する。第 6 節は，ドッド・フランク法が FRB の
LLR 機能に課した規制を説明したうえで，最後の第 7 節は，FRB の経験・教
訓が示唆する中央銀行 LLR に共通する検討課題を指摘したい。

第 1 節　FRB による通常の連銀貸出

（1）　通常の連銀貸出（Discount Window）概観
（i）　Discount Window の由来と連銀貸出の形態

　米国の FRB が，平時，すなわち金融危機以外の局面において，実施・運用
している通常の連銀貸出は，Discount Window あるいは Discount Window
Lending と通称される。Discount Window（逐語訳をすれば「割引窓口」）と
いう呼称が人口に膾炙し，また公式文書にも用いられている[2] のは，かつて
FRB が，預金取扱金融機関が持ち込む手形などの有価証券の再割引を行うこ
とで，資金を供給することが多かったという歴史的な沿革に由来している[3]。
　こうした経緯のある Discount Window であるが，現在は，割引よりも貸付

1）　FRB 自らその目的と機能を解説した『連邦準備制度の目的と機能（第 9 版）』Board of Gover-
nors of the Federal Reserve System [FRB] [2005] が FRB の設立目的は通貨・金融システムの安
定にあったと説明しているほか，Bordo [1989, 1990], Bernstein, Hughson and Weidenmier [2010],
Bernanke [2012], Carlson and Wheelock [2012] などが FRB 設立のねらいを LLR 提供機関の常設
化に求めている。

2）　『連邦準備制度の目的と機能（第 10 版）』FRB [2016c] をはじめ FRB の公式資料や幹部講演の
ほとんどが Discount Window という呼称を用いている。古くは 1913 年制定の連邦準備法（Federal
Reserve Act）の公式法律名の中に同法の立法趣旨の 1 つとして「コマーシャル・ペーパーを再割引
する仕組みを整備すること（to afford means of rediscounting commercial paper）」が挙げられてい
る。

け（advance）の形態をとる連銀貸出が主流となっている。

（ii）　目　的

『連邦準備制度の目的と機能（第 9 版）』の解説によれば，通常の連銀貸出は，以下に掲げた 2 つの目的を有する（FRB［2005］）[4]。

第 1 の目的は，金融政策の手段として行われる金融調節である。すなわち，通常の連銀貸出は準備預金を供給することで，銀行間で資金を貸借する短期金融市場全体における準備預金需給の過不足を調整し，フェデラル・ファンド市場金利（federal funds rate，以下「FF 市場金利」）を目標水準に誘導する公開市場操作（open market operations）を補完する役割を有している。

第 2 に，金融システムの安定性の確保をも目的としている。すなわち，通常の連銀貸出は，金融機関の突然の破綻が金融システム全体に深刻な悪影響を及ぼすことが懸念される場合に，個別金融機関の流動性逼迫の問題を緩和・解消することができる。また，通常の連銀貸出は，破綻金融機関の秩序だった処理を促す（facilitate an orderly resolution of a failing institution）目的で活用されることもある。

通常の連銀貸出の目的を理解するうえで，以下の 2 点を念頭に置く必要がある。

第 1 に，従来から，そして現在でも，連銀貸出の目的に「金融機関の秩序だった破綻処理を促す」ことが含まれている点である。FRB の LLR 機能がグローバル金融危機時に銀行を救済したと誤解・批判され，2010 年ドッド・フランク法が非常時の緊急貸出を規制した後に改訂された連銀貸出概説書 "The

---

3)　Goodfriend and King［1988］は，18～19 世紀の米国では，地域間のあるいは国際的な交易は為替手形（bills of exchange）の振出しを伴い，それを割り引くことによってファイナンスされることが多かったという事情が背景にあり，設立後の初期の FRB による資金供給は，手形の再割引の形態が主流であった，と解説している。

4)　なお同書の 2016 年改訂版『連邦準備制度の目的と機能（第 10 版）』FRB［2016c］には，通常の連銀貸出の政策目的に関する記述がなくなった。非伝統的な金融政策（nontraditional monetary policy）の手段と対比される伝統的な金融政策の手段として公開市場操作，準備預金制度，通常の連銀貸出の 3 つを並記したうえで，金融機関が通常の連銀貸出を利用すれば FF 市場での資金調達圧力に対処できる（address pressures）といった説明に止めている。

Federal Reserve Discount Window" の 2015 年版の中でも，連銀貸出の一種セカンダリー貸出（本節（2）（ⅲ）で後述）が問題金融機関の秩序だった破綻処理（orderly resolution of a troubled institution）と整合的であるべきとする FRB の公式見解は維持されている（FRB［2015b］pp. 2, 5）。

第2に，FRB が伝統的に，通常の連銀貸出を，物価安定やマクロ経済安定を目的とする金融政策の手段の1つに位置づけ，一方の金融システムの安定を，通常の連銀貸出の副次的な目的としてきた点である。これは，通常の連銀貸出が，金融政策に従属しており市場金利誘導を阻害しないように運営すべきだという考えが，グローバル金融危機が深刻になる前の思い切った流動性供給の制約になっていた可能性を示唆する。

（ⅲ）　根拠法令

通常の連銀貸出に関する法律上の根拠条文は，貸付けについては，連邦準備法（Federal Reserve Act）10B 条であり，割引については，同法 13 条（2）項である。

一方，非常時の緊急貸出（Emergency Credit）に関する法律上の根拠は，同法 13 条（3）項であるが，詳しくは，本章第2節（2）（ⅲ）で制定経緯を述べ，第4節以降でグローバル金融危機の際の発動実態等を解説する。

また，通常の連銀貸出および非常時の緊急貸出に関する貸付条件，対象先，期間，審査手続，適用利率などの実施要領は，FRB が制定する連邦規則 Regulation A（政省令レベル）によって規定されている。さらに，連銀貸出に関する担保（collateral），貸付契約条項（covenants）などの取扱いは，貸出事務細目（Operating Circular No. 10）や，取引関係事務細目（Operating Circular No. 1）の中に規定されている。

（ⅳ）　実施主体

通常の連銀貸出の実施主体は，厳密に言えば，FRB（Board of Governors of the Federal Reserve System，連邦準備制度理事会）ではなく，FRB 傘下で実際の銀行業務を取り扱う 12 の地区連銀（Federal Reserve Banks）である。個別貸出案件の実施の判断は各地区連銀の裁量と判断に委ねられているものの，

実際の連銀貸出には，FRB 制定の連邦規則や事務細目が適用され，また適用利率の変更や非常時の緊急貸出など FRB の承認を必要とする事項も多い。このように，連銀貸出は，FRB および 12 地区連銀を包括する連邦準備制度全体が実施主体であると理解すべきであることから，本書では「FRB の通常の連銀貸出」あるいは単に「連銀貸出」と表記することとしたい。

（ⅴ）　対象先

通常の連銀貸出は，銀行などの預金取扱金融機関（depository institutions）を対象としている。一方，証券会社（投資銀行）や保険会社が平時において，連銀貸出を利用することはできない。

預金取扱金融機関のうち，準備預金の積立てが義務づけられる決済性預金（transaction account）または非個人定期預金（nonpersonal time deposit）を受け入れている金融機関だけが，通常の連銀貸出の対象先となる資格を有する。外国銀行の米国内支店で準備預金積立て義務を負う先も，国内金融機関と同等の条件で連銀貸出を受けられる。

（ⅵ）　担　保

連銀貸出は，通常の連銀貸出，後述する非常時の緊急貸出のいずれの場合でも，貸し手である地区連銀を満足させる担保が付される必要がある（secured to the satisfaction of such Federal Reserve bank）。つまり，担保価額[5]（lendable value of the collateral）が貸出額を上回らなくてはならない。また，地区連銀は，借り手が差し入れたすべての担保につき対抗要件を具備することが求められている（require a perfected security interest in all collateral pledged, FRB ［2015b］ p. 5）。

適格担保資産としては，預金取扱金融機関が保有する，正常貸付債権のほとんどおよび高格付け証券のほとんどが認められている（FRB ［2016c］ p. 43）。図 4-1 は，グローバル金融危機の最中の 2009 年 5 月 27 日時点に，通常の連銀貸

5）　担保価額は，担保資産の時価，公正価値または額面に，所定の掛け目（margin）を乗ずることにより算出される。

図 4-1　連銀貸出の担保種類（2009 年 5 月 27 日）

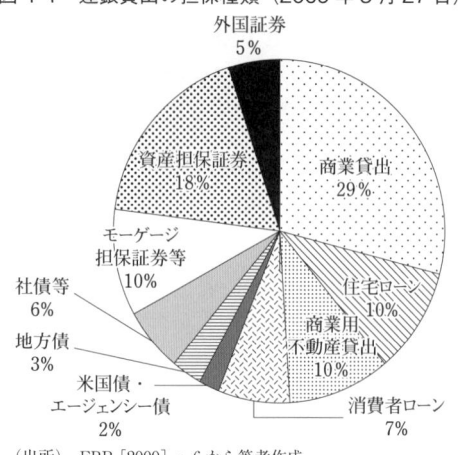

（出所）　FRB［2009］p. 6 から筆者作成。

出または TAF（入札型の連銀貸出，本章第 4 節で後述）を借り入れていた金融
機関が差し入れていた適格担保資産 9,650 億ドルの種類別内訳を示した。

　連銀貸出の担保種類にみられる特徴は，商業貸出債権や住宅・消費者ローン
など，流動性が必ずしも高くない貸付債権が担保価額の過半を占めていること
にある。これは，同じ 2009 年 5 月に日銀が受け入れていた担保価額 106 兆円
のうち，国債，政府保証付債券，政府向けの証書貸付債権および政府保証付証
書貸付債権を合わせた広義中央政府債務が全体の 86% を占めていたのとは対
照的である。

　なお，連銀借入れのない金融機関が差し入れた担保資産まで含めると，
FRB に差し入れられていた適格担保価額総額は 1 兆 5,040 億ドルであった。実
行済みの連銀貸出および TAF の合計残高は 2009 年 5 月 27 日時点で 4,110 億
ドルに止まる（FRB［2009］p. 6）ことから，連銀差入れ済み担保の余裕率が 73
% もあった計算になる。

　この背景には，FRB が金融機関に対し，連銀借入れの必要が突発的かつ予
想外に生じる有事の備えとして，必要な貸出基本約定をあらかじめ平時のうち
に締結（execute）したうえで，担保差入れ義務や手順に関して管轄地区連銀

と相談することを奨励しているという事情がある（FRB［2015b］p. 5）。

(2)　通常の連銀貸出の種類と金利・条件・期間

(i)　2003 年に実施された抜本的見直し

　FRB は 2002 年に連銀貸出の枠組みを抜本的に見直して，2003 年初に適用・実施した。2002 年以前の通常の連銀貸出は，調整貸出（Adjustment Credit），長期貸出（Extended Credit）および季節貸出（Seasonal Credit）の 3 本建てとなっていた。2003 年実施の抜本見直しの主たる内容は，この 3 本建てのうちの前二者の呼称をプライマリー貸出（Primary Credit），セカンダリー貸出（Secondary Credit）に改めたうえで，貸出金利の設定や審査条件などを大幅に変更したものである。

　この抜本見直しのねらいは，連銀貸出にまつわる汚名問題（stigma problem）[6] の克服にあった。金融機関は，連銀貸出を借り入れようと考えても，それが他の金融市場参加者に自らの資金調達能力の弱さを知らしめ（signals weakness），汚名の印（source of stigma）に見られることを嫌がって，連銀貸出の申込みを躊躇してしまう。この結果，必要な貸出が実行されないと，連銀貸出が，資金市場の資金過不足を調整しショックを吸収する本来の役割を果たせなかった。

　汚名問題の元凶は，2002 年以前の調整貸出（Adjustment Credit）に適用される公定歩合（basic discount rate）が，図 4-2 に示すとおり，米国の銀行間で市場取引される無担保翌日物（overnight）FF 市場金利を 0.25〜0.50％ 下回っていたことにある。預金取扱金融機関が割安な金利で借り入れた資金を市場で運用し利鞘を抜くことを警戒した FRB は，申込み金融機関に対し，①他に利用可能な資金調達手段を先にすべて使い尽くす（first exhaust other available sources）こと，②借入れの必要を説明すること，③FF 市場での運用額が調達額を超過しないこと，の 3 条件を要求したうえで，貸出実行部署の地区連銀に厳格な事前審査を求めていた。金融機関は，こうした厳格な審査手続や貸出の認否をめぐる不確実性を嫌がり，連銀貸出を避けようとしたのである。

---

6)　汚名問題（stigma problem）を紹介した第 1 章第 2 節 (2) の記述を参照されたい。

図 4-2　FRB のいわゆる公定歩合と FF 市場金利, 1955-2004 年

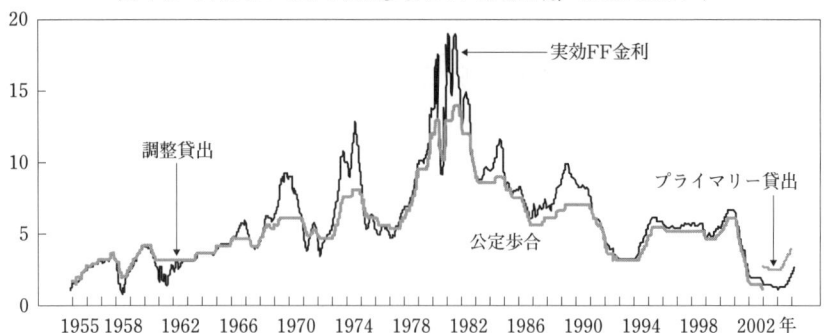

(注)　2003 年 1 月 9 日に, 公定歩合は, 調整貸出に適用される利率から, プライマリー貸出に適用される利率
　　　に変更された。
(出所)　FRB [2005] p. 47.

　2003 年の抜本見直しは, こうした汚名問題の弊害を是正すべく, ①プライ
マリー貸出の適用金利を市場金利よりも高めに設定したうえで, ②金融機関が
他に利用可能な資金調達手段を先にすべて使い尽くす義務を廃止し, ③金融機
関がプライマリー貸出で調達した資金の余剰分を FF 市場で運用することも許
容した。

　2003 年の抜本見直しを経た後の「通常の連銀貸出」3 種類の枠組みの概要は
表 4-1 のとおりである。

　図 4-3 は, 「通常の連銀貸出」3 種類それぞれの週次の貸出残高を積上げ棒
グラフで示している。季節貸出が, 毎年の夏から初秋にかけて緩やかに増加し
2〜3 億ドル程度の水準に達した後に減少に転じるパターンを繰り返している
のとは対照的に, プライマリー貸出は合計数 10 億ドルの規模で不定期に発動
されるだけであった。一方, セカンダリー貸出はごくまれにしか発動されてい
ない。

　このように金融危機が到来する 2007 年半ばまでは, プライマリー貸出, セ
カンダリー貸出ともに利用頻度が極めて低かった[7]。FRB は 2003 年の抜本見
直しが汚名問題の是正に成功したことを確認できないまま金融危機を迎えてし
まったのである。

表 4-1　FRB による通常の連銀貸出の枠組み概要

呼称	プライマリー貸出 Primary Credit	セカンダリー貸出 Secondary Credit	季節貸出 Seasonal Credit
金利 2018 年 5 月現在	FF 金利 ターゲット・レンジ上限 +0.5% ポイント	プライマリー貸出金利 +0.5% ポイント	市場金利ベースの 変動金利
期間	超短期 典型的には翌日物	超短期 典型的には翌日物	長めの期間 資金需要の季節性次第
対象先	健全金融機関	プライマリー貸出につき 不適格の金融機関	中小金融機関

（出所）　筆者作成。

図 4-3　FRB による通常の連銀貸出残高の推移──グローバル金融危機の初期まで

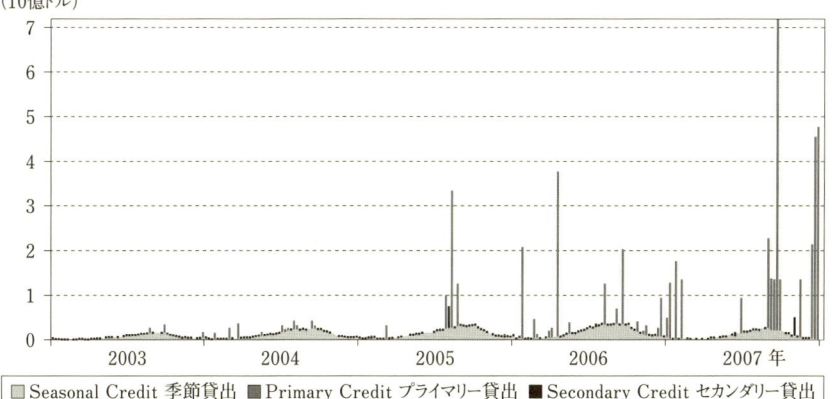

（出所）　FRB の Factors Affecting Reserve Balances（H. 4.1）統計から筆者作成。

（ii）　プライマリー貸出 Primary Credit

（a）　期　間

　プライマリー貸出は，原則として，健全な預金取扱金融機関に対し，超短期，典型的には翌日物の期間[8]，資金を貸し付けるものである。なお，地区連銀の

判断で，健全な金融機関が市場から合理的な条件（reasonable terms）での資金調達ができないと認められる場合には，この貸出期間を数週間まで延長することが許容されている[9]。もっとも，こうした長めの期間の利用は小規模金融機関だけに想定されている[10]。

（b）　金　利

　プライマリー貸出の適用金利は，2018 年 5 月現在，FRB の政策金利である無担保・翌日物 FF 市場金利のターゲット・レンジ上限に 0.5% ポイントを上乗せした水準に設定されている。この金利上乗せ幅は，2003 年 1 月の導入時以降 4 年半余りは 1% ポイント[11] に設定されていた[12]。FRB は，金利上乗せ幅を適時適切に見直すとしている。

（c）　代替調達手段と貸出審査

　2003 年抜本見直しの結果，預金取扱金融機関は，プライマリー貸出を申し込むに先立ち，他に利用可能な代替資金調達手段を探し使い尽くすことが義務づけられなくなった。プライマリー貸出は，市場金利比高めに金利が設定され，バックアップの資金調達手段にしか用いられないと見込まれたからである。し

---

8)　プライマリー貸出の最長期間は，サブプライム住宅ローン問題が表面化した 2007 年 8 月 17 日に 30 日間に延長され，翌年 2008 年 3 月 16 日に 90 日間にまで延長されたが，危機対応が一段落した 2010 年 3 月 18 日に原則どおりの翌日物に戻され現在に至る。

9)　Regulation A 第 201.4 条（a）項。

10)　FRB［2015b］p. 2 は「大規模・中規模の金融機関が，市場から合理的な条件での資金調達が数週間にわたりできないという要件を満たすことは見込まれない」と述べている。

11)　1% ポイントの金利上乗せ幅に対しては，プライマリー貸出導入前のパブリック・コメントで多くの反対論が聞かれた。FRB は，①複数の実証分析結果，②2000 年問題対応時に導入した Special Liquidity Facility が 1.5% ポイントを上乗せした前例，③金融市場にアクセスできない地域金融機関がコルレス先大手行から借りる際の追加金利負担，④ECB など海外中央銀行の事例などを理由に，反対論を退け，上乗せ幅 1% ポイントの適用に踏み切った（2002 年 10 月 31 日公表の Regulation A 改正案最終版の FRB 補足説明を参照）。

12)　プライマリー貸出金利の FF ターゲット金利への上乗せ幅は，サブプライム住宅ローン問題が表面化した 2007 年 8 月 17 日に市場機能回復を目的として，従来の 1% ポイントから 0.5% ポイントに縮小され，翌 2008 年 3 月 16 日には 0.25% にまで縮小されたが，危機対応が一段落した 2010 年 2 月 19 日には 0.5% ポイントに拡大された。

たがって，貸出実務を担う地区連銀は通常，借入れを申込んだ金融機関から追加情報を聴取せず，最小限の審査だけで貸出を認めることになる（normally granted on a "no-questions-asked," minimally administered basis）。

(d)　資金使途

　プライマリー貸出の資金使途は，預金取扱金融機関が任意に決められる。2002 年以前には借り入れた資金を FF 市場で運用することは禁止されていたが，2003 年見直しによって許された。Federal Reserve Discount Window/ Payment System Risk のホームページは，金融機関がプライマリー貸出を利用する事態の一例に，利鞘を抜く裁定機会（arbitrage opportunities）を挙げる。これは FRB がプライマリー貸出に，一時的な流動性不足に起因する FF 市場金利上昇をプライマリー貸出金利付近に抑え込むことで金融政策運営を補完する効果を期待しているからである（FRB [2015b] pp. 1-2）。

(e)　適格金融機関

　プライマリー貸出を利用できる「健全な金融機関」と認められるには，原則として，少なくとも自己資本比率基準を満たし（at least adequately capitalized），検査監督上の総合評定 CAMELS[13] が 5 段階評価のうち上中位の 1，2 または 3 を受けていなくてはならない[14]。

---

13)　CAMELS とは，米国内金融機関を検査・監督した結果の統一的な評定システムの通称であり，評定項目である capital（資本），assets（資産），management（経営管理），earnings（収益），liquidity（流動性），sensitivity（感応性）の頭文字を並べた略称である。この統一的な評定システム（正式呼称 Uniform Financial Institutions Rating System）の内容は，米国内に併存する複数の金融監督当局の間を連絡調整する Federal Financial Institutions Examination Council（FFIEC，連邦金融機関検査監督協議会）が作成・更新している。

14)　外国金融機関の場合には，外国金融持株会社に与えられる SOSA（Strength-of-Support Assessment）評定が 3 段階のうち上中位の 1 または 2 であること，あるいは，外国銀行支店に与えられる ROCA（Risk management, Operations, Compliance, and Asset quality）評定が 5 段階のうち上中位の 1，2 または 3 であることが求められる。

（ⅲ）　セカンダリー貸出 Secondary Credit

（a）　期　　間

　セカンダリー貸出は，原則として，プライマリー貸出の対象先としては不適格の預金取扱金融機関に対し，超短期，典型的には翌日物の期間，資金を貸し付けるものである。ただし，地区連銀が，セカンダリー貸出によって問題金融機関の秩序だった破綻処理を促進できると判断した場合には，長めの資金供給を行うことも認められている（Regulation A 第 201.4 条（b）項）。

（b）　金　　利

　セカンダリー貸出の適用金利は，2003 年 1 月の導入以来，現在（2018 年 3 月）まで一貫して，プライマリー貸出の適用金利に 0.5% ポイントを上乗せした水準に設定されてきた。FRB は導入当初，この金利上乗せ幅も適時適切に見直すとしていたが，結果的には同じ水準で維持されている。

（c）　貸出目的と資金使途

　セカンダリー貸出の目的は，2 種類ある（FRB［2015b］p. 2）。第 1 に，預金取扱金融機関を市場からの自力資金調達へタイムリーに復帰させることと整合的な範囲内で（consistent with a timely return to a reliance on market sources of funding）バックアップの資金調達手段を提供することである。第 2 に，問題金融機関の秩序だった破綻処理（orderly resolution of a troubled institution）を促すことである。

　預金取扱金融機関が，セカンダリー貸出で借り入れた資金を，FF 市場で運用することはおろか，資産規模拡大のために用いることは禁止されている。

（d）　貸出審査と監視

　セカンダリー貸出を実行する地区連銀は，借り手金融機関の財務内容，資金繰り，資金使途など十分な情報を入手して，プライマリー貸出よりも，厳格な貸出審査管理および監視を行うことになる（FRB［2015b］p. 2）。

図4-4　FRBによるセカンダリー貸出の動向

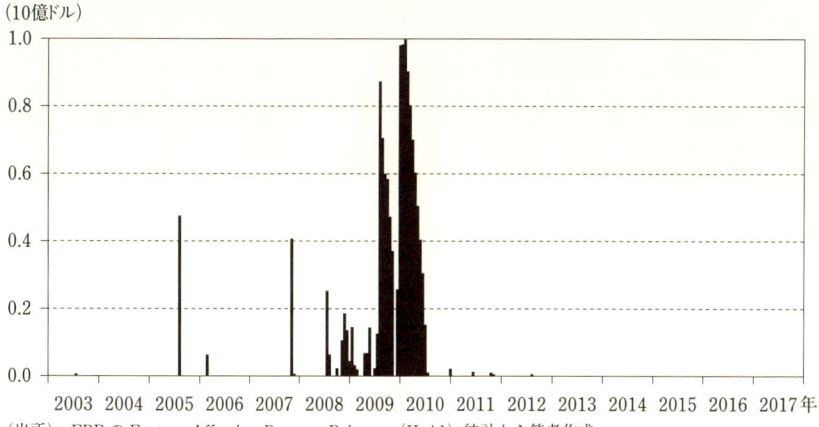

（出所）　FRBのFactors Affecting Reserve Balances（H. 4.1）統計から筆者作成。

（e）　対象金融機関

　セカンダリー貸出の対象となることが想定される預金取扱金融機関は，自己資本比率基準が未達，あるいは，検査監督上の総合評定CAMELSが5段階評価のうち下位の4または5となっている金融機関である。

（f）　セカンダリー貸出の実績

　セカンダリー貸出は，2007年前半以前あるいは2010年後半以降の時期には散発的にしか利用されていないが，これとは対照的に，金融危機が深刻化した後の2009年から2010年前半の時期は活発に実行されている（図4-4）。

（ⅳ）　**季節貸出 Seasonal Credit**
（a）　期　　間

　季節貸出は，原則として，預金量5億ドル未満の中小金融機関に対して，年間の季節的な預金・貸出金の変動から生じる資金不足に応じて，最長9か月の長めの期間の資金（longer-term funds）を貸し付けるものである。

(b) 金 利

季節貸出には，短期金融市場金利の実績に基づいて算出される金利が適用されるが，準備預金積み期間[15]ごとに金利が設定される変動金利方式である[16]。例えば，2018年2月1日から2週間の期間に，貸出残高全体（新規実行分のみならず既実行分も含む）に適用される金利は1.55%であった。

(c) 資金使途

季節貸出は，金融機関の自助努力によるコア預金の増加に代わる資金調達手段として制度設計されたわけではない。このため，対象金融機関は，季節的な資金不足の一部を他の手段により自力で調達することが期待され，この自力調達額が漸増することも想定されている（FRB [2004] p.1)[17]。

季節貸出を借り入れた金融機関は，普段の資金繰りと整合的な範囲内ならばFF市場に余資を放出することが許されている。なお，季節貸出についても2002年以前は，申込み金融機関が，自らが属する業態専用の金融機関からの資金調達手段を探し尽くした事実を示さなくてはならないルールがあったが，2003年抜本見直しに伴い廃止された[18]。

(d) 適格金融機関

中小金融機関が季節貸出を借りるには，地区連銀に対し，季節的な資金需要の年中変動が例年繰り返される明確なパターンを辿っていることを示し（FRB [2015b] p.2)，ここから生じる資金不足が最短1か月は持続することを示さなくてはならない（FRB [2004] p.2)[19]。通常，農業地域または観光地に所在す

---

15) 準備預金積み期間（reserve maintenance period）とは，金融機関がFRBに法定準備預金を積み立てる期間を言い，隔週の木曜日から翌々週の水曜日までの2週間である。

16) 金利は，直前の準備預金積み期間における実効FF市場金利（effective federal funds rate）および3か月物譲渡性定期預金証書（three-month certificates of deposits）の平均値に最も近い0.05%刻みの水準に設定される。

17) 申込み金融機関の自力調達の緩やかな増加を後押しするために，貸出額を算出・決定する際，当該金融機関の季節的な資金不見込み額から差し引く控除額を漸増させる仕組みとなっている（A graduated deductible is subtracted from the estimated seasonal need)。

18) 2002年10月31日公表のRegulation A改正案最終版のFRB補足説明を参照。

19) Regulation A 第201.4条（c）項（1）（i）。

図4-5　FRBによる季節貸出の年中変動

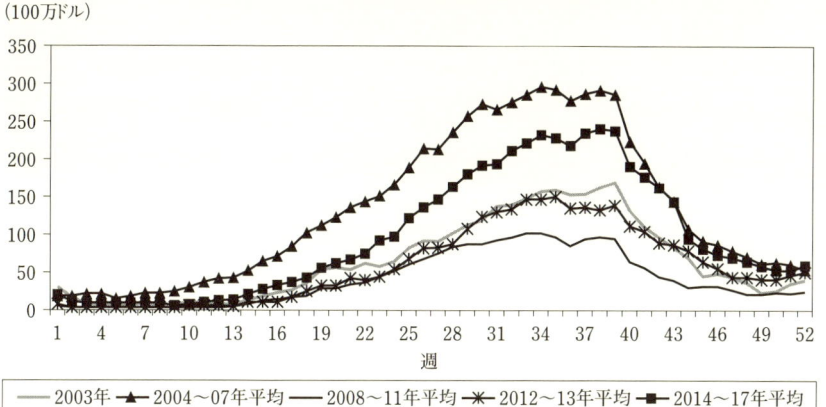

（出所）　FRBのFactors Affecting Reserve Balances（H. 4.1）統計から筆者作成。

る金融機関が，こうした条件を満たす金融機関と考えられている（FRB
[2015b] p. 2, FRB [2016c] p. 43）。

(e)　季節貸出の実績

図4-5は，2003年から2017年までの間の季節貸出の年中変動パターンを示
しており，第30週代の前半（7〜8月）にかけ緩やかに増加した後は概ね横這
い圏内で推移し，第40週以降に急減する傾向を毎年繰り返している。数年ご
とに区切ると，2008〜2011年の間は，危機対応中のFRBが季節貸出以外の手
段で潤沢に資金流動性を供給したことから，季節貸出の利用は低調であったも
のの，2012年以降は季節貸出が徐々に復調する方向にある。

(3)　通常の連銀貸出の情報開示

FRBは，毎週水曜日時点の通常の連銀貸出および非常時の緊急貸出に関す
るストックおよびフロー双方の実績計数を，Factors Affecting Reserve Bal-
ances（H. 4.1）という名称の統計の中で翌日木曜日に公表している。連銀貸出
を含むFRBの流動性供給措置の貸出種類別，ファシリティ別の動向は，この
統計から把握できる。

またグローバル金融危機後の FRB は自らの財務内容やバランスシート，流動性供給措置に関する情報を，2009 年 6 月から 2012 年 8 月の間は月報で，2012 年 11 月以降は四半期報 "Quarterly Report on Federal Reserve Balance Sheet Developments" で公表している。これらの中の通常の連銀貸出に関する記述には毎回，貸出先の資産規模別分布や集中度，担保の種類別内訳などが集計・開示されている。

さらに FRB は，2010 年ドッド・フランク法に基づき，個別の貸出明細も，実行時点の約 2 年後までに開示することを義務づけられた。詳細は，本章第 6 節で後述する。

第 2 節　1980 年代までの米国における LLR の歴史

(1)　FRB 設立前の LLR
(i)　中央銀行がなかった時代の米国

建国以来 240 年余に及ぶ米国の金融経済史の中で，FRB の歴史は 1913 年に設立されて以降の 100 年余に過ぎない。中央銀行が存在しなかった期間のほうが長い。

中央銀行類似の機関として，1791～1811 年に第一合衆国銀行（The First Bank of the United States）が，1816～1836 年に第二合衆国銀行（The Second Bank of the United States）が存在した。いずれも米国連邦政府から免許を与えられ，連邦政府の資金調達を支援し，連邦政府の預金を受け入れる業務を取り扱ったものの，民間出資主体の民営銀行であり，現代の中央銀行の機能は十分に果たしてなかった（Scott [2016] pp. 80-88, Federal Reserve Bank of Philadelphia [2010]）[20]。

---

20)　第一合衆国銀行および第二合衆国銀行は，連邦政府との与信・預金取引以外に，民間事業者向け貸出を行っていたほか，各州政府免許の民間銀行が発行する銀行券を多く保有していた。Scott [2016] pp. 80-88 は，両合衆国銀行がこれら民間銀行発行の銀行券を各発行銀行から取り立て金銀貨などの正貨準備に兌換請求するタイミングを猶予（forbear）することで，危機時の信用収縮圧力を緩和できていた点に着目して，両合衆国銀行は銀行システムに対する中央銀行 LLR の機能を事実上，発揮していた，と評価する。

（ⅱ）　サフォーク・システム

FRB 設立前の 19 世紀の米国には，中央銀行に代替するものとして，各地域の手形交換所（clearinghouse）など複数の民間銀行が共同・協力して運営される組織や決済ネットワークが，中央銀行類似の機能を提供していた。手形交換所が提供していた中央銀行類似の機能は，決済用預金勘定の集中保管や手形交換，計算，決済といった銀行間決済サービスに止まらず，LLR 機能を含んでいたことが知られている[21]。

19 世紀前半，米国北東部ニュー・イングランド地方では，マサチューセッツ州ボストン市に所在するサフォーク（Suffolk）銀行が，市外・州外の地方銀行によって発行されボストン市内で通貨として流通していた銀行券（country banknotes）を買い取り，発行した銀行に対して兌換請求（redeem）するサフォーク・システム（Suffolk Bank System）と呼ばれる仕組みが，自然発生的に成立し拡大した（Goodhart [1988] pp. 31-33, Goodfriend [1991] pp. 12-13, 大森 [2007]）。このシステムが成立した背景には，ボストン都市部の銀行が遠隔地の地方銀行に取り立てに出向く手間と費用を節約でき，一方の地方銀行各行が金銀正貨準備をサフォーク銀行に預託する見返りに兌換請求額を発行額面より割り引いてもらえた，という事情が指摘されている。

大森 [2007] は，1837 年の金融危機[22] の際，このサフォーク銀行が，決済業務を継続したことや，参加行からの預託金を原資として他行貸付けを積極的に増やし流動性供給を安定化させたことが，ニュー・イングランド地方の信用秩序の安定維持に貢献した，と指摘している[23]。

---

21)　Kindleberger and Aliber [2005] pp. 200-201 によれば，19 世紀米国ではしばしば，財務省が民間金融機関への預託金を増やしたり借入金の元利払いを早めたりすることで民間金融機関の資金繰りを支援していたが，財務省自体が通貨発行機能を有していないがゆえに流動性供給能力に限界があり，LLR としては不十分（unsatisfactory）であった。

22)　1837 年の金融危機（1836〜1839 年の国際金融危機）は，1836 年に英国で勃発し，翌年米国に飛び火した後，1838 年にベルギー，フランス，ドイツにまで拡がり，さらに 1839 年には再び英国，米国で再燃するなど当時としては未曾有の世界恐慌であった。この金融危機の背景には，綿花貿易ブームが一服したことや，米国 Jackson 大統領が反連邦主義を掲げ州政府の権限と裁量を強化する政策を採用したなかで，各州政府免許の民間銀行が乱立されたことなどの事情がある。

（ⅲ）　手形交換所の LLR 機能

　19 世紀後半の米国の各都市部では，民間銀行が共同運営していた手形交換所が発行した高額面の証書（certificates）および小額面の小切手（certified checks）を含む証券（notes）が，金銀貨など正貨を代替する通貨の機能を果たしていたことも広く知られている（Timberlake [1984], Goodhart [1988] pp. 29-46, Goodfriend [1991] pp. 12-14, Kindleberger and Aliber [2005] pp. 185-186）。ティンバーレイクの 1984 年論文は，1857 年の金融危機（panic）[24] の際に，ニューヨーク手形交換所（New York Clearing House Association：NYCHA）が，平時から発行していた交換所証書（clearinghouse certificates）に加え，臨時に交換所貸付証書（clearinghouse loan certificates）を発行し，地方銀行への与信残高を維持し金融逼迫を解消したことは，中央銀行の「最後の貸し手」機能に類似する，と指摘した（Timberlake [1984]）。BOX 9「ニューヨーク手形交換所による貸付証書の臨時発行」を参照されたい。

　ティンバーレイクは，各地の手形交換所を中心とする民営の決済システムが，国家や公的機関の後ろ盾なしに事実上の通貨制度や中央銀行の機能を果たし，金融システムを安定化させた，と評価した（Timberlake [1984]）。また，グッドフレンドも 1991 年論文で，交換所が参加行の財務内容や業績を監視して経営悪化先を除名する仕組みを運営していたことが金融市場の規律維持に寄与した，と主張している（Goodfriend [1991]）。

　もっとも，19 世紀後半の米国における手形交換所を中心とする通貨・決済システムの機能については，否定的な評価も多い。当時から，事実上の通貨として流通した交換所証書や民間銀行券の合法性をめぐり疑義を唱える意見が絶えなかったことに加え，キンドルバーガーらは『金融危機の歴史』の中で，交換所証書の通用力が各管轄地域内に狭く限定されたことがかえって金融情勢の

---

23)　Goodfriend [1991] p. 13 は，サフォーク銀行が，信用力の高い参加行の発行した銀行券に限り預金として受け入れるようになったことで，参加銀行間でのネット決済が可能になり，サフォーク・システムの決済システムとしての効率性が向上した，と指摘する。

24)　1857 年の国際金融危機は，クリミア戦争の終結や米国からの英国系資本の流出を機に，米国などでの鉄道建設などに向けた投機投資や穀物貿易が急減したことを受け，Ohio Life Insurance and Trust Company が倒産したことで発生した。投資会社や銀行等の経営破綻が米国や英国，欧州各地の商都で相次ぎ，金融危機が南米諸国，南アフリカへも広がった。

地域間格差や国内金融市場分断につながった，と指摘する（Kindleberger and Aliber［2005］）。さらにグッドハートも1988年の著書で，利潤最大化を追求する民間銀行が主導するLLRには，常に利益相反の問題が潜むため，金融システム安定化政策としての実効性に限界がある，と主張した（Goodhart［1988］）[25]。

　1907年の金融危機[26]の際にも，民間の大手銀行家 J. P. Morgan が主導する支援融資コンソーシアムが編成され実行された。しかし結局，米国ではこの1907年危機がきっかけとなり FRB が設立された[27]。すなわち，この危機の経験を踏まえ，連邦政府や連邦議会の中で，LLR 機能は手形交換所や民間銀行の力に委ねず，公的な常設機関に通貨発行準備を集中保管させ LLR 機能を提供させるべきだ，という主張が優勢となり，1908年の Aldrich-Vreeland 法および1913年の連邦準備法が制定されたのである。

BOX 9　ニューヨーク手形交換所による貸付証書の臨時発行

　19世紀の米国では，民間銀行が発行する銀行券や各地域の手形交換所が発行する証書や証券が，兌換請求されずに転々流通することで，金銀貨などの正貨を代替する通貨としての役割を果たしていた。図4-6に示すように，各銀行が手持ちの正貨準備を上回る規模の銀行券を発行したり預金債務を負ったりすることによって信用拡大が図られる仕組みとなっていたのである。

　ニューヨーク所在の大手都市銀行各行は，1857年金融危機の当初，正貨準備が流出する問題に直面しながらも，都市銀行間で協調して貸付残高を積み増すこと

---

25)　グッドハートは同著で，中央銀行として LLR 機能を発揮すべきなのは民間金融機関と競争関係にない公的機関（non-profit-maximizing body）である，と力説している。

26)　1907年の金融危機では，ニューヨーク市所在の信託会社 Knickerbocker Trust Company の倒産が引き金になって，多くの信託会社が取付けに遭って急激な資金流出につながり，数百行もの銀行が倒産したうえに，通貨量が急減した。

27)　Bernstein, Hughson and Weidenmier［2010］によれば，1907年金融危機への対応として1908年に成立した Aldrich-Vreeland 法は，第1に，金融危機時に民間商業銀行が銀行券を弾力的に発行することを容認し，第2に，米国の銀行制度のあり方につき調査・検討する National Monetary Commision を設置した。同論文は，前者の民間商業銀行による弾力的な銀行券発行は，第一次世界大戦勃発時に実施されたものの，その効果で金融逼迫を防止できたのか明らかでない，とする一方，後者の National Monetary Commision が公的な中央銀行の設立を提言したことを踏まえ連邦準備法が制定された，と解説している。

図 4-6　地方銀行券が都市部で通常に流通している平時の状態

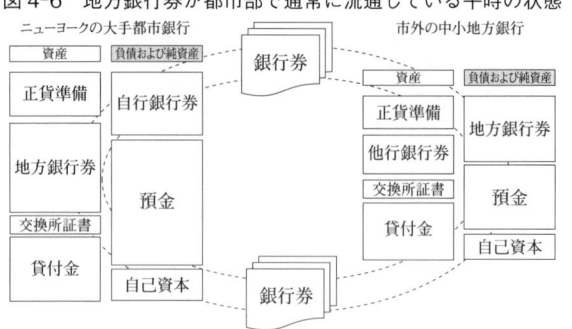

で，信用や金融が緩和した環境を維持しようと努めた。ところが，市外の地方銀行各行が，信用不安を背景に，取引先の都市銀行から預金を徐々に引き出し始めたことから，ニューヨークの都市銀行各行は，この対抗策として，従来は支払手段として認めていた地方銀行発行の銀行券（notes）の受取りを拒否するに至った。

　地方銀行各行は，地方銀行券（country bank notes）の受取りが拒否され流通が停止されると，都市銀行からの兌換請求に備えるべく正貨準備の範囲内でしか銀行券を発行しなくなる。こうした行動の結果，図 4-7 に示すように，都市銀行，地方銀行の双方を含む銀行部門全体の総資産規模が縮小し金融が引き締まっていった。

図 4-7　危機時に支払手段としての地方銀行券の受取りが拒否された状態

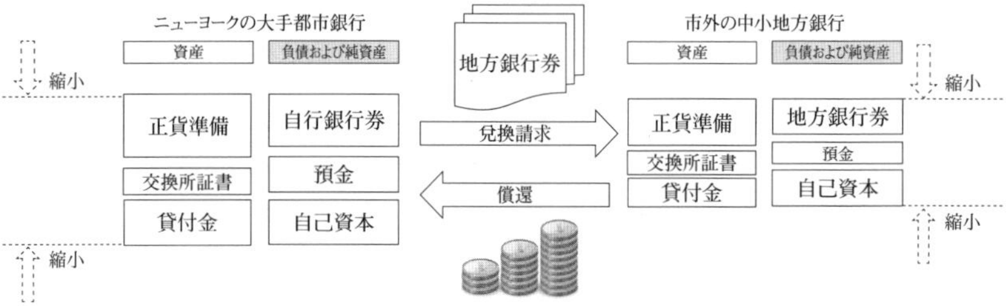

　地方銀行券の流通が停止されることで金融の逼迫が一段と深刻化することを恐れたニューヨーク手形交換所（New York Clearing House Association：NYCHA）は，参加各行に通達を発し，地方銀行券を手形交換所内の決済手段として用いることを容認するとともに，地方銀行券を担保として，交換所貸付証書（clearinghouse loan certificates）を臨時に発行することとした。具体的には，ニューヨーク所在の都市銀行各行が，従来のように地方銀行券を他の債務の弁済手

段として受け取ることに代えて，この地方銀行券を NYCHA の幹事行である Metropolitan Bank に寄託したうえで，これらを担保に，銀行券を発行した地方銀行に対する交換所貸付証書を取り交わし貸付債権を維持するという枠組みであった。この貸付債権には年利 6% が付されていた。

　これによって，銀行券を発行した各地方銀行は，金銀貨等の正貨準備を保蔵すべく銀行券の兌換請求に応じる時期を先延ばししたい場合には，6% の金利を負担し交換所貸付証書の債務者であり続ければ良くなった。一方の都市銀行は，地方銀行券を担保とする交換所貸付証書の貸付債権者となって，兌換請求を見送る見返りに 6% の金利収入を得る途を選べることになった。図 4-8 が示すように，交換所貸付証書の活用は，金融部門全体の総資産規模の縮小や信用収縮の防止につながったのである。

図 4-8　交換所貸付証書を利用することにより地方銀行券の流通が復元した状態

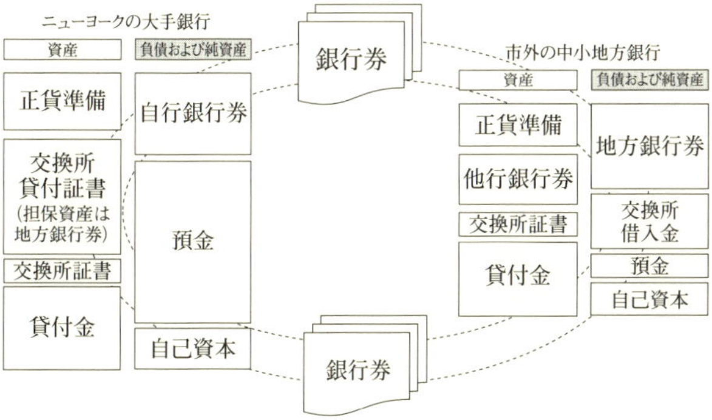

　信用不安が収まるにつれ，地方銀行各行では，正貨準備を保蔵する意欲が薄れ，銀行券の兌換請求や交換所貸付証書の返済に応じる先が増えてくる。一方の都市銀行は，事態の改善を眺め，以前のように地方銀行券を支払手段として流通させることを容認するようになった。これによって，金融の逼迫が，全体として緩和・解消されていった。

　19 世紀後半の米国は，その後も 1873 年の国際金融危機[28] を含む金融危機を幾度も経験した。各都市の手形交換所は，こうした危機を経るたびに，上記の NYCHA 方式をモデルとしながら，発行する証券の金額や種類を普及・拡大・多様化させ，その時々の通貨制度，金融・決済システムの発展を支えたのである。

(2)　FRB による LLR

(i)　1929 年までの FRB の LLR

　カールソンとウィーロックの 2012 年共著論文は，FRB 設立後の最初の 15 年間に，すなわち 1914 年から 1929 年の間に，銀行危機が発生しなかったのは，FRB が弾力的な通貨供給の仕組みを提供する（furnish an elastic currency）ことによって，金融市場で季節的に発生する緊張を取り除くという創設者の初期の目的が達成された成果である，と評価した（Carlson and Wheelock [2012]）。

　バーンスタインらの 2010 年論文も，FRB 草創期の 1925 年以前の時代について興味深い実証分析結果を示している。同論文は，FRB 設立前の金融危機の多くが農産物収穫をめぐる資金需要が強まる 9～10 月の時期に発生していた事実に着目したうえで，この 2 か月の間における株価指数および短期金融市場コール・ローン金利のボラティリティが，1908 年の Aldrich-Vreeland 法制定以降，それぞれ 40%，70% 超も低下したことを明らかにし，FRB の存在が流動性リスクを削減したと結論づけた（Bernstein, Hughson and Weidenmier [2010]）。

(ii)　大恐慌期における FRB の LLR

　一転して，1929 年の株価暴落に端を発する大恐慌の時期における FRB の LLR に関しては，厳しい評価を下す意見がほとんどである。金融システム安定を目的とした LLR 機能は十分に発揮されず，金融政策目的での通貨供給が不足したこととも相俟って，米国や欧州諸国の実体経済面の落ち込みを大きくし長引かせたと考えられている。

　カールソンとウィーロックは，この時期，ニューヨーク連銀による証券市場向けの間接的な流動性供給の拡大や，アトランタ連銀を含む複数の地区連銀が

---

28)　1873 年の金融危機では，当時の最大手銀行 Jay Cooke and Co. が，すでに過熱気味となっていたドイツ・フランクフルト証券市場における資金調達に失敗して倒産したことをきっかけに，同行が幹事業務を独占していた Northern Pacific 鉄道債券の公募発行が不調に終わり，それを嫌気して株価が急落し，多くの銀行が倒産した。1873 年の危機は，中欧諸国で勃発し，いったん米国に悪影響が波及した後に，英国，フランス，ロシアまで巻き込んだ初の大型国際金融危機とみられている。銀の市況低迷が長引いたこともあって，その後の米国における景気後退は 1879 年まで続いた。

実施した時限的な現金寄託拠点の開設など，LLR 機能が機動的に発揮された事例を紹介しつつも，個々の地区連銀がバラバラな手段で資金供給を行い，FRB 全体としての統一性を欠いた結果，有効に機能しなかった，と批判した (Carlson and Wheelock [2012])。

　大恐慌期における FRB の LLR が十分に機能しなかった理由としては，以下 3 点の制度面の制約が指摘されている。次項（iii）で後述するように連邦準備法を改正して FRB の LLR 機能を強化したのは，この反省と教訓を踏まえている。

　第 1 に，FRB の連銀貸出の対象先は，連邦政府により免許を付与された国法銀行（national banks），および，各州政府により免許を付与された州法銀行のうち連邦準備制度（FRB）に加盟している銀行（state member banks）に限定されていた。この結果，米国内の商業銀行の 65% を占める州法非加盟銀行 (state nonmember banks) のほか，信託会社，貯蓄金融機関（saving institutions）その他の預金取扱金融機関は連銀貸出を受けることができなかった[29]。

　第 2 に，FRB は原則として，民間の商業取引から発生する短期債務[30] を担保にとった貸出や再割引を行っていた[31]。このため，例えば，民間金融機関が長期の設備投資目的の資金需要に対応したい場合に，不足する資金を FRB から借り入れることは認められていなかった。

　第 3 に，FRB は，証券会社や事業法人など，銀行以外の先に向けて直接に資金を供給する手段を有していなかった。ニューヨーク連銀による前述の証券市場向けの資金供給拡大も，銀行を経由した間接的なものであった。

---

29)　Carlson and Wheelock [2012] p. 7 は，大恐慌期の 1930～1932 年に，州法非加盟銀行が支払停止に陥った確率が州法加盟銀行の 2 倍に上っていたことなどを踏まえ，経営破綻確率の高い非加盟銀行に連銀貸出ができなかった点が特に問題であった，と指摘する。
30)　短期とは，通常の商業取引の場合 90 日以内，農業取引の場合 180 日以内を意味する。
31)　Carlson and Wheelock [2012] pp. 1-10 は，連邦準備法が FRB に短期の与信しか許容しなかったのは，同法の起草者が欧州における真正手形原則（real bills doctrine）の思想的な影響を色濃く受け，創設される FRB に，通常の商業取引から発生した短期民間債務を裏付けとする通貨を発行させようと考えたからである，と説明している。

（iii）　大恐慌期の教訓を踏まえた FRB の LLR 機能強化

　大恐慌への危機対応を目的とした複数の緊急立法[32] を経て，連邦準備法の連銀貸出関連規定が改正されていった結果，FRB の LLR 機能は，以下のように強化された。

（a）　中小銀行向け貸出：連邦準備法 10 条（b）項

　1932 年に制定された連邦準備法 10 条（b）項は，連銀貸出の適格担保要件を緩和し，地区連銀を満足させる資産さえ担保として取得できれば，資本金 500 万ドル以下の中小銀行を対象とする貸出を行うことを地区連銀に認めた。この連邦準備法 10 条（b）項は，その後も複数回にわたる内容の改正を経た後，1991 年 FDICIA 法により条文番号が 10B 条に改編され，現在の通常の連銀貸出に関する根拠条文となっている。

（b）　非常時の非金融機関向け緊急貸出：連邦準備法 13 条（3）項および 13 条（13）項

　1932 年制定の連邦準備法 13 条（3）項は，地区連銀が，異常かつ緊急な状況（unusual and exigent circumstances），つまり「非常時」に，預金取扱金融機関でない個人，パートナーシップまたは法人（any individual, partnership, or corporation）から，手形等の割引を行うことを認めた（連邦準備制度理事会メンバー 5 名以上の賛成が必要）。この条項の制定当初，地区連銀が手形割引を行う条件として，①借り手の裏書，および，②地区連銀を満足させる担保，の 2 つが要求されていたが，1935 年の法改正により，①か②のいずれかを満たせば足りることとされた。

　続く 1933 年に制定された連邦準備法 13 条（13）項は，地区連銀が個人，パートナーシップまたは法人に対して，米国債等を担保にとり 90 日間以内の貸出を行う（make advances）ことを認めた。この連邦準備法 13 条（13）項は，

32）　複数の緊急立法とは，1932 年 2 月のグラス・スティーガル法（Glass-Steagal Act），7 月の緊急救済建設法（Emergency Relief and Construction Act），1933 年 3 月の緊急銀行法（Emergency Banking Act）および 1935 年 8 月の銀行法（Banking Act）を総称している（Carlson and Wheelock [2012]）。

同じく非金融機関からの手形割引を認めた 13 条（3）項と異なり，発動条件を「非常時」に限定していない。しかし FRB は伝統的に，非金融機関への連銀貸出を認めた連邦準備法 13 条（13）項も，13 条（3）項と同様に，「非常時」だけに限り発動できる措置だと厳格に解釈して限定的に運用してきた（Clouse [1994] p. 966）。

　非金融機関からの手形割引と非金融機関への貸出の実績は 1937 年までの間に，前者が 123 件，150 万ドル，後者が数件，550 万ドルと小さかった（Carlson and Wheelock [2012] p. 12）。

(c)　長期運転資金貸出：連邦準備法 13 条（b）項

　1934 年に制定された連邦準備法 13 条（b）項は，商工業の事業者に対し，地区連銀が，期間 5 年以内の長期運転資金貸出を行うことを認めた。この長期運転資金貸出は活発に利用され，1937 年までの承認実績は 1 億 5,100 万ドルに達したものの，1958 年制定の中小企業投資会社法（Small Business Investment Company Act）により廃止された。

(iv)　第二次世界大戦以降 1970 年代までの FRB の LLR

　FRB の LLR 運営に関する問題点や批判は，第二次世界大戦以降 1960 年代までは，ほとんど表面化しなかった。そもそもこの時代には，金融機関が経営破綻すること自体，極めてまれであり[33]，経営困難に直面した金融機関向けに，金融システムの安定を目的として連銀貸出を発動することはほとんどなかった（図 4-9）。

　1970 年以降，インフレ率の高まりを背景に，長短の市場金利が急上昇するようになると，短期市場金利が連銀貸出金利を大幅に上回る局面で調整貸出（Adjustment Credit）の利用が活発化するようになった（図 4-10）。

　また 1970 年代には，金融システムの安定を目的とした連銀貸出の事例も以下のとおり散見されるようになった。

---

33)　Carlson and Wheelock [2012] p. 15 によれば，1946 年から 1960 年までの間，銀行破綻件数は 42 件に止まった。

図 4-9　1960～1993 年の FRB 長期貸出（Extended Credit）[注]

(10億ドル)

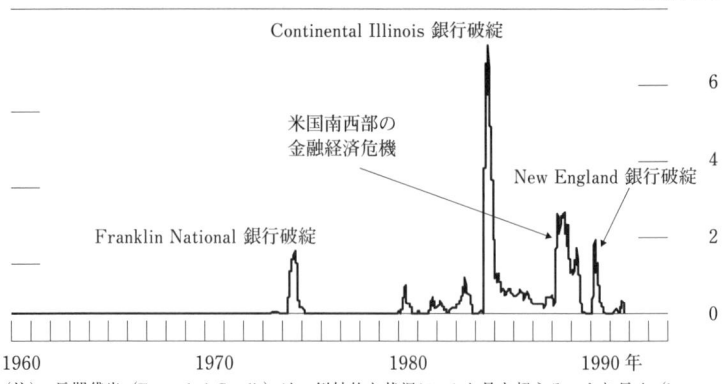

（注）　長期貸出（Extended Credit）は，例外的な状況に，1 か月を超える，より長め（longer-term）の期間，資金調達の困難に直面している金融機関に向けて FRB が貸出を行う制度であるが，連銀貸出の 2003 年抜本見直しの後，セカンダリー貸出に引き継がれた。
（出所）　Clouse［1994］p. 972.

図 4-10　1960～1993 年の FRB 調整貸出（Adjustment Credit）[注] と金利差

（％ポイント）   (10億ドル)

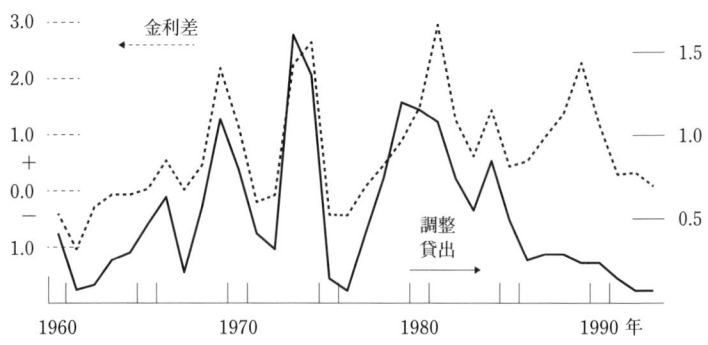

（注）　調整貸出（Adjustment Credit）は，一時的に資金が不足する金融機関に FRB が貸出を行う制度であるが，連銀貸出の 2003 年抜本見直し後，プライマリー貸出に引き継がれた。
（出所）　Clouse［1994］p. 969.

（a）　Penn Central 社の倒産

　1970 年 6 月 21 日，当時の米国最大手の鉄道会社 Penn Central 社が倒産した。FRB は，不動産投資や事業買収の資金調達のため巨額の社債や CP を発行していた同社の倒産が健全企業の資金調達にも悪影響を及ぼすのを防ぐべく，CP を発行できなくなった企業向けに金融機関が積極的に貸出を行えるよう，金融機関による連銀貸出の利用拡大を促した。この結果，連銀貸出残高は一時 18 億ドル程度にまで急拡大し，Penn Central 社倒産の煽りによる非金融企業の資金不足は，民間金融機関貸出の急増でほとんどカバーされた（Carlson and Wheelock［2012］pp. 18-21）[34]。

（b）　Franklin National 銀行向け連銀貸出

　Franklin National 銀行は，高リスク貸出や FF 市場調達，外貨預金調達により急激に業容を拡大し 1970 年代半ばに全米 20 位の総資産 49 億ドルという規模を誇った。同行が 1974 年 5 月に外国為替損失と第 2 四半期の無配転落見通しを発表したところ，資金市場での借換えが困難化し，ニューヨーク連銀から 17 億ドルを借り入れた。

　また翌 6 月には，同様に活発な外為取引で知られていたドイツ Herstatt 銀行が倒産したことの連想から外国為替市場参加者の間で Franklin National 銀行との取引を避ける動きが広がったため，ニューヨーク連銀は，同行の保有外貨持ち高（3,170 万ドル相当）および外貨先渡契約（約 7 億 2,500 万ドル）を買い取った。

　最終的に Franklin National 銀行は，同年 10 月に閉鎖され European-American 銀行への営業譲渡により破綻処理され，FDIC が連銀貸出の債務引受を行った[35]。Franklin National 銀行の破綻は，当時としては最大の銀行倒産であった。

---

34)　Carlson and Wheelock［2012］p. 20 は，Penn Central 社倒産をきっかけに，FRB は，金融システム全体の不安定につながるおそれがあれば 1 非金融企業の経営破綻でも防止する必要を認識した，と述べる。

35)　Franklin National 銀行破綻の詳細は，Carlson and Wheelock［2012］pp. 21-23 を参照されたい。

（ⅴ）　1980 年代における FRB の LLR

　経営困難に直面した金融機関に対する連銀貸出（特に長期貸出）は，1980
年代以降，頻繁に発動されるようになった（前掲の図 4-9）。一方，健全な金融
機関を中心に，1980 年代後半以降，経営体力が弱った金融機関とのレッテル
を貼られる，いわゆる汚名問題を嫌がり，連銀貸出の利用を躊躇する動きが広
がった（前掲の図 4-10）。この背景には，1980 年代後半から 90 年代初頭にか
けて，経営問題に直面した米国金融機関の多くが現に連銀貸出を利用した事実
が指摘されている（Clouse［1994］pp. 969-970）。

（a）　First Pennsylvania 銀行向け連銀貸出

　First Pennsylvania 銀行は，1970 年代に短期調達資金を長期米国債・地方債
等に投資する戦略で全米 23 位の総資産 80 億ドルの規模の銀行に急成長したが，
1970 年代終盤には金利上昇に伴う大幅な逆ザヤと貸出資産の劣化（不良債権
比率 6% 強）に苦しんだ。1980 年 3〜4 月の監督当局との折衝の結果，同行は
閉鎖・破綻処理を免れ，信用補完目的で 5 年物劣後ローン 5 億ドル（FDIC：
3.25 億ドル，民間銀行団：1.75 億ドル）の支援措置が実施された。その際，
FRB は連銀貸出 10 億ドルの与信枠を設定した[36]。

（b）　Continental Illinois 銀行向け連銀貸出

　Continental Illinois National Bank and Trust Company（以下「Continental
Illinois 銀行」）は，エネルギー関連企業向け中心に商工業貸出を積極的に拡大
し，1981 年時点の総資産 452 億ドルは全米 7 位，商工業貸出 143 億ドルは全
米 1 位の規模に急拡大していた。もっとも，同行の資金調達構造は，負債総額
434 億ドル（1981 年時点）に占めるコア預金の割合が 2 割を下回る一方，大口
預金，海外店預金および FF 市場調達の合計割合が約 4 分の 3 に膨らみ，流動
性リスクに脆弱であった。
　同行が 1982 年 7 月に破綻した Penn Square 銀行[37] の組成したシンジケー

36）　First Pennsylvania 銀行への支援策の詳細は，Federal Deposit Insurance Corporation［1998］
pp. 515-524 を参照されたい。

ト・ローン10億ドルを買入れていたことや，後進国向け不良債権の増加が明らかになると，経営不安が囁かれ始め，短期資金の借換えが困難化した。1984年5月には，電信送金を通じた急激な預金流出に直面し，同月11日にはシカゴ連銀からの借入れ残高が36億ドル（1983年末負債総額388億ドルの1割弱）に達した。

こうした事態を眺めFDIC，FRBおよび通貨監督庁[38]の3当局は，同月17日に①同行の預金を含む全債務に対するFDICの保証，②同行に対する劣後ローン20億ドル（FDIC: 15億ドル，大手民間銀行7行：5億ドル）の供与[39]，③主要行24行による55億ドルの無担保流動支援枠の設定，④不足する流動性を補うための連銀貸出，を主たる内容とする暫定的支援策が公表された。

9月26日には関係者の調整を経た下記概要の最終支援策が実施された（図4-11）。

①FRBによる連銀貸出の未返済残高35億ドル[40]をFDICが債務引受

②同行の不良資産35億ドル[41]をFDICが買取り

③同行の持株会社の優先株10億ドル[42]をFDICが取得して資本注入

---

37)　1960年創業のPenn Square銀行は，石油・ガス関連産業向けの融資やシンジケート・ローンの組成などで急成長を遂げた地方銀行であり，1982年7月に経営破綻し閉鎖された時点で，総資産が5.2億ドルに急増していた。ペイオフが実施された結果，預金残高4.7億ドルの過半を占める預金保険対象外預金2.6億ドル分の預金者は損失を負担した。一方，同行に対する連銀貸出570万ドルは，FDICが債務引受を行い全額返済された。ペイオフ方式で処理された破綻金融機関の中では1992年まで，同行が最大であった。Penn Square銀行破綻の詳細は，Federal Deposit Insurance Corporation [1998] pp. 527-542を参照。

38)　通貨監督庁（Office of the Comptroller of the Currency：OCC）とは，国法銀行（National Banks：連邦政府により免許を付与された銀行）を規制・監督する連邦政府の機関を言う。Continental Illinois銀行は国法銀行であった。

39)　劣後ローンは最終支援策（後述）の実行に伴い全額が返済された。

40)　Continental Illinois銀行向連銀貸出は，債務を引き受けたFDICが全額返済した。

41)　FDICはContinental Illinois銀行の不良債権簿価30億ドル（元本額面37億ドル）を20億ドルで買い取った（差額10億ドルは同行が償却損失として負担）ほかに，同行の不良債権簿価15億ドル分を譲り受ける請求権を取得した。

42)　持株会社に対する優先株出資の全額は，その子会社Continental Illinois銀行に資本投下された。なおFDICはこの優先株出資のほかに，Continental Illinois銀行から取得した不良債権の2次損失等が一定額を超えた場合，持株会社の既存株主が保有する普通株全株を無償で取得できる取極めを結んでいた。結果としてFDICがこの権利を行使したことから，既存株主は持分全額を喪失した。

図 4-11　Continental Illinois 銀行の最終支援策

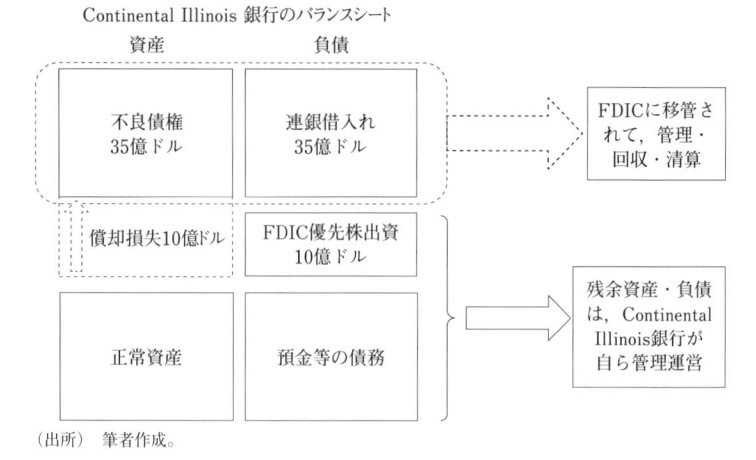

（出所）　筆者作成。

　この最終支援策は，Continental Illinois 銀行を破綻処理せずに再建し，
FDIC が約 11 億ドルの損失を被ったこともあって，いわゆる「大き過ぎて潰
せない（too-big-to-fail：TBTF）金融機関」を救済（bail-out）した悪しき前例に
なったとしばしば批判される。しかし，同行の旧経営陣が更迭され，持株会社
株主も持分全額を喪失したことを踏まえると，同行を「救済した」という認識
は正しくない。また，仮に同行のペイオフを断行し破綻損失を保険対象外預金
者に転嫁した場合に，同行とコルレス・バンキング取引を行っていた約 2,300
先もの金融機関[43] に連鎖破綻が広がる危険が高かった[44]。

　当時の FDIC は，破綻のおそれがある銀行の営業継続が地域コミュニティに
銀行サービスを維持し続けるために不可欠（essential）と判断された場合に，
当該銀行を閉鎖・破綻処理せずに支援する方策を選択できる権限を有していた。

43)　Continental Illinois 銀行のコルレス・バンキング先約 2,300 先の金融機関は合計約 60 億ドルの
預金保険対象外預金を同行に保有していた。これら金融機関のうち 66 先は自己資本を上回る金額を，
113 先は自己資本の半額以上の金額を，同行に預金していた。

44)　Continental Illinois 銀行の経営問題と支援策の詳細は，Federal Deposit Insurance Corporation
[1997]，Federal Deposit Insurance Corporation [1998] pp.545-565 および Carlson and Wheelock
[2012] pp.23-26 を参照されたい。

Continental Illinois 銀行や前述の First Pennsylvania 銀行など 1980 年代に問題金融機関を支援したケースには，この「不可欠性原則」が適用されたのである。この不可欠性原則が「大き過ぎて潰せない金融機関」の安易な救済を正当化しモラル・ハザード問題を助長した，との反省から，後述する 1991 年 FDI-CIA 法（Federal Deposit Insurance Corporation Improvement Act of 1991, 1991年連邦預金保険公社改善法）は，破綻処理費用最小化原則などを導入した[45]。

(c)　1985 年 11 月の Bank of New York 向け連銀貸出

　1985 年 11 月 21 日，証券クリアリングの大手銀行 Bank of New York（BONY, 総資産 159 億ドル）では，ソフトウェアの不具合が原因で，証券の受入れはできても払出しができないというコンピュータ・システム障害が発生した。資金決済と証券受渡が同時履行（Delivery-versus-Payment：DVP）の関係にあり，受け入れた証券の代金支払いだけは続けたことから，大幅な資金不足（最大で300 億ドル弱の赤残）に陥った。

　翌 22 日未明になっても問題が解消される見込みが立たなかったことから，ニューヨーク連銀は，決済システムの安全かつ円滑な運営を確保する目的から，いったん午前 1 時 30 分に証券受渡システムの運行を，午前 2 時 15 分に資金決済システムの運行をそれぞれ閉局したうえで，緊急措置として BONY に対し226 億ドルの連銀貸出，および，10 億ドルの当座貸越（BONY が資金繰り見通しを誤ったことが原因）を実行した。ニューヨーク連銀はこの貸出で，当時の市場金利を 0.54% ポイント下回る 7.5% の金利[46]のほか，価額約 360 億ドルの担保を徴求した。BONY のシステムはようやく 22 日夕刻に復旧し，貸出226 億ドル全額が返済され，資金の赤残も解消された[47]。

---

45)　米国の預金保険制度改革の歴史については，翁百合［1998］が詳しい。

46)　当時のニューヨーク連銀コリガン総裁は，後日の議会証言の場で，連銀貸出の金利が市場金利を下回っていたことから生じる収益効果が，10 億ドルの当座貸越に伴うペナルティなどの追加費用よりも小さかったため，BONY は差引き 500 万ドルの損失を被り，同行のクリアリング業務の年間収入と比べ相当の痛手となった，と述べ，システム障害を起こした BONY が連銀貸出で得をしたとの見方を否定した（Corrigan［1985］）。

47)　1985 年 11 月の BONY 向け連銀貸出の詳細は，Corrigan［1985］, Volcker［1985］, Lacker［2003］を参照されたい。

(d)　1987 年 10 月 19 日 Black Monday の株価暴落時の流動性供給

　後世 Black Monday と呼ばれることになる 1987 年 10 月 19 日月曜日，かねてから下落基調にあった米国株価は暴落した。FRB は事態を深刻に捉え，翌 20 日早朝以降，主に以下 4 つの対応策を実施し金融システムの安定を確保した（Greenspan［2007］pp. 100-110, Carlson and Wheelock［2012］pp. 26-29）。

　第 1 に，取引開始前に「FRB は本日，わが国の中央銀行としての責任を果たすべく，経済・金融システムを支えるための流動性を供給する準備ができていることを確認する」という簡潔な声明を発表した。

　第 2 に，上記声明を裏付けるべく，平常時よりも早めの目立ちやすいタイミングで，巨額の資金資金供給オペを実行し，翌日物の FF 市場金利を当時の誘導目標の 7.5% から 0.5% ポイント以上も低い水準に押し下げることで，金利全般の低下を促した。

　第 3 に，証券の先物取引業者が証拠金要求を受け資金繰りに行き詰まることを防ぐべく，大手金融機関の経営陣に，市場参加者の借入れ需要に応じるよう個別に呼び掛けた。

　第 4 に，米国債市場で安全資産への逃避が行き過ぎ個別銘柄の品不足が発生しないように，FRB 自らの証券貸出の要件や基準を一時的に緩和した。

　1987 年 10 月 Black Monday の際の FRB による潤沢な流動性供給は，中央銀行 LLR の手段は公開市場操作に限定すべきと主張し，個別金融機関向けの LLR に批判的な学者の間ではあまねく好評を博している。中でもカウフマンは，これを中央銀行 LLR の成功事例と評価した（Kaufman［1991］）。これに対し，個別金融機関向け貸付けこそが中央銀行 LLR という立場のグッドハートは 2009 年の著書で，グリーンスパンが FRB 議長に就任した直後の Black Monday 対応が Greenspan Put と呼ばれる救済期待を市場参加者の間に植え付けた，と指摘している（Goodhart［2009］pp. 9-16）。

第 3 節　破綻金融機関向け連銀貸出と 1991 年 FDICIA 法以降の LLR

(1)　破綻金融機関向け連銀貸出

　1980 年代後半以降の米国では, 中小地方銀行や貯蓄金融機関 (Savings & Loan Associations: S&Ls) の経営破綻が顕著に増加した。この背景には, 預金金利自由化や規制緩和を背景に, 多数の金融機関が, 従来の住宅ローン中心の経営から業務分野を多角化しつつあったところに, 中西部における農業・畜産業向け融資や, 南西部におけるエネルギー・不動産関連の融資が不良化した, という事情が指摘されている。

　FRB は, 破綻が相次ぐ中小地方銀行の秩序だった処理に必要な時間を稼ぎ (allow time for orderly resolutions), 預金者がその資金に支障なくアクセスでき (gave depositors uninterrupted access to their funds) 銀行サービスを利用できる状態を確保する目的から, 破綻金融機関に対する連銀貸出をしばしば実行した (Clouse [1994] p. 974)。また, 貯蓄金融機関に対しても, 1989 年 2 月に, 業態を所管する Federal Home Loan Banks および財務省と共同して, 預金流出に見舞われた貯蓄金融機関向けに不足資金を供給する共同融資プログラム (Joint Lending Program)[48] を新設した。

　この結果, 前掲の図 4-9 にみられるように, 1980 年代終盤から 90 年代初にかけて, 連銀貸出のうちの長期貸出の総残高は 20 億ドルを上回る規模で推移した。この間の代表的な貸出先の事例を, 表 4-2 に掲げた。ほとんどの先で, 連銀貸出のピーク残高が, 当該金融機関の総資産の約 2～3 割の規模に膨らんでいることが特筆される。

　当時の米国連邦議会は, 下院銀行委員会の Gonzalez 委員長を中心に, FRB が破綻間際の金融機関あるいは実質的に破綻した金融機関に向け, 頻繁にかつ相当な規模で長期貸出を実行したことを厳しく批判した。その主張は, FRB が, 全額有担保であるがゆえに損失を被らないのを好いことに貸出を継続した

---

48)　共同融資プログラムでは, FRB と貯蓄金融機関の業態を所管する Federal Home Loan Banks が, それぞれ不足資金の 45% を, 財務省が, 不足資金の 10% を貸し付けた。

表4-2　1980年代終盤から90年代初にかけての連銀貸出の事例

（単位：億ドル）

破綻月	貸出先名	所在地と業態	総資産	連銀貸出ピーク
1986年7月	The First National Bank and Trust Co.	オクラホマ州 地方銀行	16	3
1988年7月	First RepublicBank Dallas	テキサス州 地方銀行	164	33
1989年2月	First State Bank	テキサス州 地方銀行	2.62	0.95
1989年8月	Lincoln Savings and Loan Association	カリフォルニア州 貯蓄金融機関	28	1
1991年1月	Bank of New England	マサチューセッツ州 地方銀行	139	23
1991年3月	Boston Trade Bank	マサチューセッツ州 地方銀行	3.5	0.5

（出所）　米国下院銀行委員会スタッフによる調査報告書 United States House of Representatives [1991] に基づき筆者作成。

結果，存続可能性のない金融機関を徒らに延命させて破綻損失を拡大し，その損失を預金保険基金や納税者に転嫁したというものであり，破綻しつつある金融機関を密かに救済するために数10億ドルもの公金を裏口から支出した（expended billions of dollars of public monies in backdoor bailouts of failing banks）とFRBを糾弾した[49]。

　学界の中でも，第1章第2節（3）で紹介した，個別金融機関向けLLRの効果に否定的な中央銀行LLR慎重論者のハンフリー，グッドフレンド，ボルドー，カウフマン，シュワルツなどの学者は，FRBを厳しく批判する連邦議会の考え方に共鳴している（Humphrey and Keleher [1984], Goodfriend and King [1988], Bordo [1990], Kaufman [1991], Schwartz [1992], Wood [2000]）。中でも第2章第4節（2）で紹介したグッドフレンドは，FRBの有担保貸付けの弊害

---

49)　1991年6月11日に，米国下院銀行委員会（United States House of Representatives, the Committee on Banking, Finance and Urban Affairs）がスタッフによる調査報告書 United States House of Representatives [1991] を公表した際のプレス・リリース。

を一貫して問題視しており，FRB の LLR が債務超過金融機関の破綻処理開始を先送りする間に，預金保険対象外の大口預金者の資金逃避を許した結果，拡大した破綻処理費用が預金保険等を通じ納税者・国民に転嫁されることを厳しく批判する急先鋒である（Goodfriend and King [1988], Goodfriend [1991, 2011, 2012]）。

(2)　1991 年 FDICIA 法が FRB の LLR にもたらした変革

(i)　連銀貸出の期間制限

　1991 年 FDICIA 法（Federal Deposit Insurance Corporation Improvement Act of 1991，1991 年連邦預金保険公社改善法）[50] は，過小資本の金融機関に対する連銀貸出の期間制限などの規制を導入した。この規制は，連銀貸出が存続可能性のない金融機関を延命させ，FDIC（連邦預金保険公社）や納税者に転嫁される破綻処理費用を拡大した，という連邦議会や学界からの批判を踏まえたものである。

　具体的にみると，まず FRB は，過小資本（undercapitalized）の金融機関に対して，当該金融機関に関する存続可能性の証明書（certificate of viability）が連邦監督当局から発行されていない限り，連続 60 日間を超える貸付けが禁止されている[51]。

　また FRB は，危機的な過小資本（critically undercapitalized）の金融機関に対して，自己資本比率がその水準に落ち込んだ日から 5 日目以降も貸付けを継続した結果として FDIC に発生した追加損失の一部を負担しなくてはならない[52]。

　こうした規制が実務的な問題になるのは，本章第 1 節（2）で前述したセカンダリー貸出の対象先の場合であろう。FRB の連銀貸出の解説書は，上記自

---

50)　1991 年 FDICIA 法全体の立法趣旨や内容については，翁百合（1998）の 8〜18 頁がわかりやすく解説している。同著は，FDICIA 法が，Continental Illinois 銀行の救済以降，問題とされてきた「大き過ぎて潰せない（too-big-to-fail）」原理を否定し，金融機関破綻処理方式の選択に関して最小費用原則やシステミック・リスク原則を導入した，と説明する。

51)　連邦準備法 10B 条（b）1. および 2.，Regulation A 第 201.5 条（a）項。

52)　連邦準備法 10B 条（b）3.，Regulation A 第 201.5 条（b）項および（c）項。規制の解説は，Clouse [1994] p.975 および Gilbert, Kliesen, Meyer and Wheelock [2012] pp.222-223 が詳しい。

己資本基準に抵触した金融機関に十分な流動性の確保を求め，仮に流動性が不足する場合には，可能な限り早い時点で，管轄地区連銀と協議し，決済サービスの利用を円滑に継続（orderly continuation）できるよう担保を差し入れることも要請している（FRB [2015b] p. 5）。

　FRB は 1991 年 FDICIA 法の立法趣旨や経緯を踏まえ，破綻損失の納税者負担を拡大する危険を意識しながら連銀貸出を運営してきた。『連邦準備制度の目的と機能（第 9 版）』でも，連銀貸出の借り手の財務状況をモニターする目的は，中銀信用が預金保険基金ひいては納税者にとっての損失を拡大させないことにある（central bank credit would not increase costs to the deposit insurance fund and ultimately the taxpayer）と解説している（FRB [2005] p. 46）。1991 年 FDICIA 法の立法経緯は，BOX 10「FRB の LLR 機能の転機となった 1991 年 FDICIA 法」を参照されたい。

（ii）　非常時の緊急貸出の自由度拡大

　1991 年 FDICIA 法の法案審議の副産物として，FRB は，連邦準備法 13 条（3）項に基づき，証券会社など非預金取扱金融機関に対して非常時の緊急貸出を実施する際に取得する担保資産の適格要件に関する自由度を広げることに成功した。具体的には，非預金取扱金融機関が地区連銀に差し入れる担保資産の種類および期間が，預金取扱金融機関と同等の適格要件を満たさなくても良くなったのである。

　この法改正は技術的にみえるだけに当時は注目を浴びなかったが，FRB 実務家の間では，この改正によって FRB がより柔軟な金融危機管理対応を行うことが可能になった（this change provides greater flexibility to the Federal Reserve in managing a financial crisis, Clouse [1994] p. 975）と評価されていた。証券会社等に向けた非常時の緊急貸出の自由度を広げた法改正の経緯についても，BOX 10 を参照されたい。

（3）　1998 年の LTCM 経営破綻

　1998 年の米国 LTCM（Long-Term Capital Management）の経営破綻は，市場流動性の収縮がシステミック・リスクや金融危機の主因になりうることを示

した。

　1994 年創業の LTCM は，ノーベル経済学賞受賞者を有するなど高度なリスク管理技術を誇るヘッジ・ファンドであったが，1998 年のロシア通貨危機の後，見通しに反し金利スプレッドが拡大したために，ロシア債を買い他の債券を売る裁定取引で，同社の自己資本を半減させるほどの巨額評価損失を抱えた。同社の経営不安の噂が伝わった米国の金融資本市場では，信用リスク・プレミアムが大幅に拡大し，スワップなどのデリバティブ取引の市場流動性が急減するなど，金融システム不安が広がった。

　FRB は，同社取引先の手仕舞い売りが金融資産全般の投げ売りを誘発し，企業の資金調達にまで支障を来し金融・経済危機につながることを懸念した。LTCM の自力資本調達努力が頓挫した 1998 年 9 月，ニューヨーク連銀など FRB 幹部は，急遽 LTCM と取引関係のある大手民間金融機関同士の協議を仲介し（moved more quickly to provide their good offices），民間金融機関による支援策の策定を強力に促した。9 月 23 日には，大手投資銀行や証券会社を含む 14 金融機関が協調して LTCM の 36 億ドルの増資に応じたうえで，同社が時間をかけてポジションを手仕舞いし清算していくことに関する合意が成立した。

　FRB は，民間金融機関による支援を促すことに徹して，自ら LLR 機能を発揮することはなかった。また米国政府から公的資金が投入されることもなかった[53]。

(4)　9.11 同時多発テロの際の FRB による LLR

　2001 年 9 月 11 日の同時多発テロの際，FRB は，公開市場操作や連銀貸出などを通じて，当時としては異例に大規模の資金供給を実行した。表 4-3 をみると，平時には精々 2〜3 億ドル程度の残高しかない連銀貸出が，同時多発テロの翌日 12 日に 460 億ドルにまで急増したことが眼を引く。この 460 億ドルという金額は，金融危機下の 2008 年春以降，連銀貸出が急増するまでは，米国金融史上における最高額であった。

53）　LTCM の経営破綻や民間金融機関支援の詳細については，Lowenstein［2000］pp. 143-218，Woodward［2000］，Greenspan［2007］，Carlson and Wheelock［2012］pp. 29-32 などを参照されたい。

表 4-3　2001 年 9 月 11 日同時多発テロ時の FRB による資金供給残高の推移

(単位：10 億ドル)

営業日	レポオペ	連銀貸出	当座貸越	フロート[注]	中銀スワップ	合計
9 月 10 日	23	0	0	1	0	24
9 月 11 日	23	37	2	4	0	66
9 月 12 日	61	46	4	23	5	139
9 月 13 日	84	8	0	47	20	159
9 月 14 日	95	0	0	44	9	148
9 月 17 日	69	0	0	12	0	81
9 月 18 日	48	0	0	9	0	57
9 月 19 日	40	3	0	4	0	47
9 月 20 日	40	1	0	3	0	44

(注)　フロートとは，金融機関が FRB 準備預金口座に入金した手形・小切手のうち取立ての途中にあるものの
　　　残高を言う。取立てにより決済完了となるまでは，事実上 FRB から金融機関に与信が発生する。
(出所)　Lacker [2003] p. 39 に掲載された表などから筆者作成。

BOX 10　FRB の LLR 機能の転機となった 1991 年 FDICIA 法

　米国連邦議会では 1991 年に，かねてから FRB の政策運営に対する批判を繰り
返していた下院銀行委員会 Gonzalcz 委員長を中心に，FRB の有担保貸付けが，
存続可能性のない過小資本金融機関を徒らに延命させた結果，FDIC や納税者が
被る破綻処理費用が膨らんだことを糾弾する動きが活発化した。下院銀行委員会
は当初，FRB が過小資本の金融機関に連続 5 日間を超える貸付けを行うことを禁
止する法案を提出した。

　下院銀行委員会のこうした動きに対し FRB 側は，貸付けの機動的運用が制約さ
れるとシステミック・リスクや破綻処理損失が増大することを主張するグリーンス
パン議長の書簡を送るなど議会工作で巻き返そうとした。しかし，結果として 1991
年に成立した FDICIA 法では，FRB 貸付けに対する以下の規制が盛り込まれた。

(貸付けの期間制限)
- FRB は，過小資本 (undercapitalized) の金融機関に対して，任意の 120 日
　間において連続 60 日間を超える貸付けを行ってはならない。

(存続可能性証明による例外)
- ただし，FRB を含む連邦監督当局が当該金融機関に関する存続可能性の証明
　書 (certificate of viability) を発行した場合には，この限りではない。

（追加損失の一部負担）

- FRB は，危機的な過小資本（critically undercapitalized）の金融機関に対して，自己資本比率がその水準に落ち込んだ日から 5 日目以降も貸付けを継続し，当該金融機関が延命した結果として，連邦預金保険公社に追加的な破綻処理損失が発生した場合には，その追加損失の一部を負担しなくてはならない。

同時に 1991 年 FDICIA 法は，FRB が証券会社など非預金取扱金融機関に対する非常時の緊急貸出（Emergency Credit）を柔軟に発動できるようにし，FRB の危機管理能力を拡大した。この法改正の前，非常時の緊急貸出の根拠規定である連邦準備法 13 条（3）項は，以下のとおり書かれていた（下線は筆者）。

- 非常時において，連邦準備制度理事会は，その 5 名以上の賛成を得たうえで，地区連銀が，理事会の定める期間，第 14 条（d）項の規定により定める利率により，個人，パートナーシップまたは法人から，本法の他の条項に基づく加盟銀行からの割引適格資産と同じ種類および期間を有する（of the kinds and maturities made eligible for discount for member banks under other provisions of this act）証書，手形および為替手形の割引を行うことを，これらの証書，手形および為替手形が裏書されていること，または，地区連銀を満足させる担保が付されていることを条件として，承認することができる。

1991 年 FDICIA 法は，連邦準備法 13 条（3）項に含まれていた上記の下線部を削除した。この結果，証券会社など非預金取扱金融機関が，非常時の緊急貸出を受ける際，地区連銀に差し入れる担保資産の種類および期間は，預金取扱金融機関と同等の適格要件を満たさなくてはならない，という制約がなくなった。

証券会社など非預金取扱金融機関と預金取扱金融機関との間では，業務内容の違いを反映して，取り扱う金融資産の種類や期間が異なることから，差し入れる担保資産の種類や期間も異なってくる。1991 年 FDICIA 法は，担保資産の相違から生じうる制約を取り除くことで，非預金取扱金融機関向けの非常時の緊急貸出の柔軟性を拡張した。

過小資本金融機関向け連銀貸出を規制した 1991 年 FDICIA 法が，非預金取扱金融機関向けの非常時の緊急貸出の制約を取り除いたのはなぜであろうか。米国連邦議会の調査委員会の 2011 年報告書は，後者の法改正は Goldman Sachs 証券などウォール街の大手証券会社（投資銀行）によるロビー活動の成果である，と解説する（Financial Crisis Inquiry Commission [FCIC] [2011] p. 37）[54]。

連邦準備法 13 条（3）項に基づく非常時の緊急貸出は，大恐慌後の 1932 年に規

定され，1930 年代にわずかに実行された後は，50 年余りにわたり発動実績がなかった。それが，本来は連銀貸出を規制する趣旨で制定された 1991 年 FDICIA 法によって与えられた「柔軟性」のお蔭で，そこからさらに 17 年後の 2008 年，大恐慌以来とも言われるグローバル金融危機に際し，極めて積極的に活用されるようになることを，果たして立法者は予想していたのであろうか[55]。スコット・ハーバード法科大学院教授は，後に 2010 年ドッド・フランク法によって FRB の連邦準備法 13 条（3）項に基づく非常時の緊急貸出に制約を加えることになるドッド上院議員が，皮肉なことに（ironically），1991 年 FDICIA 法の起草者でもあった，と指摘している（Scott［2016］pp. 91-92）。

第 4 節　グローバル金融危機時における FRB の LLR

(1)　FRB の危機対応の概観

　グローバル金融危機の時期に，FRB が LLR 機能を発揮して空前の規模の積極的な流動性供給を行った手段・経路は，大きく分けて以下の 3 つである。

　　①「通常の連銀貸出」の急拡大

　　②多数の時限的な「流動性供給ファシリティ」の新設・活用

　　③個別の問題先金融機関向け信用供与

　これとは別に FRB は国債や住宅ローン担保証券（Mortgage-Backed Securities：MBS）などを大量に買入れ金融資本市場に巨額の資金流動性を供給した。この政策は，公式には大規模資産買入れ（Large Scale Asset Purchases：LSAP），通称 QE（Quantitative Easing，量的金融緩和）と呼ばれ，2009 年以降に本格化した。QE は金融政策の一環としての資産買入れであり，本書では金融システム安定を目的とする LLR と区別して扱っている。

---

54)　Wessel［2009］p. 161 も，Goldman Sachs 証券の意向を受けたロビイストの働きかけが連邦準備法 13 条（3）項改正の背景にあった，と指摘したうえで，後に副議長となる FRB 幹部の Donald Kohn が 1991 年当時，上院銀行委員会に対し「FRB の証券会社向け貸出の当否をめぐる法解釈上の曖昧さを取り除くことができる」と説明して法改正への支持を訴えていた，と述べている。

55)　FCIC［2011］p. 37 は，連邦準備法 13 条（3）項改正の結果 1991 年 FDICIA 法が廃止したはずの「大き過ぎて潰せない金融機関」を救済する抜け道（loophole）がグローバル金融危機まで残されてしまった，と否定的に評価をしている。

図 4-12　グローバル金融危機以降における FRB の LLR と総資産の残高推移

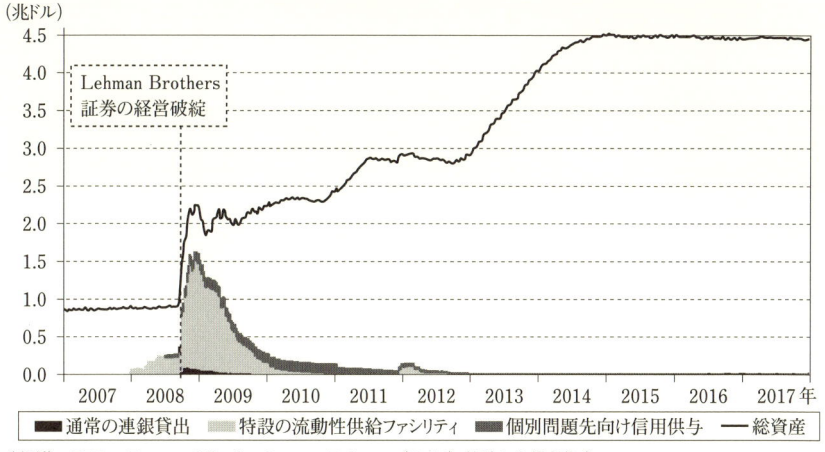

（出所）　FRB の Factors Affecting Reserve Balances（H. 4.1）統計から筆者作成。

　なお FRB は，ECB（欧州中央銀行）をはじめ外国中央銀行との間で通貨ス
ワップ取極を締結しドル資金などを供給する「流動性スワップ」も積極的に活
用した。以下では上記②「流動性供給ファシリティ」に含めて解説したい。

　図 4-12 は，2007 年以降の FRB の 3 つの LLR，すなわち，①通常の連銀貸
出，②流動性供給ファシリティ，③個別問題先向け信用供与に，LSAP など金
融政策目的の資金供給を加えた FRB の流動性供給全体の動向を示している。
LLR の流動性供給は，黒（①通常の連銀貸出），薄い網掛け（②流動性供給フ
ァシリティ），濃い網掛け（③個別問題先向け信用供与）の積上げ棒グラフと
なっており，黒の折れ線グラフで示した FRB 総資産との合間の部分が，金融
政策目的の大規模資産買入れによる資金供給である。

　図 4-12 が示すように，2008 年 9 月 15 日の Lehman Brothers 証券の経営破
綻（以下「Lehman 破綻」）を境に，顕著な局面変化が訪れ，FRB の LLR によ
る流動性供給，中でも②流動性供給ファシリティによるものが急増した。この
②流動性供給ファシリティの合計残高は 2008 年 12 月 10 日に 1.4 兆ドルを超え，
これに①通常の連銀貸出を加えた流動性供給残高は，同日にピークの 1 兆
5,189 億ドルに達した。

　さらに Lehman 破綻の翌日 9 月 16 日に発表された AIG 向け信用供与など③個別問題先向け信用供与も増加したことで，①，②，③を合算した FRB の LLR 全体は，12 月 17 日に，ピーク残高の 1 兆 6,231 億ドル（対総資産比率 72 ％）にまで膨らんだ。2008 年 11 月から 2009 年 1 月にかけて FRB の LLR が総資産に占める比率が 7 割を超えるなど，危機管理対応の LLR が FRB の「本業」となる異常な事態であった。

　図 4-12 を詳しくみると，2008 年 9 月の Lehman 破綻をきっかけに，金融政策と LLR との間の，言わば「主従」の関係が逆転している。すなわち，Lehman 破綻までの FRB は，LLR によって流動性を供給しても，市場全体の資金流動性が過剰と判断された場合に余剰分を吸収する金融調節を行うことで，資金供給量の全体規模，すなわち FRB の総資産規模を，政策金利の誘導目標と整合的なレベルに維持できていた。つまり，金融システム安定を目的とした LLR 機能の発揮とは独立した政策行動として，金融政策の一環としての金融調節を整斉と行う余裕があったのである。

　ところが，2008 年 9 月の Lehman 破綻以降の FRB は，LLR で供給された流動性の余剰分をあえて吸収することを行わなくなり，この結果，資金供給量の全体規模，すなわち FRB の総資産規模が LLR 残高の膨張に応じて拡大していった。金融システム安定のために背に腹を代えられない深刻な状況に直面し，LLR 機能の発揮を金融政策目的の金融調節に優先せざるをえなくなったからである。

　FRB の LLR 残高は，グローバル金融危機以降に巨額に膨らんだものの，貸倒れ損失等は全く発生していない[56]。AIG など問題先向けの信用供与等においても，貸倒れどころか，むしろ資産の回収・処分に伴う利益をあげている。フレミングとクラッゲの 2011 年共著論文は，LLR 機能の発揮が FRB にもたらした収益効果を分析し，流動性供給ファシリティ等の運営費用 70 億ドルに対して，金利・手数料収入が 200 億ドル増加したことから，差引き 130 億ドル

56）　FRB の Nelson［2014］は，グローバル金融危機時の流動性供給ファシリティが完済を受けられたのは，その業務運営の保守性と品質の高さ（conservatism and quality）によるところが大きいとしつつも，幸運によるところも何がしかはあったと思う（I suspect it also owes something to luck）と述べた。

図 4-13　FRB による通常の連銀貸出 Discount Window の実績

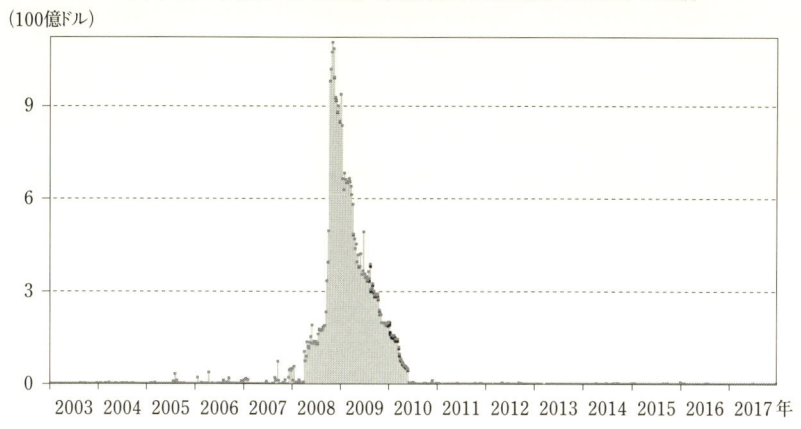

（出所）　FRB の Factors Affecting Reserve Balances（H. 4.1）統計から筆者作成。

の利益が生じたと推計した（Fleming and Klagge［2011］）。

　以下では，①通常の連銀貸出，②流動性供給ファシリティ，③個別問題先向け信用供与の順に，グローバル金融危機時における FRB の LLR の実態を明らかにしたい。

(2)　通常の連銀貸出の急増

　図 4-13 は，2003 年以降，現在までの通常の連銀貸出の種類別の残高の推移を辿ったものである。ここからは，通常の連銀貸出残高のほとんどをプライマリー貸出が占めていること，2008 年初以前や 2010 年後半以降は合計残高が100 億ドルにも届かず極めて少額であること，2007 年夏のサブプライム住宅ローン問題表面化に端を発した金融危機が深刻になり始めた 2008 年春以降に急増し同年秋に 1000 億ドルを超える「桁違い」の規模に拡大したこと，などが明らかになる。

　通常の連銀貸出 3 種類合計のピーク残高は，2008 年 10 月 29 日の 1,108 億ドルであるが，これは同日の FRB の総資産 1 兆 9,691 億ドルの約 6% に匹敵する。この時期に FRB が矢継ぎ早に新設した各種の流動性供給ファシリティの陰に

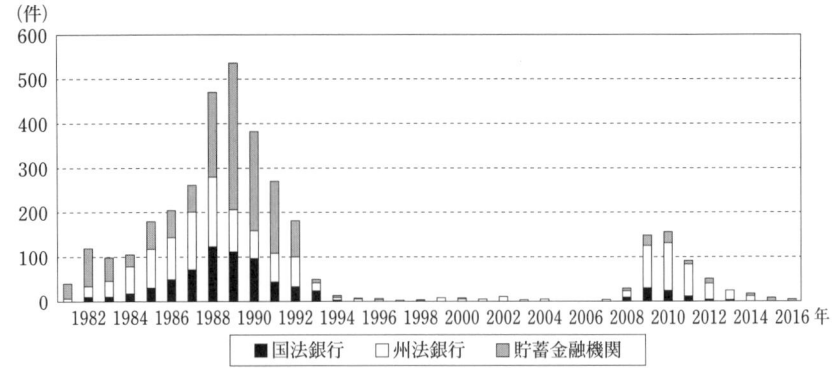

図4-14　米国金融機関の破綻処理件数の推移

（出所）　FDICホームページ掲載統計から筆者作成。

隠れて看過されがちであるが，非常時の緊急貸出を含まない「通常の連銀貸出」だけでも，これだけの異例な規模に膨らんでいたのである。

　もともとFRBが危機対応として各種の時限的な流動性供給ファシリティを新設した背景には，汚名（stigma）問題を嫌がる民間金融機関が本来利用すべき必要な連銀貸出の申込みを躊躇していたため，この問題を回避できる流動性供給手段を幅広く確保するねらいがあった。ところが実際には，利用を躊躇されていたはずの通常の連銀貸出ですら急増していたという事実は，当時の金融市場に加わったストレスの強さを物語る。

　1981年以降の米国金融機関の破綻処理件数を示す図4-14のグラフをみると，2009～10年の破綻件数が1980年代後半，1990年代初頭以来の水準に急増し，中でも資産規模が比較的小さいと推測される州法銀行（州政府免許）の破綻が目立つ。これを，図4-13や，セカンダリー貸出の前身である長期貸出の動向を示す図4-9などと見比べると，通常の連銀貸出が，中小金融機関の秩序だった破綻処理を促す目的で実施されたことがうかがわれる。

（3）　特設された流動性供給ファシリティ

　FRBは，サブプライム住宅ローン問題の表面化に端を発した国際金融危機への対応として，2007年12月以降に，多数の時限的な流動性供給ファシリテ

ィを新設した。特に 2008 年 9 月の Lehman 破綻直後には，流動性供給ファシ
リティを矢継ぎ早に解説したうえで，空前の規模の流動性供給を行った。この
中には，資金流動性を供給するファシリティもあれば，FRB が証券を貸し付
けるファシリティもあった。

　表 4-4 は，2007 年 12 月以降に時限的に新設された流動性供給ファシリティ
を一覧表にしたものである。共通する特徴点を，以下に列記したい[57]。

　第 1 に，流動性供給の対象先が，平時に FRB が LLR 機能を提供している預
金取扱金融機関以外の先に広がった。これには，証券会社（プライマリー・デ
ィーラーを含む）や投資家といった金融資本市場参加者に加え，米国の非金融
企業（一般事業法人）も含まれた。このため，2008 年 3 月の TSLF 以降の流
動性供給ファシリティはすべて，連邦準備法 13 条（3）項に基づく措置が適用
された[58]。

　第 2 に，ほとんどのファシリティにおいて，流動性が供給される期間が 1 か
月（28 日）以上となっており，資金借換えの不安を和らげる目的で運営され
ている。

　第 3 に，AMLF や CPFF，TALF は，FRB がそれぞれ ABCP や CP，ABS
など特定金融商品の市場流動性を回復させようと，MMLR（Market Maker of
Last Resort）機能（第 1 章で前述）を発揮したファシリティであった。

　第 4 に，AMLF や CPFF，TALF の取引形式は，有担保の貸出でありなが
らも，ノンリコースの与信であることから，実質的な経済機能は，「担保資産」
の ABCP や CP，ABS を FRB が買入れることと同等であった。

　第 5 に，いずれのファシリティも，適格な対象先が適格担保さえ差し入れれ
ば，FRB が所定の審査手続に則って受動的に流動性を供給する仕組みとなっ
ていた。このねらいは，汚名問題を回避し，必要な流動性を必要な先に供給す
ることにあった。

---

57)　グローバル金融危機時の FRB による各種流動性供給ファシリティについて詳しく解説した資
料としては，小立［2009］を参照されたい。日本銀行企画局［2009］も参考になる。
58)　非預金取扱金融機関に対する非常時の緊急貸出の根拠規定である連邦準備法 13 条（3）項や，
その担保の種類や期間に関する制約が 1991 年 FDICIA 法により取り除かれた経緯については，本章
の第 2 節（2）（iii），第 3 節（2）（ii）および BOX 10 を参照されたい。

表 4-4 グローバル金融危機時に特設された流動性供給ファシリティの一覧

導入発表	名称	対象	期間	ピーク
2007 年 12 月 12 日	TAF：Term Auction Facility	預金取扱金融機関	28 日 または 84 日	4,931 億ドル [2009 年 3 月 4 日]
2008 年 3 月 11 日	TSLF：Term Securities Lending Facility	プライマリー・ディーラー	28 日	2,355 億ドル [2008 年 10 月 1 日]
2008 年 3 月 16 日	PDCF：Primary Dealer Credit Facility	プライマリー・ディーラー	翌日物	1,466 億ドル [2008 年 10 月 1 日]
2008 年 9 月 19 日	AMLF：Asset-Backed Commercial Paper Money Market Mutual Fund Liquidity Facility	預金取扱金融機関および銀行持株会社	担保である ABCP の満期 （120 日または 270 日以内）	1,521 億ドル [2008 年 10 月 1 日]
2008 年 10 月 7 日	CPFF：Commercial Paper Funding Facility	米国の CP 発行体	3 か月	3,505 億ドル [2009 年 1 月 21 日]
2008 年 10 月 21 日	MMIFF：Money Market Investor Funding Facility	米国の MMF（短期金融市場投信）など短期金融市場の投資家	7 日 から 90 日	実績なし
2008 年 11 月 25 日	TALF：Term Asset-Backed Securities Loan Facility	ABS 等を保有する米国企業等	原則 3 年 一部 5 年	482 億ドル [2010 年 3 月 17 日]

（出所）　筆者作成。

　これらの流動性供給ファシリティのうち，TAF，CPFF，中銀間流動性スワップの3つによる資金供給が大きい（図 4-15）。

図 4-15　特設された流動性供給ファシリティによる資金供給残高の推移

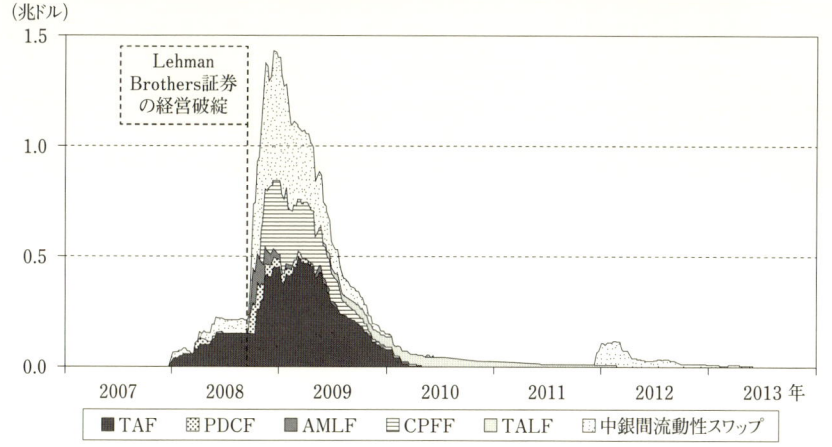

（出所）　FRB の Factors Affecting Reserve Balances（H. 4.1）統計から筆者作成。

（ i ）　入札型ターム物資金供給ファシリティ（TAF）の概要

　入札型ターム物資金供給ファシリティ（Term Auction Facility：TAF）は，預金取扱金融機関に対し，28 日物または 84 日物という長めの期間の資金を貸し出す制度である。利用できる金融機関は，プライマリー貸出の適格先である健全金融機関に限られていた。TAF の金利と落札額は，従来の連銀貸出に付きまとう汚名問題を回避することをねらって，ダッチ入札方式で決定し最低落札金利が適用された（McAndrews, Sarkar and Wang ［2008］, Bernanke ［2009b］, Cyree, Griffiths and Winters ［2013］）。

　なお，FRB が TAF や流動性スワップなどで流動性供給を急増させたにもかかわらず，前掲図 4-12 が示すとおり，2008 年 9 月 15 日の Lehman Brothers 証券破綻までは総資産の増加ペースが緩慢である。これは FRB が，2008 年 9 月までは，TAF 貸出の増加に見合う分だけ，金融政策目的の国債買入れオペ等を減額することで，FF 市場金利の誘導に悪影響を及ぼさないようにしていたからである[59]。

（ii）　ターム物証券貸出ファシリティ（TSLF）の概要

　ターム物証券貸出ファシリティ（Term Securities Lending Facility: TSLF）は，FRBが保有する米国債を，大手証券会社（投資銀行）を含むプライマリー・ディーラーに，28日間，貸し出す制度である。FRBはTSLF導入にあたり，非常時の緊急貸出の根拠規定である連邦準備法13条（3）項を，1930年代以来約70年振りに適用した。

　TSLF導入の背景には，証券を担保とするレポ取引での短期資金調達に依存していた大手証券会社が，米国債以外の担保資産の市場流動性が低下しヘアカット率が拡大したことで，資金調達難に陥ったことがある[60]。米国債の借り手は担保に社債や地方債，住宅ローン担保証券，ABSなどを差し入れた。TSLFの実質的な機能は，市場流動性の高い優良担保資産を，それ以外の種類の担保資産との間で交換させ，プライマリー・ディーラーの担保繰りに余裕を持たせることにあった，と理解できる。

　FRBの従来型の翌日物証券貸出は国債同士の交換であり，貸出期間が翌日物であったのに対して，TSLFでは担保の種類を拡充し期間を延長した。TSLFは，2008年3月導入直後から利用が急増した（図4-16）。

（iii）　プライマリー・ディーラー向け貸出ファシリティ（PDCF）の概要

　プライマリー・ディーラー向け貸出ファシリティ（Primary Dealer Credit Facility : PDCF）は，FRBがプライマリー・ディーラーに，翌日物の資金をプライマリー貸出金利（表4-1）で貸し出す制度である。通常の連銀貸出の対象先は預金取扱金融機関に限られる（第1節で前述）が，PDCFはこれをプライマリー・ディーラーに拡張した。

59）　McAndrews et al.［2008］，Carlson and Wheelock［2012］。Carlson and Wheelock［2012］p.2は，FRB幹部が2008年9月までは，LLRによる流動性供給と金融政策目的の資金供給を明確に区別していた，と強調している。

60）　Adrian et al.［2009］は，当時の米国短期金融市場における大手証券会社のレポ取引への依存やレポ取引担保における非流動性資産の割合の急低下などの実態を，わかりやすく解説している。また，Gorton and Metrick［2012］も，グローバル金融危機時に，証券化された銀行システム（securitized banking）を支えていた「レポ市場の取付け」（run in the repo）という前代未聞の事態が生じた，と指摘した。

図 4-16　FRB による従来型の証券貸出と TSLF

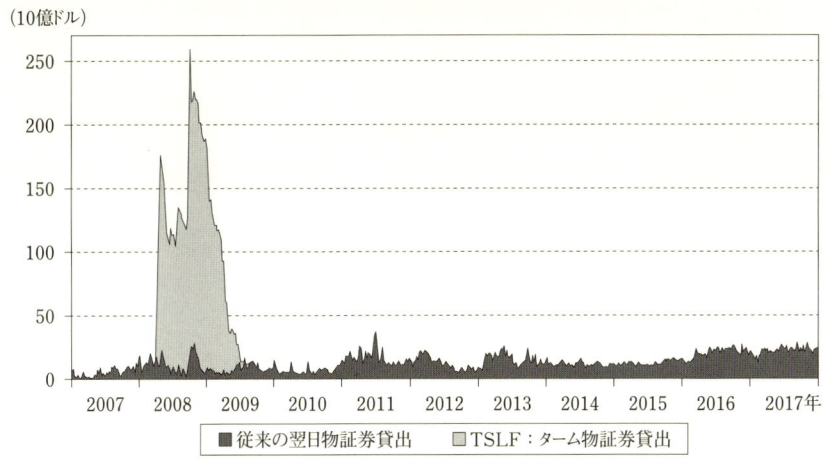

（出所）　FRB の Factors Affecting Reserve Balances（H. 4.1）統計から筆者作成。

　FRB が PDCF 導入方針を表明したのは，サブプライム住宅ローン問題を背景に大手証券会社全般に経営不安が囁かれ，中でも破綻懸念が強かった Bear Stearns 証券を J.P. Morgan Chase 銀行が救済合併することを発表した 2008 年 3 月 14 日直後の 16 日であった。なお，Lehman Brothers 証券破綻が翌日に迫った 9 月 14 日に FRB は，PDCF の適格担保要件を，トライパーティー・レポ（triparty repo）[61] 取引でクリアリング・バンクが通常受け入れる担保と同等の範囲の非投資適格証券や株式にまで緩和した。

---

61)　トライパーティー・レポとは，米国のレポ取引において，資金運用者と資金調達者との間での資金の決済と担保証券の受渡しを，取引の第三者であるクリアリング・バンク（Bank of New York および J.P. Morgan Chase 銀行の 2 行）が取り扱う仕組みを言う。ニューヨーク連銀は，金融政策運営上の公開市場操作（オペ）用に確立されていたトライパーティー・レポの仕組みを転用し，クリアリング・バンクに PDCF の事務を取り扱わせた。ダドリー・ニューヨーク連銀総裁の講演は，寡占状態のクリアリング・バンク 2 行が顧客向けに恒常的に巨額の日中与信を提供していたレポの取引慣行に潜む脆弱性が金融資産市場と短期金融市場との間の負のスパイラルを惹き起こした，と指摘した（Dudley［2013］）。PDCF やトライパーティー・レポの解説資料としては，Adrian et al.［2009］を参照されたい。

図 4-17　AMLF の制度概要

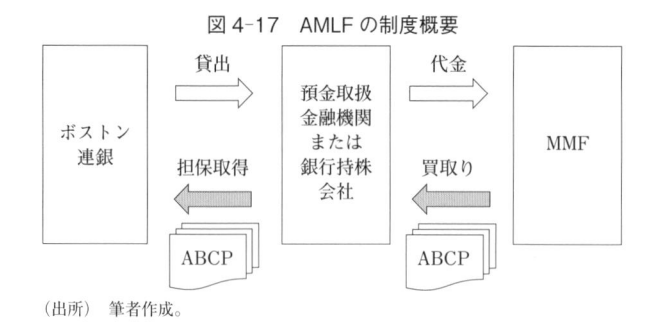

（出所）　筆者作成。

（iv）　ABCP-MMMF 流動性ファシリティ（AMLF）の概要

ABCP-MMMF 流動性ファシリティ（Asset-Backed Commercial Paper Money Market Mutual Fund Liquidity Facility：AMLF）は，預金取扱金融機関または銀行持株会社が，MMF（Money Market Mutual Funds，短期金融市場投資信託）から高格付けの ABCP を買い取る資金を，FRB がその ABCP を担保に取得しプライマリー貸出金利（表 4-1）で貸し出す制度である。実務はボストン連銀が運営した（図 4-17）。貸出期間は，担保資産である ABCP の満期までであり，借り手が預金取扱金融機関の場合は 120 日以内，借り手が銀行持株会社の場合は 270 日以内とされた。

FRB が AMLF を導入した背景には，①2007 年夏にサブプライム住宅ローン問題が表面化して証券化商品の投資損失を被った ABCP の発行残高が急減していたことや，②2008 年 9 月 15 日に破綻した Lehman Brothers 証券発行の CP 等を約 8 億ドル保有していた大手 MMF の Reserve Prime Fund[62] が翌 16 日に元本を割り込んだことを眺め信用不安に襲われた MMF 業界全体から約 1 か月で 4,000 億ドルもの資金が流出したこと（FCIC ［2011］ pp. 353-360），③金融法人 CP の発行額も急減し金融資本市場の流動性が収縮したこと（小立 ［2009］，小野 ［2009］），などの事情があった（図 4-18）。

AMLF 貸出は，ノンリコースの与信であり，その経済機能は，FRB が金融

62）　Reserve Prime Fund は，1971 年創業の最古の MMF であり，624 億ドルという巨額の資産を運用していた。

図4-18　2007～2008 年に変調した米国 CP 発行

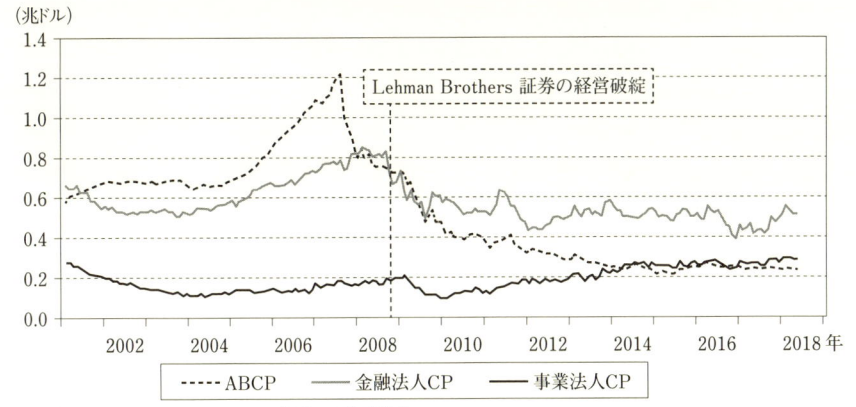

（出所）　FRB の Commercial Paper 統計から筆者作成。

機関を経由して MMF から ABCP を買入れたのと実質的に同じである。買取り対象には，借り手の金融機関が自らプログラム・スポンサーとなり発行された ABCP も含まれた。したがって，AMLF は，スポンサー金融機関に ABCP の流動性保証の履行を促し，ABCP に投資した MMF が資金払戻しを円滑に進めることを後押しする仕組みと理解できる。

（v）　CP ファンディング・ファシリティ（CPFF）の概要

　CP ファンディング・ファシリティ（Commercial Paper Funding Facility：CPFF）は，特別目的ビークル（special purpose vehicle：SPV）として設立された有限責任会社（limited liability company：LLC）が，3 か月物の高格付け無担保 CP または高格付け ABCP をそれらの発行体からプライマリー・ディーラー経由で買い取る資金を，ニューヨーク連銀が，この LLC に FF 政策金利で貸し出す制度である（図4-19）。

　ニューヨーク連銀は LLC が保有する全資産を担保に取得しノンリコースの与信をした。したがって，CPFF の実質的な機能は，FRB がニューヨーク連銀傘下の LLC を用いて CP 発行体から直接に CP を買入れることと同じであった。LLC が CP 発行体から CP を買い取る割引率は，3 か月 OIS レート[63]に一定のスプレッド[64]を上乗せした。

図 4-19　CPFF の制度概要

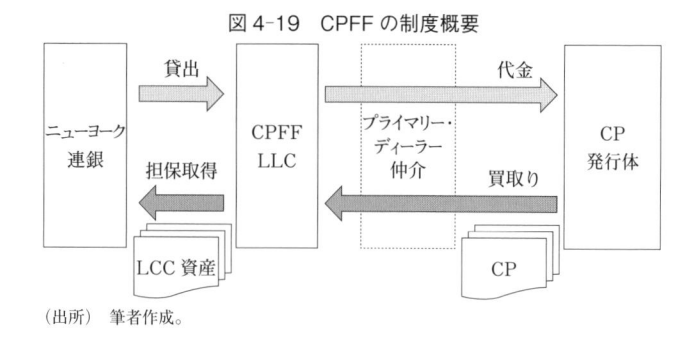

（出所）　筆者作成。

（ⅵ）　短期金融市場投資家ファンディング・ファシリティ（MMIFF）の概要

短期金融市場投資家ファンディング・ファシリティ（Money Market Investor Funding Facility：MMIFF）は，5 つの特別目的ビークルが，MMF など短期金融市場の投資家から，金融機関発行の高格付けの CD や CP 等の金融資産を買い取る資金の 90% を，ニューヨーク連銀がプライマリー貸出金利（表 4-1）で貸し出す制度である。

MMIFF 導入のねらいは，金融機関債務など短期金融資産の流通市場の流動性を回復させることにあったが，結局は利用実績がないまま 2009 年 10 月に廃止された。

（ⅶ）　ターム物 ABS 貸出ファシリティ（TALF）の概要

ターム物 ABS 貸出ファシリティ（Term Asset-Backed Securities Loan Facility：TALF）は，ニューヨーク連銀が，高格付けの ABS 等を保有する米国企業等に対し，これらの ABS 等を担保に取得して，期間 3 年（商業用不動産融資を裏付け資産とする ABS などは 5 年）の貸出を，FF 政策金利や LIBOR 金利

63）　OIS（Overnight Index Swap）とは，数週間から 2 年程度までの固定金利と当該期間の FF 実効金利とを交換するスワップ取引（店頭デリバティブ）で，3 か月 OIS レートには市場参加者による政策金利の見通しが反映されている。
64）　上乗せされるスプレッドは，無担保 CP の場合には 1% ポイントに，ABCP の場合には 3% ポイントにそれぞれ設定されていた。

図 4-20　TALF の制度概要

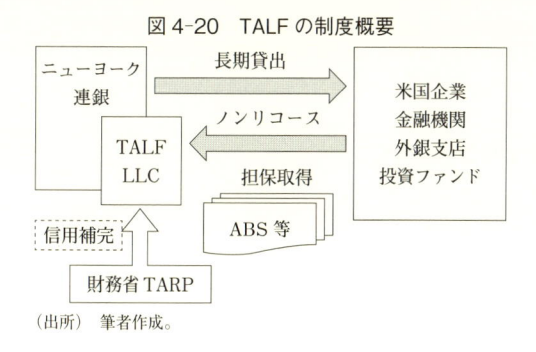

（出所）　筆者作成。

などに一定のスプレッドを上乗せした金利で行う制度である（図 4-20）。

　TALF 貸出の適格担保となる ABS 等の裏付け資産としては，学生ローン，自動車ローン，クレジット・カード・ローン，設備機器ローン，商品在庫担保ローン（floorplan loans），政府保証付き中小企業融資[65]，商業用不動産融資など多岐にわたる種類の金銭債権が認められた。TALF は，約 300 万件の自動車ローンや，100 万件を超える学生ローン，約 90 万件の中小企業融資などの新規与信を支援したとされている（FRB の 2013 年 1 月 15 日付けプレス・リリース）。

　ニューヨーク連銀が取得した担保資産の受入れ，管理，回収は，特別目的ビークルの LLC が取り扱っていた。TALF 貸出は，ノンリコースの与信であり，また担保損失は 200 億ドルまで米国財務省の TARP（Troubled Asset Relief Program）が LLC 発行劣後債を引き受けることで信用補完をした[66]。したが

65)　米国中小企業庁（Small Business Administration：SBA）が元利払いを保証する中小企業向けの融資をプールしてそれを裏づけにした証券化商品として，SBA Pool Certificates や SBA Development Company Participation Certificates などの資産担保証券も TALF の適格担保資産に含まれていた。

66)　米国政府が財務省 TARP を通じて信用補完をコミットしていた金額は，当初 200 億ドルであったものの，TALF 貸出残高の減少につれて，2010 年 7 月に 43 億ドルへ，2012 年 6 月に 14 億ドルへと減額された。2013 年 1 月には，TALF LLC の累積収益が TALF 貸出残高を上回ったことから，以後 TARP による信用補完は不要と判断されて廃止された。この LLC の残余資産は，信用補完をした財務省 TARP が 9 割の配当を受け取り，残り 1 割がニューヨーク連銀に配当されたことで，2014 年 11 月 6 日にはゼロとなった。

って，TALF の実質的な経済機能は，FRB が ABS 等を一部政府保証付きで買入れたことと同等であった。

(4) 中銀間の流動性スワップ
(i) 通貨スワップによるドル資金の流動性供給

FRB は，2007 年 12 月 12 日に，ECB およびスイス国民銀行との間で，通貨スワップ取極を締結したことを皮切りに，外国の中央銀行との通貨スワップ取極を締結し，または，その上限を増額することを通じて，スワップ取極締結先の中央銀行を通じたドル資金の流動性供給を促した。こうした目的の通貨スワップ取極はリーマン・ショック後の 2008 年 9 月後半以降急速に拡大し，同年 10 月 29 日までに合計 14 先もの外国中央銀行との間で締結された（表 4-5）。中銀間の流動性スワップの仕組みについては，BOX 11「中銀間の流動性スワップの取引」を参照されたい。

FRB が中銀間の流動性スワップを通じて供給したドル資金の流動性は急増し，2008 年 12 月 17 日にピーク残高の 5,831 億ドルに達し，FRB が時限的に開設した全ファシリティの流動性供給合計額約 1.4 兆ドルの 4 割余りを占めた（前掲の図 4-15）。

FRB が，ECB，スイス国民銀行，日銀，BOE，カナダ銀行の 5 外国中央銀行との間で締結した通貨スワップ取極は，2013 年 10 月に無期限の恒久措置に改められた。

(ii) 通貨スワップによる外貨資金の流動性供給

FRB は，ドル資金に加え，外貨資金についても，外国中央銀行との間の通貨スワップを利用して流動性を供給できる体制を整えている。2009 年 4 月 6 日に，日銀（上限 10 兆円），ECB（上限 800 億ユーロ），BOE（上限 300 億ポンド），スイス国民銀行（上限 400 億スイスフラン）のそれぞれとの間で，通貨スワップ取極を締結した。

2011 年 11 月 30 日には，FRB と日銀，ECB，BOE，スイス国民銀行，カナダ銀行の 6 中央銀行の間で，ドルを含まない通貨ペアも含め相互交換できるように通貨スワップ取極が再締結されたことにより，6 つの中央銀行のそれぞれ

表 4-5　2007〜2008 年に FRB が外国中銀と締結したドル流動性供給スワップ

（単位：億ドル）

	2007年 12月12日	2008年 3月11日	5月2日	7月30日	9月18日	9月24日	9月26日	9月29日	10月13日	10月28日	10月29日
ECB	200	300	500	550	1100	→	1200	2400	上限撤廃	→	→
スイス国民銀行	40	60	120	→	270	→	300	600	上限撤廃	→	→
日銀					600	→	→	1200	上限撤廃	→	→
BOE					400	→	→	800	上限撤廃	→	→
カナダ銀行					100	→	→	300	→	→	→
リクスバンク（スウェーデン）						100	→	300	→	→	→
オーストラリア準銀						100	→	300	→	→	→
ノルウエー中銀						50	→	150	→	→	→
デンマーク中銀						50	→	150	→	→	→
ニュージーランド準銀										150	→
ブラジル中銀											300
メキシコ中銀											300
韓国銀行											300
シンガポール通貨庁											300
合計	240	360	620	670	2,470	2,770	2,900	6,200	1,200 + ∞	1,350 + ∞	2,550 + ∞

（出所）　FRB のホームページ情報から筆者作成。

図 4-21　6 中央銀行間の通貨スワップ網

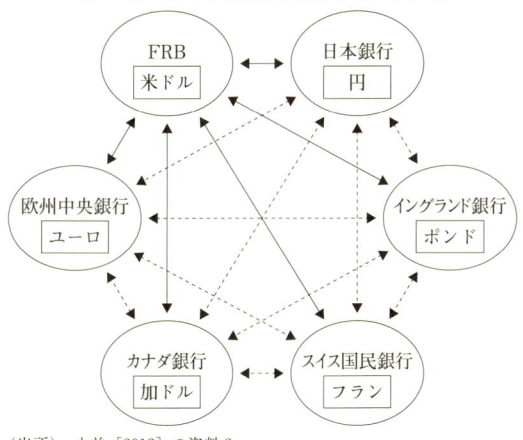

（出所）　中曽［2013］の資料 2。

が 6 つの通貨のいずれでも資金流動性を供給できる体制が構築された（図 4-21）。この外貨流動性供給目的の通貨スワップ取極も，2013 年 10 月に無期限の恒久措置に改められた。

　なお FRB はこれまで，これらの通貨スワップ取極を利用して外貨資金の流動性供給を実施した実績がなく，外貨資金の流動性スワップは「非常事態に備えるための措置」（contingency measure）であると強調している。

BOX 11　中銀間の流動性スワップの取引

　FRB と外国中央銀行との間の通貨スワップによって，外国中銀がドル資金の流動性供給を行う取引の概要は，以下のとおりである。

図 4-22　FRB と外国中銀との通貨スワップ

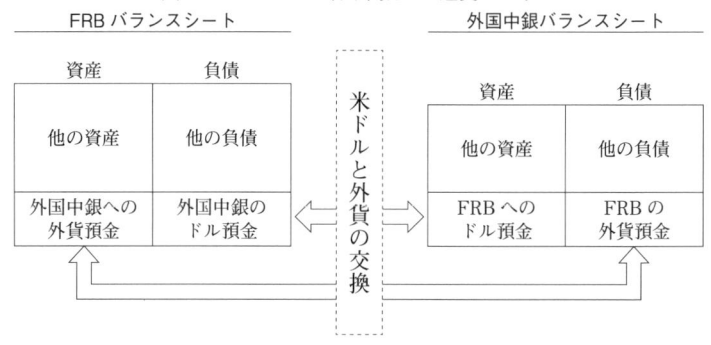

　まず FRB と外国中銀は，市場レートをベースにドルと外貨とを交換したうえで，一定期日に反対売買を行うことを約する。外国中銀が得たドルは，FRB に預金され，代わりに FRB が得た外貨資産は，当該通貨発行国の中銀にある口座に預けられる。

図 4-23　外国中銀によるドル資金の流動性供給

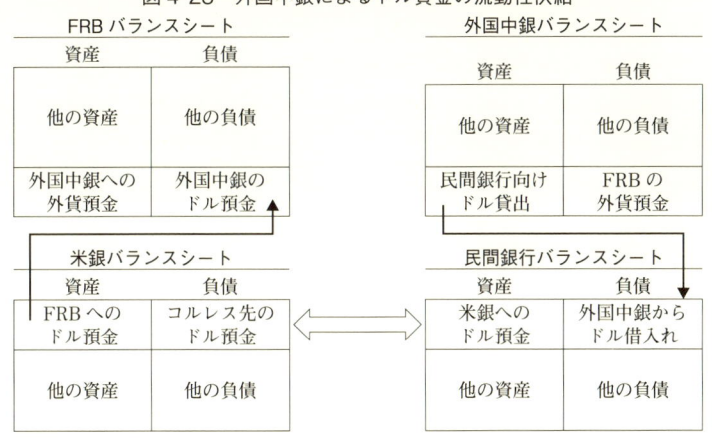

次に外国中銀が，そのドルを民間銀行に貸し出す。民間銀行が借り入れたドル
は，多くの場合，その民間銀行がコルレス契約を結んでドル資金決済サービスを
提供している米銀に預金され，このコルレス先の米銀も，その資金を FRB 口座に
預ける。

図 4-24　流動性供給したドル資金の回収

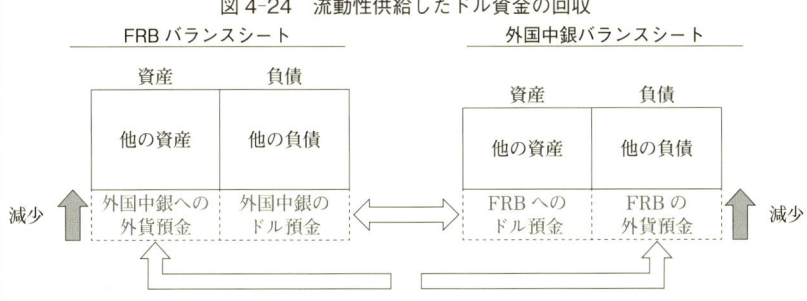

　外国中銀は，通貨スワップの期日までに，民間銀行からドル貸出を回収し，
FRB との間で，そのドル資金と外貨との間で反対売買を行う。通貨スワップの期
日に反対売買を行う際の為替レートは，当初，ドルと外貨とを交換したレートと
同一であるが，外国中銀は，市中金利ベースのドル金利を FRB に支払う。
　通貨スワップを用いたドル資金の流動性供給における一連の取引を外国中銀の
側からみると，外国中銀が，自国通貨を担保に差し入れて FRB から借り入れたド
ル資金を，民間銀行に転貸した形になっている。ドル資金の流動性を供給する主

体は，このように外国中銀であり，借り入れた民間銀行の信用リスクを負うのも当該外国中銀である。

　FRB は，外国中銀からドル資金供給の見返りに受け入れた外貨資産の米ドル換算額を，Factors Affecting Reserve Balances（H. 4.1）の統計上で，Central Bank Liquidity Swaps（中銀間流動性スワップ）として計上している。

(5)　個別の問題先金融機関向けの信用供与

　FRB は 2008 年に，Bear Stearns 証券および AIG に対して貸出や出資などの形で信用を供与した。いずれも，問題先金融機関が秩序だった資産回収・処分や債務再編を進めるうえで必要不可欠な「時間」を確保することで資産価値の最大化や損失の最小化を図り，金融資本市場に及ぼす悪影響を抑制することが目的の措置であった。

　FRB による個別問題先向けの信用供与は，こうした意味で「時間稼ぎ」ではあったが，破綻処理や債務再編を進める問題先金融機関にとっては「たかが時間，されど時間」であり，資産投げ売りで被る追加損失を回避する大きな効果があった。この「時間稼ぎ」のお蔭で，FRB の貸出元利金や出資金元本は全額が回収された[67]ばかりか，当初想定を上回る回収益・処分益の配当還元などの結果，FRB を含む公的部門は利益を得た。

　したがって FRB の信用供与は，納税者負担で金融機関の債務超過を損失補填し，株主・経営者の被るべき損失を免れさせたという意味の救済（bail-out）には該当しない。

(i)　Bear Stearns 証券向け融資

　Bear Stearns 証券は，投資銀行業務や住宅ローン証券化関連業務，デリバティブ取引などを活発に手掛ける大手米系証券会社（2008 年 3 月の総資産約 4,000 億ドル）であったが，証券化商品市場の不振を背景に 2008 年初から業況

---

67)　米国政府や FRB による AIG 支援策の問題点を数多く指摘した連邦議会諮問報告書 Congressional Oversight Panel［2010］も，FRB の出融資が全額回収され利益を得る見通しをすでに 2010 年 6 月時点で示していた。

が悪化し，3 月以降の急激な流動性流出により資金繰りが行き詰まり，13 日に FRB に駆け込んだ。FRB は，Bear Stearns 証券の突然の経営破綻が金融システムに及ぼす深刻な影響を回避すべく，同証券に対して以下 2 件の信用供与を実施した。

(a)　緊急貸出

　まず 2008 年 3 月 14 日（金）には，ニューヨーク連銀が，Bear Stearns 証券の資産を担保に取得したうえで，JPMorgan Chase 銀行に対して，プライマリー貸出金利（表 4-1）を適用してノンリコースの連銀貸出 129 億円を実行し，同行を通じて Bear Stearns 証券に資金供給を行った[68]。この貸出は週明け 3 月 17 日に全額回収された。

(b)　Maiden Lane LLC 向け貸出

　続いて 2008 年 3 月 24 日には，J. P. Morgan Chase 銀行による Bear Stearns 証券の買収（3 月 16 日合意）を支援する目的で，Bear Stearns 証券の保有する時価約 300 億ドルの住宅ローン担保証券関連資産を買い取る受け皿となる有限責任会社の Maiden Lane LLC[69] を設立し，ニューヨーク連銀がそこに向けて約 290 億ドルの貸出を，プライマリー貸出金利（表 4-1）で実行する方針を決定した。6 月 26 日に期間 10 年の貸出 288 億ドルが実行された。この貸出の法的根拠も，連邦準備法 13 条（3）項であった。

　また J. P. Morgan Chase 銀行も，Maiden Lane LLC に対し，プライマリー貸出金利に 4.5% ポイントを上乗せした金利で 11.5 億ドルの劣後ローン（期間 10 年）を実行した。Maiden Lane LLC に生じる損失は，まずこの劣後ローンが吸収する前提であった。

---

68)　この貸出は，取引形式としては JPMorgan Chase 銀行向けの通常の連銀貸出（有担保）ではあったものの，実質的な資金供給先が預金取扱金融機関ではない Bear Stearns 証券であったことから，非常時の緊急貸出を規定する連邦準備法 13 条（3）を根拠にして実行された。

69)　Maiden Lane LLC は，デラウェア州法に基づき設立された有限責任会社（Limited Liability Company）であるが，ニューヨーク連銀本店建物の北側を東西に走る街路の名前をとって Maiden Lane と名づけられたようである。

　二次損失の危険がある問題資産をLLCに移管する手法は「時間をかけ資産の管理・回収・処分を行わせることで貸出金元利返済額を最大化し，また金融市場に及ぶ悪影響を最小化する」(manage those assets through time to maximize the repayment of credit extended to the LLC and to minimize disruption to financial markets) ことを目的とした。このようにLLCを利用するスキームは，2008年秋以降に本格化する金融危機対応の中でいく度も踏襲された。

　ニューヨーク連銀によるMaiden Lane LLC向け貸出288億ドルの元利金は，2012年6月14日に，J. P. Morgan Chase銀行による劣後ローン11.5億ドルの元利金は11月15日に，それぞれ完済された。残余資産（2018年2月末時点で約17億ドル）の回収益・処分益は，すべてニューヨーク連銀に配当される。時間をかけて資産回収・処分を行うことで価値最大化を図る手法が成功したのである。

(ii)　AIG向け信用供与等

　AIG（American International Group）は，2008年当時，本業の生命保険，医療保険のほかにも，損害保険，年金，資産運用，保証，地公体取引，証券化，デリバティブ取引など多岐にわたる業務を米国内外で手掛ける巨大な金融グループであり，世界約140か国に約7,600万件の顧客・取引先を抱えていた。FRBは，このAIGの倒産手続が開始された場合に世界の金融システムや実体経済に及ぶ甚大な影響を回避すべく，「資産価値の最大化を図るための債務再編を実行できる時間と柔軟性をAIGに与える」(provide the company with the time and flexibility to execute a plan that would allow it to restructure to maximize its value)[70] 目的で，米国財務省と協調しながら，クレジット・ラインの提供を含む以下の計6件の大掛かりな支援策を段階的に講じた[71]。

---

70)　FRBホームページ https://www.federalreserve.gov/regreform/reform-aig.htm。
71)　AIGは6件の支援策のほか，前述のCPFFも活発に利用した（ニューヨーク連銀ホームページ https://www.newyorkfed.org/aboutthefed/aig/index.html)。

(a)　クレジット・ラインの提供

　2008 年 9 月 15 日に，大手格付け機関 3 社が AIG の長期債務格付けを引き下げたことが引き金となり，子会社 AIG Financial Products（以下「AIGFP」）が引き受けた CDS[72] の取引相手[73] から追加担保請求が殺到し 200 億ドル余りの資金不足に陥った。

　FRB は，事態の深刻化を踏まえ，翌 16 日，米国財務省の支持のもとで「AIG がその一部事業を秩序だった方法で売却することを円滑に進ませる」（facilitate a process under which AIG will sell certain of its businesses in an orderly manner，FRB の 2008 年 9 月 16 日付けプレス・リリース）目的で，ニューヨーク連銀[74] が，AIG のほとんどの資産を担保に取得したうえで，最大 850 億ドルのクレジット・ライン（revolving credit facility）を提供することを承認した。このクレジット・ライン提供の法的根拠も，連邦準備法 13 条（3）項であった。

　AIG 向けクレジット・ラインの限度額や貸出金利等は，表 4-6 のような変遷を辿った。なお米国財務省は，このクレジット・ラインの見返りに，AIG の株主持ち分 79.9% を取得し，それを翌 2009 年 1 月に特設した AIG Credit Facility Trust に信託した。

　ニューヨーク連銀と AIG との貸出契約は，2008 年 9 月 22 日に締結され，翌 23 日に貸出 420 億ドルが実行された。貸出元利金の残高（未収手数料を含む）は，同年 10 月 28 日にピーク 723 億ドルに達したものの，後述のとおり事業売却や資産処分が進むにつれて減少し，2011 年 1 月 14 日に完済された。

---

72)　CDS（Credit Default Swap，クレジット・デフォルト・スワップ）とは，信用リスクの売り手（プロテクションの買い手）が信用リスクの買い手（プロテクションの売り手）に対し定期的に一定のプレミアムを支払う見返りに，取引対象の参照資産の債務者が破産するなどデフォルト事由が発生した際，信用リスクの売り手側に生じる損失を買い手が補償する取引であり，保険や保証と類似した経済機能を有する。詳細は，杉原・細谷・馬場・中田［2003］を参照されたい。

73)　Freixas, Laeven and Peydró［2015］p. 139 および p. 169 は，CDS 取引のネットワークの中心にいた AIG が倒産した場合にその取引相手であった多くの金融機関の自己資本比率が大幅に低下しシステミック・リスクが顕在化するおそれがあったと指摘する。

74)　ニューヨーク連銀の 2008 年 9 月 29 日付け声明は，AIG に資産処分のための時間をかけさせ（over time），価値最大化戦略の遂行のための息継ぎの余裕（breathing room）を与える，という生々しい表現でクレジット・ラインの趣旨を説明していた。

表 4-6　AIG 向けクレジット・ラインの諸条件の変遷

	2008 年 9 月	2008 年 11 月 後述（c）実行時	2009 年 12 月 後述（e）実行時
限度額（億ドル）	850	600	350
貸出金利（年率）……3 か月物 LIBOR^(注) に以下の利率を上乗せ			
上乗せ幅	8.5% ポイント	3% ポイント	同左
手数料（年率）	未利用額の 8.5%	同 0.75%	同左
期限	2010 年 9 月 22 日	2013 年 9 月 13 日	同左

（注）　貸出契約上，LIBOR 基準値としては，ロンドン短期金融市場で BBA（British Bankers' Association：英国銀行協会）が算出・公表する実際の 3 か月物 LIBOR（London Interbank Offered Rate）または下限金利（2009 年 4 月以前は 3.5%，以降は 0%）のうち高いほうの利率が適用された。
（出所）　FRB およびニューヨーク連銀のホームページ情報から筆者作成。

（b）　証券借入れファシリティ

　FRB は，AIG による上記（a）クレジット・ラインの借入れ残高が，開始早々の 2008 年 9 月末に 600 億ドルを超え急増した事態を眺め，AIG 向けの別途の資金流動性供給手段として，ニューヨーク連銀が AIG 子会社から，最大 378 億ドルの固定利付きの投資適格債券を借り入れ，その担保としての現金を同社に差し入れるファシリティを，2008 年 10 月 8 日に導入した。これは，証券借入れ（securities borrowing）に対する現金担保（cash collateral）の提供という法形式になってはいたものの，実質的には，ニューヨーク連銀が当該証券を担保に取得して AIG に資金を貸し付けるファシリティとなっていた[75]。このファシリティの法的根拠も，連邦準備法 13 条（3）項であった。

　AIG は，このファシリティも積極的に利用し，11 月 10 日にピーク残高 205.5 億ドルの借入れ（現金担保）を受け入れたが，後述する Maiden Lane LLC II 向け貸出が 12 月 12 日に実行されたことに伴い，全額を返済（返戻）した。

---

75)　FRB の Factors Affecting Reserve Balances（H. 4.1）統計上も，FRB が AIG 子会社に差し入れた現金担保の残高を，other credit extensions（その他の信用供与），other loans（その他の貸出）などに含めて算出し与信金額に計上している。ニューヨーク連銀が借り入れていた証券は，社債が約 6 割を，住宅ローン担保証券が残り約 4 割を占めていた。

図 4-25　Maiden Lane LLC II および Maiden Lane LLC III の取引概要

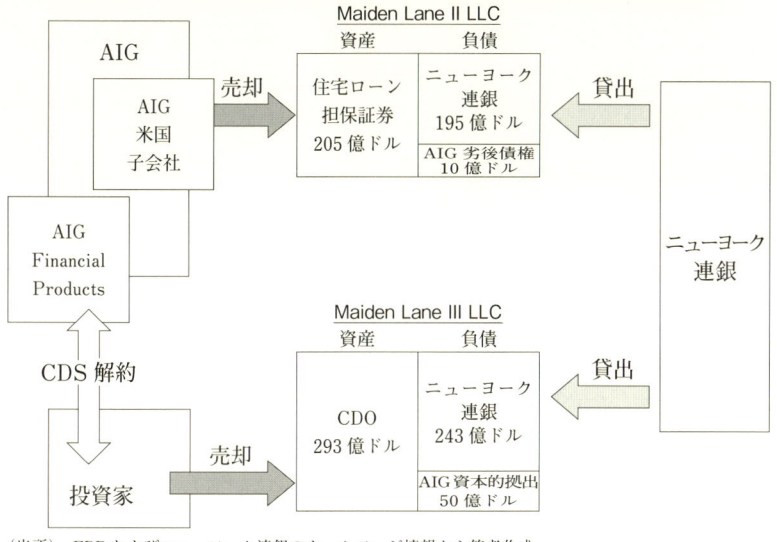

（出所）　FRB およびニューヨーク連銀のホームページ情報から筆者作成。

(c)　Maiden Lane LLC II 向け貸出

　FRB は 2008 年 11 月 10 日に，AIG 子会社が保有する住宅ローン担保証券を買い取る受け皿有限会社の Maiden Lane LLC II，および，AIG 子会社が引き受けた CDS の参照資産である CDO[76] を買い取る受け皿有限会社の Maiden Lane LLC III を設立したうえで，2 つの LLC に向け，ニューヨーク連銀が貸出を行うことを，財務省と共同発表した（図 4-25）。この LLC 向け貸出の法的根拠も連邦準備法 13 条（3）項であった。

　Maiden Lane LLC II は，2008 年 12 月 12 日に設立され，AIG の米国内子会社から時価 205 億ドルの住宅ローン担保証券を買い取るために，ニューヨーク連銀から 1 か月物 LIBOR に 1％ ポイントを上乗せした金利で 6 年間，195 億

---

76)　CDO（Collateralized Debt Obligation，債務担保証券）とは，社債や貸出債権等を特別目的ビークルに移しそれを裏付けに発行される債券であり，原債権が生み出すキャッシュ・フローやリスクを組み替えた証券化商品である。杉原・細谷・馬場・中田 [2003]。

ドルを有担保で借り入れた。差額 10 億ドル分は，劣後条件付きの延払い代金債権（fixed deferred purchase price）として AIG 子会社が保有した[77]。買取り資産の回収・処分は 2011 年 3 月から翌 2012 年 2 月までの間に進み，ニューヨーク連銀による貸出の元利金は，2012 年 3 月 1 日に完済された[78]。

(d)　Maiden Lane LLC III 向け貸出

　Maiden Lane LLC III は，2008 年 11 月 25 日に設立され，同日および翌 12 月 18 日の 2 回に分けて，AIG 子会社の AIG FP が引き受けた CDS の参照資産である CDO 合計 293 億ドルを，AIG FP の CDS 取引の相手方となっていた投資家から買い取るために，ニューヨーク連銀から 1 か月物 LIBOR に 1% ポイントを上乗せした金利で 6 年間，243 億ドルを有担保で借り入れた。また資本的拠出（equity contribution）[79] として，AIG から 50 億ドルを受け入れた。一連の取引の結果，AIG FP は 600 億ドル余りの巨額債務を生んだ CDS 取引を解約でき，AIG の資金流動性の逼迫が緩和された。

　その後，買取り資産の回収・処分が徐々に進んだ結果，ニューヨーク連銀による貸出元利金は，2012 年 6 月 14 日に完済された[80]。

(e)　AIA および ALICO への優先出資

　FRB と財務省は 2009 年 3 月 2 日に，AIG の外国保険子会社のうち最大手の American International Assurance Co., Ltd.（AIA）および American Life Insurance Company（ALICO）2 社の株式を保有する目的で設立される特別目的ビークルに，ニューヨーク連銀が最大 260 億ドルの優先出資を行う方針を発表

---

77)　AIG 子会社の保有する延払い代金債権は，ニューヨーク連銀の貸出元利金が完済されて初めて弁済を受けられる契約となっていた。

78)　ニューヨーク連銀の貸出および AIG 子会社の延払い代金債権が完済された後に Maiden Lane LLC II に残る財産は，6 分の 5 をニューヨーク連銀に，6 分の 1 を AIG 子会社にそれぞれ配当する取極めになっていた。結果としてニューヨーク連銀は，この配当と貸出金利収入とを合わせ 28 億ドル余りの利益を得た。

79)　AIG の資本的拠出は，ニューヨーク連銀の貸出元利金が完済されて初めて弁済を受けられた。

80)　ニューヨーク連銀の貸出と AIG の資本的拠出の完済後に Maiden Lane LLC III に残る財産は，67% をニューヨーク連銀に，33% を AIG 子会社にそれぞれ配当する取極めであった。ニューヨーク連銀は結果として，配当と金利収入で合計 66 億ドル余の利益を得た。

した。このねらいは，AIG の負債総額を削減して信用格付けの引下げ圧力を緩和することや，AIA や ALICO の IPO を展望しあらかじめ AIG グループ内で分社化を進めることなどにあった。

　ニューヨーク連銀は，2009 年 12 月 1 日に，AIA に対する優先出資持分 160 億ドル，ALICO に対する優先出資持分 90 億ドルを取得し，これら 2 件の優先出資に見合う 250 億ドル分だけ，(a) で前述した AIG 向けのクレジット・ラインを減額した。AIG は，翌 2010 年 10 月 29 日に AIA の IPO 代金 205 億ドルを受領し，さらに 11 月 1 日に ALICO を MetLife 社に対し 162 億ドルで売却したことで，ニューヨーク連銀からのクレジット・ラインに基づく借入れの返済が加速した。

(f)　AIG 子会社向け貸出

　FRB と財務省は 2009 年 3 月 2 日に，ニューヨーク連銀が，AIG の米国内保険子会社が将来に受領する保険料収入を裏付けにした証券化商品を発行する特別目的ビークルに対し最大約 85 億ドルを，連邦準備法 13 条 (3) 項に基づき貸し出す方針を発表した。結局，AIG は 2010 年 2 月に，この措置を利用しないことを発表した。

(iii)　Citigroup 向け貸出および Bank of America 向け貸出

　FRB は，Citigroup および Bank of America が保有する特定の種類の資産を他の資産から分離した資産プールに向けて，ノンリコース貸出を，OIS に 3% ポイントを上乗せした変動金利で実行する方針を発表した。結局，両金融機関ともこの FRB 貸出を利用せず，廃止された[81]。

---

81)　分離資産プールの概要は以下のとおりである。

金融機関	発表日	対象資産	金額	廃止月
Citigroup	2008 年 11 月 23 日	住宅ローン関連資産	約 3,060 億ドル	2009 年 12 月
Bank of America	2009 年 1 月 16 日	Merrill Lynch 証券買収で取得した住宅ローン関連資産等	約 1,180 億ドル	2009 年 9 月

図 4-26　円，ドル，ユーロのターム物の信用スプレッド

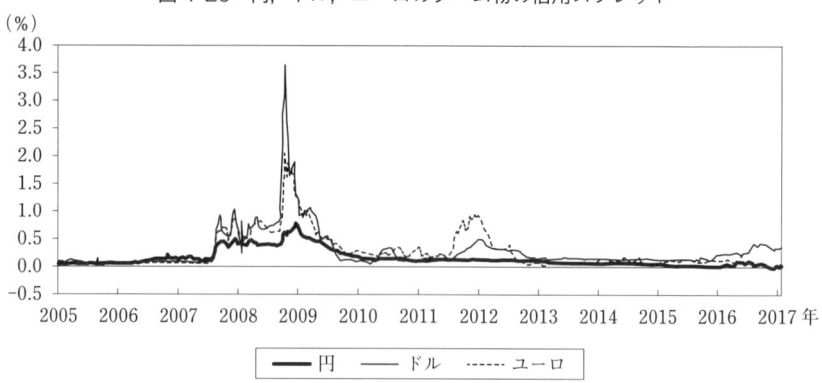

第 5 節　グローバル金融危機時における FRB の LLR に対する評価と課題

(1)　全体評価

　FRB がグローバル金融危機時に，多岐にわたる手段を駆使し，1.5 兆ドルを超える資金流動性を供給した結果，金融市場の逼迫感は徐々に後退し，資金流動性・市場流動性の収縮・枯渇の問題も次第に緩和された。これは，2008 年第 4 四半期に急拡大したドルのターム物の信用スプレッドが縮小していったことからも確認できる（図 4-26）。

　流動性供給の実務を担った地区連銀所属のエコノミストの間では，FRB による積極的な LLR 機能発動の政策効果を，全体として評価する意見が多い。例えば，ニューヨーク連銀・フレミングの 2012 年サーベイ論文は，先行研究を幅広く調査したうえで，FRB の流動性供給は金融市場の逼迫を緩和するうえで概ね有効であったと評価した（Fleming [2012]）。また，シカゴ連銀のブレイヴとゲネイが 2011 に共著した論文も，FRB による流動性供給ファシリティの発表に関するイベント・スタディを行い，FRB の政策発表が金融情勢指数を有意に低下，すなわち，金融情勢を緩和させたことを立証した（Brave and

Genay［2011］)[82]。

　わが国の研究者も同様であり，2009 年公表の小野論文，小立論文，日本銀行企画局ペーパーは，FRB の流動性供給の実績，効果を総じて肯定的に評価しつつ，わが国や他国の中央銀行が学ぶべき教訓を導出しようとしている（小野［2009］，小立［2009］，日本銀行企画局［2009］）。

　国際機関のレポートでも評価する意見が目立つ。例えば，BIS グローバル金融システム委員会の 2008 年報告書は，2008 年 4 月時点の情報をもとに，FRB を含む主要国の中央銀行による強力な流動性供給措置が金融市場の緊張を和らげたことを評価した[83]。また，リーマン・ショックの直後に公表された IMF スタッフ論文も，FRB の TAF や中銀間流動性スワップなど各国中央銀行が行った長めの期間の資金供給等が国際金融市場におけるプレッシャーの緩和に寄与した点を評価している[84]。

(2)　米国内の世論や連邦議会，学界からの批判

　ところが当の米国国内においては，FRB による LLR 機能の積極的な発動に対する世論の風当たりは強く，これを背景に米国連邦議会も批判の矛先を FRB に向けた[85]。例えば，連邦議会が特設した調査委員会による 2011 年報告書は，金融危機の発生につながった金融規制監督体制の欠陥を厳しく批判し，

---

82)　同論文は，シカゴ連銀が金融の引締まり・緩和情勢を示す指数として 100 件の金融商品・金融市場関連指標を週次で集計・算出している「調整済み全国金融情勢指数」（adjusted National Financial Conditions Index：ANFCI）を利用した。

83)　BIS CGFS［2008］は，主要国中央銀行の流動性供給を評価しつつも，①政策金利の誘導目標水準での維持，②中銀取引先の範囲や担保の種類の拡大，③中銀自らによる金融市場仲介の準備，④スワップ取極やクロス・ボーダー担保の仕組みの整備，⑤市場参加者等とのコミュニケーションの強化，⑥汚名問題緩和の努力，⑦モラル・ハザードなどの危険の比較衡量，の 7 点を勧告した。

84)　Chailloux, Gray, Klüh, Shimizu and Stella［2008］は，各国中央銀行の資金供給を評価しつつも，中央銀行がすべての金融市場にとっての MMLR や「最初の貸し手（lender of first resort）」とみられてはならない，と警鐘も鳴らした。また中央銀行に，①流動性供給の対象先拡大に伴う得失の検討，②適格担保要件やリスク管理などに関する平時の市場慣行との調和（congruence），③汚名問題緩和の観点からのペナルティ金利見直し，④クロス・ボーダー担保などでの連携，⑤出口戦略や市場機能正常化を促す制度設計，などを提言した。

85)　FRB の Nelson 金融政策局次長は，グローバル金融危機時の経験を振り返り，LLR 行動は国民の評判が著しく悪い（deeply unpopular）と述べた（Nelson［2014］）。

FRB の流動性供給の有効性を認めていない（FCIC［2011］）。当時の野党・共和党の議員スタッフ作成のレポートは，「FRB の政策行動は国民世論を沸騰させた」と批評し，FRB の危機対応が，茶会党（Tea Party）と Occupy（金融街を占拠せよ）[86] という左右両翼から攻撃された事実を指摘した（United States Senate Joint Economic Committee Republicans［2012］）[87]。これは当時の FRB を取り巻く政治環境の難しさを物語っている。

　FRB による積極的な LLR 機能発動が，米国内の世論や連邦議会から，かくも厳しく批判されたのは，いかなる理由によるのであろうか。

　誇張された事実認識や誤解に基づく批判もないではないが，批判の背景には，第 1 に，大銀行救済にみえてしまった政策への不満，第 2 に，バジョット原則を逸脱したことへの不信，第 3 に，公平性の問題への関心，の 3 つの論点があるように見受けられる。

（i）　大銀行救済に見えてしまった政策への不満

　FRB の流動性供給に対する批判に使われる常套句が「大銀行を救済（bailout）した」という言葉である。クルーグマンは，2010 年 1 月 25 日付けニューヨーク・タイムズのコラムで，連邦議会上院での再任を待つ FRB のバーナンキ議長に雇用創出のための政策運営を強く期待する文脈の中で「バーナンキ議長が，今や大銀行を救済できた（now that the big banks have been rescued）ことで任務が達成されたかのように振る舞っていることは，厳しい言い方ながら事実だ」と批評した（Krugman［2010］）[88]。

86）　茶会党運動は，小さな政府を指向し，肥大化した連邦政府や首都ワシントンの官僚機構による経済活動への介入に反対する。逆に Occupy 運動は，米国人口の高所得階層の上位 1% が 99% の所得を稼ぐ実情を問題視し，格差を是正する所得再分配政策を求める。Occupy 運動は，欧米系の金融機関役職員の一部が受け取った高額報酬への反感から，2011 年秋以降，ニューヨーク・ウォール街など世界各地の金融街を座り込みで占拠した。

87）　服部［2011］は，茶会党からの「大きな政府」批判を恐れる米国の政治情勢を前提にすると，将来の公的資金注入や，FRB が伝統的に行ってきた，バブル崩壊後の早めの危機回避策は，事実上不可能になった，と論じている。

88）　竹森［2010］は，このコラムを引用し「中央銀行の実際上の仕事というのは金融機関，もしくは金融システムの救済に尽きるのではないか。インフレ目標その他は（中略）単なる口実ではないか」（同 23 頁）と皮肉混じりに述べた。

連邦議会でも，例えば前出の共和党・議員スタッフレポートは，米国民の多くが財務省と FRB による「救済」は，政治家と親密な金融機関の行き過ぎ（excesses）を後押ししたと受け止め，呆れていた（appalled）と指摘した（United States Senate Joint Economic Committee Republicans [2012]）[89]。

FRB で長らく国際金融政策や危機管理に携わったギャノンは「銀行救済」に反対する国民世論の強い非難（great public outcry）などが，将来の FRB による非常時対応の足かせとなる，と警鐘を鳴らした（Cline and Gagnon [2013]）。スコット・ハーバード法科大学院教授も「銀行救済をめぐる政治情勢」（politics surrounding bailouts）が続く限りドッド・フランク法の修正は望み薄であると懸念する（Scott [2016] p. 136）。

米国の学界でも，FRB の流動性供給は大銀行救済と受け止められ批判されている。例えば，クキエルマンの 2013 年論文は，財政民主主義の観点から中銀 LLR に潜む資産再分配効果を問題視したうえで，中銀 LLR が「救済への期待」（bailout beliefs）を過大に膨らませたことがバブルを助長したと指摘する（Cukierman [2013]）[90]。また，カトナーも，中央銀行が危機対応のために実施した LLR により損失を被った場合，政策運営や独立性，透明性に対する信認が失われることを懸念し，金融機関救済の責任は政府・財務省に返還すべきだ，と主張した（Kuttner [2008]）[91]。

第 4 節で述べたとおり，FRB の流動性供給は，銀行救済には全く該当しない。問題先向け信用供与も，利益を国庫に還元できている。それにもかかわらず，なぜ FRB の流動性供給は，銀行救済と批判されるのであろうか。問題点は以下の 3 点である。

第 1 に，クキエルマンが「救済への期待」と呼んだ問題がある。メルツァー

89）　同レポートは，FRB が金融機関救済の大型化にますます傾斜するのに歯止めをかけるためには，FRB 自身が LLR 原則を明確化することが求められる，と主張した。

90）　そのうえでクキエルマンは，バブル崩壊の前に中央銀行が利上げや預金準備率引上げ，自己資本比率規制強化など，風に逆らう政策を遂行する（lean against the *ex ante* excessive buildup）ことを提唱している。

91）　カトナーは別の論考で，90 年代後半の日銀や 2007 年以降の FRB の経験の教訓を踏まえ，バジョットの時代と異なる現代の金融危機への対応には伝統的な LLR 手段では不十分と指摘し，非伝統的な手段を駆使した流動性供給の必要は認めている（カトナー [2010]）。

も FRB が巨額損失を防いでくれる期待が金融機関に広がっていたとする
(Meltzer [2009])。

　第 2 に，中央銀行による流動性供給が，「最後の貸し手」ではなく「最初の
貸し手」(lender of first resort) として期待され，金融機関の流動性リスク管理
戦略の中に織り込まれる問題である[92]。バーゼル銀行監督委員会 (Basel Committee on Banking Supervision) の上位機関である中央銀行総裁・銀行監督当局
長官グループ[93] も，銀行の流動性カバレッジ比率の国際的な共通基準を公表
した 2013 年 1 月 6 日付けプレス・リリース[94] の中で「本日の合意は，中央銀
行が『最初の貸し手』とならないよう，銀行が十分な流動資産を保有すること
を確実なものとする」と述べている。

　第 3 に，予見可能性の低下である。テイラーは，金融危機の悪影響が長引い
た原因は，Lehman Brothers 証券破綻ではなく，米国財務省や FRB の介入方
針が不透明で予見可能性に欠け，市場の不安心理を煽ったことにある，と批判
した (Taylor [2009])。

(ii)　バジョット原則を逸脱したことに対する批判

　米国内で長らく中央銀行 LLR を研究してきた学者の多くは，グローバル金
融危機時の FRB の流動性供給が，伝統的なバジョット原則を逸脱したこと自
体を批判する。

　その代表格のトマス・ハンフリーの 2010 年論文は，FRB が実施した諸施策
が，①貸付け型 LLR の偏重，②担保資産内容の劣化，③低利貸付けによる収
益支援効果，④債務超過金融機関の救済，⑤返済期限の延長，⑥方針等の事前
不開示，⑦出口政策の欠如などの点で本来のバジョット原則に違反する度合い
が一段と著しくなった，と厳しく批判したうえで，古典的な諸原則への回帰を
強く求めた (Humphrey [2010])[95]。

---

92)　中央銀行が「最初の貸し手」として期待されることの弊害は，IMF スタッフの Chailloux et
al. [2008] が指摘し警鐘を鳴らしていた。

93)　The Group of Governors and Heads of Supervision，略称は GHOS。

94)　BIS Press Release, "Group of Governors and Heads of Supervision endorses revised liquidity
standard for banks," January 6th, 2013.

　またグッドフレンドも，伝統的な LLR 原則を重視する立場から FRB を批判している。国際金融危機時に FRB が実行した個別金融機関向け貸付けは，金融機関の破綻処理損失を預金保険や政府，納税者に転嫁する危険があり，財政政策と同様の効果を有する信用政策（credit policy）であると分類し，これを独立した中央銀行の判断と責任に委ねることは適切ではない，と論じた（Goodfriend [2011]）[96]。

　これに対して FRB 関係者は，FRB がバジョット原則に忠実な LLR 運営をしてきた，と真っ向から反論する。例えば，バーナンキ FRB 元議長は，1907 年の米国金融危機と 2008 年の国際金融危機とを比較しながら，2008 年の危機に際しては FRB が伝統的なバジョット原則と整合的な形で流動性供給者の役割を果たした，と強調した（Bernanke [2013b]）。またニューヨーク連銀のフレミングも，FRB の流動性供給ファシリティは，いずれも中央銀行 LLR 機能につき長年守られてきた原則である「有担保の短期貸付けを実行しペナルティ金利を適用する」という考え方に則って制度設計されていた，と述べた（Fleming [2012]）[97]。

　バジョット原則の限界や見直しの必要を主張する意見が，金融政策局のマディガンなど FRB 関係者（Madigan [2009], Cecchetti and Disyatat [2010]）の間でも聞かれ始めたなかで，FRB が厳格にバジョット原則を遵守したことを検証しても，水掛け論にならざるをえない。とはいえ，伝統的なバジョット原則

---

95)　同論文は，グローバル金融危機以前に米国 FRB が実施した LLR についても，ハンフリーの理解する古典的なバジョット原則の 7 項目——①市場全体への通貨供給，②方針等の事前開示，③罰則金利，④通常時の優良担保，⑤対象を支払能力のある先に限定，⑥自助努力の推奨，⑦公開市場操作——から逸脱していたと批判した。

96)　グッドフレンドは別の論文で，財政政策類似の支援効果を有する中央銀行の信用政策の拡張は，中央銀行独立性の正当性に疑いを生じさせることから，その政策判断は FRB にも財務省にも委ねず，議会が監視すべきだ，と主張した（Goodfriend [2012]）。

97)　セント・ルイス連銀エコミストの 2012 年論文は，2007 年から 2010 年までの間に FRB が実行した過小資本金融機関向けあるいは危機的過小資本金融機関に対する連銀貸出の期間や金額等を分析した結果，これらが 1991 年 FDICIA 法の課した規制を遵守していたことを確認した（Gilbert et al. [2012]）。FRB スタッフとして危機対応に従事したギャノンも，退職後に執筆した Cline and Gagnon [2013] の中で，FRB の信用供与を受けた Bear Stearns 証券および AIG が債務超過ではなかった一方で破産申請をした Lehman Brothers 証券は債務超過であったと確認したうえで，FRB は伝統的なバジョット原則を守ったと擁護した。

への回帰を訴える意見が頻繁に唱えられること自体，歴史的に形成された普遍的な原理の適用を好む米国エコノミストらしい思考方法が浮き彫りとなり興味深い。

（iii）　公平性の問題に対する関心

　米国連邦政府の独立監査機関である Government Accountability Office（GAO，会計検査院）は，2010 年ドッド・フランク法[98] に基づき，FRB が連邦準備法 13 条（3）項に基づき特設した流動性供給ファシリティの手続や内容を監査した。GAO は監査結果をまとめた報告書の中で，①委託先選定手続改正を通じた競争機会の拡大，②緊急貸出に関与する職員の利益相反防止，③委託先の利益相反防止，などを FRB に勧告した（United States Government Accountability Office ［2011］）。

　FRB は，流動性供給の公平性（fainess）を期待する国民世論を強く意識し，真摯に対応している。例えば，ニューヨーク連銀理事法務局長のバクスターは2013 年講演で，金融危機後に，①一般国民が中央銀行の緊急貸付けを納税者の費用負担とみるようになったこと，②支援措置を受けられるか否かをめぐる公平性の問題に対する一般国民の関心が高まったこと，③中央銀行の責任や権限の範囲内であらゆる措置をとることが求められるなかで法務部門の役割が重要になっていること，の 3 点を指摘した（Baxter ［2013］）。

第6節　FRB の LLR に対する規制

（1）　非常時の緊急貸出に対するドッド・フランク法の規制

　2010 年ドッド・フランク法は，FRB の「大銀行救済」に対する連邦議会や国民世論，学界からの批判を背景に，FRB が多用した連邦準備法 13 条（3）項に基づく非常時の緊急貸出のうち，個別問題先に向けた信用供与を厳しく制

98）　ドッド・フランク法 1109 条は，2007 年 12 月以降，同法制定までの間に，FRB が連邦準備法 13 条（3）項に基づき実施した非常時の緊急貸出のすべてについて，会計検査院長が臨時の監査を行うことを求めた。

限した。

　ドッド・フランク法は，非常時の緊急貸出に適用される実施細則（policies and procedures）を，可能な限り早く制定することを求めていた[99]。ところが，この実施細則となる Regulation A 改正の原案は，同法成立後約3年半が経過した2013年12月23日になってようやく公表され，パブリック・コメントを踏まえた Regulation A 改正の最終版を FRB が制定できたのは，さらに約2年が経過した2015年11月30日であり，その施行は翌年2016年初であった。

(i)　適格性が幅広く認められるプログラム等の必要

　連邦準備法13条（3）項に基づく非常時の緊急貸出の借り手は，従来「個人，パートナーシップまたは法人」と規定されていたところ，ドッド・フランク法1101条はこの文言を削除し，代わりに「適格性が幅広く認められるプログラムまたはファシリティの参加者」（participant in any program or facility with broad-based eligibility）という文言を挿入した。

　「適格性が幅広く認められるプログラムまたはファシリティ」と認められるための主な条件は，以下の3点である。

(a)　財務長官による事前承認

　FRB は，こうしたプログラムを新設するに先立って，財務長官の承認を得なくてはならない[100]。この結果 FRB は，従来のように，独立した責任と判断で非常時の緊急貸出を実行することが許されなくなった。

(b)　倒産回避のための支援を目的としたプログラムの禁止

　1つ以上の先の倒産回避のための支援を目的として設置されたプログラムは，「適格性が幅広く認められるプログラム等」には該当しない[101]。

---

99)　連邦準備法13条（3）項（B）（i）。
100)　連邦準備法13条（3）項（B）（iv）。
101)　連邦準備法13条（3）項（B）（iii），Regulation A 第201.4条（d）項（4）（iii）（A）および（B）。

（c）　5先以上の適格参加者の必要

　5先未満の適格参加者しかいないプログラムは，「適格性が幅広く認められるプログラム等」には該当しない[102]。

（ii）　債務超過先に対する緊急貸出の禁止

　ドッド・フランク法1101条は，FRBの債務超過先に対する非常時の緊急貸出を禁じた[103]。ここで債務超過とみなされるのは，以下の先である[104]。

　　①ドッド・フランク法第2編に基づく秩序だった清算手続その他の連邦

　　　法・州法上の倒産手続が適用されている先

　　②直前90日間，期限の到来した債務を弁済していない先

　　③FRBが債務超過であると認定した先

　改正されたRegulation Aは，債務超過先向け緊急貸出の禁止に迂回融資の抜け道ができることを封じるねらいから，非常時の緊急貸出の借り手が貸出金を債務超過先に転貸することも禁じている[105]。

　前項（i）および本項（ii）の制約が設けられた結果，FRBが2008年にBear Stearns証券およびAIGなどに向けて行った，証券会社や保険会社など個別問題先に向けた信用供与は今後，許されなくなった。将来，個別問題先の秩序だった破綻処理を進める際には，その専用手続であるドッド・フランク法第2編「秩序だった清算権限」（巻末資料4を参照）に基づく手続が適用されることとなり，非常時の緊急貸出を発動するFRBの出番はなくなった。

　これに対して，通常の連銀貸出を預金取扱金融機関向けに実行する場合には，引き続き，FRB独自の責任と判断で，問題金融機関の秩序だった破綻処理（orderly resolution of a troubled institution）と整合的なセカンダリー貸出を実行することは許容されており（第1節（2）などで前述），債務超過先向けの貸出も明示的に禁止されていない点には留意が必要である[106]。

　一方，FRBが前項（i）の「適格性が幅広く認められるプログラムまたはフ

102）　Regulation A 第201.4条（d）項（4）（iii）（C）。
103）　連邦準備法13条（3）項（B）（ii），Regulation A 第201.4条（d）項（5）（i）。
104）　連邦準備法13条（3）項（B）（ii），Regulation A 第201.4条（d）項（5）（iii）。
105）　Regulation A 第201.4条（d）項（5）（i）。

ァシリティ」を特設してグローバル金融危機時のように流動性供給を行うことはドッド・フランク法のもとでも，引き続き容認されている。その際，FRB が機動的に流動性を供給するためには，こうした「プログラムまたはファシリティ」を利用できる多数の借り手が債務超過でないことを迅速に確認しなくてならない。FRB は，非常時の緊急貸出の際，借り手が債務超過でないことの証明書（certification）を最高経営責任者等から入手しそれを根拠にすることは許されている[107]。今後はこの証明書の利用が特に重要になると期待されている[108]。

（iii）　納税者を保護する担保の必要

　非常時の緊急貸出は，従来どおり「地区連銀を満足させる担保が付される」（secured to the satisfaction of the Federal Reserve bank）ことに加え，その担保が「納税者を保護するのに十分であること」（sufficient to protect taxpayers from losses）も求められた[109]。

（iv）　議会報告の早期化

　FRB は，非常時の緊急貸出実行の決定から 7 日以内に，その貸出の借り手，金額，条件，事由，担保等の詳細な内容を，連邦議会上下両院の所管委員会に対して報告しなくてはならない。その報告のうち，借り手，金額等一部項目は，FRB 議長の書面申請により，機密扱いとすることができる[110]。

（v）　会計検査院による監査

　ドッド・フランク法 1102 条は，会計検査院長（US Comptroller General）に，FRB による，①連邦準備法 13 条（3）項に基づく非常時の緊急貸出，②金融

106）　Scott［2016］p. 91 は，預金取扱金融機関向けの通常の連銀貸出の根拠となっている連邦準備法 10B 条が債務超過先向けの貸出を妨げていない，と解説している。
107）　連邦準備法 13 条（3）項（B）（ii），Regulation A 第 201.4 条（d）項（5）（iv）。
108）　2015 年 11 月 30 日公表の Regulation A 改正案最終版の FRB 補足説明。
109）　連邦準備法 13 条（3）項（B）（i），Regulation A 第 201.4 条（d）項（6）（i）および（ii）。
110）　連邦準備法 13 条（3）項（C）および（D）。

政策目的のオペ（公開市場操作），③連邦準備法 10B 条に基づく通常の連銀貸出，の 3 つについての立入検査を含む監査（audits, including onsite examinations）を行う権限を与えた。

（vi）個別貸出明細の情報開示の義務づけ

通常の連銀貸出および非常時の緊急貸出の双方について，借り手，金額，金利など個別貸出明細の情報開示が FRB に義務づけられた[111]。開示が法律上求められた個別明細情報は，借り手の名称など借り手を特定できる情報，貸出金額，貸出金利ならびに担保資産の種類および価額である。

情報開示の期限は，連邦準備法 13 条（3）項に基づく非常時の緊急貸出については，緊急貸出終了後 1 年以内と設定された一方，金融政策目的のオペおよび連邦準備法 10B 条に基づく通常の連銀貸出については，実行時点の約 2 年後（正確には，実行された四半期の 8 四半期後の期末日）と設定されている。

連銀貸出に関する個別明細情報の開示が実際に開始されたのは，2012 年 9 月である。実際に開示されている個別明細項目は，借り手の名称，所在地および ABA（米国銀行協会）番号，貸出実行金額，貸出残高，貸出金利，貸出期間，貸出の実行日，満期日および返済日ならびに担保資産の種類および価額となっており，かなり詳細である[112]。

借り手を特定できる情報を開示することは，本来は必要な連銀貸出に対する申込み意欲を委縮させ，汚名問題を助長する危険がある。ドッド・フランク法は，開示時期を遅らせることで，連銀貸出の透明性向上と汚名問題の抑制との両立に苦慮している。

（2）　ドッド・フランク法の規制に対する評価と懸念

ドッド・フランク法が FRB の LLR 機能に課した制約に関しては，クキエルマンの 2013 年論文が，LLR が不可避的に惹き起こすモラル・ハザードの問題

---

111)　連邦準備法 11 条（s）項。

112)　通常の連銀貸出の個別明細は 2018 年 2 月現在，下記 URL において四半期分がまとめて開示されている。https://www.federalreserve.gov/regreform/discount-window.htm。

を抑制する方向での改善と評価する意見（Cukierman [2013]）もみられるものの，以下のように中長期的な金融システムの安定性の面から問題点を指摘する意見も多く聞かれる。

　スコット・ハーバード法科大学院教授は 2012 年論文で，金融危機の主因は信用不安の伝播（contagion）が短期債権者による銀行取付けを誘発することにあると指摘したうえで，ドッド・フランク法が連邦準備法 13 条（3）項に基づく緊急貸出に過度の制約を加えたことが将来のシステミック・リスクの可能性を高めたと批判する（Scott [2012]）。さらに同教授の 2016 年著書は，日米英欧の中央銀行 LLR の現状を比較したうえで，債務超過の非預金取扱金融機関向けの流動性供給機能の点では FRB が最弱の中銀になったと警告した。同教授は，ドッド・フランク法が連銀貸出に課した規制の全廃のほか，非常時と通常時を区別した貸出制度の導入，柔軟かつ明確な担保政策，事前のコミットメント，MMF 向けの最後の貸し手機能の検討などを提唱しているものの，ウォール街大手金融機関の救済を糾弾する政治情勢下では実現の見通しが全くない，と嘆く（Scott [2016] pp. 93-144, pp. 287-293）。

　同様にクラインとギャノンの 2013 年共著論文も，ドッド・フランク法が課した制約などのために，今後の FRB が大恐慌の再来を防止できなくなると懸念する（Cline and Gagnon [2013]）。また，ダドリー・ニューヨーク連銀総裁は講演で，今後 LLR の機能や対象先を拡張する場合には，根拠法令の改正と FRB のオーバーサイト権限が必要，と述べている（Dudley [2013]）[113]。

第7節　FRBの経験・教訓が示唆する検討課題

　米国における LLR の歴史や FRB の金融危機対応の経験と教訓を踏まえると，中央銀行の LLR 機能のあり方に共通する検討課題が 5 点浮かび上がる。
　第 1 に，中央銀行が，金融機関の秩序だった破綻処理（orderly resolution）を促す目的で流動性を供給してきた伝統と現実を直視し，将来発生しうる金融

---

113)　他に Blinder [2010] や Squam Lake Group [2010] も，最後の貸し手の中央銀行が，金融システム全体を規制監督するシステミック・リスク規制当局も兼ねるべきだと主張している。

危機の際の金融機関破綻処理に中央銀行 LLR を利用する選択肢を検討する必要である。米国 FRB の AIG など個別問題先向けの信用供与は，日銀法38条に基づく特融と同様に，借り手の秩序だった破綻処理，債務再編のために極めて効果的な「時間稼ぎ」として実施された。また中小金融機関向けのセカンダリー貸出は，ドッド・フランク法規制後も，問題金融機関の秩序だった破綻処理と整合的に実行される可能性が否定されていない。

　第2に，中央銀行 LLR の制度設計が，「大き過ぎて潰せない金融機関」の救済を糾弾する政治情勢や国民世論に左右され翻弄される危険性である。債務超過の疑いがある個別問題先の破綻処理や債務再編を，時間をかけて進めるための流動性供給が，もはや FRB には許されない。銀行向けの通常の連銀貸出は従来と変わらない仕組みなのに対して，証券・保険会社等に向けた非常時の緊急貸出は「適格性が幅広く認められるプログラム等」の設置や財務省の同意が要求され，いびつで機動性に欠ける制度となった。ドッド・フランク法後の FRB の新しい LLR 枠組みは，新たな金融危機の試練を経験しておらず，将来も，迅速かつ現実的な危機管理対応を期待できるのか不安視される。

　第3に，中央銀行の MMLR 機能と，政府の制度金融との間の明確な線引きの必要である。大銀行救済を非難する政治情勢は，逆に，FRB が特設した TALF のように，中小企業融資や自動車ローン，学生ローンなど金融セクター外の幅広い分野に資金を供給する中央銀行 LLR の枠組みを歓迎しがちで，追い風となりやすい。しかしながら，特定分野の金融取引を後押しするための制度金融をすべて，中央銀行の LLR 機能や MMLR 機能と銘打って正当化することは，必ずしも適切ではない。中央銀行 MLLR が触媒として機能しているのか，客観的なデータに基づく実証分析の積み重ねを待ちたい。

　第4に，中央銀行担保の要否や，適格担保資産の種類や範囲について再考する必要である。1991年 FDICIA 法制定の際には，FRB の有担保貸出が金融機関をに延命させ預金保険や国民に転嫁される破綻損失負担が拡大したことが問題視された。ところが逆に，グローバル金融危機時の FRB の流動性供給ファシリティや個別問題先向けの信用供与の多くは，伝統的なバジョット原則を遵守し担保を取得する法形式で実施されたため，中央銀行担保のあり方自体はあまり議論されなかった。しかしながら，グローバル金融危機の際にみられたレ

ポ市場の取付けや，資金流動性収縮と市場流動性低下の相乗作用，資金市場と担保資産市場との間の相互連関といった諸問題への対策を検討する際には，中央銀行貸出および民間金融市場取引のいずれについても，担保の要否，担保資産の範囲や種類，質，流動性，担保価額評価など実務的な論点を検討しなくてはならない。

　第 5 に，中央銀行 LLR の経験豊富な FRB ですら有効な解決策を発見できていない汚名問題である。通常の連銀貸出の利用や FRB による LLR 全体の流動性供給が，グローバル金融危機対応の最中とそれ以外の平時の期間との間で極端な違いがみられる事実は，平時の FRB の LLR が汚名問題に阻まれて適切に活用されていないことを示唆する。スコット教授が提唱するように，平時の中央銀行 LLR と危機時の中央銀行 LLR とで差別化された制度を 2 種類設計したうえで，前者の平時の中央銀行 LLR は使いやすい枠組みに改め，また後者の危機時の中央銀行 LLR の枠組みを，平時の段階から公表し，予見可能性や透明性を高めることを検討する必要があろう。

章末資料3　FRB の特設した流動性供給ファシリティに対する研究者の評価

1. 入札型ターム物資金供給ファシリティ（TAF）
(1)　TAF の効果の肯定
   - ●マッカンドリューズらの 2008 年論文は，TAF 導入が LIBOR と OIS との間のスプレッドを累計約 0.5% ポイントの幅（グローバル金融危機当時の平均的なスプレッドの約 9 割に相当）で縮小させたことを示し，TAF が汚名問題を背景とする短期金融市場の逼迫を和らげた，と論じた（McAndrews et al. [2008]）。
   - ●サルカーとシュレーダーの 2010 年論文も，TAF や中銀間の流動性スワップの増加が，グローバル金融危機初期の 2008 年 3 月頃までは，3 か月物 LIBOR と OIS との間のスプレッドを縮小させた，と指摘した（Sarkar and Shrader [2010]）[114]。
   - ●アルマンティエらの 2011 年論文も，TAF が汚名問題を緩和する効果を貸出金利から分析し，汚名問題を嫌がった金融機関が，通常の連銀貸出よりも少なくとも 0.37% ポイント（Lehman Brothers 証券破綻直後は 1.5% ポイント）分の金利を追加で支払ってでも TAF から資金を調達しようとしていた，と指摘した（Armantier et al. [2011]）。
(2)　TAF の効果の否定
   - ●テイラーとウィリアムズの 2009 年論文は，金融危機の際に市場のリスク・スプレッドが拡大した主因はカウンターパーティー・リスク（信用リスク）にあるとしたうえで，スプレッドの変動をカウンターパーティー・リスクとそれ以外に要因分解して分析した結果，2007 年 12 月導入の TAF が流動性リスクを縮小した効果は確認できない，とした（Taylor and Williams [2009]）[115]。
   - ●ソーントンの 2012 年論文も，FRB の TAF 導入の発表を耳にした市場参加者が，金融危機の深刻さを再認識した結果，社債市場の信用リスク・プレミアムがかえって拡大したと指摘し，TAF 導入の流動性リスク削減効果を否定した（Thornton [2012]）。

---

114)　同論文は，危機が深刻化した 2008 年 9 月以降は，逆に流動性供給の減少がスプレッドを縮小させる効果を持つようになったことも示した。
115)　Taylor [2009] も，金融危機の原因はカウンターパーティー・リスク（信用リスク）にあり，TAF によるスプレッド縮小効果は確認できない，と強調した。

2. ターム物証券貸出ファシリティ（TSLF）

(1)　TSLF の効果の肯定
- ニューヨーク連銀・フレミングらの 2010 年論文は，TSLF が市場流動性の高い財務省証券と，流動性の低い他の証券との間のスプレッドの縮小に寄与したことを実証した（Fleming, Hrung and Keane [2010]）。

(2)　TSLF の効果の否定
- クリシュナムルティらの 2014 年論文は，金融危機当時のレポ取引の担保の多くが米国債であったことを明らかにしたうえで，2008 年秋のレポ市場収縮の悪影響は，同時期の ABCP 市場収縮の悪影響と比べると小さいと述べ，TSLF の効果が限定的と示唆する（Krishnamurthy, Nagel and Orlov [2014]）。

3. プライマリー・ディーラー向け貸出ファシリティ（PDCF）

(1)　PDCF の効果の肯定
- エイドリアンらの 2009 年論文は，PDCF が，金利や手数料の設定などの点でモラル・ハザードを防止しつつバックアップの資金調達手段として機能したことで，保守的な流動性管理を行っていた証券会社を金融市場のストレスから守った，と評価した（Adrian et al. [2009]）。

(2)　PDCF の効果の否定
- アチャリアとタックマンの 2013 年論文は，窮境にある金融機関が PDCF や TSLF など中央銀行 LLR へのアクセスが認められた結果，かえってレバレッジを拡大してしまうモラル・ハザードや，本来は必要な資産圧縮（deleverage）を遅らせてしまう問題などが発生していた，と指摘した（Acharya and Tuckman [2013]）。

4. ABCP-MMMF 流動性ファシリティ（AMLF）

(1)　AMLF の肯定的評価
- デュイガン・バンプらの 2013 年論文は，AMLF の導入が MMF の資産の流動化を促し，特に ABCP 保有比率の高い MMF に対する償還請求やその資金流出を有意に抑制したほか，ABCP の流通利回りも有意に低下させたことを，CP 市場統計などを用いて実証した（Duygan-Bump et al. [2013]）。

(2)　AMLF の否定的評価
- アカイらの 2013 年論文は，AMLF が急ごしらえのファシリティであったゆえの問題として，利用が偏った特定の 2 行に相当の利益をもたらし株価収益率を高めるという副作用が生じたことを指摘した（Akay, Griffiths, Kotomin and Win-

ters［2013］)。

5. CP ファンディング・ファシリティ（CPFF）
(1)　CPFF の効果の肯定
- グリフィスらの 2011 年論文は，市場参加者が信用リスク（カウンターパーティー・リスク）に過敏になったことが 2007 年以降の金融市場逼迫の原因と述べたうえで，潤沢な資金供給よりも，FRB が CPFF などのファシリティを特設し信用リスク保険の役割を担ったこと自体が信用スプレッドを約 0.4% 縮小させた，と評価した（Griffiths, Kotomin and Winters［2011］)。
- エイドリアンらの 2011 年論文も，CPFF が非預金取扱金融機関や特定の金融市場に向けて LLR 機能を提供した点を評価しつつも，シャドー・バンキングに対する公的機関によるバックアップの流動性供給については論争が続こう，と指摘した（Adrian, Kimbrough and Marchioni［2011］)。

(2)　CPFF の効果の否定
- シリイらの 2013 年論文は，CPFF や TAF の利用増加は，金融危機の深刻化や個々の金融機関の体力劣化を示す材料と市場に受け取られ，大手銀行や大手証券会社の株式収益率にはマイナスの影響を与えた一方，中小地銀など伝統的商業銀行の株式収益率についてのみプラスの影響を及ぼしたことを示した（Cyree et al.［2013］)。

6. ターム物 ABS 貸出ファシリティ（TALF）
(1)　TALF の効果の肯定
- キャンベルらの 2011 年論文のイベント・スタディは，TALF 導入が自動車ローンを裏付け資産とする ABS や商業用不動産担保証券の市場におけるスプレッドの縮小に寄与した一方で，適格担保にならなかった銘柄と比べ適格担保になった個別の銘柄の価格だけを引き上げる補助金効果（subsidization benefit）は生じなかったことを示した（Campbell, Covitz, Nelson and Pence［2011］)。

(2)　TALF の効果の否定
- ハミルトンの 2009 年論考は，FRB が TALF を通じて，本来は民間の自由市場の機能に委ねるべき ABS など証券化商品の価格形成に関与することに根本的な不安（profound misgivings）を表明した（Hamilton［2009］)。

7. 中銀間の流動性スワップの効果
- 馬場とパッカーの 2009 年論文は，中銀間流動性スワップについて，その上限額

が撤廃された 2008 年 10 月以降に，ドル資金調達コストを 0.3% ポイント程度抑制する効果を発揮したと述べ，特に ECB，スイス国民銀行，イングランド銀行による 1 か月以上の長めの資金供給が有効であったことを明らかにした（Baba and Packer [2009]）。

● アレンとメスナーの 2010 年論文も，FRB 中銀間流動性スワップは，ECB，スイス国民銀行，日銀，イングランド銀行との間で上限を撤廃した 2008 年 10 月にドル調達コストの上昇に歯止めをかける効果が現れたと評価し，供給されたドル資金が外国金融機関の本支店勘定を通じ在米拠点に還流したと指摘した（Allen and Moessner [2010]）。

● フレミングとクラッゲの 2010 年論文も，FRB の中銀間流動性スワップが，外国市場におけるドル資金調達難を緩和し，中銀の流動性供給手段を拡充することに成功したと評価した（Fleming and Klagge [2010]）。

● ゴールドバーグらの 2011 年論文も，2008 年 9 月のリーマン・ショック以降に著しく困難になったユーロ圏や英国，スイスの金融機関のドル資金調達の問題が，FRB と外国中銀が締結したスワップによって緩和されたことを示した。また，中銀間流動性スワップを通じたドル資金調達コストの割高感（1% ポイント程度）が明確となった 2009 年入り後も流動性スワップが利用されたことなどを手掛かりに，欧州系金融機関の間で信用力選別（credit tiering）が根強かった，と指摘している（Goldberg, Kennedy and Miu [2011]）。

第5章　英国の中央銀行LLRの経験と教訓

　本章では，バジョット原則の母国，英国の中央銀行でありLLRの生みの親であるBOEのLLRの枠組みや実績を取り上げる。第1節ではBOEのLLR機能が形成・確立されていった歴史を辿りながら，BOEが民間金融機関の破綻処理策や支援策を調整する責任者，現代風に言えば「破綻処理当局」の役割を果たしていた実態も解説したい。第2節では，BOEのLLR機能がグローバル金融危機以降にみせた新しい展開について解説するが，その中でも，BOEが政府と連携し破綻金融機関に対して緊急流動性支援を行ったことや汚名問題を回避すべく平時の流動性保険の整備に苦心する姿が注目される。第3節は，BOEの経験が示唆する検討課題を挙げる。

第1節　グローバル金融危機前のBOEのLLR

　BOEは，1694年に，英国の国王政府ご用達の資金調達機関として設立された株式会社形態の民間銀行であった。こうした成り立ちを持つBOEは競争関係にあった民間商業銀行や割引商会に対する流動性支援に慎重であり，金融システム安定を目的とした中央銀行LLRの機能が確立されるには，1世紀半余りの時間を要した[1]。

---

1)　現にHawtrey［1932］はBOEが「LLRの責任を易々と喜んでは（not easily or willingly）引き受けなかった」と述べ，18世紀末でも「不承不承」（grudgingly）流動性を供給していたと指摘した。

　BOE の LLR 機能は，後述する 1866 年，1890 年の 2 回の金融危機を経験して確立されたというのが通説的な理解[2]であり，その LLR 機能が確立されて以降の英国の金融システムは安定していた，と評価されている[3]。なお，同行の金融システム安定化機能の特徴は，破綻処理策等を調整する過程で，狭い意味の流動性供給に加えて，出資，損失補償など多様な手段を駆使していた点にある。

(1)　19 世紀の BOE と LLR

(i)　BOE の LLR の黎明期

　18 世紀末から 19 世紀初頭にかけて BOE は，金準備が国内外に流出することを嫌がり，LLR 機能の発揮には消極的であった。例えば 1793 年に，多くの商人が商品在庫の積み上がりから資金繰りに窮した際，BOE は在庫担保貸付けを行わなかったが，代わりに英国政府が，BOE 貸付けの優良担保となる財務省手形（Exchequer Bills）を発行して商人に貸し与え彼らの資金繰りを支えることで，危機の広がりを防止した。1795 年末に手形割引需要の急増に直面した BOE は当初，信用割当で凌ぐことを試みたものの，ナポレオン戦争の煽りによる金流出で正貨準備が払底したため，1797 年から 1821 年までの間，金準備の支払い停止，イングランド銀行券の金兌換停止に追い込まれた[4]。

(ii)　1825 年の金融危機

　1825 年には，金準備の対外流出や商品市況の下落を背景として，銀行の取付け騒ぎが発生した。これは，BOE にとり金兌換の再開後に初めて経験する

---

2)　BOE 公式ホームページのほか，Humphrey and Keleher [1984]，Bordo [1990]，ロバーツ＝カイナストン編 [1996] などがこうした理解をしている。

3)　Bordo [1990] は，英米における 1870 年以降の金融危機およびその影響を比較したうえで，BOE が，1866 年の Overend Gurney 破綻に伴う危機の後は，バジョット原則を遵守した LLR 機能を引き受けたために，1878 年，1890 年，1914 年の危機が大規模な金融危機に発展するのを未然に阻止できたことを根拠に，同時期に LLR 機能が未確立であった米国と比べ，英国の金融システムが格段に安定していた，と評価している。

4)　19 世紀初頭の BOE による LLR 機能については，Hawtrey [1932]，ロバーツ＝カイナストン編 [1996] などを参照されたい。

金融危機であったが，当初は従来どおり手形の割引（discounts）を行うことで資金供給を行っていた。

　ところが同年 12 月中旬に至り，手形割引だけでは必要資金の供給が不足することに気づいた BOE は流動性供給の方針や手法を大きく転換させた。すなわち，与信の条件や担保の適格要件を緩和したうえで有価証券を担保に取得した貸付け（advances）を初めて実行したのである。さらに翌 1826 年 2 月には，借り手の商品在庫を担保に取得した貸付けにも踏み切った。

　なお，1825 年の金融危機の際における BOE の積極的な流動性供給や適格担保の要件緩和については，バジョット『ロンバード街』の中でも紹介され賞賛された。当時の同行ハーマン重役の「われわれは，貸したのだ。前例のない，あらゆる方法や形態で貸し付けた」（Bagehot [1873] p. 51）という発言（第 2 章第 3 節（4）で前述）が注目を浴びやすい。しかし，より重要な変化は，1825 年の金融危機をきっかけに，従来は手形割引に限られていた BOE の流動性供給手段が，貸付けにまで広がった点である[5]。

（iii）　1847 年の金融危機

　1847 年の金融危機は，1844 年イングランド銀行条例（第 2 章第 1 節で前述）が，BOE に独占的な通貨発行権を認める一方，正貨準備の裏付けを伴わない銀行券の信用発行（Fiduciary Issue）を 1,400 万ポンドに制限して以後，同行が初めて経験する金融危機であった。危機の背景には，ジャガイモ等の農産物の不作などを原因とする対外収支の悪化や金準備の急減への対策として 1847 年8 月に BOE が利上げ（年利 5% から 5.5% へ）したことがあると指摘されている（Rockoff [1986], Capie [2007] など）。

　複数の銀行が破綻したことを重くみた BOE は，流動性供給を拡大しようとしたが，一方で，金準備の急減にも直面していた。この局面では英国政府が事態打開に動き，首相と財務大臣（Chancellor of the Exchequer）の連名で，BOE

---

5)　1825 年金融危機時における BOE の LLR の詳細は，Hawtrey [1932], Rockoff [1986] を参照されたい。なお商品在庫担保貸付導入の背景には，当初，ロンドン・シティの金融界が英国政府に財務省手形の発行を要請したところ，逆に，政府側から BOE 自らが商品在庫を直接に担保にとり貸付けを行うことを提案され押し返された経緯がある。

が，1844 年イングランド銀行条例の定めた限度額[6] を超過して銀行券を発行することを容認する許可状を発出するとともに，手形割引や貸付けにより流動性供給を拡大（8% 以上の高金利を適用）することを勧告，要請した。これを受け，BOE は，民間発行証券担保の貸付けを 145 万ポンド増加させるなど流動性供給を拡大した（Bagehot [1873], Hawtrey [1932], Rockoff [1986] など）。

　英国政府が銀行券の限度超過発行を容認する許可状，いわゆる crisis letter，を発出し，BOE が流動性供給を拡大するという連携によって危機を乗り切る手法は，この後も 2 回利用される「先例」となった。

（iv）　1857 年の金融危機

　1857 年の金融危機は，米国の鉄道建設などへの投融資ブームの終焉をきっかけとする米国初の危機が，英国や欧州大陸諸国，南米諸国などにも波及したものである（第 4 章第 2 節 (1) で前述）。英国の商都で悪影響を最も受けたのは，米国向けのエクスポージャーの大きかった Liverpool 市の銀行や企業であった。

　同年 10 月の Liverpool Borough 銀行の経営破綻を機に危機が英国に波及すると金準備が流出し，BOE の正貨金準備残高が同月 10 日の 402 万ポンドから 11 月 13 日の 96 万ポンドに急減した。BOE が金準備防衛のために政策金利を 10 月の 6% から 11 月の 10%（当時は史上最高水準）まで急激に引き上げたことも危機をさらに深刻にした。

　この局面で再び英国政府から，銀行券の限度超過発行を容認する許可状（crisis letter）が発出されたことを受け，BOE は流動性供給を拡大した。同行はこの間，民間発行証券担保の貸付けを 1,095 万ポンド増加させた[7]。後述する 1866 年危機の際には流動性供給を受けられなかった割引商会 Overend Gurney も，1857 年危機の際には BOE から多額の貸付けを受けた（Bagehot [1873] p. 167）。

---

6)　銀行券発行高の限度は，正貨の金準備額に信用発行枠 1,400 万ポンドを加えた金額である。

7)　1857 年金融危機時における BOE による LLR の詳細は，Bagehot [1873], Hawtrey [1932], Rockoff [1986], Capie [2007] を参照されたい。

（v）　1866 年の Overend Gurney 経営破綻と金融危機

　Overend, Gurney & Co.（オーバーレンド・ガーニー商会，以下「Overend Gurney」）は，19 世紀ロンドン金融市場において中核的な金融仲介機能を発揮していた割引市場の中で最大手の割引商会（Discount House）であった[8]。同社は，19 世紀初頭に Samuel Gurney が，共同創業者の一人であった父親から事業と経営権を承継して以降，その堅実な経営方針と厳格な手形審査実務が金融界・実業界の信用を得たことを背景に本業の手形割引に加え商業銀行や投資銀行，短資会社などの業務も成功させた。同世紀半ばには資産規模が第 2 位行の約 10 倍にも達する群を抜いた金融機関になった（Bagehot [1873], Wood [2000], Capie [2007] など）。

　ところが同社は，英国経済がヴィクトリア女王時代の繁栄を謳歌した 1860 年代に，Samuel Gurney の後を継いだ経営陣が，鉄道建設や穀物取引，船舶所有，鉄鋼・造船業など多角化を進めた事業の多くが失敗したほか，BOE が 1865 年 7 月の 3% から翌 66 年 1 月の 7% まで急速な利上げをしたことも相俟って，損失が大きく膨らんだ[9]。株価急落と預金流出に直面した同社は，同年 5 月 9 日，BOE に支援を求めたものの，BOE が同社の資産内容劣化を理由に流動性供給を謝絶したことで，翌 10 日には経営破綻した（ロバーツ＝カイナストン編 [1996], Bagehot [1873], Wood [2000], Capie [2007], Treasury Committee, House of Commons [2008] p. 8)[10]。

　BOE は，最大手金融機関の破綻の報をきっかけにロンドン金融界に取付け騒ぎが広がることを予想したことから，Overend Gurney 以外の割引商会を含むロンドンの金融界，金融市場に対しては，手厚い流動性支援を実行した。破綻当日の 10 日に 400 万ポンドを貸し付けたのに続き，その後の数日間で 1,300 万ポンド，3 か月で 4,500 万ポンドの流動性を供給したとされる（ロバーツ＝カ

---

8)　当時のロンドン金融市場の詳細は，第 2 章第 1 節（4）を参照されたい。

9)　Bagehot [1873] p. 19 が，Overend Gurney の投資失敗につき「あまりにも無謀で愚かであって，子供がロンドンのシティで金貸しをしたほうがまだましな金貸しになったはずだ」と酷評したことは有名である。

10)　ロバーツ＝カイナストン編 [1996], Capie [2007] は，BOE が Overend Gurney を支援しなかった背景事情として，それまでの同社の敵対的かつ挑発的な態度が BOE の反感を買っていた点も指摘している。

イナストン編［1996］，Bagehot［1873］，Capie［2007］，Treasury Committee, House of Commons［2008］p. 8）。流動性供給にあたり，BOE は，財務大臣から，銀行券の限度超過発行を容認する許可状を取り付けた[11]。

　1866 年危機の際の BOE による流動性供給額 4,500 万ポンドは，第 2 章第 3 節（3）中の図 2-2 で前掲した 1869 年末のバランスシートでみると，同行銀行局の総資産に匹敵し，当時としては大規模であった。しかし，バジョット『ロンバード街』は，1866 年危機時の BOE の対応は，過去の危機対応と比べ「総じてみればベストな行動」と評価しつつも「不承不承，躊躇しながら行うので（貸してくれないかもしれぬという）不安を惹き起こす」（do it hesitatingly, reluctantly and with misgiving）と批判した（Bagehot［1873］p. 64）。第 2 章第 3 節（4）で前述したとおり，バジョットは，信用不安を和らげるには BOE が実際に積極的な貸付けを行うだけでは足らず，事前にその積極姿勢を明らかにする必要性を強調した。

（vi）　1878 年のグラスゴー市銀行の経営破綻

　1878 年に，133 店舗を擁するスコットランドの大手銀行 City of Glasgow Bank（以下「グラスゴー市銀行」）が，特定先への貸込み，粉飾決算，金融引締めなどを背景に経営破綻した。これは，当時では世界最大の銀行破綻と報じられ，一部の銀行に取付け騒ぎが波及したものの，1866 年金融危機と比べると，金融市場，金融システム全体に及んだ悪影響は限定的であった[12]。このため，BOE による大規模な流動性供給は，実施されることなく事態が収束した（Wood［2000］，Capie［2007］，Treasury Committee, House of Commons［2008］pp. 8-9, Button et al.［2015］）。

11）　1844 年イングランド銀行条例の適用を停止してイングランド銀行券の限度超過発行を容認した許可状の発出は，1847 年，1857 年の危機に続き，1866 年の Overend Gurney 経営破綻に伴う金融危機で，通算 3 回目となった（Hawtrey［1932］）。なお，前 2 回の許可状が政府側からの働きかけであったのとは異なり，1866 年危機の際は，BOE 側が政府に働き掛けたようであり，当時の同行総裁は「われわれは，財務大臣が寝床から起き上がり許可が下りる前から動かなくてはならず，すでにその時点で，保有する金準備の半分に相当する金額を貸し出していた」と述べている（Bagehot［1873］p. 165）。

12）　グラスゴー市銀行の破綻とその影響の詳細は，Button et al.［2015］を参照されたい。

　なお，グラスゴー市銀行の発行していた銀行券[13] は，他のスコットランド系銀行によって債務引受がなされた。最終損失は，グラスゴー市銀行の株主が無限責任を負った。

　この後，英国の金融システムは，2007 年 9 月の Northern Rock 銀行破綻に至るまで約 130 年間，商業銀行の取付け騒ぎを経験しない安定期が続くことになる（Humphrey [1989], Bordo [1990], Capie [1998], Treasury Committee, House of Commons [2008], Button et al. [2015] など）[14]。

(vii)　1890 年の Barings 銀行経営不安

　南米アルゼンチンは，急成長の反動から，1890 年半ばの政府債務不履行をきっかけに金融危機・経済危機に陥り，また市民運動に押され大統領が退陣するなど政情も不安定化した。この結果，多額の政府債務を保有するなど同国に貸し込んでいた英国の名門 Barings 銀行は経営不安に見舞われ，同年 11 月，BOE に支援を求めた。

　BOE は，Barings 銀行の財務内容の査定を急遽行い，その結果，同行にまだ支払能力がある（still solvent）ことを確認したうえで，同行の信用を補完するために，Rothschild 銀行を中心とする民間銀行団に働き掛け，同月 15 日に以下の措置を講じた。

①民間銀行の協調出資 1,700 万ポンド（下記内訳）による保証基金の設立
　　[1]　プライベート・バンク 11 行：325 万ポンド
　　　　このうち BOE が 100 万ポンド
　　　　このうち Glyn, Mills 銀行，Currie 銀行，Rothschild 銀行が各 50 万ポ

---

13)　BOE は 1844 年イングランド銀行条例により独占的通貨発行権を与えられた（第 2 章第 1 節（2）で前述）が，その発行権が及ぶのはイングランドとウェールズの 2 地域に止まり，スコットランドの銀行には，裏付け資産としてのイングランド銀行券の保有を条件に，独自の銀行券発行が認められていた。銀行券発行が認められたスコットランドの銀行には，グラスゴー市銀行のほか，グローバル金融危機時の 2008 年に BOE から流動性支援を受けた Royal Bank of Scotland（第 2 節で後述）が含まれる（翁邦雄 [2013b]）。

14)　Goodhart and Illing [2002] p. 1 は，この約 130 年間の中でも 1930 年代央から 1973 年までの約 40 年間の英国を「異常なほどの金融安定」（unusual financial stability）と称している。

　　ンド

　[2] 株式銀行 5 行：325 万ポンド

　[3] 他の金融機関：1,000 万ポンド

②BOE による Barings 銀行への貸付け

　1890 年 11 月 15 日時点の全債務の弁済資金を BOE が貸付け

　BOE が被る可能性のある損失は上記①の保証基金が補償

③Barings 銀行をいったん清算

　11 月 25 日に有限責任の新 Barings 銀行（資本金 100 万ポンド）を設立

④ロシア国立銀行は Barings 銀行における預金残高 240 万ポンドを維持

　こうした措置の結果，ロンドン金融市場の動揺は収束し，大規模な金融危機の発生は回避された。なお，英国政府は Barings 銀行経営不安に際しても，1847 年，1857 年，1866 年の金融危機対応と同様に，銀行券の限度超過発行を容認する許可状を発出することを BOE に提案したが，BOE の Lidderdale 総裁は，これが英国内の銀行業務の規律劣化につながることを嫌がり，謝絶した（ロバーツ＝カイナストン編［1996］，Wood［2000］，Kindleberger and Aliber［2005］pp. 188-190, Capie［2007］，Treasury Committee, House of Commons［2008］p. 9 など）[15]。

　1890 年の Barings 銀行経営不安の際に BOE が講じた措置を LLR 機能の発揮と呼ぶべきか否かは，議論がある。BOE 公式ホームページに掲載された同行の歴史には，同行が Overend Gurney 破綻と Barings 銀行経営不安の 2 大金融危機を経て LLR の概念を確立した，と解説されている。これに対して，経済史家のキャピーは，BOE は Barings の救命艇（lifeboat）を編成したがこれは LLR とみなせるものには該当しない（this does not qualify it as being regarded as a lender of last resort），と指摘した（Capie［2007］）。

---

15)　なお英国政府は許可状を発出する代わりに，同年 11 月 14 日から 15 日の間に BOE が割り引いた Barings 銀行債務から発生しうる損失の一部を負担することで合意していた。

(2)　20 世紀の BOE と LLR

(ⅰ)　1973〜1975 年のセカンダリー・バンク危機

(a)　ライフボート

「セカンダリー・バンク」(secondary banks) とは 1970 年代英国で，金融機関として預金を受け入れながらも，業務範囲の広い「完全に認定された銀行」のステータスは有さず，BOE による銀行監督にも服さない種類の周縁金融機関 (fringe institutions) のことを言う。こうしたセカンダリー・バンクは，銀行に課せられていた信用総量規制を免れ，大口預金の市場調達に依存しながら不動産開発融資を拡大していたところ，1973 年に国際通貨危機と急激な金融引締めに直面した。

同年 11 月には，London and County Securities が預金の市場調達の借換えに失敗し，流動性不足に陥った。これを眺めた預金者の間では，同行と同様，市場からの資金調達に依存し不動産融資に傾斜する業務を展開する他の金融機関に対する信用不安が広がり，セカンダリー・バンク危機 (secondary banking crisis) につながった。

BOE は，周縁金融機関の流動性問題が，大手クリアリング銀行を含む英国の金融システム全体に対する国内外からの信認を損なうことを懸念したことから，大手銀行と協調・連携しながら，後にライフボート (lifeboat,「救命艇」の意味) と呼ばれることになる流動性支援の枠組みを整え，1993 年 12 月以降，実施した (図 5-1)。

このライフボートは，流動性不足に直面したセカンダリー・バンクに対して，BOE が，言わば「胴元」の役割を担い，当時の大手クリアリング銀行とともに協調支援融資団を編成し，市場と比べ高めの金利で流動性を供給した枠組みである。BOE は原則として，融資額およびリスクの全体の 10% を分担していたほか，大手クリアリング銀行各行の負担額を負債残高に応じて按分・調整する役割も担っていた。

1974 年に入ると，景気悪化，原油価格の高騰，インフレ率の上昇，不動産価格の下落，企業家心理の冷え込みなど実体経済面の諸問題が一段と深刻化し，加えて年央以降，ドイツ Herstatt 銀行 (6 月)，Israel-British Bank of Tel Aviv (7 月)，米国 Franklin National 銀行 (10 月) など国際展開していた金融

図 5-1　ライフボートによる流動性支援の枠組み

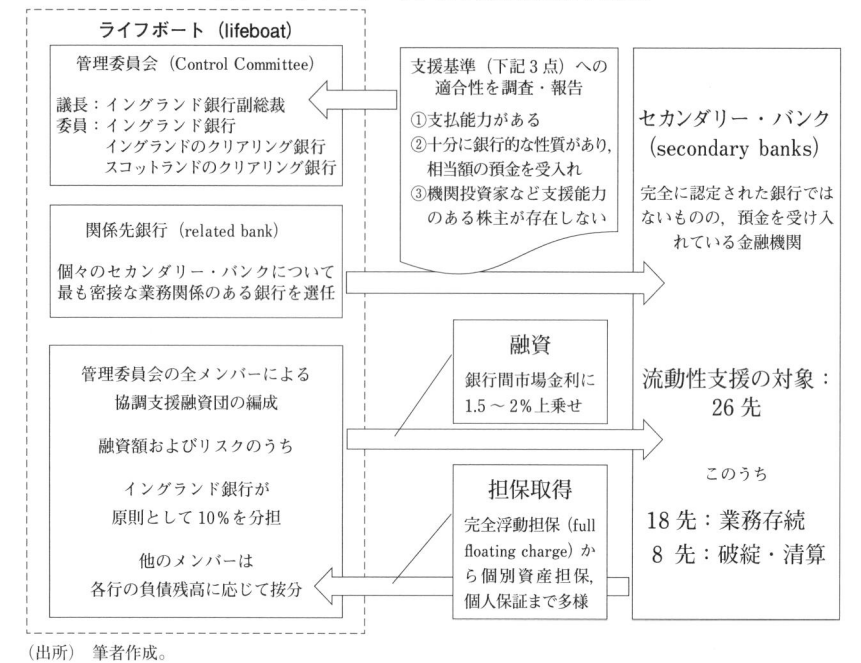

（出所）　筆者作成。

機関の破綻が相次いだこともあって，セカンダリー・バンクからの預金・資金流出は加速した。8 月には，不動産関連与信が大きかった First National Finance Corporation, United Dominions Trust 両行の経営不安が囁かれ資金流出が拡大したことから，ライフボートによる流動性供給残高は 12 億ポンド（8,000 億円超＜当時の為替相場で換算，以下同じ＞）に迫った（図 5-2）。

　ライフボートによる流動性供給残高が，流動性供給銀行の資本勘定合計の約 4 割に相当する規模に達し，セカンダリー・バンクの信用不安が大手銀行にまで波及するおそれがあったことから，BOE は，クリアリング銀行各行の要請に応じ，流動性供給総額のうち 12 億ポンド超過部分の全額を BOE が負担することとした。実際に 1975 年 3 月中には，流動性供給残高が一時 13 億ポンド弱にまで膨らんだことから，BOE のリスク負担は 2 億ポンドを上回っていた計算になる。

図5-2　ライフボートによる流動性供給残高の推移

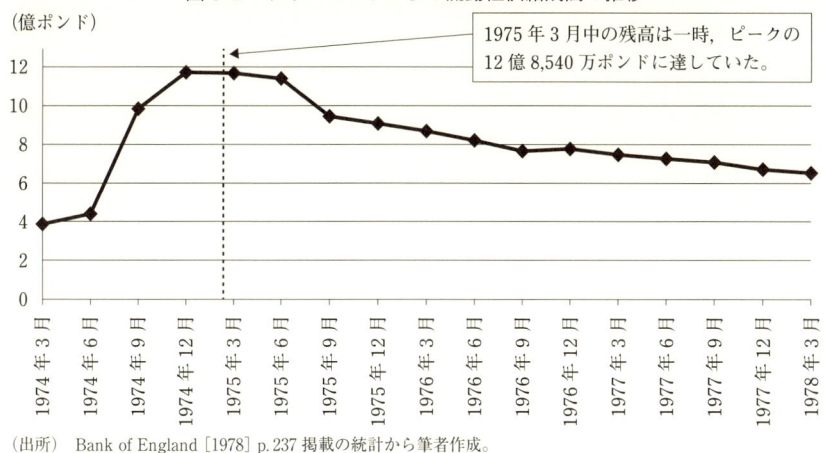

（出所）　Bank of England［1978］p.237 掲載の統計から筆者作成。

　また，BOE はセカンダリー・バンキング危機に際して，上記のライフボートのほかに，下記2件の銀行破綻処理の措置を講じた（Bank of England［1978］, Plenderleith［2012］p.101）。

（b）　SW 銀行

　Slater Walker Limited 銀行（以下「SW 銀行」）およびそのグループは，1975年10月の経営者 Slater 氏の突然の辞任により，経営不安が取り沙汰され，預金者や親会社の発行・管理していた証券投資信託の保有者の間で動揺が広がった。これを受け，BOE は同年12月に，SW 銀行の貸出債権を保証したほか，1977年8月には，同行の資産の秩序だった回収・処分を可能とすることを目的に，同行を100％ 子会社化した。

（c）　EBS 銀行

　Edward Bates & Sons Limited 銀行（以下「EBS 銀行」）は，1974年に預金流出に見舞われたことから，1975年5月にアラブ系資本の導入による経営再建に着手したものの，翌1976年5月には，投機的な不動産投資や海運融資の損失が判明し，支払能力が疑われる事態に至った。BOE は，アラブ系の投資

家や Barclays 銀行の出資を促し，EBS 銀行の存続業務を買収するコンソーシアムの資本基盤を増強させたほか，自ら 100％ 子会社を設立して EBS 銀行の残余資産の整理・回収を取り扱わせた。

(ii)　1985 年の JMB 銀行経営破綻

　Johnson Matthey Bankers Limited 銀行（以下「JMB 銀行」）は，貴金属商であった Johnson Matthey グループ傘下で銀行取引や金地金取引を営む子会社として 1965 年に設立され，1980 年には正式に銀行としての認定を受けた。この後，同行は収益力強化のために商業貸出を急増させたが，特定の 2 先に与信が集中した（貸出残高が 1984 年 6 月時点の資本勘定の 115％ に相当）。同年 9 月，JMB 銀行の資産査定を 2 監査法人およびクリアリング銀行の特命チームが行った結果，不足する貸倒引当金額を積み増すと JMB 銀行の自己資本全額が失われることが判明した。

　これを受け BOE は当初，JMB 銀行の救済買収先を探したものの，水面下の交渉が不調に終わったことから，金市場や国際通貨・金融市場に悪影響が及ぶのを防止すべく，同月 30 日以降，以下の措置を決定・実施した（Bank of England [1985], Plenderleith [2012] pp. 101-102）。

　①JMB 銀行を実質的に無償で子会社化

　　BOE は JMB 銀行を 1 ポンドの価格で買収し子会社化。

　②JMB 銀行に対する損失補償

　　BOE は JMB 銀行に最大 1.5 億ポンド（450 億円超）の損失補償を提供。民間金融機関等[16] が BOE の被る損失の半額（最大 7,500 万ポンド）を補償[17]。

　③JMB 銀行の経営刷新

　　JMB 銀行の役員および経営陣を更迭し，業務運営を抜本的に見直し。

---

16)　民間金融機関等の BOE への逆損失補償（counter-indemnities）の負担の内訳は，クリアリング銀行が 3,500 万ポンド，金市場参加者が 3,000 万ポンド，引受商社が 1,000 万ポンドとされていた。

17)　民間金融機関等の BOE への逆損失補償の結果，BOE 損失は差引き 7,500 万ポンド以内に止まる。BOE 1984-85 年報（Bank of England [1985]）によれば，当時見込まれた損失補償額全体 6,800 万ポンドの半額 3,400 万ポンドの損失引当金を，1985 年 2 月末に計上した。

④JMB 銀行に預金設定

　　1985 年 11 月，BOE が JMB 銀行に 1 億ポンドを預金。

⑤JMB 銀行の資本基盤の再構築

　　1986 年半ば，BOE が JMB 銀行に対して追加出資 7,500 万ポンド，劣後ローン 2,500 万ポンドを実行（払込み資金 1 億ポンドで上記④の預金を払戻し）。

（iii）　1991〜1992 年の中小銀行危機

　外国金融機関からの大口資金調達に依存していた英国の中小銀行約 40 行は 1990 年末頃より資金流出に見舞われた。BOE は，金融市場や大手銀行から情報を収集しながら中小銀行の資金繰りをモニタリングし，これら中小銀行に流動性対策の強化を促した。

　1991 年前半に BOE は，金融システム全体への悪影響を及ぼさないと考えられた Chancery 銀行，Edington 銀行，Authority 銀行の 3 行の倒産を容認していた。ところが，同年 7 月の BCCI[18] 業務停止・破綻の煽りを受け中小銀行の資金流出が加速したため，BOE は National Mortgage Bank を含む中小銀行数行に向け流動性を供給した。また BOE は，民間銀行団 10 行が National Mortgage Bank に供与したクレジット・ライン（与信枠総額：1991 年 2 億ポンド→1992 年 3 月 2.5 億ポンド→同 9 月 4 億ポンド）を保証した。さらに 1994 年 9 月には，同行の資産処分・換価を促進すべく，同行を実質的に無償（1 ポンドの名目的な価格）で買収した。

　これらの流動性支援や保証のために BOE が計上した損失引当金は，1993 年に最大額の 1 億 1,500 万ポンド（200 億円弱）に膨らんだ（Hoggarth and Soussa [2001] pp.182-183, Plenderleith [2012] p.102）。

18）　BCCI（Bank of Credit and Commerce International）とは，パキスタン出身者が中心となり 1972 年に設立された多国籍金融機関グループである。当時，世界 69 か国に 365 もの拠点を擁し総資産が約 250 億ドルあったとされる。1991 年 7 月に，不良貸出やディーリングによる損失を架空取引や粉飾により隠蔽していたことが発覚し，またマネー・ローンダリングなど非合法活動への関与も疑われ，欧米の金融監督当局から業務停止・清算を命じられ，経営破綻した。BCCI 東京支店は，ルクセンブルグに本店を置く BCCI SA の支店として営業していたが，日本の当局による業務停止命令を受け特別清算手続が開始された。

（iv）　中央銀行 LLR 原則の定式化

　ジョージ BOE 総裁は，1993 年 11 月 18 日の LSE 講演で，「過去数回言及し
たことの繰り返しだが」と断ったうえで，中央銀行 LLR の発動原則を 5 点に
まとめて明らかにした（George［1994］）。これは，セカンダリー・バンク危機，
JMB 銀行破綻，中小銀行危機の経験と教訓を踏まえたものであり，含蓄に富
む。以下はその概要である[19]。

　①民間部門による解決策の優先

　　　中央銀行は自らの資金をコミットする前に，民間部門による商業ベース
　　の解決策となりうるオプションをすべて調査する。すなわち，まずは主要
　　株主，次に一部または全部の事業の買収希望者，さらに主要債権者，ある
　　いは秩序だった処理（orderly resolution）に共通利益を見出す銀行団，と
　　順々にあたっていき，こうした選択肢を探し尽くしたときに初めて（only
　　when these options have been exhausted），中央銀行は自ら支援するか否か
　　を検討することになる。

　②公的補助の回避と株主責任

　　　中央銀行は，民間部門の株主に公的な補助（public subsidy）を与える業
　　務は行っていないことから，支援する場合でも，損失はまず株主が負担し，
　　利益は中央銀行が先に享受する枠組みとし，また，支援先の破綻を加速さ
　　せない程度のペナルティーを課すことになる。

　③流動性供給

　　　中央銀行は流動性供給を目的としており，通常の場合，債務超過である
　　ことがわかっている銀行の支援やリスク資本の供給はしない。しかし，だ
　　からと言って，中央銀行の貸付けや保証にはリスクがないと考えるのは誤
　　りである。

　④明確な出口（clear exit）の展望

　　　支援を受けた先は，一定期間内に支援なしで営業できる状態になるまで
　　中央銀行の監視下で業務の縮小や再編（restructure）を求められることも

---

19)　翁百合［1998］20-21 頁は，ジョージ BOE 総裁の掲げた LLR 発動原則にいち早く注目してい
た。他に熊倉［2008］55-57 頁もこの原則を評価し日銀特融の 4 原則と比較した。

あり，あるいは，中央銀行の管理下での会社清算（wound down）を求められることもある。守るべきなのは，金融システムであり，存続可能性のない（unviable）銀行ではない。

⑤その時点での秘匿と事後公表

　中央銀行が金融システムに支援をしていることは，その時点では秘匿される。これは，多くの場合，中央銀行が金融システムの脆弱性を懸念していることが知られると，信認低下が広がり，銀行システムの全債務の保証にまで追い込まれかねないからである。しかしながら，公的資金のアカウンタビリティの観点からは，事後に（after the event）危険が去った時点で（when the danger has passed），詳細の開示は難しいまでも，支援した事実は必ず公表している。

（v）　1995 年 2 月の Barings 銀行破綻

　18 世紀創業の名門マーチャント・バンク Barings 銀行では，1995 年 2 月に，シンガポール支店の 1 トレーダーが，日経平均および日本国債の先物取引で数年にわたり架空利益を計上して巨額損失を隠蔽していたことが発覚した。BOE は当初，他の民間銀行による救済買収などの途を模索したものの，買い手が現れなかったことから，同月 26 日日曜日夕刻，Barings 銀行は清算手続の申立てに踏み切った。

　BOE は，名門銀行破綻が金融市場，金融システムの混乱を惹き起こすことを懸念し，金融市場に向け適切に流動性を供給する用意があることを宣言した。また，Barings 銀行の国際的な清算手続が円滑に進むよう，BOE は自らのコルレス・バンキングのネットワークを利用して Barings 銀行の取引に関する決済や清算を事実上，代行した（Hoggarth and Soussa [2001] pp. 184-186, Plenderleith [2012] p. 102）[20]。

---

20)　Barings 銀行の歴史や破綻原因については，田中文憲 [2008] が詳しい。

第2節　グローバル金融危機以降におけるBOEのLLR

19世紀後半にLLR機能が確立されその運用が定着したことにより，中央銀行LLRの研究者の多くは，そしてBOE自身も，銀行取付け騒ぎが広がるような大規模な金融危機の発生は防止できる，と自信を深めつつあった（Humphrey and Keleher [1984], Rockoff [1986], Humphrey [1989], Bordo [1990], Capie [1998], Wood [2000], Goodhart and Illing [2002] など）。ところが2007年9月，破綻したNorthern Rock銀行に対するBOEの資金供給が，公式発表前にメディアに報じられたことが，ヴィクトリア女王時代以来1世紀ぶりに取付け騒ぎを誘発して深刻な事態を招いたことで，こうした自信や楽観論は大幅な修正を余儀なくされた（Treasury Committee, House of Commons [2008], Plenderleith [2012], 藤井 [2010], 地主・小巻・奥山 [2012] など）。

BOEの流動性供給手法は，これ以降の金融危機対応の中で変容を余儀なくされ，LLR枠組みの設計思想自体も，試行錯誤を経て，抜本的に見直された。その特徴は，第1に，借り手の汚名（stigma）問題や準備預金総量への影響を回避するために担保交換（証券貸出）の仕組みを流動性供給の中心的な手段に位置づけたこと，第2に，有事のLLRとは別に平時に金融機関が利用できる流動性保険の枠組みを整備したこと，第3に，個別先向けLLRの実施情報の開示を制限し時期も後倒しする方向にあることの3点にある。

(1)　現行のLLR枠組み

BOEにおける現行のLLR枠組みは，流動性保険（liquidity insurance）を提供することを目的とした公表済みの定型化された仕組みと，個別事情に応じて設計・設定される特注型（bespoke basis）の緊急流動性支援（Emergency Liquidity Assistance: ELA）の仕組みとの2種類に大別される。

前者はさらに，BOE側から起動して金融市場全体に流動性を供給するオペと，個別金融機関の申込みにより手続が起動され，要件を満たした金融機関にはBOEが流動性を供給する常設ファシリティとに区分される。

表5-1は，BOEの現行LLR枠組みの機能や特徴の概要を整理したものであ

表 5-1　BOE の LLR 機能の概要

	政策金利連動型 長期レポ Indexed Long- Term Repo	調節用常設 ファシリティーズ Operational Standing Facilities	DWF Discount Window Facility	緊急流動性支援 Emergency Liquidity Assistance
略称	ILTR	OSFs	DWF	ELA
目的	流動性保険	金融政策運営 流動性保険	流動性保険	流動性支援
対象	金融市場	個別金融機関		
形態	定型化された仕組みを公表済み			個別に設定
貸出	資金		証券	資金・証券
期間	6 か月	翌日物	30 日	個別事情次第
担保	要件緩和担保	優良担保	要件緩和担保	
金利	入札で決定された スプレッドを政策 金利に上乗せ	貸出金利は政策金利 を上回る水準に設定	手数料は貸出金 額および担保の 質に応じて設定	
起動	BOE	借り手	借り手	
頻度	月 1 回	常時	常時	
承認	財務省の承認は不要			財務省の承認または指示必要
補償	損失に対する補償はなし			国が損失を補償
統計	同日公表	3 週間後公表	5 四半期後公表	事後公表

（出所）　筆者作成。

る。BOE が，要件を充足した申込み金融機関に対し受動的に流動性を供給する常設ファシリティには，調節用常設ファシリティーズ（Operational Standing Facilities: OSFs）のうちの貸付けファシリティ（Lending Facility）のほか，担保交換を目的とした証券貸出のファシリティである Discount Window Facility（以下「DWF」）が存在する。

　一方，BOE 側から起動して金融市場全体に流動性を供給するオペとしては，定期的に実施される政策金利連動型長期レポ（Indexed Long-Term Repo: ILTR）のほかに，金融市場の異常なストレスの際に実施される緊急ターム物レポ・ファシリティ（Contingent Term Repo Facility: CTRF，表 5-1 不掲載）が存在する。

　以下では，BOE が，グローバル金融危機を経験して流動性保険や緊急流動

性支援の枠組みを開発，修正，発展させていった経緯を辿りながら，それぞれ
の措置や仕組みの内容を解説したい。

(2)　流動性保険の発展
(i)　経　緯

　BOE は 2008 年 4 月，グローバル金融危機時の流動性収縮への対策として，
流動性保険の目的で担保を交換する特別流動性供給スキーム（Special Liquidity
Scheme: SLS）を時限的に導入した。これにより同行の LLR は，画期的な発展
を遂げた。

　この特別流動性供給スキームを恒久化した仕組みが同年 8 月に導入された
DWF である。また同年 10 月以降に実施された HBOS 向けおよび RBS 向けの
緊急流動性支援でも，特別流動性供給スキームにおいて習得された担保交換の
実務経験が活用された。

　図 5-3 は，BOE における LLR の枠組みが発展した経緯を辿ったものである。
実は 2006 年以降の時期の BOE は，物価安定を目的とする金融政策の運営の
面で，短期金融市場金利の過度の変動を抑制し金利形成を安定化させるために
金融調節手法を見直す過程にあった。このことが，長期レポや DWF など同行
の金融システム安定を目的とした流動性保険のあり方にも大きな影響を与えた
のである。

(ii)　特別流動性供給スキーム
(a)　特別流動性供給スキームの制度

　BOE は 2008 年 4 月 21 日に，時限的措置として，特別流動性供給スキーム
（Special Liquidity Scheme: SLS）を導入することを発表した。SLS は，2007 年
後半以降に資産担保証券市場の一部が機能不全（closure）を起こしたことを背
景に，民間銀行が滞貨（overhang）として抱えていた，流動性の極めて低い（il-
liquid）資産を，BOE に担保として差し入れ，その代わりに流動性の高い英国
財務省証券（UK Treasury Bills）を借り入れる仕組みであった。

　図 5-4 は，SLS の制度概要を示したものである。SLS に参加した民間銀行は，
BOE から借り入れた財務省証券を担保に用いることで，レポ市場など民間短

図 5-3　グローバル金融危機前後における BOE の LLR の発展

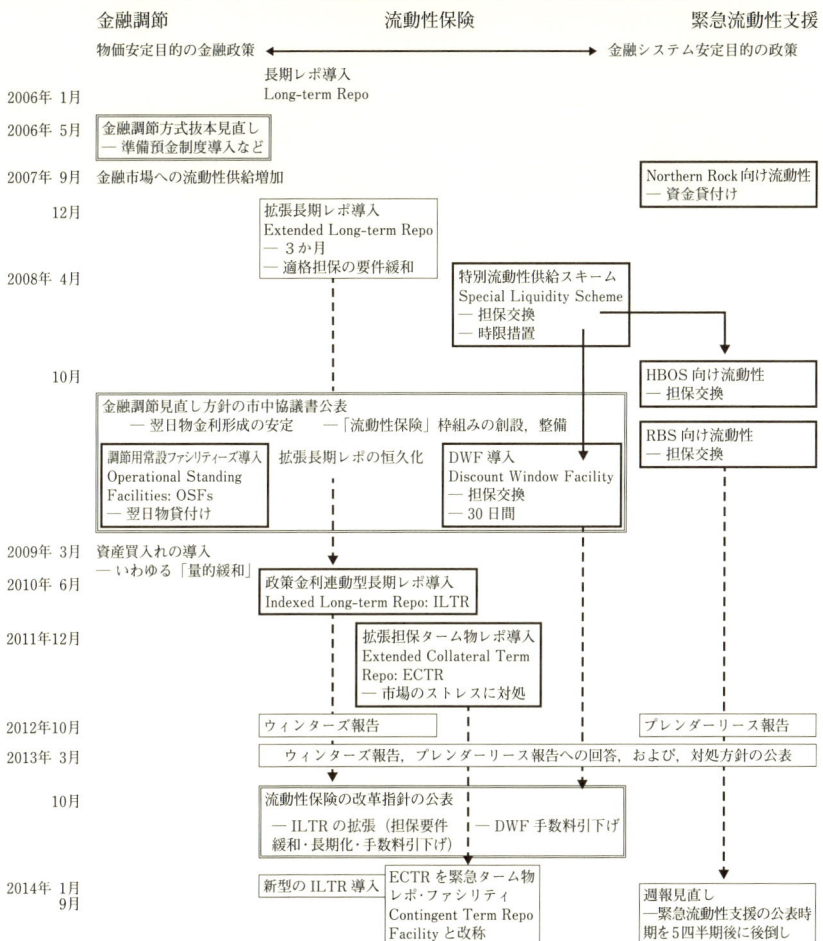

金融調節　　　　　　　　　　　　流動性保険　　　　　　　　　　緊急流動性支援

物価安定目的の金融政策　◀━━━━━━━━━━━━━━━▶　金融システム安定目的の政策

	長期レポ導入 Long-term Repo	
2006年 1月		
2006年 5月	金融調節方式抜本見直し ― 準備預金制度導入など	
2007年 9月	金融市場への流動性供給増加	Northern Rock 向け流動性 ― 資金貸付け
12月	拡張長期レポ導入 Extended Long-term Repo ― 3か月 ― 適格担保の要件緩和	
2008年 4月		特別流動性供給スキーム Special Liquidity Scheme ― 担保交換 ― 時限措置
10月		HBOS 向け流動性 ― 担保交換

金融調節見直し方針の市中協議書公表
　― 翌日物金利形成の安定　　―「流動性保険」枠組みの創設，整備

調節用常設ファシリティーズ導入 Operational Standing Facilities: OSFs ― 翌日物貸付け	拡張長期レポの恒久化

DWF 導入 Discount Window Facility ― 担保交換 ― 30 日間

RBS 向け流動性
― 担保交換

2009年 3月	資産買入れの導入 ― いわゆる「量的緩和」
2010年 6月	政策金利連動型長期レポ導入 Indexed Long-term Repo: ILTR
2011年12月	拡張担保ターム物レポ導入 Extended Collateral Term Repo: ECTR ― 市場のストレスに対処
2012年10月	ウィンターズ報告

プレンダーリース報告

2013年 3月　ウィンターズ報告，プレンダーリース報告への回答，および，対処方針の公表

10月	流動性保険の改革指針の公表 ― ILTR の拡張（担保要件 緩和・長期化・手数料引下げ）　― DWF 手数料引下げ

2014年 1月 9月	新型の ILTR 導入	ECTR を緊急ターム物 レポ・ファシリティ Contingent Term Repo Facility と改称	週報見直し ―緊急流動性支援の公表時 期を5四半期後に後倒し

（出所）　筆者作成。

期金融市場から資金を調達できた。なお BOE が貸し出したのは，この SLS 専用に，英国財務省傘下の債務管理庁（Debt Management Office）が発行した満期 9 か月の財務省証券であった。
　このように SLS は，民間銀行が保有する流動性の極めて低い資産を，流動

図 5-4　特別流動性供給スキームの制度概要

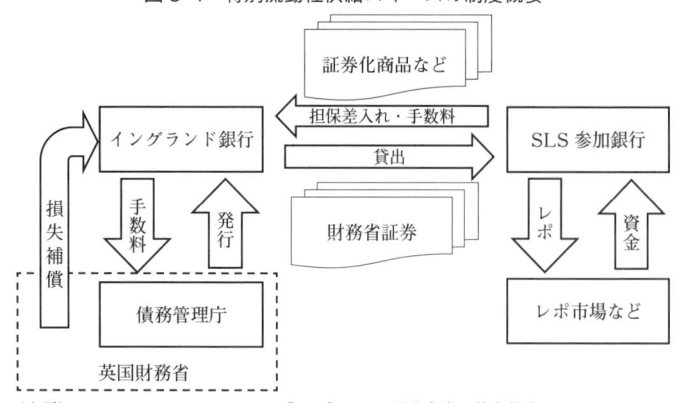

（出所）　John, Roberts and Weeken［2012］p. 60 の図を参考に筆者作成。

性の高い優良資産と交換する担保交換（collateral swap）の仕組みである。BOE が民間銀行に直接に資金を貸し付ける方式の流動性供給と比べると，民間銀行側からみれば，中央銀行から資金を借り入れることで自らの財務健全性や返済能力が疑われるという，いわゆる汚名（stigma）問題を回避できるメリットがあった。一方，BOE 側からみても，証券の貸出であれば，金融市場で貸し借りされる準備預金総額の増加につながらないことから，金融政策目的の金融調節運営や短期金利コントロールに影響を及ぼさないメリットがあった。また統計上も資金供給として開示されないことから，個別銀行向け流動性供給の事実を他の市場関係者に察知されるリスクが小さかった。

　BOE が 2008 年 4 月に導入した SLS による担保交換は，米国 FRB がその直前 3 月に導入した TSLF（第 4 章第 4 節（3）で前述）と似ている。グローバル金融危機の最中に英米両国の中央銀行が，民間金融機関が中央銀行 LLR を嫌がる原因となっていた汚名問題を回避すべく，同様の流動性供給手法を開発・利用したことは実に興味深い。

（b）　特別流動性供給スキームの利用条件等
①　担保交換の申込み期限
　SLS は当初，住宅ローン等を裏付けの原資産として組成された証券化商品

表 5-2　特別流動性供給スキームにおける担保資産の種類別内訳

(2009 年 1 月 30 日，単位：億ポンド)

種類	時価	担保価額	ヘアカット率
住宅ローン担保証券：RMBS	1,483	1,162	22%
うち　英国系優良 RMBS	1,323	1,039	21%
うち　英国系一般 RMBS	78	60	24%
うち　欧州系 RMBS	82	63	23%
カバード・ボンド	759	592	22%
クレジット・カード債権担保証券	141	106	25%
英国政府保証銀行債	3	3	9%
英国債	29	29	1%
国際機関債その他	4	4	4%
合計	2,420	1,896	22%

（出所）　John, Roberts and Weeken [2012] p.62 の表を筆者訳出・集計。

のうち，2007 年末以前に発生した資産を担保交換の対象とする時限的な措置であったことから，申込み期限（drawdown window）が設けられていた。この申込み期限は当初，2008 年 10 月 21 日までとされていたが，同年 9 月の Lehman Brothers 証券破綻に伴う国際金融市場の混乱を眺め，翌 2009 年 1 月 30 日まで延長された。

② 借入れ期間

　証券借入れの期間は，初回の 1 年間を，最長 3 年間まで延長できた[21]。

③ 担保資産

　SLS 参加銀行は，BOE に対して，財務省証券借入れの担保となる資産を差し入れた。表 5-2 は，申込み期限である 2009 年 1 月末時点における担保資産の種類別内訳を示したものであるが，全体の過半を住宅ローン担保証券（Residential Mortgage-Backed Securities: RMBS）が，約 3 割を住宅ローンを裏付け資産とするカバード・ボンド（covered bonds）[22] が占めていた。

---

21)　これに対して米国 FRB の TSLF は，28 日間までの証券借入れしか認めていなかった。

④　利用手数料

　SLS 利用銀行は，BOE に対して，手数料として，3か月物ポンド LIBOR と GC レポ・レート[23] とのスプレッド相当額を支払った。この手数料水準は，0.2% が最低とされ，3か月ごとに見直されていた。

⑤　損　失

　BOE は，SLS 利用銀行が債務不履行となり，当該銀行の差し入れた担保資産の処分価格が貸し出した財務省証券価額を下回った場合には，損失を被ることになる。英国政府は，こうした損失の累計額が，BOE の SLS 手数料収入累計額をも上回った場合には，この超過額を補償（indemnify）することを約していた。もっとも，結果として SLS 利用銀行のいずれも債務不履行にはならなかったことから，損失補償が行われることなく SLS は終了した。

(c)　特別流動性供給スキームの利用実績

　英国の銀行は SLS を盛んに利用し，借入れ申込み期限である 2009 年1月末時点では，32 行がピーク合計残高 1,850 億ポンド（約 27 兆円）の財務省証券を借り入れていた（図 5-5）。証券借入れの残高は，借入れ申込み期限の 2009 年1月 30 日から3年が経過した 2012 年1月末にゼロになった。

　因みに，BOE の発券局と銀行局を合算したオン・バランスの連結ベース総資産は，2008 年9月 Lehman Brothers 証券破綻以降，従来の 1,000 億ポンド弱のレベルから急拡大し 2,500 億ポンド程度に達した後にいったん縮小したものの，2009 年2月決算期末には 1,673 億ポンドと前年同期を約7割も上回っていた（図 5-6）。SLS による証券貸出は，BOE の貸借対照表に計上されないオフ・バランスの扱いであるが，この SLS だけで同時期のオン・バランス資産全体に匹敵する規模の流動性を供給していたことになる。

---

22)　カバード・ボンド（covered bonds）とは，英国を含む欧州各国の金融機関が，不動産貸付けや住宅ローン，公共部門向け貸出債権などの資産を，自らのバランスシート上に計上したまま，それらを裏付けの担保資産として発行する担保付き債券のことを言う。
23)　GC（General Collateral）レポ・レートとは，債券等のレポ取引のうち，対象となる債券銘柄を特定しない取引に適用される金利のことを言う。

図 5-5　特別流動性供給スキームの利用額

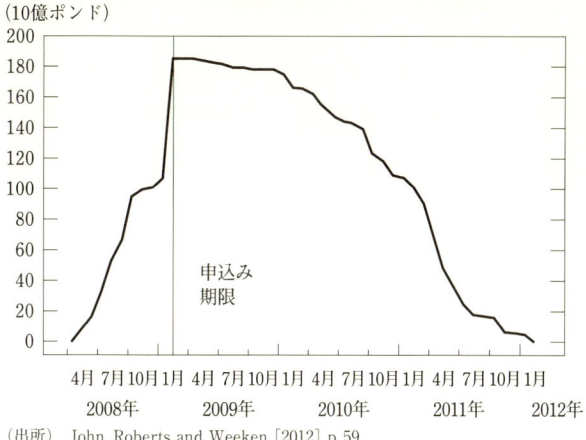

（10億ポンド）

申込み
期限

4月 7月 10月 1月　4月 7月 10月 1月　4月 7月 10月 1月　4月 7月 10月 1月
　　2008年　　　　　2009年　　　　　2010年　　　　　2011年　　　　　2012年

（出所）　John, Roberts and Weeken［2012］p. 59.

図 5-6　BOE の連結ベースの資産動向

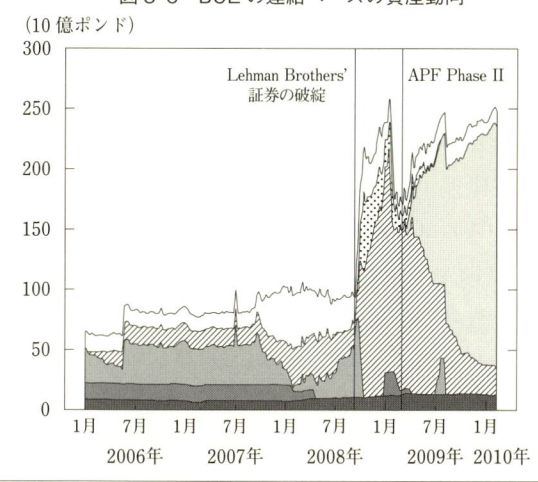

（10 億ポンド）

Lehman Brothers'
証券の破綻

APF Phase II

1月　7月　1月　7月　1月　7月　1月　7月　1月
2006年　　　2007年　　　2008年　　　2009年 2010年

□ その他の資産　■ 短期金融調節オペ　▨ ドル建て貸付け　■ 対政府貸付け
□ 資産買入れ基金貸付け　■ 市場からの債券買入れ　▨ 長期レポ

（出所）　Cross, Fisher and Weeken［2010］p. 35.

（iii）　DWF

（a）　流動性保険

BOE は 2008 年 10 月に公表の市中協議書[24] の中で，金融調節の方式やその運営実務を定めた The Bank of England's Sterling Monetary Framework，いわゆる Red Book を見直す方針を明らかにした。この市中協議書は，金融調節には，金融政策の遂行および金融システムの安定の 2 大目的がある旨を明記したうえで，後者の金融システム安定の目的に資する「流動性保険」（liquidity insurance）の枠組みを，以下のとおり創設，整備することを提案した。

　　①DWF（Discount Window Facility）の導入

　　②拡張長期レポ（Extended Long-term Repo）の恒久化

　　③調節用常設ファシリティーズ（Operational Standing Facilities）の導入

　BOE のハウザー理事は，従来は金融政策の運営実務を概説していた Sterling Monetary Framework 中に，流動性保険の道具箱（toolkit）を定式化（formalize）し公表していった点が，同行の金融危機対応の際立った特徴であり，他の中央銀行に先行している，と自画自賛した（Hauser [2014]）。

（b）　DWF の制度

　BOE は，同年 10 月 20 日に DWF（Discount Window Facility）[25] を導入した。これは，個別銀行からの申込みに応じ（bilateral on-demand），流動性の高い英国債（gilts）を貸し出す代わりに，流動性の低い資産を担保として受け入れる担保交換の仕組みである（図 5-7）。

　BOE は，DWF の制度設計にあたり，前述した SLS の特徴の多くを参照し引き継いだ。もっとも，DWF は，時限的な措置ではなく常設ファシリティであること，借入れ期間が最長 30 日と短いこと，適格担保資産をかなり幅広い

24）　2008 年 10 月の市中協議書とは Bank of England, *The Developments of the Bank of England's Money Market Operations: A Consultative Paper*, October 2008 のことを言う。

25）　Discount Window Facility の逐語訳は「割引窓口ファシリティ」となるが，このファシリティは手形割引等の機能を持たず，かえって紛らわしいため，本書では DWF と呼称している。BOE が証券貸出の枠組みを「割引窓口」と名づけた理由は明らかにされていないが，伝統的に英米において個別金融機関に対する LLR 機能を提供する中央銀行担当部署を Discount Window と通称してきた歴史的経緯を踏まえたものと想像される。

図 5-7　DWF の制度概要

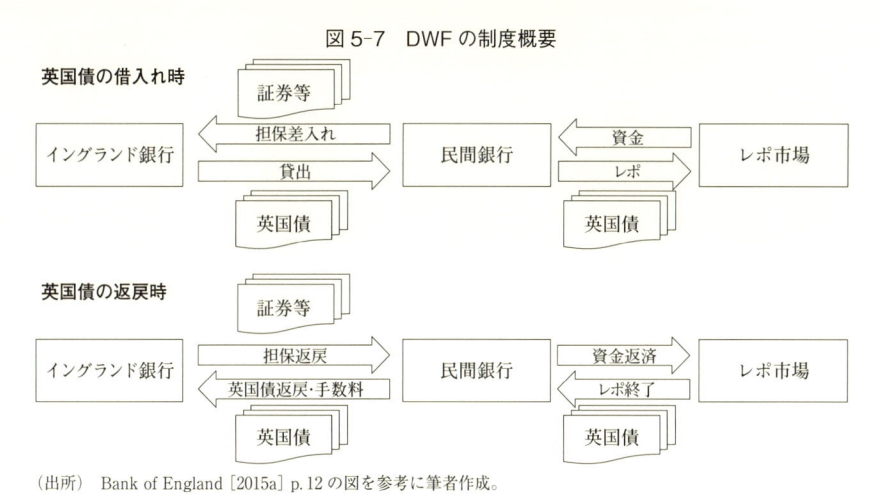

（出所）　Bank of England［2015a］p. 12 の図を参考に筆者作成。

種類まで認めたこと，の 3 点が SLS と大きく異なる。

(c)　DWF の利用条件等

　DWF の利用条件等は，導入後の環境変化や 2012 年 10 月のウィンターズ報告[26] の内容などを踏まえて，BOE が 2013 年 10 月に公表した流動性保険の改革指針（以下「2013 年改革指針」）[27] の中で大幅に改定された。以下の記述は，一連の検討や見直しの内容が実現された後の 2015 年 6 月版 Red Book の情報に基づいている。

①　利用金融機関

　DWF を利用できる金融機関の種類は，当初，銀行および住宅金融組合

---

26)　2012 年 10 月のウィンターズ報告とは，BOE 理事会の諮問を受け流動性保険の機能を検証した第三者調査報告書 Bill Winters, *Review of the Bank of England's Framework for Providing Liquidity to the Banking System*, Report Presented to the Court of the Bank of England, October 2012 のことを言う。この報告は，流動性保険の枠組みを全体としては評価しつつも，DWF に根強く残る汚名問題の回避・抑制に向けた具体的な提言をした。

27)　2013 年 10 月の流動性保険の改革指針とは，Bank of England, *Liquidity Insurance at the Bank of England: Developments in the Sterling Monetary Framework*, October 2013 のことを言う。

(building societies)[28] とされていたが，ウィンターズ報告が銀行以外の決済・流動性サービス提供業者にもアクセスを認めることを提案したことなどを踏まえ，2014 年 11 月には証券会社（broker-dealers）と中央清算機関（central counterparties）にも広げられた[29]。

DWF の利用にあたっては，BOE が当該金融機関の支払能力（solvency）および存続可能性（viability）を改めて審査・確認する必要があり，また申込み金融機関は自力での資金調達に戻るための信頼に足る見通し（credible path）を BOE に説明することが求められる（Fisher [2012]，Winters [2012] など）。

② 借入れ期間

DWF の借入れ期間は，銀行や住宅金融組合，証券会社が 30 日間，中央清算機関が 5 日間である。期限前返還も，BOE がその必要を認めれば，期限延長も可能である。

③ 担保資産

DWF の担保としては，BOE の適格担保資産の種類のうち最も幅広い範囲のものが認められている（表 5-3）。このうち流動性の低い担保資産に分類されるレベル C 資産の中には，自己名義証券[30] も含まれる。

BOE は，金融機関が DWF その他のファシリティの利用に先立ち，これらの適格担保資産を事前に差し入れる（pre-position）ことを推奨している。これ

---

28)　住宅金融組合（building society）とは，19 世紀から英国に存在していた，主に住宅ローンを提供する相互組合形態の金融機関である。もともとは，勤労者が組合に参加して貯蓄を持ち寄り他の参加者の住宅建設・購入資金を提供する業務からスタートしたとされる。同国 Building Societies Association（住宅金融組合協会）資料によれば，2017 年末時点で 51 組合が協会に加盟し，2,987 億ポンド（約 45 兆円）の住宅ローン資産を有する。

29)　中央清算機関に対しては，DWF は英国債でなく資金を貸し付けることが標準とされている。一方，銀行，住宅金融組合および証券会社に対しては，英国債を貸し出すことが原則ながら，英国債レポ市場の機能不全など例外的な状況下では，BOE の判断により，資金を貸し付けることも可能である。

30)　自己名義証券（own-name securities）とは，金融機関が，最初から BOE 借入れの担保とすることを目的に，自らの貸し付けた債権をまとめて裏付けの原資産としたうえで，当該金融機関自体が債務者となって組成・発行した証券のことを言う。

表 5-3　BOE の適格担保資産の種類

資産の種類＼ファシリティの種類	調節用常設ファシリティーズ OSFs	政策金利連動型長期レポ ILTR	DWF	緊急ターム物レポ・ファシリティ CTRF
レベル A 資産 　（流動性の高い英国内外の優良国債など）	○	○	○	○
レベル B 資産 　（流動性のある優良国債・国際機関債・社債・モーゲージ担保債券など）	×	○	○	○
レベル C 資産 　（流動性の低い自己名義証券・貸付債権など）	×	○	○	○

（出所）　Bank of England［2015a］を参照し筆者作成。

　を受け，あらかじめ差入れ済みの適格担保資産の残高は，2011 年頃以降に増勢を強め，2017 年 2 月末時点では，時価 5,500 億ポンド，担保価額 4,210 億ポンドにまで膨らんだ（Bank of England［2017］）[31]。

④　利用手数料

　DWF の利用手数料は，借入れの規模および担保資産の種類に応じて決定される。当該金融機関の負債金額に比べ DWF 借入れが大きいほど，また，DWF 担保資産の流動性が低いほど，手数料が逓増する仕組みになっている（図 5-8）。

　なお，ウィンターズ報告の提案を踏まえ，BOE の 2013 年改革指針の中で最も大幅に改定されたのは，DWF の手数料水準であった。例えば，レベル C 資産を担保に，金融機関が負債金額の 5% 以下の DWF 借入れをした場合の手数料は，200 ベーシス・ポイントから 75 ベーシス・ポイントへ引き下げられた。ウィンターズ報告は，BOE がモラル・ハザード抑制に重点を置き過ぎ，DWF

---

31)　担保価額 4,210 億ポンド（約 59 兆円）は，BOE の銀行局と発券局を合算した連結ベースの総資産の約 8 割に相当する。

図 5-8　DWF の利用手数料

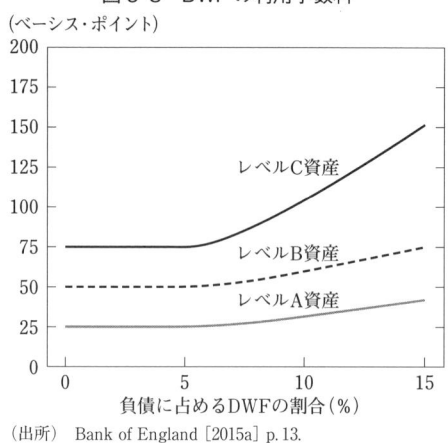

（出所）　Bank of England［2015a］p. 13.

手数料を，欧州中央銀行や FRB と比べ高めに設定して，担保種類に応じ急増する仕組みにしたことが，そのペナルティー色を強め DWF が忌避される汚名問題を助長した，と指摘した（Winters［2012］）。

（d）　DWF の利用実績

DWF は，2008 年 10 月に導入されて以降，最新統計が公表されている 2017 年 3 月末に至るまで，利用実績がない（Bank of England［2014b, 2015b, 2016, 2017］など）。

BOE は，金融機関が汚名問題を理由に DWF を忌避していることに鑑み，DWF に関する開示情報を可能な限り制限し，公表時期も後倒しにしてきた。すなわち，DWF の個別利用実績を非開示としたほか，市場やメディアに憶測や噂が広がらないよう，開示する利用実績の範囲を，全利用先の借入れ額の集計値の四半期中における 1 日当たり平均額に止め，しかも 5 四半期後の公表とした[32]。

---

[32]　DWF 利用実績を公表するタイムラグも，ウィンターズ報告を踏まえて改定され，従来，30 日以内の DWF 借入れの公表は 1 四半期後だったものを，5 四半期後に遅らせた。

(e)　DWF に対する評価

DWF が LLR に付きまとう汚名問題を緩和・解消できているかをめぐり，BOE 実務家と市場参加者との間で，評価が分かれている。

BOE の金融システム担当副総裁であったタッカーは，SLS と同様の担保交換の仕組みを恒久化した DWF は，汚名問題を回避すべく制度設計されたと強調している（Tucker [2009]）[33]。また，2002 年まで BOE 市場調節担当理事であったイアン・プレンダーリースも，緊急流動性支援（ELA）について検証したプレンダーリース報告[34] の中で，最後の手段の ELA に移る前に，現行の DWF が「最初の寄港地」（first port of call）となろう，と述べた（Plenderleith [2012] p.46）。

これに対し，J. P. Morgan Investment Bank の共同 CEO として金融危機を乗り切ったビル・ウィンターズ（現 Standard Chartered 銀行 CEO）が 2012 年 10 月に，BOE の流動性保険の機能を検証したウィンターズ報告は，汚名問題の原因分析と対処策の提言に注力し，BOE の流動性保険の中でも未だ利用実績のない DWF は「明らかに汚名問題により病んでいる」（clearly suffers from stigma）と述べ，銀行や市場参加者が DWF と ELA とを事実上混同している実態を問題視した（Winters [2012] pp. 58, 60, 98）。ウィンターズ報告は，汚名問題解消のために，BOX 12「中央銀行 LLR に付きまとう汚名問題の原因と対策」で紹介した対策を提唱した。この他にも，①米国 FRB の通常の連銀貸出におけるプライマリー貸出とセカンダリー貸出との区分と同様に DWF を借り手金融機関の財務健全性に応じ 2 本建てとすること，②金融機関に DWF の定期的な利用を義務づけること，③DWF を保険料事前徴収型の流動性調達オプションに改めそれを入札で売却することなど，数々の興味深い提案をした[35]。

---

33)　BOE フィッシャー理事も，汚名問題が DWF 利用を遅らせるリスクは認めつつも適時利用を促せば必要な先は DWF を利用するはずだ，と述べた（Fisher [2012]）。

34)　プレンダーリース報告とは，前述したウィンターズ報告と同時期に，BOE 理事会の諮問を受けグローバル金融危機時の個別金融機関に対する緊急流動性支援（Emergency Liquidity Assistance: ELA）について検証した第三者調査報告書 Ian Plenderleith [2012] *Review of the Bank of England's Provision of Emergency Liquidity Assistance in 2008-09*, Report Presented to the Court of the Bank of England, October のことを言う。

BOX 12　中央銀行 LLR に付きまとう汚名問題の原因と対策

　J.P. Morgan Investment Bank の共同 CEO として金融危機を乗り切ったビル・ウィンターズが 2012 年 10 月に BOE 理事会へ提出したウィンターズ報告は，報告書本文の約 2 割もの紙数を費やし汚名（stigma）問題の原因分析に焦点を当て，その回避策，抑制策を提案した画期的な調査成果である。以下では，この報告書の中の主として汚名問題を論じた箇所（Winters［2012］pp. 9-11, pp. 59-72, pp. 98-104）の要点だけを紹介したい。

（汚名問題とその根本原因）

　ある銀行が中央銀行の流動性供給ファシリティを利用したことが露見すると，それはその銀行の弱さを示すものと他の金融機関に受け止められる。こうした汚名問題が生じる根本原因は，情報の非対称性があるなかで，銀行の直面する問題が，流動性不足なのか債務超過なのかを区別できないことにあり，特に金融危機時にはこの区別が困難になる。市場参加者も，中央銀行自体が常に銀行の流動性不足問題と債務超過問題とを判別できるとは信じていない。流動性不足の銀行が，他の市場参加者から債務超過かもしれないと疑われ，資産の投げ売りなどに追い込まれた結果，損失が広がって債務超過に転落する，という自己実現的（self-fulfilling）な相互作用（link）もある。

（BOE 流動性保険における汚名問題）

　民間銀行に BOE の流動性保険に関する受け止め方を尋ねたところ，調節用常設ファシリティーズ OSFs，政策金利連動型長期レポ ILTR，拡張担保ターム物レポ ECTR[36]は，汚名問題がほとんどない。これに対して DWF は汚名問題の悪影響を受けている。民間銀行には，DWF から借り入れることは BOE の緊急流動性支援 ELA を受けることと同様の深刻な波紋（severe repercussions）を広げるものと受け止められている。民間銀行は，DWF の汚名問題の原因に，懲罰的な手数料水準や，返済計画の提出，支払能力審査等の不確実性，風評リスク，政府に

---

35)　BOE は，2013 年改革指針において，ウィンターズ報告の中のこれら 3 提案を直接には採用しなかったものの，①規制基準を満たすすべての銀行および住宅金融組合が DWF を含む金融調節枠組みの利用申込みを当然に行うものと想定（presumption）されると言明したほか，②金融機関が DWF の利用実務の訓練を定期的に行うことを義務づけ，さらに③流動性オプションの導入可能性の検討を継続することを明らかにした。

36)　拡張担保ターム物レポ ECTR は，緊急ターム物レポ・ファシリティ CTRF の旧名である。

救済された印象から生じる政治的な懲罰（political retribution）などを挙げた。

（汚名問題の費用）

　汚名問題を嫌がる民間銀行が BOE の流動性保険の利用を避けるため，英国の経済・金融には 2 つの費用が生じている。第 1 に，民間銀行が自助保険の掛け過ぎ（excess self-insuring）で流動資産を積み上げ，民間銀行全体では規制当局の求める約 3,800 億ポンドを約 1,200 億ポンド（15 兆円強）も上回る水準の流動資産を保有している。この半分でも家計や企業に対する与信に振り向ければ，英国の貸出残高が 4% 拡大しよう。第 2 に，民間銀行が BOE の流動性保険の利用を躊躇し遅らせることで資金調達費用が増加し，また保有資産を担保に差し入れる（encumber）費用も発生している。

（汚名問題の対策）

　BOE の流動性保険の汚名問題を緩和・解消するには，情報開示の面での工夫が求められる。まず BOE が公表する DWF 統計において，個別銀行による利用の事実が推測され難くするよう集計値の開示が適切であり，開示時期をさらに遅らせてはどうか。一方，他の法令が借り手の銀行に課している情報開示義務が，BOE の流動性保険や緊急流動性支援に適用されないよう，BOE は内外の関係当局と緊密に協力すべきである。

　また，個別銀行向けの流動性供給に煙幕（smokescreen）を張る目的で，BOE が相対（bilateral）ファシリティのほかに，金融市場全体向けのファシリティ（market-wide facility）も準備しておくことが適切である。

　さらに，DWF の利用手数料の水準が，担保種類に応じて不連続に急増する仕組みは改め，連続的に増加するような手数料体系を検討するべきである。

(iv)　政策金利連動型長期レポ（ILTR）

(a)　政策金利連動型長期レポの導入経緯と概要

　BOE は，2007 年 12 月に，金融市場の流動性収縮への対応策として，拡張長期レポ（Extended Long-term Repo）を導入した。これは，適格要件を緩和した担保資産を受け入れ，3 か月以上の期間にわたり，金融市場全体に対して資金を貸し付けるものであった。BOE は，2008 年 10 月公表の市中協議書（本節（iii）で前述）の中で，この適格担保の要件緩和措置を恒久化し，入札方法を従来の複数価格方式（pay-your-bid format）から統一価格方式（uniform-price format）に変更することなどを提案した。

2010 年 6 月導入の政策金利連動型長期レポ（Indexed Long-Term Repo: ILTR）は，上記市中協議書の提案を実現した。新方式の入札参加者は，BOE の政策金利（Bank Rate）に上乗せするスプレッドを示して応札し，最も大きい上乗せ幅を提示した札から資金供給予定額が満たされる最低の上乗せ幅のところまで順次落札される。落札者が実際に BOE に支払うのは，その時々の政策金利に，最低落札スプレッドを加算した金利である。貸付期間としては，ILTR 導入の当初，四半期ごとに，3 か月物の入札を 2 回，6 か月物の入札を 1回，それぞれ実施するスケジュールが定例化された。

BOE はその後，2013 年改革指針の中で，流動性保険の枠組みを大幅に見直し，ILTR の制度も変更した。その内容は，第 1 に，6 か月物 ILTR を原則として毎月入札するようにしたこと，第 2 に，ILTR の適格担保の要件をさらに緩和し従来は認められていなかったレベル C 資産（表 5-3）まで広げたこと，第 3 に，金融市場のストレス時に BOE の裁量で資金供給総額を追加できるようにしたこと，などである。

これを具体化した新型の ILTR は，2014 年 1 月 16 日に導入された。対象金融機関は，銀行，住宅金融組合および証券会社である（Bank of England［2008, 2013b, 2015a］, Winters［2012］, Frost, Govier and Horn［2015］など）。

（b）　政策金利連動型長期レポの利用実績

BOE の長期レポの残高は，グローバル金融危機対応の最中 2008 年 12 月末にピークの 1,701 億ポンド（約 33 兆円）に達し，この大半の 1,603 億ポンドを拡張長期レポが占めていた。2010 年 6 月に導入された ILTR は，この拡張長期レポを恒久化したものであるが，他の政策手段による BOE の流動性供給の拡大やロンドン金融市場の落ち着きもあって，利用額が低調に止まっているものの，EU 離脱の国民投票後はやや増加した（図 5-9）。

（ⅴ）　緊急ターム物レポ・ファシリティ（CTRF）

緊急ターム物レポ・ファシリティ（Contingent Term Repo Facility: CTRF）は，金融市場全体がストレスに見舞われた，または，見舞われそうな非常事態

図 5-9　ILTR など BOE による長期レポ残高の推移

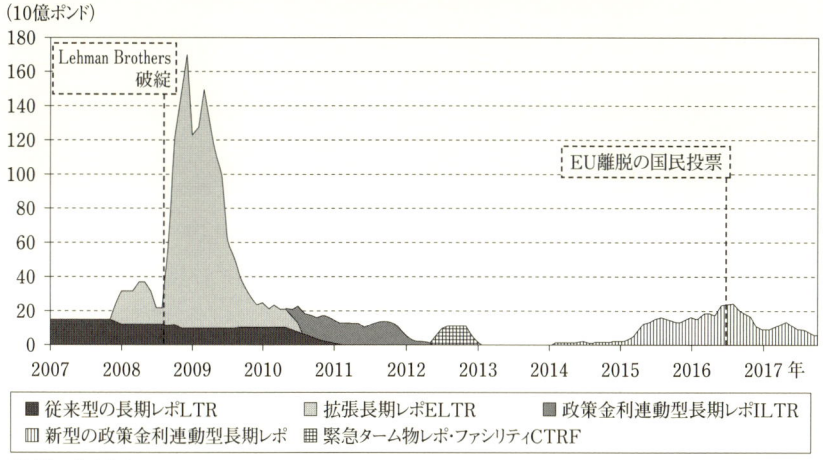

（出所）　筆者作成。

に対処すべく（in response to actual or prospective market-wide stress of an exceptional nature），BOE の判断によって，随時実施されうる資金供給手段である。CTRF による資金供給の期間や金利は，同行が，その時々の情勢に応じて決定し，適格担保資産としては最も幅広い種類のレベル C 資産まで認められている。

　CTRF は，BOE が，2011 年 12 月に導入し，2012 年 6 月以降に実施した拡張担保ターム物レポ（Extended Collateral Term Repo Facility: ECTR）を，2014 年 1 月に改称し存続させたものである。ECTR，CTRF を通じた実施状況をみると，2012 年 9 月から 11 月の間に残高が 108 億ポンド（約 1.4 兆円）に達したのがピークであり，2013 年 3 月に残高がゼロになって以降は，実績がない（図 5-9）。

(3)　個別の問題先金融機関向け緊急流動性支援の実例

　グローバル金融危機時の BOE は，Northern Rock 銀行，HBOS および Royal Bank of Scotland（以下「RBS」）の 3 行に向けて緊急流動性支援（Emergency Liquidity Assistance: ELA）を行った。

（ i ）　Northern Rock 銀行向け緊急流動性支援

（a）　流動性支援の背景

　Northern Rock 銀行は，英国北東部の Newcastle 市に本拠を置き，同地方を中心に 72 支店を展開する銀行で，パートを含む従業員 5,936 人を抱え（2006 年末），住宅ローンを主要業務としていた。同行はかつて住宅金融組合として営業していたが，1997 年の株式会社銀行転換後，2006 年末までの 9 年間に，連結ベース総資産額が 6 倍余りの 1,010 億ポンド（約 22 兆円）に膨らんだ。

　ところが，Northern Rock 銀行は，急拡大した資産規模に見合うだけの安定した預金調達基盤を持たなかった。同行は，必要な資金の過半を住宅ローンの証券化によって調達し，カバード・ボンド（covered bonds）も発行していたこともあって，資金調達のホールセール依存度が 7 割を超えていた。逆に，2006 年末時点でのリテール預金の対総資産比率は 22.4% に止まっていた。

（b）　流動性支援の決定と公表前報道

　2007 年 8 月 9 日，米国サブプライム住宅ローン問題をきっかけに，国際金融市場の流動性が突然に収縮すると，資金調達力が脆弱な Northern Rock 銀行は，資金の借換えが著しく困難化した。同行から事態急変の報告を受けた英国財務省，金融サービス機構（Financial Services Authority: FSA）[37]，BOE の三者は，①Northern Rock 銀行の自力資金調達力の回復，②他の大手行による買収，③BOE による資金供給の 3 つの方策を検討・協議しながら，金融市場の機能回復を待った。ところが 9 月上旬には，それまで辛うじてつながっていた同行の資金繰りが行き詰まったことから，BOE は同月 13 日木曜日夕刻に，緊急流動性支援（有担保，政策金利 5.75% ＋ 1.5%）の方針を最終決定し，その公表タイミングを当初予定していた 17 日から 14 日早朝に早めた。

　ところが，緊急流動性支援の噂は，13 日午後に一部の市場参加者の間に伝わってしまい，メディアへも情報が漏れ，同日午後 8 時 30 分の BBC ニュー

37）　金融サービス機構（Financial Services Authority）とは，2001 から 2013 年までの間，英国の金融機関を規制・監督していた行政機構であり，グローバル金融危機の教訓を踏まえた金融機関監督の組織体制の再編に伴い 2013 年に，その業務が BOE 傘下のプルーデンシャル規制機構（Prudential Regulation Authority: PRA）などに移管された。

ス等で報じられた。報道の直後から預金者の取付け騒ぎが広がり，BOE が流動性支援方針を発表した翌 14 日金曜日早朝から翌週初 17 日月曜日にかけて，預金流出は加速した。英国におけるこうした大規模な取付け騒ぎは，ヴィクトリア女王時代以来 1 世紀ぶりの出来事であり，英国政府，BOE にとり大失態であった。

(c)　流動性支援の拡大

　英国政府は，預金流出が加速したのは，預金者の間で，同国の預金保険制度上，2,000 ポンド超の預金の保護範囲が限定されていること[38] が広く知れわたってしまったからだと判断し，17 日には，Northern Rock 銀行預金の全額保護を発表した。それでも同行の預金流出は続き，BOE 貸付けが増加したことから，英国政府と BOE は協議のうえ，翌 10 月 9 日から 11 日にかけ，流動性支援を拡充する追加措置を公表した。この追加措置は，①BOE の Northern Rock 銀行向け貸付金額に制限を設けないこと，②BOE がこの流動性支援により被りうる損失の全額を英国政府が補償すること，③BOE は Northern Rock 銀行が保有する全資産に対して浮動担保（floating charge）を設定すること，の 3 点を主たる内容とするものであった。

　この後も，BOE の Northern Rock 銀行向け貸付けは拡大を続け，10 月下旬に 130〜140 億ポンド，12 月上旬に 250 億ポンド，12 月末にはピークの 270 億ポンド（約 6 兆円）に達した。これは，BOE 連結ベースの総資産 978 億ポンド（2008 年 2 月末）の 3 割弱にも相当し，Northern Rock 銀行自体のリテール預金 226 億ポンド（2006 年末）を約 2 割も上回る規模であった。

　BOE の貸付金額は，翌 2008 年になり減少に転じたものの，8 月 28 日に英国財務省に債権譲渡された時点でも，145 億ポンドの残高があった。結局 Northern Rock 銀行は，同年 2 月 17 日に一時国有化された後，2010 年初に，新会社（優良資産 100 億ポンドと預金 210 億ポンドを承継）と債権管理会社

---

38)　英国の預金保険は，2007 年 9 月時点では，35,000 ポンドを保護の上限金額としたうえで，2,000 ポンドまでの預金を 100%，2,000 ポンドから 35,000 ポンドまでを 90%，それぞれ保護する共同保険（co-insurannce）の仕組みを採用していた。

（その他の資産 540 億ポンドと財務省からの借入れ 230 億ポンドを承継）に分割され，このうちの前者は 2012 年 1 月 1 日に Virgin Money 社に売却された[39]。

(d)　流動性支援の評価

Northern Rock 銀行向け流動性支援およびその後の処理をめぐっては，BOE，英国財務省および FSA は，厳しく批判された。

英国議会財務委員会の報告書 The Run on the Rock は，緊急流動性支援方針を公表すべきか否か，あるいは，そのタイミングをどうすべきかに関して，当局および関係当事者の間での合意形成にもたついたことを問題視した。この報告書は，いったん支援方針を決めた以上は，そのことを決定後の数時間以内に公表すべく，検討時間をぎりぎりまで切り詰めるべき（ought to have strained every sinew）であったと断じ，それもせず公表まで時間があったわりにはメディア広報等の準備もできておらず，最悪の結果を招いた（ended up with the worst of both worlds）と手厳しく批判している（Treasury Committee, House of Commons [2008] pp. 64-66）。

デイヴィーズとグリーンの 2010 年の著書も，Northern Rock 銀行への対応は，英国の金融規制監督体制に対する内外の信頼を失墜させ，また中央銀行 LLR の課題として，モラル・ハザード問題および汚名問題の 2 点を浮き彫りにした，と指摘した（Davies and Green [2010]）。

(ii)　HBOS 向けおよび RBS 向けの緊急流動性支援
(a)　流動性支援の概要と背景

BOE は，2008 年 10 月以降の数か月間，HBOS および RBS に対して，緊急流動性支援を実施した。両行向けの流動性支援額合計は，日中残高でみると 10 月 17 日にピークの 615 億ポンド（約 12 兆円）に，日末残高でみると 10 月 14 日にピークの 561 億ポンドに，それぞれ達した。この日中残高ピークの 615

---

39)　Northern Rock 銀行向け緊急流動性支援の内容や背景，影響，課題，教訓などの詳細は，Trea-sury Committee, House of Commons [2008], Plenderleith [2012]，藤井 [2010] を参照されたい。

億ポンドは，2009年2月決算期末における BOE 銀行局・発券局の連結ベース総資産 1,673 億ポンドの約 37％ にも相当し，巨額であった。

　この直接の背景には，同年9月の米国 Lehman Brothers 証券破綻を機に，国際金融市場における流動性収縮が一段と深刻になり，両行による短期資金の調達，借換えが著しく困難になっていた事情がある。また HBOS（英国第4位の総資産規模）は，住宅ローン業務では英国最大手でありながら，資金調達のホールセール依存度が約5割と前述の Northern Rock 銀行に次いで高く，BOE，英国 FSA，財務省の間では，すでに 2007 年 11 月頃から HBOS の資金調達力の脆弱性が懸念されていた。一方，RBS（英国第1位，欧州第2位の総資産規模）は，2007 年のオランダ ABN Amro 銀行の買収に伴って拡大した資産や証券化業務に比して資本基盤が小さいことが問題視されていた[40]。

(b)　緊急流動性支援の実績

　図 5-10 は，BOE の HBOS 向け，RBS 向けの流動性支援残高の推移を示している。

　HBOS 向けの流動性支援は，2008 年 4 月導入の特別流動性スキーム（SLS）と類似した担保交換（collateral swap）の仕組み[41]を用いて，BOE が英国財務省証券（UK Treasury Bills）を貸し出す形で，同年 10 月 1 日から翌 2009 年 1 月 16 日までの間，実施された。貸し出された証券時価の残高は，2008 年 11 月 13 日にピークの 254 億ポンド（約5兆円）に達した。

　RBS 向けの流動性支援は，2つの取引形態により，2008 年 10 月 7 日から同年 12 月 16 日までの間，実施された。1つは，10 月 7 日から 17 日までの間に実施された米ドル建ての貸付け[42]であり，この残高は，10 月 10 日から 17 日

---

40)　HBOS 向けおよび RBS 向けの緊急流動性支援の内容や背景，影響，課題，教訓などの詳細は，Plenderleith［2012］，藤井［2010］などを参照されたい。

41)　流動性支援目的で貸し出された財務省証券にも，英国財務省傘下の債務管理庁（Debt Manage-ment Office）が SLS 専用に発行した証券が用いられた。

42)　BOE による RBS 向けの米ドル建て貸付けを背後から支えていたのが，第4章第4節（4）および BOX 11 で前述した中銀間の流動性スワップである。BOE は，Lehman Brothers 証券破綻直後の 2008 年 9 月 18 日に FRB との間で通貨スワップ取極を締結して以降，金融市場に対して，内外の国債や高格付け資産担保証券等を担保にドル流動性を供給していたが，翌 10 月から 11 月にかけてドルの

図5-10　HBOS および RBS 向け緊急流動性支援（ELA）残高の推移

単位：10億ポンド

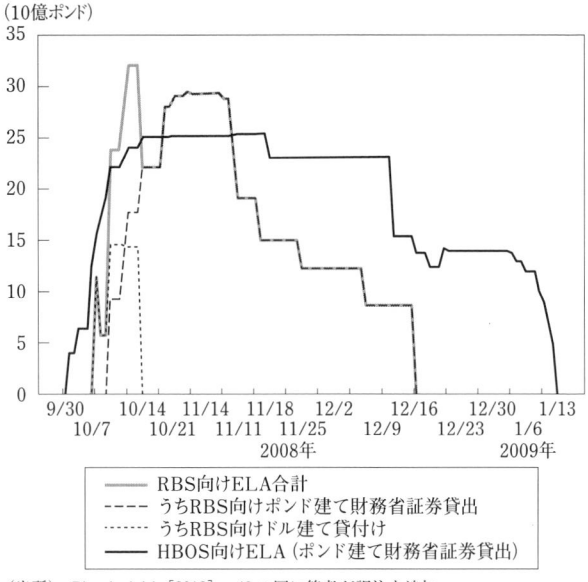

（10億ポンド）

凡例：
- RBS向けELA合計
- うちRBS向けポンド建て財務省証券貸出
- うちRBS向けドル建て貸付け
- HBOS向けELA（ポンド建て財務省証券貸出）

（出所）　Plenderleith［2012］p. 49 の図に筆者が訳注を追加。

　の間にピークの 250 億ドル（ポンド換算で約 145 億ポンド）に達した。もう一方は，HBOS 向けと同様に，SLS 類似のポンド建て財務省証券貸出であり，貸し出された証券時価の残高は，10 月 27 日にピークの 294 億ポンドに達した。RBS 向け流動性支援額は，ドル建て貸付けとポンド建て証券貸出を合算した日中残高でみると，10 月 17 日にピークの約 364 億ポンド（約 7 兆円）に達した。

<hr />

固定金利による貸付金額を拡大し，最終的には上限を撤廃したほか，貸付期間も当初の翌日物から，1 週間物，1 か月物，3 か月物へと長期化していった。RBS は，この金融市場向けのドル流動性供給の借り手でもあり，これと並行して，緊急流動性支援としてのドル建て貸付けも受けていた。

(c)　流動性支援の条件等

①　担　保

　BOE は，流動性支援のうちポンド建て財務省証券貸出において，SLS と類似の担保交換の仕組みを用い，両行が保有する無担保の住宅ローンまたは貸付債権を担保として取得し，BOE を受益者とする信託財産の中に受け入れた[43]。具体的には，HBOS から，すでに住宅ローン証券化の準備を進めつつあった資産 661 億ポンドを，RBS から，住宅ローン資産，個人ローン，中小企業ローンおよび法人貸付けなど 656 億ポンドを，それぞれ受け入れた。緊急流動性支援の性格上，BOE は通常の適格担保としては受け入れない種類や性質の資産を担保として受け入れた（outside the standard set of eligible collateral）うえで，高めのヘアカット率を適用し担保価額を保守的に評価していた（Plenderleith [2012] pp. 51-52）[44]。

　流動性支援のうち RBS 向けのドル建て貸付けについて，BOE は担保として財務省証券を取得した。この担保用の財務省証券としては，当初は，SLS によって BOE から借り入れたものが，その後は，この緊急流動性支援によって BOE から借り入れたものが利用された。

②　手数料・金利

　流動性支援のうちポンド建て財務省証券貸出について，BOE は，200 ベーシス・ポイントの手数料を徴収した。一方，RBS 向けのドル建て貸付けについては，同時期に実施されていた金融市場向けのドル流動性供給（market-wide US Dollar Repo Operations）の最高応札金利を適用した。

---

43)　担保資産を信託財産に受け入れたことから，流動性支援を受けた HBOS および RBS は英国会社登記所（Companies House）において担保権設定を登記して公示する義務を免れた。BOE の浮動担保を公示せざるを得なかった Northern Rock 銀行向け貸付けとは対照的に，この点も流動性支援の事実を秘匿することに寄与した。

44)　HBOS から受け入れた担保資産のヘアカット率は 48% で，RBS から受け入れた担保資産のヘアカット率は 49% であった。

③　損失補償

　英国政府財務省は 2008 年 10 月 14 日に，その前日 13 日の業務終了時点における BOE のポンド建て財務省証券貸出残高を基準値として，これを超過する部分で BOE が被りうる損失を補償することを公表した。具体的には，HBOS 向け財務省証券貸出のうち 231 億ポンドを超える部分，RBS 向け財務省証券貸出のうち 135 億ポンドを超える部分，および，RBS 向け米ドル建て貸付け 250 億ドル（ポンド換算で約 145 億ポンド）を超える部分については，政府の損失補償の対象となった。

　逆に，これら基準値以下の金額は損失補償の対象外となった。したがって，BOE による緊急流動性支援合計のピーク日中残高 615 億ポンドのうち約 8 割を占める 511 億ポンド（約 10 兆円）が，損失補償の対象外であったことになる。

　なお，損失補償対象外であった流動性支援 511 億ポンドは，2009 年 2 月決算期末における BOE の連結ベース総資産 1,673 億ポンドの約 3 割，準備金を含む資本勘定 33 億ポンドの約 15 倍に相当する巨額のものであった。BOE の緊急流動性支援を検証したプレンダーリース報告は，財務省との役割分担に鑑み，BOE の緊急流動性支援は，当初から全額の損失補償を要求することが原則として合理的であり（would in principle be logical），BOE 資本のある程度の増強が適切かもしれない，と勧告した（Plenderleith [2012] p. 57, p. 79）。

④　限度額および期間

　BOE の HBOS 向けおよび RBS 向けの流動性支援には，限度額が設けられなかった。

　流動性支援の期間をみると，ポンド建て財務省証券貸出の期間は 1 か月と設定されていたが，延長が許された。一方，RBS 向けのドル建て貸付けについては，翌日物から 6 日物までの期間設定が可能であった。

⑤　秘　匿

　BOE の HBOS 向けおよび RBS 向けの流動性支援は，実行段階では秘匿された。この事実が正式に公表されたのは，2009 年 11 月 24 日付けの英国議会

財務委員会宛て書簡の中においてであった。その時点では，流動性支援が実施された 2008 年 10 月 1 日から 14 か月が経過していた。

　BOE の緊急流動性支援を検証したプレンダーリース報告は，秘密裏（covert）の流動性支援を支持する立場から，BOE が，支援対象行が支援なしに存続できる見通しの信頼性，および，金融システム全体の安定の 2 点に関して確信を持てるまで公表を見送ったのは合理的な判断であったと評価している。もっとも，これだけの規模と強さ（intensity）のある支援措置を秘匿し続けられたのは驚くべきと述べ，同時期に実施されていた SLS によるカモフラージュにも助けられたと指摘したうえで，市場関係者による無用の憶測を招かないように，BOE 諸統計の公表方法・時期などの改善を求めたほか，金融システム安定という公共の利益を損なわないように，金融機関に課される情報開示義務や証券規制をめぐる問題が解決されることが重要と強調した（Plenderleith [2012] pp. 68-73）。

　なお BOE は，プレンダーリース報告の提案を受け容れ，1844 年以来 170 年間続けてきた簡易式貸借対照表 Bank Return の週次公表を，2014 年 9 月 25 日を最後に取り止め，代わりに，翌 10 月以降，開示項目を少しだけ制限した週報（Weekly Report）を発行し始めた。非開示の項目とされたのは，総資産やその他資産の金額であるが，緊急流動性支援の取引が外部に察知されることを防ぐねらいがある，と説明されている[45]。

（iii）　グローバル金融危機後の緊急流動性支援の枠組み
（a）　枠組みが定式化されない緊急流動性支援

　BOE は，グローバル金融危機後の緊急流動性支援の新しい枠組みを，あえて定式化・公表していない。BOE の緊急流動性支援は，あくまでも個別事情

---

45)　BOE 週報の見直しは，Mehta and Salmon [2014] および Beadle and Udy [2014] が詳しく解説しているので，参照されたい。緊急流動性支援を秘密裏に実施することに対しては，BOE の内部でも，中央銀行の公的な説明責任（public accountability）や透明性を重視する立場からの異論がある。BOE のハウザー理事は，緊急流動性支援は多くの場合に公然（overtly）と実施可能だ，と指摘したうえで，公共の利益に照らし流動性支援を秘密裏に実施する権限を中央銀行に与えるまれな状況であっても，こうした権限は厳しく制限されるべきだ，と主張している（Hauser [2014] p. 89）。

に応じて設計されるオーダー・メイド型（bespoke basis）の流動性支援の仕組みであり，今般のグローバル金融危機を経験してこうした性格づけが一段と明確になった。

　これは，同じく個別金融機関に対する流動性供給手段である前述DWFが，BOEの金融調節枠組みSterling Monetary Frameworkを構成する「流動性保険」の1つの制度として組み込まれ定式化・公表されたのとは，対照的である。同行が緊急流動性支援の定式化・公表をしない理由としては，以下の3点が考えられる。

①将来の金融危機で起こりうるあらゆる種類の予見・予想し難い事態の性質や影響に応じて柔軟かつ効果的に対処するために自由度を確保すること。

②流動性保険の透明性が金融システム安定に資するのに対して，逆に緊急流動性支援は，事前のコミットメントをしないことでの「建設的な曖昧さ」（constructive ambiguity）がモラル・ハザードの問題を抑制すると考えられること[46]。

③流動性保険の運営は，公的資金負担のリスクをもたらさない限り，BOEに自主性（autonomy）が認められているのに対して，緊急流動性支援を必要とするような金融危機管理対応は，公的資金負担の判断と責任を担う英国財務省との緊密な連携・協調が求められること。

(b)　緊急流動性支援に関する金融危機管理MOUの規定

　金融危機管理への対応における英国財務省とBOE（その傘下にあるPRAを含む）との間の役割分担や連絡・協調体制については，両者の間で2013年に締結されたMemorandum of Understanding on Financial Crisis Management（以下「金融危機管理MOU」）が定めている。この金融危機管理MOUは，BOEが緊急流動性支援（Emergency Liquidity Assistance: ELA）等を実施・運営す

---

46)　第7章で後述するように，グローバル金融危機後，中央銀行LLRの「建設的な曖昧さ」は，かえって市場不安につながり効果的な政策ではないとする意見が有力になっている。Winters［2012］pp. 12-13, pp. 55-56やPlenderleith［2012］p. 78は，BOEがDWFなど公表された流動性保険の運営では「建設的な曖昧さ」を縮小することを勧めつつも，金融システム全体の異常な不安定など異例の事態に対処するための限られた範囲においては「建設的な曖昧さ」を残す余地があると指摘している。

る際に公的資金負担が生じるリスクがあることに焦点を当て，こうしたリスクの有無や大小に応じて BOE や財務省が果たすべき役割や責任を規定している。以下の 4 点が，特筆される。

第 1 に，BOE の ELA 実施は，財務省の承認が必要である。支払能力のある金融機関に向けた ELA でも同様である。

第 2 に，財務相が指示をした場合，BOE は債務超過金融機関に向けた ELA を実施することがある。

第 3 に，BOE が財務相の指示に従い実施した ELA の損失は，財務省が補償する。

第 4 に，BOE が財務相の指示に従い実施した ELA に関する議会報告は，非公開で行うことができる。

金融危機管理 MOU は，緊急流動性支援について，以下のように規定している。括弧内には，金融危機管理 MOU 上の条文番号を示した。

①緊急流動性支援（ELA）の実施と財務省の承認

- BOE は，リスクがあるものの支払能力はあると判断された金融機関に対して，財務省の承認を得て，ELA（公表済みの枠組みを超えた支援措置）を実施することができる（5 条 4 号）。
- BOE は，1 つ以上の金融機関に対して ELA を実施することを提案する場合には，その旨を財務省に報告したうえで，あらかじめ支援の承認を得なければならない（12 条）。

②金融危機管理の役割分担と協調

- BOE は，金融システム安定のリスクを抑制し管理するための業務運営の責任を担い，公的資金負担のリスクなしに金融危機を管理できる場合には，この責任を果たす行動に関する自主性が認められる。この場合でも BOE は，状況の深刻さに応じ，自らの行動とその効果を財務省に報告する（8 条）。
- ただし，BOE は，公的資金を危険に晒す事態が生じる重大なリスク（a material risk of circumstances arising in which public funds would be at risk）があると判断した場合に，財務省と緊密に協調することが求められる（9 条）。

- 公的資金に関する判断を下す責任が財務相（the Chancellor）と財務省にあるという原則は絶対である（14条）。
- 急激な事態の変化が想定される金融危機の際には，財務省と BOE が緊密かつ効果的に協調することが特に重要となる（20条）。

③公的資金負担のリスク報告と財務省の承認

- BOE は，公的資金を危険に晒す事態が生じる重大なリスクがある場合に，その旨を財務省に報告する法律上の責任がある（10条）
- BOE は，財務省への報告を，財務省が公的資金の利用可能性を十分な情報に基づいて判断するのに必要な時間を確保できるよう行う（15条）。
- 財務省は，金融システム安定への脅威や公的資金負担のリスクがある問題を独自に特定した場合には，BOE に報告の要否を照会できる（16条）。
- 財務省は，公共の利益のための金融危機の解決に関連する特段の関心事項を BOE に明示するが，これには公的資金投入（public funding commitments）の種類および規模に関する財務省の考え方も含まれる。しかしながら，これは財務省が公的資金利用を事前に承認したものではなく，公的資金の利用可能性に関するいかなる決定も財務省の明示的な認可が必要である（21条前段および中段）。

④財務相による指示権の行使

- 財務省が関与する程度は公的資金負担のリスクの重大さに比例して大きくなるが，こうしたリスクが拡大して金融システム安定に深刻な脅威をもたらし公共の利益のために必要であると確信した場合に，財務相は BOE に対する指示権を行使できる（24条）。
- 財務相が指示権を行使できるのは，BOE が財務省に対して公的資金を危険にさらす事態が生じる重大なリスクがあることを報告し，かつ，財務相が BOE 総裁と協議をしたうえで，金融システム安定への深刻な脅威に対処するために指示が必要である，または，公共の利益を守るために指示が必要である，と確信した場合に限られる（31条）。
- BOE に対する指示権行使の件は，直ちに議会の場で公開報告を行う。ただし，こうした公開報告によって，秘密裏に行われている支援措置の存在が知られてしまう場合，財務相はこれに代え，委員長への非公開の

　　報告を直ちに行う（32 条）。

⑤財務相が指示できる支援措置と損失補償

- ●財務相が金融危機管理のために BOE に実施を指示できる措置には以下のものが含まれる（25 条）。

  - ➢ 公表済みの枠組みを超えた，金融システム全体に対する特別の支援措置

  - ➢ 支払能力または存続可能性がないと BOE が判断する 1 つ以上の個別金融機関に対する，公表済みの枠組みを超えた ELA

  - ➢1 つ以上の個別金融機関に対する，BOE が提案したのとは異なる条件により行う，公表済みの枠組みを超えた ELA

- ●財務相が BOE に支援措置の実施を指示した場合には，BOE は財務省の代理人として行動することになる。BOE はこの支援措置を運営するために，自らのバランスシートとは分離された特別目的ビークル（special purpose vehicle: SPV）を設立するが，BOE およびこの SPV は，財務省から損失補償を受けられる（26 条前段および中段）。

- ●財務省がこの支援措置は秘密裏（covertly）に行われる必要があると判断した場合に，BOE はこの支援措置の存在が一般に知られないことを確実にする最善の方法により業務を執行する（26 条後段）。

第 3 節　BOE の経験・教訓が示唆する検討課題

　BOE の LLR の歴史やグローバル金融危機対応の経験と教訓を踏まえると，中央銀行の LLR 機能のあり方に共通する検討課題が 5 点浮かび上がる。

　第 1 に，有事の中央銀行 LLR である緊急流動性支援（ELA）と明示的に区別される平時の中央銀行 LLR である流動性保険の枠組みを整備する必要性である。BOE が，試行錯誤を経つつも他の中央銀行に先駆けて常設された流動性保険の枠組みを導入し運営している取組みからは学ぶべきことが多い。

　第 2 に，平時の LLR である BOE の流動性保険，特に DWF が，担保交換など巧妙な仕掛けを用いながらも，汚名問題を完全には克服できていない，という厳然たる事実である。LLR に付きまとう汚名問題の直接の悪影響は，BOE

が資産買入れなどによって金融市場に向け潤沢な流動性供給を続けていることもあって現時点では表面化していないものの，将来，金融緩和が縮小されていく過程で，DWFの真価が試されることになろう。

　第3に，BOEと英国政府が，緊急流動性支援が債務超過の金融機関に対して実施される可能性を排除せず，政府によるBOEに対する損失補償の枠組みを明示したうえで，公的資金を危険にさらすリスクと誠実に向き合っている点である。金融機関の破綻損失を納税者（国民）に転嫁するリスクを冷徹に見据えたうえで，こうした政策判断の責任や役割分担を明確にすることは，財政民主主義の望ましいあり方であり，他国の政府・中央銀行も参考とすべきであろう。

　第4に，BOEが中央銀行LLRの枠組みや発動原則の透明性を維持する一方で，個別銀行向けの流動性供給の事案を秘匿し事後的にしか開示しない方針も堅持している点である。中央銀行LLRの汚名問題に手を焼いてきたBOEならではの考え方ではあるが，政策枠組みの透明性と，個別案件の情報開示とを明確に区別した制度設計は，他国の中央銀行，政府も学ぶべきところは多い。

　第5に，BOEのLLRの歴史が，中央銀行LLRと金融機関破綻処理とが密接一体不可分の制度であることを示唆している点である。中央銀行が個別金融機関の破綻処理に関与する度合いは，さまざまであり，BOEのように，歴史上も現在でも，中央銀行が金融機関破綻処理を調整する責任主体となっているのは1つの極端な制度設計のあり方に過ぎない。しかしながら，BOEの長年にわたる経験は，中央銀行LLRが債務超過金融機関の破綻処理に関連する形で使われる可能性を排除してはならないことを示唆している。

BOX 13　英国の金融機関規制監督体制の再編と破綻処理

　2013年の英国における金融規制監督組織体制の再編により，従来はFSA（Financial Services Authority，金融サービス機構）が担っていた，個別金融機関を規制・監督する役割や機能は，BOE傘下にその付属機関（subsidiary）として設立されたPRA（Prudential Regulation Authority，プルーデンシャル規制機構）などに移管された。このPRAは，約1,700先の銀行や，住宅金融組合，信用組合

(credit union)，保険会社，投資会社を規制し監督している。一方，金融サービス
に関する消費者保護や公正かつ競争的な金融市場取引などを確保する役割は，別
に設立された FCA（Financial Conduct Authority，金融取引機構）が担っている。

　英国の銀行制度の歴史において，金融規制監督の役割は，長らく BOE が担当
していた。ところが，1997 年に政権に就いたブレア労働党政権が，1998 年法改正
で，BOE に物価安定を目的とする金融政策運営の独立性を認めた際に，逆に金融
監督機能は BOE から切り離され，別組織の FSA に移管されていた。それが，グ
ローバル金融危機の反省や教訓を踏まえて制定された 2012 年金融サービス法によ
り，BOE の有する金融システム全体の安定を見守る機能やそれと密接に関係する
LLR 機能と，個別の金融機関を規制し監督する機能や，金融危機管理への対応に
要する諸機能との間では，より緊密な連携や情報共有が求められるという政策判
断から，金融規制監督の役割が，BOE に返還されたのである。

　こうした 2013 年の金融規制監督体制の再編に至る経緯は，わが国でもよく知ら
れている。Northern Rock 銀行問題をめぐる大規模な取付け騒ぎ，危機管理対応
の過程でみられた政府金融当局や BOE のドタバタが，その後の金融監督体制の
変革を促したこともよく理解されている。

　ただ，こうした監督体制再編が喧伝された陰で，BOE が，金融機関の破綻処理
当局（Resolution Authority）としての役割と機能を担うようになったことは，見
逃されがちである。2008 年 7 月に，英国財務省が，議会に提示した Special Reso-
lution Regime（特別破綻処理レジーム，SRR）の方針は，金融機関破綻処理を円
滑に進めるために枠組みを明らかにしたが，すでにこの段階で，BOE が新しい
SRR のもとで破綻処理実務の運営責任を担うと述べられていた（Chancellor of
the Exchequer［2008］）。2014 年に欧州議会で成立した金融機関の再建・破綻処
理指令（第 7 章で後述）は，英国を含む EU 加盟国に破綻処理手続の整備を求め
ているが，こうした制度対応も BOE が英国の破綻処理当局として主導した
（Bank of England［2014b］）。

　因みに，英国では，金融機関利用者が被った損害を補償する FSCS（Financial
Services Compensation Scheme，金融サービス補償スキーム）という組織が別に
存在し，わが国における預金保険機構や日本投資者保護基金などと似た機能を提
供している。それにもかかわらず，金融機関の破綻処理当局の機能は，この
FSCS ではなく BOE が担っている。

　2007 年以降の金融危機の教訓を踏まえ，金融監督体制や破綻処理手続を見直し
た国は多い。もっとも，一国の中央銀行が，金融政策の責任や LLR 機能に加え，
金融規制監督の役割，そして破綻処理当局の実務までも幅広く担うようになった

例は極めて珍しく，英国の金融制度ならではの特徴である。この背景には，第 6 章の冒頭に述べたとおり，BOE が 19 世紀以来，LLR 機能を習得し発揮するかたわら，金融システムの危機管理や個別金融機関の破綻処理をも含む金融システム安定化機能を担ってきた実績の積み重ねの歴史があることを強調しておきたい。

第6章　欧州大陸諸国の中央銀行 LLR の経験と教訓

　本章では，欧州大陸諸国における中央銀行 LLR の枠組みや実績について説明したい。第1節は，ECB や欧州中央銀行制度（European System of Central Banks: ESCB）が創設される前の時代に欧州大陸各国の中央銀行が LLR 機能を発揮した具体事例のうち主なものを紹介する。第2節は，ECB がグローバル金融危機やソブリン債務問題に対応して実施した大規模流動性供給とその発展を取り上げ，第3節では，ユーロシステムにおける緊急流動性支援の制度やギリシャ中央銀行での運用事例を解説したい。第4節は，ECB の経験・教訓が示唆する検討課題を述べる。

第1節　欧州中央銀行制度発足前の中央銀行 LLR

(1)　欧州大陸諸国の中央銀行と LLR 機能の小史

　表 6-1 は，19 世紀以前から欧州大陸諸国に存在していた中央銀行の一覧である（Capie et al. [1994] pp. 5-6）。

　このように欧州大陸の多くの国には，ECB や欧州中央銀行制度が創設された 1998 年から遡ること 1 世紀以上前から，それぞれ中央銀行が存在し中央銀行として活動していた。これらの中央銀行は，そのコア機能として LLR 機能を発揮している。

　以下では，欧州大陸各国の中央銀行 LLR の具体事例のうち主なものを取り上げたい。個別金融機関向け流動性供給への取組みという観点で比較すると，

表6-1　19世紀以前に欧州大陸諸国に存在した中央銀行

	設立（年）	通貨発行独占（年）	LLR 機能取得（年代）
リクスバンク（スウェーデン）	1668	1897	1890
フランス銀行	1800	1848	1880
フィンランド銀行	1811	1886	1890
オランダ銀行	1814	1863	1870
オーストリア国民銀行	1816	1816	1870
ノルウェー銀行	1816	1818	1890
デンマーク国民銀行	1818	1818	1880
ポルトガル銀行	1846	1888	1870
ベルギー国民銀行	1850	1850	1850
スペイン銀行	1874	1874	1910
ライヒスバンク（ドイツ）	1876	1876	1880
イタリア銀行	1893	1926	1880

(出所)　Capie et al. [1994] p.6 の表の一部を筆者が和訳。

スウェーデン・リクスバンクおよびドイツ連銀が慎重姿勢を貫いてきた一方で，フランス銀行は19世紀後半に積極姿勢に転じ，イタリア銀行は1893年の設立前から積極的であった。

(2)　スウェーデン[1]

　現存する最古の中央銀行であるスウェーデン・リクスバンクは，1668年に設立[2] されて以降のしばらくの間は，同国の議会が所有し監督する商業銀行であり，銀行券発行が認められなかった。1824年政令が公的銀行による民間商業銀行の支援を禁止したことに加え，銀行券発行を認められた民間商業銀行が1830年以降，他に数多く開業したこともあって，19世紀以前のリクスバンクが，LLR 機能を発揮することがなかった。

　リクスバンクは，1897年の法改正により，独占的な銀行券（通貨）発行権が与えられたことで，ようやく LLR 機能が暗黙に容認された。さらに同行は1899年に，民間金融機関間の決済・清算機関を設立している。こうしたリク

---

1)　Goodhart [1988] pp.122-130, Capie et al. [1994] pp.123-126, ユングランド [2010] など。
2)　リクスバンクは，1857年に設立され銀行券の過剰発行などにより経営不振に陥り閉鎖された Stockholm 銀行の預金・貸出業務だけを引き継ぐ形で，1668年に設立された。

スバンクの歴史につき中央銀行研究家のグッドハートは「設立が最も古くても中央銀行としての役割の発達がやや立ち遅れた（somewhat behindhand）」と評している（Goodhart [1988] p. 130）。

　なお，1990 年代初頭に発生した金融危機時には，不動産価格急落が原因で 6 大銀行のうち最大手 Nordbanken を含む 3 行の経営が困難に直面した。この際も，国や地方政府が，最大手銀行の Nordbanken および準最大手の Första Sparbanken の経営再建を支援する債務保証や出資，利子補給を行ったほか，破産した Gota 銀行等から不良債権を買い取る機関，いわゆるバッドバンクの Securum の設立を主導した一方で，リクスバンクがこれらの問題銀行に向けて LLR 機能を発揮した事実は明らかになっていない[3]。当時のリクスバンクは，1992 年夏以降に発生していた通貨危機を受け，スウェーデン・クローナの防衛のための利上げや外貨流動性の供給に追われていた[4]。

（3）　フランス[5]

　フランス銀行は 1800 年に，それまで手形割引業務や銀行券発行を活発に手掛けていた 2 大銀行の一方 Caisse des Comptes Courants が，ナポレオンの強い要請に基づき改組されて設立され，2 年後の 1802 年には 2 大銀行のもう一方の Caisse d'Escompte du Commerce を吸収合併した。フランス銀行はその後も，こうした民間商業銀行としての成り立ちを背景に，政府の資金調達には協力しつつも，業容の拡大と地方への支店展開を図るべく，他の民間銀行との競争を強く意識していた。

　19 世紀半ばまでのフランス銀行は，1810 年，1818 年および 1826 年などの金融危機の際にコマーシャル・ペーパーの割引拡大などにより流動性を潤沢に供給する一方で，競争相手であった個別の金融機関に対する LLR 機能の発揮

---

3)　鈴木誠 [2010] によれば，1980 年代終盤から 90 年代初頭にかけてスカンジナビア 3 国を襲った銀行危機に際し，中央銀行が LLR 機能を発揮して流動性を供給したのは，3 国の中でノルウェーの中央銀行だけである。

4)　ユングランド [2010] 178 頁によれば，スウェーデンの民間銀行が国際的な資金調達難を乗り切るのに貢献したのは，同国政府による民間銀行債務保証であった。

5)　Capie et al. [1994] pp. 131-135 および pp. 245-249, Goodhart [1988] pp. 41-42, pp. 114-122, Kindleberger and Aliber [2005] pp. 199-200, Wood [2000] など。

には消極的であったと言われる。1847 年の Caisse Générale du Commerce et de l'Industrie の経営危機の際や，翌 1848 年に Banque du Havre ほか地方銀行の経営危機が相次いだ際には，それぞれに対する支援を行っていない。フランス銀行は，競争相手の民間金融機関，主として銀行券（通貨）発行機能を与えられていた地方銀行をあえて倒産させ，自らの地方支店として吸収していったとの見方が有力である（Goodhart [1988] pp. 117-122, Kindleberger and Aliber [2005] pp. 199-200, Wood [2000] など）。

　また，新興資本家の Péreire 兄弟が 1852 年に設立し急成長した Crédit Mobilier 銀行が投機的な不動産取引で失敗し 1867 年に経営破綻した際にも，フランス銀行が支援しなかったことは有名である[6]。1994 年の BOE 設立 300 周年記念シンポジウムの際，当時フランス銀行総裁であったトリシェ（後の ECB 総裁）は，フランス銀行が 1867 年に Crédit Mobilier 銀行を支援しなかった背景に「Péreire 兄弟が設立した金融機関がフランス銀行の中央銀行としての地位を脅かしていた（called into question）」ことがあったと述べ，フランス銀行が 1867 年の段階では完全に独占的な銀行券（通貨）発行機能を確立できていなかったことを示唆した（Capie et al. [1994] pp. 245-249）。

　もっともフランス銀行は，19 世紀後半に入り，同国内における銀行券（通貨）発行機能を独占するようになると，LLR 機能についても，徐々に積極姿勢に転じていった。1882 年の株式取引所の混乱の際には証券市場に流動性を供給したほか，同年の大手銀行 Union Générale の経営破綻の直後には，連鎖破綻を防ぐために他の金融機関に対する資金供給を拡大させた[7]。また，1889 年には，銅取引等で損失を被った大手銀行 Comptoir d'Escompte de Paris に対しては，同行の支払能力は残っていると判断したうえで，その清算・更生を

---

6)　フランス銀行が Crédit Mobilier 銀行を支援しなかった理由については，オーナーの Péreire 兄弟が 1860 年にフランス領に組み込まれた Savoy 地方の Banque de Savoie が有していた銀行券（通貨）発行機能をフランス銀行に譲らなかったことの意趣返しであるとか，新興資本家の代表格であった Péreire 兄弟と Rothschild 家などパリの老舗金融資本との対抗関係の中でフランス銀行が後者に肩入れした，といった「解説」が加えられている（Kindleberger and Aliber [2005] p. 200 など）。

7)　Union Générale の経営破綻に対しては，同行の秩序だった清算を進めやすくするために Rothschild などパリの大手金融機関が融資団を組んで流動性を供給した（Kindleberger and Aliber [2005] p. 200）。

支援するために流動性を供給した。さらにフランス銀行は 1891 年にも，同様に銅取引で損失を抱えた Société des Dépôts et Comptes Courants を支援した。

(4)　ドイツ[8]

プロイセン銀行（Preußische Bank）は 1846 年に，プロイセン王国政府から銀行券（通貨）発行機能を与えられ，また手形割引業務を認められた銀行として設立された。その後 1856 年に，同行の銀行券発行額の上限が撤廃されたことで，他の中小銀行と比べ優位に立ち，これを背景に，翌 1857 年の国際金融危機（第 4 章第 2 節 (1) で前述）の際，LLR 機能を発揮していた（Capie et al. [1994] pp. 155-156）[9]。

ライヒスバンク（Reichsbank）は，このプロイセン銀行を改組することで 1876 年に設立された。ライヒスバンクは，前身のプロイセン銀行の有していた銀行券発行機能や割引業務を承継したことに加え，従来はプロイセン国家銀行が果たしていた「政府の銀行」の役割も引き継いだ。

すでに 1871 年にドイツ帝国が国土を統一し，1873 年には金本位制のもとでの統一通貨マルクが導入されるなど，1876 年設立のライヒスバンクが LLR 機能を発揮できる環境は整っていた。同行は，民間銀行が持ち込む手形を割り引くことなどを通じ，金融市場全体に対する流動性を供給し，マクロ的な通貨供給量の安定を図るという意味での LLR 機能は発揮した。1901 年や 1907 年などの金融危機に際しても，手形割引の拡大などによって金融システム全体に流動性を供給することで対応したのである。

一方で，ライヒスバンクは，個別金融機関を支援する流動性供給は行わなかった。1901 年の金融危機の際に，ドイツで最も古い有力地方銀行であったライプチッヒ銀行（Leipziger Bank）が倒産し，パニック的な預金取付け騒ぎが全国に広がった際にも，ライヒスバンクは，ライプチッヒ銀行に対する直接の

---

8)　Capie et al. [1994] pp. 154-159, Goodhart [1988] pp. 105-111, Kindleberger and Aliber [2005] p. 200, 河村 [2015], 山村 [2003], 山村・三田村 [2007] など。

9)　プロイセン銀行が 1857 年の金融危機の際に LLR 機能を発揮できていたとする見方には異論もある。Kindleberger and Aliber [2005] p. 200 は，同年の金融危機における支援策は，中央銀行不在のなか，ハンブルク市政府，商工会議所，銀行団が協調して策定し実施された，と述べている。

流動性支援は行わず，同行の関連取引先の連鎖破綻を防ぐべく，利下げや手形割引の拡大という形で LLR 機能を発揮することに止めた（居城［1996］pp. 19-21, Goodhart［1988］p. 110）[10]。

　第二次世界大戦後の 1957 年に設立されたドイツ連邦銀行（Deutche Bundesbank，以下「ドイツ連銀」）では，戦間期の 1923 年に発生したハイパー・インフレーションにドイツ国民が苦しめられた苦い経験に基づき，物価の安定を目指す金融政策が，金融システム安定や LLR 機能の発揮よりも優先された。ドイツ連銀のこうした政策思想は，個別の金融機関に対する流動性供給に慎重であったライヒスバンク以来の伝統を引き継ぐものである。

　このため，ドイツ連銀の根拠法には，日銀法 37 条，38 条に相当する個別の金融機関に対する流動性供給に関する規定が設けられなかった。山村・金融研究研修センター研究官の 2003 年論文は，シュタルク・ドイツ連銀副総裁の 1999 年の発言を引用し「『中央銀行の最後の貸手としての役割を強調するアングロ・サクソン的伝統』は中央銀行の安全性及び独立性を脅かし，通貨安定の維持や通貨の信認を脅かすし，なにより市中銀行にモラルハザードを引き起こす」と述べ，ドイツ連銀が個別金融機関に向けた LLR 実施に慎重な理由を解説する（山村［2003］18 頁）[11]。

　ドイツ連銀は 1974 年 9 月に，自らが LLR 機能を発揮することに代わるものとして，リコバンク（Liquiditäts Konsortialbank GmbH: Liko-Bank，流動性コンソーシァル銀行有限会社）の創設を主導した。これは，同年 6 月に Herstatt 銀行の倒産（第 4 章第 2 節（2）で前述）をきっかけに，中小商業銀行を中心に信用不安が広がるのを防ぐ目的から，信用力に問題はないものの流動性不足に陥った金融機関に対して，担保付き貸付け，または，手形割引を通じた流動性支援を行うための特別な有限会社である。リコバンクは，ドイツ連銀および民間金融機関の共同出資で設立された[12]。

---

10)　居城［1996］は，ライヒスバンクが民間大銀行の要請に応じ手形割引業務を遂行するなど受動的に通貨を供給する形で LLR 機能を発揮していたことが，米国発の 1907 年金融危機（第 4 章第 2 節（1）で前述）の際に，金準備が国外流出し通貨需要が異常に変動した背景にあると指摘し，このことが「通貨制度の構造的危機」を明らかにした，と述べた。

11)　山村・三田村［2007］8 頁にも同様の趣旨の記述がみられる。

　民間金融機関も共同出資した有限会社が流動性供給主体となることによって，結果的に発生しうる損失の負担を政府やドイツ連銀が回避できるとともに，民間金融機関の市場規律を強めるメリットもあると理解されている。

　なおドイツ連銀は，リコバンクのことを「最後から2番目（penultimate）の貸し手」と呼んでいる（Hoggarth and Soussa［2001］p. 170）。

(5)　イタリア[13]

　イタリア銀行（Banca d'Italia）は，1893年の金融危機対応の副産物として，最大手の銀行券（通貨）発行銀行の Banca Nazionale が，トスカナ地方にあった同じく銀行券発行銀行2行（Banca Nazionale Toscana および Banca Toscana de Credito）を吸収合併することによって設立された。ただ，同国において LLR 機能が発揮された歴史は，イタリア銀行の前身の Banca Nazionale の時代に遡る。

　1861年のイタリア王国統一の後，同国内の経済統合を促すべく制定された1874年法は，Banca Nazionale を含む6銀行に銀行券（通貨）発行機能を認めたが，この仕組みは6行間の規模拡大競争を誘発した。このうち Banca Romana は，もともと放漫経営であったうえに1880年代のローマ市における建設ブームの終焉により多額の不良債権を抱えて実質的な破綻状態に転落したことから，1887年以降，急激な資金流出に見舞われた。Banca Nazionale は，この Banca Romana に対して貸付けや返済繰延べを行ったほか，別途1889年にはトリノ市の銀行危機を収束させるために，Banca Tiberina および Compagnia Fondiaria Italiana の2行を支援するなど，事実上の中央銀行 LLR 機能を発揮していた。

　Banca Nazionale は，1893年法に基づき，現在まで続く中央銀行のイタリア銀行に改組されたが，Banca Romana の清算や，銀行券発行銀行として残され

---

12)　リコバンクの詳細は，山村［2003］18-19頁，河村［2015］120-121頁を参照されたい。山村［2003］によれば，2000年頃のリコバンクの資本金は約2億ユーロであり，出資比率は，ドイツ連銀が30％，ドイツ全国銀行連合およびその加盟商業銀行が31.5％，ドイツ貯蓄銀行連合およびその加盟貯蓄銀行が26.5％，系統中央金融機関および傘下の協同組合銀行が11％となっている。

13)　Capie et al.［1994］pp. 169-172, Goodhart［1988］pp. 130-138, Wood［2000］など。

た2行（Banco de Napoli および Banco de Sicilia）の経営再建指導，不良債権処理を行うなど，金融危機管理に引続き従事した。1905年から翌年にかけ，株価急変動から Societa Bancaria Italiana を含む産業金融銀行の数先が深刻な経営不振に陥った際にも，民間銀行とともに救済融資団を編成し Societa の経営再建を成功させた。1907年および1911年の金融危機の際にも，イタリア銀行が，同様に民間金融機関と協調して融資団の編成を主導する形で LLR 機能を発揮していた。

ウッドの2000年論文は，イタリア銀行が，既に1907年の段階で，中央銀行は危機時に積極的に貸付けを行う姿勢を明確に示すべしとしたバジョット原則を認識したうえで，そのとおりに LLR 機能を発揮した，と評価している（Wood［2000］）。

第2節　グローバル金融危機以降の ECB による大規模流動性供給

(1)　ユーロシステムの LLR

欧州中央銀行制度（ESCB）は，EU（European Union，欧州連合）加盟国28か国（2018年5月時点）のそれぞれの中央銀行（National Central Bank: NCB）と ECB によって構成される。

これらの EU 加盟国のうち通貨ユーロを導入した19か国（2018年5月時点）で構成される地域全体はユーロ圏（Euro-area）と呼ばれる。また，ユーロ圏内各国の中央銀行（NCB）19先と ECB の合計20先の中央銀行から構成される集合体は，ユーロシステム（Eurosystem）と呼ばれる（図6-1）。

因みに，BOE は通貨ユーロを導入していないのでユーロシステムの一員ではない。将来，英国が実際に EU を離脱した場合に，BOE は2018年5月の時点では所属している ESCB の一員ですらなくなる。

このように，ESCB とその部分集合であるユーロシステムはいずれも，各国の中央銀行 NCB とこれらを束ねる ECB という2階層の中央銀行によって構成されている。このため，ユーロシステムの中央銀行 LLR も，その実施主体によって2種類の仕組みがあり，やや複雑である。

第1に，緊急流動性支援（Emergency Liquidity Assistance: ELA）は，ユー

図6-1　欧州中央銀行制度とユーロシステム

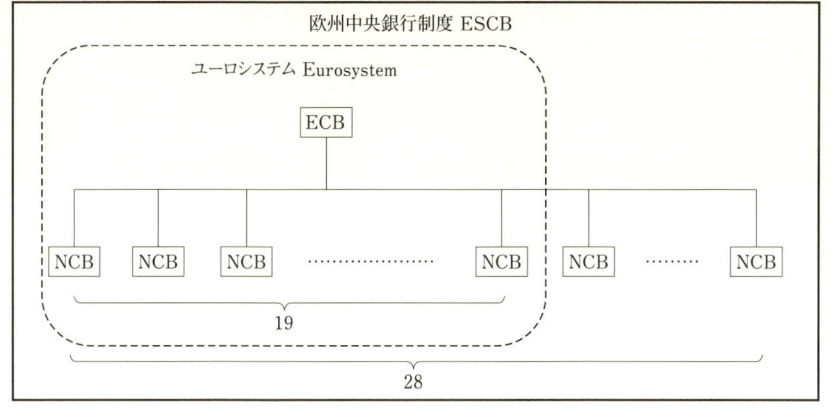

（出所）　筆者作成。

ロ圏内の各国の NCB の責任と判断によって実施される。ELA は，支払能力は
ある（solvent）ものの一時的な流動性問題に直面する，1つまたは複数の金融
機関に対して，資金流動性を供給するものである。

　第2に，ECB 自体が，金融危機などの際に，金融市場全体に対して実施す
る，大規模な資金流動性供給である。グローバル金融危機への主要国中央銀行
による対応を比較すると，ECB が同年8月上旬にいち早く巨額の短期資金を
市場に供給したことや，2008 年9月のリーマン・ショック後の市場流動性の
枯渇に直面し，流動性供給額に限度を設けないオペといった異例の措置に踏み
切ったことが注目を浴びた。

　ECB のグローバル金融危機時における大規模流動性供給の特徴は，表6-2
に掲げた金融政策目的の金融調節手段を駆使して行った点にある。普段は金融
政策の目的で利用される MRO や LTRO，微調整オペなどの金融調節手段を，
金融市場の流動性や機能の回復を目的として変形・改良し，あるいは拡張した
うえで，長期間の資金調達面の安心感を民間金融機関に与えたのである。

　このように流動性供給のための手段が，金融政策の手段と未分化であったこ
とから，ECB の政策行動は，金融システム安定を目的とした中央銀行 LLR 機
能ではなく，物価安定を目的とした金融政策であったのではないか，という見

表6-2　ECBが金融政策目的で利用する主要な金融調節手段

	名称と和訳	取引種類	期間	頻度
オペ（公開市場操作）				
MRO	Main Refinancing Operations メイン・リファイナンシング・オペ	現先(注)（または有担保貸付け）	1週間	週次
LTRO	Longer-term Refinancing Operations 長期リファイナンシング・オペ	現先（または有担保貸付け）	3か月	月次
微調整オペ	Fine-tuning Operations	現先（または有担保貸付け）等	非定型的 翌日物も	不定期
常設ファシリティ				
MLF	Marginal Lending Facility 限界貸付けファシリティ	現先（または有担保貸付け）	翌日物	金融機関起動
DF	Deposit Facility 預金ファシリティ	預金	翌日物	金融機関起動

(注)　ここで「現先」とは，ECBが適格資産（eligible assets）を売戻し条件付きで買入れる取引のことを言うが，ECBの買入れた適格資産が資金供給の担保になっているという点では，経済的な機能はECBによる有担保貸付けと実質的に変わらない。
(出所)　河村［2015］152頁やECB［2011a］p.95の表を参照し筆者作成。

方がある。このこと自体も本章で扱う論点の1つである。ここであらかじめ読者にお伝えしておくと，ECBは2007年以降の国際金融危機の際の大規模流動性供給を，物価安定目的の金融政策とは明確に区別した政策として実施しており，流動性供給と金融政策とを混同すべきでないとする公式見解を強調している。

　図6-2は，過去15年余りの間におけるECB――厳密にはECBを含むユーロシステム全体――の連結ベースの総資産とその内訳項目の残高推移を辿ったグラフである。2007年半ば以降，ECB総資産の規模が，急増する局面を何回も繰り返しながら拡大ペースを加速したことを示している。

　ECBの連結総資産から流動性供給の内訳をみると，表6-2に掲げたECBの主要な金融調節手段の1つであるLTRO（図6-2の▨▨▨の面グラフ）が大幅に拡大したことや，同じく金融調節手段であるMRO（▨▨▨の面グラフ）がしばしば急増減することが顕著な特徴である。これに対して，金融システム安定を目的とする緊急流動性支援ELAを含む「ユーロ圏金融機関向け債権」（■■■

図6-2　ECB（ユーロシステム）の資産

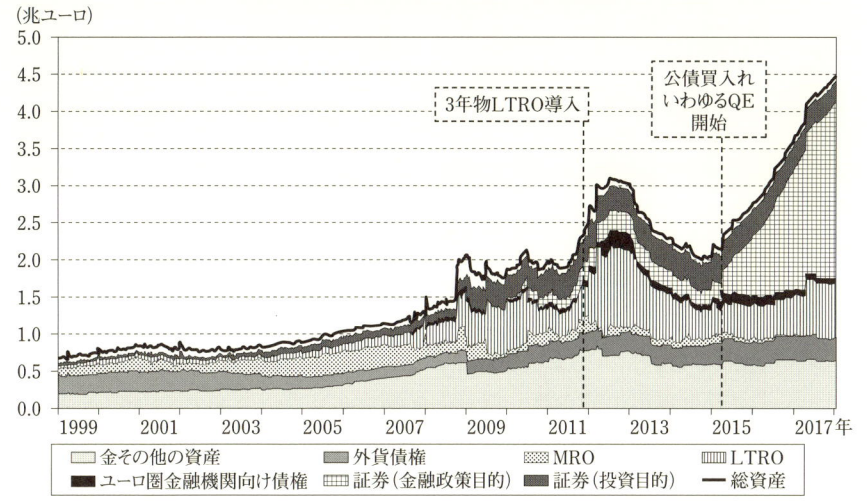

（兆ユーロ）

凡例：
□ 金その他の資産　　■ 外貨債権　　▨ MRO　　▥ LTRO
■ ユーロ圏金融機関向け債権　　▤ 証券（金融政策目的）　　▨ 証券（投資目的）　　― 総資産

図中注記：3年物LTRO導入／公債買入れ いわゆるQE 開始

（出所）　ECB の Statistical Data Warehouse 格納統計に基づき筆者作成。

の面グラフ）の増加は，ほとんど目立たない。

　そこで以下では，まず（2）で，ECB がグローバル金融危機に直面し金融政策目的の金融調節手段を駆使して大規模に流動性を供給した実績を振り返り，続く第3節において，金融システム安定を目的とした ELA の枠組みや実例を解説したい。

（2）　ECB の大規模流動性供給

　2007 年以降の国際金融危機に対応して ECB が実施した大規模流動性供給は，2008 年9月の Lehman Brothers 証券破綻や，2011 年のソブリン債務問題の深刻化の2つの重大イベントに着目して，2007 年8月から翌 2008 年8月までの第1期，同年9月のリーマン・ショックから 2010 年までの第2期，2011 年以降の第3期，という3つのフェーズに分けて理解することが適切である。

（i）　第1期：2007年8月から2008年8月までの流動性供給

（a）　市場の機能不全

　サブプライム住宅ローン問題を原因とする2007年以降の国際金融危機の際，主要国中央銀行の中で，いち早く大規模な流動性供給に踏み切ったのは，ECBであった。

　2007年前半以降，国際的に業務展開する金融機関の多くでサブプライム関連の巨額損失が生じたことの発表や報道が相次いだ[14] ことを背景に，欧州の金融市場は動揺し，かなり不安定化していた。そうしたところ8月9日に，フランスのBNP Paribas銀行がサブプライム関連の資産担保証券に投資するMMF子会社3社の計算および償還業務を停止すると発表したことをきっかけに，ユーロ資金取引の流動性が収縮し短期金融市場は機能不全（dislocation）に陥った。

（b）　流動性供給

　ECBは金融市場の機能不全を「劇的な流動性の蒸発が起きた」（トリシェ[2014]）深刻な事態と判断し，2017年8月9日以降，異例かつ大規模な資金流動性を供給するオペを迅速（expeditious fashion）に実施した。その内容は以下のとおりである（ECB[2008, 2009]，Acharya and Backus[2009]，トリシェ[2014]，河村[2015]のほか，ECBホームページ掲載の2007年9月6日付けのトリシェECB総裁記者会見記録など）[15]。

　①8月9日当日の資金供給950億ユーロ

　　ECBは，翌日物の微調整オペ（前掲の表6-2）により，950億ユーロ

<hr />

14)　2007年2月に，米国のサブプライム住宅ローン最大手であった英国HSBC銀行がサブプライム関連貸倒れ損失の上振れを発表し部門責任者を更迭したのに続き，4月には，米国サブプライム住宅ローン大手のNew Century Financial Corporationが連邦破産法の適用を申請した。6〜7月にかけ米国Bear Stearns証券のヘッジファンド子会社2社がサブプライム関連で巨額損失を被ったことが明らかになり，結局，同証券は2子会社の清算に追い込まれていた。同じ7月には，ドイツのIKB産業銀行がサブプライム関連のABCP（資産担保CP）発行難から資金繰りに行き詰まり最大株主のKfWに救済された。以上の経緯は，Acharya and Richardson (eds.)[2009] pp.51-56, Financial Crisis Inquiry Commission[2011] pp.233-250などを参照されたい。

15)　トリシェ総裁は，この記者会見で「資金市場に対してとったすべての措置を誇りに思う（proud of everything）」と繰り返し強調した。

（約 15 兆円＜当時の為替相場で換算，以下同じ＞）もの資金を，金利入札を行わず，政策金利 4% を適用して金融市場に供給した。この金額は，微調整オペとしては過去最大規模であったが，ECB が供給額の上限を事前に設定せず，金融機関が希望したとおりの全額を満額供給したものであった。この後も ECB は，同様の微調整オペを，9 月初旬までの間に計 5 回実施して潤沢な資金供給を続けた。

　なお，一連の微調整オペで採用された方式，すなわち，金利入札を行わず，固定金利を適用し，金融機関が希望する金額を無制限に資金供給する方式は，以降の金融危機対応で ECB が繰り返し活用した。ECB は，MRO 等のオペに「固定金利の金額無制限方式」を適用することを 2018 年 5 月現在でも続けている。

②追加 LTRO の導入

　ECB は，従来の月次 LTRO に加えて，8 月 23 日に 400 億ユーロ，9 月 12 日に 750 億ユーロの追加 LTRO（Supplementary LTROs）を実施した。追加 LTRO は，通常の LTRO と同様，期間 3 か月で，入札で金利を決定する仕組みであったが，期日到来時に順次更新された結果，従来型と合算した 2007 年末の LTRO 残高は，それまでの 1,500 億ユーロから 2,685 億ユーロ（約 43 兆円）に膨らんだ。

　また ECB は，翌 2008 年 3 月 28 日に，上記の 3 か月物の追加 LTRO2 本計 1,150 億ユーロを，追加 LTRO2 本計 1,000 億ユーロに縮減する一方で，新たに資金供給期間を長めにした 6 か月物の追加 LTRO2 本計 500 億ユーロを導入することを決定した。

③年末資金の特別供給

　ECB は，2007 年 12 月 18 日実施の MRO の条件を変更し，従来の標準的な期間が 1 週間であったものを 2 週間に延長したほか，資金供給の金額を無制限とした。この結果，MRO による資金供給規模は，従来の基準額（benchmark）を 1,681 億ユーロも上回る 3,486 億ユーロ（約 56 兆円）にまで膨らんだ。

④米ドルの流動性供給

　ECB は同年 12 月に，米国 FRB との間で通貨スワップ取極（第 4 章第 4

節（4）で前述）を締結したうえで，28 日物の米ドル建ての貸付け（以下「ドル貸付け」）を 200 億ドル実施した。このドル貸付けの金額は，翌 2008 年 3 月に 300 億ドル，5 月に 500 億ドルと拡大され，さらに 7 月には 84 日物のドル貸付けが導入された。

　トリシェ ECB 総裁（当時）は一連の流動性供給を振り返り，「小さな変化が（中略）ハリケーンのような巨大な変化になる（中略）危機の端緒では迅速な決定こそが重要だ」という認識に基づき，市場が必要とする流動性を無制限に供給した措置を「流動性保証策」（Liquidity Insurance: LI）と呼び，「LI は米量的緩和（QE）と同等に注目されるべきだ」と述べた（トリシェ [2014]）[16]。

（c）　資金供給の前倒し

　ECB による第 1 期の流動性供給の特徴は，資金供給の前倒し（frontloading）にあった。すなわち，準備預金の積み期間（maintenance period）の初期には，所要準備額を超える厚めの資金供給を行うことで，金融市場参加者に流動性の余剰感や資金調達面の安心感を抱かせる一方，積み期間の終盤には，微調整オペで資金を回収することなどで，積み期間の全体を通じた準備預金累積額を所要準備額に見合った水準に管理し，市場金利低下の行き過ぎを防いでいた。図 6-3 が示すとおり，実線グラフの 2007 年 8 月までは，準備預金積み期間中の余剰額がゼロ近傍でほぼ平準化していたのに対して，破線グラフの 2007 年 9 月以降は傾向が一変し，積み期間中の最初の約 1 週間における準備預金余剰額が 300 億ユーロ弱の水準で推移している。

　この背景には，ECB が 2008 年夏頃までは，インフレ警戒姿勢を緩められなかった事情がある。当時の ECB は，以下の 2008 年報からの引用にみるように，金融市場の機能回復のために流動性供給政策を推進するかたわら，この流動性政策とは区別される，物価安定目的の金融政策を遂行する重要性を強調していた。現に ECB は，リーマン・ショックのわずか 2 か月前の同年 7 月に，物価の高止まりを眺め，政策金利（MRO 最低金利）を 4.0％ から 4.25％ に引き上

16）　もっとも，ECB の liquidity insurance という呼び名は，BOE の流動性保険の枠組みとは異なり，ECB 内の正式呼称としては定着していない。

図 6-3　準備預金積み期間中の準備預金余剰額の推移

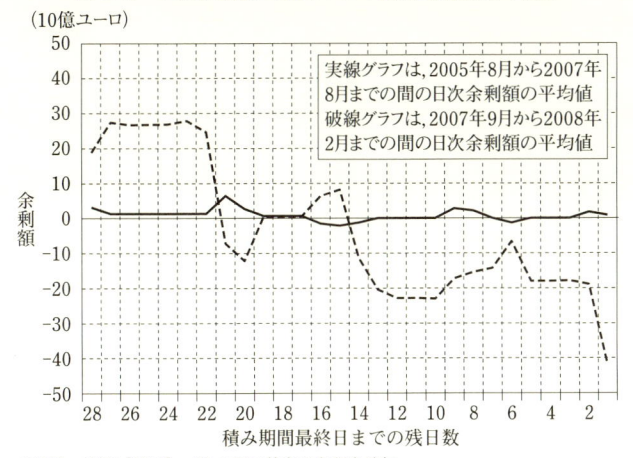

（出所）　ECB [2008] p. 99 の図に筆者が和訳を追加。

げたのである[17]。

> 「2008 年に ECB は，金融政策の判断と，金融市場の円滑な機能（smoooth functioning）を確保するための流動性管理との区別（separation）を維持していることを強調し続けた。」（ECB [2009] p. 32）

（ii）　第 2 期：2008 年 9 月から 2010 年までの流動性供給

（a）　信用支援強化策の概観

　2008 年 9 月の Lehman Brothers 証券破綻後に内外の金融市場の流動性が枯渇すると，ECB は，第 1 期に着手した大規模流動性供給を，金額，条件，手段などの面で一段と強化していった。第 1 期から引き継ぐ大規模流動性供給をも包摂する非標準的な政策手段（non-standard measures）のパッケージは，①固定金利の金額無制限オペの実施，②LTRO の期間長期化，③適格担保の要

---

17)　2008 年の平均物価上昇率は前年比 3.3% とユーロ導入以来最も高いレベルにあり，月次の物価上昇率も同年 6〜7 月にピークの前年比 4.0% まで高まっていた。

件緩和，④外貨流動性の供給，⑤カバード・ボンド買入れ，の5項目から成り立っていた。5項目の政策パッケージは，翌 2009 年央に，「信用支援強化策」（Enhanced Credit Support）という公式名称が与えられた（ECB［2009, 2010a, 2010b, 2010c］，Trichet［2009］，González-Páramo［2010］，トリシェ［2014］，河村［2015］など）。

　信用支援強化策について，トリシェ ECB 総裁（当時）は 2009 年講演で「政策金利引下げがもたらすであろう効果を超える信用の流れ（flow of credit）を後押しする，主に民間銀行経由（bank-based）の特別な政策措置」と解説した（Trichet［2009］）[18]。

　ECB は，大規模流動性供給を強化すると同時に，従来の市場金利低下の行き過ぎを防止する金融調節方針を転換し，ユーロを貸し借りする市場金利の低下を容認した。図6-4 は，ユーロ資金市場における翌日物の平均金利（EONIA）と，政策金利である MRO 金利との較差を辿ったグラフである。これを見ると，2008 年9月頃までは，市場金利が政策金利をわずかに上回って推移するように誘導されていたが，2008 年 10 月に市場金利が政策金利を下回る「異例」の事態となり，以降もこれが常態化する[19]。

　以下では，ECB が第2期に実施した「信用支援強化策」5点それぞれを説明したい。

（b）　固定金利の金額無制限オペ

　ECB は，2008 年 10 月5日に，同月 15 日以降に実施される MRO に，「固定金利の金額無制限方式」（"fixed rate tenders with full allotment"）を適用することを決定したのに続き，15 日には，同月 30 日以降に実施される LTRO および追加 LTRO にも，この方式を適用することを決定した。ECB はこの「固定金利の金額無制限方式」を，前年 2007 年8月9日に 950 億ユーロの資金を供

---

18)　ECB［2010a］，González-Páramo［2010］も同様の説明をしているが，信用支援強化策（Enhanced Credit Support）という呼び名は人口に膾炙していない。

19)　この間，政策金利である MRO 金利は，2008 年 10 月8日に 4.25％ から 3.75％ へ引き下げられた後，11 月に 3.25％，12 月に 2.5％，翌 2009 年1月に 2.0％，3月に 1.5％，4月に 1.25％，5月に 1.0％，と矢継ぎ早に引き下げられた。

図 6-4　ユーロ翌日物平均金利（EONIA）と MRO 金利の較差

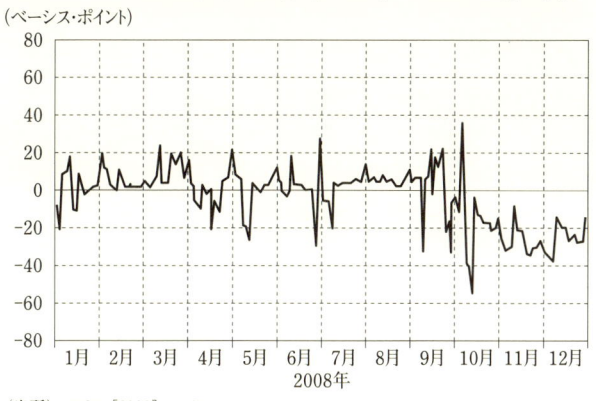

（出所）　ECB［2009］p. 101.

給した翌日物の微調整オペで経験済みであったが，同じ方式を 2008 年 10 月以降は MRO および LTRO にも導入したのである。これにより ECB は，金融機関が長めの期間の資金を安定調達したいというニーズに応えられるようになった。

(c)　LTRO の期間長期化

ECB は，2008 年に 10 月 15 日に，それまで通常 LTRO（3 か月物）と追加 LTRO（3 か月物および 6 か月物）が並行していたのを，それぞれ 1 か月物 1 本，3 か月物 2 本および 6 か月物 1 本の LTRO に整理し，これらを順次更新していく方式に改めた。

また ECB は，翌 2009 年 5 月 7 日に，1 年物 LTRO の導入を決定した。初回の 1 年物 LTRO が実施された 6 月 25 日以降，MRO や 1 か月物から 6 か月物まで短期の LTRO は徐々に残高が減り，1 年物 LTRO に振り替わっていった。この結果，1 年物 LTRO が，MRO と LTRO の流動性供給残高合計に占める割合は，2009 年末に 82％ に達した。

図 6-5 は，2006〜2010 年の間における ECB（ユーロシステム）資産の変動を辿ったものであるが，2008 年 9 月の Lehman Brothers 証券破綻以降，ECB

図6-5　ECB の資産動向が示す流動性供給の急増

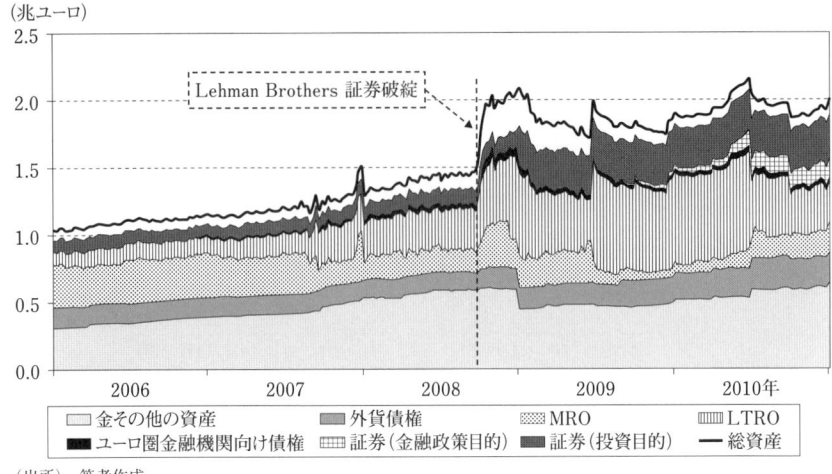

（兆ユーロ）

□ 金その他の資産	■ 外貨債権	▨ MRO	▥ LTRO
■ ユーロ圏金融機関向け債権	▤ 証券（金融政策目的）	▦ 証券（投資目的）	― 総資産

（出所）　筆者作成。

が「固定金利の金額無制限方式」を適用して MRO および LTRO を急拡大さ
せ流動性供給を急増したことや，2009 年 6 月以降は，1 年物を中心とする
LTRO が ECB の大規模流動性供給の主要手段の地位を占めていたことなどが
明瞭に示されている。

(d)　適格担保の要件緩和

　ECB が適格担保と認める資産の範囲や種類，要件は，もともとかなり幅広
かったため，金融機関の担保繰りが ECB による流動性供給の制約となること
はなかった。それでも ECB は，先行き流動性供給が一段と拡大することに備
えるべく，適格担保要件を緩和した。具体的には，2008 年 10 月 22 日に，格
付けの最低基準をトリプル B マイナスにまで引き下げたほか，適格担保とな
る金融機関負債商品の範囲を広げ，また 11 月 14 日以降，米ドル等の外貨建て
資産の一部を適格担保として受け入れた。

(e)　外貨流動性の供給

　ECB は，リーマン・ショック直後の 2008 年 9 月中旬，それまでは 28 日物

および 84 日物の 2 種類だけであったドル貸付けの期間設定の品揃えに，翌日物および 7 日物を加え，10 月初めには，米国 FRB との通貨スワップ取極を増額してドル資金供給総額の上限を 1,100 億ドルにまで拡大した。また，同月 15 日には，ドル資金市場の流動性枯渇に対処すべく，ドル貸付けにも「固定金利の金額無制限方式」を適用することで，ドル資金供給総額の上限を撤廃した。さらに，同日の発表で ECB は，ドル貸付けとは別の外貨流動性供給手段として，民間金融機関との間の通貨スワップ取引[20] を，ユーロと米ドルの組み合わせ，および，ユーロとスイス・フランの組み合わせ，の 2 つの通貨ペアについて導入した。

(f)　カバード・ボンド買入れ

2009 年 5 月に ECB は，同年 7 月以降翌 2010 年 6 月末までの 1 年間で，金融機関が発行した 600 億ユーロ（約 8 兆円）のカバード・ボンドを買入れる方針を決定した。これは，欧州の民間金融機関が長めの資金調達を行う重要手段であったカバード・ボンドの新規発行（primary）市場および流通（secondary）市場の双方が機能不全に陥っていたことを踏まえ，両市場の流動性回復をねらった措置であった。

ECB は計画どおり額面金額で 600 億ユーロのカバード・ボンドを買入れ，約 611 億ユーロの流動性を供給した。買入れの内訳は，27% が新発市場から，73% が流通市場からであった。カバード・ボンドの買入れは，リスク・プレミアムを縮小させ，新規発行を活発化させることに寄与した（図 6-6）。

なお，ECB の買入れたカバード・ボンドの残高は，前掲した図 6-2 および図 6-5 の両グラフ上では，「証券（金融政策目的）」として計上されている[21]。

---

20)　ECB と金融機関との通貨スワップ取引は，ECB が，米国 FRB およびスイス国民銀行のそれぞれとの間で締結した通貨スワップ取極に基づき調達したドルまたはスイス・フランを，まずは直物で売り（対価としてユーロを買い），一定期間後に買い戻す（対価としてユーロも売り戻す）契約を，金融機関との間で締結する取引であった。

21)　図 6-2，図 6-5 および後掲図 6-8 のグラフにおける「証券（金融政策目的）」の項目には，カバード・ボンドのほかに，2010 年 5 月から 2012 年 9 月の間に実施された証券市場プログラム（Securities Market Programme: SMP，一部証券市場の機能不全に対処すべくソブリン債務を流通市場で買入れ）や，2015 年 3 月に開始された拡大版資産買入れプログラム（Expanded Asset Purchase

図6-6　カバード・ボンド等とスワップ・レートの利回り較差

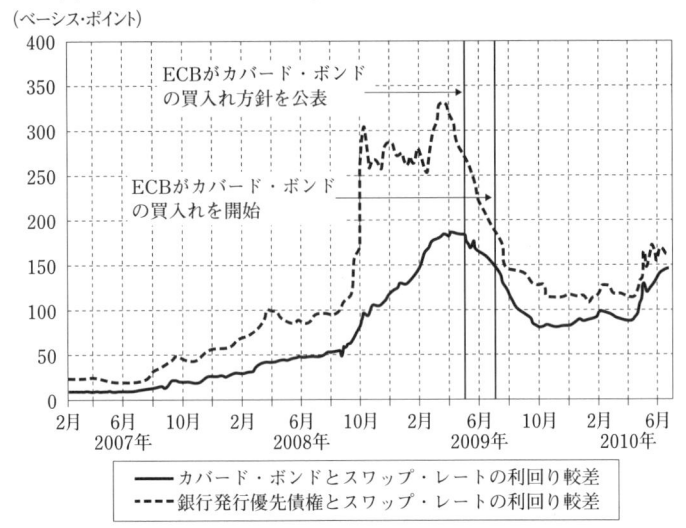

（出所）　ECB［2010c］p.2 の図に筆者が和訳を追加。

（iii）　第3期：2011年以降の流動性供給

　欧州ソブリン債務問題，すなわち欧州諸国の債務返済能力に関する不安は，この問題が最初に表面化した 2010 年頃までは，市場の関心が，周縁国であるギリシャ，アイルランド，ポルトガルなどに限定されていた。ところが，2011年夏頃より，スペイン，イタリアなど経済規模のより大きい国のソブリン債務にも疑念が広がり，信用力の高いドイツ政府債務との間で利回りの格差が目立ち始めた（図6-7）。

　こうした国々の政府債務の信用力低下は，これらの国に対する与信を抱える欧州の民間金融機関の財務健全性や信用力をめぐる懸念にも波及した。つまり，欧州周縁国の財政問題が，金融機関経営や金融システムの問題に変質したのである。欧州ソブリン債務問題と金融システム問題との間の相乗作用については本章末の BOX 15「欧州ソブリン債務危機は金融危機」を参照されたい。

Programme：APP）など，ECB が物価安定目的の金融政策を遂行するために買入れた証券も計上されている。

図 6-7　欧州周縁国の国債流通利回りの上昇

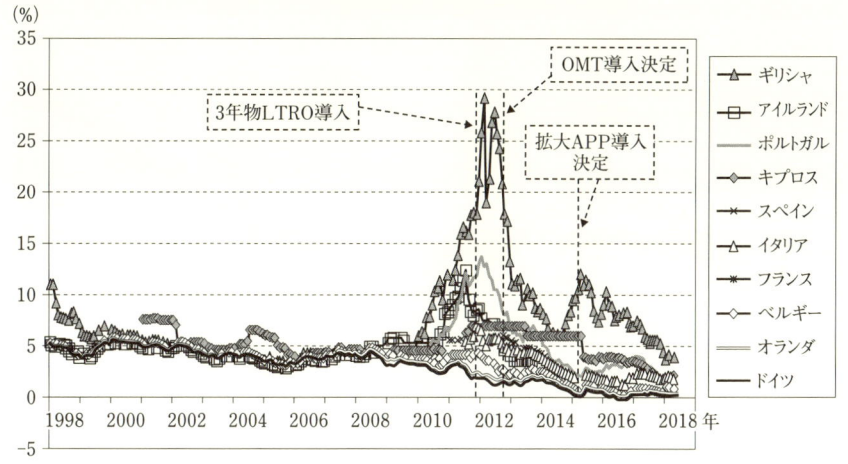

（出所）　ECB の Statistical Data Warehouse 格納統計に基づき筆者作成。

　金融システム不安の再燃を警戒した ECB は，同年 8 月以降，以下の大規模流動性供給措置を立て続けに打ち出した（ECB ［2012a, 2012b, 2013a, 2013b, 2015c］，トリシェ ［2014］，河村 ［2015］ など）。中でも特筆されるのは 3 年物 LTRO の導入である。

（a）　3 年物 LTRO の導入等

　ECB は，もともと 3 か月物の金融調節手段であった LTRO について，2008 年 3 月に 6 か月物，2009 年 5 月に 1 年物を導入するなど，資金供給期間の長期化を徐々に進めてきていたが，2011 年 12 月 8 日の政策理事会で，長期化をさらに進め，3 年物 LTRO の導入を決定した[22]。この 3 年物 LTRO には，借り手が借入れの 1 年後以降に期限前返済できるオプションが付されており，借入れ期間中の MRO 平均金利が適用された。

22）　2011 年 12 月 8 日の ECB 政策理事会は，このほかにも，預金準備率の 2% から 1% への引下げ，準備預金の積み最終日における微調整オペの取止めなど，金融システム不安を抑制・解消するための非標準的な政策手段の実施を決定していた。

図 6-8　ソブリン債務問題対応で急拡大した ECB の流動性供給

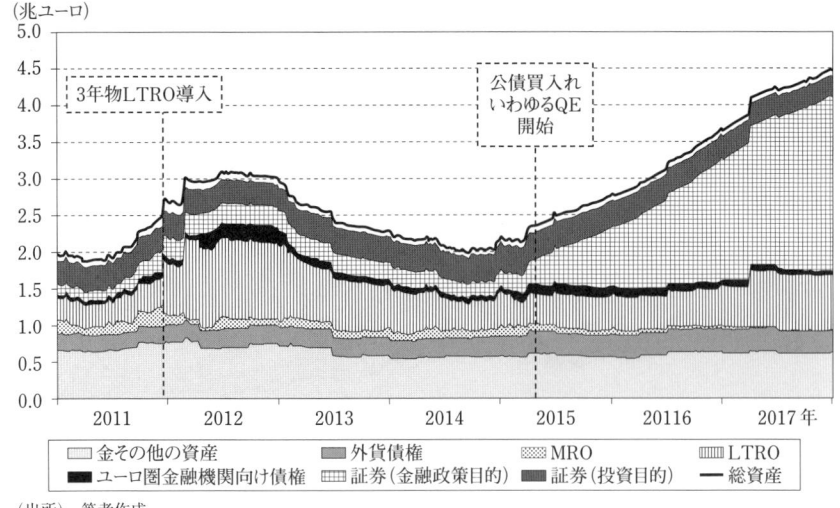

（出所）　筆者作成。

　12 月 21 日に実施された初回の 3 年物 LTRO は，523 金融機関に対して 4,892 億ユーロの流動性を供給した。同じ週に期日返済された資金や，10 月に実施済みの 1 年物 LTRO からの振替えなどを差し引くと，ECB による流動性供給残高は当該週に 2,100 億ユーロの純増となった。

　翌 2012 年 2 月 29 日には，800 金融機関に対して 5,295 億ユーロの 3 年物 LTRO が実施された。同じ週に他のオペにより供給された資金を加算し，また期日返済された資金などを差し引くと，流動性供給残高は当該週に 3,106 億ユーロの純増となった。

　2011 年 12 月と翌 2012 年 2 月に実施されたこれら 2 本の 3 年物 LTRO がもたらした流動性供給の純増額は 5,206 億ユーロ（約 54 兆円）にも上る巨額のものであった。この結果，ECB の流動性供給残高は再び急拡大した（図 6-8）。

　LTRO は，2012 年 3 月上旬にピーク残高の約 1.1 兆ユーロ（約 119 兆円）に達し，2012 年中の平均残高が 1 兆ユーロを超えていた。また ECB（ユーロシステム）の総資産残高も，同年 6 月 29 日に当時のピークの約 3.1 兆ユーロ（約 313 兆円）にまで拡大した。この記録が更新されるのは約 4 年後の 2016 年 6

月 17 日で，ECB が月 800 億ユーロのペースの拡大版資産買入れプログラム（Expanded Asset Purchase Programme: APP）[23] を開始してから 1 年余りを経た後のことである。

(b)　固定金利の金額無制限方式オペの延長

　ECB は，「固定金利の金額無制限方式」を MRO または LTRO に適用する期間を，以下のとおり順次延長していった。

```
2011 年  8 月  4 日   少なくとも 2012 年 1 月中旬まで
        10 月  6 日   少なくとも 2012 年 7 月上旬まで
2012 年  6 月  6 日   少なくとも 2013 年 1 月中旬まで
        12 月  6 日   少なくとも 2013 年 7 月上旬まで
2013 年  5 月  2 日   少なくとも 2014 年 7 月上旬まで
2014 年  6 月  5 日   少なくとも 2016 年末まで
2015 年 12 月  3 日   少なくとも 2017 年末まで
2017 年 10 月 26 日   少なくとも 2019 年末まで
```

　なお，ECB は 2013 年 7 月 4 日の政策理事会後，先行きの ECB 金融政策運営に関するフォワード・ガイダンス（forward guidance）として「ECB は主要な政策金利が現状あるいはそれを下回る水準に長期間にわたり（for an extended period of time）維持されると予想する」という見通しを公表した。ECB は，「固定金利の金額無制限方式」オペを実施して「資金調達に関する先行きの安心感（forward assurance）を金融機関に与えることは，これまでも政策金利の水準とは無関係（independently）に行われてきており，今後も政策金利水準と無関係に行うことができる」と解説している（ECB [2013b] p. 8）。

---

23)　拡大版資産買入れプログラム（Expanded Asset Purchase Programme: APP）は，2015 年 3 月から本格的に開始された ECB の資産買入れプログラムで，一般には ECB 版の量的金融緩和（Quantitative Easing: QE）として知られている。拡大版 APP は，①公債買入れ（Public Sector Purchase Programme: PSPP），②資産担保証券買入れ（Asset-backed Securities Purchase Programme: ABSPP），③カバード・ボンド買入れ（Covered Bond Purchase Programme: CBPP3），④社債買入れ（Corporate Sector Purchase Programme: CSPP）の 4 プログラムから成り立っている。

こうした公式説明からは，ECB が「固定金利の金額無制限方式」オペを継続することそれ自体を，中央銀行の流動性供給に金融機関が常時アクセスできる状態を確保し市場流動性枯渇を防止するための効果的な政策手段と位置づけていることがうかがえる[24]。

(c)　適格担保の要件緩和

ECB は，大規模流動性供給の第3期においても，適格担保の要件緩和を進めた。

ECB は 2011 年 12 月 8 日の政策理事会で，以下2点の適格担保の要件緩和措置を決定した。第1に，住宅ローンまたは中小企業融資を裏付け資産とするABS に要求される格付け基準を，本則のトリプル A からシングル A マイナスにまで引き下げた[25]。第2に，時限的措置として，各国の NCB がそれぞれの裁量で正常貸付債権（additional performing credit claims）を要件緩和担保として受け入れることを容認した[26]。

また翌 2012 年 6 月には，ABS の適格担保要件が追加緩和され，住宅ローン，中小企業融資，商業用不動産，自動車ローン，リース，消費者ローンを裏付け資産とする ABS についての格付け基準を，トリプル B マイナスにまで引き下げた。

さらに同年 9 月には，米ドル，英ポンド，日本円を含む外貨建ての市場性金融商品を適格担保と認めた。これは 2008 年 11 月から 2010 年の間に実施され

---

24)　Drechsler, Drechsel, Marques-Ibanez and Schnabl [2013] は，自己資本の小さい金融機関ほどECB からの資金調達を増やしそれを元手にリスクの高い資産への投資に傾斜したことを示す分析結果を披露して，資金調達の安心感のもたらす負の側面を指摘した。

25)　ECB の ABS に関する適格担保基準の本則としては，2011 年 3 月以降，トリプル A の格付けを2つ以上取得することが要求されていた。

26)　各 NCB が，貸付債権を，要件緩和された適格担保として受け入れるにあたっては，あらかじめ，それぞれの責任と判断に基づき適格基準やリスク管理手法を策定し，ECB の承認を得なくてはならない。この枠組みは，ACC（Additional Credit Claims，要件緩和された貸付債権担保）framework と呼ばれるが，2012 年 2 月 9 日には，アイルランド，スペイン，フランス，イタリア，キプロス，オーストリア，ポルトガルの7中央銀行が，この ACC framework に基づき，ECB から，貸付債権を適格担保として受け入れることを承認された。ECB の貸付債権担保の詳細については，ECB[2013b] pp. 71-86，および，Tamura and Tabakis [2013] を参照されたい。

た外貨建て資産を適格担保とする措置を再導入したものである。

　この結果 2012 年末には，ECB（ユーロシステム）の適格担保となる市場性資産の残高が 13.7 兆ユーロに達した。金融機関が ECB またはユーロシステムの中央銀行に差し入れられた担保価額も，2007 年末から 2012 年までの 5 年間に年率 16% で急増し，同年末に約 2.4 兆ユーロ（約 280 兆円）に達した。これによって，金融機関が ECB の大規模流動性供給を随時受けられるような環境が整えられたのである。

（d）　外貨流動性

　ECB は，2011 年 11 月 30 日に，FRB，カナダ銀行，BOE，日銀，スイス国民銀行との間で 6 中央銀行間の通貨スワップ取極を締結するなど，外貨流動性の供給にも積極的に取り組んだ（第 4 章第 4 節（4）で前述）。

（e）　カバード・ボンド買入れプログラムの再開

　ECB は，2011 年 10 月に，カバード・ボンド買入れプログラムの再開を決定した。再開されたプログラムは，2009 年 7 月〜翌 2010 年 6 月に実施された初回分（CBPP1）と区別すべく CBPP2（第 2 次カバード・ボンド買入れプログラム）と略称された。この CBPP2 は，初回の CBPP1 とやや異なり，金融機関による資金調達の円滑化に加え，顧客向け貸出行動の促進をもねらいとしていた。

　CBPP2 は当初，2011 年 11 月から翌 2012 年 10 月末までの間に 400 億ユーロのカバード・ボンドを買入れる計画であったが，上記 3 年物 LTRO の実施が奏功して，民間金融機関の資金調達意欲が減退したことから，ECB による買入れは伸び悩み，10 月末までの買入れ実績は約 164 億ユーロに止まった。

（iv）　ECB の大規模流動性供給に対する評価

　ECB が 2007 年以降のグローバル金融危機対応で行ってきた大規模流動性供給は，①ECB が起動する形で，②もともと金融政策の手段であった担保付き貸付けの LTRO を改良・長期化して転用し，③金融機関が需要する資金流動性を無制限に，希望額の満額を供給する，という 3 点に特徴があった。こうし

た大規模な流動性供給は，ユーロ圏の金融システムの安定化に有意な効果があったと評価されている[27]。

　当事者である ECB 幹部も，同様の評価をしている。例えば，2007 年 8 月 9 日の 950 億ユーロの資金供給により金額無制限方式のオペに先鞭を付けたトリシェ総裁（当時）は「わずか数時間でとった行動は，意思決定が遅いという我々への誤った認識を一変させた」と述べている（トリシェ[2014]）。また，3 年物 LTRO を導入したドラギ総裁は 2012 年 2 月 24 日にフランクフルター・アルゲマイネ紙に掲載されたインタビュー記事で「私が 2011 年 12 月に発表した 3 年物 LTRO の効果は過小評価されていた。なぜならば当時は，『バズーカ砲』の国債買入れ拡大を ECB に期待する向きが多かったからだ。3 年物 LTRO のことを『ビッグ・バーサ砲』（"Big Bertha"）[28] とでも名づけておけば，世間がより注目してくれたかもしれない」（Draghi[2012]）と述べ，長期の流動性供給の効果を強調していた。

　ECB の 2016 年報は，ECB が第 3 期の大量流動性供給に踏み切った 2011 年末頃を境に，ユーロ圏における金融システムのストレスが和らいでいったことを如実に示している（図 6-9）。

　以下では，ECB の大規模流動性供給に関連する論点を 3 点指摘したい。

(a)　流動性供給は LLR か金融政策か

　金融危機対処のために ECB が実施した大規模流動性供給は，中央銀行 LLR なのだろうか，それとも物価安定を目的とした金融政策なのだろうか。

　中央銀行 LLR も，金融政策運営の一環としての金融調節も，民間銀行が中

---

27)　Lenza, Pill and Reichlin[2010], Peersman[2011], Gambacorta, Hofmann and Peersman[2014] などの実証研究のほか，Hauck and Neyer[2014], Herr[2014] などの理論研究や，ECB[2015a, 2015c] などの調査報告を含む多数の文献が，ECB の大規模流動性供給が金融システムの安定に寄与した効果を認めた。さらに，これらの研究成果のうち Peersman[2011] や Gambacorta et al.[2014], ECB[2015c] は，ECB の大規模流動性供給やバランスシートの拡大が，いわゆる「非伝統的な金融政策」としても作用し，実体経済や物価をも底支えした，と論じている。

28)　ビッグ・バーサ砲（Big Bertha）とは，第一次世界大戦時に，ドイツ軍が開発・使用した口径 42 センチの巨大長距離砲である。ドイツのメディアに対するリップ・サービスのねらいもあってこの高性能兵器の喩えを持ち出したようだが，Herr[2014] には「無神経なレッテル貼り」（insensitively labelled）と批評されている。

図6-9 ユーロ圏における金融システムのストレス

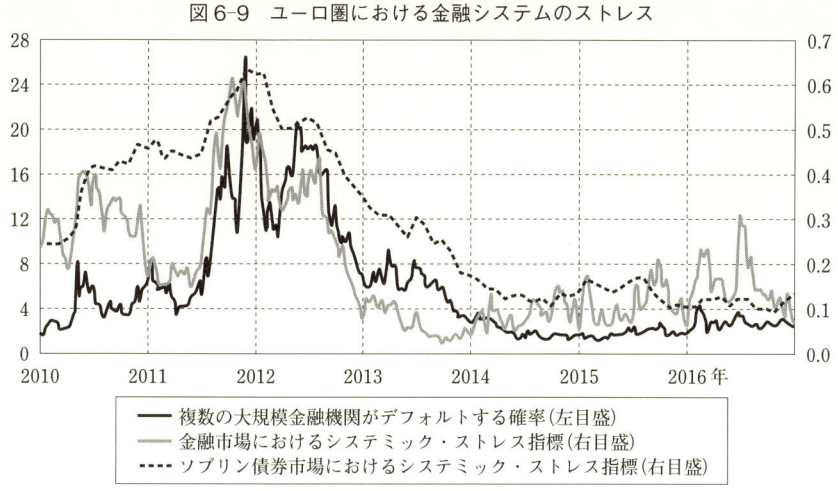

—— 複数の大規模金融機関がデフォルトする確率(左目盛)
—— 金融市場におけるシステミック・ストレス指標(右目盛)
----- ソブリン債券市場におけるシステミック・ストレス指標(右目盛)

(出所) ECB［2017a］p.60 の図に筆者が和訳を追加。

央銀行に保有する当座預金を増減させる行動であることから，そもそも両者の間の線引きを行うことは実務上，難しい。またグローバル金融危機のように，流動性の枯渇，金融市場・金融システムの機能不全，景気後退，資産価格下落が同時進行し，デフレ圧力が強まるような局面では，金融システム安定のための政策と，デフレの防止や克服を目的とする金融政策とが，政策の方向性を共有するために，両者の区別はますます曖昧となる。

　2012 年まで ECB 金融調節総局長の任にあり大規模流動性供給の実務を陣頭指揮したフランチェスコ・パパディアの発言が興味深い。パパディアは中央銀行 LLR に関する BIS ワークショップにおいて，ECB が LLR を実行していたという認識が当時はなく，むしろ米国 FRB の設立目的に掲げられたのと同様，経済全体に向け弾力的に通貨（elastic currency）を供給する中央銀行行動と理解すべきであると論じたうえで，2008〜2011 年の間における ECB のバランスシート拡大が同時期の民間金融部門の信用仲介の縮小を補完していた実態を統計でもって示した（Papadia［2014］）。

　これに対して，ECB 役員の公式見解は，2007 年以降の大規模流動性供給を，

金融政策とは一線を画す中央銀行 LLR と性格づけしている。例えば，2007年8月9日に950億ユーロを供給した翌9月6日の記者会見でトリシェ総裁（当時）は，金融市場の機能回復を図るための行動と，中長期の物価の安定を目指す金融政策の2つを混同（confuse）してはならないと繰り返し強調しており，前者を目的として流動性を迅速に供給した ECB の行動を後者の金融政策とは区別していた。また ECB の2008年報も，金融政策と，金融市場の円滑な機能を確保するために流動性を管理する政策との区別（separation）を強調している（ECB [2009] pp. 32-35）。

　後任のドラギ総裁ら ECB 幹部も，同様の認識を表明している。ドラギ総裁はロンドン・シティでの2013年講演で，中央銀行 LLR を提唱したバジョットの功績を讃えた後に続く文脈で，3年物 LTRO を例に挙げ ECB の金融危機対応が素早く力強かったと述べた（Draghi [2013]）。コンスタンシオ副総裁も，ECB は無制限に流動性を供給するレジーム（regime of full allotment of liquidity）などを通じて中央銀行 LLR 機能を発揮したとした，と説明した（Constâncio [2014a, 2014b, 2015]）[29]。クーレ理事は，LTRO などのオペが市場金利対比でペナルティ・レートになっている点などを挙げ ECB が LLR に関するバジョット原則を遵守した，とまで言い切った（Cœuré [2013a]）。

　学界の研究論文の多くは，中央銀行 LLR か金融政策かの区別には関心を示さず，ECB の流動性供給を非伝統的な金融政策（unconventional monetary policy）に分類したうえで，米英の中央銀行と同様の効果をもたらした，と指摘した（Gambacorta et al. [2014], Herr [2014] など）。インフレよりもデフレが懸念された2014年以降のユーロ圏の経済情勢下では，無理からぬところである。

　ECB の大規模流動性供給が，中央銀行 LLR なのか金融政策なのかという問いは，実益のない論点と思われるかもしれない。しかしながら，今後，欧州の経済・物価情勢が変化し，金融緩和縮小や利上げの政策を必要する局面が到来した際に，それでも大規模流動性供給の政策を継続することが適切か，それを

29）　コンスタンシオ副総裁の2015年の講演原稿の注記では，バジョット原則に基づく LLR という語は近年，個別金融機関向けの緊急流動性支援 ELA の意味で用いられることがあるものの，無制限の流動性供給は広い意味での LLR の責務を果たした ECB にユニークなもの，と解説している（Constâncio [2015]）。

どのように正当化できるかという問題は，極めて現実的な政策課題である。

(b)　政策の優先順位

　ECB は，流動性を供給する政策を，どれだけ重要視しているのだろうか。他の政策，特に物価安定目的の金融政策と比べた場合の優先順位は，いかなるものであろうか。

　ECB の中央銀行としての責務（mandate），政策目標は，唯一，物価安定にある。これは，米国 FRB が物価安定と完全雇用の2つの責務を抱えているのとは対照的である。

　河村の 2015 年著書が解説しているとおり，ECB は，物価の安定を金融システムの安定よりも優先度の高い目標として掲げるドイツ連邦銀行の思想の強い影響を受けて設立された経緯もあって，LLR 機能を積極的に発動することはあまり想定されていない（河村［2015］121-126 頁）[30]。河村は，ECB の 1999 年報の中の ELA に関する解説を訳出し，金融の安定のための主要な手段は ELA ではなく，金融当局の規制・監督や個々の金融機関の健全なリスク管理である，という当時の ECB の考え方を紹介している（河村［2015］122-123 頁）。

　金融危機対応の最中でも，物価安定を最重視する ECB の考え方は，揺るぎがない。2007 年 9 月 6 日の記者会見でトリシェ総裁（当時）は，中長期のインフレ期待をつなぎとめる（anchor）ことが ECB の責任だと繰り返すことで，いずれ利上げを再開したいという意欲をにじませていたし，後任のドラギ総裁も，最上位にある政策目的（overriding aim）は一貫して中長期の物価安定である，と述べた（Draghi［2013］）。

　しかしながら，大規模流動性供給を経験した ECB の対外説明のニュアンスやロジックの組立ての中に，微妙な変化を読み取ることもできる。BIS の中央銀行ガバナンスに関する報告書の中で，LLR 機能を有するかというアンケートの問いに対する ECB の回答が，2008 年の「全く持たない」から，わずか 1

---

30)　山村・三田村［2007］8 頁も「ECB 自体は，そもそも『最後の貸手機能』という言葉の使用を避けており（中略）これは，ドイツをはじめ欧州では，中央銀行がマクロ政策や『最後の貸手機能』の担い手であるよりも通貨の番人であることを最優先させるからであろう」と述べている。

年後の 2009 年には「少し有している」に変わったことが，微細な変化ながら，象徴的である[31]。

こうした変化を読み解く鍵は，ECB の政策思想の中に垣間見える，金融政策それ自体と，決定された金融政策方針を執行する業務運営の有効性（operational efficiency）を高めるための行動とを，次元の異なる問題と捉える思考様式にある（ECB [2010a] p. 65）。後者の業務運営の有効性という原則を突き詰めると，金融政策の有効性のために必要ならば，金融政策の目的に反することすら行わなければならないという考え方に行き着くことになる。

例えば，前述の 2007 年 9 月 6 日のトリシェ総裁記者会見は，金融市場の円滑な機能を回復することが金融政策運営に必要な環境を整えることになると述べている。同様にドラギ総裁も 2013 年講演で，最優先の目的に位置づけられる中長期の物価安定を達成するための金融政策の効果波及を，ユーロ圏内の金融市場の分断が妨げている，と指摘したうえで，これを克服する流動性供給策として 3 年物 LTRO を正当化している（Draghi [2013]）。

因みに ECB は，2012 年秋に，流通市場からの国債買入れ Outright Monetary Transaction（OMT）を導入した際の説明にも，金融市場の分断を克服し金融政策の一元性（singleness）を確保するための手段である，という理由づけを用いた[32]。

ECB の公式見解は，流動性供給政策よりも，物価安定目的の金融政策に高い優先順位を与えている。しかしながら，最近の ECB の業務運営の有効性向

---

31) 中央銀行幹部が集まり BIS に中央銀行の機能やガバナンスについて検討した調査報告書 "Issues in the Governance of Central Banks" は，金融危機対応が本格化する前の 2008 年に実施された 38 中央銀行のアンケート調査結果を掲載しており，その中で ECB は自ら LLR 機能を「全く持たない」と回答していた（BIS CBGG [2009]）。ところが，金融危機対応が本格化した後の 2009 年に実施された 13 中央銀行のアンケート調査結果が，上記報告書をフォローアップした報告書 "Central Bank Governance and Financial Stability" に掲載されており，その中で ECB は伝統的な LLR に関する責務（mandate）を「少し有している」と回答している（BIS SG [2011]）。

32) ECB は，厳格な財政再建プログラムを遂行中の国について短・中期国債を流通市場から買い入れる Outright Monetary Transaction（OMT）の実施方針を，2012 年 8 月に明らかにし，翌 9 月にはその実施要領と，2010 年 5 月から実施していた証券市場プログラムの廃止を公表した。ECB はこの OMT を導入した目的も，ユーロ圏内の金融市場の分断を克服し，金融政策の一元性を確保することにあると説明している（ECB [2012c], Draghi [2013]）。

上というロジックを援用していくと，最優先される金融政策の効果波及経路を確保するために必要ならば，金融市場の流動性や機能の回復，金融政策の一元化を目的にした大規模流動性供給が，最上位の金融政策と同等の優先順位を事実上，与えられることになる。極論すれば，インフレ防止のための利上げの効果を浸透させるために，大量の流動性を供給して金融市場機能を維持するという逆説的な政策が正当化されてしまうのである。

(c) 国家に対する最後の貸し手

　欧州ソブリン債務問題への政策対応をめぐっては，ECBによる金融機関や金融市場に対する大規模流動性供給とは別に，ECBがソブリン債務を流通市場等で買い入れることによって，それぞれの発行国に対する「最後の貸し手」機能を発揮すべきではないか，あるいは逆に，ECBの公債買入れプログラムは国家や政府に対する事実上の「最後の貸し手」機能の発揮になっており問題ではないか，といった意見や論評がしばしば聞かれた。後者が問題視されるのは，EUの機能に関する基本条約123条が，ECBおよび各国NCBが，EU諸国または各国政府機関の発行する債務を引き受けたり直接に買い入れたりすることや，EU諸国または各国政府機関に対して信用を供与することを禁じているからである。

　これまでも国際通貨基金（International Monetary Fund: IMF）など国際金融機関は，外国為替相場の急激な変動などいわゆる国際通貨危機への対応を目的として，通貨危機を経験している国家やその中央銀行に対し，当該国家にとっては「外貨」となる資金流動性を供給してきた歴史がある。国際機関によるこうした外貨流動性供給を「国際的なLLR」と呼ぶべきか，あるいは，IMFがこうした役割を適切に果たしているか，といった論点をめぐっては，研究が進み議論も出尽くしている。その詳細は，BOX 14「国際通貨危機に対応する国際的なLLR」を参照されたい。

　本書では，「通貨危機」や「資本流出危機」など外貨準備の不足に見舞われた国家・中央政府に対する直接の資金流動性供給のあり方をめぐる議論には立ち入らない。通貨危機や資本流出は，「金融危機」に類する問題ではあっても，それに対応する国際的なLLRについて本格的に掘り下げて研究するためには，

外国為替政策や国際通貨制度，中央銀行による国家財政のファイナンスといった数多の難問にも同時に取り組む必要があるからである。

　本書は，主として金融システム安定を目的とした民間金融機関向けの流動性供給である中央銀行 LLR の問題を取り上げている。民間金融機関に対する中央銀行 LLR 機能の発揮が，国内外の金融システムの安定を通じて間接的に，ソブリン債務の発行・流通市場の安定や国際通貨制度の安定にも貢献することは論を待たないが，本書の守備範囲は，こうした間接的な効果を指摘するところまでに止めたい。

BOX 14　国際通貨危機に対応する国際的な LLR

　外国為替相場の急激な変動や資金の急速な国外流出などいわゆる国際通貨危機が発生しそうな場合，あるいは，発生した場合，IMF 等の国際金融機関が，これを未然に防止したり，その悪影響を抑制したりする目的で，決済用の外貨準備を当該国などに供給することがある。こうした意味の流動性供給も LLR の一種ではあり，国内の金融危機に対応するための LLR になぞらえて，国際的な LLR（International Lender of Last Resort）と呼ばれる。

　こうした IMF の緊急融資は，1970 年前半までは規模が小さかった。ところが，1980 年代入り後は一転して，メキシコやチリなどラテン・アメリカ諸国の通貨危機の際に緊急融資を実行したのに続き，1994〜1995 年のメキシコ通貨危機，1997 年のアジア諸国（7 月タイ，フィリピン，マレーシア，8 月インドネシア，10 月韓国）の通貨危機，1998 年ロシア通貨危機，1999 年ブラジル通貨危機の際には，IMF が国際的な LLR 機能を活発に発動した（Hornbeck［2001］）。

　IMF 等の国際金融機関が国際的な LLR 機能を頻繁に発動し，その規模が急拡大するにつれて，それが本当に通貨危機を防止・抑制できているのか，借り手国の金融システムや財政政策などの構造改革を促すうえで有効なのか，といった疑念が，米国など大口出資国の間で浮上した。IMF への追加出資を求められた米国連邦議会が 1999 年に，IMF 批判派急先鋒のアラン・メルツァー教授を委員長とする International Financial Institutions Advisory Commission を設置して改革提言を諮問した背景には，こうした事情があった。同 Commission は翌 2000 年 3 月に，IMF の短期融資への特化と重債務貧困国の債務免除の 2 点の合意事項を提言するする議会報告書，いわゆるメルツァー・レポートを提出した。

　今世紀初頭には，すでに国内 LLR に関する議論はあらかた決着し，今後の重要な争点はむしろ国際的な LLR の分野にしか残っていない，という見方が学界や中

央銀行実務家の間で広がっていた（Humphrey and Keleher［1984］など）[33]。国際的な LLR 機能の実効性や発動原則をめぐる議論が，2000 年の前後に盛り上がった背景にはこうした事情があった[34]。

　国際的な LLR をめぐる論点の第 1 は，そもそも国際的な通貨を無制限に発行・創造する能力のない IMF などの国際金融機関が国際的な LLR 機能を発揮しうるのか，という疑問である。LLR 機能にとって通貨発行能力の保有が必要不可欠と考えるキャピーの 1998 年論文やシュワルツの論文が，無制限の通貨発行能力を有しない IMF が国際的な LLR にはなりえない，と主張した（Capie［1998］，Schwartz［1999, 2002］）のに対し，IMF 筆頭副専務理事であったフィッシャーの 1999 年論考は，通貨発行能力は不要でむしろ与信能力が必要であり，それを有する IMF が国際的な LLR 機能を発揮している，と反論した（Fischer［1999］）。

　第 2 に，国際的な LLR 機能がモラル・ハザードを惹き起こす問題である。IMF を名指ししてその無節操な融資が問題を助長したと非難するカロミリスの 1998 年論文（Calomiris［1998］）ほど極端ではないものの，ほとんどの論者がモラル・ハザードの問題を指摘する。レリックとメルツァーの 2003 年共著論文はこの問題への対策として IMF がソブリン債権を固定割引価格で買い取る仕組を組み込んだ債務整理スキームを提言した（Lerrick and Meltzer［2003］）。ブリーリーの 1999 年論文やジャニーニは，ソブリン債務の投資家にも損失の一部負担を求めるベイルイン（bail-in）や，秩序だった債務整理（orderly debt workout）を提言した（Brealey［1999］, Giannini［2002］）が，こうしたアイデアは，グローバル金融危機後に盛んになった，金融機関の実効的な破綻処理手続を整備する議論の中で浮上する検討課題を先取りしたものであった。

　第 3 に，債務超過先向けの流動性供給の禁止という論点である。メルツァーがメルツァー・レポートなどで，バジョットの提唱した国内 LLR の原則をそのまま適用し債務超過先向けには流動性供給を禁止すべきだと提案した（International Financial Institution Advisory Commission［2002］, Meltzer［2000］）のに対し，

33）　英国で広がっていた楽観論が 2007 年の Northern Rock 銀行取付け騒ぎで覆されたことは，第 5 章第 2 節で前述した。

34）　国際的な LLR の分野の研究論文による引用が多いのが，執筆当時は IMF 筆頭副専務理事であったフィッシャー FRB 前副議長の論考（Fischer［1999］）や，本文に記載した 2000 年 3 月の米国議会報告書，いわゆるメルツァー・レポート（International Financial Institution Advisory Commission［2002］）である。他にも Calomiris［1998］, Capie［1998］, Brealey［1999］, Schwartz［1999, 2002］, Meltzer［2000］, Mishkin［2000］, Giannini［2002］, Lerrick and Meltzer［2003］など IMF 等の国際金融機関による国際的な LLR 機能について論じた研究成果や論考が，相次いで公表された。

フィッシャーの 1999 年論考は，そもそも国家の債務超過や倒産手続というものが観念し難いと反論した（Fischer［1999］）ことから，議論は噛み合わないままとなっている。

　これに関連する問題点として，IMF が借り手国の財政金融政策や構造改革にどの程度まで強く働き掛けるべき，という点が議論になりやすい。メルツァー・レポートが，IMF は借り手国に課す融資条件（conditionality）の中身を個別交渉すべきでないと論じ，事前に一定の資格を満たした（pre-qualified）国だけに融資する方式への変更を提言した（International Financial Institution Advisory Commission［2002］）。これに対しフィッシャーの 1999 年論考は，条件未達成国には適用金利を引き上げる代わりに融資継続を認める仕組みとしたい，と応じた（Fischer［1999］）。

　こうした国際的な LLR をめぐる議論と国内 LLR をめぐる議論とを区別して扱うことに，意味はあるのだろうか。例えば，2010 年以降の欧州周縁国ソブリン・リスク問題は，金融システムの不安，公的債務の膨張，実体経済の悪化という 3 つの問題が，負の相乗作用を及ぼし合いながら，通貨危機に発展する現実的な危険性をまざまざと示した。また，先進国のみならず新興国において，一般企業を含む民間部門の外貨建て債務が拡大してきた現代の国際金融資本市場を前提にすると，国家・中央政府の負う外貨建て債務の問題やそれに対応するための国際的な LLR のあり方だけを取り立てて議論することの実益も小さくなっている。

　グローバル金融危機時に主要国中央銀行が導入した流動性スワップは，第 4 章第 4 節および BOX 11 などで前述したとおり，金融システムの国際的な安定に寄与すると同時に，外国為替相場の安定や通貨危機深刻化の防止にも貢献した面もある。

　複数の中央銀行間が多角的に結ぶ流動性スワップは，国際的な LLR とは似て非なるものではあるが，グローバル LLR（Global Lender of Last Resort）とも呼ばれる。今後は，国際的な LLR よりも，このグローバル LLR や，それを支える中銀間協定，クロス・ボーダー担保などの制度枠組み，情報開示などのあり方について実務的な検討が進むことが期待される[35]。

35）　BIS CGFS［2017］は，中央銀行間での情報共有やクロス・ボーダー担保なども含めて中央銀行による流動性支援のあり方や発動原則について掘り下げて検討した有益な報告書である。

第3節　ユーロシステムにおける緊急流動性支援 ELA

（1）　緊急流動性支援 ELA の制度

（i）　制度概要

　ECB のホームページは，ユーロ圏の金融機関が，金融政策目的の金融調節（monetary policy operations）のほかに，例外的に緊急流動性支援（Emergency Liquidity Assistance: ELA）によっても中央銀行信用（central bank credit）を受けられると述べている。ELA の実施に関するルールと手続は，ELA 協定（Agreement on Emergency Liquidity Assistance）の中に定められている[36]。

（a）　対象金融機関

　ELA は，支払能力のある（solvent），1 つまたは複数の金融機関で，一時的な流動性問題に直面している先に対して，実施される。支払能力のある金融機関と認められるためには，2013 年制定の自己資本比率規制の基準を満たすこと，または，24 週間以内に必要な資本増強を行う信頼できる見通しを有すること，が求められる。

　この点は，ESCB 内にいながらユーロシステム外にいる BOE が債務超過の金融機関に対して ELA を実施する可能性を否定していないこと（第 5 章第 2 節で前述）とは対照的である。ユーロシステムでは，債務超過の金融機関に対する ELA は，政府機関に対する中央銀行信用を禁じた EU の機能に関する基本条約 123 条の違反と考えられている。

（b）　手　段

　ELA は，中央銀行マネー（central bank money，中央銀行預金または現金のことを言う）を，または，中央銀行マネーの増加につながりそうな他の種類の支

---

36)　ELA 協定（ECB［2017b］）は，2017 年 5 月 17 日に決定された。ECB はいったん 2013 年 10 月 17 日に，ELA の実施をめぐる ECB と各国 NCB との間の報告・協議手続に関して，1999 年以降，有効に適用され，定期的に見直されてきたルールや慣行を，ELA Procedures として明文化し公表していた。その後の改正・追補を含め集大成した内容のものが，この ELA 協定である。

援（any other assistance that may lead to an increase in central bank money）を提供することによって実施される。

　前者は，中央銀行が個別金融機関への資金貸付けなどにより流動性を供給することを意味しよう。後者は，例えばBOEの特別流動性供給スキームやDWF（第5章第2節で前述）のように，中央銀行が個別金融機関に証券を貸し出し当該金融機関がそれを用いて金融市場から資金（＝中央銀行マネー）を調達することを支援することなどが含まれるものと理解される。

（c）　金融調節との区別

　ELAは，一元的な金融政策運営以外の方法によって実施される（such operation is not part of the single monetary policy）。

（d）　実施主体・責任・費用・リスク

　金融政策運営の実施主体がECBであるのに対して，ELAはユーロ圏各国のNCBが実施する。このため，ELAに関する責任は，実施主体となったNCBに帰属し，ELAの提供によって発生するいかなる費用またはリスクも，当該NCBが負担する。

（ii）　ECBとNCBとの間の報告・協議

　本来は各NCBの判断と責任に基づき実施されるELAについて，ECBが当該NCBから事前または事後の報告を受け，ELAを禁止または事前承認する手続を，以下のように定めている。

（a）　ECBによるELAの禁止

　各国NCBは，ECB政策理事会（Governing Council）が欧州中央銀行制度規程[37]第14.4条に基づきELAの実施は欧州中央銀行制度の目的および機能を妨げる（interferes with the objectives and tasks of the ESCB）と判断して当該

---

[37]　欧州中央銀行制度規程とはStatute of the European System of Central Banks and of the European Central Bankのことを言う。

ELA を禁止（prohibit）しない限り，ELA を実施できる。

(b)　NCB の報告事項

　NCB は，実施した ELA，または，実施する予定の ELA に関する，少なくとも下記 9 項目の詳細情報を，ECB に対して報告しなくてはならない。
　　 i . 対象金融機関
　　 ii . 実行日および満期日
　　 iii . 金額
　　 iv . 通貨
　　 v . 担保・保証の内容（時価，ヘアカット，保証契約の詳細も含む）
　　 vi . 金利
　　 vii . 実施理由（例えば，追加担保請求，預金流出など）
　　 viii . 対象金融機関の流動性および支払能力に関する監督当局の評価
　　 ix . 国際的またはシステミックな影響

(c)　ELA 金額と報告期限
　　5 億ユーロ以下の ELA　　実施後 2 営業日以内
　　5 億ユーロ超　　　　　　事前にできるだけ早く

(d)　20 億ユーロ超の ELA の特則

　ECB 政策理事会は，20 億ユーロ超の ELA が実施される予定の報告を受けた場合，その ELA がユーロシステムの一元的な金融政策を阻害するリスクの有無を審議しなくてはならない。ECB 政策理事会は，こうしたリスクがあると判断した場合に，当該 ELA を禁止することができる。逆に NCB は，ECB への事前報告後 24 時間以内に ECB 政策理事会から禁止されない限り，当該 ELA を実施できる。

　NCB の申請があった場合に，ECB 政策理事会は，一定の短期間内の ELA を一定金額の範囲内で事前承認（decide not to prohibit）することができる。NCB がこうした事前承認枠を申請するには，ECB 政策理事会に対して，ELA を審議する予定の会合の少なくとも 3 営業日前までに，上記 9 項目の詳細情報

に加えて，次回の政策理事会定例会合までの間における，個々の対象金融機関の，予想シナリオとストレス・シナリオの双方に基づく資金不足見通しを提供しなくてはならない。

ECB 政策理事会は，20 億ユーロ超の ELA について審議する場合には，投票の 3 分の 2 の多数でもって議決しなくてはならない。

(iii)　ELA の条件

(a)　実施期間

ELA は，実施後 10 か月を経過した時点で，ECB 政策理事会から承認（non-objection）を得られた場合にのみ，12 か月を超えて実施することができる。

(b)　価格設定

NCB は，ELA の対象金融機関から，ユーロシステムの限界貸付金利（Marginal Lending Facility rate）に 1% を加算した金利などペナルティー金利を徴求する。

(c)　担保・保証

各 NCB が ELA を実施する際には，担保を取得すること，または，保証を付すことが求められ，その適格担保資産の種類や範囲は，ECB が実施する金融政策目的の金融調節のために取得する適格担保よりも広いことが想定されている（Praet [2016]）。

(iv)　ELA に関する情報開示

ユーロシステムにおける ELA の実施状況に関して開示されている情報は限定的である。ELA の実績についても，個別金融機関向けの実施状況はおろか，実施金額・残高の集計値を事後的に開示することすらしていない。

ただ，ユーロシステム全体の ELA 実施残高は，ECB が週次で発表するユーロシステム連結貸借対照表（Consolidated Weekly Financial Statement: WFS）から，その規模や増減を推測できる。すなわち，WFS で公表される資産項目の 1 つである「ユーロ圏金融機関向け債権」（Other claims on euro area credit institutions denominated in euro）が ELA を含んでいることは，WFS 統計の解説書が明らかにしている[38]。

　各国の NCB による ELA の実施残高も，同様に，各 NCB が作成・公表している月次貸借対照表（Monthly Financial Statements: MFS）の中の同名の資産項目「ユーロ圏金融機関向け債権」に含まれているものと考えられる。このため，ユーロシステムの ELA に関する調査論考の多くは，WFS や MFS に計上された「ユーロ圏金融機関向け債権」の動向を ELA に見立てて分析している。

　このように ECB が ELA 情報を限定的にしか開示していない点は，米国 2010 年ドッド・フランク法が FRB に金融機関向けの個別融資明細の情報開示を融資実施の約 2 年後に義務づけたことや，日銀法 38 条に基づく特融の個別金融機関向けの実施状況が日銀の「業務概況書」等の中で開示されていたこととは，対照的である（それぞれ第 4 章第 6 節，第 3 章第 3 節で前述）。河村［2015］211 頁は「（ELA の）制度の運用はそのスキームの目的のせいか，十分な透明性が確保されておらず，適用金利や条件・利用実績はユーロシステムとして各国横断的・統一的に公表されるかたちとはなっていない」と指摘している[39]。

　なお，ECB は 2015 年 9 月 16 日付けのプレスリリースで，各国の NCB が必要と判断した場合に当該国の金融機関向けの ELA に関して公表するオプション（option to communicate publicly）を各 NCB に与えたことを明らかにした。

---

38)　WFS 統計の解説書とは，ECB ホームページに掲載されている User guide on the Eurosysytem consolidated weekly financial statement である。この "Other claims on euro area credit institutions denominated in euro" は直訳すれば「その他のユーロ圏金融機関向けユーロ建て債権」であるが，本書では「ユーロ圏金融機関向け債権」と略称する。なお，ECB は 2012 年 4 月 20 日付けの貸借対照表に注記されたその他の事項（Other issues）の中で，ユーロシステムの中央銀行が該当国内金融機関向けに提供する ELA の情報開示を調和（harmonize）する目的で，会計科目の分類替え（accounting reclassification）を行った結果，その他の証券（other securities）が 185 億ユーロ減少，その他の資産（other assets）が 1,056 億ユーロ減少した代わりに，「ユーロ圏金融機関向け債権」が 1,211 億ユーロ（約 13 兆円）増加したことを明らかにした。

39)　河村［2015］は，その 121 頁で（ECB が）「99 年に業務を開始してから数年間は，この ELA という制度に関する記述は，同行の公表資料にはごく限られた数しか見当たらない」と指摘したのに続き，124 頁で「ユーロシステムの発足後，約 10 年あまりの間は（中略）やや消極的なかたちで枠組みの準備が整えられていた ELA であった」と述べ，211 頁で「ELA の枠組みは欧州債務危機の際，ついに一部の問題国向けに活用されることになった模様である」との見方を示し，ECB の ELA に関する取組みや情報開示姿勢が過去四半世紀の間に変遷してきたとの認識を披露している。

表 6-3 ギリシャへの金融支援概要

	合意時期	支援主体	合意された支援額	支援実行額
第 1 次	2010 年 5 月	ユーロ圏，IMF	1,100 億ユーロ	730 億ユーロ
第 2 次[注1]	2012 年 3 月	EFSF[注2]，IMF	1,300 億ユーロ	1,535 億ユーロ
第 3 次	2015 年 8 月	ESM[注3]	860 億ユーロ	469 億ユーロ[注4]

(注 1) 第 2 次ギリシャ支援の際には，公的機関による金融支援のほかに，民間金融機関が保有するギリシャ国債等 2,060 億ユーロを，大幅に割り引いた額面の債券と交換することなどを通じ政府債務の名目元本の 53.5 ％ を自発的に減免する PSI（Private Sector Involvement，民間部門関与）も実施された。この PSI によるギリシャ政府債務残高の削減幅は 1,070 億ユーロであったが，これは同国の 2014 年名目 GDP 1,791 億ユーロの約 6 割，政府債務残高約 3,200 億ユーロの約 3 割に相当する巨額のものであった。

(注 2) EFSF（European Financial Stability Facility，欧州金融安定ファシリティ）は，ユーロ圏加盟国が 2010 年に設立した支援機関であり，4,400 億ユーロの資金規模を有する。2013 年 6 月までの時限的な支援機関として，貸付けや新発国債引受け，既発国債買入れ，金融機関への資本注入などの支援業務を行った。似た略称の組織に EFSM（European Financial Stabilization Mechanism，欧州金融安定化メカニズム）という，同じく 2010 年から 2013 年までの時限的な支援制度（資金規模総額 600 億ユーロ）があったが，こちらは EU 予算を裏付けの財源として，アイルランドやポルトガルに向けた貸付けなどを行った。

(注 3) ESM（European Stability Mechanism，欧州安定メカニズム）は，ユーロ圏加盟国により 2012 年 7 月に設立された恒久的な支援機関であり，時限的な制度であった EFSM や EFSF の機能を引き継いだ。その資金規模は前身の EFSF を合わせ 7,000 億ユーロである。

(注 4) 第 3 次支援の金額 469 億ユーロは 2018 年 6 月までの累計である。

(出所) 筆者作成。

NCB の 1 つであるギリシャ中央銀行は，これを踏まえ，ECB から事前承認を受けた同国の国内銀行に対する ELA の総額をほぼ毎月公表している。

(2) ギリシャ中央銀行の緊急流動性支援 ELA

(i) ギリシャの政府債務問題

欧州ソブリン債務問題は，2009 年 10 月にギリシャの財政赤字額の過小評価・申告が明らかになったことなどを契機に表面化した。その後，ギリシャは，国債の信用力の大幅な低下や格下げを経験したことから，厳しい財政緊縮策の実行や財政構造改革への取組みを条件とする大規模な金融支援を 3 回にわたり受けた（表 6-3）ものの，他の欧州周縁国が債務問題を克服しつつあるのとは対照的に，問題の表面化後 8 年余りを経た現在でも債務問題に苦しんでいる。ギリシャの財政再建は，財政支出削減のもたらした景気後退が税収を減少させる悪循環や，国民の間で蔓延する「緊縮疲れ」の悪影響，「反緊縮派」のデモや政治機運の高まりにも阻まれ，遅々とした歩みを辿っている（経済産業省 [2012]，河村 [2015]，田中理 [2015a, 2015b] など）。

図6-10　ギリシャ中央銀行の ELA を含む資産の動向

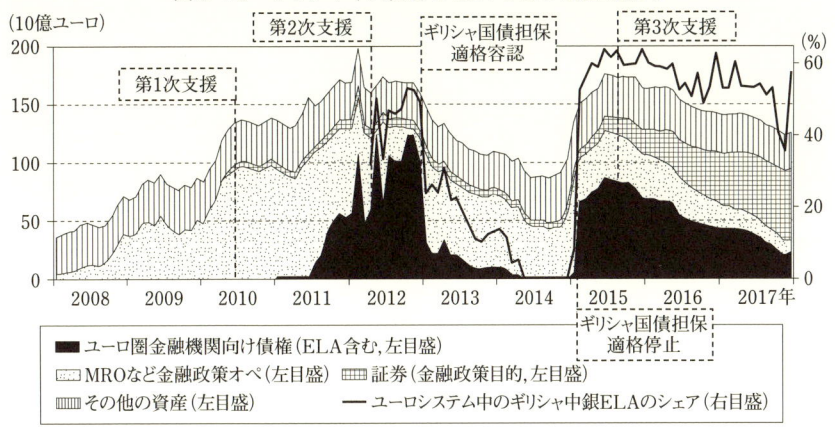

（出所）　ギリシャ中央銀行ホームページ掲載統計に基づき筆者作成。

（ii）　ギリシャ中央銀行による緊急流動性支援 ELA の拡大

　国民や預金者の間でに広がったギリシャのユーロ圏離脱観測や，ギリシャの民間金融機関の経営健全性に関する不安を背景に，預金の国外流出が進んだことから，資金繰りに窮したギリシャの金融機関は，ギリシャ中央銀行の実施した緊急流動性支援 ELA など資金流動性供給への依存度を高めている（河村［2015］，田中理［2015a, 2015b］など）。

　図6-10 は，ギリシャ中央銀行の資産とその内訳項目の残高の推移を辿ったものである。ギリシャ中央銀行の実施した ELA 残高は，資産項目「ユーロ圏金融機関向け債権」[40] の中に含まれている。

　ギリシャ中央銀行の「ユーロ圏金融機関向け債権」は，2011 年前半の 1 億

---

40)　ギリシャ中央銀行が月次貸借対照表（Monthly Financial Statement: MFS）上で公表している「ユーロ圏金融機関向け債権」（Other claims on euro area credit institutions denominated in euro）の計数は，2011 年 11 月まで 7,000 万ユーロ前後に止まっていたものが同年 12 月に 520 億ユーロへ急増した直後に急減し，2012 年 1〜3 月は 7,000 万ユーロ前後の水準で推移するなど不自然に変動した。その他資産「調整項目」（Sundry）も，同じ 2012 年 2 月に総資産の半額を超える 1,094 億ユーロにまで急増した後に急減するなど不自然に急変動している。さらに，ECB が 2012 年 4 月に ELA の情報開示の調和を目的に会計科目の分類替えを発表した。こうした一連の動向から推測する限りでは，この時期のギリシャ中央銀行 MFS 上では，本来「ユーロ圏金融機関向け債権」に計上すべき資産が，

ユーロ未満のレベルから，2012 年 5 月にピーク残高の 1,241 億ユーロ[41]（約 12 兆円，同国名目 GDP の約 6 割）にまで急増し，その後 2014 年にはいったんゼロ近傍にまで減少した。ところが 2015 年に再び急増し 6 月に 868 億ユーロ（約 12 兆円）に達するなど，債務問題やユーロ離脱観測，金融機関の経営不安に応じて急増減を繰り返した。こうした背景から判断する限りでは，この「ユーロ圏金融機関向け債権」の変動のほとんどは，緊急流動性支援 ELA の増減でもって説明できると考えられる。

　図 6-10 の折れ線グラフは，ギリシャ中央銀行の「ユーロ圏金融機関向け債権」が，ユーロシステム全体の「ユーロ圏金融機関向け債権」に占めるシェアを示している。2015 年に再び急増したギリシャ中央銀行の ELA が，依然として，ユーロシステム全体の ELA の約 3 分の 2 を占めていることは特筆される。

（iii）　ギリシャ国債の担保適格と金融政策オペ

　ギリシャ中央銀行の ELA の増減をみる際に，注意しなくてはならないのは，ユーロシステムの一角を占めるギリシャ中央銀行が，ECB の大規模流動性供給の一環として，ギリシャ国内の民間金融機関向けに MRO または LTRO などによっても資金流動性を供給してきた点である。ギリシャ中央銀行が，ECB の大規模流動性供給の一環として供給した資金流動性残高は，図 6-10 や後掲の図 6-11，図 6-13 では「MRO など金融政策オペ」として計上されている。

　ところが，ギリシャ中央銀行がこの「MRO など金融政策オペ」により供給できる資金流動性金額は，相手方の民間金融機関が ECB の適格担保資産をどれだけ保有しているかに制約される。自国政府債務の信用力低下という問題に直面していたギリシャの中央銀行に特有の事情として，民間金融機関が担保提

その他資産「調整項目」に計上されていたと考えられる。したがって図 6-10 や図 6-11，図 6-13 では，2011 年 7 月から 2012 年 3 月までの間に限り，ギリシャ中央銀行のその他資産「調整項目」が当時の平均的な水準（約 17 億ユーロ）を上回った金額を，「ユーロ圏金融機関向け債権」に追加して計算・表示している。

41)　2012 年 5 月は，ギリシャ議会選挙の結果，緊縮財政反対派が一時は優勢となったものの連立政権の樹立には至らなかったことで，翌 6 月の再選挙で緊縮財政支持派の与党が過半数の議席を維持するまでの間は，同国のユーロ圏離脱懸念から金融不安がピークに達した時期である。

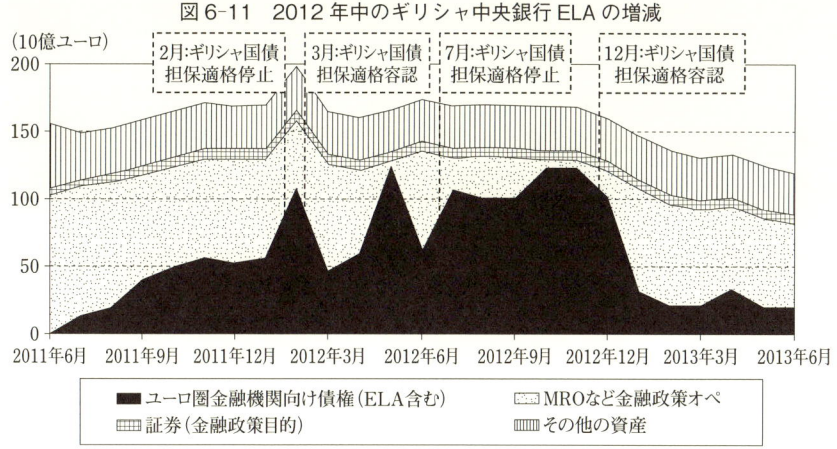

図6-11　2012年中のギリシャ中央銀行 ELA の増減

供できるギリシャ国債等の適格性を ECB が容認したり停止したりするたびに，金融政策オペにより供給できる金額が急増減を繰り返した。

　例えば，2015年2月4日に ECB がギリシャ国債・政府保証債の担保適格を停止した直後の2月末には，金融機関がギリシャ中央銀行に差し入れた金融政策オペ用の適格担保資産残高が前月末比591億ユーロも急減した結果「MRO など金融政策オペ」も急減した。その代わりに，ギリシャ中央銀行の「ユーロ圏金融機関向け債権」が同国名目 GDP の約3分の1に相当する規模の604億ユーロも急増したのである[42]。このように，ギリシャ中央銀行による ELA は，民間金融機関の差し入れた ECB 適格資産残高の急増減に伴い「MRO など金融政策オペ」が急増減した金額が言わば振り替わるような形で急増減する筋合いにある。

---

42)　ECB は，ギリシャ国債・政府保証債の担保適格停止を決定した2015年2月4日政策理事会後のプレスリリースの中で「今回の決定はギリシャの民間金融機関の中央銀行取引先としての位置づけに影響しない。ユーロシステムの取引相手となる金融機関で，代わりの担保資産を十分に保有していない先の流動性需要は，所管する各国中央銀行がユーロシステムの既存ルールの範囲内で提供するELA によって充足できる」と付言し，ギリシャ中央銀行がギリシャ国債等を担保に取得したうえで同国の民間金融機関に向け ELA を実施することを想定していたようである。

　ギリシャ国債の担保適格が容認あるいは停止されるたびに，ギリシャ中央銀行の ELA と金融政策オペとが振り替わる現象は，2012 年中にもみられた（図6-11）。2012 年には，第2次ギリシャ支援に向けた EU や IMF との交渉をめぐり，緊縮財政反対派と支持派との綱引きで国内政治情勢が動揺しギリシャ議会選挙・再選挙が実施され，同国のユーロ圏離脱懸念や金融不安が最高潮に高まった。

　ECB は 2012 年2月に，第2次ギリシャ支援に絡んで PSI（民間部門が保有ギリシャ国債を自主的に減免）が公式に提案されたことを踏まえ，ギリシャ国債の担保適格を一時的に停止した[43] が，これに伴いギリシャ中央銀行の「MRO など金融政策オペ」が 235 億ユーロも急減したことを受けて，一方の「ユーロ圏金融機関向け債権」は急増し 1,000 億ユーロを上回った。ところが翌3月に，ギリシャ国債の買戻しスキームが実施されたことを受け ECB がその担保適格を容認すると，「MRO など金融政策オペ」は 290 億ユーロも急増し，逆に「ユーロ圏金融機関向け債権」が 500 億ユーロを下回る水準に半減した。

　同年7月に ECB が再びギリシャ国債の担保適格を停止すると，「ユーロ圏金融機関向け債権」は急増した。ところが 12 月にギリシャ国債の担保適格が再び認められると，「ユーロ圏金融機関向け債権」は減少に転じたのである。

　ギリシャ中央銀行の ELA がギリシャ国債の担保適格の認否に応じて急増減する現象それ自体は，ソブリン債務問題が民間金融機関の保有する政府債務の信用力や価値の低下を通じて信用不安や金融システム問題に発展，変質した経緯や背景を考えれば，不自然なことではない（BOX 15「欧州ソブリン債務危機は金融危機」）。しかしながら，ギリシャ中央銀行の資金流動性供給手段が「ユーロ圏金融機関向け債権」と「MRO など金融政策オペ」との間で頻繁に振り替わり，その振り替わりが ECB の担保適格基準の適用と適用停止によって惹

---

43)　2008 年に ECB の担保適格基準は大幅に緩和され，格付けの最低基準がトリプル B マイナスに引き下げられていた（第2節 (2) で前述）。ところがギリシャ国債の格付けは，第1次支援を要請した 2010 年以降，この最低基準すら下回っていたため，ECB は同年5月に，ギリシャ国債に格付けの最低基準を適用することを停止する措置をとることでギリシャ国債の担保適格を容認した。2012 年2月にギリシャ国債の担保適格を停止した ECB の決定は，厳密に言えばこの「格付け最低基準の適用停止」を一時的に停止したものである。

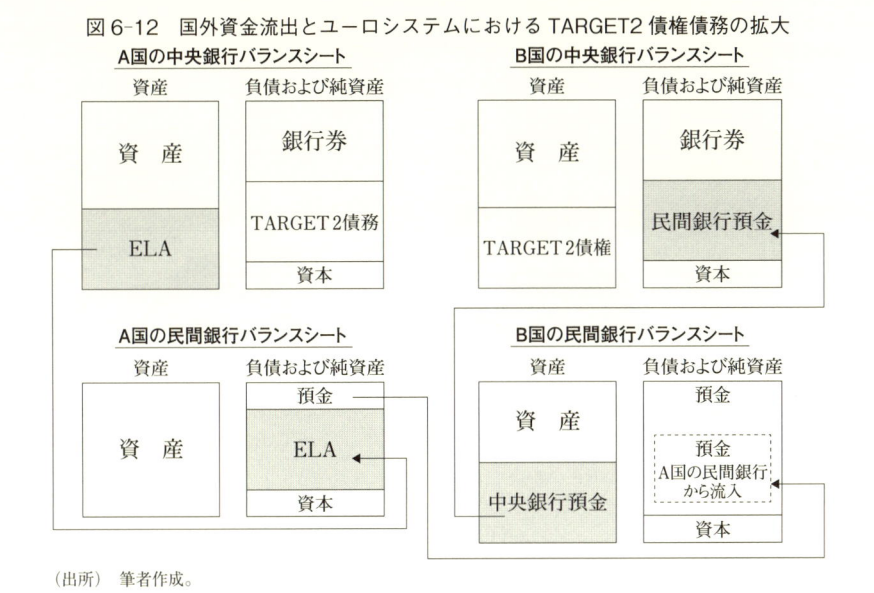

図6-12　国外資金流出とユーロシステムにおける TARGET2 債権債務の拡大

（出所）　筆者作成。

き起こされる問題は，中央銀行の担保管理実務や LLR 担保のあり方に関する重要な検討課題を示唆している。

（iv）　国外資金流出と TARGET 2 バランス問題

　ギリシャ中央銀行の ELA が急増した背景には，同国内の民間金融機関から，預金などの資金が国外に流出した事情も指摘できる。図6-12 に示すとおり，仮に，ユーロ圏内の A 国の民間銀行から流出した資金がユーロ圏内の別の B 国の民間銀行に預金された場合に，A 国の民間銀行に資金流動性を供給した A 国中央銀行は，結果として，ユーロシステム内の他の中央銀行全体に対して TARGET 2 債務を負うことになる[44]。

44）　TARGET 2 とは，第 2 世代の Trans-European Automated Real-time Gross settlement Express Transfer system（TARGET）の略称で，EU 内の民間金融機関間の大口資金決済システムである。即時グロス決済方式を用いており，第 1 世代の TARGET は 1999 年 1 月に稼働を開始し，第 2 世代の TARGET 2 は 2007 年 11 月に稼働を開始した。

図 6-13 ギリシャ中央銀行の TARGET 2 債務拡大

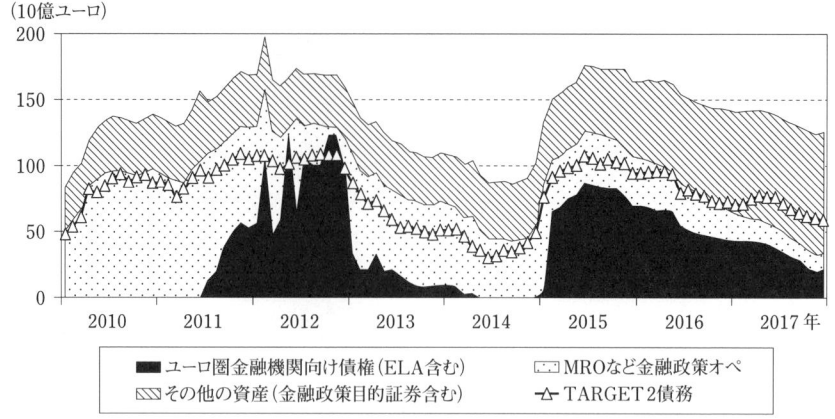

（出所） ギリシャ中央銀行ホームページ掲載統計に基づき筆者作成。

　長い眼でみれば，こうした国外への資金流出，国外からの資金流入の不均衡は，各国の経常収支や資本収支の差額から生じる逆方向の資金フローによって解消されていくことが予想される。しかしながら，短期的には，ユーロ圏内における国外資金流出入は各 NCB の TARGET 2 債務および債権として計上されることになる。

　図 6-13 の三角マーカー付き折れ線グラフは，ギリシャ中央銀行のバランスシート上の TARGET 2 債務の動向を示している。2015 年入り後，緊急流動性支援 ELA などによって国内金融機関に向けた資金供給が拡大するに伴って，TARGET 2 債務が再び拡大し 1,000 億ユーロを上回るレベルに達したことが確認できる。ユーロシステム内の中央銀行間の貸し借りとはいえ，一国の名目GDP の半分にも相当する規模の対外債務をギリシャ中央銀行が負っていることは驚きを禁じえない。

　TARGET 2 債務および債権の拡大は，ユーロ圏内における各国間の資金流出入の不均衡が，各 NCB の間の債権債務の拡大によってファイナンスされていることを意味する。みようによっては，ユーロ圏の中で対外債務の大きい国に対して，それ以外のユーロ圏国の中央銀行が，事実上の支援融資を行っていることになる。こうした問題は，TARGET 2 バランス問題と呼ばれ，2011 年

頃から欧州金融経済情勢の研究者の間で注目されてきた[45]。ECB も TARGET 2債務の動向を重大な関心を持って注視しており，2015 年9月以降，ユーロシステム各 NCB の TARGET バランスを，ECB 自ら集計し公表することを決定した。

ECB 政策理事会は，前述のとおり各 NCB による ELA 金額を事前承認しているものの，ギリシャ中央銀行が事前承認枠を公表し始める 2015 年9月までは，公式には対外公表されていなかった。ECB プレスリリースによれば，2015 年6月 28 日および7月6日の政策理事会では「据置き」が決定され，7月 16 日の政策理事会後の Draghi 総裁記者会見記録によれば「9億ユーロの増額」が決定された。この Draghi 総裁会見記録および田中理［2015a, 2015b］を合わせ読むと，ギリシャ中央銀行 ELA に対する ECB の事前承認枠は7月 16日に従来の 886 億ユーロから 895 億ユーロ（約 12 兆円）に増額された模様である。

ELA の実施判断は原則として各 NCB の権限と責任に委ねられている。しかし実際には ECB がギリシャ中央銀行の ELA 実施に深く関与している。この背景には，ギリシャ中央銀行の ELA 残高がユーロシステム全体の約3分の2を占めているという事情に加え，TARGET 2債務の残高が同国の経済規模比で膨張していることへの懸念があると考えられる。

第4節　ECB の経験・教訓が示唆する検討課題

欧州大陸諸国における中央銀行 LLR の歴史や，ECB やギリシャ中央銀行を含むユーロシステム中央銀行がグローバル金融危機やソブリン債務問題に対応した経験と教訓を踏まえると，中央銀行の LLR 機能のあり方に共通する検討課題が5点浮かび上がる。

第1に，ECB の大規模流動性供給が民間金融機関に先行き長期間にわたり希望する満額を資金調達できる安心感をもたらした効果は絶大であった。この

45）　TARGET 2バランス問題の詳細は，河村［2015］225-238 頁に掲載されたコラムのわかりやすい解説や，ECB［2011b］pp. 35-40, ECB［2015d］を参照されたい。

特徴は，もともとは金融政策の手段であった LTRO などの流動性供給の手法を改良・長期化したうえで，中央銀行側から起動する，固定金利の金額無制限方式で資金を供給した点にある。ECB のアプローチは，FRB や BOE が汚名問題を払拭することで民間金融機関による流動性供給ファシリティの利用を促そうとするのとは異なるアプローチとして，検討に値する。来るべき金融危機に備え，中央銀行が起動する流動性供給について，平時から実務ノウハウの蓄積や「頭の体操」をしておくことが望ましい。

　第 2 に，ECB の意図とは裏腹に，金融システム安定を目的とした流動性供給と，物価安定を目的とした金融政策オペや金融調節とを明確に切り分けることは難しい。ECB が金融政策目的の資金供給と緊急流動性支援 ELA とを区別する公式見解を繰り返し表明しても，現実に，ギリシャ中央銀行の ELA 事例のように，ELA と金融政策オペとの間で「振り替わる現象」が生じているのであれば，両者の間の線引きは意味をなさない。むしろ，流動性供給の運営上は両者が未分化となりうる実態を認めたうえで，流動性不足の民間金融機関に対して，中央銀行がいかなる場合にどれだけの流動性を供給するのかを議論することのほうが有益である。

　第 3 に，従来から適格担保資産の範囲が幅広くまた要件・基準も緩和されていた ECB においてすら，ギリシャ中央銀行の事例のように適格担保の不足が流動性供給の制約になったという事実は，留意しなくてはならない。流動性供給が政府債務の信用力低下に伴う担保適格の喪失によって阻まれてしまう危険があるのであれば，流動性調達の懸念や信用不安が増幅されてしまう。中央銀行の適格担保資産の種類を多様化し担保資産管理を一段と高度化する工夫や，無担保の貸付けの検討も平時から求められている。

　第 4 に，緊急流動性支援 ELA の意思決定プロセスを整理し透明性を高めることの重要性である。ECB と各国 NCB との二階建て構造の組織体制となっているユーロシステムの場合には，ELA 実施が ECB と NCB のどちらの責任と判断で最終決定されているのかが，ECB の公式見解や ELA 協定に述べられているほどには明確でない。意思決定プロセスの不透明感のために，借り手である民間金融機関の不安を助長してしまうのは本意ではあるまい。迅速な行動が求められる緊急流動性支援について，意思決定プロセスや役割・責任の分担を

さらに明確かつ透明にしていく努力が，中央銀行には求められている。

　第 5 に，金融機関の破綻処理や金融再編の目的で，中央銀行が流動性を供給することを検討する必要性である。今後，銀行同盟や破綻処理手続の共通化など金融システムの面での欧州内の統合が進化，深化するにつれて，金融システム安定の面で ECB に求められる役割も変化・拡大することが見込まれる。欧州大陸諸国の中央銀行 LLR の歴史を振り返ると，フランスやイタリアなどでは金融機関の破綻処理や金融再編の目的で中央銀行が流動性を供給した事例はあった。中央銀行 LLR のあり方を考えるうえで，金融機関の破綻処理の問題に眼をつぶることは適切ではない。

BOX 15　欧州ソブリン債務危機は金融危機

　欧州ソブリン債務問題は，ギリシャで 2009 年 10 月に発足したパパンドレゥ政権が前政権による財政赤字額の過小申告を公表した[46] ことが契機となって表面化し，翌 2010 年 2 月に，同国政府がオフバランス会計操作によって財政収支を粉飾していた疑惑が報道され，同国の財政運営に対する信認が低下したことで深刻な問題に発展した。その後ギリシャは，アイルランド，ポルトガルなどとともに，政府債務および政府保証債務の返済能力に対する金融資本市場の評価，信用を急激に失い，債務格付けも大幅に引き下げられ，既発債の流通利回りが急上昇した（図 6-7）。

　政府債務の返済能力に関する不信は，2011 年に入ると，スペインやイタリアなど欧州の中でも経済規模が大きい国にも広がった。こうした欧州ソブリン債務問題を，ソブリン，すなわち国家の債務や財政の問題と狭く捉えることは適切でない。欧州ソブリン債務問題は，金融機関の経営問題と深く結びついており，そうした意味における金融危機，債務危機，経済危機と理解する必要がある。

　例えば，アイルランドの政府債務が増加した背景には，1995 年以降の 12 年間で 4 倍余りにも上昇した住宅価格を背景にした同国の住宅・不動産バブルが 2007 年に崩壊した結果，金融機関が抱えた不良債権の処理や，経営破綻した大手 Anglo Irish 銀行の一時国有化のための財政支出が膨らんだという事情が指摘される。同国については，2010 年 11 月に EU および IMF による 850 億ユーロの支援が決

定された後，政府債務拡大の主因が金融機関の不良債権処理損失に限定されていたことに加え，アイルランド国政府が付加価値税率の引上げや公務員人件費の削減などの財政再建策や構造改革に迅速に取り組んだこともあって，支援を受けた欧州周縁国の中ではいち早く債務問題から脱却した（経済産業省［2012］，河村［2015］など）。

　また，スペインに欧州債務問題が波及した背景にも，同国の金融機関，特に貯蓄銀行が 2000 年代前半以降に急増させた建設・不動産関連の融資や住宅ローンが，2008 年以降の不動産価格の反落により不良債権化したという事情が指摘される。同国では，経営不振の貯蓄銀行を統合・再編したことに伴う公的資金の注入が，景気刺激のための財政支出拡大と相まって，政府債務の増加につながった。欧州金融安定ファシリティ（EFSF）や欧州安定メカニズム（ESM）の機能に，ユーロ圏の銀行へ直接に，つまり当該国政府財政を経由せずに，資本注入を行うことが盛り込まれたのは，スペインなどの国の金融部門の資本増強のために当該国の政府支出・債務が拡大しないようにすることにもねらいがあった（日本銀行金融機構局［2012］，河村［2015］など）。

　さらに，欧州周縁国の政府債務の信用力低下は，他の欧州諸国を母国とする金融機関の財務内容や経営健全性にも悪影響を及ぼす。欧州周縁国の政府債務を，他の欧州諸国の金融機関が保有しているからである。ギリシャやポルトガルなどの政府債務の問題がスペインやイタリアなどに波及した背景には，両国の金融機関が他のユーロ圏加盟国の国債・地方債の保有を増加させたことで，欧州周縁国

図 6-14　欧州ソブリン債務をめぐる金融・財政・経済間の悪循環

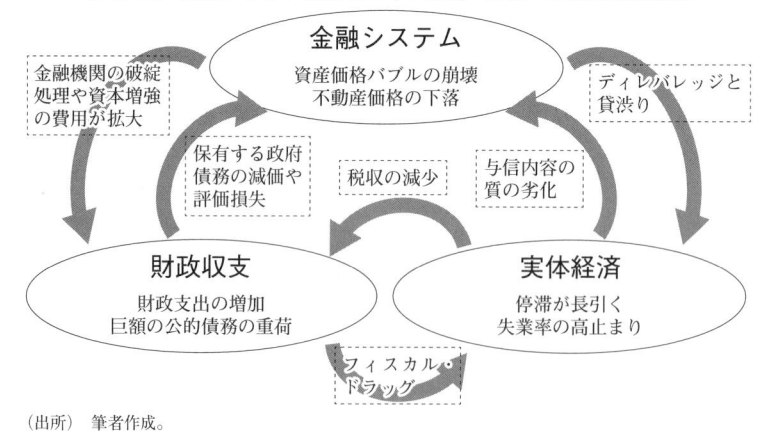

（出所）　筆者作成。

の財政に対する懸念が他のユーロ圏加盟国の銀行の信用力低下に結びつきやすくなったという事情も指摘されている。

　このように，欧州ソブリン債務問題は，金融機関の不良債権処理損失が当該国の財政支出や政府債務を拡大させた原因となっているが，その結果としての政府債務の信用力低下が金融機関の損失のさらなる拡大や債務超過転落につながった。こうした「一次災害」が惹き起こす「二次災害」として，金融機関の貸渋りがもたらす景気後退が金融危機，経済危機をさらに深刻にしたのである。

　図 6-14 に示したように，金融危機や財政危機，経済危機をめぐるさまざまな事象の因果関係は，個別金融機関の信用力低下や債務超過，経営破綻という問題と密接に絡まり合っている。

第7章　LLR 発動原則の再検討

第1節　バジョット原則の限界と問題点

(1)　金融機関が経営破綻する大前提

　カルメン・ラインハートとケネス・ロゴフは，2009 年の共著で「どの国も
銀行危機から未だ卒業できていない」(no country yet has graduated from bank-
ing crises) と楽観論を戒める (Reinhart and Rogoff [2009] pp. 139-173)[1]。同著
は 66 か国における 1800 年以降の事例を分析した結果，新興国よりもむしろ先
進国経済において「銀行危機の連続発生」(serial banking crises) の特徴がみら
れると指摘した。

　金融システム研究で名高いロシェが 2008 年に発刊した編著書の原題も「な
ぜ銀行危機はこれほど多いのか」と問いかける (Rochet [2008])。金融危機や
経済危機は，原因や形態，影響度などの違いはあるにせよ，必ず繰り返される
ものなのである。

　金融危機のたびに，中央銀行は LLR 機能を発揮し，政府も公的資金を投入
して金融システムの信頼回復を図る。こうした危機管理対応は，これまでもい

---

1)　同著の原題 "This Time Is Different" は，経済活動や金融資本市場のブームを経験している当
事者が「今回はこれまでと違い金融危機にはならない」と信じ込んでしまう心理を巧みに捉えた表現
であるが，銀行危機を crises と複数形で表現したところにも，この著者のメッセージが込められて
いる。

く度となく繰り返されてきたが，今後も繰り返されるであろう。これをみた国民が「大き過ぎて潰せない（too-big-to-fail：TBTF）金融機関」の救済だ，と非難して世論が沸騰することも，同様に繰り返されるであろう。タッカー前BOE 副総裁が，金融システム安定を目的とした公的資本注入が未来永劫必要ないと考えるのは「無謀だ」（foolhardy）と警鐘を鳴らしたとおりである（Tucker [2009]）[2]。

　実体経済の危機は，個々の金融機関の経営問題と密接に絡まり合う。1997年のアジア通貨危機や，欧州ソブリン債務問題などの財政危機は，表面上は金融機関経営の問題と無関係に見えても，多数の金融機関の信用力低下や債務超過転落，経営破綻，そして破綻処理を伴う複合的な経済危機である。

　金融危機や経済危機は，銀行危機（banking crisis），すなわち個別金融機関の経営危機の同時多発事象にほかならない。したがって，中央銀行 LLR の発動原則のあるべき姿を検討する際，最初から，個別金融機関の債務超過や経営破綻が疑われるケースを中央銀行 LLR 発動の対象外としてしまうのは，非現実的である。

　本書が第2章以降で取り上げてきた日米英欧の中央銀行 LLR の発動事例を振り返ると，中央銀行が積極的に流動性を供給した時期のほとんどは，その国，地域，あるいは世界経済全体が何らかの金融危機を経験していた時代であった。1990 年代後半における日銀の金融危機対応や，米国 FRB の流動性供給などが示すように，中央銀行 LLR が拡大した時期には，金融機関の経営破綻や倒産が多発している[3]。こうした過去の事実は直視しなくてはならない。

　読者の注意を喚起したいのは，中央銀行が金融危機に際し債務超過の金融機関に対して流動性を供給した実例は数多く存在し，それらが金融機関の不良債権処理や破綻処理を進める目的で行われた，という事実である。1990 年代後半の日銀特融がまさにその好例であり，グローバル金融危機時における米国

---

2)　タッカーはこの講演で，政府・中央銀行が将来「資本供給の最後の拠り所」（Capital of Last Resort）として公的資本注入を迫られる可能性を想定したうえで，その費用を事後的に民間金融部門から回収する仕組みを検討すべきだ，と力説した。

3)　日銀の金融危機対応は，第3章の図3-1 から図3-3 を，米国 FRB の流動性供給は，第4章の図4-9，図4-12 から図4-15 を，それぞれ参照されたい。

FRB の AIG 向け信用供与や，BOE の Northern Rock 銀行や HBOS，RBS に対する緊急流動性支援も，こうした事例に該当する[4]。

　この事実は，伝統的なバジョット原則の信奉者や，中央銀行 LLR が大銀行を救済したと非難したがる論者にとっては「不都合な真実」であろう。しかしながら，中央銀行の流動性供給が，公的資金で債務超過金融機関を救済するものでは全くなく，むしろ債務超過金融機関の破綻処理開始を促したことは，紛れもない事実である。

　流動性不足の健全金融機関に向けて供給された流動性は，資産の投げ売りや高コスト資金の取漁りを防ぎ，無用な損失の発生を防止する。これと同様に，破綻処理中の金融機関に向けて供給された流動性は，市場からの資金調達の途を塞がれた債務超過金融機関の損失拡大を防止する効果が期待されるのである。

　ところが，この効果を否定し，米国の 2010 年ドッド・フランク法のように，債務超過金融機関に向けた中央銀行の流動性供給を禁止するのは，破綻損失の負担が中央銀行を通じ納税者（国民）に転嫁されることを表面的に封じ込めるだけに過ぎない。「臭い物に蓋をする」短絡的なルールは，かえって破綻損失と納税者負担とが拡大する危険を冒す。

　「大き過ぎて潰せない金融機関」救済問題の根絶，納税者（国民）負担の回避，という理想を追求するあまり，破綻金融機関の資金調達という問題から目を背けたままでは，片手落ちの無責任な議論で終わってしまう。2016 年 8 月に金融安定理事会（Financial Stability Board：FSB）が公表した「グローバルなシステム上重要な銀行の秩序ある破綻処理の支援に必要な一時的資金調達に係るガイダンス」最終版は，システム上重要な銀行の破綻処理を進めるうえで一時的資金調達の問題が「重大な障害」（material impediment）になっている，と強い危機感を表明した（FSB [2016a] p. 5）[5]。

---

4)　日銀特融は，第 3 章第 3 節を，FRB の AIG 向け信用供与は，第 4 章第 4 節（5）を，BOE の緊急流動性支援は，第 5 章第 2 節（3）を，それぞれ参照されたい。

5)　FSB はガイダンスの市中協議文書を 2015 年 11 月に公表した FSB [2015b] や G20 向けの報告書 FSB [2014c, 2015e] でも，同様の表現で危機感を訴えた。なお FSB は 2017 年 11 月に，上記ガイダンスを実践するための準備事項や検討課題を具体化した市中協議文書「実行可能な破綻処理計画の資金調達戦略に関する要素」を公表した（FSB [2017b]）。

　金融危機下では，個々の金融機関経営の損益や支払能力を含む財務内容が，ダイナミックに変化し悪化する危険がある。特に，2007 年以降のグローバル金融危機のように，市場流動性の低下と資金流動性の縮小とが負の相乗作用を及ぼし合いながら事態が一段と深刻になる「現代型金融危機」（第1章第3節などで前述）の場合には，個別金融機関の健全性が短時間で急激に損なわれる危険性が高い。こうした問題は，債務超過に転落しすでに破綻処理中の金融機関についても同様に当てはまるのである。

　BIS グローバル金融システム委員会の中曽作業部会が 2017 年に公表した報告書は，通常時・平時のうちから（in calm times），中央銀行が金融危機のストレス下で発動する流動性支援の実務的な準備を強化する（enhance preparedness）必要性を訴えた（BIS CGFS ［2017］p. 2)[6]。今こそ，伝統的なバジョット原則の問題点の検証とその見直しが求められている。

(2)　バジョット原則の再考

　第2章第3節（4）で詳述した伝統的なバジョット原則は以下の5点に要約される。
　　①危機時の積極的貸付け
　　②事前開示
　　③債務超過先の排除（「ソルベンシー基準」）
　　④優良担保
　　⑤高金利
　今後も，金融危機や個別金融機関の経営破綻，破綻損失が発生しうること，そして金融機関の破綻処理に流動性が必要なことなど「経営破綻の現実」を前提にすると，伝統的なバジョット原則には5つの盲点，欠陥があることに気づかされる。

---

6)　この報告書は，BIS グローバル金融システム委員会傘下で中曽・日銀前副総裁が議長を務めた「流動性支援の政策課題と残る論点に関する作業部会」（Working Group on Policy Challenges and Open Issues in Liquidity Assistance）がとりまとめた。

図 7-1　バジョット原則の適用範囲

	危機時 有事	通常時 平事
債務超過の （支払能力を欠く） 金融機関	× ？	？
？		
支払能力のある （債務超過でない） 健全金融機関	○	？

（出所）　筆者作成。

（i）　破綻処理に必要な流動性

第１の盲点は，破綻処理中の金融機関が必要とする資金流動性を調達する手段が確保されていない問題である。

破綻処理中の金融機関は，従来の金融機能の一部や全部を継続し，また破綻処理それ自体を円滑に進めるために流動性が必要であるにもかかわらず，通常の方法で金融市場等から資金調達する途が閉ざされている。図 7-1 の左上枠の×印のとおり，中央銀行の流動性供給の対象から債務超過先を排除すると，破綻処理中の金融機関を資産の投げ売りや高利資金の取漁りに追い込み，膨らんだ破綻損失の負担は，納税者（国民）に転嫁される危険がある。また破綻処理を震源にシステミック・リスクが金融資本市場に広がることを嫌がる金融当局や関係当事者が，破綻処理開始を先送りする懸念もある。

（ii）　ソルベンシー基準

伝統的なバジョット原則の第２の欠陥は，中央銀行による流動性供給を禁止・停止するソルベンシー基準の線引き自体にある。

ソルベンシー基準のねらいは，中央銀行の貸倒れ損失の回避や，借り手金融機関のモラル・ハザード防止にある。しかしこれは，中央銀行が貸付けの当初実行時点で，借り手金融機関の財務健全性や支払能力を正しく判定・確認できることや，借入れ返済までの間に借り手金融機関が債務超過に転落しないことを前提としており，無理がある[7)]。金融機関の財務内容が金融危機下でダイナミックに変化し債務超過に転落する危険を勘案すると，借入れ後の変化の可能

性を織り込んだ判断基準を考える必要があろう。

　ソルベンシー基準に関する以上の2つの問題は，金融機関の破綻処理開始の早期化に向けた議論や，実効性の高い破綻処理手続に必要な流動性供給手段を確保する議論と関連させて，第2節で詳しく論じたい。

（iii）　狭い適用範囲

　伝統的なバジョット原則の第3の盲点は，バジョット原則の直接の適用範囲，○印で示した部分が狭いために，この原則が役立つ局面が限られるという問題である。

　バジョット原則は，危機時に中央銀行が健全金融機関に向けて積極的に流動性を供給することを求める一方で，図7-1の右側の列，すなわち危機が到来する前の通常時・平時の流動性供給については何も述べていない。バジョット自身は『ロンバード街』の頁数の過半を割いて，BOE に金融危機に備えた十分な金準備の蓄積を訴える一方で，危機が到来する前の局面における流動性供給については，ほとんど沈黙していた（Bagehot［1873］，第2章第3節（3）で前述）。

　一方，現代の中央銀行実務家や LLR の研究者のほとんどは，通常時・平時でも，中央銀行が健全金融機関に向けて有担保・高金利の貸付けを行うべきだ，と主張する。ところが，こうした通常時における中央銀行の流動性供給ファシリティをどの程度利用しやすいものとすべきかの議論はあまり深まっておらず，意見の一致もみられない。

　通常時における流動性供給ファシリティの「利用しやすさ」の問題を検討していくと，中央銀行の「最後の拠り所」としての性質，すなわち他の代替的な資金調達手段を探し尽くした後でないと中央銀行に借入れを申し込めないとい

---

7)　Cline and Gagnon［2013］は，第4章第4節で前述した米国 FRB の信用供与や政府支援を受けた Bear Stearns 証券および AIG に支払能力があった一方，破産申請した Lehman Brothers 証券が債務超過であったことをそれぞれ確認し，バジョット原則が遵守された，と論じる。しかしながら中央銀行 LLR のガバナンスに求められるのは，FRB が 2008 年の時点で，借り手金融機関の財務内容を把握し，債務超過であるか否かを判定することである。5年後の 2013 年になって，支払能力の有無を確認できても，2008 年当時の判断や手続が適正であったことの証明にならない。この論文が過去に遡ってソルベンシー基準の遵守を証明することにこだわった点は，やや滑稽な印象すら受ける。

う意味のラスト・リゾート性はどれだけ厳格に要求すべきものなのか，という疑問に辿り着く。本章の第4節で，中央銀行からの「借りやすさ」と「借りにくさ」について詳しく論じたい。

（iv）　汚名問題

　バジョット原則の第4の盲点は，流動性不足の金融機関から，中央銀行へ借入れを申し込んでくることが前提であったにもかかわらず，現実がそうなっていない問題である。

　流動性不足の問題に直面した健全金融機関は，汚名問題に阻まれ，中央銀行から流動性供給を求めない可能性がある。他の金融市場参加者から債務超過の疑いをかけられるのを嫌がる金融機関は，中央銀行 LLR の利用を忌避する。第4章と第5章で前述したとおり，FRB や BOE は長年この汚名問題に手を焼いているが，この背景には，中央銀行資金を借りた健全金融機関が実際に債務超過に転落し破綻した事例がある。

　汚名問題は，中央銀行からの借りやすさと借りにくさを扱う第4節で改めて論じる。

（v）　優良担保取得に伴う破綻損失負担の納税者転嫁

　伝統的なバジョット原則の第5の欠陥は，中央銀行が優良担保を取得することから生じる弊害である。

　図7-2は，第2章第4節（2）で前掲した中央銀行の有担保貸付けの弊害を示す図を1つに集約し，中央銀行が担保を取得した場合としなかった場合とで，預金保険基金や政府に転嫁される破綻損失を比較している。中央銀行 LLR が有担保の場合は預金保険や政府が破綻損失の全額を負担するのに対して，無担保の場合は破綻損失を債権者平等原則に則り中央銀行と他の債権者との間で按分して負担することになる。

　中央銀行が優良担保を取得して実施する LLR には，債務超過金融機関の破綻損失の負担を，預金者やそれを保護する預金保険，ひいてはこれらの被る損失を補填する国家財政や納税者（国民）に転嫁してしまう問題や，金融機関の破綻処理開始が先送りされた結果として納税者に転嫁される破綻損失が膨らむ

図 7-2　中央銀行 LLR が有担保の場合と無担保の場合の比較

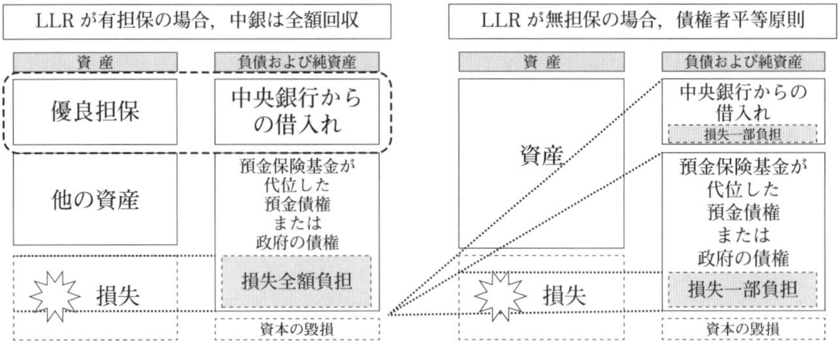

（出所）　筆者作成。

危険など，重大な問題がある。

　担保は，貸し手である中央銀行の財務健全性を維持し，国家財政による損失負担を防止すると考えられがちである。それだけに，こうした期待とは裏腹に，実は中央銀行の担保付き貸付けが，破綻損失の負担を国家財政や納税者に転嫁する原因となり，この負担転嫁のメカニズムが不透明になるのは，財政民主主義の観点から好ましくない。

　優良担保 LLR の弊害については，破綻処理費用の適切な負担配分や財政民主主義の要請などと関連づけながら，第 3 節で詳しく論じたい。

第 2 節　金融機関破綻処理の促進

（1）　手続開始の早期化と存続可能性の判断

　金融機関が債務超過に転落し破綻する可能性がある限り，破綻損失が生じその負担が納税者（国民）に転嫁される危険はゼロにできない。これを回避するには，監督当局が四六時中，すべての金融機関の財務内容を監視したうえで，何らかの損失を被った金融機関が債務超過に転落する直前に，破綻処理手続を開始するルールを導入することが考えられる。こうしたルールが厳格に適用されれば，図 7-3 に示したとおり，債務超過の金融機関を徒らに延命させることもなくなり，たとえ中央銀行が担保付きの貸付けをしていたとしても，破綻

図7-3　債務超過転落の寸前の破綻処理開始

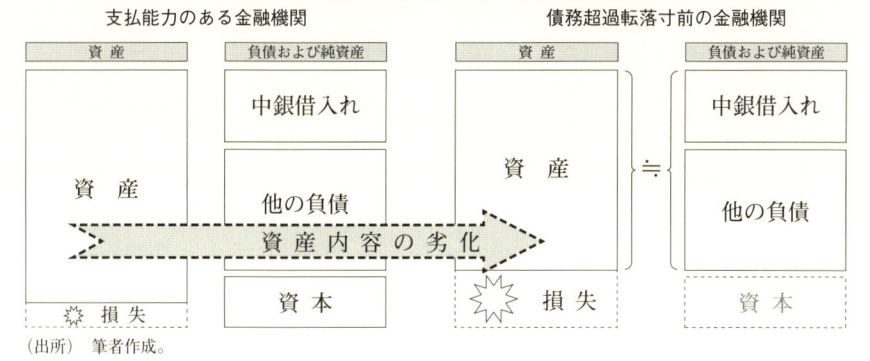

（出所）　筆者作成。

損失の負担が国民に転嫁される問題は起こらない。

　債務超過転落寸前の破綻処理開始という理想を追求した制度設計の一例が，第3章第2節で紹介した日銀法37条である。同条が，日銀の無担保一時貸付けについて1か月という短い期間制限を設けた背景には，中央銀行が借り手の支払能力を継続的に監視し頻繁に確認することで，債務超過転落の直前に貸付けを停止させ，流動性供給が債務超過金融機関に対する損失補填に変質することを防止するねらいがある。

　しかし現実には，個別金融機関が債務超過であるか否かの判定は容易ではなく，しかもそれを四六時中監視することは不可能である。第2章第4節で前述したとおり，金融機関や金融システムの直面している問題が流動性不足だけなのか，それとも同時に支払能力不足の問題も併発しているのかの区別が難しいことは，中央銀行実務家やLLR研究者の多くが認めている。特に2007年以降のグローバル金融危機のように，資金流動性の縮小と市場流動性の低下とが相乗作用を及ぼし合い流動性が枯渇するタイプの「現代型金融危機」では，個々の金融機関や金融市場参加者の支払能力や健全性が急激に失われるような極めてダイナミックな変化を想定しておかなくてはならない。

　図7-4は，ある金融機関のt+1期末における純資産価値とそれが実現する確率の大きさを確率分布で示したものである。この金融機関はt期末において支払能力があり純資産価値が正の値（正三角形のマーク）であったが，t+1

図7-4　予想純資産価値に関する不確実性が小さいケース

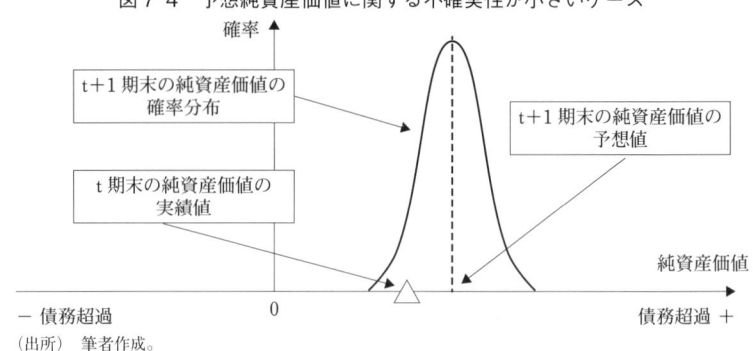

（出所）　筆者作成。

期末の純資産価値は垂直方向の破線まで増加が予想される。この金融機関のt
＋1期中の黒字が予想され，かつ不確実性が小さいならば，t＋1期末の予想純
資産価値（≒支払能力≒自己資本≒健全性）は十分に大きい正の値となること
が見込まれる。こうしたケースならば，中央銀行が借り手金融機関のt期末に
おける支払能力の有無を判定しLLR機能の発動可否を判断するソルベンシー
基準の問題は小さい。

　これに対し，図7-5のように，t期末における純資産価値が小さな正の値で
あり（≒過小資本），t＋1期中の赤字が予想されるうえに，不確実性も大きい
（≒確率分布が左右に広がっている）ケースでは，t＋1期末の予想純資産価値
（≒支払能力≒自己資本≒健全性）が負の値になる確率が大きくなる。図では，
縦軸の左側の網掛けの部分が拡大している。こうしたケースでは，中央銀行が
ソルベンシー基準を根拠にLLR機能の発動可否を判断するのは問題がある。

　したがって，個別金融機関の純資産価値に関する不確実性が大きい局面では，
金融機関の支払能力のダイナミックな変化を想定し，判断の閾値を，債務超過
か否かではなく，純資産価値（≒支払能力≒自己資本≒健全性）が十分に大き
い正の値とすることが現実的な制度設計と考えられる。すなわち，図7-6の
ように，t期末における金融機関の支払能力が，t＋1期末における純資産価値
の確率分布の左端までの安全値，「のりしろ」を織り込んでいることを判断基
準にするのである。

図 7-5　予想純資産価値に関する不確実性が大きいケース

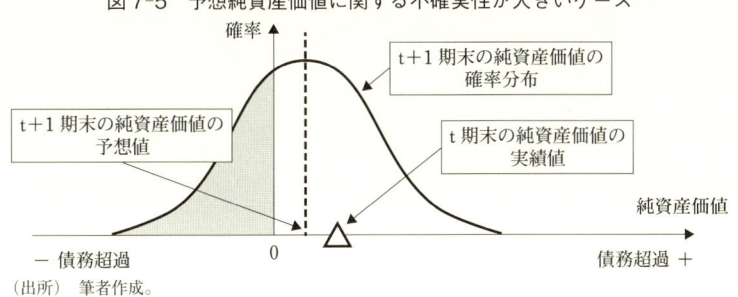

（出所）　筆者作成。

図 7-6　安全値を織り込んだ判断基準

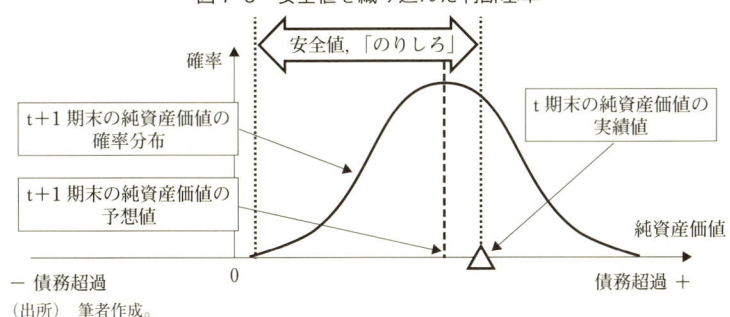

（出所）　筆者作成。

このように，金融機関の破綻処理手続の開始や，中央銀行による LLR 機能発動のための判断基準を，純資産価値（≒支払能力）が正か負か，債務超過か否かに求めることは適切ではない。特に金融危機下で，個別金融機関の純資産価値がダイナミックに変動し支払能力が急激に失われる危険性が高く不確実性が大きい局面では，図 7-6 に示したような安全値を織り込んだ閾値を判断基準とする必要があろう。

各国の政府・金融当局は，グローバル金融危機の経験と教訓を踏まえ，金融機関が債務超過に転落して倒産する可能性や倒産させる必要性があることを前提に，金融機関破綻処理手続の実効性を高める取組みを進めている。これは，政府・中央銀行が「大き過ぎて潰せない金融機関」の救済に追い込まれることを未然に防ぐために，こうした金融機関に関する実効的な破綻処理手続を整え

る取組みである。

　実効的な破綻処理手続の整備に向けた国際的な議論が進むなかで，最も重要な検討課題の１つが，破綻処理の早期開始である。2011 年 10 月に FSB が公表した「金融機関の実効的な破綻処理の枠組みの主要な特性」（"Key Attributes of Effective Resolution Regimes for Financial Institutions"，以下「主要な特性」）は，破綻処理の開始を，従来の債務超過の時点から，「存続可能性喪失」（non-viability）の時点に早めることを各国政府に求めた（FSB「2011a」）。これを受け，システミックな影響のある金融機関の破綻処理を，バランスシート上の債務超過よりも早い段階で開始することを認める考えが支配的になり，閾値や判断基準としては，「存続可能性喪失時点」（point of non-viability：PONV）が有力な考え方となりつつある[8]。

　金融機関の破綻処理手続の開始時点を早める考え方が有力化していることを踏まえると，中央銀行 LLR の運営や制度設計もこうした議論と整合的なものとする必要がある。中央銀行の LLR 機能の発動の適否をソルベンシー基準で判断することは必ずしも適切でなく，一定の「のりしろ」を織り込んだ「存続可能性喪失時点」を十分に考慮しなくてはならない。このためにも，中央銀行は，金融機関の財務内容，信用状態を継続的にモニタリングし借り手となりうる金融機関の「存続可能性」を見極めながら LLR 運営をしていくことが求められる。

　「存続可能性」を判断基準に取り入れた中央銀行 LLR の制度設計の例はすでに存在する。例えば，米国 FRB は，1991 年 FDICIA 法によって，過小資本の金融機関に対する連銀貸出の期間が制限されたが，例外扱いを認める条件として「存続可能性」の証明（certificate of viability）が求められた（第４章第３節の BOX 10 で前述）。また，英国財務省と BOE が 2013 年に締結した金融危機管理 MOU は，財務省が支払能力または「存続可能性」のない金融機関に向けた支援措置の実施を BOE に対し指示できることを規定した（第５章第２節で前述）。

---

8)　金融機関の早期破綻処理と株主の権利をめぐる議論については，山本［2014b］による法律問題の分析・研究をぜひ参照されたい。他には，澤井・米井［2013］，森下［2014］，中空・川崎［2013］なども，この問題を取り上げている。なお，point of non-viability は「実質的な破綻の時点」という訳語が当てられることもある。

　さらに，カナダ銀行の緊急貸出支援（Emergency Lending Assistance：ELA）は，「存続可能性」を喪失したものの，信頼できる再建・破綻処理枠組み（credible recovery and resolution framework）を有する金融機関だけに対して実行される。カナダ銀行のアプローチは，債務超過先を排除するバジョット原則のソルベンシー基準とは正反対であり，FSB「主要な属性」を踏まえ，存続可能性を喪失した金融機関の再建・破綻処理の早期開始を促す，先駆的かつ画期的な取組みである。

　なお，章末資料4では，金融機関の実効的な破綻処理手続の整備に向けた国際的な議論のうち，中央銀行LLRとの関係が深い5つの論点，すなわち，破綻処理の早期開始，清算価値保障原則，ベイルイン，破綻処理目的の流動性供給，破綻処理費用の回収に関する考え方の概要を解説しているので，参照されたい。

(2)　円滑な破綻処理に必要な流動性供給

　中央銀行LLRに関する従来の議論は，破綻処理を開始した後の世界は関知しない立場であった。今後は，金融機関の破綻処理手続や中央銀行LLRの発動原則を検討する際に，破綻損失やその国民負担を少しでも小さくできる制度設計を心掛ける必要がある。

　債務超過に陥り破綻処理手続が開始された金融機関は，支払能力があり経営が存続している金融機関以上に，流動性不足に陥りやすく，破綻処理を円滑に進める目的での流動性供給支援を必要としている。この理由は以下の3点である。

　第1は，時間である。債務超過金融機関の経営破綻が公表された時点から，受け皿金融機関への事業・資産・負債の譲渡など最終処理方策を実施する時点まで（金融機能維持型の破綻処理のケース），あるいは，清算手続が完了する時点まで（清算型の破綻処理のケース），相応の期間を要する。これは金融機関以外の事業会社が経営破綻した場合と同様である。利害関係者の債権債務を確定したうえで，資産を管理・回収・処分し，事業の存続・再編などに関する合意を形成するには，どうしても時間が必要となる。

　第2は，金融機能の維持である。すなわち，破綻処理手続が進められる上記

の期間中，特に金融機能維持型の破綻処理方式が選択されるケースで，破綻金融機関は，預金者や借り手事業者など多数の顧客相手に必要最低限の金融機能や決済サービスを提供し続けることが求められ，これを円滑に行いシステミック・リスクの現実化を防ぐためには資金流動性が必要となる。逆に清算型の破綻処理方式を選択した場合でも，例えば AIG が CDS 取引を組み戻し清算していくために参照資産をいったん買い取ったケース（第 4 章第 4 節（5）で前述）などでは資金流動性が必要であった。

　第 3 は，投げ売り（fire sale）防止である。すなわち，破綻金融機関は，破綻処理手続の間に必要な資金流動性を，健全金融機関と同様の方法で，短期金融市場から調達する途が閉ざされる。ここで資産処分を急ぎ，投げ売りに伴う追加損失を被ってしまっては，破綻処理費用が拡大する。また，破綻処理中の金融機関の資産処分が，金融市場や特定の金融商品の取引に悪影響を及ぼし，市場流動性の収縮をもたらす危険もある。中央銀行が健全金融機関に流動性を供給する目的・効果は，投げ売りに伴う損失と債務超過転落の防止にあったが，こうした効果・効用は，短期金融市場を利用できない破綻金融機関のほうが大きい。

　このように破綻処理を円滑に進める目的から流動性供給の必要性は明確であり，破綻処理手続の制度設計に盛り込まなくてはならない。すでに，金融機関でない事業会社の倒産手続については，流動性調達手段を確保すべく DIP ファイナンスを保護する法的な手当てができている（BOX 16「DIP ファイナンス」で後述）。

　ところが，金融機関の破綻処理にも流動性供給が必要という認識は，なかなか広がらなかった。グローバル金融危機に際し米国 FRB が AIG 等の債務再編を目的とした多額の信用供与を実行する[9]に至りようやく，各国政府・金融当局や中央銀行実務家，LLR 研究者などの有識者の間で破綻処理目的の流動性供給の必要に関する認識が共有された。スコット・ハーバード法科大学院教

---

9)　米国 FRB は AIG への信用供与に先立ち，「資産価値の最大化を図るための債務再編を実行できる時間と柔軟性を AIG に与える」，「AIG がその一部事業を秩序だった方法で売却することを円滑に進ませる」といった表現で流動性供給の目的を明確にした（第 4 章第 4 節（5）で前述）。

授の著書はこの問題意識から，FRB の AIG 向け信用供与と 1990 年代後半の日銀特融との共通性を鋭く指摘した（Scott［2016］pp. 76, 132）。

　FSB はこれを背景に，2011 年に公表した前述「主要な特性」の中で「破綻処理中の金融機関の資金調達」と題する独立した章を設けた（章末資料 4 に和訳）。また，本章冒頭で述べたとおり，2016 年公表の「グローバルなシステム上重要な銀行の秩序ある破綻処理の支援に必要な一時的資金調達に係るガイダンス」の中で，一時的資金調達の問題が破綻処理の重大な障害だ，と強い危機感を表明した。

　このように破綻処理目的の流動性供給の必要に関する認識共有は進んできた。しかし誰が流動性を供給するかの検討は難航している。グローバル金融危機後，各国に広がった「納税者負担による大銀行救済」を批判する国民世論や政治環境を背景に，中央銀行による流動性供給を口にすることすらタブーとなった。

　しかしながら，金融機関の破綻処理手続を制度設計する際，流動性供給の担い手の選択肢の中から中央銀行 LLR を最初から排除することは，3 つの理由から適切でない。

　第 1 に，中央銀行 LLR はシステミック・リスクが顕現化することを防止する目的で発動される。一方，破綻処理目的の流動性供給は，破綻金融機関による資産投げ売り，資金取漁りの悪影響が金融システムに及ぶリスクを遮断する。破綻処理手続を金融システムや金融資本市場の全体から隔離し，それがシステミック・リスクの震源となるのを防止するために，中央銀行 LLR を活用することの妥当性は十分にある。

　第 2 に，誰が流動性を供給するかという問題と，誰が最終的に損失を負担するかという問題は，別々の問題である。破綻損失の負担や財政民主主義の問題は次節で議論するが，破綻損失の最終的な負担配分について関係者の合意が成立していれば，その損失負担の問題と切り離す形で，最適な流動性供給主体を選ぶことができる。第 1 章第 1 節で前述したように，中央銀行は資金調達制約がなく機動的かつ迅速に流動性を供給できる業務運営面の優位性を有することを重視しなくてはならない。

　中央銀行以外に，破綻処理当局や，預金保険などセーフティネットを運営する公的機関も，破綻処理目的の流動性供給主体となりうる[10]。しかし，こう

して選ばれた流動性供給機関自体の資金調達が滞って，それが金融資本市場の機能や金融政策の円滑な遂行に攪乱的な影響を及ぼすことを防ぐために，結局は中央銀行がこの公的機関に向けて政府保証付きのバックファイナンスなど流動性支援措置を講じることになるのであれば，これは中央銀行が自ら流動性を供給することと実質的に変わりがない。実効性が高く形骸化しない破綻処理手続の整備に向けた民主的な合意形成が望ましい。

　第3に，流動性供給の枠組みの存在は，債務超過金融機関の破綻処理への着手を早め，損失拡大を抑制する。こうした成果のあった実例は，第3章第3節で詳述した日銀特融である。21件の日銀特融のうち19件は，最終処理方策の実行までの間，債務弁済など必要最小限の金融機能を破綻金融機関に維持させるための資金を供給して，破綻処理を円滑に進めることを主目的としていた。遅れていた日本の金融機関の不良債権処理の取組みや破綻処理は，日銀特融が発動されたことがきっかけとなり弾みがついた。

　米国FRBも，1980年代後半に，中小地方銀行の秩序だった破綻処理に必要な時間を稼ぎ，金融サービスへのアクセスを維持する目的から，しばしば連銀貸出を実行した（第4章第2節および第3節で前述）。FRBの機能と業務の公式解説書『連邦準備制度の目的と機能（第9版）』は，通常の連銀貸出が，問題金融機関の秩序だった破綻処理を促す目的でも活用される，と述べていた（FRB［2005］，第4章第1節で前述）。

　中央銀行の破綻金融機関向け流動性供給を禁止しても，破綻損失の国民負担を回避できる保証はない。バジョット原則の「債務超過金融機関向けの中央銀行LLRは厳禁」というソルベンシー基準に縛られ，破綻処理目的の流動性を供給する手段を欠いたために，政府・金融当局が金融機関の破綻処理を躊躇し先送りした結果として，損失を膨らませるのは，金融システムのみならず，その破綻損失の負担を転嫁される国民にとり不幸なことである。

---

10)　例えば日本では，第3章第4節やBOX 8で前述したとおり，2001年4月に施行された改正預金保険法に基づき，預金保険機構が，付保限度までの預金払戻しに応じる破綻金融機関向けに，資金を貸し付けることができるようになった。

BOX 16　DIP ファイナンス

　DIP ファイナンスとは，民間企業の再建型倒産手続において，倒産手続中の企業に対して実行される新規融資のことを言う。わが国の再建型倒産手続法制である会社更生法や民事再生法に相当する米国の連邦破産法第 11 章，いわゆるチャプター・イレブンでは，会社更生手続の開始申請後も債務者が財産管理処分権や業務遂行権を失わず，従来の経営陣がそのまま留まり経営を続ける企業を debtor in possession，略して DIP と呼ぶ（伊藤［2014］，松下［2014］など）。こうした企業が従来どおり営業・業務運営を継続し取引先や顧客の信認を維持するためには，更生手続開始の前後において相当の資金流動性を必要とすることになる。しかし当然のことながら，貸し手となる金融機関としては，破綻企業に対する新規融資，DIP ファイナンスには二の足を踏んでしまう。

　そこで米国の連邦破産法第 11 章は，こうした DIP に対して新規融資を実行する債権者を，既存の債権者と比べ優先する形の保護措置を設けた。すなわち，破産裁判所がその判断で，新規融資の債権者に対して最上位の先取特権（priming lien）を付与することを，既存の担保付き債権者の同意を条件に許可できるようにしたのである。最上位の先取特権は，売掛債権や製商品在庫，現金について設定されることが一般的なようだが，既存の担保付き債権者が新規融資の債権者に最上位の先取特権を譲ることに同意するのは，DIP ファイナンスを受け入れることで債務者企業の資産価値ひいては回収・配当見込み額を最大化できる見通しが立つからである，と説明されている（Huebner［2005］，江夏［2015］など）。米国では 1990 年代以降，倒産手続上でこうした先取特権を設定する実務慣行が確立し，また Chemical 銀行など大手商業銀行の一部が高い収益率を期待できるビジネスとして積極的に取り組んだこともあって，DIP ファイナンスが活発に利用されてきた[11]。

　わが国の再建型倒産法制は，こうした米国とはやや事情が異なり，DIP ファイナンスを，既存の担保付き債権者の同意や破産裁判所の許可を必要とせずに，法律上の債権カテゴリーとして「共益債権」に含めることで保護している。

　すなわち，まず民事再生法では，再生債務者財産に関し再生債務者等が再生手続開始後にした資金の借入れその他の行為によって生じた請求権を共益債権とし

---

11)　タルーロ FRB 理事が講演中に，2010 年ドッド・フランク法第 2 編に基づく FDIC の流動性供給の必要性を，一般企業向けの DIP ファイナンスになぞらえて説明する（Tarullo［2013］）など，米国では DIP ファイナンスが人口に膾炙している。

ており（民事再生法 119 条 5 号），こうした共益債権は，再生債権に先立って，再生手続によらずに随時弁済される，と規定している（同法 121 条 1 項および 2 項，伊藤・才口・瀬戸・田原・桃尾・山本編［2002］，山本・中西・笠井・沖野・水元［2006］，伊藤［2014］，松下［2014］など）。

　また，会社更生法でも，民事再生法と同様に「更生会社の業務及び財産に関し管財人又は更生会社が権限に基づいてした資金の借入れその他の行為によって生じた請求権」を共益債権としており（会社更生法 127 条 5 号），こうした共益債権は，更生計画の定めるところによらないで，更生債権に先立って，随時弁済できる，と規定している（同法 132 条 1 項および 2 項，深山編［2003］，山本・中西・笠井・沖野・水元［2006］など）。

　さらに 2002 年の会社更生法の全面改正は，会社更生手続開始前のいわゆる保全段階における DIP ファイナンス債権の保護を，以下の 2 点において強化した。第 1 に「保全管理人が開始前会社の業務及び財産に関し権限に基づいてした資金の借入れその他の行為によって生じた請求権」は，旧法下で求められていた裁判所の許可がなくても，当然に共益債権になるとされた（同法 128 条 1 項）。第 2 に，更生手続開始前に更生手続から破産手続に移行した場合でも，DIP ファイナンス債権が財団債権として保護されることが明確にされた（同法 254 条 6 項，深山編［2003］）。

　こうした法整備にもかかわらず，わが国における DIP ファイナンスの利用はあまり広がっておらず，日本政策投資銀行や商工中金など旧政府系金融機関における取組みが目立つ程度である。この背景には，DIP ファイナンスが金融再生法開示債権の区分上，不良債権の「破産更生債権」に分類されることや，民間金融機関が倒産企業への融資を避けたがる商慣行などの事情があると指摘されている（深山編［2003］）[12]。

　2016 年 8 月に FSB が公表した「グローバルなシステム上重要な銀行の秩序ある破綻処理の支援に必要な一時的資金調達に係るガイダンス」最終版は，民間企業向けの DIP ファイナンスの手法を，破綻処理中のシステム上重要な銀行の一時的な資金調達に応用する可能性について論じた（FSB［2016a］）。今後，破綻処理中の金融機関に対する一時的な資金供給を保護する法令面の手当てをめぐる議論が深まることを期待したい。

---

12)　詳しくは福田［2013］153-155 頁も参照されたい。

図7-7　LLR担保のしわ寄せを受ける預金保険および政府・納税者

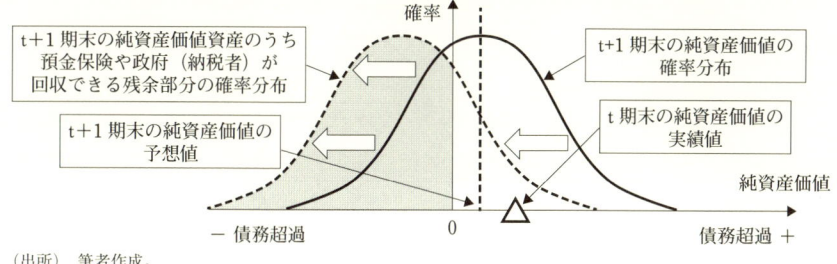

（出所）　筆者作成。

第3節　破綻損失の負担と財政民主主義

（1）　優良担保 LLR の弊害

中央銀行が LLR 機能を発揮する際に優良担保を取得することは，第2章第4節，第4章第3節などで前述したとおり，弊害をもたらす。

優良担保 LLR の第1の問題は，中央銀行が担保を処分して貸付けを全額回収できる一方，破綻損失の負担が，破綻金融機関の預金者や預金保険，ひいてはこれらの損失を補償・補塡する国家財政や納税者に転嫁される危険である。

図7-7 は，中央銀行が，不確実性の高い図7-6 と同様の状況で有担保の貸付けを実行し，それを借り入れた過小資本金融機関がその後に経営破綻したことを想定している。図7-7 の破線で描いた確率分布は，破綻処理が実施される t+1 期末における予想純資産価値のうち，預金保険や国家財政（納税者）の債権回収財源に残される部分を示している。中央銀行が担保処分により債権全額を回収してしまうと，その分だけ，預金保険や政府（納税者）が回収できる残余資産価値の確率分布が左方にシフトする。網掛けの部分が大きいことから明らかなように，預金保険や政府（納税者）が損失を被る危険は増加している。

中央銀行が担保を取得することは，貸し手である中央銀行の財務健全性を維持し，国家財政や納税者による損失負担を防止すると考えられがちである。バーナンキ前 FRB 議長も，中央銀行 LLR を全額有担保とすることで財政的な影

図7-8　破綻処理開始が先送りされ高金利を徴求したケース

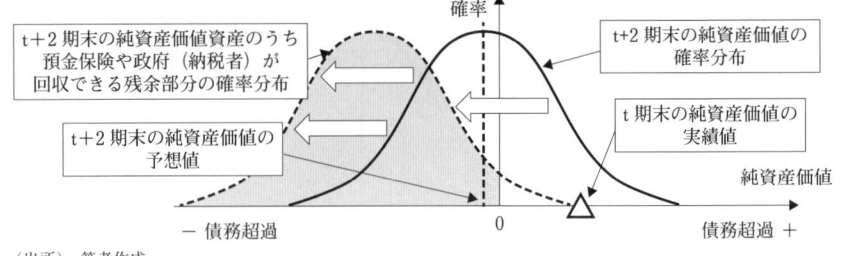

（出所）　筆者作成。

響を限定できる，と主張した（Bernanke [2010]）。しかし事はバーナンキが説くほど単純ではないことは，前述のとおりである。優良担保 LLR のせいで，破綻損失の負担が国家財政に転嫁される経路がかえって不透明になる点は，財政民主主義の観点からも好ましくない。

　優良担保 LLR の第2の問題は，破綻処理開始の先送り（forbearance）の危険である。すなわち，中央銀行が貸付けを全額回収できる安心感から漫然と貸付けを継続・拡大した結果，債務超過の金融機関が徒らに延命され，破綻処理の開始が遅れ，その遅れの分だけ，最終的に国家財政や納税者に転嫁される破綻処理費用が拡大する危険がある。

　図7-8 は，借り手金融機関が，中央銀行 LLR のお蔭で延命でき，破綻処理の開始時期が t＋1 期でなく t＋2 期に遅らされたうえに，この間も中央銀行が高金利を徴求したと仮定したケースを図示したものである。この金融機関の破綻処理開始が先送りされ損失が拡大するうえに，中央銀行が高金利を回収する結果，預金保険や政府（納税者）が回収できる残余資産価値の確率分布（破線）の確率分布は，一段と左方にシフトする。

　図7-8 の縦軸の左側の網掛けの面積が拡大したことは，中央銀行が，金融危機時など不確実性の高い局面において，過小資本の金融機関に資金を貸し付ける場合に，①優良担保の取得，②破綻処理開始の先送り，③高金利の徴求，という3つの条件が組み合わされると，納税者を非常に大きなリスクにさらすことを示している。

　ここで改めて強調したい点は，この問題が，バジョット原則を忠実に守るこ

とによって惹き起こされることである。中央銀行が，バジョット原則を適用し，過小資本ながらソルベンシー基準を満たす借り手に対し，優良担保を取得して高金利の貸付けを行い，破綻処理開始が先送りされた結果として，当該金融機関が破綻した際の破綻処理費用の負担を預金保険や納税者に転嫁するリスクが拡大するのである。

　米国 FRB は，特に 1991 年 FDICIA 法制定以降，担保付きの連銀貸出が金融機関破綻損失の納税者負担を拡大する危険を強く意識して，通常の連銀貸出を運営してきている。また同法は，連銀貸出が金融機関を延命させたことに伴って預金保険が被る追加損失を FRB から回収する規定を設けた（第 4 章第 3 節で前述）[13]。

　優良担保 LLR の第 3 の問題は，流動性が低下する危険である。中央銀行が特に流動性の高い優良資産を担保として囲い込んでしまった場合に，民間金融機関が短期金融市場における有担保の資金取引に利用できる資産が制約されるうえに，無担保の資金取引も貸倒れ損失の懸念から流動性が縮小する。グローバル金融危機の際に，資金流動性の縮小と市場流動性の低下との間の悪循環，相乗作用を結びつけたのは担保資産の時価下落であった（第 1 章第 3 節で前述）。

　中央銀行が優良担保を取得することが，資金流動性と市場流動性の双方の収縮に向かわせる悪循環を惹き起こし助長する危険に注意しなくてはならない。BIS グローバル金融システム委員会の 2017 年報告書も，中央銀行が追加担保を請求する行動が借り手金融機関を破綻に追いやる（precipitate the failure）ことを問題視した（BIS CGFS [2017] p. 17）。

　翁百合も 2013 年の論考で，ソブリン債務問題の不安が高まった欧州で，周縁国の格付けの低い銀行を中心に有担保の資金調達の割合が増加した結果，無担保取引の市場流動性が縮小し，破綻時における預金者や無担保債権者の損失負担が増加した問題を指摘した。この論考で翁は，2013 年 3 月にキプロスの Popular 銀行が破綻した際，有担保の緊急流動性支援 ELA を提供していた中

---

13)　米国 FRB は『連邦準備制度の目的と機能（第 9 版）』（FRB [2005]）p. 46 で，連銀貸出の借り手の財務状況をモニターする目的は，中銀信用が預金保険基金ひいては納税者にとっての損失を拡大させないことにある，と解説している。

央銀行が優先的に債権を回収できた一方で，大口預金者が多額の損失を被った事例を紹介し，実効的な破綻処理手続が整備され無担保債権者も破綻損失の一部を負担するようになれば，中央銀行貸出の情報開示のあり方や担保政策の検討も必要になる，と述べている（翁百合［2013］）[14]。

　グローバル金融危機以降，欧州を中心に，民間金融機関同士の資金貸借において有担保取引の比率が上昇した現象は Asset Encumbrance 問題と呼ばれ，その悪影響を金融の実務家や監督当局が警戒している（BIS CGFS［2013］）[15]。中央銀行が流動性の高い優良担保ばかりを取得して，この問題の悪影響を助長することは回避すべきであろう。

(2)　中央銀行の信用リスク管理と担保

　中央銀行は，LLR 運営において優良担保を取得することから生じる弊害を防止・回避するために，以下の取組みが求められる。

　第 1 に，中央銀行の信用リスク管理の基本は，借り手金融機関の財務内容や資金流動性のモニタリングを常時行うことであって，担保の取得ではない。LLR を運営する中央銀行は，借り手となりうるすべての金融機関の資産・負債の公正価値，損益，支払能力，存続可能性，流動性の状況を含む財務内容を常時，定量的に把握する必要がある。そのためには，他の監督当局や破綻処理当局，預金保険運営機関などとの情報交換も欠かせない。

　第 2 に，中央銀行の流動性供給は，必ずしも担保を取得しなくてはならないものではない。借り手金融機関の財務内容のモニタリングを常時行うことで，

---

14)　キング BOE 前総裁も，第 2 章第 4 節 (2) で前述したとおり，中央銀行による優良担保 LLR が預金者等の取付けを促す「ユダの接吻」になりうる危険を指摘していた（King［2016］pp 205, p. 269）。

15)　Asset Encumbrance の逐語訳は「資産の担保差入れ」であるが，それが問題視されるのは，担保に差し入れられた資産を売却・換金する際に制約が加わるからである。理論上は，有担保資金調達の割合が上昇しても，無担保借入れまで含む資金調達全般のコストを抑制する効果は期待できない（神田［1993］，山岡・竹内・宇井［2016］）。一方，金融機関保有資産のうち担保に差入れ済み部分の比率が高まると，その分だけ預金者や預金保険，無担保債権者への返済原資が縮小する問題のほか，担保資産価格の変動によって金融仲介活動が増幅される景気循環増幅効果（procylicality）を強める懸念もある。Asset Encumbrance 問題の背景には，個別金融機関の保有資産のうち資金調達の担保に提供されているものに関する情報開示が不足していることがある。

返済能力を確認できるからである。第3章第2節で紹介した日銀法37条に基づく無担保一時貸付けは，こうした考え方を採用した制度設計の好例である。

第3に，仮に中央銀行が，債務超過金融機関の破綻処理の目的で無担保の貸付けを実施する場合には，あらかじめ政府や預金保険との間で，中央銀行の財務健全性を維持・確保するための具体的な方策について協議し合意しておくことが求められる。参考とすべき前例は，第3章で詳述した日銀特融である。

第4に，中央銀行は，優良担保を取得して流動性を供給した金融機関が債務超過に陥りそうな場合，破綻処理の早期開始を関係当事者や監督当局に促す責任がある。破綻損失の負担が預金保険や納税者に転嫁されることを回避するには，そもそも破綻損失が生じる前の早い段階，すなわち金融機関が存続可能性は喪失したもののまだ支払能力を残している段階で，破綻処理や債務再編などが開始されることが理想的である。中央銀行LLRの制度設計の中に，破綻処理開始を後押しする仕組みが必要とされている。

第5に，中央銀行が担保を取得する場合でも，通常時・平時から，適格担保資産の要件の緩和，種類の拡大を行い，金融危機や有事に備えた準備をしておくことである。具体的には，流動性の低い種類の資産を中央銀行担保として利用できる途を開いておくほか，こうした流動性の低い担保資産の事前差入れを積極的に促すことも考えられる。健全金融機関向けの常設の流動性供給ファシリティでは，できるだけ流動性の低い資産を優先して担保として受け入れ，民間の資金取引の流動性や担保繰りに支障が生じないような工夫が求められよう。

中央銀行担保に関するBIS報告書は，グローバル金融危機時に適格担保の要件を緩和し流動性の低い資産を担保として受け入れた主要国中央銀行の多くが，その後も，適格担保要件を危機前の平時モードに戻していない実態を明らかにしたうえで，危機に備えた担保の柔軟な枠組みや，流動性の低い担保資産の事前差入れ（preposition）を勧めている（BIS Markets Committee [2013]，BIS CGFS and Markets Committee [2015]）。また，バーゼル銀行監督委員会が定めた流動性カバレッジ比率規制も，章末資料5で後述するとおり，適格流動資産の算出上，流動性の低い区分の資産を中央銀行担保として差し入れることが有利に取り扱われる仕組みを採用している。

中央銀行の現在の担保実務をみると，まず米国FRBは通常の連銀貸出の適

格担保として，商業貸出や不動産貸出，住宅ローン，消費者ローンなど流動性の低い資産の事前差入れを，また BOE も流動性保険の現行枠組みである DWF や政策金利連動型長期レポなどの適格担保として，流動性の低い「レベル C 資産」の事前差入れを，金融機関に推奨している[16]。さらに FRB が金融危機時に特設した流動性供給ファシリティや，ECB による適格担保の要件緩和も，中央銀行が流動性の低い資産を担保として受け入れる一方，流動性の高い担保資産は民間の短期金融市場での取引用に確保された[17]。

　キング BOE 前総裁の 2016 年著書は，グローバル金融危機以降に主要国中央銀行が流動性の低い資産を担保として受け入れてきた実態を制度として恒久化し，中央銀行 LLR を「いつでも質屋」(pawnbroker for all seasons) に改革する構想を提案した。「いつでも質屋」構想は，中央銀行が，流動性の低い資産を含む幅広い種類の担保資産の事前差入れを民間金融機関から受け入れ，保守的に設定されたヘアカット率を適用し算出した担保価額総額を上限に，当該金融機関に向けた緊急貸付けを約束する枠組みである。キングは，各金融機関の預金を含む短期負債の総額を，中央銀行から約束された流動性与信枠と中央銀行預金との合計額の範囲内に徐々に抑えていくことを提唱しており，この結果，金融機関が短期負債の返済能力を十分に確保できるようになれば，優良担保 LLR が預金取付けを助長する弊害が防止される，と論じた (King [2016] pp. 269-289)。

(3)　中央銀行の財務健全性の維持と破綻処理費用の負担配分

　中央銀行が金融政策や金融システム安定などを目的とした流動性供給を行うためには，中央銀行自らの財務健全性が維持されていることが望ましい。中央銀行の財務健全性は，中央銀行の政策を円滑かつ機動的に遂行し持続する能力に対する国民からの信頼，市場参加者からの信認を底支えするからである。こうした中央銀行の財務健全性の必要性については，本節末の BOX 17「中央銀

---

16)　FRB による通常の連銀貸出は，第 4 章第 1 節で，BOE の流動性保険は，第 5 章第 2 節で，それぞれ前述した。

17)　FRB の特設した流動性供給ファシリティは，第 4 章第 4 節で，ECB の適格担保要件緩和は第 6 章第 2 節で，それぞれ前述した。

行の債務超過は問題なのか」を参照されたい。

　中央銀行が，当初から金融機関破綻処理費用の一部を負担することを前提にして流動性を供給することは，通貨制度や金融システムに対する信認を根幹から覆す危険があり，決して許されない。LLR を運営する中央銀行が財務健全性を維持する方法・手段の具体事例は，以下の4形態に類型化し整理できる。

（i）　セーフティネット財政からの回収

　第1の類型は，セーフティネット財政からの貸付金回収である。

　1990年代後半に日銀が実施した破綻金融機関向け無担保特融のうち山一證券向けを除く20件で貸倒れ損失を免れたのは，「預金全額保護」「ペイオフ凍結」の政府方針に基づき，預金保険機構の資金援助額がペイオフコストを上回ることが許され，その代金が特融の返済財源になったからである（第3章第3節および第4節で前述）。仮に民間金融機関が預金保険機構に納付する保険料だけでは破綻処理費用の総額を賄えない場合には，政府が公的資金によって間接的に破綻損失を補填する仕組みとなっていた。この仕組みは，預金保険，政府，中央銀行の三者間に，中央銀行の財務健全性は公的資金を含むセーフティネットの財政から回収することで維持する，という暗黙の合意が成立しており，それに基づき中央銀行が流動性を供給していたものと理解できる。

（ii）　政府による直接の損失補償

　第2の類型は，事前に明示的に約束された，政府による直接の損失補償である。

　BOE の緊急流動性支援（ELA）は，2007年実施の Northern Rock 銀行向けの全額が，2008年実施の RBS 向け，HBOS 向けの一定額を超える部分の金額（ピーク残高の約2割）が，英国財務省による損失補償の対象とされた。こうした仕組みは，英国財務省と BOE が締結した金融危機管理 MOU の中にも引き継がれ，財務省は BOE に対し支払能力または存続可能性のない金融機関に向けた ELA の実施を指示した場合に，BOE の損失を補償しなくてはならない（第5章第2節で前述）。

　また，カナダ銀行の緊急流動性支援は，金融システム全体の安定のために必

要と判断された場合に限り，州政府監督下の信用組合に向け実施する，とされているが，その場合，当該州政府は損失補償を求められる（will need to indemnify）。国有中央銀行であるカナダ銀行は，もともと資本金の 5 倍までしか準備金積立てが認められないなど資本勘定の保有が少額に抑えられ，剰余金をすべて国庫納付してきた歴史があることから，政策遂行に伴う損失は政府が負担する（古市・森［2005］120 頁，125 頁，155-158 頁，BIS CBGG［2009］p. 55，Archer and Moser-Boehm［2013］pp. 52-54, 58 など）。

　さらに，オーストラリア準備銀行も，本来，債務超過金融機関への金融支援が許されず，また金融機関の支払能力を判断する責任は政府・金融監督当局にあることから，同国政府が金融機関への支援融資等を同行に要請する場合には，損失を補償するなど同行の財務健全性を損なわない道義的責任があると理解されている（BIS CBGG［2009］p. 121，BIS SG［2011］p. 23，Archer and Moser-Boehm［2013］p. 54 など）[18]。

（ⅲ）　政府による直接・間接の信用補完

　第 3 の類型は，政府による直接・間接の信用補完である。

　米国 FRB がグローバル金融危機時に特設した流動性供給ファシリティの中でも 2008 年のターム物 ABS 貸出ファシリティ（TALF）は，米国財務省の TARP（Troubled Asset Relief Program）が，ニューヨーク連銀の受け入れた担保資産を管理・回収する特別目的ビークルである LLC の発行する劣後債 200 億ドルを引き受けることで信用補完をした（第 4 章第 4 節で前述）。有担保の LLR であっても，中央銀行が貸付けを回収できる保証はなく，信用補完，損失補償の対象となりうる[19]。

　また，スイス国民銀行は，同国の大手金融機関 UBS から 2008 年 10 月に買

---

18)　同様にポーランド国民銀行も，グローバル金融危機時の時限立法に基づき，LLR から被った損失の 50％ を政府から補填されることとなっていた（BIS SG［2011］pp. 21, 23）。韓国銀行は，資本金のない国有中央銀行であることから，損失のうち準備金を超える部分を政府から補償される（古市・森［2005］139 頁，Archer and Moser-Boehm［2013］p. 55）。

19)　TALF は，有担保貸付けの法形式を採用していても，ノンリコースの与信であったため，実質的には「担保資産」とされた資産を FRB が買入れたことと同等の経済効果を有するものであり（第 4 章第 4 節で前述），その資産の値下がりや損失が，直接に FRB の財務健全性を損なう危険があった。

い取った資産を管理・回収する UBS Stabilization Fund に 258 億米ドルを貸し付けた（貸付期間は当初 8 年で最長 12 年まで延長可能）。この Fund（総資産 387 億米ドル）に生じる損失は，まず UBS の行った資金拠出 39 億米ドルが吸収する仕組みであったが，同時にスイス連邦政府が UBS 発行の強制転換条項付き証券 60 億スイス・フランを引き受けて UBS 自体に対する信用補完をしていた（BIS CBGG [2009] pp. 123-128, Archer and Moser-Boehm [2013] pp. 30, 35, 39-40, 55, 81 など）[20]。

（iv）　中央銀行の国庫納付金減少の容認

　第 4 の類型は，中央銀行の国庫納付金減少の容認による間接的な損失補償である。

　特筆すべき事例は，山一證券向けの日銀特融の扱いである。山一證券向けの日銀特融は，2005 年 1 月の同社破産終結時における貸付残高 1,111 億円が回収不能となったことから，日銀はこの回収不能額 1,111 億円を貸倒引当金の取崩しにより償却したほか，仮に特融全額が回収されたと仮定した場合に法定準備金として積み立てられたであろう金額 55 億円につき，日銀法 53 条 2 項に基づく認可を受けて法定準備金の積立てを行った。政府は，国庫納付金が累計 1,166 億円減少することを容認することで，日銀の財務健全性を山一証券向け特融の貸倒れがなかった場合と同等の水準に復元し，事実上，特融返済の確約を守ったと理解することができる（第 3 章第 5 節で前述）。

　また，米国 FRB がグローバル金融危機時の流動性供給により被った損失も，国庫納付の減額で調整されることが政府との間の了解事項となっていた。アーチャーとモーゼル・ベームが 2013 年に共著した論文は，FRB 剰余金の国庫納付[21] は，1950 年代以降 FRB が自らの判断で自発的に剰余金を移転（voluntary

---

20）　スイス国民銀行では，準備金（reserves）が銀行券発行残高に連動して設定される目標水準を上回るまでの間は，出資者への配当や国庫納付が停止されるなど資本基盤を充実させる仕組みが整っている。

21）　FRB 傘下の各地区連銀は，当期剰余金のうち，準備金（surplus）としての積立額（払込済資本金と同額までの積立てを許容）および出資者（連邦準備制度に加盟している民間銀行）への配当金を支払った残額を国庫納付する。

transfer of surpluses）してきた慣行に過ぎないと説明したうえで，国庫納付の
こうした自発性を根拠として，FRB が流動性供給により損失を被った場合に
国庫納付の減額を容認する了解が，米国政府と FRB との間に存在したことを
示唆する当時のポールソン財務長官およびバーナンキ FRB 議長の発言を紹介
した（Archer and Moser-Boehm［2013］pp. 35, 56, 60-61，古市・森［2005］120 頁，
131 頁，143-145 頁，BIS SG［2011］pp. 22-23 など）[22]。

（ⅴ）　流動性供給者と損失負担者の不一致

　　中央銀行 LLR のリスクや損失負担は，中央銀行の財務健全性を維持するた
めにさまざまな方策，措置を講じた結果，預金保険や政府（納税者）に転嫁さ
れていく。中央銀行が LLR 運営において優良担保を取得した場合でも政府
（納税者）に破綻損失の負担を転嫁する危険がある一方で，逆に優良担保を取
得しない場合でも，流動性を供給した中央銀行が破綻処理費用の最終的な負担
者になるとは限らない。

（4）　財政民主主義の要請

　　本来，中央銀行の LLR は，一時的な流動性を供給するものに過ぎない。返
済を前提とした貸付けである以上は，直接的に所得移転の効果を発揮し，資源
配分に介入するという意味での財政政策，財政支出に該当しないはずである。
　　しかしながら，2007 年以降のグローバル金融危機や各国中央銀行の危機管
理対応を経験したことで，中央銀行の LLR 機能，MMLR 機能が，以下の 3 つ
の理由から，準財政政策（quasi-fiscal policy）の性質を帯び，国家経済や国民
生活に財政政策と似通った影響を及ぼすことが明らかになった。
　　第 1 に，金融危機時に発動される中央銀行の LLR 機能は，中央銀行自体が
抱える何らかの信用リスクや損失負担を納税者（国民）に転嫁する危険を伴う。
中央銀行が債務超過金融機関に向けその破綻処理目的で流動性を供給する場合，
本節（3）で前述した，中央銀行の財務健全性を維持するためのさまざまな措

22）　古市・森［2005］120 頁は，FRB の国庫納付の仕組みを「機械的な収益・損失分担ルール」と
　　解説しており，国庫納付の減額が認められ難いとする見方もある。

置を講じる結果，破綻損失の負担が政府や国家財政，納税者に転嫁される危険性が高い。

第 2 に，中央銀行が MMLR 機能に踏み込む場合の財務面への悪影響である。MMLR 機能を発揮する中央銀行は，市場流動性が低下し大幅に拡大した bid-ask spread を自らの損益で吸収することになる。これに伴うリスクや費用は，いずれ中央銀行の損失や財務健全性の劣化を通じて，間接的に財政や納税者（国民）に転嫁される（Nakaso［2013, 2014a］など）。

第 3 に，資源配分の中立性の問題である。中央銀行が従来の取引先ではない種類の相手方に向け流動性を供給する必要に迫られた場合，その対象先が無制限に拡大するのは，それぞれの中央銀行に負託された権能（mandate）に照らし許されないこともある。中央銀行は，何らかの「線引き」や「信用割当の要素を伴う勝ち組と負け組の選別」（an element of credit allocation, of picking winners and losers）をどこかでせざるをえず（Nelson［2014］p. 77），中央銀行に求められる資源配分の中立性の維持が難しくなる。

グローバル金融危機後の世界が，バジョットの時代と決定的に異なるのは，各国・地域の国民が中央銀行 LLR を「公金」視し，その費用は納税者が負担するものと認識するようになったことにある（Baxter［2013］）。公金と同一視される LLR 機能を中央銀行が積極的に発動すると「国民の評判が著しく悪い」（Nelson［2014］）ことから，中央銀行 LLR のガバナンスには，透明性（transparency），公平性（fairness），正統性（legitimacy）が求められる（Bernanke［2009a］, Tucker［2014］など）。

憲法学者は，近代立憲主義が，国の財政のあり方を国民の代表者である議会の統制下に置くべきとする財政立憲主義（あるいは財政議会中心主義）の原則や，新たな課税や租税の変更は法律によって行われるべきであるとする租税法律主義の原則を確立したと解説している（佐藤幸治［1981］130-131 頁）。政府の財政活動に対する直接・間接の民主主義的なコントロールのための諸原則は，財政民主主義と総称される（林［2011］22-23 頁，湯本［2015］16-17 頁，翁邦雄［2015］147-193 頁など）[23]。

---

23)　例えば日本国憲法では，83 条が国会の議決に基づく国の財政処理の原則を，84 条が租税法律主

　財政民主主義の観点からは，LLR 機能を発揮した中央銀行の財務健全性維持のための諸措置を通じ金融機関の破綻損失等が政府や国家財政，国民に転嫁されていく経路や，最終的な損失負担配分に関する政策判断の透明性を高め，主権者・国民による民主主義的な統制が効きやすい環境を整えることが求められる。

(5)　中央銀行 LLR のガバナンス

　中央銀行 LLR のガバナンスは，財政民主主義の要請に，どう応えればよいのか。

(i)　財政政策的な部分の括り出しとその発動原則

　第 1 に，中央銀行の LLR 機能，MMLR 機能のうち，準財政政策としての性質を有する部分と，そうでない部分とを区別したうえで，それぞれについて別々の発動原則を設ける必要がある。

　タッカー前 BOE 副総裁は，中央銀行 LLR に関する 2014 年 BIS ワークショップ（第 2 章第 4 節で前述）の基調講演で「財政政策的な部分の括り出し」（fiscal carve-out）と名づけた有力な考え方を示した。タッカー講演は，中央銀行 LLR 機能や MMLR 機能が損失の国民負担につながる可能性を踏まえ，これらのうち準財政政策的な影響のある部分を他の政策・業務分野と区別すべく括り出したうえで，この括り出した機能で買入れる資産の種類や条件，潜在的な損失の財政負担などについて，行政府や立法府との間で協議しておくことを提唱したのである（Tucker [2014]）。

　特に，債務超過金融機関に向けて，破綻処理目的の流動性を供給することは，タッカーが唱えた「財政政策的な部分の括り出し」を受ける対象であり，高いレベルの透明性や公平性，正統性が要求される。この「財政政策的な部分の括り出し」を受ける範囲の LLR 発動原則の内容は，準財政政策としての性質や効果，影響を十分に踏まえたものでなくてはならない。1990 年代の日銀特融

義を，85 条が国会の議決に基づく支出または債務負担行為の原則を，86 条が内閣の作成，提出した会計年度予算に関する国会の審議・議決の原則を，それぞれ定めている。

の4原則の経験や，2013年に BOE が英国財務省との間で締結した金融危機管理 MOU などを参照し検討することになろう[24]。

(ii)　必要条件としての破綻処理開始

　第2に，中央銀行が債務超過金融機関に向けて流動性を供給する場合には，その金融機関の破綻処理が開始されていることが必要条件である。

　中央銀行が，債務超過金融機関に向けて流動性を供給することが正当化されるのは，その金融機関が秩序だった破綻処理を円滑に進め，資産価値の最大化や損失の最小化を図るために，流動性が必要不可欠であるからである。破綻処理目的の中央銀行 LLR は，実効性の高い破綻処理手続の一環としてのみ許される。

　したがって，中央銀行が破綻処理目的の流動性を供給するためには，それに先立ち，その金融機関の破綻処理手続が，実質的に開始決定されていることを確認しなくてはならない。もっとも，業務停止命令の発出や財産管理人の選定その他の法令上の破綻処理手続開始が正式に決定されていなくても，その金融機関について抜本的な債務再編を伴う再建策の実施が決定されていれば，中央銀行の流動性供給が許される場合もあろう。

(iii)　破綻処理開始の情報発信と破綻責任の明確化

　第3に，中央銀行が破綻処理目的で流動性を供給する場合には，その金融機関が救済されたのでなく経営破綻した事実を，納税者（国民）の眼にみえる形で，示す必要がある。

　したがって中央銀行は，流動性供給に先立ち，金融機関の破綻処理が開始したという事実を正確に情報発信するとともに，破綻金融機関の関係者のうち少なくとも経営者と株主・出資者について経営破綻の責任が明確になっていることを確認しなくてはならない。これは，中央銀行 LLR に伴うモラル・ハザードの問題を抑制・防止するとともに，破綻損失の最終的な負担配分に関する透

---

24)　日銀特融の4原則は，第3章第4節で，英国の危機管理 MOU は，第5章第2節で，それぞれ前述した。

明性，公平性を確保するためにも有効である。

　経営者のうち，代表取締役や，破綻原因となった重大損失を被った事業部門の責任者は，更迭は免れない。民事責任，刑事責任の追及は，各国・地域の法制に照らし個々の事案ごとに判断せざるをえないものの，重大損失を生んだ過度のリスク・テイクに関与した事業部門の責任者は，清算完了までは円滑な処理への協力や情報提供のために慰留する一方，その責任者が破綻以前に稼得した成果報酬は，責任の程度や関連性に応じ，可能な限り返還を求めたり，未払い分を差し止めたりすることが望ましい。

　株主・出資者は，それぞれの持分の価値を毀損させることで，破綻損失を吸収しなくてはならない。株主や債権者の間における権利の優先順位は尊重されるべきであり，劣後債権者や無担保債権者が一部でも破綻損失を負担する前に，株主，出資者が損失を負担するのは当然である。株主・出資者の持分価値の全額が毀損されるまでは，破綻損失の負担が，債権者や預金者，国家財政・納税者などに転嫁されるべきではない。

（iv）　破綻損失の最終的な負担配分に関する合意

　第 4 に，中央銀行が破綻処理目的の流動性を供給するにあたっては，あらかじめ政府・破綻処理当局，預金保険などセーフティネット運営機関，破綻金融機関，およびその利害関係者の間で，金融機関の破綻処理費用の負担配分に関する合意が成立していること，破綻処理費用の負担配分に関する事前の合意に基づき中央銀行の財務健全性が確保される見込みであること，の 2 点が確認されていなくてはならない。

　流動性を供給した中央銀行が，そのまま貸倒れ損失の最終的な負担者となってしまうことは適切ではなく，中央銀行の財務健全性を確保する措置を準備する必要がある。こうした措置は，担保の取得や高い金利・手数料の徴収に限られず，他の手段としては，セーフティネット財政からの回収や，政府による直接の損失補償，政府による直接・間接の信用補完，国庫納付金減額の容認などさまざまな手法が考えられる。採用される手法は，秩序だった破綻処理の円滑な進捗に寄与し，かつ，破綻処理費用の最終的な負担配分に関する合意と整合的でなくてはならない。

　なお理論上は，政府や中央銀行がいったん負担した金融機関の破綻処理費用がどれだけ巨額であっても，それを民間金融部門から事後的に長い年月をかけて回収することで，最終的な国民負担の発生を回避することは可能である。しかしながら，過去の金融危機の費用を，将来の長期間にわたり，小口預金者や貸出先中小・零細企業を含む民間金融サービス利用者に幅広く負担させることは，金融仲介機能や経済成長力を弱めかねない。長期的な国民経済にとっての利害得失を比較しながら，破綻損失の負担に関する合意が民主的に形成されることが望ましい。

（v）　損失負担の転嫁メカニズムに関する透明性

　第5に，損失負担が国家財政や納税者（国民）に転嫁されるメカニズムに関する透明性の向上も欠かせない。

　第1章第2節（2）で前述したとおり，中央銀行から流動性を供給された金融機関が債務超過に陥った場合，その破綻損失の負担は，中央銀行が担保処分によって貸付金を回収したとしても，あるいは，逆に中央銀行が貸倒れ損失を被りそれを政府が補償しなかったとしても，最終的には納税者（国民）にその負担が転嫁される危険がある。ところが，こうした負担転換のメカニズムや経路は複雑で多岐にわたり，わかりにくい。

　中央銀行の貸倒れ損失を政府が直接に補償するケースと比べ，優良担保を取得した中央銀行 LLR が破綻損失の負担を預金保険や国家財政にしわ寄せする危険や，損失負担が中央銀行の国庫納付金減少を通じ間接的に国民に転嫁されるメカニズムは国民の眼からはみえ難い。こうした場合には，政府と中央銀行が一体となり，中央銀行 LLR の効果や費用，負担転嫁のメカニズムを国民に丁寧に説明しなくてはならない。

（vi）　システミック・リスク顕現化のおそれの確認

　第6に，中央銀行による破綻処理目的の流動性供給は，金融機関の破綻処理が震源となりシステミック・リスクが金融システムや金融資本市場に広がるおそれがある場合に限り，許されるものである。これは，中央銀行 LLR の本来の目的が，システミック・リスク顕現化の防止にあるからである。

　中央銀行が破綻処理目的で流動性を供給するねらいは，金融機関の破綻処理手続を，金融システム，金融資本市場から隔離することにある。すなわち，中央銀行の破綻金融機関向け流動性供給は，個別金融機関の破綻処理手続開始が原因となり，預金等の債務弁済が滞り，また金融機関間の債権債務を通じて支払不履行が連鎖することや，破綻処理中の金融機関の資産投げ売りや資金取漁りがきっかけとなり市場流動性が収縮・枯渇して，システミック・リスクが現実になり拡大することを防止するのである。

　逆に，金融機関が破綻処理されているにもかかわらず，システミック・リスク顕現化のおそれがないと判断された場合には，中央銀行を含む外部の公的機関が流動性を供給することは望ましくない。

(vii)　必要不可欠性の確認

　第7に，中央銀行による破綻処理目的の流動性供給は，それが必要不可欠である場合，すなわち代替手段が他にない場合に限って，許される。

　破綻処理や抜本的な債務再編を進めている金融機関が流動性を調達する代替手段としては，例えば，民間部門が流動性を供給するケースとして，健全な金融機関による協調融資のシンジケートが組成されている場合や，破綻金融機関の存続事業や金融機能の受け皿となることが予定される別の金融機関が破綻処理のスポンサーとして流動性供給を行う場合などが考えられる。こうした場合には，流動性供給は民間金融機関や民間金融市場に委ねることが適切である。

　また，他の公的機関が流動性を供給するケースとして，預金保険などセーフティネットを運営する機関が流動性を供給する場合などが考えられる。中央銀行の業務運営面における優位性を勘案したうえでも，破綻処理目的の流動性供給の責任を中央銀行以外の公的機関に担わせることにつき民主的な合意が形成されているのであれば，流動性供給はこれらの公的機関に委ねなくてはならない。

BOX 17　中央銀行の債務超過は問題なのか

　中央銀行の財務内容が健全であることやその資本基盤が強固であることが，本当に必要かあるいは重要か，という問いには，明確な答えがない。イングランド

銀行の金融政策委員や欧州復興開発銀行の主任エコノミスト等を歴任したブイターは「中央銀行は倒産しうるか」（Can Central Banks Go Broke?）と題した2008年の論考の中で，中央銀行の債務超過が問題なのか，敢えて逆説的な問題提起をした（Buiter [2008]）。

　中央銀行の財務健全性や強固な資本基盤を必要視する立場は，以下の論拠を掲げることが多い。

　第1に，中央銀行の財務基盤が脆弱であると，物価安定目的の金融政策遂行や業務運営に著しい支障がある，という考え方である。多くの論者はこの考えを支持している。

　第2に，財務基盤が脆弱な中央銀行は，インフレ政策を選好するという疑いを抱かれ，政策運営に対する国民の信認が低下する，という考え方である。この論者は，財務基盤が脆弱な中央銀行が，自らの収益力を高めたり債務超過損失を穴埋めしたりするために，バランスシートを急激に拡張する政策や，保有する外貨準備資産の価値と比べ自国通貨建て負債の価値を減価させる政策を採用するかもしれないという見通しが広がってしまうと，物価の安定を損ない予想インフレ率の抑制に支障がある，と考える。

　第3に，中央銀行の財務基盤が脆弱であると，通貨制度や国家に対する信用が失われ，家計や企業の経済活動に重大な支障が及ぶ，という考え方である。日銀特融について1999年に公表された「4原則の適用について」は，「仮に一国の中央銀行に対する信認が損なわれると，政策遂行自体が困難になるばかりではなく」と前置きをしたうえで，国民経済の根幹を揺るがす弊害への警鐘を鳴らしている（第3章第4節（5）で前述）。

　これに対して，中央銀行の財務健全性や強固な資本基盤を重視しない立場は，以下の論拠を掲げることが多い。

　第1に，中央銀行は，たとえ財務基盤が脆弱であっても，決済ファイナリティ（支払完了性）のある中央銀行マネーを含む通貨を発行でき，資金調達面の制約がなく自らのバランスシートを自在に拡張・縮小できることから，政策遂行や業務運営の面で全く支障がない，という技術論である。中央銀行論に造詣の深い学者や実務家の間では，こうした技術論を積極的には支持しないまでも，否定はしない立場の者が少なくない。BIS総支配人のハイメ・カルアナは，アーチャーとモーゼル・ベームの2013年共著論文 "Central Bank Finances" に寄せた序文の中で，中央銀行の会計上の債務超過転落が警報を鳴らす理由にはならないということの意味が一般にはよく理解されていないこと自体が問題だ（The problem is that not everyone appreciates that a central bank's accounting equity can be negative without any reason for alarm bells to ring）と述べている（Archer and Moser-Boehm［2013］）。

　第 2 に，中央銀行の一時的な債務超過損失は，通貨発行益（seigniorage）を含む中央銀行が稼得する利益によって中長期的には穴埋めされるはずだ，という考え方である。2009 年に BIS 中央銀行ガバナンス・グループが中央銀行資本の要否を論じた報告書は，こうした「通貨発行益による穴埋め」論を紹介しつつも，中央銀行の中長期的な収益性が必ずしも保証されてはいない，と指摘している（BIS CBGG［2009］pp. 123-128）。

　第 3 に，中央銀行と政府・国家財政のバランスシートや財務内容を一体のものとして捉える必要性を説く考え方である（古市・森［2005］118-120 頁など）。この考え方は，中央銀行利益の剰余金が国庫納付され，損失が最終的に政府・国家財政により穴埋めされことから，中央銀行の実質的な所有者（beneficial owners）は政府・国家財政である，という理解に支えられている（Archer and Moser-Boehm［2013］p. 7 など）。こうした見方に立てば，中央銀行単独の財務内容や資本の多寡だけを政府・国家財政と切り離して取り上げることは，かえってミスリーディングであり，正しい評価・分析を妨げることになってしまう。

　中央銀行の財務健全性や強固な資本基盤の必要性，重要性に関するコンセンサスは，学界でも実務界でも，まだ確立していない。そこで本書は，2007 年以降のグローバル金融危機の教訓を踏まえ，少なくとも金融システム安定を目的とした中央銀行 LLR の運営という側面に限れば，中央銀行の財務健全性および強固な資本基盤は必要である，との立場から議論を展開した。その論拠としては，この BOX に掲げた政策遂行・業務運営の能力確保や国民の信認維持などのほかに，以下の 2 点がある。

　第 1 に，中央銀行の財務基盤の脆弱性が LLR 運営の制約になりうると不安視する経済主体が存在する限り，中央銀行の損失や債務超過が通貨制度に対する信認の低下や金融システム不安を助長しかねないことである[25]。

　第 2 に，グローバル金融危機後，中央銀行 LLR および MMLR のガバナンスには，透明性，公平性，正統性が求められるようになり，特にその準財政政策としての影響について，財政民主主義の原則との調和が要請されていることである。金融機関の破綻損失が，LLR 運営に伴う損益を通じて，中央銀行財務の中でどの

25）　オブストフェルド IMF 経済顧問兼調査局長は，2013 年の日銀主催コンファレンスの基調講演で，中央銀行の流動性供給政策と政府の財政政策との境界が曖昧化しつつある状況下，政府と中央銀行が金融システム安定化を目的とした政策出動の余力を残していることへの信認を確保する必要性を強調した（Obstfeld［2013］）。

ように処理され，国家財政にどのような影響を及ぼしたかを，正確かつ詳細に報告する目的に照らしても，中央銀行がいったんは損失を吸収できる程度の強固な財務基盤を有することが求められる。

　中央銀行の金融システム安定機能とそのガバナンスの問題を論じた BIS スタディ・グループの 2011 年報告書は，国際金融危機の経験を踏まえ「中央銀行が金融システム安定目的の緊急対応のために与えられた責任が重たければ重たいほど，中央銀行によるリスク負担能力を大きくする必要があり，また国家財政に損失負担を転嫁する仕組みをより頑健なものとする必要もある」と結論づけた[26]。

　中央銀行の財務健全性と金融システム安定化機能との関係は，簡単に正解を導けないものの，興味が尽きない問題である[27]。

第4節　中央銀行からの借りやすさと借りにくさ

(1)　借りやすさと借りにくさの経済厚生分析

　グローバル金融危機時における米国 FRB の預金取扱金融機関向けの資金供給は，通常の連銀貸出と入札型ターム物資金供給ファシリティ（TAF）との合算で 2009 年 3 月前半にピークの 5,599 億ドルにまで急増した。これとは対照的に，2007 年以前の，あるいは 2011 年以降の，平時における通常の連銀貸出の残高は，その約 70 分の 1 を下回る少額に止まっている（第 4 章第 4 節で前述）。

　BOE が 2008 年 10 月に導入した流動性保険の枠組みの一翼を担う DWF は，金融危機が収まった以降も未だ利用実績がなく，ウィンターズ報告により「汚名問題により病んでいる」と指摘された（第 5 章第 2 節で前述）。

　英米 2 か国の中央銀行が常設している流動性供給ファシリティの低調な利用実態から判断する限り，中央銀行の通常時の流動性供給ファシリティが利用しやすい，借りやすい制度設計になっているとは言えない。

　中央銀行の LLR 機能を論ずる者の多くは伝統的に，「最後の貸し手」機能を，

---

26)　BIS SG［2011］p. 2。
27)　この問題を掘り下げて研究したい読者は，古市・森［2005］，BIS CBGG［2009］，BIS SG［2011］，Archer and Moser-Boehm［2013］を参照されることをお勧めしたい。

文字どおり「最後の拠り所」として位置づけてきたが，果たしてこれは適切なのだろうか。本節では，通常時の流動性供給ファシリティの使いやすさと，代替的な資金調達手段を探し尽くした後でないと中央銀行に駆け込めないという意味のラスト・リゾート性との間で，どこに適切なバランスを見出すべきかという問題を改めて検討したい。

　一方の極には，通常時における中央銀行の流動性供給ファシリティについて，モラル・ハザード抑制を重視し，ラスト・リゾート性を要求する意見がある。こうした論者は，通常時の中央銀行 LLR は，物価安定目的の金融政策を補完する役割に徹するべきであり，できるだけ抑制しなくてはならない，と主張する。金融当局の国際協議の場でも，グローバル金融危機時に中央銀行 LLR が多用された反省や反動から，中央銀行が「最初の貸し手」(lender of first resort) になるのを防ぐことが政策目標とされた[28]。

　反対側の極には，健全金融機関が通常時・平時から中央銀行の流動性供給ファシリティを気兼ねなく利用できるような制度設計や，「普段使い」を促す練習，訓練を検討すべきだ，という考え方もある。こうした論者からは，いざというときに必要な流動性供給を汚名問題が妨げない工夫が必要だ，という意見が聞かれる。BIS のカールソンらの 2015 年共著論文は，中央銀行の「最初の貸し手」化を防ぐという政策目標自体に異論を唱え，例えば市場全体の流動性不足の際には中央銀行が最後の貸し手でなくむしろ前面に立って幅広く流動性を供給すべきだ，と主張した (Carlson et al. [2015] pp. 5, 22-23)。

　中央銀行からの借りやすさ，借りにくさや，流動性供給ファシリティの利用しやすさ，利用しにくさは，以下に例示したさまざまな要因の影響を受ける。

　第 1 に，中央銀行借入れの金利水準である。金利が，通常時の市場金利と比べて高ければ高いほど借りにくく，逆に市場金利への上乗せ幅が小さければ小さいほど借りやすくなる。

---

28)　バーゼル銀行監督委員会の上位機関である中央銀行総裁・銀行監督当局長官グループが，2013年 1 月 6 日に，銀行の流動性カバレッジ比率（Liquidity Coverage Ratio: LCR）の国際的共通基準を公表した際のプレス・リリース（第 4 章第 5 節で前述）。しかしながら，中央銀行の「最初の貸し手」化の防止という政策目標は，政治的な標語としてのわかりやすさとは裏腹に，具体的な中身が明確でない。

図7-9　中央銀行が供給する流動性の借りにくさと借りやすさ

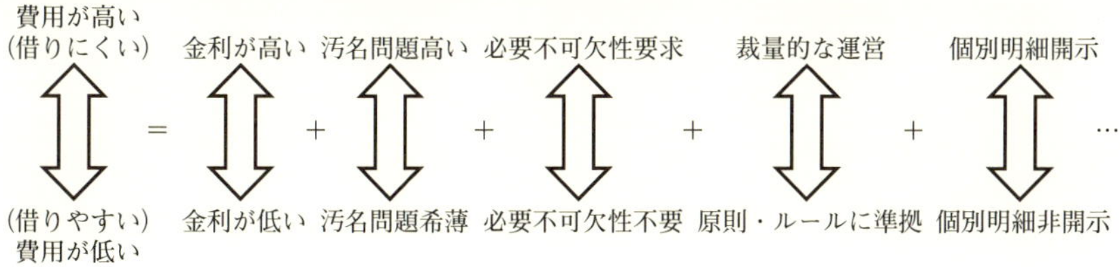

（出所）　筆者作成。

　第2に，中央銀行LLRに付き纏う汚名問題である。他の市場参加者に，文字どおり「最後の拠り所」となる中央銀行から流動性供給を受けたことが知られてしまうと，自らの支払能力や健全性に対する評価に傷がつき，二度と民間金融市場からの資金調達に復帰できなくなることを不安視する金融機関は，中央銀行借入れを嫌がる。逆に，一時的に不足する資金を中央銀行から借り入れることは，健全金融機関が普通に行っている一般的な出来事だと扱う風潮が広がれば，中央銀行借入れへの抵抗は薄まる。

　第3に，中央銀行資金の必要不可欠性の証明である。中央銀行が，借入れを申し込んできた金融機関に対して，民間の短期金融市場など代替的な資金調達手段を探し尽くしたことの証明，説明を厳格に要求するのであれば，中央銀行からは借りにくい。逆に，代替手段を探し尽くすことが求められなければ，借りやすくなる。

　第4に，中央銀行の裁量的な運営である。中央銀行貸付けの発動原則・ルールや審査手続の透明性が低ければ，中央銀行資金を借りにくくなる。逆に，発動原則やルールが確立されてその情報も開示され，こうした透明な原則・ルールに準拠した審査手続に沿って金融機関の財務健全性など要件の適合性だけを確認して借入れが認められるのであれば，中央銀行からは借りやすくなる。

　第5に，個別貸出明細の開示である。自行の名前や借り入れた金額が中央銀行から公表されるのであれば，借りにくい。逆に，個別明細が非開示であったり，開示時期に数年のタイムラグがあったりすれば，借りやすくなる。

　図7-9は，中央銀行からの借りやすさ，借りにくさに影響を与えるこうした直接・間接の諸要因のすべてを集約し，中央銀行借入れの単位当たり費用に

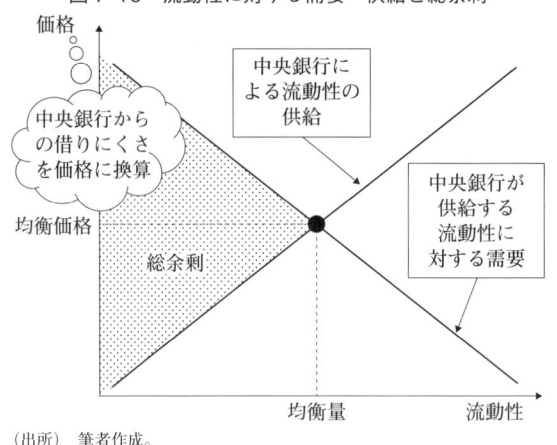

図 7-10　流動性に対する需要・供給と総余剰

（出所）　筆者作成。

価格換算した概念図である。以下では，中央銀行からの借りにくさ，借りやす
さを，費用に換算することを前提に，中央銀行が金融システムの安定を目的と
して流動性を供給するファシリティに関する初歩的な経済厚生分析を試みたい。

　図 7-10 は，中央銀行の供給する流動性に対する需要曲線と供給曲線を描い
ている。需要曲線は，借りにくさを示す「価格」が高ければ高いほど需要が減
少することから，右下がりとなる。一方の供給曲線は，借入れの規模や依存
度・頻度の高さに応じて費用を逓増させるルールを採用した流動性供給ファシ
リティの実例[29] を踏まえ，右上がりに描くことができる。流動性の価格と量
が需要曲線と供給曲線が交わる均衡点で決定されると，経済資源配分の効率性
を表す総余剰は，両曲線と縦軸に囲まれた三角形の部分の面積で示される。

　ここに，中央銀行 LLR が惹き起こすモラル・ハザードがもたらす「負の外

---

29)　BOE の流動性保険のファシリティ DWF の利用手数用は，金融機関の負債金額に比べ DWF 借
入れが大きければ大きいほど手数料が逓増する仕組みとなっている（第 5 章第 2 節 (2) で前述）。ま
た，日銀の補完貸付（第 3 章第 1 節で前述）も，2001 年の導入当初は，準備預金積み期間当たり 5
営業日までの利用には基準貸付利率，これを上回る利用には基準貸付利率に 2.0% を加えた利率を適
用することが原則とされていた（2003 年 3 月に，当分の間の臨時措置として，全営業日にわたって
基準貸付利率での借入れが可能となり，2018 年 5 月末現在もこれが継続されている）。

図7-11　モラル・ハザードのもたらす社会的総余剰の減少と経済厚生の低下

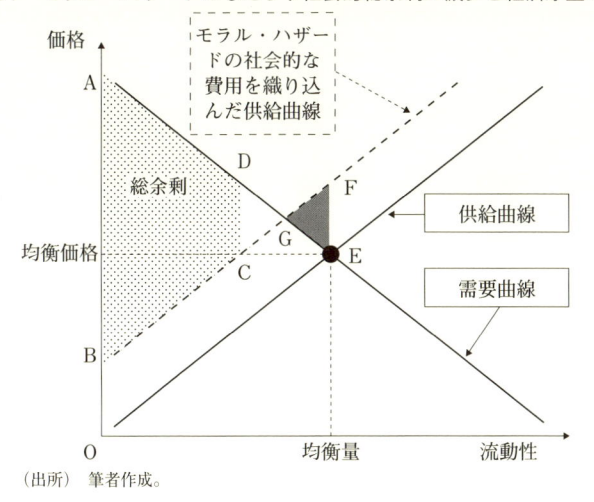

（出所）　筆者作成。

部性」を織り込むと，社会的な総余剰は減少し，経済厚生も低下することにな
る。すなわち，民間金融機関が中央銀行借入れへの依存度を強め，自らの流動
性リスク管理やカウンターパーティー・リスク管理を疎かにし，（たとえ誤っ
た期待ではあっても）救済期待を抱き経営規律やガバナンスが緩に流れると，
金融システム全体が大きなリスクを内包することになり，将来発生する金融危
機が実体経済にまで悪影響を及ぼす危険がある。

　本来こうした負の外部性を「社会的な費用」として評価し上乗せした供給曲
線は，図7-11が示す点Gで需要曲線と交わらなくてはならない。これと比べ，
需給均衡点Eで決定される流動性の量は過剰供給となってしまっているばか
りか，「社会的な総余剰」が，社会的な費用を織り込んだ供給曲線と需要曲線
とに囲まれた三角形ABGの面積から濃い網掛けの三角形EFGの面積を差し
引いた台形ABCDの面積にまで縮小しており，経済厚生の低下が明らかであ
る。

　モラル・ハザードの問題を抑制・防止するために，中央銀行が伝統的に行っ
てきたのは，中央銀行LLRを借りにくくすることであった。これは，中央銀
行貸付けに市場金利と比べ高めの金利を適用し，審査手続を厳しくすることな

図7-12　供給曲線上方シフト後の社会的総余剰の最大化

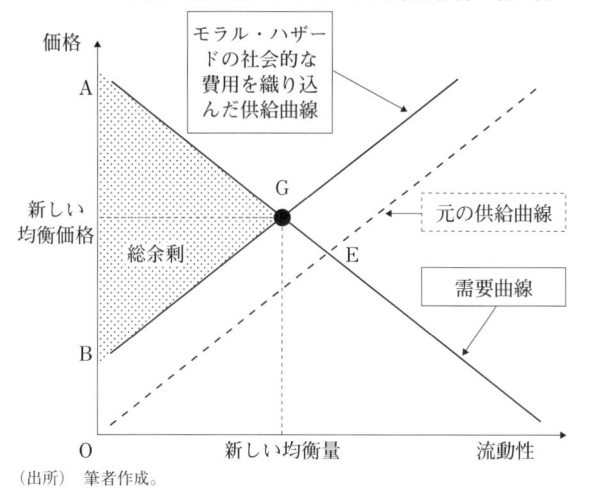

（出所）　筆者作成。

どにより，中央銀行借入れの費用を増加させて，モラル・ハザードなど負の外部性の社会的な費用を適切に織り込んだ水準にまで供給曲線を上方シフトさせるものであった。中央銀行が，社会的な費用を織り込んだ水準にまで，流動性の供給曲線を上方シフトさせることに成功すれば，図7-12 が示すとおり，社会的な総余剰 ABG や経済厚生は最大になる。

　しかしながらグローバル金融危機後，中央銀行 LLR 機能に対する各国国民世論の評価が悪化し，汚名問題の影響が一段と強まった。中央銀行から流動性を調達しただけで政府・中央銀行に救済されたかのような誤った印象が生む「政治的な懲罰」（political retribution, Winters［2012］p. 67）を嫌がる金融機関は，中央銀行借入れをこれまで以上に避けるようになった。この結果，まず需要曲線が図7-13 のとおり大幅に左方へシフトした。次に，こうした国民世論や政治環境を背景に，例えば米国 FRB の個別貸出明細の情報開示義務など，中央銀行資金を借りにくくする法改正や規制強化が実施され，中央銀行借入れの費用が増加したため，図7-13 の供給曲線は一段と上方にシフトした。この供給曲線は，モラル・ハザードなど外部性の社会的な費用を過大評価して織り込んでいる。

図 7-13　汚名問題の悪影響による社会的総余剰の大幅な減少

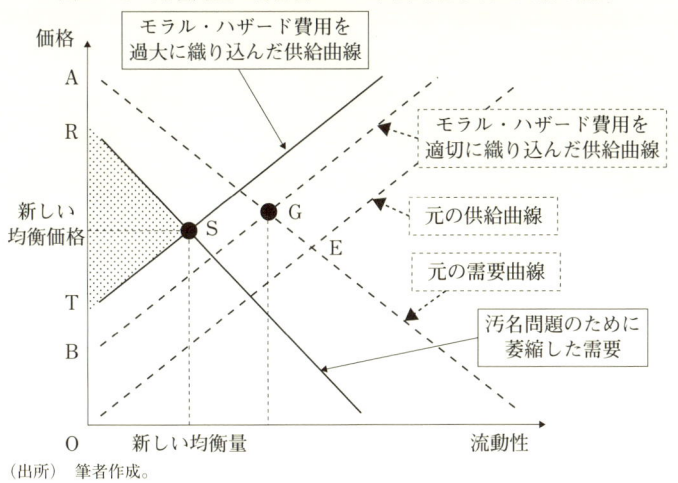

（出所）　筆者作成。

　汚名問題の悪影響を受け，中央銀行 LLR がもたらす社会的総余剰は，図 7-12 の三角形 ABG の面積から図 7-13 の三角形 STR の面積へ，大幅に縮小する。新しい需給均衡点 S に対応する量の流動性しか供給されないのでは，金融システム安定のために本来は必要とされる量（点 G）の流動性に不足する。流動性供給が不十分なばかりか，国民経済全体の経済厚生も資源配分の効率性も大きく低下するのである。

　したがって，中央銀行が通常時における流動性供給ファシリティの制度設計を検討する際には，モラル・ハザード抑制一辺倒となり，ラスト・リゾート性を厳密に要求することは適切でない。むしろ汚名問題の悪影響下でも，流動性供給ファシリティの使いやすさに工夫を施し，流動性の供給曲線を引き下げることが求められる。

（2）　汚名問題が助長する民間金融市場における逆選択

　図 7-14 左グラフは，通常時のインターバンク短期金融市場における資金の需要曲線と供給曲線を示している。インターバンク市場における資金の貸し手は，借り手の財務健全性，返済能力に関する情報を十分には持ち合わせていな

図 7-14　短期金融市場における流動性の需要・供給と汚名問題の影響

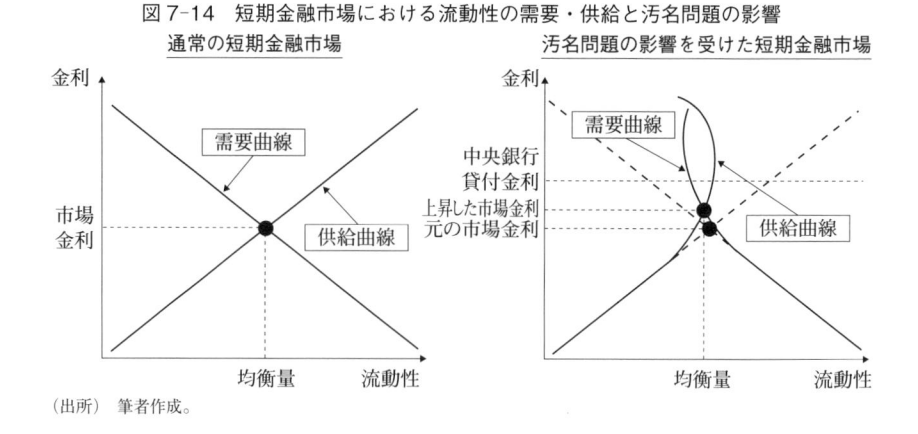

（出所）　筆者作成。

いが，仮に「借り手は高金利を厭わず中央銀行から借り入れる積もりらしい」という噂を耳にしたとしよう。

　貸し手の中には，借り手の返済能力を疑い警戒心を抱き始める先が出てくる。仮に貸し手が借り手の信用力を全く疑っていなかったとしても，噂を耳にしただけで，借り手の足許を見て金利引上げ交渉を有利に進めることにもなる。図7-14 右グラフ「汚名問題の影響を受けた短期金融市場」の供給曲線が，中央銀行貸付金利付近で左方向へ反っているのは，これを表している。

　一方の借り手は，自らの支払能力や財務健全性に強い自信があればあるほど「痛くもない腹を探られる」のを嫌がり中央銀行借入れを避けることから，躍起になり民間インターバンク市場から資金を調達しようと試みる。図7-14 右グラフ「汚名問題の影響を受けた短期金融市場」の需要曲線が，中央銀行貸付金利付近で右方向に反っているのは，これを表している。

　民間の金融市場参加者の間で「中央銀行借入れをする金融機関は支払能力に問題があるに違いない」あるいは「インターバンク市場で中央銀行貸付金利並みの高金利を示し資金を取り漁るのは自らの健全性に対する市場評価に自信がない金融機関だけだ」といった風評が広がると，情報の経済学で言うところの「逆選択」が進み，信用力の高い良質な借り手が民間インターバンク市場から退出してしまう[30]。この結果，貸し手は疑心暗鬼となり，高金利で資金調達

図7-15　金融危機時の短期金融市場と懲罰金利適用が助長する汚名問題

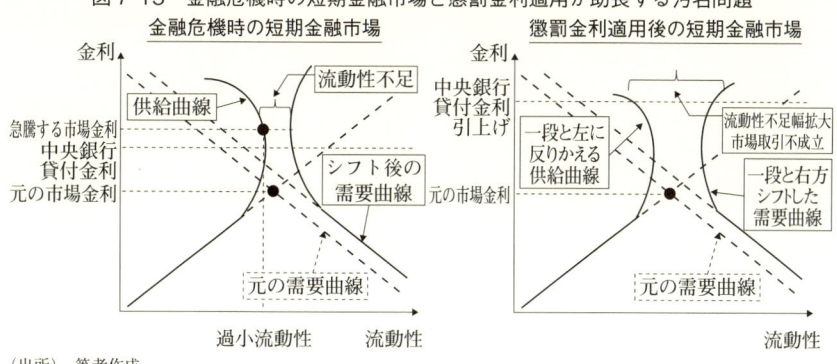

（出所）　筆者作成。

を試みる借り手への警戒心をますます強める。

　こうした局面で金融危機が到来すると，図7-15左グラフ「金融危機時の短期金融市場」が示すとおり，インターバンク市場における流動性の供給曲線は，貸し手の警戒心の強まりを背景に，左方向に反りかえる一方で，需要曲線は全体として右方にシフトする。この結果，流動性の需要超過，供給不足が解消されない状態のまま，市場金利が急騰することになる。

　仮にここで中央銀行が，誤って市場金利急騰につられ，自らの貸付金利を，急騰した市場金利をも大きく上回る懲罰的な水準にまで引き上げてしまうと，図7-15右グラフ「懲罰金利適用後の短期金融市場」が示すとおり，流動性の需要曲線は，一段と右方向にシフトし反りかえることになる。これは，借り手が中央銀行借入れを避けようとインターバンク市場での調達を急ぐからである。

　一方，不安にかられた貸し手が市場から退出することで，流動性の供給曲線も一段と左方向に反りかえる。結局，流動性の不足幅が拡大し，短期資金の市場取引が全く成立しなくなり，市場流動性の枯渇に至るのである。

　このように民間の短期金融市場，インターバンク市場における流動性の需要

---

30)　タッカー前BOE副総裁は，中央銀行LLRに関するBISの2014年ワークショップの基調講演（Tucker［2014］）の中で，中央銀行LLRの汚名問題が生じる原因を，流動性保証の市場から信用力の高い良質な借り手が排除される逆選択の理論で説明した。

と供給は，中央銀行が設定する貸付金利に影響される。したがって中央銀行は，貸付金利の設定が，汚名問題の悪影響を助長し，インターバンク取引の市場流動性の枯渇を招いてしまう事態を避けるべく細心の注意を払わなくてはならない。

　中央銀行は自らの貸付金利を，通常時の市場金利よりは高いものの，危機時の市場金利を下回る水準に設定しなくてはならない。中央銀行の貸付金利は，民間金融市場からの資金調達への早期復帰を金融機関に促す程度の高い金利であれば，十分なのである。

　最近の LLR 研究者や中央銀行実務家の多くは，第 1 章第 2 節（2），第 2 章第 4 節（3）で紹介したとおり，バジョット原則が求める中央銀行 LLR の高金利が信用不安を煽り，金融機関の高リスク投資を助長する弊害を指摘する。むしろ，中央銀行 LLR の金利は，金利上昇のスパイラルや市場流動性の枯渇につながらないよう，市場金利急騰を抑制するアンカーとして機能することが望ましい。

(3)　流動性規制と中央銀行の流動性供給ファシリティとの併用

　金融機関に課せられる流動性規制と中央銀行 LLR とは相互補完的な関係にある。モラル・ハザードを抑制すべく，市場規律を効かせながら金融システム全体や個別金融機関の流動性リスクを管理するためには，章末資料 5 で概要を解説した流動性カバレッジ比率（Liquidity Coverage Ratio：LCR）や安定調達比率（Net Stable Funding Ratio：NSFR）などの流動性規制と中央銀行 LLR の両方が必要となる。

　中央銀行の LLR 機能の存在自体がもたらすモラル・ハザードの問題を防止・抑制するには，金利設定など中央銀行 LLR の制度設計や運用で対処できる部分はあるにしても，それだけでは十分でない。BIS のカールソンらの2015 年共著論文が主張するように，中央銀行 LLR と流動性規制は併用せざるをえないのである（Carlson et al. [2015]）。

　一方，流動性規制や業務分野規制など金融機関規制の完成度をいくら高めても，中央銀行 LLR が存在意義を失うことはない。銀行に 100％ の支払準備を義務づける制度や，リテール・リングフェンスなどの規制を設け金融機関の保

表 7-1　米国・英国・欧州における金融業務分野の規制とリスク遮断

国・地域	報告書・法令名	通称	規制概要
米国	2010 年 ドッド・フランク法	ボルカー（Volcker） ルール	・自己勘定（proprietary）取引の禁止 ・ヘッジ・ファンド投資やプライベート・ エクイティ・ファンド投資の禁止
		スワップ・プッシュ アウトルール	・デリバティブ取引を事業分離しない場合， 連銀貸出や預金保険など連邦政府による 支援を受けられない
英国	ヴィッカーズ （Vickers）報告 2013 年 金融サービス法	リングフェンス （ring-fence）	・個人・中小企業預金業務の別会社分離 ・自己勘定取引の分離
欧州	リーカネン （Liikanen）報告	リングフェンス	・預金取扱金融機関での決済サービス提供 ・自己勘定取引やヘッジファンド融資等の 別会社分離

（出所）　小立［2013］，中空・川崎［2013］を参照し筆者作成。

有資産の流動性を高めることによって，預金取扱金融機関の扱う決済サービス
を非銀行業務のリスクから遮断することはできる（表 7-1）。

　しかし，民間の金融部門の中に，流動性の高い資産の保有が義務づけられる
種類の金融機関と，中長期の信用仲介機能を発揮する種類の金融機関とが共存
できるためには，金融資産の満期変換機能を担う金融機関がどこかに存在する
ことが必要となる。中央銀行の LLR 機能は，こうした満期変換機能を担う金
融機関が抱える流動性リスクに対する保険を提供せざるをえないのである。

　中央銀行 LLR の制度設計や運営は，流動性カバレッジ比率や安定調達比率
などの流動性規制の内容を前提とし，それらと適切に組み合わせることで，中
央銀行 LLR と流動性規制の双方の効果を高められる。相互補完的な 2 つの制
度を適切に組み合わせて整合的に制度設計するという観点は，通常時・平時に
おける中央銀行の流動性供給ファシリティにおいて特に重要となってくる。

　例えば，流動性カバレッジ比率規制では，中央銀行からの有担保借入れは，
満期時返済による資金流出を見込まない扱いとされている一方，中央銀行に差
し入れられた担保資産のうち未使用部分は高品質の適格流動資産（High Quali-
ty Liquid Assets：HQLA）への算入が認められるなど，中央銀行借入れの担保

に流動性の低い資産を差し入れることを促すねらいになっている。また，中央銀行の流動性与信枠は，適格流動資産への算入が認められているが，このためには，手数料，調達期間，期前解約禁止などの条件を満たさなくてはならない。

　したがって，通常時の流動性供給ファシリティは，できる限り流動性規制の内容や趣旨を踏まえ，適格担保や手数料，期間などの面で整合的な制度設計や運用とすることが望ましい。同様に中央銀行 LLR と規制との整合性という面では，流動性カバレッジ比率やレバレッジ比率[31] の高い金融機関に適用される中央銀行 LLR の金利を低めに設定し，金融機関のリスク管理を促すインセンティブとすることなども，検討に値しよう[32]。

(4)　中央銀行流動性供給ファシリティの借りやすさ

　中央銀行の流動性供給ファシリティが，モラル・ハザードなど外部性の費用を過大に織り込んだ，使いにくく，借りにくい制度設計になっていると，汚名問題を嫌気した中央銀行借入れ需要の萎縮や流動性の供給不足につながり，経済厚生を低下させる。中央銀行は，こうした問題を防止・回避するためには，貸付金利の設定や流動性規制の併用のほかに，以下の 6 点に注意する必要がある。

(i)　常設の流動性供給ファシリティとそのブランド・イメージの差別化

　第 1 に，通常時における流動性供給ファシリティを，破綻処理目的の流動性供給と明確に区別された常設のファシリティとして設けなくてはならない。この流動性供給ファシリティを利用できるのは健全金融機関，すなわち支払能力および存続可能性（本章第 2 節で前述）を有する金融機関に限られる点を明確に打ち出すことも必要である。

---

31)　レバレッジ比率とは，銀行の Tier 1 自己資本をオン・バランスシートとオフ・バランスシート両方のエクスポージャー額で除した比率のことを言う。バーゼル III 規則文書では，レバレッジ比率の最低水準を 3% とすることなどが求められている。

32)　Acharya and Tuckman [2013] は，LLR 実施の条件として借り手に健全性の証明（レバレッジ比率や自己資本比率）を求めることや，資産圧縮や資産売却を義務づけることなどを提唱した（第 1 章第 2 節で前述）。

　健全金融機関による適度な利用を促すことに成功すれば，破綻処理目的の中央銀行 LLR と差別化された，通常時の流動性供給ファシリティのブランド・イメージを広めることができる。これは，中央銀行借入れに付きまとう汚名問題を払拭し，金融システムの安定に寄与する効果がある。

(ii)　借り手財務内容の把握と破綻処理への切替え準備

　第2に，中央銀行は，借り手金融機関の存続可能性の喪失が疑われる状況になった場合には，速やかに監督当局との連絡・協議を開始し，破綻処理の開始や抜本的な債務再編を関係当事者や監督当局・破綻処理当局に働きかけるとともに，実行済みの分を含む流動性供給を，破綻処理目的の中央銀行 LLR に切り替えなくてはならない。

　このためには，中央銀行が，借り手金融機関の財務内容や経営状況を常時モニタリング・把握していて，その財務健全性や支払能力に関する評価を定期的に見直すことができることが前提条件となる。

(iii)　事前開示された原則・ルールに準拠した流動性供給

　第3に，中央銀行は，通常時の流動性供給ファシリティを運営する際に準拠する原則・ルールを制定したうえで事前に開示しなくてはならない。中央銀行は，この流動性供給ファシリティを利用できる金融機関の資格や契約条件を明確にしたうえで，こうした資格や条件に適合する申込みがあった場合には，裁量を排し，開示された原則・ルールを忠実に守り，必要な流動性を供給する責任がある。

　グローバル金融危機以降は，中央銀行の流動性供給をめぐる「建設的な曖昧さ」(constructive ambiguity) が市場不安につながる弊害を指摘する意見が有力となっている（第1章第2節で前述，Domanski and Sushko [2014] や Domanski, Moessner and Nelson [2014]，Nakaso [2014c, 2014d]）。もともとバジョットも，中央銀行が危機時における貸付け方針を事前に開示すること自体が，不安心理を抑制しパニックを防止できる，と訴えていた。金融システム参加者のすべてが，透明な原則に基づき中央銀行 LLR を利用できる安心感は，金融システム安定を通じて社会全体の経済厚生を改善する。

（iv）　必要不可欠性要件の緩和

　第4に，中央銀行は，通常時の流動性供給ファシリティの利用を申し込んだ金融機関に対して，資金の必要不可欠性の立証や説明を厳格に要求すべきではない。通常時の流動性供給ファシリティについては，金融機関が民間の短期金融市場を含む代替調達手段を探し尽くしたうえで中央銀行に借入れを申し込んできたことを細かく確認するなどラスト・リゾート性を厳格に要求することは適切でない。

　（iii）で前述したとおり，中央銀行は，事前に開示された，通常時の流動性供給ファシリティに関する原則・ルールに則り，資格や利用条件などの要件が満たされることを速やかに確認しその確認ができ次第，必要な流動性を供給しなくてはならない。

（v）　常用されるファシリティのイメージの広報

　第5に，中央銀行は，たまたま一時的な流動性不足に陥った健全金融機関が通常時における流動性供給ファシリティを「普段使い」する，常用するというイメージを，金融機関，金融市場参加者はもとより，行政府，立法府，そして幅広く国民に向けて，積極的に広報しなくてはならない。2014年の中央銀行LLRに関するBISワークショップは，通常に利用される（used on a regular basis）流動性供給ファシリティを整備することや，中央銀行が非公開での貸付け（covert lending）を実行する能力を維持することが，有効な汚名問題対策となる，と提言した（Domanski and Sushko［2014］）。

　1つの方法としては，通常時から，コンピュータ・システム障害訓練や自然災害等を想定した業務継続訓練を定期的に実施することで，一時的な流動性不足に直面した金融機関がごく当たり前の出来事のように中央銀行の流動性供給ファシリティを利用する予行演習の実績を積み重ねることが考えられる。借入れ実績の集計値は，他の政策に支障がない範囲で公表し，金融市場やメディア，国民が，流動性供給ファシリティが常時利用されている状態を見慣れることが望ましい。

（vi）　個別貸出明細開示のタイムラグ

　第6に，個別金融機関向けの流動性供給の実績など貸出明細情報は，借り手側が積極的に公表するケースを除いて，秘匿することが望ましい。中央銀行側がやむなく公表する場合でも，全額返済後3〜4年程度のタイムラグを確保することが必要である。

　個別貸出の明細情報の開示は，汚名問題を悪化させ，中央銀行借入れが忌避される原因となっている。個別金融機関向けの貸出明細情報を秘匿することと，中央銀行 LLR の準拠すべき原則・ルールや金融機関の破綻損失の負担転嫁メカニズムなどの情報を開示することとは十分に両立可能であり，両者を混同してはならない。BIS グローバル金融システム委員会の 2017 年報告書も，中央銀行による流動性支援の枠組みに関する事前の透明性や，一定期間経過後の個別明細の情報開示（ex-post transparency）は重要な便益をもたらす一方で，時期尚早の情報開示（premature disclosure）は金融システム不安を招く，と指摘した（BIS CGFS ［2017］ pp. 3, 27-32, 37-38）。

第5節　あるべき原則

　本節では，中央銀行の LLR 機能や流動性供給ファシリティが準拠すべき原則を提言したい。

（1）　2種類の原則の必要性

　伝統的なバジョット原則は，金融機関の破綻損失の国民負担を拡大するおそれのあるソルベンシー基準や，通常時の流動性供給に関する指針を欠くことなど再考を要する問題点が少なくない。これらの問題を克服するには，中央銀行 LLR 発動の基準を債務超過であるか否かに求めるのではなく，本章第2節で紹介した「存続可能性喪失時点」（point of non-viability：PONV）を基準とし，個別金融機関が存続可能性を有するか否かに応じて切り分ける2種類の発動原則——「常設の流動性供給ファシリティの原則」と「破綻処理目的の中央銀行 LLR の原則」——を準備しなくてはならない。

　図 7-16 は，中央銀行の LLR 機能や流動性供給に関する2種類の原則の考

図7-16　2種類の原則とその適用範囲

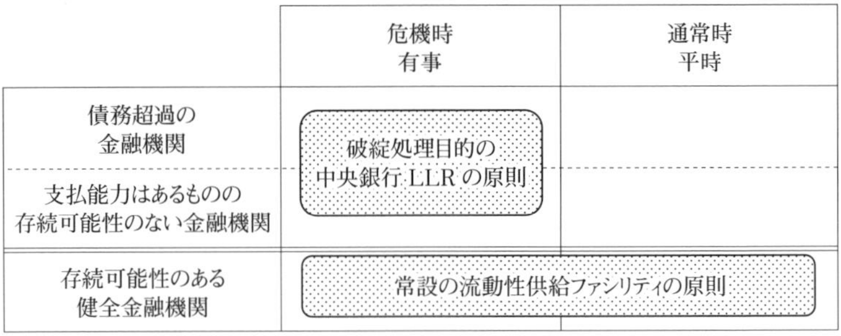

	危機時 有事	通常時 平時
債務超過の 金融機関	破綻処理目的の 中央銀行 LLR の原則	
支払能力はあるものの 存続可能性のない金融機関		
存続可能性のある 健全金融機関	常設の流動性供給ファシリティの原則	

（出所）　筆者作成。

　え方とその適用範囲を整理した概念図である。本章第1節で前掲した図7-1
「バジョット原則の適用範囲」と見比べると，2種類の原則を切り分ける基準
を，債務超過転落時点よりも手前の「存続可能性喪失時点」（図中の二重線部
分）に変更し，健全金融機関に流動性が供給される条件を狭め厳しくしている。
　個別金融機関の「存続可能性喪失時点」を分界点とするこの考え方は，近年
の実効的な破綻処理手続をめぐる議論が手続開始の早期化を指向していること
と整合的である（本章第2節で前述）。つまり，ある金融機関が存続可能性を喪
失した時点で，政府・破綻処理当局や中央銀行はその金融機関の破綻処理ある
いは抜本的な債務再編を伴う再建策に着手すべくモードを切り替えなくてはな
らない。中央銀行 LLR は，発動するとしても，秩序だった処理の進捗を促し
円滑化する目的で発動しなくてはならない。
　2種類の原則のうち，存続可能性を有することが確認された金融機関に対し
て流動性を供給する常設ファシリティに関する原則は，通常時・平時と危機
時・有事に共通して適用される。この「常設の流動性供給ファシリティの原
則」を検討するうえでは，米国 FRB の運営する通常の連銀貸出，BOE が導入
した DWF など「流動性保険」の枠組み，ECB が「固定金利の金額無制限方
式」を適用して実施した大規模流動性供給などの経験と教訓から学ぶところが
多い[33]。
　2種類のうちもう一方の，存続可能性を喪失した金融機関に向けて流動性を
供給する中央銀行 LLR は，その金融機関の破綻処理や債務再編の開始を促す

目的で発動される。破綻処理目的の中央銀行 LLR は，金融機関の破綻損失の負担を直接・間接に政府，納税者（国民）に転嫁する危険を有することから，「財政政策的な部分の括り出し」（fiscal carve-out）を受け，財政民主主義に立脚した透明性，公平性，正統性が求められる。

　伝統的なバジョット原則を信奉する論者の多くは，この「破綻処理目的の中央銀行 LLR の原則」に異論を唱え，「大き過ぎて潰せない金融機関」の公金を使った救済（bail-out）だ，と批判をしてくるかもしれない。しかしながら，本書をここまで読み進めてこられた読者は，こうした批判が事実に反することや，破綻処理目的の中央銀行 LLR が破綻処理を促し納税者（国民）負担の縮小につながることを，すでにご理解いただいたものと思う。

　中央銀行が破綻処理目的で LLR 機能を発揮したことは，1990 年代後半の日銀特融，グローバル金融危機の際の米国 FRB の AIG 向け信用供与や BOE の Northern Rock 銀行や HBOS，RBS 向けの緊急流動性支援と繰り返されてきたのが現実である[34]。したがって「破綻処理目的の中央銀行 LLR の原則」を検討するうえでは，日銀特融等に関する 4 原則や BOE の危機管理 MOU などから多くを学ばなくてはならない。

（2）　常設の流動性供給ファシリティの原則

（i）　存続可能性の確認

> 常設の流動性供給ファシリティに関する原則 1：　中央銀行は，借り手金融機関の財務内容を精査し，その純資産価値が十分に大きく，存続可能性があることを確認したうえでなければ，常設ファシリティから流動性を供給してはならない。

---

33)　FRB の通常の連銀貸出は第 4 章で，BOE 導入の「流動性保険」は第 5 章第 2 節で，ECB の「固定金利の金額無制限方式」の大規模流動性供給は第 6 章第 2 節でそれぞれ前述した。
34)　日銀特融は第 3 章で，FRB の AIG 向け信用供与は第 4 章第 4 節で，BOE の緊急流動性支援は第 5 章第 2 節でそれぞれ前述した。

（ii）　流動性の低い資産の担保取得

> 常設の流動性供給ファシリティに関する原則 2 ：　中央銀行は，存続可能性を有する健全金融機関向けに，担保を取得して流動性を供給する場合に，借り手金融機関が保有する信用力の高い資産のうち流動性の低いものから優先的に受け入れることが望ましい。

（iii）　通常時の市場金利と比べ高めの金利設定

> 常設の流動性供給ファシリティに関する原則 3 ：　中央銀行は，常設の流動性供給ファシリティに適用する金利を，通常時の市場金利と比べ高めの水準に設定しなければならないが，危機時の市場金利を上回る水準に設定することは好ましくない。

（iv）　利用条件の事前開示と原則に準拠した運営

> 常設の流動性供給ファシリティに関する原則 4 ：　中央銀行は，常設の流動性供給ファシリティの利用資格および契約条件を制定し，事前に情報開示しなければならない。利用申込みを受けた中央銀行は，事前開示した諸条件が満たされることを確認でき次第，必要な流動性を供給するなど原則・ルールに準拠した運営が求められる。

（3）　破綻処理目的の中央銀行 LLR の発動原則
（i）　破綻処理手続の開始

> 破綻処理目的の中央銀行 LLR に関する発動原則 1 ：　中央銀行は，存続可能性を喪失した金融機関に対する流動性供給の要請を受けた場合には，その金融機関が破綻処理や債務再編を開始したことが確認できなければ，流動性を供給してはならない。

（ⅱ）　システミック・リスク顕現化のおそれ

> 危機対応としての中央銀行 LLR に関する発動原則 2：　中央銀行は，破綻処理目
> 的の流動性供給を行わないとシスミック・リスクが顕現化し拡大するおそれ
> がある場合でなければ，存続可能性を喪失した金融機関に流動性を供給して
> はならない。

（ⅲ）　中央銀行による流動性供給の必要不可欠性

> 破綻処理目的の中央銀行 LLR に関する発動原則 3：　中央銀行は，中央銀行によ
> る流動性供給が必要不可欠であることが確認できなければ，存続可能性を喪
> 失した金融機関に対して流動性を供給してはならない。

（ⅳ）　経営破綻に関する責任の明確化

> 破綻処理目的の中央銀行 LLR に関する発動原則 4：　中央銀行は，存続可能性を
> 喪失した金融機関の経営者や株主・出資者，債権者などのステーク・ホルダ
> ーについて経営破綻や損失発生に関する責任が明確にされたことを十分に確
> 認したうえでなければ，流動性を供給してはならない。

（ⅴ）　破綻処理費用の負担配分に関する合意に基づく中央銀行財務健全性の確保

> 破綻処理目的の中央銀行 LLR に関する発動原則 5：　中央銀行は，金融機関の破
> 綻処理費用の負担配分に関して，政府・破綻処理当局，セーフティネット運
> 営機関，破綻金融機関，およびその利害関係者の間で合意が成立しているこ
> と，および，この合意に基づき中央銀行の財務健全性が確保される見込みで
> あること，の 2 点をあらかじめ確認できなければ，破綻処理目的の流動性を
> 供給してはならない。

章末資料 4　実効的な金融機関破綻処理手続の制度設計に関する議論

　2007 年以降のグローバル金融危機の経験は，金融機関の破綻処理手続の制度設計に関する各国政府・金融当局の考え方を大きく転換させた。これは，従来「大き過ぎて潰せない」と考えられてきた金融機関の経営問題に対処するために当局が講じたさまざまな措置が，メディアや世論から「納税者負担による大銀行救済」と厳しく批判されたという反省・教訓に基づくものである。

　金融機関の破綻処理を円滑に進めるプロセスやそのための環境を準備・整備することは，金融当局間の国際的な協議の場における喫緊の政策課題に格上げされた。各国は「グローバルにシステム上重要な金融機関」(Global Systemically Important Financial Institutions：G-SIFIs) が経営困難に直面した際に，金融システム全般に及ぶ深刻な混乱，および，納税者負担の 2 つを防止しつつも，G-SIFIs の重要な経済機能を保持しながら，その秩序だった破綻処理を円滑に遂行できる実効的な破綻処理の枠組み (effective resolution regimes) を準備・整備することに取り組んだのである。

　金融機関の破綻処理手続の整備に向けた考え方の転換は，2011 年 10 月に FSB が公表した「金融機関の実効的な破綻処理の枠組みの主要な特性」(“Key Attributes of Effective Resolution Regimes for Financial Institutions”，以下「主要な特性」) の中で明確に打ち出された。また，「主要な特性」の公表と相前後して欧米各国・地域で成立した法令改正にも，こうした考え方の転換が色濃く反映されている。

　金融機関の実効的な破綻処理手続の整備に向けた考え方は，いくつかの点で，一般の株式会社や事業法人に適用される倒産法制の標準的な原理原則とは異なる理念や政策思想を採用した。以下では，このうち 5 つの重要な論点，すなわち破綻処理の早期開始，債権者平等原則の修正と清算価値保障原則，ベイルイン，破綻処理目的の流動性供給，および，破綻処理費用の回収を紹介し解説したい。

1. 破綻処理の早期開始

　FSB の「主要な特性」は，金融機関がバランスシート上の債務超過に陥り株主資本を完全に喪失する前 (before a firm is balance-sheet insolvent and before all equity has been fully wiped out) における適時の早期に (timely and early)，その破綻処理が開始されることを求め，破綻処理を早期開始するのは，当該金融機関の存続可能性が失われ (no longer viable or likely to be no longer viable) 存続可能性を回復する合理的な見通しが立たない (has no reasonable prospect of becoming so) 時点とすべきである，と述べた[35]。このように「主要な特性」は，破綻処理の開始を，

従来の債務超過の時点から，「存続可能性喪失」（non-viability）の時点に早めた。

　米国では，まだ債務超過に陥っていない金融機関を破綻処理することに伴う既存
株主の権利剥奪は，政府による補償を要する公的収用には該当しない，という判例
法理が，すでにドッド・フランク法制定の前に確立していた[36]。2010 年制定のドッ
ド・フランク法の第 2 編は，「秩序だった清算権限」（Orderly Liquidation Authori-
ty：OLA）に関する規定を新設したが，その中で，財務長官は，FRB および FDIC
の勧告に基づき，システム上重要な金融機関が，①債務不履行または債務不履行の
おそれがある状態にあり，②その倒産が米国の金融システムの安定に重大なリスク
をもたらし，③民間部門による破綻回避の代替策が見当たらないことなどを根拠に
システミック・リスクを認定して，当該金融機関の破綻処理を開始できることとさ
れた[37]。

　欧州では，ギリシャの国内銀行の一次国有化の是非が争われた 1996 年パフィティ
ス（Pafitis）事件において，欧州司法裁判所が，既存株主の同意を得ない金融機関増
資を欧州会社法指令違反と判示した。この判例を踏まえ，株主の権利保護が重視さ
れる欧州連合の域内では再建型破綻処理が難しいと長らく理解されてきた（山本
[2014b]）。しかし，2014 年 4 月に欧州議会で可決された再建・破綻処理指令[38]が，
まだ債務超過に陥っていない金融機関について，①破綻しつつある状態，または破
綻が見込まれる状態にあり（is failing or is likely to fail），②民間部門の代替策によ

35）　「主要な特性」3.1 条。

36）　山本［2014b］は，破綻手続処理が早期に開始された金融機関の株主の権利保護をめぐる欧米
の法令や判例等の動向を明快に整理・解説している。

37）　ドッド・フランク法 203 条（b）項。ドッド・フランク法第 2 編が規定した OLA の内容の詳細
は，澤井・米井［2013］，森下［2014］などを参照されたい。

38）　再建・破綻処理指令（通称 Recovery and Resolution Directive, 正式名称 Directive 2014/59/
EU of the European Parliament and of the Council of 15 May 2014 establishing a framework for
the recovery and resolution of credit institutions and investment firms and amending Council Di-
rective 82/891/EEC, and Directives 2001/24/EC, 2002/47/EC, 2004/25/EC, 2005/56/EC, 2007/36/
EC, 2011/35/EU, 2012/30/EU and 2013/36/EU, and Regulations（EU）No 1093/2010 and（EU）No
648/2012, of the European Parliament and of the Council）は，2012 年 6 月に原案が提示され，2014
年 4 月 15 日に欧州議会で可決された後，5 月 6 日に欧州連合理事会によって採択された。同年 7 月
には，単一破綻処理メカニズム（Single Resolution Mechanism），単一破綻処理理事会（Single Res-
olution Board）および単一破綻処理基金（Single Resolution Fund）を創設する欧州規則が制定され
た。欧州連合では，2013 年以降，単一監督メカニズム（Single Supervisory Mechanism）の整備や，
ECB への監督権限の移管を進めてきていたが，2014 年に再建・破綻処理指令や単一破綻処理メカニ
ズムが成立したことで，銀行同盟（Banking Union）の実現に向け大きく前進した。欧州の再建・破
綻処理指令の内容の詳細は，鈴木敬之［2013］，中空・川崎［2013］，森下［2014］，山本［2014b］
などを参照されたい。

って破綻を回避できる合理的な見通しが立たず，③破綻処理が公共の利益に資する場合に，破綻処理の早期開始を求めた[39]。

　わが国においても，平成 25 年改正預金保険法が，まだ債務超過ではないがそのおそれのある金融機関について，内閣総理大臣が，わが国の金融市場その他の金融システムの著しい混乱を生じるおそれがある場合に，金融危機対応会議の議を経て「秩序ある処理」の必要性を認定したうえで，承継金融機関へ債務等を引き継がせる「特定第 2 号措置」を実施することを可能にした。

2. 債権者平等原則の修正と清算価値保障原則

　FSB の「主要な特性」は，破綻処理当局が，株主や債権者間の権利の優先順位を尊重（respects the hierarchy of claims）しつつも，同一順位の債権者を平等に扱う一般原則とは異なる扱いを行う柔軟性（flexibility to depart from the general principle of equal (*pari passu*) treatment of creditors of the same class）を認めるとともに，債権者平等原則と異なる扱いを行う理由を説明する透明性を求めた[40]。また「主要な特性」は，債権者平等原則と異なる扱いを行う場合に，債権者が少なくとも通常の倒産手続が適用され清算した場合に受け取るであろう金額は受け取る権利がある，という清算価値保障原則（"no creditor worse off than in liquidation" safe-guard）も明確にした[41]。

　米国のドッド・フランク法第 2 編，および，欧州の再建・破綻処理指令のいずれにおいても，こうした清算価値保障原則が満たされる場合，すなわちすべての債権者が清算価値以上の金額を受け取ることができる場合には，債権者平等原則と異なる扱いを行うことが認められている[42]。

3. ベイルイン

　ベイルイン（bail-in）とは，破綻金融機関の処理に際して生じる損失を，債務の削減や株式化を通じて，劣後債権者や無担保債権者などに負担させることを言う（川口［2013]）[43]。英米では，金融当局が公的資金を用い納税者負担で債務超過金融機関の損失を補填し救済する行動をベイルアウト（bail-out）と呼んでいたことから，この反対語として，公的資金の投入や納税者による負担を回避しつつ金融機関の破

---

39)　再建・破綻処理指令 32 条 1 項。
40)　「主要な特性」5.1 条。なお同条は，破綻損失はまず株主資本によって吸収されなくてはならないとしている。
41)　「主要な特性」5.2 条。
42)　ドッド・フランク法 210 条（a）項（7)，再建・破綻処理指令 34 条 1 項など。

綻処理を実施するための手段として，金融当局が債権者等に損失負担を転嫁する行動をベイルインという造語で呼ぶようになった。

FSB の「主要な特性」は，破綻処理当局が，破綻金融機関の株式や無担保債権について，その権利の優先順位を尊重しつつも，元本削減（write down）したり株式等の持分に転換（convert into equity or other instruments of ownership）したりすることを，契約上の株式転換・元本削減条項の有無を問わず，実行できるベイルイン権限を持つべきだ，としている[44]。

欧州の再建・破綻処理指令は，破綻処理当局がベイルイン手段（bail-in tool）を有し，それを破綻金融機関に対する債権の元本削減および株式転換による損失吸収という目的のみならず，再建され存続する金融機関の資本増強の目的でも利用できるような破綻処理法制の整備を各国に求めている[45]。ただし，ベイルインの対象債務から，預金保険対象預金など一定種類の債権が除外されているほか，さらに一定の条件を満たした場合に特定の債権をベイルインの対象から除外する裁量も各国に認めている[46]。

一方，米国のドッド・フランク法第 2 編は，破綻処理当局のベイルイン権限を明示的には規定していない。しかしながら同法は，経営破綻したシステム上重要な金融機関を含む金融グループにつき管財人に任命された FDIC が，そのグループの中で最上位に位置する持株会社の全資産を，FDIC が設立したブリッジ金融会社（bridge financial company）に移管する一方，劣後債務，無担保債務を含む全負債および株式をそのまま持株会社に止めることで，グループ全体の破綻損失を集中させた持株会社だけを破綻処理する手法（Single Point of Entry 方式）の採用を認めている[47]。この手法により破綻処理を進めると，FDIC の裁量で，持株会社に対する債権の元本削減や株式転換を行えることになり，実質的にベイルインと同様の効果が生じることになる（澤井・米井［2013］，森下［2014］，岸［2015]）。

これに対して，わが国では，欧米の金融機関破綻処理法制と異なり，ベイルインが行われるのは，あらかじめ契約上に債権の元本削減や株式転換等を認める損失吸

---

43)　村松［2014］や森本・翁・野﨑・花岡［2014］の解説では，もともと金融機関の発行した劣後債等の契約中に自己資本比率の低下や金融当局による実質破綻認定などをトリガーとする損失吸収条項が付されておりこれを根拠に元本削減または株式削減が行われることを「契約上のベイルイン」と呼び，これに対して，損失吸収条項が付されていないにもかかわらず破綻処理当局の権限により元本削減または株式削減が行われることを「法的ベイルイン」と呼び，両者を区別している。

44)　「主要な特性」3.5 条。

45)　再建・破綻処理指令 43 条。

46)　再建・破綻処理指令 44 条。

47)　ドッド・フランク法 210 条（a）項（1）など。

収条項が付されている場合（いわゆる「契約上のベイルイン」）に限られている[48]。

4. 破綻処理目的の流動性供給

(1)　FSB「主要な特性」が求める破綻処理中の流動性供給

　FSBの「主要な特性」は，破綻処理手続が開始された金融機関に向け流動性を供給する仕組みの必要性が高いという認識に基づき，「破綻処理中の金融機関の資金調達」（Funding of firms in resolution）と題する独立した章を設けた。これは，G-SIFIsの破綻処理計画の実効性を高め，秩序だった破綻処理を実現するには，重要な金融機能の維持，他の金融機関の連鎖破綻の回避，システミック・リスクの顕現化・拡大の防止が必須と考え，破綻処理の過程にある金融機関に対して一時的な不足資金を供給する必要性や依拠すべき諸原則，資金回収方法のあり方などを示したものである。以下は，その内容の和訳である。

第6章　破綻処理中の金融機関の資金調達（Funding of firms in resolution）

6.1条　各国・地域は，金融当局が金融機関破綻処理の手段として公的管理または納税者資金を用いる救済に追い込まれないように法令または政策を整備しておかなくてはならない[49]。

6.2条　秩序だった破綻処理を実現するうえで重要な金融機能を維持するために一時的な資金調達が必要とされる場合に，一時的な資金流動性を供給している破綻処理当局その他の金融当局は，被った損失を，「清算価値保障原則」[50]の範囲内で株主および無担保債権者から回収する措置を，または，もし必要ならば，より広く金融システム全体から回収する措置をとらなくてはならない[51]。

6.3条　各国・地域は，金融機関の破綻処理が円滑に進むように，民間資金を原資とする預金保険制度もしくは破綻処理基金，または，一時的な資金流動

---

48)　預金保険法126条の2第4項は，内閣総理大臣が特定認定時の損失吸収条項が付された劣後債務等について自己資本等における取扱いを決定することができるとしている。平成25年改正預金保険法に基づくベイルインについては，村松 [2014] 6-7頁の解説や，川口 [2013]，伊豆 [2013b]，森本・翁・野﨑・花岡 [2014] などを参照されたい。

49)　6.1条の原文："Jurisdictions should have statutory or other policies in place so that authorities are not constrained to rely on public ownership or bail-out funds as a means of resolving firms."

50)　2. で前述。

性供給に伴い生じる費用を事後的に金融業界から回収できる資金調達の仕組みを整備しておかなくてはならない[52]。

6.4 条　金融当局による一時的な資金流動性供給は，モラル・ハザードのリスクを最小にするための厳格な条件のほかに，以下の点も満たさなくてはならない[53]。

（ⅰ）号　一時的な資金流動性供給が，金融システムの安定に必要であること，秩序だった破綻処理を最も実現しやすい処理方策の実行を可能にすること，および，民間資金調達の手段を使い尽くしたこと，または，民間資金調達ではこれらの目的を達成できないことが認められること，ならびに，

（ⅱ）号　損失負担は，株主へ転嫁したうえで，残りの費用負担のうち適切な部分は，事後的な賦課金，保険料その他の仕組みによって，無担保債権者，保険対象外債権者および金融業界に転嫁すること。

6.5 条　いくつかの国では，金融システム安定という究極目的のための最後の手段として，金融機関の極めて重要な業務を継続しながら，民間商業部門の受け皿機関への売却や買収という最終処理方策を模索している間，一時的に公的所有・管理下に置く権限を保有することができる。こうした一時的な公的管理の権限を保有することを選択した国は，国家が被った損失を，無担保債権者から，または，もし必要ならば，より広く金融システム全体から回収する措置をとらなくてはならない[54]。

51）　6.2 条の原文："Where temporary sources of funding to maintain essential functions are needed to accomplish orderly resolution, the resolution authority or authority extending the temporary funding should make provision to recover any losses incurred (i) from shareholders and unsecured creditors subject to the "no creditor worse off than in liquidation" safeguard (see Key Attribute 5.2) ; or (ii) if necessary, from the financial system more widely."

52）　6.3 条の原文："Jurisdictions should have in place privately-financed deposit insurance or resolution funds, or a funding mechanism for ex post recovery from the industry of the costs of providing temporary financing to facilitate the resolution of the firm."

53）　6.4 条の原文："Any provision by the authorities of temporary funding should be subject to strict conditions that minimise the risk of moral hazard, and should include the following: (i) a determination that the provision of temporary funding is necessary to foster financial stability and will permit implementation of a resolution option that is best able to achieve the objectives of an orderly resolution, and that private sources of funding have been exhausted or cannot achieve these objectives; and (ii) the allocation of losses to equity holders and residual costs, as appropriate, to unsecured and uninsured creditors and the industry through ex-post assessments, insurance premium or other mechanisms."

(2)　米欧における破綻処理目的の流動性供給

　米国ではすでに，FSB「主要な特性」の公表前の 2010 年に制定されたドッド・フランク法第 2 編の中で，FDIC が，既存の預金保険基金とは別に，OLA に基づく「秩序だった清算基金」（Orderly Liquidation Fund：OLF）を財務省内に設置したうえで，ここから流動性を供給できる制度を新設していた[55]。OLF は財務長官に対して債務を発行することで資金を調達できる。

　FDIC はこうして調達した資金を原資として，破綻金融機関に対する融資や資産買取り，債務引受けなどを機動的に実行できる。この流動性供給の結果 FDIC が取得した債権には高い優先順位（priority）が与えられている[56]。

　欧州の再建・破綻処理指令も，実効的な破綻処理を確実にするための破綻処理金融枠組み（resolution financing arrangements）の設置を加盟各国に求めており，破綻処理当局がこの枠組みを用いて破綻金融機関に対する融資や資産買取り，ブリッジ金融機関（bridge institution）への資金拠出などを行えることとされている[57]。

(3)　わが国における破綻処理目的の流動性供給

　わが国は，破綻処理の円滑化を目的とした破綻金融機関向け流動性供給という点では，欧米に先行した実績がある。すなわち，まず 1990 年代後半の日銀特融が先駆的な事例を積み重ねた（第 3 章第 3 節で前述）。また 2001 年に施行された平成 12 年改正預金保険法は，預金保険機構が同法 127 条に基づき，付保限度までの預金払戻しに破綻金融機関が応じるための資金を貸し付けることを可能にした（第 3 章中の BOX 8 で前述）。

　さらに平成 25 年（2013 年）改正預金保険法は，「秩序ある処理」の関連規定を新設した（第 3 章第 7 節で前述）。同法 126 条の 19 は，預金保険機構が「特定第 1 号措置」の一環として，債務超過でない金融機関等を特別監視下に置き，資金の貸付けや債務保証などを行えるようにした。一方，「特定第 2 号措置」の一環として，預金保険機構は管理処分権を掌握した金融機関等に対して，同法 127 条の 2 に基づき

---

54)　6.5 条の原文："As a last resort and for the overarching purpose of maintaining financial stability, some countries may decide to have a power to place the firm under temporary public ownership and control in order to continue critical operations, while seeking to arrange a permanent solution such as a sale or merger with a commercial private sector purchaser. Where countries do equip themselves with such powers, they should make provision to recover any losses incurred by the state from unsecured creditors or, if necessary, the financial system more widely."

55)　ドッド・フランク法 204 条（d）項および 210 条（n）項など。

56)　ドッド・フランク法 204 条（d）項など。

57)　再建・破綻処理指令 100 条および 101 条。

「金融システムの著しい混乱を生じさせるおそれがあると認められる種類の債務の弁済のために必要とする資金の貸付け」を行え，また同法 128 条の 2 に基づき「資産の価値の減少を防止するために必要とする資金の貸付け」も行えるようになった（村松［2014］9-16 頁，古澤・藤本［2013］，川口［2013］など）。

秩序ある処理の対象となる「金融機関等」の定義には，預金取扱金融機関に加え，銀行持株会社，保険会社，証券会社（金融商品取引業者），証券金融会社なども含まれる（同法 126 条の 2 第 2 項）。この結果，わが国の預金保険機構は，広い範囲の金融システム参加者に対して，それが債務超過に陥る前の段階から，その破綻処理の最中も含め，さまざまな目的で流動性を供給できる権限を得たのである。

預金保険機構がこうした流動性供給により取得した債権は，米国ドッド・フランク法第 2 編に基づく FDIC の流動性供給の場合と同様に，債権回収上の高い優先順位を与えられている[58]。

5. 破綻処理費用の民間金融部門からの回収

グローバル金融危機の教訓を踏まえた FSB の「主要な特性」や米国・欧州における破綻処理法制は，納税者負担の防止を徹底しようとしている。これらの新しいセーフティネットの枠組みでは，破綻処理目的の流動性を供給した機関が，いったんは金融機関の破綻損失や破綻処理費用を負担しても，株主や債権者にベイルインを求め，あるいは，以下のとおり，民間の金融業界から負担金を徴収し，事後的に損失を回収する手段を設けた。

まず，米国のドッド・フランク法第 2 編では，OLF による流動性供給に基づき FDIC が取得した債権は高い優先順位を与えられる（4.(2) で前述）が，仮にこうした優先的弁済権を行使しても OLF が財務長官に対する債務を返済できない場合には，事後的に，総資産 500 億ドル以上の大規模金融機関から負担金（assessments）を徴収することとなっている[59]。

また，欧州の再建・破綻処理指令でも，各国の破綻処理金融枠組みの原資を，付保預金額の最低 1% を目標に事前積立てを行うことや，不足分を金融機関からの非常時の事後的な拠出（extraordinary ex-post contributions）によって回収すること

---

[58] 預金保険法 126 条の 19 に基づく預金保険機構の貸付債権は，民法の規定による一般の先取特権に次ぐ順位の先取特権を与えられ（同条 2 項および 3 項），同法 127 条の 2 に基づく預金保険機構の貸付債権は，倒産手続の開始前に発生していた破産債権，再生債権や更生債権などとみなされる（同条 3 項）。また，同法 128 条の 2 に基づく預金保険機構の貸付債権は，財団債権または共益債権として優先的な扱いを受けると解釈される（村松［2014］）。

[59] ドッド・フランク法 210 条 (o) 項など。

が義務づけられている[60]。

　これに対し，わが国の預金保険法の「秩序ある処理」では，FSB「主要な特性」あるいは米国や欧州における破綻金融機関向け流動性供給と異なり，公的資金を利用できる余地が残された。すなわち平成25年改正預金保険法は，秩序ある処理に要する費用は，事後的に特定負担金として金融機関等が納付することを原則としつつも，特定負担金のみで費用を賄うとしたならば，金融システムの著しい混乱が生じるおそれがあると認められた例外的な場合に，政府が費用の一部を補助できることとしたのである[61]。

　国際金融危機後における各国・地域の金融機関破綻処理手続は，わが国の預金保険法を例外として，納税者負担の防止を徹底すべく，破綻処理費用を事後的に民間金融部門から回収する方向で法制の整備が進んでいる。しかしながら，民間の金融業界から費用を事後的に回収することを前提とする新しい破綻処理手続の枠組みは，まだ，その後の金融危機で試されてはいない。金融機関の破綻処理手続に真の実効性があるか否かの評価は，今後の実践と経験を踏まえた検証を必要としている[62]。

---

60)　再建・破綻処理指令102条〜104条。

61)　預金保険法125条1項は「政府は，負担金又は特定負担金のみで危機対応業務に係る費用を賄うとしたならば，金融機関又は金融機関等の財務の状況を著しく悪化させ，我が国の信用秩序の維持に極めて重大な支障が生ずるおそれ又は我が国の金融市場その他の金融システムの著しい混乱が生ずるおそれがあると認められるときに限り，予算で定める金額の範囲内において，機構に対し，当該業務に要する費用の一部を補助することができる」と規定した。政府による一部費用補助については，村松［2014］18頁の解説や，古澤・藤本［2013］，伊豆［2013b］などを参照されたい。

62)　澤井・米井［2013］の26頁，35-36頁は，米国のドッド・フランク法第2編制定により「既存の破綻処理制度と新たな破綻処理制度の2つの破綻処理制度が併存する形となった」がゆえの制度運用の難しさを指摘しつつ「破綻処理制度は実際に機能することで，初めてその実効性が証明されるものであるが，新たな破綻処理の枠組みは，これまで実行されたことはなく，そのため不確定な要素が存在し続けることにも留意しなければならない」と評している。

章末資料 5　金融機関の流動性規制をめぐる国際的な議論

　金融安定理事会（FSB）やバーゼル銀行監督委員会（Basel Committee on Banking Supervision：BCBS）などの議論では，グローバル金融危機の経験と反省を踏まえ，国際的かつ包括的な金融規制改革の検討が進められてきた。こうした国際的な金融規制改革の中核的な検討課題となったのが，国際的に活動する銀行の自己資本および流動性に関する国際的な共通基準を設定する「バーゼルⅢ」である。バーゼルⅢの中では，自己資本比率規制を補完するものとして，流動性カバレッジ比率および安定調達比率という 2 種類の流動性比率の最低基準ならびにレバレッジ比率規制の導入が定められている。

　流動性規制をめぐる議論は，当初，民間金融機関による自律的な流動性リスク管理を促し，中央銀行 LLR に過度に依存することを防ぐことに重点を置いていた。しかしながら，各国・地域における短期金融市場の規模や多様性，市場慣行や担保法制の相違，公的債務の信用力の格差などの実情が考慮されるにつれ，金融機関が中央銀行の提供する流動性供給ファシリティの適切な利用を妨げない方向に議論が軌道修正された。

　BCBS の議論の経緯を知る元日銀決済機構局長の宮内は 2015 年の著書で 2 種類の流動性比率規制につき「金融商品ごとに細かいウェイト付けが実務や実証研究の裏付けがないままになされている」と批判し，こうした恣意的な規制をかいくぐるレギュラトリー・アービトラージの規制回避行動が金融システム内にかえってリスクを偏在させる危険を指摘している（宮内［2015］166-170 頁）。BCBS も 2016 年に実施・公表した文献レビュー（Basel Committee on Banking Supervision［BCBS］［2016］）の中で，流動性規制の影響に関する実証研究が乏しい（sparse）ことは認めており，流動性比率に関する基準の国際的な共通化を図ることの難しさが浮き彫りになった。

1.　流動性カバレッジ比率規制（BCBS［2013, 2014b, 2014c, 2017］など）

$$\text{LCR} = \frac{\text{適格流動資産（High Quality Liquid Assets：HQLA）}}{\text{30 日間のストレス期間における資金純流出額}} \geqq 100\%$$

　流動性カバレッジ比率（Liquidity Coverage Ratio：LCR）規制とは，金融機関が，ストレス時の資金流出に対応できるように，中央銀行預金を含む高品質の適格流動資産（High Quality Liquid Assets: HQLA）[63] を，30 日間のストレス期間に見込まれるネット資金流出の金額以上に保有することを求める規制である。2013 年 1 月に

BCBS が，その上位機関である中央銀行総裁・銀行監督当局長官グループの承認を受けた LCR 規則文書の改定版を公表しており，2015 年に最低基準 60％ で導入されて以降，段階的に適用されており，2019 年に完全実施（最低基準 100％）される予定である。

　LCR 規制上，中央銀行からの流動性供給やその担保は以下のように取り扱われる。

　まず LCR の分母である資金純流出額の算出においては，中央銀行からの無担保ホールセール調達の流出率（run-off factor）は 40％ に止まる一方，中央銀行からの有担保調達（secured funding）の満期時流出率は担保資産の種類にかかわらず一律 0％ が適用され，満期時に中央銀行への返済を見込まない扱いとなっている。

　また，LCR の分子である HQLA の金額に算入できるものは，本来「処分上の制約のない」（unencumbered）資産に限られる。「処分上の制約のない」資産とは，民間の金融市場取引の担保等に提供されず，換金の制約がないという意味であるが，中央銀行に取引担保として差し入れられた資産のうち，まだ流動性調達に使用されていない部分[64]は，「処分上の制約のない」資産に含めて HQLA への算入が認められる（図 7-17）。

　さらに，金融機関の保有する HQLA が不足する国が，その裁量で選択できる特例措置（Alternative Liquidity Approaches：ALA）もいくつか準備されている。第 1 に，中央銀行からの契約上の流動性与信枠（contractual committed liquidity facilities）は，金融機関が手数料を負担しており，調達期間が 30 日を超え，期前解約ができないなどの要件を満たす場合に，HQLA に算入できる。第 2 に，中央銀行からの使途制限のある流動性与信枠（restricted-use committed liquidity facility：RCLF）は，平常時に国債等の利回りを上回るコミットメント・フィーを徴求し，与信枠の全額が「処分上の制約のない」資産によって担保され，期前解約ができないなどの要件を満たす場合に，レベル 2B 資産として HQLA に算入できる。

　なお，後者の RCLF の特例措置は，BCBS が 2014 年 1 月に，追加措置として盛り

63）　適格流動資産（HQLA）は，その種類に応じ，流動性の高いものから順に，レベル 1 資産（現金や中央銀行預金，リスクウェイト 0％ の国債など），レベル 2A 資産（リスクウェイト 20％ の国債やダブル A 格以上の社債など），レベル 2B 資産（上場株式，シングル A 格・トリプル B 格の社債など）に区分され，流動性の低い区分ほど低い掛け目を資産の時価に乗じた金額を算入するルールになっているほか，レベル 2A と 2B の合算で HQLA 全体の 40％ 以内，レベル 2B だけで HQLA 全体の 15％ 以内という算入制限がある。

64）　流動性調達に先立って中央銀行に差し入れられた担保資産がプールされ，個別担保資産と個々の取引との間で紐付けがされていない場合には，流動性調達のために使用済みの部分の金額を計算するに当たり，流動性の低い区分の資産，つまりレベル 2B 資産から順に割り当てていく仕組み，すなわち流動性の高い区分の資産が最後まで未使用分として残される仕組みとなっている。

図7-17　適格流動資産に算入できる処分上の制約のない資産

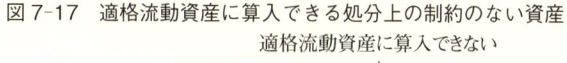
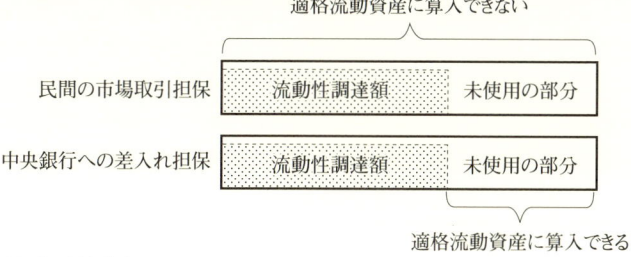

（出所）　筆者作成。

込んだものである[65]。これは，LCR 規制が金融機関に必要な中央銀行ファシリティの利用を妨げないように検討してきた結果を踏まえ，最後の貸し手に止まるべき中央銀行でも「ストレス時には中央銀行が最も信頼できる流動性供給源となることもまた事実」という現実的判断に基づいて採用された。

2. 安定調達比率規制（BCBS［2014d］など）

$$\text{NSFR} = \frac{\text{利用可能な安定調達額（資本＋預金・市場性調達の一部）}}{\text{所要安定調達額（資産×流動性に応じた算入率）}} \geqq 100\%$$

　安定調達比率（Net Stable Funding Ratio：NSFR）規制とは，金融機関が売却や資金化の困難な資産を持つのであれば，これに対応し，中長期に安定的な資金調達を求める規制である。すなわち金融機関には，安定的な負債・資本の金額（利用可能な安定調達額）によって，長期（満期1年以上）の融資やオフ・バランスシート資産など流動性を生まない性質の資産の金額（所要安定調達額）をカバーすることが求められている。2014年10月に BCBS は，その上位機関である中央銀行総裁・銀行監督当局長官グループの承認を受けた NSFR 規制の最終規則を公表した。

　NSFR の分子である「利用可能な安定調達額」（Available Stable Funding）の算出にあたり，中央銀行からの資金調達で残存期間6か月以上1年未満のものには50％の算入率を，残存期間6か月未満のものには0％の算入率を乗じることとされた。

　一方，NSFR の分母である「所要安定調達額」（Required Stable Funding）の算出にあたり，中央銀行預金および残存期間6か月未満の中央銀行向け与信には0％の

65）　バーゼル銀行監督委員会およびその上位機関である中央銀行総裁・銀行監督当局長官グループが，2014年1月12日に公表したプレス・リリース。

算入率を，残存期間 6 か月以上 1 年未満の中央銀行向け与信には 50% の算入率を乗じることとなった。なお，満期 1 年以上の「処分上の制約のある」(encumbered) 資産は，原則として 100% の算入率を乗じ所要安定調達額に含めることが求められているが，こうした資産の中でも，中央銀行による特例的な流動性供給オペレーション (exceptional central bank liquidity operations)[66] の担保として差し入れられている部分については，所要安定調達額への算入率の減率が許されている。

---

66)　中央銀行による特例的な流動性供給オペレーションとしては，金融市場全体が逼迫するようなストレスに対処するために中央銀行が実行する臨時異例のオペレーションなどが想定されている。

結びに代えて　日本の LLR はどこに向かうべきか

　今後，日本の LLR は，どこへ向かい，どう発展していくべきなのであろうか。どの機関がその機能を担い，どのように運営し，いかなる効果を発揮すべきものなのか。

　あえて「中央銀行」の LLR はどこへ，という問い掛けにしなかったのは，わが国では，2013 年の改正預金保険法に基づき「特定第 1 号措置」が発動される場合に，預金保険機構が特別監視下に置いた金融機関等に対して流動性を供給できるからである。したがって，債務超過ではない金融機関等に対しては，預金保険機構と日銀の双方が資金流動性を供給できることになっている（第 3 章第 7 節で前述）。

　一方，債務超過のおそれがある金融機関等について「秩序ある処理」を進めるために「特定第 2 号措置」が発動される場合に，預金保険機構がその金融機関等の管理処分権を掌握しつ債務履行させるという公的枠組みのもとでは，日銀特融の 4 原則のうち「原則 2：日銀の資金供与の必要不可欠性」の条件が満たされない。もはや日銀が特融を実行する出番はなくなってしまったかのようにも思われるのである。

　これに加え，わが国における LLR の将来展望を真剣に再検討する必要性，重要性を訴えるうえで，強力な「逆風」となっているのが，大幅な金融緩和である。当の日銀が 2010 年に包括的な金融緩和政策を実施して以降，特に 2013 年の量的・質的な金融緩和政策を導入して以降，資金流動性は膨張している。日銀当座預金と現金発行高を合計したマネタリーベースは日本の名目 GDP にも匹敵する 500 兆円に迫りそうな勢いで増加しており，民間金融機関が日銀に保有する当座預金残高は，日銀特融が頻繁に実施された 1990 年代後半の平均的な水準の 50 倍余りの規模に拡大している。

　こうした異次元の緩和環境では，日本の金融機関が，円資金の調達に苦しむ姿を想像することすら難しい。逆に，多くの金融機関が，マイナス金利の適用

図結-1　民間金融部門収益の伸び悩み

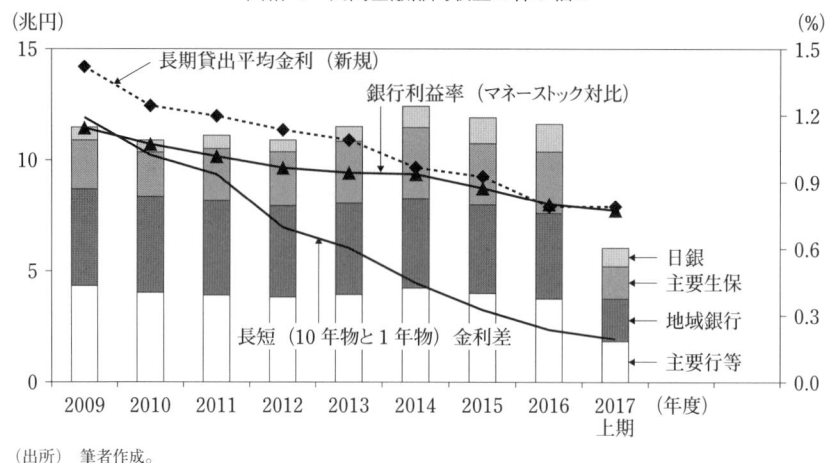

（出所）　筆者作成。

を避けるために，日銀との間でプラス金利預金やゼロ金利預金の余裕枠を少し
でも残す金融機関に向け資金を放出する裁定取引が活発に行われ，余剰の流動
性を「押し付け合う」金融市場情勢となっている。

　しかしながら，わが国の LLR の将来展望や，今後の発動原則のあり方につ
いては，こうした逆風にもかかわらず，今こそ真剣な再検討が求められている。
その理由として，BIS グローバル金融システム委員会の中曽作業部会による
2017 年報告書が，平時のうちからストレス下で発動する流動性支援の実務を
準備すべしと訴えた（BIS CGFS [2017] p. 2）ことに加え，以下 3 つの差し迫っ
た問題を指摘したい。

　第 1 に，メガバンクや地域金融機関，生命保険を含め日本の金融機関部門全
体の収益力が伸び悩んでいる問題である。大規模な金融緩和の結果，短期の政
策金利のみならず，イールド・カーブ（利回り曲線）が平坦化した形状のまま
極めて低い水準に押しつぶされている。これを背景に，短期負債で調達した資
金を，長期資産に投融資する満期変換機能や信用仲介機能を担う民間金融機関
の収益力は伸び悩み，資産規模と対比した収益率は悪化を続けている（図
結-1）。

図結-2　金融機関による国債保有の減少

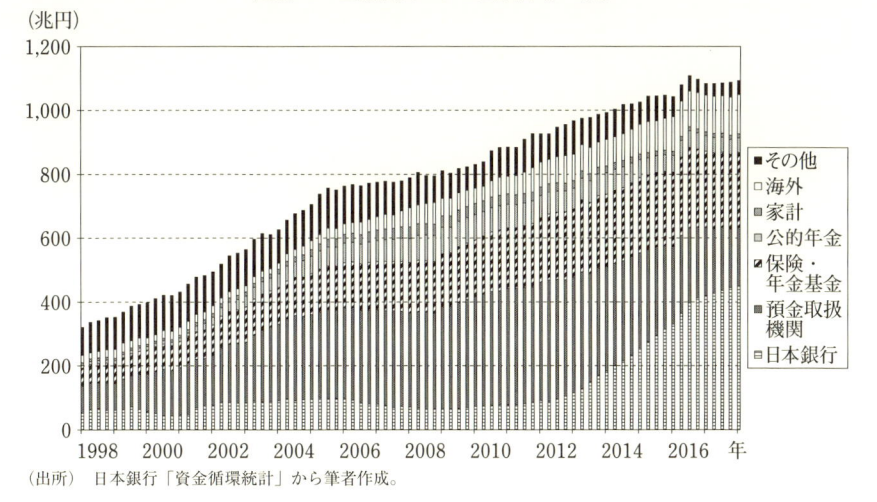

（出所）　日本銀行「資金循環統計」から筆者作成。

　第2に，日銀による国債買入れの増大の背後で進む，国債取引の市場流動性の低下と預金取扱金融機関による国債保有の減少である（図結-2）。預金取扱金融機関が保有する国債のうち2割程度は日銀取引の担保として差し入れられていることから，民間の短期金融市場取引において資金調達の担保として用いることのできる国債は，200兆円を割り込んでいる。民間資金取引の担保となりうる国債は，依然として巨額ではあるものの，2010年頃と比べほぼ半減している。

　第3に，遠い将来，金利上昇局面を迎えることへの備えである。本書を執筆している2018年春時点の経済・物価情勢を前提とする限り，現行の「長短金利操作付き量的・質的な金融緩和」の政策枠組みを変更・終了することは，とても見通すことができない。しかしながら，いくら遠い将来のこととは言え，量的・質的な金融緩和のいわゆる「出口」や，イールド・カーブが超低水準で安定している時代の「終わり」は，いずれ到来する。仮に，FRB の金融政策正常化のプロセスと同様，金利の引上げが中央銀行バランスシートの縮小に先行することとなり，また不幸にも，こうした局面で金融危機が到来した場合には，日銀が，物価安定を目的とした金融政策の運営上は利上げを続ける一方で，

金融システム安定を目的として潤沢に資金流動性を供給する，といった形の危機対応を迫られ，2007 年 8 月の ECB と似た状況に追い込まれる可能性がある。

　こうした局面では，以下のような困った事態が想定される。金融機関全般に収益力が伸び悩むなかで，個別金融機関の間での体力格差が鮮明になっている。金利上昇に伴う保有債券の評価損を抱えた，とある金融機関では，市場関係者の間で経営不安の噂が囁かれたことで預金流出が始まり，短期資金の借換えが難しくなる。この金融機関が，国債を担保にしたレポ取引での資金調達を増やしたところ，折からの国債の市場流動性低下も相俟って，貸し手から追加担保請求を受けてしまい，資金繰り，担保繰りがますます厳しくなる。慌てて日銀からの借入れに踏み切ったところ，それが市場で知られてしまったことで，民間の短期金融市場からは締め出されてしまう。これは，あくまでも想像の産物，妄想の類いに過ぎないが，あながち荒唐無稽とも言い切れない。

　それでは，こうした不幸な事態を迎える前に，日本の LLR のあり方，発動原則として，平時のうちから，いかなる準備をしておけば，良いのであろうか。第 7 章第 5 節で提唱した「常設の流動性供給ファシリティの原則」と「破綻処理目的の中央銀行 LLR の原則」という 2 種類の発動原則を当てはめて検討してみたい。

　第 1 に，金融機関全般の収益力が伸び悩み，平均的な収益性が低下していることを踏まえると，2 種類の原則の適用範囲を切り分ける「存続可能性喪失時点」と「債務超過転落時点」との間の距離が狭まっている可能性が高いことに注意を払わなくてはならない。存続可能性を喪失した金融機関は，程なく債務超過に転落する危険性が大きいということである。こうした局面で個別の金融機関に対して，常設の流動性供給ファシリティを通じて資金を貸し付ける中央銀行を含む公的機関は，借り手金融機関の財務内容を短時間で精査する高度な審査能力が要求され，逆に言えば，こうした審査のスキルを持ち合わせた人材を有する組織でないと LLR としての危機対応はできないことになろう。

　第 2 に，「常設の流動性供給ファシリティ」における適格担保資産の要件を緩和し，流動性の低い種類の資産を含む幅広い種類の資産を受け入れる準備や組織体制の整備に速やかに着手することである。日本国債の市場流動性の低下は，わが国においても，欧州と同様，Asset Encumbrance 問題（第 7 章第 3 節

で前述）への取組みが喫緊の課題となっていることを示唆している。大量の国債が発行されている国だから大丈夫と安心せず，民間の資金取引や中央銀行与信における適格担保資産のあり方について不断の見直しが求められている。

　第3に，金融機関の破綻処理を促進する目的での流動性供給の担い手をどうするか，預金保険などセーフティネットを運営する機関だけの責任分担とするのか，それとも中央銀行も役割分担に加わるのか，について，平時のうちから検討しておきたい。第7章第3節で前述したとおり，機動的かつ迅速な流動性供給ができることなど中央銀行の業務運営面における優位性を勘案してもなお，中央銀行以外の公的機関に破綻処理目的の流動性供給の責任を担わせることについて民主的な合意が形成されているのであれば，流動性供給はこの公的機関に委ねなくてはならない。

　こうした重たい問題に関する民主的な合意形成は，金融機関倒産が多発する危機対応モードで行うのは，いささか難しい。政策の費用対効果を冷静に比較し検討することが可能な平時のうちから国民の間で議論をしておきたい。そのうえで，破綻処理目的の流動性供給について中央銀行にも何らかの役割を分担させることが適切という結論になるのであれば，その結論を日本国民が選んだ正しい政策判断として尊重すべきであろう。

　本書が，将来，日本発の金融危機が世界に広がることを防止し，それが生み出す社会損失を抑制することに向け，少しでも役立つことを祈りつつ，筆を擱く。

2018 年 5 月

木下　智博

参考文献

和文

雨宮正佳・日本銀行理事［2012］「2012 年の中央銀行の課題－LLR 再考－」（野村総合研究所金融市場パネル第 20 回記念コンファレンスにおける基調講演），2012 年 2 月 6 日

荒井史彦・眞壁祥史・大河原康典・長野哲平［2016］「グローバルな為替スワップ市場の動向について」日銀レビュー 2016-J-11，2016 年 7 月

池尾和人［1985］『日本の金融市場と組織－金融のミクロ経済学－』東洋経済新報社

池尾和人［2013］『連続講義・デフレと経済政策：アベノミクスの経済分析』日経 BP 社

居城弘［1996］「『通貨制度の構造的危機』とライヒスバンク：世紀転換期と 1907 年恐慌を巡るライヒスバンクと金融市場」静岡大学『経済研究』第 1 巻第 2 号，1996 年 10 月，1-32 頁

伊豆久［2012］「日銀の『危機対策』と『最後の貸し手』機能」『証研レポート』第 1674 号，2012 年 10 月，1-13 頁

伊豆久［2013a］「日本銀行法と『最後の貸し手』機能」『証研レポート』第 1676 号，2013年 2 月，9-23 頁

伊豆久［2013b］「ベイルアウトとベイルイン」『証研レポート』第 1680 号，2013 年 10 月，38-53 頁

伊豆久［2013c］「金融機関の破綻処理と日本銀行」『証券経済研究』第 84 号，2013 年 12 月，83-102 頁

伊藤眞［2006］『破産法〔第 4 版補訂版〕』有斐閣

伊藤眞［2014］『破産法・民事再生法〔第 3 版〕』有斐閣

伊藤眞・才口千晴・瀬戸英雄・田原睦夫・桃尾重明・山本克己編［2002］『注釈民事再生法〔新版〕』金融財政事情研究会

岩村充［2010］『貨幣進化論：「成長なき時代」の通貨システム』新潮社

岩村充［2016］『中央銀行が終わる日：ビットコインと通貨の未来』新潮社

鵜飼博史［2006］「量的緩和政策の効果：実証研究のサーベイ」『金融研究』第 25 巻第 3 号，日本銀行金融研究所，2006 年 10 月，1-45 頁

江夏あかね［2015］「デトロイト市の破綻手続き完了と再生に向けた道」『野村資本市場クォータリー』2015 Winter 号，野村資本市場研究所

遠藤伸子・志賀勝・村松教隆・菅野昌彦・吉岡あゆみ・近内京太・今野雅司・増田薫則・亀田純一・佐藤耐治［2013］「日本振興銀行の破綻処理――預金者保護を中心として――」『預金保険研究』第 15 号，2013 年 5 月，99-131 頁

大蔵省［1995］「金融システムの機能回復について」1995 年 6 月 8 日

大森拓磨［2007］「サフォーク・システムと 1837・39 年恐慌――一商業銀行による「最後の

貸し手」機能の内生的展開——」柴田徳太郎編『制度と組織　理論・歴史・現状』桜井書店，81-114 頁

翁邦雄［2011］『ポスト・マネタリズムの金融政策』日本経済新聞出版社

翁邦雄［2013a］『金融政策のフロンティア——国際的潮流と非伝統的政策』日本評論社

翁邦雄［2013b］『日本銀行』筑摩書房

翁邦雄［2015］『経済の大転換と日本銀行』岩波書店

翁邦雄［2017］『金利と経済——高まるリスクと残された処方箋』ダイヤモンド社

翁百合［1993］『銀行経営と信用秩序——銀行破綻の背景と対応』東洋経済新報社

翁百合［1998］『情報開示と日本の金融システム』東洋経済新報社

翁百合［2010］『金融危機とプルーデンス政策：金融システム・企業の再生に向けて』日本経済新聞出版社

翁百合［2013］「欧州金融市場の有担保取引拡大とマクロプルーデンス上の留意点」日本総研 Research Report No. 2013-008，2013 年 8 月 9 日

翁百合［2014］『不安定化する国際金融システム』NTT 出版

奥村洋彦［1999］『現代日本経済論：「バブル経済」の発生と崩壊』東洋経済新報社

小栗誠治［1999］「中央銀行の「最後の貸し手」機能——新日本銀行法における位置付けと発動原則の検討を中心に——」『彦根論叢』第 321 号（滋賀大学創立 50 周年記念論文集），1999 年 11 月，157-172 頁

小栗誠治［2001］「バジョット再考——中央銀行の「最後の貸し手」機能——」『彦根論叢』第 332 号（千本木修一教授追悼号），2001 年 11 月，139-147 頁

小栗誠治［2003］「システミック・リスクと中央銀行の「最後の貸し手」機能」『彦根論叢』第 342 号（滋賀大学大学院経済学研究科博士後期課程経済経営リスク専攻発足記念，リスク特集号），2003 年 6 月，81-94 頁

小野亮［2009］「米国を中心とする金融危機と政策対応～プルーデンス政策の系譜～」みずほ総研論集 2009 年 I 号

加藤出［2014］『日銀，「出口」なし！：異次元緩和の次に来る危機』朝日新聞出版

加藤創太・小林慶一郎編著［2017］『財政と民主主義』日本経済新聞出版社

カトナー，ケネス［2010］「求められる『最後の貸し手機能』の新たな工夫～日本銀行とFRB の経験～」武藤敏郎編著『甦る金融：破綻処理の教訓』金融財政事情研究会，249-274 頁

上川龍之進［2014］『日本銀行と政治』中公新書 2287，2014 年 10 月 25 日，中央公論新社

川口恭弘［2013］「銀行関連規制の改正」『ジュリスト』No. 1460，2013 年 10 月 25 日，30-35 頁

河村小百合［2015］『欧州中央銀行の金融政策』金融財政事情研究会

河村小百合［2016］『中央銀行は持ちこたえられるか——忍び寄る「経済敗戦」の足音』集英社

河村小百合［2017］「わが国の財政・金融政策運営が抱える課題」『国際金融』1292 号，2017 年 1 月，22-29 頁

川本明人［2012］『外国為替・国際金融入門』中央経済社

神田秀樹［1993］「担保法制の理論的構造と現代的課題」『金融研究』第 12 巻第 2 号，日本銀行金融研究所，1993 年 6 月，37-52 頁

神田秀樹［1997］「日本銀行法の改正」『ジュリスト』No. 1119，1997 年 9 月 15 日，16-21 頁

神田秀樹・神作裕之・みずほフィナンシャルグループ［2013］『金融法講義』2013 年 12 月 13 日，岩波書店

神取道宏［2014］『ミクロ経済学の力』2014 年 9 月 30 日，日本評論社

岸道信［2015］「シングル・ポイント・オブ・エントリーによる G-SIFIs 破綻処理戦略」『週刊金融財政事情』第 66 巻第 14 号，32-38 頁

木下智博［2017］「役割分担見直しを」『月刊金融ジャーナル』第 58 巻第 1 号，100-101 頁

金融経済教育推進会議［2016］「金融リテラシー・マップ：「最低限身に付けるべき金融リテラシー（お金の知識・判断力）」の項目別・年齢層別スタンダード［2015 年 6 月改訂版）」2016 年 1 月

金融広報中央委員会［2005］「あなたの預金を守っています　預金保険制度」2005 年 4 月

金融広報中央委員会［2015］「大学生のための人生とお金の知恵」2015 年 3 月

金融制度調査会［1995］「金融システム安定化のための諸施策——市場規律に基づく新しい金融システムの構築」1995 年 12 月 22 日

金融制度調査会［1997］「日本銀行法の改正に関する答申」1997 年 2 月 6 日

金融庁「バーゼル 3（国際合意）の概要」，金融庁ホームページ

金融庁・日本銀行［2011］「バーゼル銀行監督委員会によるバーゼルⅢテキストの公表等について」2011 年 1 月 24 日

金融庁・日本銀行［2013］「流動性規制（流動性カバレッジ比率）に関するバーゼルⅢテキスト公表－流動性カバレッジ比率の主要な項目の確定－」2013 年 1 月 31 日

金融庁・日本銀行「レバレッジ比率の枠組みと開示要件に関するバーゼルⅢテキストの公表について」2014 年 2 月 14 日

金融庁・日本銀行「大口エクスポージャーの計測と管理のための監督上の枠組に関するルールテキストの公表」2014 年 4 月 24 日

金融庁・日本銀行「安定調達比率（Net Stable Funding Ratio, NSFR）最終規則の概要」2014 年 11 月 25 日

熊倉修一［2008］『日本銀行のプルーデンス政策と金融機関経営－金融機関のリスク管理と日銀考査－』白桃書房

黒田巌［2011］『通貨・決済システムと金融危機』中央大学出版部

黒田晁生［1997］『金融改革への指針』東洋経済新報社

黒田晁生［2013］「日本銀行の金融政策［1991 年～1995 年）：バブル崩壊後の金融緩和と不良債権問題」『政経論叢』第 81 巻第 3・4 号，2013 年 3 月，75-114 頁

黒田東彦・日本銀行総裁［2014a］「2% の「物価安定の目標」の実現を確かなものに」（きさらぎ会における講演），2014 年 11 月 5 日

黒田東彦・日本銀行総裁［2014b］「決済システム発展の潮流と中央銀行の役割」（FISC 創立 30 周年記念講演会における講演），2014 年 12 月 2 日

クー・リチャード＝佐々木雅也［2009］「日本の不良債権処理は失敗だったのか：日本の処理策の総括と世界的金融危機への示唆」『知的資産創造』2009 年 12 月号，56-85 頁

経済産業省［2012］『通商白書 2012』

小立敬［2009］「金融危機における FRB の金融政策－中央銀行の最後の貸し手機能－」『資本市場クォータリー』2009 年春号，野村資本市場研究所

小立敬［2013］「欧米で進む改革案の比較：米ボルカー・ルール，英リングフェンス，欧リーカネン・レポート等」『週刊金融財政事情』第 64 巻第 7 号，10-15 頁

小宮隆太郎・須田美矢子［1983a］『現代国際金融論――理論・歴史・政策――理論編』日本経済新聞社

小宮隆太郎・須田美矢子［1983b］『現代国際金融論――理論・歴史・政策――歴史・政策編』日本経済新聞社

齊藤誠・岩本康志・太田聰一・柴田章久［2016］『マクロ経済学［新版］』有斐閣

斉藤美彦［2014］『イングランド銀行の金融政策』2014 年 6 月 10 日，金融財政事情研究会

財務省［2017］「日本の財政関係資料」2017 年 4 月

阪上亮太［2007］「アメリカにおける 1907 年恐慌――制度論的景気循環分析の試み――」柴田徳太郎編『制度と組織　理論・歴史・現状』桜井書店，115-170 頁

佐藤隆文［2010］「わが国の金融機関破綻処理制度」武藤敏郎編著『甦る金融：破綻処理の教訓』金融財政事情研究会，241-271 頁

佐藤健裕・日本銀行政策委員会審議委員［2013］「わが国の経済・物価情勢と金融政策」（群馬県金融経済懇談会における挨拶），2013 年 2 月 6 日

佐藤幸治［1981］『憲法：現代法律学講座5』1981 年 3 月 30 日，青林書院新社

澤井豊・米井道代［2013］「ドッド＝フランク法による新たな破綻処理制度」『預金保険研究』第 15 号，2013 年 5 月，23-44 頁

塩野宏監修，日本銀行金融研究所「公法的観点からみた中央銀行についての研究会」編［2001］『日本銀行の法的性格――新日銀法を踏まえて――』弘文堂

柴田徳太郎編［2007］『制度と組織　理論・歴史・現状』桜井書店

地主敏樹・小巻泰之・奥山英司［2012］『世界金融危機と欧米主要中央銀行：リアルタイム・データと公表文書による分析』晃洋書房

白川方明［2008］『現代の金融政策――理論と実際』日本経済新聞出版社

白川方明・日本銀行総裁［2011a］「通貨管理におけるイノベーションと挑戦の 150 年」（日独交流 150 周年記念講演（ゲーテ大学フランクフルト・アム・マイン）の邦訳），2011 年 3 月 8 日

白川方明・日本銀行総裁［2011b］「グローバリゼーションと人口高齢化：日本の課題」（日本経済団体連合会評議員会における講演），2011 年 12 月 22 日

白川方明・日本銀行総裁［2012a］「デレバレッジと経済成長　―先進国は日本が過去に歩んだ『長く曲がりくねった道』を辿っていくのか？―」（London School of Economics and Political Science における講演（アジアリサーチセンター・STICERD 共催）の邦訳，2012 年 1 月 10 日

白川方明・日本銀行総裁［2012b］「セントラル・バンキング──危機前，危機の渦中，危機後──」連邦準備制度と International Journal of Central Banking との共催コンファレンスでの講演の邦訳，2012 年 3 月 24 日

白川方明・日本銀行総裁［2012c］「最近の金融経済情勢と金融政策運営」（内外情勢調査会における講演），2012 年 6 月 4 日

白川方明・日本銀行総裁［2013］「日本経済の競争力と成長力の強化に向けて」（日本経済団体連合会常任幹事会における講演），2013 年 2 月 28 日

白川方明［2014］「FISC 理事長対談：決済システムと中央銀行」『金融情報システム』331号，4-25 頁

白塚重典［2009］「わが国の量的緩和政策の経験：中央銀行バランスシートの規模と構成を巡る再検証」IMES Discussion Paper Series Discussion Paper No. 2009-J-22

杉原慶彦・細谷真・馬場直彦・中田勝紀［2003］「信用リスク移転市場の新たな展開──クレジット・デフォルト・スワップと CDO を中心に──」日本銀行金融市場局マーケット・レビュー・シリーズ 2003-J-2，2003 年 1 月

鈴木敬之［2013］「EU における銀行同盟の議論」『預金保険研究』第 15 号，2013 年 5 月，45-70 頁

鈴木誠［2010］「ノルウェーとフィンランドの金融破綻処理」武藤敏郎編著『甦る金融：破綻処理の教訓』191-224 頁，金融財政事情研究会

生命保険協会「生命保険会社のディスクロージャー〜虎の巻［2016 年版］」2016 年 7 月

生命保険契約者保護機構［2015］「生命保険会社の保険契約者保護制度」2015 年 7 月

損害保険契約者保護機構［2014］「損害保険契約者保護機構について」2014 年 5 月

竹森俊平［2010］「世界経済危機と『最後の貸し手』機能──復権したのはケインズか，バジョットか？」『世界経済時報』177 巻，2010 年 4 月 10 日，1-16 頁

館龍一郎・浜田宏一［1972］『金融──現代経済学 6』岩波書店

館龍一郎［1982］『金融政策の理論』東京大学出版会

田中理［2015a］「EU 経済・政治情勢レポート第 3 回：ギリシャは離脱危機を回避」『週刊金融財政事情』第 66 巻第 28 号，48-51 頁

田中理［2015b］「EU 経済・政治情勢レポート第 4 回：ギリシャの危機は終わったか」『週刊金融財政事情』第 66 巻第 31 号，34-38 頁

田中秀明［2013］『日本の財政：再建の道筋と予算制度』中公新書 2228，中央公論新社

田中文憲［2008］「ベアリングズの崩壊－マーチャント・バンキングの終焉－」『奈良大学紀要』第 36 号，2008 年 3 月，1-20 頁

中央銀行研究会［1996］「中央銀行制度の改革──開かれた独立性を求めて──」中央銀行研究会報告書，1996 年 11 月 12 日

鷲見誠良［2010］「試論『バジョットの原則』再考－現代金融危機と日本銀行」『経済志林』第 77 巻 3 号，2010 年 1 月，149-172 頁

トリシェ，ジャンクロード［2014］「私の履歴書」第 21 回〜第 25 回，『日本経済新聞』朝刊，2014 年 9 月 21 日〜26 日

中曽宏・日本銀行副総裁［2013］「金融危機と中央銀行の『最後の貸し手』機能」（世界銀行主催エグゼクティブフォーラム「危機は中央銀行の機能にどのような影響を及ぼしたか」における講演の邦訳），2013 年 4 月 22 日

中曽宏・日本銀行副総裁［2015］「最近の金融経済情勢と金融政策運営」（熊本県金融経済懇談会における挨拶），2015 年 7 月 27 日

中空麻奈・川崎聖敬［2013］『グローバル金融規制の潮流：ポスト金融危機の羅針盤』きんざい

西村吉正［2003］『日本の金融制度改革』東洋経済新報社

日本銀行［1999a］「平成 10 年度　業務概況書」

日本銀行［1999b］「通貨及び金融の調節に関する報告書　平成 11 年 6 月」

日本銀行［2000］「平成 11 年度　業務概況書」

日本銀行［2001a］「平成 12 年度　業務概況書」

日本銀行［2001b］「通貨及び金融の調節に関する報告書　平成 13 年 12 月」

日本銀行［2002］「平成 13 年度　業務概況書」

日本銀行［2003］「平成 14 年度　業務概況書」

日本銀行［2004］「平成 15 年度　業務概況書」

日本銀行［2005a］「ペイオフ全面解禁後の金融システム面への対応について」2005 年 3 月 18 日

日本銀行［2005b］「平成 16 年度　業務概況書」

日本銀行［2006］「平成 17 年度　業務概況書」

日本銀行［2011］「日本銀行のマクロプルーデンス面での取組み」2011 年 10 月 18 日

日本銀行［2013］「『物価の安定』についての考え方に関する付属資料」2013 年 1 月 23 日

日本銀行［2016］「『量的・質的金融緩和』導入以降の経済・物価動向と政策効果についての総括的な検証【背景説明】」2016 年 9 月 21 日

日本銀行［2016］「目で見る金融緩和の『総括的な検証』と『長短金利操作付き量的・質的金融緩和』」2016 年 9 月 21 日

日本銀行企画局［2009］「今次金融経済危機における主要中央銀行の政策運営について」2009 年 7 月 29 日

日本銀行企画室［2000］「『マネタリーベースと日本銀行の取引』統計について」2000 年 6 月 8 日

日本銀行企画室［2004］「日本銀行の政策・業務とバランスシート」2004 年 6 月 28 日

日本銀行金融機構局［2005］「金融システムレポート：金融システム面における日本銀行の施策」2005 年 8 月

日本銀行金融機構局［2012］「金融システムレポート（2012 年 10 月号）」2012 年 10 月 19 日

日本銀行金融機構局［2013a］「金融システムレポート（2013 年 4 月号）」2013 年 4 月 17 日

日本銀行金融機構局［2013b］「金融システムレポート（2013 年 10 月号）」2013 年 10 月 23

日

日本銀行金融機構局［2014a］「金融システムレポート（2014年4月号）」2014年4月23日

日本銀行金融機構局［2014b］「金融システムレポート（2014年10月号）」2014年10月17日

日本銀行金融研究所編［2011］『日本銀行の機能と業務』有斐閣

日本銀行金融市場局［2000］「金融調節の運営実績：金融政策決定会合（2010.10.30）資料-1」2000年10月25日

日本銀行金融市場局［2017a］「2016年度の金融調節」2017年6月5日

日本銀行金融市場局［2017b］「わが国短期金融市場の動向──東京短期金融市場サーベイ［17/8月］の結果──」2017年10月13日

日本銀行決済機構局［2008］「次世代RTGSプロジェクト－第1期対応を中心に－」2008年10月

日本銀行決済機構局［2011］「次世代RTGSプロジェクト－第2期対応を中心に－」2011年11月

日本銀行決済機構局［2013］「決済システムレポート2012－2013」2013年10月

日本銀行決済機構局［2016a］「決済システムレポート（2016年3月）」2016年3月16日

日本銀行決済機構局［2016b］「最近の日銀ネットを通じた決済の動向」決済システムレポート別冊シリーズ，2016年6月29日

日本銀行決済機構局［2017a］「BIS決済統計からみた日本のリテール・大口資金決済システムの特徴」決済システムレポート別冊シリーズ，2017年2月21日

日本銀行決済機構局［2017b］「最近のデビットカードの動向について」決済システムレポート別冊シリーズ，2017年5月1日

日本銀行決済機構局リテール決済システムグループ［2014］「主要国における資金決済サービス高度化に向けた取組み」日銀レビュー2014-J-7，2014年11月

日本銀行政策委員会編［1996］「平成7年　年次報告書」

日本銀行政策委員会編［1997］「平成8年　年次報告書」

日本銀行政策委員会編［1998］「平成9年　年次報告書」

日本損害保険協会［2016］「損害保険会社のディスクロージャー～かんたんガイド［2016年度版）」2016年9月

日本損害保険協会［2017］「日本の損害保険－ファクトブック2017」2017年9月17日

野口悠紀雄［2014］『金融政策の死：金利で見る世界と日本の経済』日本経済新聞出版社

野々口秀樹・武田洋子［2000］「米国における金融制度改革法の概要」『日本銀行調査月報』2000年1月号，73-88頁

服部茂幸［2011］『日本の失敗を後追いするアメリカ：「デフレ不況」の危機』NTT出版

早川英男［2016］『金融政策の「誤解」──"壮大な実験"の成果と限界』慶應義塾大学出版会

林宜嗣［2011］『基礎コース財政学　第3版』新世社

平野裕三［2007］「FDICのオープン・バンク・アシスタンス（OBA）と最後の貸し手──

FRS と FDIC の大銀行破綻への対応——」柴田徳太郎編『制度と組織 理論・歴史・現状』桜井書店, 171-194 頁

深澤映司［2002］「日銀による『最後の貸し手』機能を巡る一考察」『国際金融』1094 号, 2002 年 11 月, 44-50 頁

福田慎一［2008］「バブル崩壊後の金融市場の動揺と金融政策」CARF ワーキングペーパー CARF-J-056, 2008 年 10 月

福田慎一［2013］『金融論——市場と経済政策の有効性』有斐閣

藤井眞理子［2010］「イギリスにおける金融機関危機の展開と教訓」武藤敏郎編著『甦る金融：破綻処理の教訓』金融財政事情研究会, 73-104 頁

古市峰子・森毅［2005］「中央銀行の財務報告の目的・意義と会計処理をめぐる論点」『金融研究』第 24 巻第 2 号, 2005 年 7 月, 日本銀行金融研究所, 111-162 頁

古澤知之・藤本拓資［2013］「金融商品取引法等の一部を改正する法律の概要」『ジュリスト』No. 1460, 2013 年 10 月 25 日, 30-35 頁

真壁昭夫［2010］『基礎から応用までまるわかり 行動経済学入門』ダイヤモンド社

前田裕之［2015］『ドキュメント 銀行：金融再編の 20 年史——1995-2015』ディスカヴァー・トゥエンティワン

松下淳一［2014］『民事再生法入門〔第 2 版〕』有斐閣

マンキュー, N・グレゴリー著, 足立英之・石川城太・小川英治・地主敏樹・中馬宏之・柳川隆訳［2014］『マンキュー入門経済学（第 2 版）』東洋経済新報社

宮内惇至［2015］『金融危機とバーゼル規制の経済学：リスク管理から見る金融システム』勁草書房

深山卓也編［2003］『一問一答 新会社更生法』商事法務

武藤敏郎編著［2010］『甦る金融：破綻処理の教訓』金融財政事情研究会

村松教隆［2014］「預金保険法の一部改正の概要」『預金保険研究』第 16 号, 2014 年 1 月, 1-22 頁

森下哲朗［2014］「欧米における金融破綻処理法制の動向」金融庁金融研究センター『FSA リサーチ・レビュー』第 8 号, 2014 年 3 月, 1-99 頁

森本学・翁百合・野﨑浩成・花岡博［2014］「座談会：最近の破綻処理制度とベイルインを巡る動向」『週刊金融財政事情』第 65 巻第 24 号, 10-19 頁

八代尚宏［2017］『日本経済論・入門〔新版〕：戦後復興からアベノミクスまで』有斐閣

山一證券株式会社社史編纂委員会編［1998］『山一證券の百年』山一證券株式会社

山岡浩巳・竹内千春・宇井理人［2016］「決済と担保—法と経済学の視点から—」日銀レビュー 2016-J-5, 2016 年 5 月 10 日

山村延郎［2003］「ドイツにおける預金保護・危機対応の制度—市場経済に立脚した金融システムの維持—」15 年度ディスカッションペーパー Vol. 4, 金融庁金融研究研修センター

山村延郎・三田村智［2007］「欧州中央銀行制度の金融監督行政上の役割」金融庁金融研究研修センター『FSA リサーチ・レビュー 2006』第 3 号, 2007 年 2 月, 199-220 頁

山本和彦・中西正・笠井正俊・沖野眞已・水元宏典［2006］『倒産法概説』弘文堂

山本慶子［2014a］「デリバティブ取引等の一括清算ネッティングを巡る最近の議論：金融危機後の米国での議論を踏まえた一考察」『金融研究』第 33 巻第 3 号，2014 年 7 月，日本銀行金融研究所，61-82 頁

山本慶子［2014b］「金融機関の早期破綻処理のための法的一考察：破綻した金融機関の株主の権利を巡る欧米での議論を踏まえて」『金融研究』第 33 巻第 3 号，2014 年 7 月，日本銀行金融研究所，83-126 頁

家森信善［2016 年］『金融論　ベーシック＋プラス』中央経済社

湯本雅士［2015］『日本の財政はどうなっているのか』岩波書店

ユングランド，ピーター［2010］「スウェーデンの銀行危機」武藤敏郎編著『甦る金融：破綻処理の教訓』金融財政事情研究会，157-190 頁

預金保険機構［2006］「平成 17 年度預金保険機構年報」2006 年 8 月

預金保険機構［2008］「平成 19 年度預金保険機構年報」2008 年 7 月

預金保険機構［2010］「平成 21 年度預金保険機構年報」2010 年 6 月

預金保険機構［2011］「平成 22 年度預金保険機構年報」2011 年 8 月

預金保険機構［2012］「平成 23 年度預金保険機構年報」2012 年 8 月

預金保険機構［2013］「平成 24 年度預金保険機構年報」2013 年 7 月

預金保険機構［2014］「平成 25 年度預金保険機構年報」2014 年 8 月

預金保険機構［2015］「平成 26 年度預金保険機構年報」2015 年 8 月

預金保険機構［2016］「平成 27 年度預金保険機構年報」2016 年 8 月

預金保険機構「平成金融危機への対応研究会」編著［2005］「平成金融危機への対応」『預金保険研究』第 4 号，2005 年 9 月，1-235 頁

吉川洋［2013］『デフレーション："日本の慢性病"の全貌を解明する』日本経済新聞出版社

吉崎康則・井上眞希子・塩谷匡介［2017］「最近の OTC デリバティブ市場の動向-OTC デリバティブ統計からみた特徴点-」日銀レビュー 2017-J-8，2017 年 6 月 7 日

米澤潤一［2013］『国債膨張の戦後史：1947−2013 現場からの証言』金融財政事情研究会

米澤潤一［2016］『日本財政を斬る：国債マイナス金利に惑わされるな』蒼天社出版

ロバーツ，リチャード＝カイナストン，デーヴィッド編，浜田康行・宮島茂紀・小平良一訳［1996］『イングランド銀行の 300 年：マネー・パワー・影響』東洋経済新報社

英文

Acharya, Viral, and David Backus [2009] "Private Lessons for Public Banking: The Case for Conditionality in LOLR Facilities," in Viral Acharya and Matthew Richardson (eds.), *Restoring Financial Stability: How to Repair a Failed System*, Hoboken: John Wiley & Sons, pp. 305-321

Acharya, Viral, Denis Gromb, and Tanju Yorulmazer [2012] "Imperfect Competition in the Interbank Market for Liquidity as a Rationale for Central Banking," *American Economic Journal: Macroeconomics*, Vol. 4, No. 2, pp. 184-217

Acharya, Viral, and Matthew Richardson (eds.) [2009] *Restoring Financial Stability: How to Repair a Failed System*, Hoboken: John Wiley & Sons

Acharya, Viral, and Bruce Tuckman [2013] "Unintended Consequences of LOLR Facilities: The Case of Illiquid Leverage," Paper presented at the 14th Jacques Polak Annual Research Conference hosted by the International Monetary Fund, Washington, DC, November 7-8

Adrian, Tobias, Christopher R. Burke, and James J. McAndrews [2009] "The Federal Reserve's Primary Dealer Credit Facility," *Federal Reserve Bank of New York Current Issues in Economics and Finance*, Vol. 15, No. 4, August

Adrian, Tobias, Karin Kimbrough and Dina Marchioni [2011] "The Federal Reserve's Commercial Paper Funding Facility," *Federal Reserve Bank of New York Economic Policy Review*, EPR Vol. 17, No. 1, May, pp. 25-39

Aizenman, Joshua, and Gurnain Kaur Pasricha [2011] "Selective Swap Arrangements and the Global Financial Crisis: Analysis and Interpretation," *International Review of Economics and Finance*, Vol. 19, Issue 3, June, pp. 353-365

Akay, Ozgur (Ozzy), Mark D. Griffiths, Vladimir Kotomin, and Drew B. Winters [2013] "A Look inside AMLF: What Traded and Who Benefited," *Journal of Banking & Finance*, Vol. 37, Issue 5, May, pp. 1643-1657

Allen, Franklin, Elena Carletti, and Douglas Gale [2009] "Interbank Market Liquidity and Central Bank Intervention," *Journal of Monetary Economics*, Vol. 56, Issue 5, July, pp. 639-652

Allen, Franklin, and Douglas Gale [1998] "Optimal Financial Crises," *Journal of Finance*, Vol. 53, No. 4, pp. 1245-1284

Allen, Franklin, and Douglas Gale [2000a] "Financial Contagion," *Journal of Political Economy*, February 2000, Vol. 108, pp. 1-33

Allen, Franklin, and Douglas Gale [2000b] "Optimal Currency Crises," *Carnegie-Rochester Conference Series on Public Policy*, Vol. 53, pp. 177-230

Allen, William A., and Richhild Moessner [2010] *Central Bank Co-operation and International Liquidity in the Financial Crisis of 2008-9*, BIS Working Papers No. 310, May, Basle: Switzerland, Bank for International Settlements

Alphandary, Alice [2014] "Risk Managing Loan Collateral at the Bank of England," Bank of England *Quarterly Bulletin*, Volume 54, No. 2, June, pp. 190-200

Anand, Kartik, Prasanna Gai, Sujit Kapadia, Simon Brennan, and Matthew Willison [2013] "A Network Model of Financial System Resilience," *Journal of Economic Behavior & Organization*, Vol. 85, pp. 219-235

Anand, Kartik, Prasanna Gai, and Matteo Marsili [2012] "Rollover Risk, Network Structure and Systemic Financial Crises," *Journal of Economic Dynamics and Control*, Vol. 36, Issue 8, August, pp. 1088-1100

Angeloni, Ignazio, and Ester Faia [2013] "Capital Regulation and Monetary Policy with Fragile Banks," *Journal of Monetary Economics*, Vol. 60, Issue 3, April

Archer, David, and Paul Moser-Boehm, Monetary and Economic Department, Bank for International Settlements [2013] *Central Bank Finances*, BIS Papers No. 71, April, Basle: Switzerland, Bank for International Settlements

Armantier, Olivier, Eric Ghysels, Asani Sarkar, and Jeffrey Shrader [2011] "Stigma in Financial Markets: Evidence from Liquidity Auctions and Discount Window Borrowing during the Crisis," Federal Reserve Bank of New York Staff Report No. 483, January

Asmussen, Jörg, Member of the Executive Board of the ECB [2013] "The Public and the Private Banking Union," Speech at the Joint Conference "The Single Resolution Mechanism and the Limits of Bank-Regulation" Humboldt Universität / Financial Risk and Stability Net-work in Berlin, Berlin, November 8th

Baba, Naohiko, and Frank Packer [2009] "From Turmoil to Crisis: Dislocations in the FX Swap Market before and after the Failure of Lehman Brothers." *Journal of International Money and Finance*, Vol. 28, No. 8, December, pp. 1350-1374

Bagehot, Walter [[1873] 1999] *Lombard Street: A Description of the Money Market*, New York: John Wiley & Sons（宇野弘蔵訳『ロンバード街：ロンドンの金融市場』岩波文庫，1948 年；久保恵美子訳『ロンバード街：金融市場の解説』日経 BP 社，2011 年）

Bank for International Settlements [BIS] [2013a] "Group of Governors and Heads of Supervision endorses revised liquidity standard for banks," Press Release, January 6th

Bank for International Settlements [2013b] *83rd Annual Report: 1 April 2012-31 March 2013*, June 23rd

Bank for International Settlements, Central Bank Governance Group [BIS CBGG] [2009] *Issues in the Governance of Central Banks*, May

Bank for International Settlements, Committee on the Global Financial System [BIS CGFS] [2008] *Central Bank Operations in Response to the Financial Turmoil*, CGFS Papers No. 31, July

Bank for International Settlements, Committee on the Global Financial System [2010] *Macroprudential Instruments and Frameworks: A Stocktaking of Issues and Experiences*, CGFS Papers No. 38, May

Bank for International Settlements, Committee on the Global Financial System [2012] *Operationalising the Selection and Application of Macroprudential Instruments*, CGFS Papers No. 48, December

Bank for International Settlements, Committee on the Global Financial System [2013] *Asset Encumbrance, Financial Reform and the Demand for Collateral Assets*, CGFS Papers No. 49, May

Bank for International Settlements, Committee on the Global Financial System [2017] *Designing Frameworks for Central Bank Liquidity Assistance: Addressing New Challeng-*

es, CGFS Papers No. 58, April

Bank for International Settlements, Committee on the Global Financial System and Markets Committee [2015] *Central Bank Operating Frameworks and Collateral Markets*, CGFS Papers No. 53, March

Bank for International Settlements, Committee on Payment and Settlement Systems, and Board of the International Organization of Securities Commissions [2012] *Principles for Financial Market Infrastructures*, April

Bank for International Settlements, Markets Committee [2013] *Central Bank Collateral Frameworks and Practices*, March

Bank for International Settlements, Monetary and Economic Department [2014a] *Triennial Central Bank Survey - Global Foreign Exchange Market Turnover in 2013*, February

Bank for International Settlements, Monetary and Economic Department (eds.) [2014b] *Re-thinking the Lender of Last Resort*, BIS Papers No. 79, September

Bank for International Settlements, Study Group [BIS SG] [2011] *Central Bank Governance and Financial Stability*, May

Bank of England [BOE] [1978] "The Secondary Banking Crisis and the Bank of England's Support Operations," Bank of England *Quarterly Bulletin*, Vol. 18, No. 2, June, pp. 230-239

Bank of England [1985] "Annex: The Bank of England and Johnson Matthey Bankers Limited," *Bank of England Report and Accounts 1985*, June, pp. 31-42

Bank of England [2006] *Quarterly Bulletin*, Vol. 46, No. 4, December 11th

Bank of England [2008] *The Developments of the Bank of England's Money Market Operations: A Consultative Paper by the Bank of England*, October

Bank of England [2013a] *Response of the Bank of England to the Three Court-Commissioned Reviews*, March

Bank of England [2013b] *Liquidity Insurance at the Bank of England: Developments in the Sterling Monetary Framework*, October

Bank of England [2014a] "Sterling Monetary Framework Annual Report 2013-14," Bank of England *Quarterly Bulletin*, Volume 54, No. 2, June, pp. 218-225

Bank of England [2014b] *The Bank of England's Approach to Resolution*, October

Bank of England [2015a] *The Bank of England's Sterling Monetary Framework*, June

Bank of England [2015b] *Sterling Monetary Framework Annual Report 2014-15*, June

Bank of England [2015c] *Financial Stability Report*, Issue No. 37, July 1st

Bank of England [2016] *Sterling Monetary Framework Annual Report 2015-16*, June

Bank of England [2017] *Sterling Monetary Framework Annual Report 2016-17*, July

Baring, Francis [[1797] 2007] "Observations on the Establishment of the Bank of England," in Forrest H. Capie and Geoffrey E. Wood (eds.), *The Lender of Last Resort*,

London: Routledge, pp. 3-28

Basel Committee on Banking Supervision [BCBS] [2010] *Guidance for National Authorities Operating the Countercyclical Capital Buffer*, December

Basel Committee on Banking Supervision [2011] *Global Systemically Important Banks: Assessment Methodology and the Additional Loss Absorbency Requirement — Rules Text*, November

Basel Committee on Banking Supervision [2013] *Basel III : The Liquidity Coverage Ratio and Liquidity Risk Monitoring Tools*, January

Basel Committee on Banking Supervision [2014a] *Basel III Leverage Ratio Framework and Disclosure Requirements*, January 12th

Basel Committee on Banking Supervision [2014b] *Guidance for Supervisors on Market-Based Indicators of Liquidity*, January 12th

Basel Committee on Banking Supervision [2014c] *Liquidity Coverage Ratio Disclosure Standards*, January 2014 (rev. March 2014)

Basel Committee on Banking Supervision [2014d] *Basel III : The Net Stable Funding Ratio*, October 31st

Basel Committee on Banking Supervision [2016] *Literature Review on Integration of Regulatory Capital and Liquidity Instruments*, Working Paper No. 30, March 9th

Basel Committee on Banking Supervision [2017] *Basel III - The Liquidity Coverage Ratio Framework: Frequently Asked Questions*, June 8th (update of FAQs published in April 2014)

Baxter, Thomas C., Jr., Executive Vice President and General Counsel, Federal Reserve Bank of New York [2013] "From Bagehot to Bernanke and Draghi: Emergency Liquidity, Macroprudential Supervision and the Rediscovery of the Lender of Last Resort Function," Remarks at the Committee on International Monetary Law of the International Law Association Meeting, Madrid, Spain, September 19th

Beadle, Jon and Martin Udy [2014] *Replacement of the Bank Return and Changes to the Release of Notes and Coin Data*, June 30th

Bean, Charlie, Deputy Governor for Monetary Policy of the Bank of England [2011] "Central Banking Then and Now," Speech at the Sir Leslie Melville Lecture, delivered at Australian National University, Canberra, July 12th

Bernanke, Ben S., Chairman, Board of Governors of the Federal Reserve System [2007] "The Financial Accelerator and the Credit Channel," Remarks at The Credit Channel of Monetary Policy in the 21st Century Conference, Federal Reserve Bank of Atlanta

Bernanke, Ben S., Chairman, Board of Governors of the Federal Reserve System [2009a] "Federal Reserve Programs to Strengthen Credit Markets and the Economy," Testimony before the Committee on Financial Services, U. S. House of Representatives, Washington, D. C., February 10th

Bernanke, Ben S., Chairman, Board of Governors of the Federal Reserve System [2009b] "The Federal Reserve's Balance Sheet: An Update," Speech the Federal Reserve Board Conference on Key Developments in Monetary Policy, Washington, D. C., October 8th

Bernanke, Ben S., Chairman, Board of Governors of the Federal Reserve System [2010] "Central Bank Independence, Transparency, and Accountability," Remarks at the Institute for Monetary and Economic Studies International Conference, Bank of Japan, Tokyo, Japan, May 26th

Bernanke, Ben S., Chairman, Board of Governors of the Federal Reserve System [2012] *The Federal Reserve and the Financial Crisis*, a four-part lecture series delivered at the George Washington University School of Business, Retrieved on March 1st, 2013 from http://www.federalreserve.gov/newsevents/lectures/about.htm（小野谷俊夫訳『連邦準備制度と金融危機：バーナンキ FRB 理事会議長による大学生向け講義録』一灯舎，2012 年）

Bernanke, Ben S., Chairman, Board of Governors of the Federal Reserve System [2013a] "A Century of U. S. Central Banking: Goals, Frameworks, Accountability," Speech at the Conference "The First 100 Years of the Federal Reserve: The Policy Record, Lessons Learned, and Prospects for the Future," Sponsored by the National Bureau of Economic Research, Cambridge, Massachusetts, July 10th

Bernanke, Ben S., Chairman, Board of Governors of the Federal Reserve System [2013b] "The Crisis as a Classic Financial Panic," Remarks at the 14th Jacques Polak Annual Research Conference sponsored by the International Monetary Fund, Washington, DC, November 8th

Bernanke, Ben S., Chairman, Board of Governors of the Federal Reserve System [2014] "The Federal Reserve: Looking Back, Looking Forward," Speech at the Annual Meeting of the American Economic Association, Philadelphia, Pennsylvania, January 3rd

Bernanke, Ben S., and Mark L. Gertler [1989] "Agency Costs, Net Worth, and Business Fluctuations," *The American Economic Review*, Vol. 79, No. 1, March, pp. 14-31

Bernanke, Ben S., and Mark L. Gertler [1995] "Inside the Black Box: The Credit Channel of Monetary Policy Transmission," *Journal of Economic Perspectives*, Vol. 9, No. 4, Fall, pp. 27-48

Bernstein, Asaf, Eric Hughson and Marc D. Weidenmier [2010] "Identifying the Effects of a Lender of Last Resort on Financial Markets: Lessons from the Founding of the Fed," *Journal of Financial Economics*, Vol. 98, Issue 1, pp. 40-53

Bindseil, Ulrich and Luc Laeven [2017] "Confusion about the Lender of Last Resort," January 13th, 2017, Vox EU, http://www.voxeu.org/article/confusion-about-lender-of-last-resort

Blanchard, Olivier, David Romer, Michael Spence, and Joseph E. Stiglitz (eds.) [2012] *In the Wake of the Crisis: Leading Economists Reassess Economic Policy*, Cambridge: MIT Press

Blinder, Alan S. [2010] "How Central Should the Central Bank Be?" *Journal of Economic Literature*, Vol. 48, No. 1, March, pp. 123-133

Blinder, Alan S., Andrew W. Lo, and Robert M. Solow (eds.) [2012] *Rethinking the Financial Crisis*, New York: The Russell Sage Foundation and the Century Foundation

Board of Governors of the Federal Reserve System [FRB] [2004] *Seasonal Lending Program*, August 20th, 2004, Retrieved on December 10th, 2014 from https://www.frbdiscountwindow.org/Pages/General-Information/Seasonal-Lending-Program.aspx

Board of Governors of the Federal Reserve System [2005] *The Federal Reserve System: Purposes and Functions: Ninth Edition*, June

Board of Governors of the Federal Reserve System [2009] *Monthly Report on Credit and Liquidity Programs and the Balance Sheet*, June

Board of Governors of the Federal Reserve System [2013a] *Monetary Policy Report*, February 26th

Board of Governors of the Federal Reserve System [2013b] *Quarterly Report on Federal Reserve Balance Sheet Developments*, March

Board of Governors of the Federal Reserve System [2013c] "Transcripts of the Ceremony Commemorating the Centennial of the Federal Reserve Act," December 16, Retrieved on January 14th, 2014 from http://www.federalreserve.gov/aboutthefed/centennial/about.htm

Board of Governors of the Federal Reserve System [2015a] *Monetary Policy Report*, February 24th

Board of Governors of the Federal Reserve System [2015b] *The Federal Reserve Discount Window*, June 22nd, Retrieved on March 9th, 2017 from https://www.frbdiscountwindow.org/Pages/General-Information/The-Discount-Window.aspx

Board of Governors of the Federal Reserve System [2015c] *Final Rule Amending Regulation A (Extensions of Credit by Federal Reserve Banks) to Implement the Emergency Lending Authorities under Section 13 (3) of the Federal Reserve Act*, November 30th

Board of Governors of the Federal Reserve System [2016a] *Monetary Policy Report*, February 10th

Board of Governors of the Federal Reserve System [2016b] *Monetary Policy Report*, June 21st

Board of Governors of the Federal Reserve System [2016c] *The Federal Reserve System: Purposes and Functions: Tenth Edition*, October

Bolton, Patrick, Tano Santos, and Jose A. Scheinkman [2009] "Market and Public Liquidity," *The American Economic Review*, Vol. 99, No. 2, pp. 594-599

Bolton, Patrick, Tano Santos, and Jose A. Scheinkman [2011] "Inside and Outside Liquidity," *The Quarterly Journal of Economics*, Vol. 126, No. 1, pp. 259-321

Bordo, Michael D. [1989] "The Lender of Last Resort: Some Historical Insights," National Bureau of Economic Research NBER Working Paper Series No. 3011, June

Bordo, Michael D. [1990] "The Lender of Last Resort: Alternative Views and Historical Experience," *Federal Reserve Bank of Richmond Economic Review*, January/February

Brave, Scott A., and Hesna Genay [2011] "Federal Reserve Policies and Financial Market Conditions during the Crisis," Working Paper, Federal Reserve Bank of Chicago, No. 2011-04

Brealey, Richard A. [1999] "The Asian Crisis: Lessons for Crisis Management and Prevention," *International Finance*, Vol. 2, No. 2, pp. 249-272

Brealey, Richard A., Alastair Clark, Charles Goodhart, Juliette Healey, Glenn Hoggarth, Davit T. Llewellyn, Chang Shu, Peter Sinclair, and Farouk Soussa [2001] *Financial Stability and Central Banks: A Global Perspective, Central Bank Governors' Symposium Series*, London: Routledge

Breeden, Sarah, and Richard Whisker [2010] "Collateral Risk Management at the Bank of England," Bank of England *Quarterly Bulletin*, Vol. 50, No. 2, June, pp. 94-103

Brunnermeier, Markus K., and Lasse Heje Pedersen [2009] "Market Liquidity and Funding Liquidity," *Review of Financial Studies*, Vol. 22, Issue 6, pp. 2201-2238

Buiter, Willem H. [2008] "Can Central Banks Go Broke?" *Centre for Economic Policy Research Policy Insight*, No. 24, May

Buiter, Willem H. and Ebrahim Rahbari [2012] "The ECB as Lender of Last Resort for Sovereigns in the Euro Area," Centre for Economic Policy Research Discussion Paper No. 8974, May

Button, Richard, Samuel Knott, Conor Macmanus, and Matthew Willison [2015] "Desperate Adventurers and Men of Straw: the Failure of City of Glasgow Bank and Its Enduring Impact on the UK Banking System," *Bank of England Quarterly Bulletin*, Volume 55, No. 1, March, pp. 23-35

Calomiris, Charles W. [1998] "The IMF's Imprudent Role as Lender of Last Resort," *Cato Journal*, Vol. 17, No. 3, Winter, pp. 275-294

Calomiris, Charles W., and Gary Gorton [1991] "The Origins of Banking Panics: Models, Facts, and Bank Regulation," in R. Glenn Hubbard (ed.), *Financial Markets and Financial Crises*, Chicago: University of Chicago Press, pp. 109-173

Campbell, Sean, Daniel Covitz, William Nelson, and Karen Pence [2011] "Securitization Markets and Central Banking: An Evaluation of the Term Asset-backed Securities Loan Facility," *Journal of Monetary Economics*, Vol. 58, Issue 5, July, pp. 518-531

Capie, Forrest H. [1998] "Can There Be an International Lender-of-Last-Resort?" *International Finance*, Vol. 1, Issue 2, pp. 311-325

Capie, Forrest H. [2007] "The Emergence of the Bank of England as a Mature Central

Bank," in Forrest H. Capie and Geoffrey E. Wood (eds.), *The Lender of Last Resort*, London: Routledge, pp. 297-316

Capie, Forrest H., Stanley Fischer, Charles A. E. Goodhart, and Norbert Schnadt (eds.) [1994] *The Future of Central Banking: The Tercentenary Symposium of the Bank of England*, Cambridge, UK: Cambridge University Press

Capie, Forrest H., Charles A. E. Goodhart, and Norbert Schnadt [1994] "The Development of Central Banking," in Forrest H. Capie, Stanley Fischer, Charles A. E. Goodhart, and Norbert Schnadt (eds.), *The Future of Central Banking: The Tercentenary Symposium of the Bank of England*, Cambridge, UK: Cambridge University Press, pp. 1-261

Capie, Forrest H., and Geoffrey E. Wood (eds.) [2007] *The Lender of Last Resort*, London: Routledge

Capie, Forrest H., and Geoffrey E. Wood [2007] "Introduction," in Forrest H. Capie and Geoffrey E. Wood (eds.), *The Lender of Last Resort*, London: Routledge, pp. xi-xxiv

Carlson, Mark, Burcu Duygan-Bump, and William R. Nelson [2015] *Why Do We Need Both Liquidity Regulations and a Lender of Last Resort? A Perspective from Federal Reserve Lending during the 2007-09 US Financial Crisis*, BIS Working Papers No. 493, February, Basle: Switzerland, Bank for International Settlements

Carlson, Mark A., and David C. Wheelock [2012] "The Lender of Last Resort: Lessons from the Fed's First 100 Years," Federal Reserve Bank of St. Louis Working Paper 2012-056B, November, Revised February 2013

Carney, Mark, Governor of the Bank of England [2013] "The UK at the Heart of a Renewed Globalisation," Speech at an Event to Celebrate the 125th Anniversary of the Financial Times, London, October 24th

Carpenter, Seth B., Jane E. Ihrig, Elizabeth C. Klee, Daniel W. Quinn, and Alexander H. Boote [2013] "The Federal Reserve's Balance Sheet and Earnings: A Primer and Projections," Finance and Economics Discussion Series 2013-01, September Washington: Board of Governors of the Federal Reserve System

Caruana, Jaime, General Manager, Bank for International Settlements [2014] "Global Liquidity: Where It Stands, and Why It Matters," IMFS Distinguished Lecture at Goethe University, Frankfurt, March 5th

Cecchetti, Stephen G., and Piti Disyatat [2010] "Central Bank Tools and Liquidity Shortages," *Federal Reserve Bank of New York Economic Policy Review*, Vol. 16, No. 1, August, pp. 29-42

Chailloux, Alexandre, Simon Gray, Ulrich Klüh, Seiichi Shimizu, and Peter Stella [2008] "Central Bank Response to the 2007-08 Financial Market Turbulence: Experiences and Lessons Drawn," IMF Working Paper Series WP/08/210, September, Washington: International Monetary Fund

Chancellor, Edward [1999] *Devil Take the Hindmost: A History of Financial Speculation*,

Farrar Strauss and Giroux

Chancellor of the Exchequer [2008] *Financial Stability and Depositor Protection: Special Resolution Regime*, Presented to Parliament by Command of Her Majesty, July

Chen, Yeh-Ning [1999] "Banking Panics: The Role of the First-Come, First-Served Rule and Information Externalities," *Journal of Political Economy*, Vol. 107, No. 5, October, pp. 946-968

Ciorciari, John D., and John B. Taylor (eds.) [2009] *The Road Ahead for the Fed*, Stanford: Hoover Institution Press

Cline, William R., and Joseph E. Gagnon [2013] "Lehman Died, Bagehot Lives: Why Did the Fed and Treasury Let a Major Wall Street Bank Fail?" *Policy Brief*, No. PB 13-21, September, Peterson Institute for International Economics

Clouse, James A., Division of Monetary Affairs, Board of Governors of the Federal Reserve System [1994] "Recent Developments in Discount Window Policy," *Federal Reserve Bulletin*, November, pp. 965-977

Committee on Capital Markets Regulation [2009] *The Global Financial Crisis: A Plan for Regulatory Reform*, May 26th, Retrieved March 6th, 2014, from http://www.capmktsreg.org

Congressional Oversight Panel [2010] *The AIG Rescue, Its Impact on Markets, and the Government's Exit Strategy*, June 10th

Constâncio, Vítor, Vice-President, European Central Bank [2014a] "Reflections on Financial Integration and Stability," Speech at the Joint ECB-EC Conference on Financial Integration and Stability in a New Financial Architecture, Frankfurt, April 28th

Constâncio, Vítor, Vice-President, European Central Bank [2014b] "Recent Challenges to Monetary Policy in the Euro Area," Speech at the Athens Symposium on Banking Union, Monetary Policy and Economic Growth, Athens, June 19th

Constâncio, Vítor, Vice-President, European Central Bank [2015] "Monetary Policy Challenges in the Euro Area," Speech at the Annual Conference of the Marshall Society, on "The Power of Policy: Solving Problems and Shaping the Future", Cambridge, January 31st

Corradin, Stefano, and Maria Rodriguez-Moreno [2016] "Violating the Law of One Price: The Role of Non-conventional Monetary Policy," ECB Working Paper Series No 1927, July

Corrigan, E. Gerald [1985] Statement before the Subcommittee on Domestic Monetary Policy of the Committee on Banking, Finance and Urban Affairs, U. S. Senate, December 12th

Corrigan, E. Gerald [1990] "Reforming the U. S. Financial System: An International Perspective," Statement before the Committee on Banking, Housing, and Urban Affairs, U. S. Senate, May 3rd

Cœuré, Benoît, Member of the Executive Board of the ECB [2013a] "Non-standard Monetary Policy Measures: Where Do We Stand?" Speech at the International Monetary Seminar "Sovereign Risk, Bank Risk and Central Banking" organised by the Banque de France, Paris, July 10th

Cœuré, Benoît, Member of the Executive Board of the ECB [2013b] "Liquidity Regulation and Monetary Policy Implementation: from Theory to Practice," Speech at the Toulouse School of Economics, Toulouse, October 3rd

Cœuré, Benoît, Member of the Executive Board of the ECB [2015] Interview with Börsen-Zeitung conducted by Mark Schrörs of Börsen-Zeitung and published on August 15th

Cross, Michael, Paul Fisher, and Olaf Weeken [2010] "The Bank's Balance Sheet during the Crisis," Bank of England *Quarterly Bulletin*, Volume 50, No. 1, March, pp. 34-42

Cukierman, Alex [2013] "Monetary Policy and Institutions before, during, and after the Global Financial Crisis," *Journal of Financial Stability*, Vol. 9, pp. 373-384

Cyree, Ken B., Mark D. Griffiths, and Drew B. Winters [2013] "Federal Reserve Financial Crisis Lending Programs and Bank Stock Returns," *Journal of Banking and Finance*, Vol. 37, No. 10, pp. 3819-3829

Davies, Howard, and David Green [2010] *Banking on the Future: the Fall and Rise of Central Banking*, Princeton: Princeton University Press

De Bandt, Oliver, and Philipp Hartmann [2000] "Systemic Risk: A Survey," ECB Working Paper Series No. 35, November

De Bandt, Oliver, and Philipp Hartmann [2002] "Systemic Risk in Banking: A Survey," in Charles A. E. Goodhart and Gerhard Illing (eds.), *Financial Crises, Contagion, and the Lender of Last Resort: A Reader*, Oxford: Oxford University Press, pp. 249-297

DeYoung, Robert, Michal Kowalik, and Jack Reidhill [2013] "A Theory of Failed Bank Resolution: Technological Change and Political Economics," *Journal of Financial Stability*, Vol. 9, Issue 4, December, pp. 612-627

Diamond, Douglas W., and Philip H. Dybvig [1983] "Bank Runs, Deposit Insurance, and Liquidity," *Journal of Political Economy*, Vol. 91, June, pp. 401-419

Diamond, Douglas W., and Raghuram G. Rajan [2005] "Liquidity Shortages and Banking Crises," *The Journal of Finance*, Vol. 60, Issue 2, April, pp. 615-647

Diamond, Douglas W., and Raghuram G. Rajan [2011] "Fear of Fire Sales, Illiquidity Seeking, and Credit Freezes," *The Quarterly Journal of Economics*, Vol. 126, Issue 2, pp. 557-591

Dobler, Marc, Simon Gray, Diarmuid Murphy, and Bozena Radzewicz-Bak [2016] "The Lender of Last Resort Function after the Global Financial Crisis," IMF Working Paper Series WP/16/10, January, Washington: International Monetary Fund

Domanski, Dietrich, Richhild Moessner, and William R. Nelson [2014] "Central Banks as

Lender of Last Resort: Experiences during the 2007-2010 Crisis and Lessons for the Future," in Bank for International Settlements, Monetary and Economic Department (eds.), *Re-thinking the Lender of Last Resort*, BIS Papers No. 79, September, Basle: Switzerland, Bank for International Settlements, pp. 43-75

Domanski, Dietrich, and Vladyslav Sushko [2014] "Rethinking the Lender of Last Resort: Workshop Summary," in Bank for International Settlements, Monetary and Economic Department (eds.), *Re-thinking the Lender of Last Resort*, BIS Papers No. 79, September, Basle: Switzerland, Bank for International Settlements, pp. 1-9

Draghi, Mario, President, European Central Bank [2012] Interview with Frankfurter Allgemeine Zeitung conducted by Holger Steltzner and Stefan Ruhkamp and published February 24th

Draghi, Mario, President, European Central Bank [2013] "Building Stability and Sustained Prosperity in Europe," Speech at the event entitled "The Future of Europe in the Global Economy" hosted by the City of London Corporation, London, May 23rd

Drechsler, Itamar, Thomas Drechsel, David Marques-Ibanez, and Philipp Schnabl [2013] "Who Borrows from the Lender of Last Resort?" December

Dudley, William C. [1986] "Controlling Risk in Large-Dollar Wire Transfer Systems," in Anthony Saunders and Lawrence J. White (eds.), *Technology and the Regulation of Financial Markets: Securities, Futures, and Banking*, Lexington: Lexington Books, pp. 121-135

Dudley, William C., President and Chief Executive Officer, Federal Reserve Bank of New York [2010] "Asset Bubbles and the Implications for Central Bank Policy," Remarks at The Economic Club of New York, New York City, April 7th

Dudley, William C., President and Chief Executive Officer, Federal Reserve Bank of New York [2013] "Fixing Wholesale Funding to Build a More Stable Financial System," Remarks at the New York Bankers Association's 2013 Annual Meeting & Economic Forum, The Waldorf Astoria, New York City, February 1st

Duygan-Bump, Burcu, Patrick M. Parkinson, Eric S. Rosengren, Gustavo A. Suarez, and Paul S. Willen [2013] "How Effective Were the Federal Reserve Emergency Liquidity Facilities? Evidence from the Asset-Backed Commercial Paper Money Market Mutual Fund Liquidity Facility," *The Journal of Finance*, Vol. 68, Issue 2, April, pp. 715-737

European Central Bank [ECB] [2008] *Annual Report 2007*, March

European Central Bank [2009] *Annual Report 2008*, March

European Central Bank [2010a] "The ECB's Monetary Policy Stance during the Financial Crisis," *Monthly Bulletin*, January, pp. 63-71

European Central Bank [2010b] *Annual Report 2009*, March

European Central Bank [2010c] *Final Monthly Report on the Eurosystem's Covered Bond Purchase Programme: June 2010*, July 8th

European Central Bank [2011a] *The Monetary Policy of the ECB: Third edition*, May

European Central Bank [2011b] *Monthly Bulletin*, October

European Central Bank [2012a] *Monthly Bulletin*, March

European Central Bank [2012b] *Annual Report 2011*, March

European Central Bank [2012c] *Monthly Bulletin*, September

European Central Bank [2013a] *Annual Report 2012*, March

European Central Bank [2013b] *Monthly Bulletin*, July

European Central Bank [2013c] *Monthly Bulletin*, September

European Central Bank [2013d] *ELA Procedurs*, October 17th

European Central Bank [2015a] *Annual Report 2014*, April

European Central Bank [2015b] *Economic Bulletin* Issue 3, April

European Central Bank [2015c] "The Role of Central Bank Balance Sheet in Monetary Policy," *Economic Bulletin* Issue 4, June, pp. 61-77

European Central Bank [2015d] "Publication of TARGET Balance," *Economic Bulletin* Issue 6, September, pp. 42-44

European Central Bank [2017a] *Annual Report 2016*, April

European Central Bank [2017b] *Agreement on Emergency Liquidity Assistance*, May 17th

Federal Deposit Insurance Corporation [1997] "Chap. 7: Continental Illinois and 'Too Big to Fail'" in *History of the Eighties-Lessons for the Future*, Washington DC: Federal Deposit Insurance Corporation, pp. 235-257

Federal Deposit Insurance Corporation [1998] *Managing the Crisis: The FDIC and RTC Experience*, Washington DC: Federal Deposit Insurance Corporation

Federal Reserve Bank of Philadelphia [2010] *The Second Bank of the United States: A Chapter in the History of Central Banking*, December

Federal Reserve System [2015] *Strategies for Improving the U.S. Payment System*, January 26th

Fernández, Ana I., Francisco González, and Nuria Suárez [2013] "How Do Bank Competition, Regulation, and Institutions Shape the Real Effect of Banking Crises? International Evidence," *Journal of International Money and Finance*, Vol. 33, March, pp. 19-40

Financial Crisis Inquiry Commission [2011] *The Financial Crisis Inquiry Report*, Final Report of the National Commission on the Causes of the Financial and Economic Crisis in the United States, January

Financial Stability Board [FSB] [2011a] *Key Attributes of Effective Resolution Regimes for Financial Institutions*, October

Financial Stability Board [2011b] *Policy Measures to Address Systemically Important Financial Institutions*, November 4th

Financial Stability Board [2013a] *Progress and Next Steps Towards Ending "Too-Big-To-Fail" (TBTF)*, Report of the Financial Stability Board to the G-20, September 2nd

Financial Stability Board [2013b] *2013 Update of Group of Global Systemically Important Banks (G-SIBs)*, November 11th

Financial Stability Board [2014a] *2014 Update of List of Global Systemically Important Banks (G-SIBs)*, November 6th

Financial Stability Board [2014b] *Adequacy of Loss-absorbing Capacity of Global Systemically Important Banks in Resolution: Consultative Document*, November 10th

Financial Stability Board [2014c] *Towards Full Implementation of the FSB Key Attributes of Effective Resolution Regimes for Financial Institutions*, Report to the G20 on Progress in Reform of Resolution Regimes and Resolution Planning for Global Systemically Important Financial Institutions (G-SIFIs), November 12th

Financial Stability Board [2015a] *2015 Update of List of Global Systemically Important Banks (G-SIBs)*, November 3rd

Financial Stability Board [2015b] *Guiding Principles on the Temporary Funding Needed to Support the Orderly Resolution of a Global Systemically Important Bank ("G-SIB"): Consultative Document*, November 3rd

Financial Stability Board [2015c] *Guidance on Arrangements to Support Operational Continuity in Resolution: Consultative Document*, November 3rd

Financial Stability Board [2015d] *Principles on Loss-absorbing and Recapitalisation Capacity of G-SIBs in Resolution: Total Loss-absorbing Capacity (TLAC) Term Sheet*, November 9th

Financial Stability Board [2015e] *Removing Remaining Obstacles to Resolvability*, Report to the G20 on Progress in Resolution, November 9th

Financial Stability Board [2016a] *Guiding Principles on the Temporary Funding Needed to Support the Orderly Resolution of a Global Systemically Important Bank ("G-SIB")*, August 18th

Financial Stability Board [2016b] *Guidance on Arrangements to Support Operational Continuity in Resolution*, August 18th

Financial Stability Board [2016c] *Key Attributes Assessment Methodology for the Banking Sector: Methodology for Assessing the Implementation of the Key Attributes of Effective Resolution Regimes for Financial Institutions in the Banking Sector*, October 19th

Financial Stability Board [2016d] *2016 List of Global Systemically Important Banks (G-SIBs)*, November 21st

Financial Stability Board [2017a] *Guidance on Continuity of Access to Financial Market Infrastructures ("FMIs") for a Firm in Resolution*, July 6th

Financial Stability Board [2017b] *Funding Strategy Elements of an Implementable Resolution Plan: Consultative Document*, November 30th

Fischer, Stanley [1999] "On the Need for an International Lender of Last Resort," *Journal of Economic Perspectives*, Vol. 13(4), pp. 85–104

Fischer, Stanley, Vice Chair, Board of Governors of the Federal Reserve System [2015a] "The Federal Reserve and the Global Economy," Speech at the Conference Held in Honor of Professor Haim Ben-Shahar, former president of Tel Aviv University, Tel Aviv University, Tel Aviv, Israel, May 26th

Fischer, Stanley, Vice Chair, Board of Governors of the Federal Reserve System [2015b] "What Have We Learned from the Crises of the Last 20 years?" Speech at the International Monetary Conference, Toronto, Canada, June 1st

Fischer, Stanley, Vice Chair, Board of Governors of the Federal Reserve System [2015c] "Macroprudential Policy in the U. S. Economy," Speech at the "Macroprudential Monetary Policy," 59th Economic Conference of the Federal Reserve Bank of Boston, Boston, Massachusetts, October 2nd

Fischer, Stanley, Vice Chair, Board of Governors of the Federal Reserve System [2016] "The Lender of Last Resort Function in the United States," Speech at the "The Lender of Last Resort: An International Perspective," a Conference Sponsored by the Committee on Capital Markets Regulation, Washington, D. C., February 10th

Fisher, Paul, Executive Director for Markets, Bank of England [2012] "Liquidity Support from the Bank of England: The Discount Window Facility," Speech at the National Asset-Liability Management Global Conference, London, March 29th

Flannery, Mark J. [1996] "Financial Crises, Payment System Problems, and Discount Window Lending," *Journal of Money, Credit and Banking*, Vol. 28, No. 4 (November, Part 2), pp. 804-824

Fleming, Michael J. [2012] "Federal Reserve Liquidity Provision during the Financial Crisis of 2007-2009," Federal Reserve Bank of New York Staff Report No. 563, July

Fleming, Michael J., Warren B. Hrung, and Frank M. Keane [2010] "Repo Market Effects of the Term Securities Lending Facility," Federal Reserve Bank of New York Staff Report No. 426, July

Fleming, Michael J., and Nicholas J. Klagge [2010] "The Federal Reserve's Foreign Exchange Swap Lines," Federal Reserve Bank of New York *Current Issues in Economics and Finance*, Vol. 16, No. 4, April

Fleming, Michael J., and Nicholas J. Klagge [2011] "Income Effects of Federal Reserve Liquidity Facilities," Federal Reserve Bank of New York *Current Issues in Economics and Finance*, Vol. 17, No. 1

Freixas, Xavier, Curzio Giannini, Glenn Hoggarth, and Farouk Soussa [2000] "Lender of Last Resort: What Have We Learned Since Bagehot?" *Journal of Financial Services Research*, Vol. 18, Issue 1, pp. 63-84

Freixas, Xavier, Luc Laeven, and José-Luis Peydró [2015] *Systemic Risk, Crises, and Macroprudential Regulation*, Cambridge: MIT Press

Freixas, Xavier, and Bruno M. Parigi [2008] "Lender of Last Resort and Bank Closure

Policy," CESIFO Working Paper No. 2286, April

Freixas, Xavier, Bruno M. Parigi, and Jean-Charles Rochet [2000] "Systemic Risk, Interbank Relations, and Liquidity Provision by the Central Bank," *Journal of Money, Credit and Banking*, Vol. 32, August, pp. 611-638

Freixas, Xavier, Bruno M. Parigi, and Jean-Charles Rochet [2008] "The Lender of Last Resort: A 21st Century Approach," in Rochet, Jean-Charles (eds.), *Why Are There So Many Banking Crises?: The Politics and Policy of Bank Regulation*, Princeton: Princeton University Press

Friedman, Milton [1968] "The Role of Monetary Policy," *The American Economic Review*, Vol. 58, No. 1, March, pp. 1-17

Frost, Tarkus, Nick Govier and Tom Horn [2015] "Innovations in the Bank's Provision of Liquidity Insurance via Indexed Long-Term Repo (ILTR) Operations," Bank of England *Quarterly Bulletin*, Volume 55, No. 2, June, pp. 181-188

Gai, Prasanna, Andrew Haldane, and Sujit Kapadia [2011] "Complexity, Concentration and Contagion," *Journal of Monetary Economics*, Vol. 58, Issue 5, July, pp. 453-470

Gambacorta, Leonardo, Boris Hofmann, and Gert Peersman [2014] "The Effectiveness of Unconventional Monetary Policy at the Zero Lower Bound: A Cross-Country Analysis," *Journal of Money, Credit and Banking*, Vol. 46, No. 4, June, pp. 615-642

George, Edward A. G. [1994] "The Pursuit of Financial Stability," LSE Bank of England Lecture, *Bank of England Quarterly Bulletin*, Vol. 34, No. 1, February, pp. 60-66

Giannini, Curzio [2002] "Pitfalls in International Crisis Lending," in Charles A. E. Goodhart and Gerhard Illing (eds.), *Financial Crises, Contagion, and the Lender of Last Resort: A Reader*, Oxford: Oxford University Press, pp. 511-526

Gilbert, R. Alton [1994] "Federal Reserve Lending to Banks That Failed: Implications for the Bank Insurance Fund," *Federal Reserve Bank of St. Louis Review*, Vol. 76, No. 1, January/February, pp. 3-18

Gilbert, R. Alton, Kevin L. Kliesen, Andrew P. Meyer, and David C. Wheelock [2012] "Federal Reserve Lending to Distressed Banks During the Financial Crisis, 2007-2010," *Federal Reserve Bank of St. Louis Review* Vol. 94, No. 3, May/June, pp. 221-242

Goldberg, Linda S., Craig Kennedy, and Jason Miu [2011] "Central Bank Dollar Swap Lines and Overseas Dollar Funding Costs," *Federal Reserve Bank of New York Economic Policy Review*, Vol. 17, No. 1, May, pp. 3-20

González-Páramo, José Manuel, Member of the Executive Board of the ECB [2010] "The European Central Bank and the Policy of Enhanced Credit Support," Speech at the Conference organised by Cámara de Comercio de Málaga and University of Málaga, Málaga, June 18th

Goodfriend, Marvin [1991] "Money, Credit, Banking, and Payments System Policy," *Federal Reserve Bank of Richmond Economic Review*, January/February, pp. 7-23

Goodfriend, Marvin [2011] "Central Banking in the Credit Turmoil: An Assessment of Federal Reserve Practice," *Journal of Monetary Economics*, Vol. 58, Issue 1, January, pp. 1-12

Goodfriend, Marvin [2012] "The Elusive Promise of Independent Central Banking," IMES Discussion Paper Series Discussion Paper No. 2012-E-9

Goodfriend, Marvin, and Robert G. King [1988] "Financial Deregulation, Monetary Policy, and Central Banking," *Federal Reserve Bank of Richmond Economic Review*, May/June, pp. 3-22

Goodhart, Charles A. E. [1987] "Why Do Banks Need a Central Bank?" *Oxford Economic Papers*, New Series, Vol. 39, No. 1, pp. 75-89

Goodhart, Charles A. E. [1988] *The Evolution of Central Banks*, Cambridge: MIT Press

Goodhart, Charles A. E. [1999] "Myths about the Lender of Last Resort," *International Finance*, Vol. 2, Issue 3, pp. 339-360

Goodhart, Charles A. E. [2001] "The Organisational Structure of Banking Supervision," in Brealey, Richard A., Alastair Clark, Charles Goodhart, Juliette Healey, Glenn Hoggarth, Davit T. Llewellyn, Chang Shu, Peter Sinclair and Farouk Soussa *Financial Stability and Central Banks: A Global Perspective, Central Bank Governors' Symposium Series*, London: Routledge, pp. 79-106

Goodhart, Charles A. E. [2003] "A Central Bank Economist," in Paul Mizen (ed.) *Central Banking, Monetary Theory and Practice: Essays in Honour of Charles Goodhart, Volume One*, Cheltenham, UK: Edward Elgar

Goodhart, Charles A. E. [2009] *The Regulatory Response to the Financial Crisis*, Cheltenham, UK: Edward Elgar

Goodhart, Charles A. E. [2010] *The Changing Role of Central Banks*, BIS Working Papers No. 326, Basle, Switzerland: Bank for International Settlements

Goodhart, Charles A. E., and Haizhou Huang [2005] "The Lender of Last Resort," *Journal of Banking & Finance*, Vol. 29 pp. 1059-1082

Goodhart, Charles A. E., and Gerhard Illing (eds.) [2002] *Financial Crises, Contagion, and the Lender of Last Resort: A Reader*, Oxford: Oxford University Press

Goodhart, Charles A. E., and Gerhard Illing [2002] "Introduction," in Charles A. E. Goodhart and Gerhard Illing (eds.), *Financial Crises, Contagion, and the Lender of Last Resort: A Reader*, Oxford: Oxford University Press, pp. 1-26

Gorton, Gary, and Andrew Metrick [2012] "Securitized Banking and the Run on Repo," *Journal of Financial Economics*, Vol. 102, pp. 425-451

Greenspan, Alan [2007] *The Age of Turbulence: Adventures in a New World*, New York: Penguin Press

Griffiths, Mark D., Vladimir Kotomin, and Drew B. Winters [2011] "The Federal Reserve and the 2007-2009 Financial Crisis: Treating a Virus with Antibiotics? Evidence from the Commercial Paper Market," *Financial Review*, Vol. 46, Issue 4, November, pp. 541-567

Hamilton, James D. [2009] "Concerns about the Fed's New Balance Sheet," in John D. Ciorciari and John B. Taylor (eds.), *The Road Ahead for the Fed*, Stanford: Hoover Institution Press, pp. 67-84

Hauck, Achim, and Ulrike Neyer [2014] "A Model of the Eurosystem's Operational Framework and the Euro Overnight Interbank Market, *European Journal of Political Economy*, Vol. 34, Supplement, June, pp. S65-S82

Hauck, Achim, and Uwe Vollmer [2013] "Emergency Liquidity Provision to Public Banks: Rules versus Discretion," *European Journal of Political Economy*, Vol. 32, pp. 193-204

Hauser, Andrew [2014] "Lender of Last Resort Operations during the Financial Crisis: Seven Practical Lessons from the United Kingdom," in Bank for International Settlements, Monetary and Economic Department (eds.), *Re-thinking the Lender of Last Resort*, BIS Papers No. 79, September, Basle: Switzerland, Bank for International Settlements, pp. 81-92

Hawtrey, Ralph G. [[1932] 2007] "The Art of Central Banking: The Lender of Last Resort," in Forrest H. Capie and Geoffrey E. Wood (eds.), *The Lender of Last Resort*, London: Routledge, pp. 183-198

Healey, Juliette [2001] "Financial Stability and the Central Bank: International Evidence," in Brealey, Richard A., Alastair Clark, Charles Goodhart, Juliette Healey, Glenn Hoggarth, Davit T. Llewellyn, Chang Shu, Peter Sinclair and Farouk Soussa *Financial Stability and Central Banks: A Global Perspective, Central Bank Governors' Symposium Series*, London: Routledge, pp. 166-186

Herr, Hansjörg [2014] "The European Central Bank and the US Federal Reserve as Lender of Last Resort," *Panoeconomicus*, Vol. 61, Issue 1, pp. 59-78

Hirsch, Fred [1977] "The Bagehot Problem," *The Manchester School*, Vol. 45, Issue 3, September, pp. 241-257

Hoggarth, Glenn, and Farouk Soussa [2001] "Crisis Management, Lender of Last Resort and the Changing Nature of the Banking Industry," in Brealey, Richard A., Alastair Clark, Charles Goodhart, Juliette Healey, Glenn Hoggarth, Davit T. Llewellyn, Chang Shu, Peter Sinclair, and Farouk Soussa, *Financial Stability and Central Banks: A Global Perspective, Central Bank Governors' Symposium Series*, London: Routledge, pp. 166-186

Hornbeck, J. F. [2001] "IMF Reform and the International Financial Institutions Advisory Commission," Congressional Research Service RL30635, The Library of Congress, January 5th

Hubbard, R. Glenn (ed.) [1991] *Financial Markets and Financial Crises*, Chicago: University of Chicago Press

Huebner, Marshall [2005] "Debtor-in-Possession Financing," *The RMA Journal*, April, pp. 30–33

Humphrey, David B. [1986] "Payments Finality and Risk of Settlement Failure," in Anthony Saunders, and Lawrence J. White (eds.), *Technology and the Regulation of Financial Markets: Securities, Futures, and Banking*, Lexington: Lexington Books, pp. 97–120

Humphrey, Thomas M. [1989] "Lender of Last Resort: the Concept in History," *Federal Reserve Bank of Richmond Economic Review*, March/April, pp. 8–16

Humphrey, Thomas M. [2010] "Lender of Last Resort: What It Is, Whence It Came, and Why the Fed Isn't It," *Cato Journal*, Vol. 30, No. 2, Spring/Summer, pp. 333–364

Humphrey, Thomas M. and Robert E. Keleher [1984] "The Lender of Last Resort: A Historical Perspective," *Cato Journal*, Vol. 4, No. 1, Spring/Summer, pp. 275–321

Ihrig, Jane E., Ellen E. Meade, and Gretchen C. Weinbach [2015] "Monetary Policy 101: A Primer on the Fed's Changing Approach to Policy Implementation," Finance and Economics Discussion Series No. 2015-047, June 30th, Washington: Board of Governors of the Federal Reserve System

Imbierowicz, Björn, and Christian Rauch [2014] "The Relationship between Liquidity Risk and Credit Risk in Banks," *Journal of Banking & Finance*, Vol. 40, March, pp. 242–256

Ingves, Stefan, Governor of the Sveriges Riksbank [2011] "Flexible Inflation Targeting in Theory and Practice," Speech at the Swedish Economics Association, Stockholm, May 12th

Independent Commission on Banking [2011] *Final Report: Recommendations*, September

International Financial Institution Advisory Commission [2002] "Meltzer Report of the International Financial Institution Advisory Commission (excerpts from Chapter 2)," in Charles A. E. Goodhart and Gerhard Illing (eds.), *Financial Crises, Contagion, and the Lender of Last Resort: A Reader*, Oxford: Oxford University Press, pp. 461–469

International Monetary Fund [1999] *Code of Good Practices on Transparency in Monetary and Financial Policies*, September 26th

International Monetary Fund [2013a] *Key Aspects of Macroprudential Policy*, IMF Staff Paper, June 10th

International Monetary Fund [2013b] *IMF Multilateral Policy Issues Report: 2013 Spillover Report*, IMF Policy Paper, July 2nd

International Monetary Fund, Financial Stability Board, and Bank for International Settlements [2016] "Elements of Effective Macroprudential Policies: Lessons from International Experience," August 31st

John, Sarah, Matt Roberts, and Olaf Weeken, Bank of England's Sterling Markets Division [2012] "The Bank of England's Special Liquidity Scheme," Bank of England *Quarterly Bulletin*, Volume 52, No. 1, March, pp. 57–66

Kaufman, George G. [1991] "Lender of Last Resort: A Contemporary Perspective" *Journal of Financial Services Research*, Vol. 5, pp. 95-110

Kaufman, George G. [1994] "Bank Contagion: A Review of the Theory and Evidence," *Journal of Financial Services Research*, Vol. 8, Issue 2, pp. 123-150

Kawata, Hiroshi, Yoshiyuki Kurachi, Koji Nakamura and Yuki Teranishi [2013] "Impact of Macroprudential Policy Measures on Economic Dynamics: Simulation Using a Financial Macro-econometric Model," Bank of Japan Working Paper Series No. 13-E-3, February 20

Kindleberger, Charles P. [2007] "The Lender of Last Resort: Pushing the Doctrine Too Far," in Forrest H. Capie and Geoffrey E. Wood (eds.), *The Lender of Last Resort*, London: Routledge, pp. 338-351

Kindleberger, Charles P., and Robert Z. Aliber [with a foreword by Robert Solow] [2005] *Manias, Panics, and Crashes: A History of Financial Crises* (5th ed.), Hoboken, N. J.: John Wiley & Sons (高遠裕子訳『熱狂, 恐慌, 崩壊：金融危機の歴史』日本経済新聞出版社, 2014 年)

Kindleberger, Charles P., and Jean-Pierre Laffargue (eds.) [1982] *Financial Crises: Theory, History, and Policy*, Cambridge: Cambridge University Press

King, Mervyn, Governor of the Bank of England [2008] "Banking and the Bank of England," Speech, June 10th

King, Mervyn [2016] *The End of Alchemy: Money, Banking, and the Future of the Global Economy*, New York: W. W. Norton & Company, Inc.

Krishnamurthy, Arvind, Stefan Nagel, and Dmitry Orlov [2014] "Sizing Up Repo," *The Journal of Finance*, Vol. 69, Issue 6, November 10th, pp. 2381-2417

Krugman, Paul [2010, January 25th] "The Bernanke Conundrum," *The New York Times*, Retrieved February 4th, 2015 from http://www.nytimes.com/2010/01/25/opinion/25krugman. html

Kuroda, Haruhiko, Governor of the Bank of Japan [2013a] "Quantitative and Qualitative Monetary Easing," Speech at a Meeting Held by the Yomiuri International Economic Society in Tokyo, April 12th

Kuroda, Haruhiko, Governor of the Bank of Japan [2013b] "Japan's Economy and Monetary Policy," Speech at a Meeting with Business Leaders in Osaka, November 5th

Kuroda, Haruhiko, Governor of the Bank of Japan [2014a] "Toward Overcoming Deflation," Speech at the Annual Tokyo Conference Hosted by the Center on Japanese Economy and Business (CJEB), Columbia Business School, May 15th

Kuroda, Haruhiko, Governor of the Bank of Japan [2014b] "The Practice and Theory of Unconventional Monetary Policy," Speech at the 17th World Congress Hosted by the International Economic Association (IEA) Held in Jordan, June 7th

Kuttner, Kenneth N. [2008] *The Federal Reserve as Lender of Last Resort during the Pan-*

ic of 2008, Paper prepared on behalf of the Committee on Capital Markets Regulation as part of a report on policy responses to the financial crisis, December 30th, Retrieved March 6th, 2014, from http://www.capmktsreg.org

Lacker, Jeffrey M. [2003] "Payment System Disruptions and the Federal Reserve Following September 11, 2001," Federal Reserve Bank of Richmond Working Paper 03-16, December 23

Le Maux, Laurent, and Laurence Scialom [2013] "Central Banks and Financial Stability: Rediscovering the Lender-of-Last-Resort Practice in a Finance Economy," *Cambridge Journal of Economics*, Vol. 37, pp. 1-16

Lenza, Michele, Huw Pill, and Lucrezia Reichlin [2010] "Monetary Policy in Exceptional Times," *Economic Policy*, Vol. 25, April, pp. 295-339

Lerrick, Adam, and Allan H. Meltzer [2003] "Blueprint for an International Lender of Last Resort," *Journal of Monetary Economics*, Vol. 50, pp. 289-303

Lewis, Mervyn K., and Paul D. Mizen [2000] *Monetary Economics*, Oxford: Oxford University Press

Lowenstein, Roger (2000) *When Genius Failed: The Rise and Fall of Long-Term Capital Management*, New York: Random House

Lybeck, Tonny, and JoAnne Morris [2004] "Central Bank Governance: A Survey of Boards and Management," IMF Working Paper WP/04/226, December (Washington: International Monetary Fund)

Madigan, Brian F., Director, Division of Monetary Affairs, Board of Governors of the Federal Reserve System [2009] "Bagehot's Dictum in Practice: Formulating and Implementing Policies to Combat the Financial Crisis," Speech at the Federal Reserve Bank of Kansas City's Annual Economic Symposium, Jackson Hole, Wyoming, August 21st

Matsuoka, Tarishi [2012] "Imperfect Interbank Markets and the Lender of Last Resort," *Journal of Economic Dynamics & Control*, Vol. 36, pp. 1673-1687

McAndrews, James, Asani Sarkar and Zhenyu Wang [2008] "The Effects of the Term Auction Facility on the London Inter-Bank Offered Rate," Federal Reserve Bank of New York Staff Report No. 335, July

McClam, Warren D. [1982] "Financial Fragility and Instability: Monetary Authorities as Borrowers and Lenders of Last Resort," in Charles P. Kindleberger and Jean-Pierre Laffargue (eds.), *Financial Crises: Theory, History, and Policy*, Cambridge: Cambridge University Press, pp. 256-291

Mehrling, Perry [2011] *The New Lombard Street: How the Fed Became the Dealer of Last Resort*, Princeton: Princeton University Press

Mehta, Ankita, and Chris Salmon [2014] "Changes to the Bank's Weekly Reporting Regime," Bank of England *Quarterly Bulletin*, Vol. 54, No. 3, September, pp. 338-343

Melaschenko, Paul, and Noel Reynolds [2013] "A Template for Recapitalising Too-big-to-fail Banks," *BIS Quarterly Review*, June, pp. 25-39

Meltzer, Allan H. [2000] "The Report of the International Financial Institution Advisory Commission: Comments on the Critics," *CESifo Forum*, Ifo Institute for Economic Research at the University of Munich, Vol. 1, Issue 4, October, pp. 9-17

Meltzer, Allan H. [2009] "Policy Principles: Lessons from the Fed's Past," in John D. Ciorciari and John B. Taylor (eds.), *The Road Ahead for the Fed*, Stanford: Hoover Institution Press, pp. 13-32

Minsky, Hyman P. [1982] "The Financial-instability Hypothesis: Capitalist Processes and the Behavior of the Economy," in Charles P. Kindleberger and Jean-Pierre Laffargue (eds.), *Financial Crises: Theory, History, and Policy*, Cambridge: Cambridge University Press, pp. 13-39

Mishkin, Frederic S. [1991] "Asymmetric Information and Financial Crises: A Historical Perspective," in R. Glenn Hubbard (ed.), *Financial Markets and Financial Crises*, Chicago: University of Chicago Press, pp. 69-108

Mishkin, Frederic S. [2000] "The International Lender of Last Resort: What Are the Issues?" Prepared for the Kiel Week Conference, "The World's New Financial Landscape: Challenges for Economic Policy," Kiel Institute of World Economics, Kiel, Germany, June 19-20

Mishkin, Frederic S. [2011] "Monetary Policy Strategy: Lessons from the Crisis," National Bureau of Economic Research NBER Working Paper Series No. 16755, February

Mizen, Paul (ed.) [2003] *Central Banking, Monetary Theory and Practice: Essays in Honour of Charles Goodhart, Volume One*, Cheltenham, UK: Edward Elgar

Nakaso, Hiroshi, Monetary and Economic Department, Bank for International Settlements [2001] *The Financial Crisis in Japan during the 1990s: How the Bank of Japan Responded and the Lessons Learnt*, BIS Papers No. 6, October, Basle: Switzerland, Bank for International Settlements

Nakaso, Hiroshi, Deputy Governor of the Bank of Japan [2013] "Financial Crises and Central Banks' "Lender of Last Resort" Function," Remarks at the Executive Forum Hosted by the World Bank "Impact of the financial crises on central bank functions," April 22nd

Nakaso, Hiroshi, Deputy Governor of the Bank of Japan [2014a] "What the Lost Decades Left for the Future," Keynote Speech at the 2014 International Conference Held by the International Association of Deposit Insurers, Asia-Pacific Regional Committee, April 23rd

Nakaso, Hiroshi, Deputy Governor of the Bank of Japan [2014b] "The Conquest of Japanese Deflation," Remarks at the Athens Symposium "Banking Union, Monetary Policy and Economic Growth," June 19th

Nakaso, Hiroshi, Deputy Governor of the Bank of Japan [2014c] "Lessons from Bank of Japan's Experience during the Banking Crises of the 1990s and the New Dimension to LOLR Stemming from the Global Financial Crisis," in Bank for International Settlements, Monetary and Economic Department (eds.), *Re-thinking the Lender of Last Resort*, BIS Papers No. 79, September, Basle: Switzerland, Bank for International Settlements, pp. 106-107

Nakaso, Hiroshi, Deputy Governor of the Bank of Japan [2014d] "Challenging the Bagehot Rules and Revisiting the Secular Stagnation Thesis," Luncheon Keynote Address at the Symposium on Building the Financial System of the 21st Century, October 25th, Retrieved May 26th, 2016, from http://pifs.law.harvard.edu/symposia/japan/2014-agenda/presentations-and-concept-papers/

Nelson, William R. [2014] "Lessons from Lender of Last Resort Actions during the Crisis: The Federal Reserve Experience," in Bank for International Settlements, Monetary and Economic Department (eds.), *Re-thinking the Lender of Last Resort*, BIS Papers No. 79, September, Basle: Switzerland, Bank for International Settlements, pp. 76-80

Nikolsko-Rzhevskyy, Alex and David H. Papell [2012] "Taylor Rules and the Great Inflation," *Journal of Macroeconomics*, Vol. 34, Issue 4, December, pp. 903-918

Obstfeld, Maurice [2009] "Lenders of Last Resort in a Globalized World," Keynote Speech at the 2009 International Conference "Financial System and Monetary Policy Implementation," held by the Institute for Monetary and Economic Studies, Bank of Japan in Tokyo on May 27-28

Obstfeld, Maurice [2013] "On Keeping Your Powder Dry: Fiscal Foundations of Financial and Price Stability," IMES Discussion Paper Series Discussion Paper No. 2013-E-8

Oganesyan, Gayane [2013] "The Changed Role of the Lender of Last Resort: Crisis Responses of the Federal Reserve, European Central Bank and Bank of England," Institute for International Political Economy Berlin Working Paper, No. 19/2013

Papadia, Francesco [2014] "Lending of Last Resort? A European Perspective," in Bank for International Settlements, Monetary and Economic Department (eds.), *Re-thinking the Lender of Last Resort*, BIS Papers No. 79, September, Basle: Switzerland, Bank for International Settlements, pp. 93-96

Peersman, Gert [2011] "Macroeconomic Effects of Unconventional Monetary Policy in the Euro Area", *ECB Working Paper Series*, No. 1397

Plenderleith, Ian [2012] *Review of the Bank of England's Provision of Emergency Liquidity Assistance in 2008-09*, Report Presented to the Court of the Bank of England, October

Praet, Peter, Member of the Executive Board of the ECB [2016] "The ECB and Its Role as Lender of Last Resort during the Crisis," Speech at the Committee on Capital Markets Regulation Conference on the Lender of Last Resort - An International Perspective, Washington DC, February 10th

Reinhart, Carmen M., and Kenneth S. Rogoff [2009] *This Time is Different: Eight Centuries of Financial Folly*, Princeton: Princeton University Press（村井章子訳『国家は破綻する―金融危機の 800 年』日経 BP 社，2011 年）

Rist, Charles, translated by Jane Degras [2007] "History of Monetary and Credit Theory from John Law to the Present Day," in Forrest H. Capie and Geoffrey E. Wood (eds.), *The Lender of Last Resort*, London: Routledge, pp. 199-241

Rochet, Jean-Charles [2004] "Macroeconomic Shocks and Banking Supervision," *Journal of Financial Stability*, Vol. 1, Issue 1, September, pp. 93-110

Rochet, Jean-Charles (eds.) [2008] *Why Are There So Many Banking Crises?: The Politics and Policy of Bank Regulation*, Princeton: Princeton University Press

Rochet, Jean-Charles and Jean Tirole [1996a] "Interbank Lending and Systemic Risk," *Journal of Money, Credit and Banking*, Vol. 28, No. 4, Part 2: Payment Systems Research and Public Policy Risk, Efficiency, and Innovation, November, pp. 733-762

Rochet, Jean-Charles and Jean Tirole [1996b] "Controlling Risk in Payment Systems," *Journal of Money, Credit and Banking*, Vol. 28, No. 4, Part 2: Payment Systems Research and Public Policy Risk, Efficiency, and Innovation, November, pp. 832-862

Rochet, Jean-Charles and Xavier Vives [2004] "Coordination Failures and the Lender of Last Resort: Was Bagehot Right After All?" *Journal of the European Economic Association*, Vol. 2, pp. 1116-1147

Rockoff, Hugh [1986] "Walter Bagehot and the Theory of Central Banking," in Forrest Capie and Geoffrey E. Wood (eds.), *Financial Crises and the World Banking System*, New York: St. Martin's Press, pp. 160-180

Rogoff, Kenneth S. [2016] *The Curse of Cash*, Princeton: Princeton University Press

Rosen, Richard J., Federal Reserve Bank of Chicago [2010] "The Impact of the Originate-to-distribute Model on Banks before and during the Financial Crisis," presented at "Federal Reserve Day Ahead Conference on Financial Markets & Institutions" Hosted by the Federal Reserve Bank of Kansas City, January 6th, 2011, (paper dated November 2010)

Sarkar, Asani and Jeffrey Shrader [2010] "Financial Amplification Mechanisms and the Federal Reserve's Supply of Liquidity during the Financial Crisis," *Federal Reserve Bank of New York Economic Policy Review*, EPR Vol. 16, No. 1, August, pp. 55-74

Saunders, Anthony and Lawrence J. White (eds.) [1986] *Technology and the Regulation of Financial Markets: Securities, Futures, and Banking*, Lexington: Lexington Books

Schoenmaker, Dirk [2011] "The Financial Trilemma," *Economics Letters*, Vol. 111, Issue 1, April

Schwartz, Anna J. [1987] "Real and Pseudo-Financial Crises," NBER Chapters, in Anna J. Schwartz, *Money in Historical Perspective*, Cambridge: National Bureau of Economic Research, Inc., pp. 271-288

Schwartz, Anna J. [1992] "The Misuse of the Fed's Discount Window," *Federal Reserve Bank of St. Louis Review*, September/October, pp. 58-69

Schwartz, Anna J. [1999] "Is There a Need for an International Lender of Last Resort?" *Cato Journal*, Vol. 19, No. 1, Spring/Summer, pp. 1-6

Schwartz, Anna J. [2002] "Earmarks of a Lender of Last Resort," in Charles A. E. Goodhart and Gerhard Illing (eds.), *Financial Crises, Contagion, and the Lender of Last Resort: A Reader*, Oxford: Oxford University Press, pp. 440-469

Scott, Hal S. [2012] *Interconnectedness and Contagion*, Discussion Paper Prepared with Assistance from the Staff of the Committee on Capital Markets Regulation, November 20th, Retrieved October 1st, 2013, from http://capmktsreg.org

Scott, Hal S. [2016] *Connectedness and Contagion: Protecting the Financial System from Panics*, Cambridge: MIT Press

Shiller, Robert J. [2000] *Irrational Exuberance*, Princeton University Press

Shirakawa, Masaaki, Governor of the Bank of Japan [2011] "150 Years of Innovation and Challenges in Monetary Control" Speech at Goethe-Universitaet Frankfurt am Main in Celebration of the 150th Anniversary of German-Japanese Diplomatic Relations, March 8th

Shiratsuka, Shigenori [2010] "Size and Composition of the Central Bank Balance Sheet: Revisiting Japan's Experience of the Quantitative Easing Policy," *Monetary and Economic Studies*, Vol. 28, No. 3, November, pp. 79-105

Solow, Robert M. [1982] "On the Lender of Last Resort," in Charles P. Kindleberger and Jean-Pierre Laffargue (eds.), *Financial Crises: Theory, History, and Policy*, Cambridge: Cambridge University Press, pp. 237-255

Squam Lake Group [2010] *The Squam Lake Report: Fixing the Financial System*, Princeton University Press: Princeton and Oxford

Squam Lake Working Group on Financial Regulation [2009] "Improving Resolution Options for Systemically Relevant Financial Institutions," *Working Paper*, October 2

Tamura, Kentaro, and Evangelos Tabakis [2013] "The Use of Credit Claims as Collateral for Eurosystem Credit Operations," European Central Bank *Occasional Paper Series*, No. 148, June

Tarullo, Daniel K. Governor, Board of Governors or the Federal Reserve System [2013] "Toward Building a More Effective Resolution Regime: Progress and Challenges," Remarks at the Federal Reserve Board and Federal Reserve Bank of Richmond Conference, "Planning for the Orderly Resolution of a Global Systemically Important Bank", Washington, D. C., October 18th

Taylor, John B. [2009] *Getting Off Track: How Government Actions and Interventions Caused, Prolonged, and Worsened the Financial Crisis*, Stanford: Hoover Institution Press

Taylor, John B., and John C. Williams [2009] "A Black Swan in the Money Market," *American Economic Journal: Macroeconomics*, Vol. 1, pp. 58-83

Thornton, Daniel L. [2011] "The Effectiveness of Unconventional Monetary Policy: The Term Auction Facility," *Federal Reserve Bank of St. Louis Review*, November/December, Vol. 93, pp. 439-453

Thornton, Henry [[1802] 2002] "An Enquiry into the Nature and Effect of the Paper Credit of Great Britain (excerpts)," in Charles A. E. Goodhart and Gerhard Illing (eds.), *Financial Crises, Contagion, and the Lender of Last Resort: A Reader*, Oxford: Oxford University Press, pp. 57-65（渡邊佐平・杉本俊朗訳『ソーントン・紙券信用論』実業之日本社, 1948 年）

Timberlake, Richard H. [1984] "The Central Banking Role of Clearinghouse Associations," *Journal of Money, Credit and Banking*, Vol. 16, No. 1, February, pp. 1-15

Treasury Committee, House of Commons [2008] *The Run on the Rock*, Report Ordered by the House of Commons, January 26th

Trichet, Jean-Claude, President, European Central Bank [2009] "The ECB's Enhanced Credit Support," Keynote Address at the University of Munich, Munich, July 13th

Tucker, Paul, Executive Director and Member of the Monetary Policy Committee of the Bank of England [2008] "The Structure of Regulation: Lessons from the Crisis of 2007," Comments at the LSE's Financial Markets Group Conference, March 3rd

Tucker, Paul, Deputy Governor for Financial Stability, Bank of England [2009] "The Repertoire of Official Sector Interventions in the Financial System: Last Resort Lending, Market-Making, and Capital," Speech at the Bank of Japan 2009 International Conference "Financial Stability and Monetary Policy Implementation," Tokyo, May 28th

Tucker, Paul [2014] "The Lender of Last Resort Actions and Modern Central Banking: Principles and Reconstruction," in Bank for International Settlements, Monetary and Economic Department (eds.), *Re-thinking the Lender of Last Resort*, BIS Papers No. 79, September, Basle: Switzerland, Bank for International Settlements, pp. 10-42

United States Government Accountability Office [2011] *Federal Reserve System: Opportunities Exist to Strengthen Policies and Processes for Managing Emergency Assistance*, Report to Congressional Addressees, GAO-11-696, July 21st, Washington, D. C.

United States House of Representatives, the Committee on Banking, Finance and Urban Affairs [1991] *An Analysis of Federal Reserve Discount Window Loans to Failed Institutions*, June 11th

United States Senate Joint Economic Committee Republicans [2012] *Lender of Last Resort in the Modern Financial System: Development of the Federal Reserve's Policy*, Staff Analysis, November 29th, Retrieved from http://www.jec.senate.gov/republicans/public/index. cfm?p=Studies on December 10th, 2013

Volcker, Paul A. [1985] *Statement*, before the Subcommittee on Domestic Monetary Policy of the Committee on Banking, Finance and Urban Affairs, U. S. Senate, December 12th

Wessel, David [2009] *In FED We Trust: Ben Bernanke's War on the Great Panic*, New York: Crown Business

White, William R. [2009] "Should Monetary Policy "Lean or Clean" ?" Federal Reserve Bank of Dallas Globalization and Monetary Policy Institute Working Paper No. 34, August

White, William R. [2012] "Ultra Easy Monetary Policy and the Law of Unintended Consequences," Federal Reserve Bank of Dallas Globalization and Monetary Policy Institute Working Paper No. 126, September

Winters, Bill [2012] *Review of the Bank of England's Framework for Providing Liquidity to the Banking System*, Report Presented to the Court of the Bank of England, October

Wood, Geoffrey E. [2000] "The Lender of Last Resort Reconsidered," *Journal of Financial Services Research*, Vol. 18, Issue 2-3, pp. 203-227

Woodward, Bob [2000] *Maestro: Greenspan's Fed and the American Boom*, Simon & Schuster

Yamaguchi, Yutaka, Deputy Governor, Bank of Japan [1998] Luncheon Address at the Second Joint Central Bank Research Conference on Risk Measurement and Systemic Risk, Tokyo, Bank of Japan Head Office, November 16th, 1998, in Bank of Japan *Proceedings of the Second Joint Central Bank Research Conference*, pp. 21-25

Yellen, Janet L., Vice Chair, Board of Governors of the Federal Reserve System [2013a] "Interconnectedness and Systemic Risk: Lessons from the Financial Crisis and Policy Implications," Speech at American Economic Association/American Finance Association Joint Luncheon, San Diego, January 4th

Yellen, Janet L., Vice Chair, Board of Governors of the Federal Reserve System [2013b] "Communication in Monetary Policy," Speech at the Society of American Business Editors and Writers 50th Anniversary Conference, Washington, D. C., April 4th

索　引

著者略歴

1984年　東京大学法学部II類（公法）卒業，同年日本銀行入行
1990年　ハーバード大学法科大学院卒業（法律学修士）
ニューヨーク事務所次長，システム情報局参事役，青森支店長，政策研究大学院大学教授，お茶の水女子大学客員教授を経て，
現在　追手門学院大学経済学部教授，同大学院経営・経済研究科教授

主要著作　「役割分担見直しを」『月刊金融ジャーナル』第58巻第1号，pp. 100-101（2017），"Revisiting Bank of Japan's Policy Duration Commitment: Impact, Consequences and Challenges," GRIPS Discussion Papers, DP14-25（March 2015），「電子記録債権と地域金融機関のビジネスモデル」『週刊金融財政事情』第64巻第7号，pp. 32-35（2013）ほか.

金融危機と対峙する「最後の貸し手」中央銀行
破綻処理を促す新たな発動原則の提言：バジョットを超えて

2018年8月24日　第1版第1刷発行

著　者　木　下　智　博

発行者　井　村　寿　人

発行所　株式会社　勁　草　書　房
112-0005　東京都文京区水道2-1-1　振替　00150-2-175253
（編集）電話 03-3815-5277／FAX 03-3814-6968
（営業）電話 03-3814-6861／FAX 03-3814-6854
大日本法令印刷・牧製本

©KINOSHITA Tomohiro　2018

ISBN978-4-326-50447-3　　Printed in Japan

JCOPY ＜㈳出版者著作権管理機構　委託出版物＞
本書の無断複写は著作権法上での例外を除き禁じられています。
複写される場合は、そのつど事前に、㈳出版者著作権管理機構
（電話 03-3513-6969、FAX 03-3513-6979、e-mail: info@jcopy.or.jp）
の許諾を得てください。

＊落丁本・乱丁本はお取替いたします。
http://www.keisoshobo.co.jp

宮内惇至
金融危機とバーゼル規制の経済学
リスク管理から見る金融システム

A5 判　4,800 円
50411-4

花崎正晴・大瀧雅之・随　清遠 編著
金融システムと金融規制の経済分析

A5 判　4,200 円
50383-4

中條誠一
新版　現代の国際金融を学ぶ
理論・実務・現実問題

A5 判　2,600 円
50414-5

ジェームズ・ラム／林　康史・茶野　努 監訳
戦略的リスク管理入門

A5 判　6,000 円
50417-6

三重野文晴
金融システム改革と東南アジア
長期趨勢と企業金融の実証分析

A5 判　3,600 円
54605-3

国宗浩三
IMF 改革と通貨危機の理論
アジア通貨危機の宿題

A5 判　3,700 円
54604-6

———————————————————————————— 勁草書房刊
＊表示価格は 2018 年 8 月現在。消費税は含まれておりません。